Museen in Berlin

Ein Führer durch 68 Museen
und Sammlungen

Vorwort von Volker Hassemer

Mit einem Überblick über
die wichtigsten Museen in Berlin (Ost)

Im Anhang Verzeichnisse der Archive,
Bibliotheken, Kulturinstitute sowie des
Kunst- und Antiquitätenhandels

Redaktion: Ulrike Bleicker
Layout und Herstellung: Dietmar Rautner

Die Photorechte liegen bei den Museen und ihren Photographen bzw. folgenden Photographen:
Ahlers, Christian: S. 89; Anders, Jörg P.: S. 90-93, 98-112, 131, 163-164, 165/4, 166-170, 171/o., 172, 173, 199/4, 202-203, 246/o., 265-274, 286/u. l., u. r., 291/4, 292/2, 294, 295/4, 296/u., 298/u., 301/5, 302, 304/2, 309/u., 310-315, 316-319, 320/1, 3; Anger, Klaus: S. 246/u., 247-249, 250/1, 3, 251-254; Bartsch, Hans-Joachim: S. 52-53, 54/1, 55/3, 4, 56, 57/o., 58/u., 59, 60/u. l., 61-62, 63/o., 72/2, 73, 74/2, u., 154/1, 155/5; van der Becke, Heinrich: S. 335/o.; Büsing, Margarete: S. 12-13, 14/o. r., 15-16, 17/u., 18-19, 20/o., 21-23; Friedrich, Reinhard: S. 137/o., 198/1, 201, 276/u., 277/u.; Geske, Ingrid: S. 25/2, 3, 26/1, 3, 27-30, 33; Graf, Dietrich: S. 237/4, 239, 240/2, 241; Hampel, Harry: S. 116; Indinger, W.: S. 41, 42/o. l., o. r.; Jung, Ute: S. 26/2; Kleeberg, Bernd: S. 279/3; Kleinschmidt, Fred: S. 333/o., 334, 335/u.; Landesbildstelle Berlin: S. 127-128; Liepe, Jürgen: S. 14/o. l., u. l., 17/o., 20/u., 31, 195, 196/1, 3, 199/3, 200, 204-213, 250/2, 251/2, 258-259, 261-263; Littkemann, J.: S. 71/u., 72/1, 75/3; Luckert, Isolde: S. 25/1; Mager, H.: S. 122-123; Manthey: S. 333/u.; Müller, E.: S. 42/u.; Paetzel, B.: S. 10; Papadopoulos: S. 176/u., 177, 178/o., 179/o., 180; Paulmann, K. H.: S. 194, 198/2; Petersen: S. 176/o., 178/u., 179/u., 181, 183; Postel, E.: S. 129/u., 132/2; Reuter, Oltmann: S. 70; Riecke, H. J.: S. 309/o.; Roberton, Gordon H., London: S. 76-80; Schneider-Schütz, Waltraud: S. 236/1, 3, 237/5, 6, 238, 240/1; Steinkopf, Walter: S. 165/3, 285/o.; Sturkay: S. 305/3; Weidling, Angelika: S. 125.

Der Einband zeigt einen Ausschnitt aus dem Gemälde *Amor als Sieger* von Caravaggio, Gemäldegalerie (s. S. 107)

Frontispiz: *Spaziergang im Garten* (Ausschnitt), Ägyptisches Museum (s. S. 19)

Museumsstadtpläne (Einband Innenseiten): Regelindis Westphal, unter Verwendung eines Ausschnitts aus dem Blatt 4233 der Karte von Berlin 1 : 4000, Ausgabe 1974. Vervielfältigt mit Erlaubnis des Senators für Bau- und Wohnungswesen – V – vom 7. Februar 1975
Museumsgrundrisse und Organisationsschema auf S. 323: Astrid Fischer

CIP-Kurztitelaufnahme der Deutschen Bibliothek

Museen in Berlin : Ein Führer durch 68 Museen u. Sammlungen ; mit einem Überblick über d. wichtigsten Museen in Berlin (Ost) ; im Anh. Verz. d. Kulturinst. sowie d. Galerien u. d. Kunsthandels / [Red.: Ulrike Bleicker]. – München : Prestel, 1987.

Papier: Phönomatt, 115 g/qm, der Papierfabrik Scheufelen, Lenningen
Lithographie: Repro Karl Dörfel GmbH, München
Satz, Druck und Bindung: Passavia Druckerei GmbH Passau
ISBN 3-7913-0786-X

Vorwort

Die Museumslandschaft Berlins ist vielfältig; vielfältig nicht nur wegen der Zahl der Museen, Schlösser, Sammlungen und Archive, sondern auch, was deren Inhalte, Arbeitsgebiete und Themen anbelangt; vielfältig auch nach Alter, Entstehungs- und Entwicklungsgeschichte sowie aufgrund von Trägerschaft und organisatorischer Zuordnung. An den Museen in Berlin ist deutsche Museumsgeschichte fast lückenlos ablesbar:

Von der Kurfürstlichen Kunstkammer führt der Weg zur ersten selbständigen, den Vorschlägen Humboldts entsprechenden Museumsorganisation, die auch mit dem ›alten‹ Museum von Schinkel das erste eigene Museumsgebäude (in unserem heutigen Verständnis) erhält. Daraus entwickeln sich organisatorisch der beeindruckende Verbund der preußischen Staatsmuseen und baulich die Berliner ›Museumsinsel‹, die auch heute noch für die Planung anderer deutscher Museumsstädte Modell sind.

Parallel dazu entstehen Hochschulmuseen von Rang und Museen aus Bürgerinitiativen. Nach dem Untergang der Monarchie erhalten auch die Schlösser des ehemaligen Herrscherhauses durch Aufnahme in den Kreis der öffentlichen Museen eine neue, demokratische Funktion.

So entsteht durch das Zusammenwirken von Gelehrten, Mäzenen, Besuchern und den (überwiegend) öffentlichen Museumsträgern ein kultureller Organismus, dessen Reichtum, Qualität und Schönheit ebenso Weltruhm genießt wie die Tätigkeit der Wissenschaftler, denen diese Museen und Sammlungen anvertraut sind.

Das stetige Wachstum wird durch die Nazi-Herrschaft und deren Folgen jäh unterbrochen. Gigantischen Neu- und Erweiterungsplanungen, die sämtlich nicht realisiert wurden, stehen als tatsächliche Ergebnisse einschneidende Verluste durch die Aktion ›Entartete Kunst‹ und durch Kriegszerstörungen gegenüber. Weitere, wahrscheinlich noch schwerwiegendere Verluste entstehen durch die Kulturgüter-Auslagerungen in den letzten Kriegswochen. Neuere Untersuchungen lassen hoffen, daß vieles von dem, was bislang als untergegangen gelten mußte, doch noch erhalten ist. Wenn sich dies bewahrheiten sollte, wäre es ein nicht zu unterschätzender Gewinn, die verloren geglaubten Schätze der Weltkultur in ihrer Heimatstadt wieder der Öffentlichkeit und der Forschung zugänglich machen zu können.

Die Nachkriegsentwicklung im Westteil Berlins, dem sich dieser Museumsführer vorrangig widmet, ist – nach einer kurzen Phase der provisorischen Wiedereröffnungen und Neugründungen – durch eine lange Zeit der Stagnation geprägt. Zunächst setzen die Blockade der Westsektoren Berlins und die zunehmende Teilung der Stadt andere Prioritäten. Dann läßt der jahrelange Kampf um die Rückführung der Berliner Museumsschätze und um die Gründung der ›Stiftung Preußischer Kulturbesitz‹ andere Museums-Aktivitäten nicht nur in den Hintergrund treten, sondern sogar gefährlich scheinen.

Erst die Teilung Berlins durch den Bau der Mauer führt unter anderem auch zu einer immer aktiveren Museumspolitik. Diese ist vorrangig gekennzeichnet durch die Tätigkeit der bundesunmittelbaren Stiftung Preußischer Kulturbesitz, in der die früheren preußischen Staatsmuseen mit den in den Westteil Berlins zurückgekehrten Beständen neu organisiert sind.

Daneben entwickelt sich im Bereich des Landes Berlin eine Fülle regionaler Initiativen. Dabei handelt es sich teils um landeseigene Museen (z. B. das Berlin Museum und das Brücke-Museum), teils um Museen, die der Rechtsform nach privat, wegen ihrer Finanzierung vollständig aus öffentlichen Mitteln aber eher als quasi-staatliche Einrichtungen anzusehen sind (z. B. die Berlinische Galerie und das Bauhaus-Archiv); teilweise werden Museen auch überwiegend von anderen Trägern finanziert.

Das Land Berlin engagiert sich aber nicht nur für die ihm zugefallenen preußischen Königsschlösser und für die regionalen Ergänzungen zu den international ausgerichteten Museen der Stiftung Preußischer Kulturbesitz, sondern widmet sich in steigendem Maße auch den Themen und Aufgabengebieten, die in der Stiftung keine museale Heimstatt haben. So entsteht − nach über 20jährigem Vorlauf − Anfang der 80er Jahre das landeseigene Museum für Verkehr und Technik, dessen weiterer Auf- und Ausbau noch viele Jahre in Anspruch nehmen wird.

Künftig wird auch das vom Bundeskanzler zum 750. Jubiläum Berlins als Geschenk angekündigte Deutsche Historische Museum einen großen Anziehungspunkt darstellen und das Berliner Museumsangebot vorzüglich ergänzen.

Des weiteren können private Initiativen, über die dieser Museumsführer auch berichtet, und eine stattliche Zahl von umfänglichen und qualitätvollen Hochschulsammlungen (die nicht öffentlich zugänglich sind) den Grundstock dafür bieten, noch vorhandene Defizite in der Berliner Museumslandschaft auszugleichen.

Die Struktur des Handbuches, das über alle Museen in Berlin berichten will, bringt es zwangsläufig mit sich, daß die kleineren Institute hier zunächst größer scheinen, als es dem entspricht, was der Besucher vor Ort wahrnehmen kann. Gerade in den kleinen, meist neuen Museen jedoch manifestiert sich eine für Berlin derzeit prägende, erfreuliche Aufbruchsstimmung. Hier insbesondere zeigt sich Bürgerengagement, und zwar nicht nur ein finanzielles; hier wird der tradierte Kulturbegriff neu definiert und möglicherweise das Museum der Zukunft erprobt. Daß einem der häufig eher gering geschätzten Heimatmuseen soeben der Museumspreis des Europarates verliehen wurde − dem Heimatmuseum Neukölln als zweitem deutschen Museum nach dem Museum in Rüsselsheim −, ist da ein besonders erfreuliches Signal.

Die Verlagerung der Berliner Museumsgüter, die verwickelte und bis heute nicht völlig aufgeklärte Geschichte ihrer Bergung und die politische Teilung Berlins haben dazu geführt, daß es heute nicht mehr ›die‹ Berliner Museumslandschaft gibt.

Die unterschiedlichen neuen Museumslandschaften in beiden Hälften Berlins weisen indessen immer noch historisch gewachsene Gemeinsamkeiten auf. Derzeit kann das Handbuch über die Museen in Berlin (Ost) nur in einer kurzen Übersicht berichten. Einer gleichrangigen Mitwirkung der Museen im Ostteil der Stadt würden wir künftig gerne alle Wege ebnen.

›Museen in Berlin‹ verweist auch auf die Museumsgebäude, von denen viele − in Berlin, wie andernorts − das Stadtbild prägen. Neben wiederhergestellten früheren Museumsgebäuden und anderen historischen Gebäuden, die erst jüngst zu Museumsstandorten geworden sind, gehören dazu auch Neu- und Erweiterungsbauten, von denen etliche als Bauwerke von Rang in die Geschichte der zeitgenössischen Baukunst eingegangen sind.

Der Führer ›Museen in Berlin‹ möge dem Leser zum besseren Verständnis der bekannten Sammlungen und zum eigenen Entdecken der ihm noch unbekannten verhelfen.

Ich danke allen, die zum Gelingen dieses Buches, das als Geschenk zum Stadtjubiläum betrachtet werden kann, beigetragen haben: allen Leitern und Mitarbeitern der Berliner Museen, die den Inhalt des Buches gestaltet haben, den Staatlichen Museen Preußischer Kulturbesitz, der Deutschen Bank Berlin AG und der BMW AG, die sich finanziell engagierten, sowie dem Prestel-Verlag, der die Initiative ergriffen hat. Ich danke insbesondere Frau Dr. Bleicker, die die Organisation und Gesamtredaktion ebenso sorgfältig wie einfühlsam durchgeführt hat.

Dr. Volker Hassemer,
Senator für
Kulturelle Angelegenheiten

Feiertagsregelung bei den Öffnungszeiten

Die Berliner Museen sind an verschiedenen Feiertagen geschlossen. Die Ausnahmen von der folgenden Regelung sind bei den Öffnungszeiten der einzelnen Sammlungen angegeben.

1. Januar (Neujahr)

Gründonnerstag

Karfreitag

Ostersonntag

Ostermontag

Osterdienstag

1. Mai (Tag der Arbeit)

Christi Himmelfahrt
(2. Donnerstag vor Pfingsten)

Pfingstsonntag

Pfingstmontag

Pfingstdienstag

17. Juni (Tag der deutschen Einheit)

Buß- und Bettag
(2. Mittwoch vor dem Advent)

24. Dezember

25./26. Dezember

31. Dezember

Da sich erfahrungsgemäß gerade die Feiertagsregelung bei den Museen ändern kann, ist vor einem Besuch an diesen Tagen vorherige Information empfohlen.

Museen, Galerien und Sammlungen

1 Abgußsammlung antiker Plastik

19 (Charlottenburg), Schloßstraße 69 (Auskunft erteilt bis auf weiteres Dr. Klaus Stemmer, Seminar für Klassische Archäologie der Freien Universität Berlin, 33 (Dahlem), Kiebitzweg 11, Telefon 8 38 37 14/2)
Verkehrsverbindung: U-Bahnhof Sophie-Charlotte-Platz, Richard-Wagner-Platz; Bus 9, 21, 54, 62, 74, 87
Öffnungszeiten bei Drucklegung noch nicht bekannt

Kustos: Dr. Klaus Stemmer

Träger: Freie Universität Berlin

Sammlung: Abgüsse griechischer und römischer Plastik

Sammlungsgeschichte

Die Abgußsammlung der Freien Universität Berlin, ein Gemeinschaftsprojekt der Universität und der Stiftung Preußischer Kulturbesitz, wird voraussichtlich Ende 1987 in dem neu hergerichteten Gebäude Schloßstr. 69 neben dem Ägyptischen Museum (s. S. 12) in Berlin-Charlottenburg eröffnet.
Die Sammlung, die derzeit 400 großformatige Gipsabgüsse griechischer und römischer Skulpturen enthält, setzt die Tradition der berühmten, 1695 begründeten Berliner Abgußsammlung fort. Diese war bis zu ihrer weitgehenden Zerstörung infolge des Zweiten Weltkrieges zuletzt in 24 Räumen (auf ca. 2500 m²) im Gebäude der Friedrich-Wilhelm-Universität Unter den Linden untergebracht und enthielt als die weltweit wohl größte ihrer Art rund 2500 Stücke.

1

Der Wiederaufbau der Sammlung war nur in Zusammenarbeit mit den Staatlichen Museen Preußischer Kulturbesitz (s. S. 322) möglich, insbesondere mit dem auf der anderen Seite der Schloßstraße gelegenen Antikenmuseum (s. S. 24) und der ebenfalls nicht weit entfernten Gipsformerei. Mit dem Antikenmuseum wird ein auch inhaltlich enger Wechselbezug angestrebt. In der Gipsformerei lagern mehr als 6000 Formen, die von Skulpturen aller Kunstepochen abgenommen wurden. Etwa 2000 Stücke stammen von griechischen und römischen Werken; die aus ihnen gewonnenen Abgüsse sollen in den kommenden Jahren allmählich die Grundausstattung der neuen Abgußsammlung bilden.
Deren Einbindung in die Charlottenburger Museumslandschaft zeigt sich auch in der Gestaltung des Sammlungsgebäudes durch das Architektenteam Ralf Schüler/Ursulina Schüler-Witte: Abgußsammlung und Ägyptisches Museum bilden, zusammen mit den Naturwissenschaftlichen Sammlungen (s. S. 278) und dem Heimatmuseum Charlottenburg, ein Ensemble mit einem gemeinsamen Innenhof, der zur Aufstellung von Skulpturen geeignet ist. Der turmartige Kopfbau am östlichen Ende der Ausstellungshalle, der mit einer Krananlage ausgestattet ist, dient als Experimentierraum und öffnet sich zugleich mit seinen Glasfassaden nach außen.

Sammlungsbestände

Die Sammlung mit ca. 1000 m² Ausstellungsfläche (dazu ein Vortragsraum) dient zunächst Lehre und Forschung am Seminar für Klassische Archäologie der Freien Universität, doch soll ihr Ausbau nicht nur nach ›akademischen‹ Kriterien erfolgen und ihre Prä-

1 Mädchenstatue des Antenor, *um 525 v. Chr., griechische Weihestatue in Athen, Akropolismuseum*

2 Athena Lemnia des Phidias, *um 450/440 v. Chr. römische Kopie in Bologna, Museo Civico*

3 Jüngling mit Siegerbinde, *1. Viertel 1. Jh. n. Chr., klassizistischer Bronzekopf in München, Polyester*

4 Sokrates, *um 340 v. Chr., römische Kopie in London, Britisches Museum*

2

3

sentation auch einen breiteren Interessentenkreis berücksichtigen. Sie wird in erster Linie an ausgewählten Beispielen einen Überblick über die Geschichte sowie die verschiedenen Erscheinungsformen der griechischen und römischen Plastik vermitteln. Die Standardausstattung soll – über das Angebot der Gipsformerei hinaus – in den nächsten Jahren durch auswärtige Ankäufe vervollständigt werden. Da andere Erwerbungen durch aktuelle Forschungsinteressen bestimmt sind, zeichnen sich im Gesamtbestand Schwerpunkte ab wie Porträts und Statuengruppen. Mit der Gruppe des *Farnesischen Stieres* (Nationalmuseum Neapel), der größten erhaltenen freistehenden antiken Skulptur (3×3 m Grundfläche, Höhe 4 m), besitzt die Sammlung bereits ein ungewöhnliches Ausstellungsstück. Eine Abgußsammlung ermöglicht, was mit Originalen selbst in den größten Museen nicht erreichbar ist: Werke und Werkgruppen auch verschiedener Aufbewahrungsorte nebeneinander zu sehen, sie unmittelbar zu vergleichen, sie zu einem idealen ›Musée imaginaire‹ zu vereinen.

Die Abgüsse sind in der Regel aus Gips, ungetönt oder gleichmäßig eingefärbt, da ein neutraler Farbton ein objektiveres Beurteilen der plastischen Formen erlaubt als die durch zufällige Witterungseinflüsse nicht selten optisch veränderte Oberfläche der Originale. Auch bei der gelegentlichen Verwendung moderner Materialien wie Kunstmarmor und Polyesterverbindungen – letztere vor allem bei der Reproduktion von Bronzen – wird eine gleichmäßige Patina angestrebt und eine bewußte Täuschung des Betrachters, d.h. die Möglichkeit einer Verwechslung des Abgusses mit dem Original, vermieden. Das schließt Farbexperimente an Abgüssen nicht aus; sie dienen ebenso wie Versuche der Anpassung voneinander getrennter Teile oder der Ergänzung von Verlorenem dazu, einen Eindruck vom einstigen Aussehen und der Wirkung eines Originals wiederzugewinnen.

Die schweren Statuen stehen auf Sockeln

mit Rollen, sind also beweglich und können aus der ständigen Ausstellung zu thematischen Wechselausstellungen umgruppiert werden. Die Mobilität der Abgüsse ermöglicht ferner eine optimale photographische Erschließung der in den Museen oft nur schwer zugänglichen Skulpturen. Photos der ausgestellten Stücke können auch von den Besuchern erworben werden.

Den Archäologiestudenten bietet die Abgußsammlung eine Gelegenheit, an der Durchführung von Sonderausstellungen mitzuarbeiten und in öffentlichen Führungen ihre pädagogischen Fähigkeiten zu schulen.

Klaus Stemmer

4

2 Ägyptisches Museum

Staatliche Museen Preußischer Kulturbesitz

19 (Charlottenburg), Schloßstraße 70, Telefon 3 20 91-2 61/2 67, Zentrale: 3 20 91-1
Verkehrsverbindung: U-Bahnhof Sophie-Charlotte-Platz, Richard-Wagner-Platz;
Bus 9, 21, 54, 62, 74, 87
Geöffnet: Samstag bis Donnerstag 9-17 Uhr
Abweichend von der Feiertagsregelung (s. S. 8) nur am 1. 1., Gründonnerstag, 1. 5., 24.,
25. und 31. 12. geschlossen

Direktor: Prof. Dr. Jürgen Settgast
Wissenschaftliche Mitarbeiter: Dr. Joachim S. Karig, Dr. William Brashear,
Dr. Rolf Krauss

Träger: Stiftung Preußischer Kulturbesitz
Förderverein: Verein zur Förderung des Ägyptischen Museums
in Berlin-Charlottenburg e. V.

Sammlung: Kunst- und Kulturdenkmäler aus dem pharaonischen Ägypten

Publikationen: ›Ägyptisches Museum Berlin‹, Berlin 1986[3]
(auch in Englisch und Französisch) – Ausstellungskataloge

Sammlungsgeschichte

Zum 1. Juli 1828 wurde die ägyptische Sammlung der königlich-preußischen Kunstsammlungen, aus der unser heutiges Museum hervorgegangen ist, durch einen Erlaß König Friedrich Wilhelms III. als selbständige Abteilung gegründet. Friedrich Wilhelm war dabei allerdings vor vollendete Tatsachen gestellt worden: Giuseppe oder auch Josef Passalacqua, Kaufmannssohn aus Triest, hatte 1826 eine Sammlung – durch eigene Grabung und durch Ankauf in Ägypten zusammengebracht – in Paris veräußern wollen. Als aber die mit Aegyptiaca reichlich eingedeckten Engländer und Franzosen ablehnten, traten die Preußen auf den Plan und empfahlen – hier gedenken wir eines Mannes wie Alexander von Humboldt – dem preußischen König die Sammlung Passalacqua, um das europäische Gleichgewicht

auch auf diesem Gebiet herzustellen. So kam es am 19. April 1827 zu ihrem Ankauf. Der bisherige Besitzer kam nach Berlin, baute seine Sammlung auf ... und blieb! Er kümmerte sich so sehr um seine und die in Berlin bereits vorhandenen Objekte, daß Friedrich Wilhelm nichts anderes tun konnte, als Passalacqua zum ›Aufseher‹ zu berufen.
Die ersten Aegyptiaca waren schon über hundert Jahre früher nach Berlin gelangt. Das geschah mit dem Erwerb einer damals berühmten Antikensammlung, den der ehemals Heidelberger Archivar Laurentius Beger für seinen brandenburgischen Landesherrn durchführte: Lorenz Beger kaufte in Rom die Sammlung des gerade verstorbenen Archäologen und Kunstkritikers Pietro Bellori, ließ die Objekte nach Berlin schaffen und publizierte sie in dem ›Thesaurus Brandenburgicus Selectus‹, dessen dritter Band die Aegyptiaca enthielt und 1704 – nach der

Königin Teje, *Neues Reich, 18. Dynastie,*
um 1360 v. Chr., Eibenholz, H 9,5 cm

Thronbesteigung seines Landesherrn als König Friedrich I. – erschien. (Es mag am Rande
interessieren, daß bei jüngeren Untersuchungen von den publizierten neun ägyptischen Objekten drei in unserem Museum
und mindestens ein weiteres in Berlin [Ost]
zum Vorschein kamen.)
Was Friedrich der Große an Antiken kaufen
ließ, scheint mehr der Ausstattung seiner
Schlösser als dem systematischen Ausbau
der preußischen Kunstsammlungen gedient
zu haben. Um diese kümmerte sich an der
Wende vom 18. zum 19. Jh. mit zeitgemäßer
Methodik Jean Henry, Prediger der französischen Gemeinde in Potsdam, bis sein Lands-
mann Napoleon sein Werk durch die Entführung der preußischen Sammlungen nach Paris zunichte machte.
Mit der Heimholung der Aegyptiaca aus Paris und einer in den folgenden Jahren verstärkten Ankaufs- und Schenkungspolitik
wurde eine neue Entwicklung der Sammlung eingeleitet, die im Erwerb der in Ägypten zusammengebrachten Kollektion des
preußischen Generals und Forschungsreisenden von Minutoli 1823 gipfelte und fünf
Jahre später zu der erwähnten Gründung einer eigenen Ägyptischen Abteilung führte.
Wissenschaftlicher Ernst allerdings . wurde
erst durch Carl Richard Lepsius, den Vater
der deutschsprachigen Ägyptologie, der bei
Alexander von Humboldt und Carl Bunsen
gelernt hatte, dem jungen Zweig königlich-
preußischer Kunstsammlungen zuteil: Lepsius erforschte nicht nur in den Jahren 1842-
1846 das Niltal von Alexandria bis tief in den
Sudan hinein, er schuf in wesentlichen Bereichen der Ägyptologie auch die Basis unserer Kenntnis des uralten, vergangenen Kul-
turvolkes am Nil und entwarf – was uns am
unmittelbarsten berührt – das ›Neue Museum‹ für die Ägyptische Abteilung, die 1850
tatsächlich das eigene Haus beziehen konn-

te, das von Friedrich August Stüler erbaut
worden war. Die Leitung des Museums
übernahm Lepsius allerdings erst beim Able-
ben von Passalacqua 1865; erst dann konnte
er, der seit 1846 den ersten Lehrstuhl für
Ägyptologie in Deutschland innehatte, Forschung und Lehre vereinigen.
Sein Nachfolger Adolf Erman schuf nicht nur
eine reorganisierte Sammlung mit einem ersten Katalog (1894), sondern vor allem die
nach ihm benannte Berliner Schule, als deren wichtigstes Werk in jahrzehntelanger
philologischer Arbeit zahlloser junger Ägyp-
tologen aus aller Herren Länder das fünfbän-
dige ›Wörterbuch der (alt)ägyptischen Sprache‹ entstand. Unter seinen Mitarbeitern gewann vor allen anderen der junge Bauge-
schichtler und Architekt Ludwig Borchardt
für die Ägyptische Abteilung größte Bedeutung. Stand doch Borchardt mit dem Berliner
Großkaufmann und größten Mäzen unserer
Museen, James Simon, auf bestem Fuß.
Dieser glückhaften Verbindung verdanken
wir nicht nur die Spitzenwerke *Grüner Kopf*
und *Teje,* sondern auch die *Büste der Nofre-*
tete: Ludwig Borchardt entdeckte dieses
Kunstwerk im Dezember 1912 als Grabungs-
leiter der um die Jahrhundertwende von James Simon gegründeten Deutschen Orient-
Gesellschaft. Als Konzessionsinhaber und al-
leiniger Finanzier der Grabung erhielt Simon
bei der deutsch-ägyptischen Fundteilung die
Nofretete als sein persönliches Eigentum;
doch erst 1920 trennte er sich zugunsten unseres Museums von seinem privaten Schatz.
Als diese Schenkung, der wir auch alle anderen Stuckköpfe der Amarna-Zeit verdanken,
vollzogen wurde, war Heinrich Schäfer, der
Nachfolger Adolf Ermans, schon sechs Jahre
Direktor der Ägyptischen Abteilung. Schäfer,
der vorwiegend auf kunsthistorischem Gebiet tätig war und in zahllosen Publikationen
zur ägyptischen Kunst die grundsätzliche
Theorie erarbeitet hatte, verließ 1935 das
Museum. In diesen Jahren bestimmte die
Politik das Geschehen auch an Preußens berühmten Kulturinstitutionen: Nicht Rudolf
Anthes aufgrund seiner wissenschaftlichen
Qualifikation, sondern ein dem Regime ge-
nehmerer Kollege wurde Schäfers Nachfolger. Doch als im Zweiten Weltkrieg die Museumsobjekte aus Sicherheitsgründen ausgelagert werden mußten, griff man auf Anthes und seine umfassende Sachkenntnis
zurück. Dennoch waren beträchtliche Verluste nicht zu vermeiden: Ein Auslagerungsort
in Mecklenburg wurde unvorhergesehen
zum umkämpften Kriegsschauplatz. Was
aber in Bergwerksstollen gelangte, von den
Alliierten gefunden und nach Wiesbaden
oder Celle transportiert wurde, ist in den
50er Jahren unversehrt zu uns gekommen.
Aus dem Inhalt dieser Auslagerungskisten
entstand schließlich unser Museum.
Am 1. Februar 1962 wurde die Ägyptische
Abteilung der ehemals Staatlichen Museen,
die mit dem Arbeitsbeginn des gewählten
Kurators (und späteren Präsidenten) Staats-
sekretär a. D. Hans-Georg Wormit zwei Monate später der bundesunmittelbaren Stiftung Preußischer Kulturbesitz (s. S. 322) un-

Oben: Königin Nofretete, *Neues Reich,
18. Dynastie, Amarna-Zeit, um 1340 v. Chr.,
Kalkstein, H 50 cm*
Oben rechts: König Echnaton, *Neues Reich,
18. Dynastie, Amarna-Zeit, um 1340 v. Chr.,
Gips, H 26 cm*

Domänenverwalter Methen, *Altes Reich,
frühe 4. Dynastie, um 2600 v. Chr., Rosen-
granit, H 47 cm*

terstellt wurde, durch die Berufung von Werner Kaiser zum Direktor in Berlin (West) gegründet. In kurzer Zeit konnte Kaiser aus
dem zufälligen Inhalt der Auslagerungskisten
sowie aus Neuankäufen ein Museum schaffen, das seit seiner Eröffnung am 10. Oktober 1967 dem breiten Publikum nach Gehalt
und Aufbau einen fundierten Eindruck vom
altägyptischen Kulturkreis vermittelt. Dabei
wird die Attraktivität der gezeigten Sammlungsgegenstände durch den äußeren Rahmen bemerkenswert gesteigert. Es war ein
glücklicher Umstand, daß jene von Friedrich
August Stüler im Auftrag König Friedrich Wilhelms IV. in den 50er Jahren des vorigen
Jahrhunderts gegenüber dem Charlottenburger Schloß als Kasernen der königlichen
Leibwache errichteten Zwillingsgebäude der
Stiftung Preußischer Kulturbesitz zur Verfügung gestellt werden konnten. Mit der Zu-
weisung des ›östlichen Stülerbaus‹ erhielt
die Ägyptische Abteilung zum Ausgleich für
das kriegszerstörte und infolge politischer
Umstände nicht mehr nutzbare ›Neue Museum‹ in Berlin (Ost) einen repräsentativen
Bau mit intimer Atmosphäre. Es ist ein merkwürdiger Umstand, daß altes und neues
Domizil zur gleichen Zeit und im Zusammenwirken derselben Personen – Friedrich Wilhelm IV. und Friedrich August Stüler – geschaffen wurden.
Ab 1981 änderte Kaisers Nachfolger die Mu-
seumsstruktur, nachdem der 1976 hinzuge-
wonnene angrenzende Marstall als Ergänzung des Ausstellungsraums für die permanente Präsentation der Sammlung verwendet werden konnte. Nach einem überzeu-
genden Entwurf der Architekten Ralf Schüler
und Ursulina Schüler-Witte wurde der Marstall unter Berücksichtigung denkmalpflege-
rischer Auflagen zur Aufnahme der kulturhistorischen Sammlung des Museums eingerichtet, so daß der scheidende Generaldirektor, Stephan Waetzoldt, ihn am 28. Januar

Sitzbild eines Ehepaares, *Altes Reich, 5. Dynastie, um 2400 v. Chr., Kalkstein, H 30 cm*

1983 der Öffentlichkeit übergeben konnte. Die kunsthistorische Sammlung wurde anschließend im Haupthaus des Museums, dem ›östlichen Stülerbau‹, vereinigt; der derzeitige Generaldirektor, Wolf-Dieter Dube, eröffnete sie am 29. Juni 1984. Seitdem zählt das Museum jährlich rund 500 000 Besucher, mehr als die vierfache Zahl des Jahres 1968.

Sammlungsbestände

Die räumliche Teilung der Sammlung in Kunst- und Kulturgeschichte bringt es mit sich, daß Gegenstände aller Zeitabschnitte sowohl im Stülerbau (Kunstgeschichte) als auch im Marstall (Kulturgeschichte) zu finden sind. In beiden Abteilungen sollte der Betrachter stets eingedenk sein, daß fast alle gezeigten Gegenstände aus Grabanlagen stammen und nur wenige aus dem bewohnten Siedlungsraum im verhältnismäßig schmalen Niltal, wo die jährlich wiederkehrende Überschwemmung des gesamten Fruchtlandes alle deutlichen Spuren menschlichen Daseins beseitigte. Die Natur zwang also den Ägypter zum Ausweichen in die angrenzende Wüste, die seine Gräber, deren Ausstattung nach seiner Vorstellung das Fortleben nach dem irdischen Tode sicherte, zeitlos bewahrte.

Vorgeschichte (um 5000-3000 v. Chr.)

Wie in allen frühen Kulturen herrscht auch im vorgeschichtlichen Ägypten der *Feuerstein* als Werkzeugmaterial vor. Faustkeile, Schaber, Beile und Lanzenspitzen sind also denen anderer Kulturkreise mindestens ähnlich. Dasselbe gilt für erste *grobe Keramiken,* die noch ausschließlich mit der Hand gefertigt sind. Daher unterscheidet man auch in Ägypten zunächst nur nach den wesentlichen Fundplätzen, z. B. Merimde-Keramik. Während die ihr folgende Badari-Keramik (um 4500 v. Chr.) erstmalig eine auf dem Brennvorgang beruhende Rot-Schwarz-Färbung erkennen läßt, ist die anschließende Negade-Phase (um 4000 v. Chr.) bereits durch ein verfeinertes Rot-Schwarz mit guter Politur und meist becherförmiger Gestalt gekennzeich-

Nilpferdjagd, *Altes Reich, 5. Dynastie, um 2400 v. Chr., Kalkstein, 107 × 51 cm*

net *(Negade I)*. Darauf folgen (um 3400 v. Chr.) abstrakte Zeichnungen geometrischer Motive wie Linien in Zickzack, Spiralen und Wellenform; daneben kommen schon Schiffsmotive vor *(Negade II)*. In diese Zeit fällt wohl auch die erste künstlerische Betätigung im Niltal: Es finden sich tier- und menschenähnliche Figuren aus Hartstein sowie Tier- und Bootsmotive aus gebranntem Ton; doch werden immer noch Gerätschaften aus Stein, Flint, Elfenbein und Knochen hergestellt. Zu den eindrucksvollen Erzeugnissen der jüngeren Negade-Zeit aber sind jene flachen *Platten aus Schist* zu rechnen, die vom frühen einfachen Rhombus bis zum interessanten Tierumriß mit sehr sparsamer Innenzeichnung reichen und beim Zerreiben und Anrühren magischer Schminken Verwendung fanden.

Reichseinigung und frühdynastische Zeit (1.-3. Dynastie, um 3000-2700 v. Chr.)

Der Beginn der geschichtlichen Zeit ist durch die *Entstehung der* hieroglyphischen *Schrift* gekennzeichnet. Und so finden sich erstmalig einzelne Hieroglyphen oder ganze Inschriften auf Bruchstücken von Gefäßen wie auf Anhängern aus Elfenbein. Daneben sind Fragmente von *Prunkpaletten* erhalten, die sich aus den Schminkpaletten der Negade-II-Zeit entwickelt haben; sie zeigen legendenhafte Tierdarstellungen und anscheinend auch historische Geschehnisse. Wichtigstes Stück ist die Narmer-Palette in Kairo.

Eine frühe künstlerische Äußerung ist in Reliefdekoren auf Elfenbeingeräten (z. B. Messergriffen) mit zum Teil tierischen Motiven zu erkennen. Da solche Dekore gelegentlich auf Rollsiegeln vorkommen, ist der Einfluß des Zweistromlandes (Mesopotamien) auf das Niltal unübersehbar; denn das *Rollsiegel* entstammt dem Bereich der Keilschrift und setzt als Schriftträger Ton voraus.

Das aussagekräftigste Kunstwerk dieser Epoche ist das *Sitzbild eines Mannes,* das schon typische Elemente ägyptischer Gestaltungsart aufweist (Körperhaltung, Sitzstil, Sitzmöbel). Beispiele aus Königsgräbern von Abydos zeigen auch bei der Anfertigung von Steingefäßen nach Material und Design er-

Mentuhoteps Schiff, *Mittleres Reich, 12. Dynastie, um 1900 v. Chr., Holz, L 100 cm*

Der Sarg der Senbi, *Mittleres Reich, 12. Dynastie, um 1800 v. Chr., Zedernholz, L 204 cm*

ste Höhepunkte: eine *Schöpfkelle* in Form gefesselter Gazellenschenkel, *Schnabelschüsselchen,* dünnwandige ›Eierschalen‹-Ware.

Altes Reich
(3.-8. Dynastie, um 2700-2200 v. Chr.)

Es ist die Zeit des Staatsabsolutismus und des Gottkönigtums, nach den Riesengrabbauten in Giza und Saqqara auch Pyramidenzeit genannt. Im ausgedehnten Friedhof der Hauptstadt Memphis hat schon Richard Lepsius 1842 intensiv geforscht und die noch blockhafte *Figur des Methen* als Geschenk des ägyptischen Vizekönigs heimgebracht. Zusammen mit den in jüngerer Zeit erworbenen Statuen ist die Entwicklung der altägyptischen privaten (nicht-königlichen) Plastik von ihren Anfängen über ihre frühe Kanonisierung bis zum Ende des Alten Reiches belegt.

War es Sinn der idealisierten Bildnisse, den Verstorbenen für die Ewigkeit zu erhalten und seine Wiederauferstehung zu gewährleisten, so haben auch die wändefüllenden *Reliefs* der Gräber gleichermaßen als magische

Zukunftsvorsorge zu gelten. Nicht Wandschmuck oder Geschichtserzählung sind beabsichtigt, sondern ewige Versorgung des irdisch Toten; die abgebildeten Szenen gelten der Fürsorge im jenseitigen Leben: Schlachtungsszene, Nilpferdjagd. Natürlich zeigen sie uns Heutigen zugleich ein Abbild damaligen Lebens am Nil und den hohen Stand der dortigen alten Kultur.

Entwickelt hatte sich das Grabrelief aus der sogenannten *Scheintür,* mit der das (unbetretbare) Grab von dem den Angehörigen zugänglichen Kultraum getrennt war. Sie war das magische Kommunikationsmittel, an ihr endeten die Opfergabenprozessionen zur Versorgung des Toten.

Erste Zwischenzeit
(9.-11. Dynastie, um 2200-2000 v. Chr.)

Durch innere Wirren war die Einheit des Alten Reiches verlorengegangen. Zwei Herrschaften, die eine am Eingang des Fayum, die andere im oberägyptischen Theben ansässig, stritten um die Vorherrschaft im gesamten Niltal. Die Grenze zwischen beiden Einflußgebieten scheint wenig südlich von Achmim in Mittelägypten verlaufen zu sein, wo bei Naga ed-Deir das bis an den Nil herantretende Ostgebirge eine natürliche Schwelle bildete. Aus dieser Gegend stammen *Stelen,* die das für den Verstorbenen Wesentliche in ihr begrenztes Bildfeld aufnahmen. Die Plastik jener Zeit zeigt deutlich den nicht mehr in der alten Residenz geschulten Handwerker und infolgedessen ungewöhnliche Formen und Farben sowie einen neuen Motivschatz, der aber im Mittleren Reich weiterentwickelt wurde und dann als befruchtendes Element in die kanonisierte Kunst einging.

Nilpferd, *Mittleres Reich, 12. Dynastie, um 1800 v. Chr., Fayence, L 9 cm*

Mittleres Reich
(11.-14. Dynastie, um 2000-1650 v. Chr.)

In der 11. Dynastie gelingt den Herrschern des oberägyptischen Theben die Wiedervereinigung des Reiches. Die Könige der 12. Dynastie errichten am Fayumrand eine neue Residenz, die sie in der Tradition des Alten Reiches mit (Ziegel-)Pyramiden und zahlreichen Tempeln ausstatten. So entstehen die Aufstellungsorte für zahllose Plastiken königlicher und privater Figuren mit ungewöhnlich porträthaften Zügen. Ein Höhepunkt dieser Kunst wird unter *Amenemhet III.* erreicht, als die Macht des Provinzadels gebrochen war und auch der Mittelstand seine Bedeutung verlor. Daher wird bis zur 13. Dynastie besonders die *private Plastik* immer kleinformatiger; es entstehen als Erzeugnisse zeittypischen Kunstgewerbes reizvolle Nachbildungen von Kleintieren aus farbig-leuchtender Fayence. *Skarabäen,* kleine aus Steatit geformte Käfer, die den wiederauferstehenden Schöpfergott Cheper vertreten, sind, mit Namen und Titel des Inhabers versehen, als Siegel im Gebrauch; sie werden auch – mit Zeichen, Symbolen oder Namen graviert – als Amulette verwendet. Beliebt waren auch *grabsteinförmige Stelen* mit stereotypen Formeln und endloser Aufzählung von Angehörigen, besonders in Abydos, dem Hauptkultort des Osiris. Die *Särge* privater Personen sind vorwiegend in schlichter Kastenform gefertigt, polychrom bemalt und mit hieroglyphisch-gleichartigen Inschriften, Opferfriesen und kursiven religiösen ›Sargtexten‹ verziert. Bezeichnend für diese Zeit sind die detailgetreu ausgeführten *Modelle* von Schiffen, Prozessionen, Werkstätten und Häusern – kein Spielzeug, sondern Garantie einer Fortsetzung des Dargestellten im jenseitigen Leben: Was das Alte Reich an Grabwände reliefierte, wurde im Mittleren Reich in dreidimensionale ›Modelle‹ gleichartiger Handlungsabläufe umgesetzt.

Die jeweils nur kurze Zeit regierenden Herrscher der 13. Dynastie, oft militärische Usurpatoren, die allenfalls einige *Skarabäen* hinterließen, verursachten einen erneuten Zusammenbruch des Reiches, den sich die Hyksos aus dem syro-palästinensischen Raum zunutze machten.

Zweite Zwischenzeit
(Hyksosherrschaft, 15.-17. Dynastie, um 1650-1550 v. Chr.)

Was sich bereits in der 13. Dynastie ankündigte, wurde in der 15. Dynastie Wirklichkeit: Die Hyksos rissen die Macht über Ägypten

Oben: Naosstele des Bak, *Neues Reich, 18. Dynastie, Amarna-Zeit, um 1345 v. Chr., Quarzit, H 67 cm*

Links: Altarbild mit königlicher Familie, *Neues Reich, 18. Dynastie, Amarna-Zeit, um 1345 v. Chr., Kalkstein, 32,5 × 39 cm*

Spaziergang im Garten, *Neues Reich, 18. Dynastie, Amarna-Zeit, um 1335 v. Chr., Kalkstein,*
25 × 20 cm

an sich. Erst in der 17. Dynastie bildete sich erneut ein national-ägyptisches Königtum, das unter den Brüdern Kamose und Achmose aus Theben den Machtkampf gegen den Hyksos Apophis aufnahm und die Hyksos aus Ägypten vertrieb. Eine Kunst der Hyksos entwickelte sich nicht; sie hinterließen lediglich Skarabäen.

Neues Reich
(18.-20. Dynastie, um 1550-1075 v. Chr.)
Auch die zweite Erneuerung des Reiches ging von Theben aus, das für lange Jahre, unterbrochen nur durch die kurze Amarna-Zeit, nicht nur Reichshauptstadt, sondern – man betrachte die noch in gewaltigen Resten erhaltenen Tempel von Karnak und Luxor – auch religiöses Staatszentrum blieb. Auf dem Westufer des Nil, Karnak/Luxor gegenüber, entstanden für Pharaonen ('Tal der Könige') und für Private ('Gräber der Noblen' oder 'Thebanische Nekropole') ausgedehnte Friedhöfe. Von dorther stammt ein *Reliefabbild Amenophis III.,* der neben der Friedens-

regentin Hatschepsut und ihrem Stiefsohn Thutmosis III. zu den bekanntesten Herrschern jener 18. Dynastie zählte, in der Ägypten seine größte Ausdehnung erfuhr und zur Weltmacht der Antike aufrückte. Kulturgeschichtlich wichtiger ist allerdings Amenophis IV./Echnaton durch seine Staats- und Religionsreform und seinen Rückzug nach Tell el-Amarna. Mit den Kunstwerken aus seiner Zeit erreicht unser Museum Weltniveau.

Es beginnt mit dem hervorragenden *Eibenholzköpfchen der Teje* – von der wir durch Gedenkskarabäen wissen, daß Amenophis III. sie zu seiner Hauptfrau machte, obwohl sie nicht von königlicher Abstammung war –, führt über *Gipsmasken des Hofes* von Amarna und die wohl bedeutendste Nachkriegserwerbung, *die Nischenstele des Oberbildhauers Bak,* zum Höhepunkt unserer Sammlung, zur *Büste der Königin Nofretete,* Gattin des Echnaton, deren frische Farben sich seit der Amarna-Zeit ohne Restaurierung erhalten haben. Die Büste wurde im Dezember 1912

von dem Berliner Ludwig Borchardt ausgegraben und bei der im Januar 1913 von der
ägyptischen Regierung vorgenommenen
Fundteilung der deutschen Seite, und zwar
dem Geldgeber James Simon, zugesprochen, der sie 1920 unserem Museum
schenkte. Die Büste wurde zu dem bekanntesten Kunstwerk des pharaonischen Ägypten, dem jährlich eine halbe Mio. Besucher
ihre Reverenz erweisen. Zu den Spitzenstük-
ken unserer Amarna-Sammlung gehören
auch die *Altarplatte* mit der königlichen Familie und der bunte ›*Gartenspaziergang*‹ eines jungen königlichen Paares. Aus der
Nach-Amarna-Zeit zeigen wir die *Kultkam-
mer eines Amenhotep*, deren originale
Wandreliefs über vier Museen Nordamerikas
und Europas verstreut sind; nur in Berlin, das
den größten Teil der Reliefs besitzt, konnte
die Kammer in Original und ergänzendem
Abguß als Ganzes wiederhergestellt werden.
In die 19. Dynastie gehört das hölzerne *Sitzbild des Amenemopet und seiner Frau Ha-*

Amenemopet und
Frau Hathor,
Neues Reich,
19. Dynastie, rames-
sidisch, um 1280 v. Chr.,
Holz, H 33 cm

thor. Es vermittelt den Eindruck, als setze
sich in ihm der Luxus aus der Zeit Amenophis III. mit seinen reichen Gewändern und
kostbaren Perücken fort. Ein typischer Vertreter dieser nach ihren Herrschern benann-

Amunspriesterin Meres-Amun, Dritte
Zwischenzeit, 22. Dynastie, um 850 v. Chr.,
Bronze, H 69,5 cm

ten Ramessiden-Zeit ist auch der *Scheunen-
vorsteher (Landwirtschaftsminister) Sa-Iset*
(= Sohn der Isis), der dem größten der Pharaonen, Ramses II., in diesem wichtigen
Staatsamt um 1260 v. Chr. gedient hatte und
hier mit idealisiertem Antlitz und mumifizier-
tem Körper (Kniescheiben!) auf dem Deckel
seines Granit-Sarkophags wiedergegeben
ist.
In dieser Zeit entwickelte sich im altägyptischen Totenglauben die Idee der ›*Uschebti*‹, pharaonisch-ägyptisch so bezeichneter
kleiner, der jährlichen Tageszahl entsprechender Figuren, die den Toten bei Arbeiten
im Jenseits ›vertreten‹ sollten. Diese Vorstellung hielt sich Jahrhunderte hindurch und
hat demzufolge Legionen von ›Uschebti‹,
vorwiegend aus Fayence, entstehen lassen,
deren herausragende Exemplare allerdings
nur in königlichen (z. B. Tutanchamun) und
namhaft-privaten Gräbern (s. Ausstellungsvi-
trine) gefunden wurden.

Dritte Zwischenzeit
(21.-24. Dynastie, 1075-716 v. Chr.)
Mit dem Ende der Ramessidenzeit (Ramses
XI.) bricht das ägyptische Gesamtreich endgültig auseinander. Ein auf das Nildelta be-
schränktes Königtum gerät zudem unter liby-
schen Einfluß. Dagegen bleibt der oberägyptische ›Gottesstaat des Amun‹ noch eine politisch eigenständige Macht: Auf unserem
fragmentarischen *Menat* läßt sich der *Hohe-*

priester Harsiese königgleich darstellen. Daneben spielen auch Frauen als ›Gottesgemahlinnen des Amun‹ in dem religiösen Gottesstaat eine respektable Rolle. Als ›Sängerin des Amun‹ gehörte unsere *Meres-Amun* zu den Aristokratinnen des Amunstaates; die Bronzefigur dokumentiert zugleich den hohen Stand der Metallverarbeitung dieser Epoche.

Spätzeit
(25.-31. Dynastie, 716-332 v. Chr.)
Um 700 v. Chr. gerät auch der oberägyptische Priesterstaat unter fremden Einfluß: Die Kuschiten vereinigen Oberägypten und Nubien mit ihrem Stammland, dem heutigen Sudan. Dabei blieben der Gottesstaat in Theben und Amun, besonders in der Gestalt als Widder, zentrale religiöse Instanz. Die Kuschiten waren eifrige Verfechter altägypti-

Würfelhocker des Petamenophis, *Spätzeit, 25./26. Dynastie, um 680 v. Chr., schwarzgrauer Granit, H 23 cm*

Doppelsarg des Nespamai, *Spätzeit, um 600 v. Chr., Holz, L 210 cm*

scher Kulte: *Bronzestatuetten* zeigen kuschitische Könige – die allerdings in der 26. Dynastie, der Saïten-Zeit, besonders unter Psammetich II., in der Weise verfolgt wurden, daß man die königlichen Insignien aus den Statuetten entfernte. Schon aus der Zeit Psammetichs I. stammt der aussagestarke granitene *Würfelhocker des Vorlesepriesters Petamenophis,* der sich das größte nicht-königliche Grab in der thebanischen Nekropole anlegen ließ. Typisch für die Spätzeit ist der archaisierende Rückgriff auf Kunstformen des Alten und Mittleren Reiches an der aus Holz gefertigten *Familiengruppe des Psammetich.* In der Hieroglyphenschrift bildet sich eine Kursivform heraus, das sogenannte ›Demotische‹ (Volksschrift), das für weltliche Texte verwendet wird, während sich das ›Hieratische‹ (Priesterschrift) auf religiöse Texte beschränkt. Die Entwicklung spätzeitlicher Formen setzt sich, als Ägypten um 525 v. Chr. Satrapie des persischen Großreiches wird, fort und überdauert nach der kurzen Blüte der 30. Dynastie auch die zweite Perserherrschaft.

Griechische Zeit (332-30 v. Chr.)
Mit dem Sieg des Mazedoniers Alexander d. Gr. über die Perser gerät Ägypten, wo sich schon in der Spätzeit bedeutende griechische Kolonien gebildet hatten, unter griechische Herrschaft. Nach seinem frühen Tod (323 v. Chr., er wurde in Ägypten an einem bisher nicht bekannten Ort bestattet) wird das Reich unter seine Generäle aufgeteilt. Dabei erhält Ptolemaios das Nilland, nimmt 305 v. Chr. den Königstitel an und begründet so die nach ihm benannte Dynastie, die das

Ägyptisches Museum 21

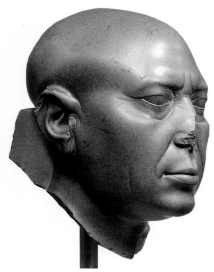

Der Berliner Grüne Kopf, *frühptolemäische Zeit, um 300 v. Chr., Hartstein, H 21,5 cm*

Land unter Bewahrung altägyptischer Traditionen reorganisiert. Alexandria wird nicht nur Hauptstadt, sondern auch Zentrum hellenistischer Kultur und Wissenschaft. An der geistigen Strömung jener Epoche hat das ägyptische Volk keinen Anteil mehr. Auch die Kunst ist, sobald sie die Pfade der Überlieferung verläßt, eher eine kolonial-griechische als eine ägyptische. Doch in der Verbindung von altägyptischen und griechischen Elementen lebt ägyptisches Gedankengut — wenn auch verkümmert — fort. Die so entstandenen Mischformen, besonders bei *Terrakotta- und Bronzefiguren* vorwiegend religiösen Inhalts, sind eindeutiger Ausdruck jener Zeit. Das hervorragende Beispiel aber befindet sich seit gut 80 Jahren in unserer Sammlung: *Der Grüne Kopf* einer unbekannten Priesterpersönlichkeit ist nach Art der Behandlung des Hartsteins in Gesichtsausdruck und Schädelbildung als das Produkt einer unter griechischem Einfluß stehenden, von Ägyptern besuchten Kunstschule anzusehen.

Schon unter Ptolemaios III. Euergetes gelangte das Ptolemäer-Reich zum Höhepunkt der Macht, aber auch zu ersten inneren Konflikten. Intrigen und Königsmord, Inzest und Aufruhr, dazu der stetig steigende Einfluß der neuen Weltmacht Rom, schwächten das Reich in der Folgezeit, bis der letzte Ptolemäer (Ptolemaios XIII.) fiel, die letzte Ptolemäerin (Kleopatra VII.) zusammen mit dem Römer Marcus Antonius Selbstmord beging (30 v. Chr.).

Römische Zeit (30 v. Chr. bis 395 n. Chr.)

Octavian, der sich als Augustus zum Kaiser krönen ließ, eroberte ganz Ägypten als Eigentum der Krone (Kornkammer des Römischen Reiches), gab dem Land eine römische Verwaltung, respektierte aber die religiösen Traditionen der Ägypter. Im Zuge seiner Politik haben er und seine Nachfolger zahlreiche ägyptische Tempel gebaut, erweitert und erneuert, unter ihnen auch die größte in Nubien liegende Kultstätte, *Kalabsha,* deren *Tempeltor* als ein Geschenk des Präsidenten Sadat an die Bundesrepublik Deutschland uns übergeben wurde. Es zeigt in seiner Laibung *Augustus* als ägyptischen Pharao vor einem Opfer *vor der ägyptischen Göttin Isis.* Doch geht die ägyptische Kunst, abgesehen von der Architektur, stark zurück, weil ihre überlieferten Vorlagen nicht mehr verstanden werden. Das zeigt sich z. B. an der Gestaltung der *Särge* mit einerseits römischen Gesichtern aus Stuck, andererseits verballhornten Szenen aus dem altägyptischen Totenkult. Ein Zeichen für das Ende der ägyptisch-pharaonischen Epoche sind auch die seit dem 1. Jh. n. Chr. in Blüte stehenden *Mumienporträts,* die eher ein Bild von Europäern (römischen Kolonisten) als von Ägyptern vermitteln. Die Hieroglyphenschrift wird nur noch gelegentlich und für besondere Texte verwendet, bis sie am Ende des vierten nachchristlichen Jahrhunderts gänzlich verschwindet. *Jürgen Settgast*

Die Katze der Bastet, *Spätzeit, um 600 v. Chr., Bronze, H 20,5 cm*

Das Tempeltor von Kalabsha, *augusteïsch, um 20 v. Chr., nubischer Sandstein, H 8 m*

3 Antikenmuseum

Staatliche Museen Preußischer Kulturbesitz

19 (Charlottenburg), Schloßstraße 1, Telefon 32091-216, Zentrale: 32091-215
Verkehrsverbindung: U-Bahnhof Sophie-Charlotte-Platz, Richard-Wagner-Platz;
Bus 9, 21, 54, 62, 74, 87
Geöffnet: Samstag bis Donnerstag 9-17 Uhr
Abweichend von der Feiertagsregelung (s. S. 8) nur am 1.1., Gründonnerstag, 1.5.,
24., 25. und 31.12. geschlossen

Direktor: Prof. Dr. Wolf-Dieter Heilmeyer
Wissenschaftliche Mitarbeiter: Dr. Luca Giuliani, Dr. Gertrud Platz, Dr. Gerhard
Zimmer

Träger: Stiftung Preußischer Kulturbesitz
Förderverein: Fördererkreis des Antikenmuseums Berlin e. V.

Sammlung: Antike Kunstwerke aus Griechenland, Etrurien und Rom

Präsenzbibliothek

Publikationen: ›museum, Antikenmuseum Berlin‹, Braunschweig 1978 – ›Kunst der
Welt in den Berliner Museen, Antikenmuseum Berlin‹, Stuttgart u. Zürich 1980 –
›Antike Münzen aus der Sammlung Amersdorffer‹, Berlin 1976 – ›Römisches im
Antikenmuseum‹, Berlin 1978 – Bilderhefte, u. a. ›Hildesheimer Silberschatz‹, 1980;
›Antike Werkstattbilder‹, 1982; ›Priene – Funde aus einer griechischen Stadt‹, 1983 –
Bestandskatalog in Vorbereitung

Baugeschichte und -beschreibung

Das Museumsgebäude an der Charlottenburger Schloßstraße ist ursprünglich nicht
für museale Zwecke errichtet worden, sondern als Unterkunft für die Offiziere der königlichen Gardes-du-Corps. Zusammen mit
seinem gleichartigen Pendant auf der anderen Straßenseite, dem heutigen Ägyptischen
Museum (s. S. 12), wurde es zwischen 1851
und 1859 nach Plänen von Friedrich August
Stüler zur würdigen Rahmung des Schloß-
platzes erbaut. Erst wenn man seine nüchterne Kasernenfunktion bedenkt, erklärt sich
sein klassisches Gehabe.
Der Wiederaufbau des kriegszerstörten Ka-
sernenpavillons zwischen 1958 und 1960

war von vornherein für die Unterbringung
der eben erst nach Berlin zurückgekehrten
Antiken berechnet. Von den Beständen, die
vor dem Krieg auf der Museumsinsel ausgestellt waren, gelangten in den Stülerbau vor
allem Werke der Kleinkunst. Der Schwerpunkt liegt in der reichen Sammlung griechischer Vasen, die Weltrang hat. Darüber hinaus besitzt das Museum hervorragende
Kleinbronzen, griechische und römische Gläser, römische Mumienporträts aus Ägypten,
antike geschnittene Steine und vor allem
den gesamten alten Bestand an antikem
Gold und Silber.
Die heutige Präsentation geht auf eine Neu-
einrichtung der ersten beiden Hauptge-
schosse 1973/74 zurück. Die Vitrinen wur-

den unter Verwendung lackierter Stahlprofile zu größeren Einheiten zusammengefaßt, die sich in ihrer klaren Ordnung und schwebenden Leichtigkeit dem strengen Charakter der klassizistischen Räume einfügen. Weitere Etappen waren die Eröffnung der unterirdischen Schatzkammer 1976 und der italischen und römischen Räume 1984. Das Haus bietet damit dem Besucher heute einen Überblick über die gesamte Kulturgeschichte des griechischen und italischen Mittelmeerraumes.

Sammlungsbestände

ERDGESCHOSS

Raum 1: Kreta und frühes Griechenland
Die frühe Kunst Griechenlands reicht weit vor die geschichtliche Epoche zurück, mit der wir die uns wohlbekannte antike Kultur der Hellenen verbinden. Bereits im 3. Jahrtausend v. Chr. nutzte man auf den Kykladeninseln um Paros den blendend weißen Marmor zur Herstellung formschöner Steingefäße und der sog. Idole, deren modern anmutende, weil abstrakte Formen den heutigen Betrachter in besonderer Weise ansprechen. Die sog. minoische Kultur des bronzezeitlichen Kreta brachte neben einer hochstehenden, in den Palästen Kretas, aber auch in den Häusern von Thera überlieferten Wandmalerei in der zweiten Hälfte des 2. Jahrtausends v. Chr. auch eine ausdrucksvolle Kleinplastik hervor. Zu den charakteristischen Motiven zählen Jünglinge und Frauen in einheimischer Tracht, die in einem eigenwillig anmutenden Gebetsgestus verharren (Vitrine 2). Die über einem schmalen Fuß weit ausladenden Gefäße dieser Zeit, ihr der Pflanzen- und Meerestierwelt entlehnter Bildschmuck sowie die Vasen in Gestalt von Stierköpfen kennen wir auch aus der mykenischen Kultur des griechischen Festlands. Zeugnisse der weitreichenden Beziehungen der Fürsten von Mykene und anderer Adelssitze findet man in Siedlungen und Gräbern bis hin nach Kleinasien und Unteritalien. Nach dem Zusammenbruch der minoisch-mykenischen Zivilisation bildeten sich um die Jahrtausendwende neue Lebensformen und Stammesgruppen heraus. Votivfiguren von behelmten Kriegern, Pferdeführern und Wagenlenkern, Rindern, Stuten, Hunden und anderen Tieren, die im 8. Jh. v. Chr. im Zeusheiligtum von Olympia geweiht wurden, zeugen von einer weitgehend agrarisch bestimmten Gesellschaft.

Raum 2: Kunst im Zeitalter Homers
In den Anfängen der griechischen Kunst bilden geometrische Motive wie Kreis, Drei-

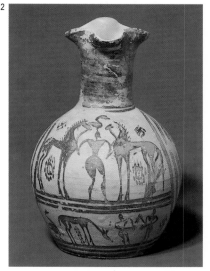

1 Betende Frau, *Troas, minoisch-kretisch, 16. Jh. v. Chr., Bronze, H 18,4 cm*

2 Geometrische Kanne, *Ägina, um 740 v. Chr., Ton, H 23 cm*

3 Großer Aryballos *(Salbölgefäß), Nola, 1. Viertel 6. Jh. v. Chr., Ton, H 17,5 cm*

eck, Raute, Mäander und Gerade die Ornamente, aus denen sich der flächendeckende Dekor der Gefäße aufbaut. Die reichsten Funde dieser Art stammen aus den Gräbern Athens, so daß sich die Entwicklung von den noch sparsam mit einzelnen Motiven geschmückten Vasen der Zeit um 1000 v. Chr. bis zu spätgeometrischen Beispielen um 700 v. Chr. verfolgen läßt, die über und über mit einem feinen Gespinst von horizontalen, jeweils anderen Mustern folgenden Bändern bedeckt sind. In dieser letzten Phase erscheinen erstmals Tiere und Menschen in der Bilderwelt der Vasen (Vitrine 1). Viele der hohen Kessel und Amphoren werden von Friesen umzogen, die Krieger und Wagenzüge, Wettfahrten und Schiffsschlachten zeigen. Noch auf den kleineren Gefäßen wie Kannen und Büchsen mit Pferdefiguren als Deckelgriffen spiegeln sich die Ideale einer Zeit, in der Homers Epos vom Trojanischen Krieg entstanden ist. Durch den für damalige Verhältnisse ›weltweiten‹ Handel und die Gründung von Kolonien an allen Küsten des östlichen Mittelmeers erweiterte sich der Gesichtskreis der Griechen. Fabelwesen aus dem Orient, Löwengreifen, Sphingen und Sirenen begannen ab etwa 700 v. Chr. die Vasenmaler zu faszinieren. Die Flächen zwischen den Figuren, unter denen jetzt deutlich erkennbare Sagengestalten wie Herakles oder der Kentaur Chiron auftauchen, sind von einer Fülle wild wuchernder Pflanzen und anderer Motive überzogen.

Raum 3: Archaische Zeit –
Korinth und Ostionien
Die Funde an Keramik, Bronzefiguren und auch Marmorstatuen aus den Stadtstaaten Sparta, Argos und Korinth auf der Peloponnes, Athen sowie von den Inseln Samos und Rhodos bezeugen ein hoch entwickeltes Kunsthandwerk von eigenem Gepräge. Die

1 Weibliche Stützfigur, *Sparta, um 550 v. Chr., Bronze, H 21,6 cm*

2 Lanzenkämpfer, *Dodona, um 500 v. Chr., Bronze, H 12,8 cm*

3 Schwarzfigurige Amphora des Amasis-Malers, *um 540 v. Chr., Ton, H 29,5 cm*

4 *Amphora des Andokides:* Ringkampf in einer Palästra, *Vulci, um 525 v. Chr., Ton, H mit Deckel 66,7 cm*

Keramik dieser Zeit bestimmen im wesentlichen die Töpfer von Korinth. Überall im Mittelmeer, wo Griechen damals Handel trieben, finden sich ihre Erzeugnisse aus dem charakteristischen hellen, fein geschlämmten Ton. Eierschalendünne Trinkbecher,

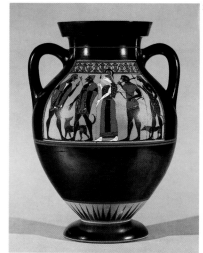

Weinmischkessel von teilweise erheblicher Größe, aber auch die beliebten kleinen Salböflfläschchen unterschiedlicher Form belegen den Typenreichtum und die Qualität der korinthischen Tonwaren (Vitrine 3). Einen eigenen Vasenstil, der gleichfalls durch prächtige Friese mit schreitenden Gazellen, Steinböcken, Löwen, Panthern sowie feinen Blütenknospen beeindruckt, haben die griechischen Städte an der kleinasiatischen Küste hervorgebracht. Milet als Hauptort der nach ihrem Dialekt benannten ionischen Griechen scheint eines der Herstellungszentren gewesen zu sein. Die Funde aus den berühmten Heiligtümern der Hera von Samos, der Artemis von Ephesos und des Apollon von Didyma, darunter Elfenbeinschnitzereien, Geräte und Gefäße aus Bronze, belegen weitreichende Verbindungen zum Vorderen Orient bis hin nach Ägypten.

Raum 4: Athen, Böotien und Sparta
Neben den hochstehenden Erzeugnissen aus Korinth und Athen nehmen sich die Vasen aus dem nördlich von Attika gelegenen Böotien recht altmodisch und provinziell aus. Zur Eigenart dieser bäuerlich geprägten Landschaft gehören Gefäße, darunter der als Trinkgerät des Dionysos geltende Kantharos, die mit Bildern tanzender, trunkener Dickbäuche bedeckt sind. Die Stadt Sparta, hauptsächlich durch ihren kriegerischen Ruf in die Geschichte eingegangen, befand sich in der Zeit vor ihrer politischen Abkapselung im späten 6. Jh. v. Chr. in regem kulturellem Austausch mit den anderen führenden Orten des östlichen Mittelmeers. Sie besaß neben florierenden Keramikwerkstätten ein hochstehendes Kunsthandwerk, dessen Bronzegefäße und Kleinplastiken, darunter Spiegel mit Stützen in Gestalt eines stehenden Mädchens (Vitrine 2), durch ihre Qualität und herbe Schönheit auffallen. Athen, dessen Werkstätten im 7. Jh. v. Chr. noch im Schatten der korinthischen und argivischen Konkurrenz gestanden hatten, erlebte zu Beginn des 6. Jh. v. Chr. einen beständigen wirtschaftlichen Aufschwung. Noch in der ersten Hälfte des Jahrhunderts übernahmen die attischen Töpferwerkstätten die führende Rolle im griechischen Handel. Eine verbesserte Brenntechnik ermöglichte die Herstellung hochwertiger Gefäße aus dem feinen, durch seine rote Farbe hervorragenden Ton.

Raum 5: Kampfbilder und Waffen
Wie das sportliche Kräftemessen bei den großen Wettspielen zu Ehren der Götter gehörte auch der Krieg zwischen den häufig rivalisierenden Stadtstaaten zu den beständigen Erfahrungen der antiken Griechen. Die meisten der zahlreichen Kampfbilder auf den attischen Vasen des 6. und 5. Jh. v. Chr. zeigen keine bestimmten Schlachten und Personen, auch wenn die Rüstung der dargestellten Krieger den Stand der jeweiligen Zeit widerspiegelt: Sie tragen Panzer, Helm, Rundschild und Beinschienen, Schwert und Lanzen (Vitrine 3). In den Kämpfern sind vielmehr, wie die Beischriften vielfach nahelegen, Helden der griechischen Sagen darge-

4

stellt, in denen sich die Zeitgenossen der Vasenmaler wiedererkennen. Bei allen kriegerischen Auseinandersetzungen vergaßen die Griechen nie die bestimmende Macht der Götter, deren Anwesenheit beim Zweikampf der Heroen ebenso dargestellt wurde wie beim Brettspiel der Kampfgefährten: Athena, bewaffnet mit Helm und Lanze, ruft die Helden zum Gefecht. Zahlreiche Waffenfunde – vor allem aus dem Heiligtum des Zeus in Olympia – verdanken wir dem griechischen Brauch, die vom Feind erbeuteten Rüstungen als Danksagung den Göttern zu weihen.

Raum 6: Bronzen aus Samos – Attische Vasen
Der Tempel der Hera, den der Tyrann Polykrates im 6. Jh. v. Chr. errichten ließ, galt als einer der größten und prächtigsten Griechenlands. Die Bedeutung des Hera-Kults und des Heiligtums machen die zahllosen, häufig wertvollen Weihegeschenke deutlich, die dort dargebracht wurden. Die Bronzegießer und -schmiede der Insel waren für ihre Kunstfertigkeit berühmt. In den Statuetten von opfernden Jünglingen und Mädchen mit Blüten in der Hand, die von Besuchern der Göttin geweiht wurden, haben sich die gleichfalls dort aufgestellten Statuen aus Bronze und Marmor in kleinerem Format erhalten. Wahre Meisterwerke schufen die Töpfer und Vasenmaler Athens in dieser Zeit. In glänzendem Tiefschwarz stehen die Gestalten der griechischen Sagen vor dem ziegelroten Grund der bauchigen Amphora, die bis auf das ausgesparte Bildfeld schwarz gedeckt ist (Vitrine 1). Besonders die für die öffentlichen Gelage verwendeten Misch- und Tringefäße wurden mit figurenreichen Bildern versehen, die den Weingott Dionysos und sein trunkenes Gefolge, mythische Szenen und – wenn auch seltener – Szenen

1

aus dem Alltag der Athener des 6. Jh. v. Chr. darstellen. Bruchstücke zahlreicher Tontafeln zeigen eindrucksvolle Bilder von klagenden Frauen und Männern, die eine aufgebahrte Tote beweinen und den Wagenzug zum Grab geleiten; sie wurden von dem berühmten Vasenmaler Exekias um 540 v. Chr. gemalt und stammen von einem Grabbau.

ERSTES OBERGESCHOSS

Raum 7: Attische Sportbilder
Der Sport war im Griechenland der archaischen und klassischen Zeit selbstverständliche Übung für jeden, der es sich leisten konnte. Häufig finden wir deshalb sportliche Themen auch in der Vasenmalerei. Besonders reich vertreten sind sie im späten 6. und frühen 5. Jh. v. Chr., als die Darstellung bewegter Körper in den Mittelpunkt des Interesses rückt. Die ältesten Gefäße in diesem Raum sind noch in der alten, schwarzfigurigen Technik bemalt, die seit dem späten 6. Jh. durch die rotfigurige Malweise ersetzt wird und im 5. Jh. nur noch in Ausnahmefällen Verwendung findet: so etwa bei einer besonders traditionsverhafteten Gattung wie den Amphoren, die als Preis bei den sportlichen Wettkämpfen in Athen verliehen wurden (sog. panathenäische Preisamphoren, Vitrine 1). Die Erfindung der neuen Malweise, bei der die Figuren ausgespart werden und sich nach dem Brand in leuchtendem Rot vom schwarzen Überzug abheben, erfolgte in der Werkstatt des Töpfers Andokides, der in Berlin mit einem Hauptwerk vertreten ist: Die signierte Amphora (um 525 v. Chr., Vitrine 2) zeigt auf einer Seite zwei Paare von Ringkämpfern unter der Aufsicht eines Trainers, der sich mit vornehmer Gebärde eine duftende Blume vor die Nase hält; um einen Wettkampf geht es auch bei dem Bild auf der Rückseite, wo Herakles und Apollon sich um den delphischen Dreifuß streiten – der altehrwürdige Mythos wird ganz und gar als sportliches Ereignis dargestellt.

Raum 8: Trinkgelage, Liebe und Tanz
Die kostbare, figürlich verzierte Keramik wurde in Athen vor allem bei festlichen Trinkgelagen verwendet. Es handelte sich dabei um eine rein männliche Geselligkeit: Frauen, sofern es sich nicht um Musikerinnen oder um professionelle Hetären handelte, die der geistigen und leiblichen Unterhaltung dienten, waren davon ausgeschlossen. Der in zweihenkligen Vorratsgefäßen (Amphoren) aufbewahrte Wein wurde in großen Krateren nach einem vorgeschriebenen Verhältnis mit Wasser vermischt, mit Kannen geschöpft und aus Bechern oder breiten Schalen getrunken, die eine ungewöhnlich sichere Hand erforderten. Auf Schalen finden wir daher Trinkgelage auch am häufigsten dargestellt. Nicht selten endete ein solches Fest, indem die Zecher beschwingt durch die Straßen zogen: in einer ausgelassenen, lärmenden Prozession, die in dionysischen Ritualen unmittelbare Entsprechungen findet.

Raum 9: Griechische Götter und Heroen
Die Trennung zwischen ›sakral‹ und ›profan‹ ist bei den Griechen längst nicht so stark ausgeprägt wie in anderen Kulturen. Auch die private Trinkgeselligkeit beginnt mit Spenden an die Götter, und in den Liedern, die man sich vorsingt, spielen Wirken und Taten der Götter eine wichtige Rolle. So ist es keineswegs ungewöhnlich, wenn die Außenseiten einer Trinkschale in dichtgedrängten, figurenreichen Bildern den siegreichen Kampf der olympischen Götter gegen die erdgeborenen Giganten schildern (Vitrine 1). Es ist für die griechische Denkweise bezeichnend, daß dieser Sieg, der nicht nur die Macht der Olympier, sondern die ganze kosmologische Ordnung der Welt begründete, nur mit Hilfe eines sterblichen Mitstreiters errungen werden konnte: Den Göttern trat als stärkster und entscheidender Verbündeter Herakles zur Seite, der zum Dank dafür nach seinem Tod in den Olymp aufgenommen wurde. Andere Vasenbilder schildern die Taten des Theseus, der als spezifisch at-

tischer Held dem allgemeingriechischen Herakles an die Seite gestellt wurde und der – ähnlich wie jener – in unzähligen Taten die Welt von Monstern, Wegelagerern und anderen finsteren, gesetzlosen Gestalten befreite (Vitrine 5).

Raum 10: Frauenleben, Hochzeit und Tod

An den Gräbern stellte man im 5. Jh. v. Chr. mit duftendem Öl gefüllte Vasen als Gabe für die Toten auf. Eigens zu diesem Zweck bestimmt waren besondere Ölkrüge mit nahezu zylindrischem Gefäßkörper und hohem Hals (sog. Lekythen, Vitrinen 1 u. 3); sie wurden mit weißem Ton überzogen und mit farbigen Bildern verziert. Die Darstellungen beziehen sich meist auf Tod und Jenseits. Häufig sehen wir das Grab als einen Ort, an dem Verstorbene und Hinterbliebene zusammenkommen und doch wie durch eine unsichtbare Barriere getrennt bleiben. Wenn ein Mädchen vor der Hochzeit starb, so wurden ihm Gefäße, die man bei der rituellen Vorbereitung des Hochzeitsbades verwendet hätte,

3

2

1 *Schale des Triptolemos-Malers:* Männer beim Trinkgelage, *um 480 v. Chr., Ton, Ø 32 cm*

2 *Weißgrundige Lekythos des Phiale-Malers:* Sitzender Jüngling am Grab, *um 440 v. Chr., Ton, H 31 cm*

3 Statue einer jungen Frau, *Augusteische Kopie nach einem Vorbild um 450 v. Chr., Marmor, H 137 cm*

als Ersatz ins Grab mitgegeben. Oft wird auf solchen Vasen der feierliche Hochzeitszug dargestellt, der die Braut vom Haus der Eltern in das des Bräutigams geleitete. Andere Hochzeitsvasen schildern das Wirken der Frauen im Inneren des Hauses: Meist sind sie mit dem Spinnen von Wolle beschäftigt, und gelegentlich werden sie von Eroten oder von geflügelten Siegesgöttinnen umschwebt.

Raum 11: Athenischer Alltag – Figuren des Dramas

Die Hauptwerke der griechischen Bronzeplastik sind im Original bis auf wenige Ausnahmen verloren. Erhalten sind aber vielfach spätere Marmorkopien, die man zur Ausstattung römischer Villen und Gärten herstellte. Ein besonders qualitätvolles Beispiel ist die Figur einer jungen Frau, die in augusteischer Zeit nach einem Vorbild des mittleren 5. Jh. v. Chr. entstand. Das Original wird als Weihgeschenk in einem Heiligtum aufgestellt worden sein und zeigt vermutlich eine jugendliche Priesterin. In römischer Zeit hat man das Werk aber weniger wegen seiner inhaltlichen Bedeutung, denn als herausragendes Kunstwerk kopiert: als Zeugnis einer Epoche, die man mittlerweile als klassisch betrachtete. Solche Kopien sind vielfach – wie im Fall unserer Frauenfigur – von erstaunlicher Qualität. Einen gewissen Ersatz für die verlorenen Bronzestatuen bieten die Kleinbronzen, die in diesem Raum zusammen mit gleichzeitigen oder motivisch verwandten Vasen ausgestellt sind – Weihgeschenke kleineren Formats oder figürliche Verzierungen von Geräten wie Spiegelstützen oder Kandelaberaufsätze. Zentrales Thema ist hier – wie in der Großplastik – die menschliche Figur. Am häufigsten sind junge Frauen in der strengen Peplostracht und Männer, die man vielfach als Athleten identifizieren kann.

Raum 12: Griechische Kunst aus Unteritalien

Im späteren 5. Jh. v. Chr. sind attische Töpfer und Vasenmaler nach Unteritalien ausgewandert, nicht zuletzt wohl deshalb, um den dauernden Kriegsunruhen zu entfliehen. Aus bescheidenen Anfängen entwickelte sich in Campanien, in Sizilien und vor allem in Apulien eine reiche und durchaus selbständige Vasenmalerei. Ein besonderer Höhepunkt dieser unteritalischen Produktion sind großformatige Prachtgefäße, die vor allem im Zusammenhang mit Bestattungsfeierlichkeiten als reine Schaustücke verwendet wurden. Die Ikonographie ist von erstaunlichem Reichtum, insbesondere bei den Darstellungen der mythologischen Themen. Nicht selten macht sich in der Thematik der Einfluß von Theateraufführungen bemerkbar. Der rein griechische Charakter dieser Bildwelt ist um so bemerkenswerter, als die Vasen in einem vorwiegend ungriechischen Milieu hergestellt und verkauft wurden: aber gerade in Unteritalien scheint man auf die Teilhabe an hellenischer Kultur besonders stolz gewesen zu sein.

Raum 13: Kunst des Hellenismus

Mit dem Begriff ›Hellenismus‹ bezeichnet man die Epoche der griechischen Geschich-

te zwischen dem Tod Alexanders des Großen (323 v. Chr.) und dem Aufstieg Roms zur Hauptstadt eines Weltreiches im 1. Jh. v. Chr. Die Eroberungen Alexanders führten zu einer raschen Ausbreitung griechischer Sprache und Erzeugnisse über den ganzen Mittelmeerraum und weit in den Mittleren Osten hinein. Im Kunsthandwerk macht sich einerseits die Spezialisierung auf Luxusgüter und andererseits ein Trend zur billigen Massenproduktion bemerkbar. So wird etwa Keramik nicht mehr einzeln gedreht und bemalt, sondern aus Formen gepreßt und serienweise vervielfältigt. In ihrer Erscheinung folgt sie vielfach dem Vorbild kostbarer Metallgefäße, wie sie wohl vor allem in höfischen Kreisen beliebt waren. Deren Geschmack beginnt auch für ein breiteres Publikum bestimmend zu werden.

Raum 14: Funde aus Priene

In den Jahren 1895–99 führten die Berliner Museen Grabungen in der antiken Stadt Priene am kleinasiatischen Mykale-Gebirge durch. Mit den zuständigen Behörden war

3

1 *Tonstatuette eines Negerknaben,* Dornauszieher, *Priene, 2. Jh. v. Chr., gebrannter Ton, H 17 cm*

2 *Kultisches* Drillingsgefäß *mit altlateinischer Inschrift, 550 v. Chr., Ton, H 3,7 cm*

3 Stabdreifuß, *Metapont, 550 v. Chr., Bronze, H 75,4 cm*

Fundteilung vereinbart worden, und so gelangte eine repräsentative Auswahl des Materials nach Berlin. Die meisten Funde stammen aus dem 2. Jh. v. Chr. und vermitteln uns einen Eindruck vom Leben in einer hellenistischen Stadt Griechenlands. Vom Alltag der Einwohner zeugen landwirtschaftliche Geräte, aber auch Pfeilspitzen und Fischerhaken; Waagen und Gewichte dürften von Kleinhändlern verwendet worden sein. In den Häusern sind die repräsentativen Empfangsräume an den Wänden häufig mit buntem Stuck überzogen. Zur Dekoration gehören ferner vielfältige Tonstatuetten: neben Eroten, Satyrn und Kentauren auch elegante Tänzerinnen und trunkene Bettler. Zu den qualitätvollsten Beispielen gehört die Darstellung eines Hirtenjungen, der sich behutsam einen Dorn aus der Fußsohle entfernt. Nach den Fundumständen scheint sie zu einer regelrechten kleinen Kunstsammlung gehört zu haben.

ZWEITES OBERGESCHOSS

Die Ausstellungsräume im zweiten Obergeschoß des Antikenmuseums sind den Zeugnissen der etruskischen und italischen Kulturen vorbehalten.

Raum 15: Die Frühzeit Italiens
Die etruskische Kultur entwickelte sich aus der Villanova-Kultur. Die bedeutendsten Stätten der etruskischen Frühzeit wie Tarquinia, Vulci oder Caere sind an den Stellen villano-

vazeitlicher Siedlungen entstanden. Dabei ist meist ein Wechsel in den Grabsitten zu beobachten: Die einfachen Schachtgräber wurden von Kammergräbern abgelöst, die Totenverbrennung zunehmend von der Körperbestattung.
Die typische Villanova-Urne ist handgeformt aus grobem ungereinigtem Ton (sog. Impasto), der im Brand eine grauschwarze Färbung erhielt. Sie ist mit eingeritzten oder eingedrückten geometrischen Ornamenten verziert und mit einer Schale oder einem Helm als Deckel versehen. Kleinere Gefäße, Trachtzubehör, vor allem Fibeln, Waffen und verschiedene Gebrauchsgegenstände waren Grabbeigaben.
Typische Helmform der Villanova-Kultur ist der sog. Kammhelm aus getriebener Bronze, der auch häufig als Deckel für Aschenurnen verwendet wurde.
Ein Drillingsgefäß der typischen Buccherokeramik zeigt ein frühes Schriftbeispiel aus der Mitte des 6. Jh. v. Chr.

Raum 16: Die Etrusker
Die etruskische Kultur ist ohne ihre Beziehung zu der das Mittelmeer dominierenden griechischen Kunst nicht denkbar. Der Einfluß Griechenlands machte sich auf zwei Wegen bemerkbar: zum einen durch den direkten Import wertvoller Keramik – ein Großteil der im Antikenmuseum ausgestellten griechischen Vasen stammt aus etruskischen Gräbern; zum anderen wirkte sich der griechische Einfluß auch auf die Formgestaltung der etruskischen Handwerker und Künstler aus. Immer wieder wurden griechische Mythen und Erzählungen, wenn auch oft abgewandelt, in die Kunst der Etrusker übersetzt.
Bei der Nachahmung griechischer Vasenmalerei waren die etruskischen Töpfer sehr erfolgreich, wie z. B. die Teller des Tityos-Malers beweisen. Besonders eigenständig zeigten sich die Etrusker bei der typisch schwarzen Keramik, dem sog. Bucchero.
Die technisch größten Leistungen gelangen etruskischen Handwerkern aber auf dem Gebiet der Bronzekunst. Ein gutes Beispiel für den Leistungsstandard des Handwerks bietet eine Aschenurne aus Capua. Der Körper ist aus Bronzeblech fein ausgetrieben, die Aufsatzfiguren, drei Pferde und ein Hornbläser, sind nach dem Wachsausschmelzverfahren gegossen und aufgelötet. Charakteristische Funde sind auch Bronzekannen, Bekken, Stabdreifüße und zahlreiche Kandelaber.

Raum 17: Italische Randkulturen
Eine ganz spezifische Leistung des etruskischen Metallhandwerks stellen die etruskischen Spiegel dar: meist runde Scheiben mit einem Griff oder Griffansatz, die auf der Vorderseite blank gerieben waren. Die Rückseiten zeigen eingravierte Szenen aus Alltag oder Mythologie. Beliebt sind Toilettenszenen, bei denen sich vornehme junge Mädchen an schön geformten Becken waschen.
Neben der etruskischen finden sich im 6. und 5. Jh. v. Chr. auch noch andere Kulturen

in Italien, die ebenfalls von Griechenland beeinflußt waren. Als charakteristisches Beispiel mag ein Prunkgefäß dienen, bei dem Mädchenfiguren plastisch aufgesetzt sind (um 300 v. Chr.).

Raum 18: Römische Bronzen und Porträts

Eine eigene Gattung, die sich bis in das 3. Jh. v. Chr. in der etruskischen Kunst hielt, sind die Cisten: Gefäße für weiblichen Schmuck, die in der Regel zylinderförmig aus Bronze getrieben waren. Die Deckel tragen gegossene Aufsatzfiguren von hohem Kunstwert. Auf den Außenseiten umlaufend sind gravierte historische oder mythologische Darstellungen zu sehen. Die weiße Einfärbung der Ritzlinien ist modern.

Als diese Cisten hergestellt wurden, dominierte bereits der römische Einfluß: Die etruskische Kultur war dem Untergang geweiht. Das neue römische Reich sollte den gesamten Mittelmeerraum prägen und ihn damit kulturell vereinheitlichen. Ein Beispiel für diese Einheitlichkeit bieten uns die im Antikenmuseum gesammelten Bronzestatuetten. Die in diesem Raum gezeigten stammen aus der Sammlung Bellori, eines italienischen Sammlers, dessen Kollektion 1696/98 aufgekauft wurde und den Grundstock der Berliner Antikensammlungen bildete.

Marmorporträts von Angehörigen des römischen Kaiserhauses geben uns eine Vorstellung von der Kunst römischer Porträtisten im 1. und 2. Jh. n. Chr.

Raum 19: Die römischen Götter

Trotz der Vielfalt der römischen Götterwelt, welche die Kulte anderer Kulturen bereitwillig assimilierte, lassen sich unter den Götterbildern doch relativ einheitliche Typen wiederfinden. Bei Leuten, die durch eigene Anstrengung Geld verdient hatten, war der Gott Merkur besonders beliebt. Er ist immer mit Flügelhut und Flügelschuhen dargestellt. Als wichtigstes Attribut hält er den Beutel mit Geld in der rechten Hand. Die kleinen Merkurstatuetten standen häufig auf den kleinen Hausaltären, den Lararien, und sollten wohl den Segen des Gottes des Handels herabflehen. Oberste Gottheit war Jupiter, der meist sitzend dargestellt ist und den Blitz in der rechten Hand hält.

Ein schönes Beispiel für die Volksfrömmigkeit ist das Weihrelief des Bäckers C. Pupius Firminus und seiner Frau Modasena Trophime an die Göttin Vesta. Die Göttin hält in der linken Hand das Szepter, in ihrer Rechten eine Schale mit einem Ei, das einer Schlange als Nahrung dient. Ein besonderer Hinweis auf die Schutzfunktion für das Bäckerkollegium ist ein Weizenscheffel unter dem Stuhl der Göttin, auf dem ein rundes Brot mit Kerben liegt.

Raum 20: Römischer Alltag

Die Vielfalt der Exponate des Berliner Antikenmuseums gibt einen Einblick in das alltägliche Leben der Römer. Handel und Gewerbe repräsentiert eine Schnellwaage mit einem Laufgewicht in Form eines sitzenden Negersklaven. Daneben verdeutlichen Münzen den Wert einer einheitlichen Münzprägung für den Handel.

Ein fester Bestandteil der römischen Feste waren u. a. die Gladiatorenkämpfe, die freilich in der Regel nicht so blutig ausgingen, wie es uns die historischen Romane schildern. Ein großer Gladiatorenhelm mit Gesichtsschutz und hohem Helmbusch ist aus Bronze getrieben. Er zeigt keine Kampfbeschädigungen und wurde vielleicht nur zum prunkvollen Einzug in die Arena getragen.

Während gegen Ende der Antike viele der traditionellen Techniken des Kunsthandwerks in Vergessenheit gerieten oder durch billige Produkte verdrängt wurden, erlebte die Glaskunst eine ungeheure Blüte. Zu welcher Perfektion in Form und Farbgebung die römische Glasindustrie fähig war, zeigt das Sortiment von Gläsern, das von kleinen Salbfläschchen bis zu großen Schalen reicht.

SCHATZKAMMER

Die Schatzkammer des Antikenmuseums birgt eine der reichsten Sammlungen antiken Goldschmucks vom ausgehenden 3. Jahrtausend v. Chr. bis in die Spätantike.

Raum I: Griechischer und etruskischer Schmuck

Im ersten Raum sind griechische, etruskische, persische, skythische und keltische Goldarbeiten, Siegelringe und Gemmen sowie die griechischen Münzen der Sammlung Amersdorffer ausgestellt. Besondere Bedeutung haben in der Berliner Sammlung geschlossene Fundkomplexe wie der früh-griechische Goldfund der Zeit um 2200 v. Chr. von der Peloponnes, der große Fund skythischen Goldes von Maikop am Kaukasus oder der skythische Goldfund von Vettersfelde in der Mark Brandenburg. Sein berühmter reliefverzierter Fisch diente ursprünglich wohl als Schildzier und gehörte ebenso wie ein Schwert mit Scheide und weitere Goldteile zur Rüstung eines skythischen Fürsten.

Die etruskischen Goldschmiede waren unerreichte Meister in der Kunst der Granulation, d. h. in der Verzierung des Goldblechs mit feinsten Goldkügelchen. Hervorzuheben ist die Maske des bärtigen Flußgottes Acheloos, die das Zentrum einer großen Halskette aus Praeneste um 500 v. Chr. bildet.

Aus dünnen Goldblechstreifen haben griechische Goldschmiede in Kleinasien im 4. Jh. v. Chr. einen Kranz von Ölbaumzweigen nachempfunden, dessen Früchte aus Smaragden und Goldkugeln an Golddrähten befestigt sind. Im Scheitelpunkt des Kranzes sitzt auf einer Blüte eine goldene Zikade.

Raum II: Der Silberschatz von Hildesheim

Das Tafelservice des ›Hildesheimer Silberfundes‹ füllt mit seinen etwa 70 Teilen beinahe den gesamten Mittelraum der Schatzkammer. Prunkstück ist die kostbare Schale mit einem Rundbild der römischen Göttin Minerva. Die feuervergoldeten Partien heben sich plastisch von Büste, Armen und Füßen der Sitzenden und vom Hintergrund ab. Alle Teile der Schale sind gegossen, auch das Relief-

1 *Oskar Schlemmer,* Gruppe mit Sitzender, *1928, Öl/Lw., 90 × 36 cm*

2 *Fritz Tschaschnig,* Zuordnung von Farben und Formen, *Studie aus dem Farbseminar Kandinsky, 1931, Tempera/Papier, 42 × 33 cm*

3 *Gunta Stadler-Stölzl,* Schlitzgobelin, *1926/27, Leinenkette, Schuß vorwiegend Baumwolle, 159 × 113 cm*

4 *Ludwig Mies van der Rohe,* Weißenhofsessel, *1927, Stahlrohr, Rohrgeflecht*

3

entworfene Bestuhlung aus den 20er Jahren, die restauriert und im Vortragssaal des Museums eingebaut wurde. Bereits zu Lebzeiten haben die ehemaligen Bauhaus-Meister Georg Muche und Herbert Bayer dem Bauhaus-Archiv wesentliche Teile ihres künstlerischen Nachlasses vermacht. Eine Zwischenbilanz der Sammeltätigkeit des Museums zieht der erste Bestandskatalog, der 1981 anläßlich einer Sonderausstellung des Bauhaus-Archivs im Bonner Wissenschaftszentrum erarbeitet wurde und nahezu 500 Objekte aus allen Sammelgebieten verzeichnet.

Zunehmend wurde das Bauhaus-Archiv Veranstaltungsort großer Sonderausstellungen. So war es im Frühjahr 1983 Gastgeber für die ›Deutsche Kunst des 20. Jahrhunderts aus dem Busch-Reisinger Museum der Harvard University, Cambridge, USA‹, die dem Museum einen Besucheransturm brachte, dem es kaum noch gewachsen war. Ein noch größerer Erfolg konnte im darauffolgenden Jahr mit der Sonderausstellung ›Kandinsky – Russische Zeit und Bauhausjahre‹ erzielt werden, die von der Stiftung Deutsche Klassenlotterie Berlin unterstützt wurde. Erfolgreich waren auch die Sonderschauen ›Siedlungen der Zwanziger Jahre – Vier Berliner Großsiedlungen heute‹ (1984/85), ›Paul Klee als Zeichner‹ (1985) und ›Der Architekt Walter Gropius‹ (1985/86). Neben

solchen großangelegten Ausstellungen ist stets auch eine Auswahl aus den Bauhaus-Beständen des Museums zu sehen: Möbel, Metall- und Keramikarbeiten, Webereien sowie freie und angewandte künstlerische Arbeiten. Wegen der insgesamt knappen Ausstellungsfläche muß sich diese Auswahl allerdings zeitweise äußerster Beschränkung unterwerfen.

4

Alfred Arndt, Farbpläne für die Außengestal-
tung der von Walter Gropius entworfenen
Meisterhäuser Dessau, *1926, Tempera u.
Tusche/Papier, 76 × 56 cm*

Baugeschichte und -beschreibung

Auf der Tiergartenseite des Landwehrkanals,
in unmittelbarer Nähe zum Lützowplatz, wurde 1979 das Museumsgebäude des Bauhaus-Archivs eröffnet. Es ist ein bereits 1964
entworfenes Spätwerk des Architekten Walter Gropius, der 1883 in Berlin geboren wurde und 1969 in Boston starb. Der Grundriß
zeigt zwei parallele Trakte, die durch einen
niedrigen Zwischenbereich verbunden sind.
Über die Ausstellungsräume ragen nach Norden ausgerichtete ›Sheds‹ (Oberlichter) empor, die das Tageslicht gefiltert einlassen.
Diese Sheds über einer weiß behandel-
ten Betonfassade sowie zwei im Mai 1985
montierte Bildsäulen von Max Bill verleihen
dem Gebäude sein unverwechselbares Aussehen.
Ursprünglich wurde das Gebäude für Darmstadt geplant, wo das Bauhaus-Archiv 1960
gegründet worden war; dort konnte es jedoch nicht verwirklicht werden. Gropius äußerte daraufhin während seiner letzten Le-
bensjahre wiederholt, daß er seinen Entwurf
am liebsten in seiner Heimatstadt Berlin realisiert sähe. Glücklichen Umständen ist es zu
verdanken, daß dieser Wunsch in Erfüllung
ging. Das Berliner Abgeordnetenhaus erklärte sich bereit, den größten Teil der Betriebs-
mittel aufzubringen und stellte zugleich die
Realisierung der Gropius-Baupläne in Aussicht. Weitere Zuschüsse zum Budget sagte
die Bundesrepublik Deutschland zu, die das
Bauhaus-Archiv bereits seit seiner Gründung
unterstützt hatte.
1971 bezog das Bauhaus-Archiv provisorisch
ein Gebäude aus dem späten 19. Jh. (neben

dem Antikenmuseum, s. S. 24) in Berlin-
Charlottenburg, das sich als eine sehr
brauchbare Übergangslösung erwies. Bald
wurde mit der Ausarbeitung der Neubaupläne begonnen, die von ehemaligen Gropius-
Mitarbeitern (TAC/The Architects Collaborati-
ve) unter Federführung von Alexander Cvija-
novic bearbeitet wurden. In Berlin war Hans
Bandel Kontaktarchitekt. Im Mai 1976 fand
die Grundsteinlegung statt, die Einweihung
konnte im Dezember 1979 gefeiert werden.
Die Baupläne – ursprünglich für eine Hangla-
ge in Darmstadt konzipiert – mußten in Berlin für ein ebenes Gelände umgearbeitet und
der stadtlandschaftlichen Situation angepaßt
werden. Gegenüber dem Darmstädter Entwurf wurde das Gebäude um 180 Grad gedreht, so daß die Hauptfassade mit der großen Ausstellungshalle zum Landwehrkanal,
d. h. zur Südseite orientiert ist (was sich allerdings wegen des stärkeren Lichteinfalls als
problematisch erwies).
Der Besucher erreicht das Museum über eine Rampe, welche den Gebäudekomplex zunächst durchquert, ehe sie in einer Schleife
auf den Eingang zuführt. Die Ausstellungsflächen gliedern sich in eine ca. 600 m² große
Südhalle und eine kleinere ca. 250 m² große
Nordhalle. Diese Flächen erwiesen sich in
der Praxis als nicht ausreichend: Insbesondere für große Sonderausstellungen muß die
Beständesammlung ganz oder teilweise ab-
gebaut und magaziniert werden, was für Besucher nicht selten eine Enttäuschung bedeutet. Andererseits will und kann das Museum nicht auf die Durchführung großer
Sonderausstellungen verzichten, denn erst
sie machen ein zeitgenössisches Museum

1

2

zu dem Erlebnisort, der mehr und mehr an Publikumsgunst gewinnt.

Im Erdgeschoß sind außer der Ausstellungsfläche ein Magazin, die Restauratorwerkstatt und ein Arbeitsraum untergebracht, auf der Ostseite ferner ein Vortragsraum und eine Cafeteria. Im Obergeschoß befinden sich die Präsenzbibliothek, die Dokumentensammlung und die Verwaltungsräume. Zwei ursprünglich vorgesehene Studios für Wissenschaftler mit Zeitverträgen mußten zwischenzeitlich aus Raummangel bereits in die Verwaltungsräume integriert werden. Die zur Verfügung stehenden Flächen sind insgesamt so knapp, daß eine Gebäudeerweiterung geplant wird. Sie soll es vor allem ermöglichen, in stärkerem Maße die Bauhaus-Sammlung und Sonderausstellungen zugleich zu zeigen.

Sammlungsbestände

Im Mittelpunkt der Sammlung, wie sie sich – mit verschiedenen Schwerpunkten – im Bauhaus-Archiv präsentiert, steht seiner Bestimmung gemäß das Bauhaus. Hierbei wird versucht, zugleich mit den ausgestellten Objekten auch etwas vom Aufbau, von der pädagogischen Idee und von der Wirkung dieser Kunstschule zu vermitteln. So wird der Unterricht im **Vorkurs**, wie ihn Johannes Itten und Georg Muche am Weimarer Bauhaus 1919-23 erteilt haben, anhand zahlreicher Studienarbeiten (z.B. Hell-Dunkel, Material, Form, Rhythmus) dokumentiert. Ähnliches geschieht für die ganz anders gearteten Vorkurse, die László Moholy-Nagy und Josef Albers seit 1923 abhielten. Die dargestellte Bauhaus-Pädagogik findet ihre Fortsetzung

3

1 *Herbert Bayer,* Entwurf zu einem Zeitungskiosk, *1924, Tempera u. Collage/Papier, 64,5 × 34,5 cm*

2 *Marianne Brandt,* Kaffee- und Teeservice, *um 1924, Silber*

3 *Wassily Kandinsky,* Komposition ohne Titel, *aus dem Gästebuch Alfred und Tekla Hess, 1925, Aquarell, 28 × 21,5 cm*

Paul Klee, Variation II, *aus dem Portfolio für Walter Gropius, 1924, Tempera/Papier, 19,4 × 13,7 cm*

im Unterricht von Wassily Kandinsky (insbesondere Farbseminar und analytisches Zeichnen), von Paul Klee und von Oskar Schlemmer (Unterricht ›Der Mensch‹).

Da die Ausbildung am Bauhaus prinzipiell zweigleisig, d. h. nicht allein formal-künstlerisch, sondern zugleich material-werkorientiert verlief, kommt den **Werkstätten** eine besondere Bedeutung zu. Im Bauhaus-Archiv befinden sich Arbeiten von Lehrern ebenso wie von Schülern des Bauhauses. In unterschiedlicher Gewichtung sind dabei sämtliche Werkbereiche des Bauhauses vertreten: Möbel (Holz und Stahlrohr, Einzelfertigung und Prototypen zur industriellen Herstellung), Metall (edle und unedle Metalle, Einzelfertigung und Serienstücke), Keramik (handbemalte Einzelstücke, handwerkliche Serienfertigung), Glas (Gebrauchsgegenstände und Serienproduktion, Metall und Glas), Textil (Wandbehänge, Teppiche, Entwurfsarbeit für die Industrie), Wandmalerei (figurale Wandmalerei, farbige Innenraumgestaltung, Tapeten), Bildhauerei (Freiplastik, Relief, kleine Holzarbeiten), Typographie (Buch- und Einbandgestaltung, Werbedrucksachen, Plakate), Photographie (freie Arbeiten, technischer Unterricht), Bühne (Bühnenbilder, Figurinen).

Im Bereich der **Architektur,** die am Bauhaus erst seit 1927 systematisch unterrichtet wurde, werden die wichtigsten mit dem Bauhaus verbundenen Architekten vorgestellt, insbesondere dessen drei Direktoren Walter Gropius (frühe Arbeiten, Entwürfe zum Bauhaus-Gebäude in Dessau), Hannes Meyer (eigene Arbeiten und Studien seiner Schüler) und Ludwig Mies van der Rohe (eigene Arbeiten und eine umfangreiche Kollektion von Studien seiner Schüler).

Neben dem Bauhaus sind weitere Sammel- und Interessenschwerpunkte des Museums die **Kunstschulen**, die vom Bauhaus ihren Ausgang nahmen oder sich in ihrer Arbeit wesentlich darauf beziehen (insbesondere das ›new bauhaus‹ und seine Nachfolge-Institute in Chicago sowie die Hochschule für Gestaltung in Ulm), ferner Kunstschulen, die bereits in den 20er Jahren an der Kunstschulreform beteiligt waren (wie etwa die Frankfurter Kunstschule).

Die Sammlung des Museums wird ständig durch Neuerwerbungen ergänzt. Hierzu gehörten etwa in den vergangenen Jahren ein Kaffee- und Teeservice in Silber mit Ebenholzgriffen, entworfen um 1924 von Marianne Brandt, das Gästebuch Wilhelm und Tekla Hess mit Werken von Kandinsky, Klee und anderen Bauhaus-Künstlern (beides erworben aus Mitteln der Stiftung Deutsche Klassenlotterie Berlin) sowie Stahlrohrmöbel von Marcel Breuer. Ein ganz besonders wertvoller Zuwachs zur Sammlung ist ein Portfolio zum 41. Geburtstag von Walter Gropius mit Werken von Kandinsky, Klee, Schlemmer, Muche, Moholy-Nagy und Feininger, das 1986 aus Mitteln der Stiftung Deutsche Klassenlotterie Berlin erworben werden konnte und dem Bauhaus-Archiv, ebenso wie andere Ankäufe, vom Land Berlin als Dauerleihgabe zur Verfügung gestellt wurde.

Die Ausstellungs- und Veranstaltungstätigkeit des Museums hat eine wichtige Grundlage in der öffentlich zugänglichen Präsenz-Bibliothek. Sie enthält Werke nicht allein zum Bauhaus, sondern auch zur Geschichte der freien und angewandten Kunst, der Architektur, des Designs und der Kunstpädagogik vom Ende des 19. Jh. bis zur Gegenwart.

6 Berliner Post- und Fernmeldemuseum

30 (Schöneberg), An der Urania 15, Telefon 21 28-2 01
Verkehrsverbindung: U-Bahnhof Wittenbergplatz, Nollendorfplatz; Bus 19, 29, 69, 73, 85
Geöffnet: Dienstag bis Freitag 10-16 Uhr, Samstag und Sonntag 10-13 Uhr
Filmvorführungen Sonntag ab 11 Uhr
Abweichend von der Feiertagsregelung (s. S. 8) Gründonnerstag, Osterdienstag und Pfingstdienstag geöffnet

Direktor: Kurt Roth

Träger: Deutsche Bundespost (Landespostdirektion Berlin)

Sammlung: Objekte zur Entwicklung des Post- und Fernmeldewesens

Ausleihbibliothek zur Postgeschichte und Philatelie

Publikationen: ›Postgeschichtliche Hefte‹

Sammlungsgeschichte

1872 beauftragte der General-Postmeister des Deutschen Reiches, Heinrich von Stephan, die Ober-Postdirektion Berlin, ein Technisches Museum zu errichten, das »u. a. auch eine Sammlung der zu den Transport- und Expeditionseinrichtungen beim Postwesen gehörigen Gegenstände, sei es in natürlicher Größe, sei es in Modellen enthalten soll«. Er gab damit den Anstoß zur Gründung des ersten Postmuseums der Welt.
Durch die Hilfe vieler Institutionen, durch Schenkungen aus dem In- und Ausland entstand aus bescheidenen Anfängen eine stattliche Sammlung, die 1878 im damaligen Gebäude des General-Postamts erstmalig auch der Öffentlichkeit zugänglich gemacht wurde. In den 1897 bezogenen neuen Räu-

men konnte auf großer Ausstellungsfläche die Sammlung in ihrer ganzen Breite gezeigt werden: Objekte zur Geschichte der Schrift und des Schreibgeräts, zum Transport- und Botenwesen, Dienstkleidung, Postgebäude in Modellen, Geräte des technischen Postbetriebs, die Telegraphensammlung, Zeugnisse aus der Entwicklung der Fernsprechtechnik, Rohrpost, Anfänge des Grammophons usw.
Während des Ersten Weltkriegs wurde das Museum geschlossen, der Zweite Weltkrieg brachte – nach Jahren der ständigen Erweiterung – das Ende des Reichspostmuseums. Die Bestände, die in den westlichen Teil Deutschlands ausgelagert worden waren, bilden den Grundstock des 1958 eröffneten Bundespostmuseums in Frankfurt/Main und der Postwertzeichen-Ausstellung im Bun-

Typendrucktelegraph *nach David E. Hughes, 1855, Ausführung von Siemens & Halske nach 1900*

Telephon *von Philipp Reis, 1863, und* Fernsprechtischapparat OB 05, *1905*

despostministerium in Bonn. Beide wollen die Tradition des Reichspostmuseums fortführen.

Die Landespostdirektion Berlin hatte seit 1954 begonnen, eine allein auf Berlin bezogene post- und fernmeldegeschichtliche Sammlung aufzubauen. 1966 wurde diese Sammlung nach provisorischer Unterbringung im Postamt 15 als Berliner Post- und Fernmeldemuseum im Urania-Haus eröffnet.

Sammlungsbestände

Von Berlin aus begann der Siegeszug der elektrischen Nachrichtenübermittlung mit Telegraph, Fernsprecher, Funk, Rundfunk und Fernsehen.

In der Abteilung **Telegraphie** erinnern Modelle der optischen Telegraphenanlage Berlin–Koblenz an die Zeit der ›Holz- oder Balkentelegraphie‹ in der ersten Hälfte des vorigen Jahrhunderts. Elektrische Telegraphenapparate, vom Siemens-Zeigertelegraph bis zum modernsten Fernschreibgerät, sind betriebsfähig zu besichtigen.

Die Anfänge des Berliner **Fernsprechwesens** werden dokumentiert durch die ersten kleinen Apparate, die der Lehrer Philipp Reis 1860 konstruierte. Andere Apparate geben

Posthausschild, *Preußen 1776*

einen Überblick über die Entwicklung bis heute. In einem Demonstrationsmodell wird dem Besucher erklärt, wie sich ein Telephongespräch abwickelt.

Die Abteilung **Funk/Rundfunk/Fernsehen** (s. auch Deutsches Rundfunkmuseum S. 83) führt in Urkunden, Patentschriften, Bildern und Modellen besonders die Anfänge des Fernsehens vor Augen. Nicht nur die Sendetechnik, sondern auch die Studiotechnik lagen damals in den Händen der Postverwaltung. Wie im Jahre 1928 auf der Funkausstellung in Berlin können die Besucher des Museums in den Mihályschen Bildschreiber für 30 Zeilen blicken, in dem das Porträt der Schauspielerin Pola Negri elektrisch übertragen wird. Ausgestellt ist auch die erste Fernsehsprechzelle aus dem Jahr 1929. Zahlreiche Fernsehempfangsgeräte insbesondere aus den Jahren 1929-38, darunter z. B. die 1936 entwickelten Standempfänger, bei denen man das Bild in einem Spiegel betrachten mußte, oder die ersten Tischempfänger aus dem Jahr 1938 sind zu besichtigen. Die Entwicklung des Fernsehens in Berlin nach dem Zweiten Weltkrieg wird im Museum nur am Rande gestreift.

Das **Postwesen** Berlins wird durch viele Einzelstücke veranschaulicht: Postkurskarten und Stadtpläne Berlins aus dem 17.-19.Jh., Posthausschilder, Uniformen, Modelle von Postwagen, einen preußischen Postschalter aus der zweiten Hälfte des 19. Jh. oder durch Demonstrationsanlagen zur Berliner Rohrpost. Ein Modell einer modernen Briefverteilungsanlage führt schließlich in die Gegenwart.

Die **Postwertzeichen**-Sammlung ist ein Geschenk der Landespostdirektion an die Philatelisten Berlins und zugleich eine Erinnerung an die berühmte Postwertzeichen-Sammlung und -ausstellung des alten Reichspostmuseums.

Allerdings will das Berliner Post- und Fernmeldemuseum nicht nur historische Entwicklungen darstellen. Vielmehr werden nach der Erweiterung und Wiedereröffnung im Sommer 1987 gerade die zukunftsweisenden Techniken einen wesentlichen Teil der Ausstellung bestimmen. Mit der Einrichtung eines Videokonferenz-Studios ist das Museum zu einer aktuellen Bildungs- und Informationsstätte geworden. *Kurt Roth*

7 Berlinische Galerie

61 (Kreuzberg), Gropius-Bau, Stresemannstraße 110 (Auskunft erteilen Frau Dr. Ursula Prinz unter 25 48 63 03 und Frau Gisela-Ingeborg Bolduan unter 25 48 63 02)
Verkehrsverbindung: S-Bahnhof Anhalter Bahnhof, U-Bahnhof Kochstraße;
Bus 24, 29
Geöffnet: Dienstag bis Sonntag 10-18 Uhr / Feiertagsregelung bei Drucklegung noch nicht bekannt

Direktor: Prof. Dr. Eberhard Roters (Bildende Kunst)
Wissenschaftliche Mitarbeiter: Dr. Ursula Prinz (Bildende Kunst),
Janos Frecot (Archiv, Photographie), Helmut Geisert (Architektur)

Träger: Berlinische Galerie e. V.

Sammlung: Bildende Kunst des 19. und 20. Jh.

Handbibliothek zur internen Benutzung; **Archiv** (Künstlernachlässe, Photo- und Architektursammlung)

Publikationen: ›Kunst in Berlin von 1780 bis heute‹, Berlin 1986 – Bestands- u. Ausstellungskataloge zu den einzelnen Abteilungen

Museumsgeschichte

Die Berlinische Galerie wurde am 21. November 1975 gegründet. Träger ist der von kunstinteressierten Bürgern ins Leben gerufene Verein ›Berlinische Galerie e. V.‹, Vorstandsvorsitzender bis heute der Architekt Winnetou Kampmann. In der von der Gründungs- und ersten Mitgliederversammlung am 21. 11. 1975 beschlossenen Satzung werden die Aufgaben des Museums folgendermaßen definiert:
Die Berlinische Galerie ist ein Museum, das Kunstwerke und Materialien zur Berliner Kunst- und Kulturgeschichte vom 19. Jh. bis zur Gegenwart aus den Bereichen der bildenden Kunst, der Architektur, der künstlerischen Photographie, des Kunstgewerbes und des Design sammelt, erforscht und der Öffentlichkeit zugänglich macht.
Von Anfang an fand die Berlinische Galerie die Förderung des Senators für Kulturelle Angelegenheiten (zum Gründungszeitpunkt Senator für Wissenschaft und Kunst), von dem der Direktor der Berlinischen Galerie mit dem Aufbau des Museums und seiner Sammlung beauftragt wurde. Bereits im Vorstadium warb Senator Werner Stein für die parlamentarische Unterstützung des Plans. Anlaß für die Gründung war die Erkenntnis, daß sich zwischen den Sammlungsaufträgen der Nationalgalerie (internationale Kunst; s. S. 264) und des Berlin Museums (Berliner Kulturgeschichte; s. S. 52) ein Feld Berliner Kunstgeschichte ausbreitet, das bis dahin nicht betreut werden konnte. Dadurch war die Gefahr gegeben, daß wertvolle Zeugnisse in Berlin entstandener Kunst, vor allem unseres Jahrhunderts, bei wachsendem sammlerischen Interesse unwiederbringlich für Berlin verlorengingen. Die Berlinische Galerie begreift sich als ein Regionalmuseum, indes für eine Region, die von zentraler Bedeutung für die internationale Kunstentwicklung des 20. Jh. ist.
Die vielseitige Zustimmung, die die Berlinische Galerie mit Beginn ihrer Sammeltätigkeit erfuhr, bestätigte alsbald die Richtigkeit dieser Überlegungen. Die ersten Kunstwer-

ke kamen aus privaten Schenkungen sowie durch Ankäufe aus Geldspenden von Privatleuten und Firmen zustande. Im besonderen ist der Stiftung Deutsche Klassenlotterie (DKLB-Stiftung) Berlin dafür zu danken, daß sie von Anfang an Vertrauen in die Sammeltätigkeit der Berlinischen Galerie setzte und für den Erwerb von Kunstwerken bedeutende Zuwendungen leistete.
Im November 1978 siedelte die Berlinische Galerie nach ihrer ersten Aufbauphase in das Haus Jebensstraße 2 über und stellte in ihren provisorischen Ausstellungsräumen ihre erste Bestandsausstellung ›1913-1933‹ vor. Diese Ausstellung sicherte dem Museum endgültig das Interesse der Öffentlichkeit. Seither sind die Bestände in einem nicht vorauszusehenden Maße gewachsen. Die Berli-

Franz Skarbina, Auf der Wandelbahn eines Seebades, *1883, Öl/Lw., 136 × 85,5 cm*

nische Galerie betreut zur Zeit ca. 12000 Kunstwerke, davon etwa 3000 Gemälde.

1978 nahm das Archiv der Berlinischen Galerie seine Tätigkeit auf. Mit wenigen Mitteln entstand innerhalb kurzer Zeit eine bedeutende Photosammlung. Eine Sammlung zur Berliner Architektur des 20.Jh. befindet sich noch im Stadium der Gründung.

Im Mai 1986 siedelte die Berlinische Galerie in den Gropius-Bau um (Baugeschichte und -beschreibung s. Werkbund-Archiv, S. 327).

Eberhard Roters

Sammlungsbestände

Bildende Kunst

Die Sammlung der Berlinischen Galerie umfaßt den Zeitraum von etwa 1870 bis zur Gegenwart. Innerhalb der bisher zehnjährigen Sammeltätigkeit haben sich einige wichtige Schwerpunkte herausgebildet. Dies sind vor allem: die Kunst um 1900, der ›Sturm‹, die ›Novembergruppe‹, DADA Berlin, der Berliner Realismus und die Kunst seit 1960. Der Erwerb einiger in sich geschlossener Sammlungen setzt hier und da spezifische Akzente, so z.B. die Sammlung Feldberg mit ca. 150 Künstlerselbstbildnissen aus den 20er Jahren oder die Sammlung Waldemar

Grzimek, eine von dem verstorbenen Bildhauer zusammengetragene Kollektion Berliner Kleinplastik des 19. und frühen 20.Jh., die voraussichtlich ihr Domizil als Dependance der Berlinischen Galerie im ›Lapidarium‹, dem ehemaligen Pumpwerk in Kreuzberg am Landwehrkanal, finden wird.

Die Sammlung beginnt mit dem Hofmaler der Hohenzollern und Akademiedirektor Anton von Werner. Der offiziellen, von den Hohenzollern geförderten Kunst steht die Kunst der Jüngeren gegenüber, die gegen die Vorherrschaft der öffentlich Anerkannten rebellierten. Aus dem Krach um die Edvard-Munch-Ausstellung 1892 resultierte die Gründung der ›Gruppe der 11‹, die schließlich zur Gründung der ›Berliner Secession‹ führte. Tragende Köpfe dieser Gruppe sind die Impressionisten Max Liebermann, Max Slevogt, Lovis Corinth, Lesser Ury, Franz Skarbina, Paul Baum sowie die dem Jugendstil verbundenen Maler Ludwig von Hofmann, Walter Leistikow, Eugen Spiro und Fidus. Von der Kritik gescholten, fanden die jungen Künstler Unterstützung im aufgeklärten Berliner Bürgertum, das sich in zunehmendem Maße für die junge Kunst einsetzte. Schon früh entwickelte sich in Berlin ein für diese Stadt typischer sozialkritischer Realismus, der zum Teil aus dem Impressionis-

Lesser Ury,
Leipziger Straße, *1898,*
Öl/Lw., 107 × 68 cm

Conrad Felixmüller, Der Schaubudenboxer, *1921, Öl/Lw., 95 × 110 cm*

mus erwuchs, etwa bei Philipp Franck, Leo von König, Emil Rudolf Weiß, aber auch andere künstlerische Temperamente einschloß, wie Heinrich Zille, Käthe Kollwitz und Hans Baluschek.

Um 1910 drängte sich eine neue, jüngere Künstlergruppe in den Vordergrund, die der alten Secession die ›Neue Sezession‹ entgegensetzte. Vor allem die Künstler der ›Brükke‹, die Expressionisten waren hier tonangebend. Unter den in der ›Neuen Sezession‹ Ausstellenden befanden sich Moriz Melzer, Max Pechstein, Heinrich Richter, Georg Tappert, Friedrich Ahlers-Hestermann, Erich Heckel, Cesar Klein, Ernst Ludwig Kirchner, Karl Schmidt-Rottluff, Jakob Steinhardt, Arthur Segal, Otto Freundlich. Mit Ausnahme der ›Brücke‹-Künstler, die vom Brücke-Museum (s. S. 76) gesammelt werden, sind Werke all dieser Künstler in der Sammlung der Berlinischen Galerie vorhanden.

Mit der Gründung der ›Neuen Sezession‹ begann eine Entwicklung, die von den Berliner Galerien der 10er und 20er Jahre aufgegriffen und in die internationale Kunstszene eingebracht wurde, insbesondere durch die Aktivitäten von Galerien wie Flechtheim, Möller, Gurlitt, Cassirer, Nierendorf, vor allem aber durch Herwarth Walden und seine Galerie ›Der Sturm‹, in der auch die internationale ausländische Kunst und die verschiedenen Strömungen der nationalen und internationalen Avantgarde vorgestellt und international durchgesetzt wurden, von Expressionismus über Futurismus, Kubismus, Kubofuturismus bis zu Konstruktivismus und Dadaismus.

In der 1919 gegründeten Künstlervereinigung ›Novembergruppe‹ fanden sich dann fast alle dieser verschiedensten Stilrichtungen angehörenden Künstler zu Ausstellungen, Diskussionen, Vorträgen und sonstigen Veranstaltungen zusammen. Die ursprünglich radikal politische Gründung wurde zum allgemeinen Künstlertreffpunkt von Malern wie Georg Tappert, Cesar Klein, Conrad Felixmüller, Ludwig Meidner, Moriz Melzer, Otto Freundlich, Paul Gösch, Stanislaw Kubicki, Arthur Segal, Fritz Stuckenberg, Walter Kampmann und von Bildhauern, z. B. Rudolf Belling und Herbert Garbe. Spezifischer ›Novembergruppen‹-Stil ist der Kubo-Expressionismus der 20er Jahre mit Anklängen an die Art déco.

Im Berlin der 10er und 20er Jahre spielten die osteuropäischen Künstler, die auf Reisen oder durch die Emigration über Berlin in den Westen kamen und sich manchmal jahrelang in der Stadt aufhielten, eine große Rolle. 1922 entwickelte Henryk Berlewi hier seine Mechanofaktur. Im gleichen Jahr fand in der Galerie van Diemen, fünf Jahre nach der Oktoberrevolution, die erste umfassende Ausstellung russischer Gegenwartskunst statt. Sie wurde von El Lissitzky betreut, der auf der ›Großen Kunstausstellung‹ 1923 einen *Prounenraum* einrichtete. 1927 wurde eine umfangreiche Auswahl der Werke von Kasimir Malewitsch im gleichen Rahmen gezeigt. Zu den Künstlern der osteuropäischen Avantgarde gehören außerdem die Russen Jefim Golycheff, Issai Kulvianski, Alexander Rodschenko, Iwan Puni, der Ungar Lajos

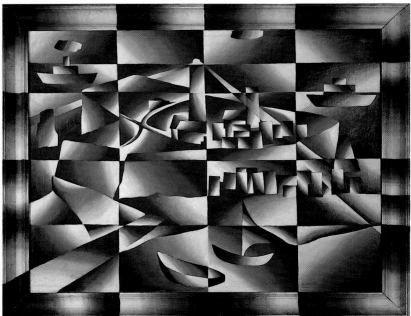

d'Ebneth und der Pole Stanislaw Kubicki. Diesen meist dem Konstruktivismus nahestehenden Künstlern läßt sich eine Reihe von Berliner Konstruktivisten zur Seite stellen: Hans Richter, Nikolaus Braun, Max Dungert, Fritz Stuckenberg, Erich Buchholz, Rudolf Bauer.

Neben den Künstlern der ›Novembergruppe‹ bildet die Dada-Abteilung einen der bedeutendsten Sammlungsschwerpunkte der Berlinischen Galerie. Kunstwerke und Dokumente ermöglichen einen repräsentativen Überblick über diese Bewegung. Die Protagonisten sind hier Hannah Höch, Raoul Hausmann, George Grosz, John Heartfield und Hans Richter.

1 *Hannah Höch,*
Die Journalisten, *1925, Öl/Lw.,*
86 × 100 cm

2 *Arthur Segal,*
Helgoland, *1928, Öl/Lw.,*
118 × 148 cm

3 *George Grosz,*
Selbstbildnis, *1928, Öl/Lw.,*
109,5 × 79 cm

4 *Otto Dix,* Der Dichter
Iwar von Lücken, *1926,*
Öl und Tempera auf Lw.,
225 × 120 cm

3

Der Realismus der 20er Jahre zeigt sich neben den Arbeiten von Künstlern der Neuen Sachlichkeit wie Ernst Neuschul, Alexander Kanoldt und Georg Schrimpf im Werk eher sozialkritischer Künstler wie Otto Dix, Conrad Felixmüller, Rudolf Schlichter, Felix Nußbaum, Paul Wunderwald.

Im ganzen bildet der Komplex der Sammlung, der die 20er Jahre umfaßt, einen der qualitativ und inhaltlich wichtigsten Teile des Museumsbesitzes. Hier wird der selbstgewählte Auftrag des Museums, zu Unrecht Vergessenes und Verdrängtes wieder ans Licht zu holen und in die konkreten Zusammenhänge einzuordnen, schlagend deutlich.

Die in Deutschland durch das Regime des Nationalsozialismus gekennzeichneten 30er und 40er Jahre sind in der Sammlung nicht durch die Künstler des Dritten Reiches vertreten, sondern durch diejenigen, die emigrieren mußten, wie Arthur Segal, Felix Nußbaum, Ludwig Meidner, Gert Wollheim, Max Oppenheimer, George Grosz, Otto Freundlich, Max Beckmann, ebenso wie durch diejenigen, die hierblieben und im stillen, fern der Öffentlichkeit, weiterarbeiteten, wie Theodor Werner, Hans Uhlmann, Carl Hofer, Werner Heldt, Hermann Blumenthal, Richard Scheibe, Joachim Karsch, Ludwig Kasper, Käthe Kollwitz.

Von dem sofortigen Wiederauftauchen der Künstler und Wiederaufbau der Kunstinstitutionen nach dem Zweiten Weltkrieg zeugen die Arbeiten von Carl Hofer sowie der Künstler um die erste brisante Nachkriegsgalerie in Berlin ›Gerd Rosen‹. Dazu gehören Alexander Camaro, Werner Heldt, Hans Uhlmann, Heinz Trökes. Konstruktive Tendenzen kommen hier ebenso zum Vorschein wie surrealistische, realistische und abstrakte. Nicht nur die Maler, auch die Bildhauer folgten in den 50er Jahren zunehmend den Tendenzen abstrakter Kunst, wie z.B. Bernhard Heiliger und Paul Dierkes. Die neue abstrakt expres-

4

1 *Heinz Trökes,* Die Mondkanone, *1946, Öl/Lw./Pappe, 40 × 48 cm*

2 *Hans Uhlmann,* Weiblicher Kopf, *1940, Zinkblech, H 41,5 cm*

3 *Carl Hofer,* Schwarzmondnacht, *1944, Öl/Lw., 114 × 90 cm*

4 *Klaus Vogelgesang,* Nach dem Gewitter, *1980, Blei- u. Buntstift, 310 × 200 cm*

5 *Rainer Fetting,* Drummer und Gitarrist, *1979, Leimfarben/Lw., 200 × 290 cm*

6 *Ter Hell,* Ich bin's, *1980, Mischtechnik/ Lw., 154 × 260 cm*

sionistische Malerei und der Tachismus setzten sich in Berlin erst in der zweiten Hälfte der 50er Jahre durch. Hierher gehören u. a. Alfred Winter-Rust, Paran G'schrey, Gerhart Bergmann. Die bekanntesten Vertreter des Informel, Hann Trier und Hermann Bachmann, wurden erst 1957 als Hochschullehrer berufen, Fred Thieler 1959. Im gleichen Jahr übersiedelte der Informelle Walter Stöhrer nach Berlin. Thieler und Trier sind u. a. die Lehrer der als ›Kritische Realisten‹ bekannt gewordenen Malergruppe, die aus der 1964 gegründeten ›Selbsthilfegalerie Großgörschen‹ hervorging, 1972 als ›Gruppe Aspekt‹ auftrat und im gleichen Jahr eine Ausstellungstournee ›Prinzip Realismus‹ durch Europa unternahm. Zur Gruppe gehörten Bettina von Arnim, Ulrich Baehr, Hans-Jürgen Diehl, Arwed Gorella, Maina Miriam Munsky, Wolfgang Petrick, Peter Sorge, Jürgen Waller, Klaus Vogelgesang. K. H. Hödicke, Markus Lüpertz, Lambert Maria Wintersberger, Bernd Koberling – ebenfalls Mitglieder der Gruppe um die ›Galerie Großgörschen‹ – sind wiederum die Lehrer der in den 80er Jahren als ›Junge Wilde‹ hervorgetretenen neoexpressiven Maler wie Salome, Helmut Middendorf, Rainer Fetting, Bernd Zimmer, die wie ihre Lehrer zuerst durch ihre Selbst-

5

6

hilfegalerie, die ›Galerie am Moritzplatz‹, in die Öffentlichkeit traten.

Neben den für Berlin so typischen Selbsthilfegalerien gab es aber auch die professionellen wie z. B. die Galerie René Block, die ab 1964 nicht nur die Berliner Maler, sondern auch westdeutsche und ausländische Künstler der neuesten Kunstströmungen einschließlich Fluxus, Performance und Happening vorstellte, in diesem Zusammenhang auch Joseph Beuys und Wolf Vostell, der in den 70er Jahren nach Berlin übersiedelte. Zu den Vertretern der konkreten und konstruktiven Kunst in Berlin seit Beginn der 60er Jahre gehören u. a. Wolfgang Ludwig, Andreas Brandt, Johannes Geccelli und Frank Badur. Die Gruppe ›Zero‹ hatte 1960/61 in der Galerie Diogenes spektakuläre Auftritte. Die 70er Jahre sind durch eine Vielzahl von Tenden-

zen gekennzeichnet. Die Realisten behielten die Vorrangstellung. Dazu kam 1973 die ›Schule der Neuen Prächtigkeit‹ mit Manfred Bluth, Johannes Grützke, Matthias Koeppel und Karlheinz Ziegler.

Dank des Künstlerförderungsprogramms des Senators für Kulturelle Angelegenheiten ist es der Berlinischen Galerie möglich, in breitestem Umfang auch die aktuelle Produktion der Berliner Künstler zu erwerben; das sind außer den bereits erwähnten ›Wilden‹ die Künstler der einstigen Selbsthilfegruppe ›1/61‹, die zwischen Malerei, Objekt, Skulptur, Abstraktion und Gegenständlichkeit arbeitenden Reinhard Pods, Gerd Rohling, Ter Hell, Rainer Mang. Es sind aber genauso die jungen Realisten wie z. B. Heike Ruschmeyer, die jungen Abstrakten wie Ilja Heinig oder die jungen Bildhauer der Gruppe

›Odious‹ sowie ausländische Künstler, die in Berlin leben, teils als ehemalige Stipendiaten des Berliner Künstlerprogramms des Deutschen Akademischen Austauschdienstes wie Laszlo Lakner, Armando und Ed Kienholz.

Ursula Prinz

Archiv

Das seit Ende 1978 aufgebaute Archiv der Berlinischen Galerie sieht seine Aufgabe in der Sammlung von Büchern und Dokumenten zur Kunst-, Kultur-, Stadt- und Baugeschichte Berlins — im Dienste eigener Ausstellungsarbeit, aber auch, um Künstlernachlässe zu sichern und für die Forschung (durch Ausstellungen und Publikationen) wie für die Öffentlichkeit zugänglich zu machen.

Drei Schwerpunkte haben sich innerhalb des Archivs herausgebildet: Künstlernachlässe, Photographische Sammlung und Architektursammlung.

Den wertvollsten Bestand des **Künstlerarchivs** stellt das *Hannah-Höch-Archiv* dar, das aus dem Nachlaß der Künstlerin erworben werden konnte. Es enthält unveröffentlichte Manuskripte zur Kunsttheorie von Raoul Hausmann, unveröffentlichte Briefwechsel der Künstlerin mit Hausmann und Kurt Schwitters, äußerst rare Publikationen und Flugblätter des Dadaismus und Surrealismus sowie umfangreiches Material zur Kunst- und Zeitgeschichte des 20. Jh. anhand eines Künstlerinnen-Lebenslaufs.

Einen anderen wichtigen Bestand bildet das *Archiv der Galerie Ferdinand Möller*. In ihm spiegelt sich die Arbeit einer Kunstgalerie (Breslau, Berlin, Köln), die vor allem die deutschen Expressionisten vertrat, in aufschlußreichen Dokumenten und vielen Künstlerbriefen der Zeit von 1912-51.

Ein anderer Komplex enthält Dokumente (Zeitungen, Zeitschriften, Broschüren, Buch-Erstausgaben, Flugblätter, Plakate und Photographien) zum Stichwort ›Zone fünf‹ — der geistigen Situation Nachkriegsberlins.

Die **Photographische Sammlung** sammelt, erforscht, publiziert und stellt Werke wie Werkgruppen von Photographen aus, die von Berlin aus oder zeitweilig in Berlin arbeiteten. Die Sammlung reicht von Daguerreotypien bis zu zeitgenössischen Arbeiten; sie umfaßt Porträtphotographie, Landschafts-, Stadt- und Architekturphotographie, Industrie-, Werbe- und Modephotographie, bildjournalistische Arbeiten und künstlerische Photographie bis hin zu Photogrammen, Photomontagen, Photo-Text-Arbeiten und photographischen Konzept-Arbeiten.

Den bedeutendsten und umfangreichsten Komplex innerhalb der Photographischen Sammlung stellt das *Erich-Salomon-Archiv* dar, das alle erhaltenen Negative, Vintage Prints und Dokumente, insgesamt etwa 10 000 Stücke, enthält. Das Archiv wird kontinuierlich erschlossen und für ein Werkverzeichnis bearbeitet. Ferner verwahrt die Photographische Sammlung das *Negativarchiv* und eine große Zahl von Vergrößerungen von Herbert Tobias. Einen zeit- und photographiegeschichtlich interessanten Bestand bildet das *Archiv der Zeitschrift ›Volk und Welt‹* (1934-44), das Arbeiten bekannter wie vergessener Photographen der 30er Jahre enthält und einen Einblick in die Technik der Ideologisierung im faschistischen Sinne mit

Fidus (Hugo Höppener), Akustischer Musiktempel, *1902, Tusche, 24,9 × 27,7 cm*

Hilfe der Publizistik gewährt. Eine bislang etwa 1000 Arbeiten umfassende Sammlung von Atelierphotographien (Visitkartenporträts etc.) von 1850 bis 1920 erlaubt einen Überblick über die Tätigkeit von Berliner Ateliers und über den Wechsel von Moden, Haltungen und Gesichtern.

Die vielfältigen Facetten der Sammlung spiegeln wider, daß es die Photographie nicht gibt, sondern unterschiedliche Motivationen, um zu photographieren, deren Spektrum von der handwerklich aufgefaßten Dokumentationsarbeit bis zum autonomen Kunstwerk reicht.   *Janos Frecot*

Die **Architektursammlung** der Berlinischen Galerie ist erst seit kurzem im Aufbau begriffen, verfügt aber bereits über nicht unbedeutende Bestände zur Berliner Architektur- und Baugeschichte. Der Schwerpunkt liegt, wie auch bei den anderen Abteilungen des Museums, auf der Geschichte der letzten 100 Jahre und soll insbesondere durch aktuelle Entwürfe ergänzt werden. Vorgesehen ist die räumliche Zusammenfassung der wichtigeren Sammlungen zur Berliner Architekturgeschichte in einer Studiensammlung mit den Möglichkeiten der wechselnden Präsentation in den Schauräumen des Museums.

Der zur Zeit umfassendste Bestand ist das *Archiv* der bedeutenden *Berliner Glasmosaikfirma Puhl und Wagner,* die 1891 mit der Produktion begann und bis in die 60er Jahre dieses Jahrhunderts bestanden hat. Fast lückenlos läßt sich die facettenreiche Geschichte des Glasmosaiks der letzten 100 Jahre von der Firmenkorrespondenz bis hin zu Originalkartons dokumentieren. Darunter befinden sich Arbeiten von Pechstein, Albers und Prikker sowie der umfangreiche Briefwechsel mit nahezu allen Künstlern und Architekten, die mit den künstlerischen Möglichkeiten des Glasmosaiks umzugehen wußten.

Der Bestand an Architekturentwürfen spannt sich von Arbeiten des aufbrechenden Jahrhunderts (Bruno Möhring, Richard Wolffenstein) bis hin zu den Wohnhausentwürfen von Heinz Schudnagies aus der Zeit des wieder konsolidierten Nachkriegsberlins. Neben Originalzeichnungen und Modellen gehören auch rare Mappenwerke und Drucke zu einer Dokumentation der Architekturgeschichte Berlins.

Mit dem architektonischen *Nachlaß* des Illustrators der Reformbewegung, *Fidus,* aus dem vor allem Tempelentwürfe bekannt wurden, werden auch Randbereiche der Architekturgeschichte gestreift.
                    Helmut Geisert

Oben: Nicola Perscheid, Drei Damen im Gras, *um 1910, Photographie*

Mitte: Gabriele und Helmut Nothhelfer, Türkischer Junge bei einem Straßenfest auf dem Winterfeldtplatz, Berlin, *1980, Photographie*

Unten: Michael Schmidt, Punks mit Ratte, *1983, Photographie*

8 Berlin Museum

61 (Kreuzberg), Lindenstraße 14, Telefon 25 86-28 39
Verkehrsverbindung: U-Bahnhof Hallesches Tor; Bus 24, 29, 41, 95
Geöffnet: Dienstag bis Sonntag 11-18 Uhr
Abweichend von der Feiertagsregelung (s. S. 8) nur am 1. 5., 24., 25. und 31. 12.
geschlossen. Nach Feiertagen, die auf einen Montag fallen, ist am Dienstag
geschlossen

Direktor: Prof. Dr. Rolf Bothe (Allgemeine Kulturgeschichte, Gemälde, Modeabteilung)
Wissenschaftliche Mitarbeiter: Dr. Dietmar J. Ponert (Kunstgewerbe, Plastik),
Dr. Dominik Bartmann (Graphische Sammlung), Dr. Veronika Bendt (Jüdische Abteilung)

Träger: Land Berlin
Fördervereine: Verein der Freunde und Förderer des Berlin Museums e. V.,
Gesellschaft für ein Jüdisches Museum e. V., Dr. Otto und Ilse Augustin Stiftung

Sammlung: Allgemeine Geschichte und Kulturgeschichte Berlins vom 16. Jh. bis zur
Gegenwart: Karten und Pläne, Stadtmodelle, Archivalien, Autographen, Photos,
Malerei, Plastik, Münzen und Medaillen, Graphische Sammlung, Kunsthandwerk
(Glas, Fayence, Porzellan, Silber, Berliner Eisen, Möbel), Jüdische Abteilung, Theater-
geschichte, Berliner Mode, Spielzeug, Kaiserpanorama

Publikationen: ›Kunstgewerbe‹, Bd. I: ›Keramik‹, Berlin 1986 – Ausstellungskataloge

Sammlungsgeschichte

Das Berlin Museum wurde 1962 infolge der
Teilung Berlins durch eine Bürgerinitiative
unter der Leitung von Edwin Redslob gegründet, um neben dem traditionellen, aber
in Ost-Berlin befindlichen Märkischen Museum (s. Museen Ost-Berlin) auch im Westteil der Stadt über ein Museum zu verfügen,
das die Geschichte Berlins anhand von kulturgeschichtlichen Objekten, Kunstwerken
und Dokumenten vermittelt. Rechtsträger
war bis 1971 der ›Verein der Freunde und
Förderer des Berlin Museums‹, der nach
mehreren provisorischen Unterbringungen
1969 mit der durch Erwerbungen und Stiftungen schnell angewachsenen Sammlung
in das ehemalige Kammergericht einzog.
Das Museum konnte seine Aufgabe, die Ge-

schichte und Kultur der Stadt zu vermitteln,
nur durch Erwerb schwerpunktmäßig geschlossener Sammlungen von Berolinensien
wahrnehmen. Dieses Ziel wurde bereits in
der Amtszeit von Edwin Redslob durch großzügige Stiftungen und Finanzierungen von
seiten öffentlicher und privater Institutionen
in relativ kurzer Zeit erreicht.
Ab 1964 wurde mit Hilfe der Deutschen
Klassenlotterie Berlin eine umfangreiche Be-
rolinensiensammlung erworben, die den
Grundstock der graphischen Sammlung und
des Bestandes des Berliner Eisenkunstgus-
ses bildete. Die Firma Meyer finanzierte
1965 den Erwerb einer Chodowiecki-Samm-
lung, die aus dem Besitz der Familie Friedrich Nicolais stammte und mit über 2000
Kupferstichen fast die gesamte Druckgraphik Chodowieckis umfaßt. 1966 ermöglich-

52

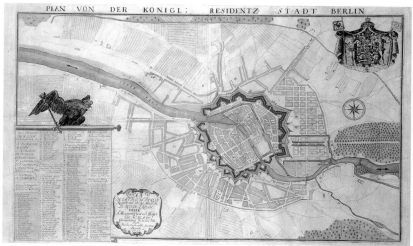

G. Dusableau/G. P. Busch, Plan der Königlichen Residenzstadt Berlin, *1723, 60,7 × 82,4 cm*

te die Allianz-Lebensversicherungs AG den Ankauf einer über 300 Gemälde und Graphiken umfassenden Porträtsammlung. 1973 kam mit ca. 2000 Zeichnungen und Graphiken eine umfangreiche Zille-Sammlung aus dem Besitz des Berliner Senats hinzu.

Vorrangig private Schenkungen ermöglichten mit den Einrichtungen Berliner Wohnräume den Aufbau einer der attraktivsten Abteilungen des Museums.

Besonderen Schwierigkeiten sah sich die Jüdische Abteilung ausgesetzt, da durch die Vernichtungskampagnen der Nationalsozialisten unendlich viel Kulturgut zerstört wurde. 1981 gelang die Erwerbung einer großen Privatsammlung. Mit über 300 Objekten, insbesondere kultischen Geräten, liturgischen Textilien und Schriften des 18.-20. Jh., wurde die eigentliche Grundlage für die Jüdische Abteilung geschaffen.

Zahlreiche Schenkungen verdankt das Museum den Mitgliedern seiner beiden Fördervereine. 1984 tätigte der ›Verein der Freunde und Förderer des Berlin Museums‹ seine bedeutendste Erwerbung durch den Ankauf des sogenannten *Kaiserpanoramas.* 1986 entstand mit der Errichtung der ›Otto und Ilse Augustin Stiftung‹ eine Fördererinstitution, die einzig und allein dem Engagement einer Berlinerin zu verdanken ist.

Baugeschichte

Die barocke Dreiflügelanlage war 1734/35 durch Philipp Gerlach erbaut worden und diente als ›Königliches Collegienhaus‹ der Unterbringung verschiedener Behörden. Städtebaulich erfüllte das imposante Bauwerk u.a. den Zweck, in der neu erbauten südlichen Friedrichstadt einen architektonischen und optischen Mittelpunkt zu schaffen. Bereits zu Beginn des 19. Jh. beherbergte es nur noch das oberste preußische Gericht und erhielt daher die Bezeichnung ›Königliches Kammergericht‹, in dem u.a. der Dichter E.T.A. Hoffmann als Jurist tätig war.

Ab 1913 war das Gebäude Sitz des Evangelischen Konsistoriums der Provinz Brandenburg. Während des Zweiten Weltkrieges schwer beschädigt, wurde es 1967-69 unter Berücksichtigung einer zukünftigen Nutzung als Museum wieder aufgebaut. Am 21.6.1969 erfolgte die Einweihung, 1971 wurde das Berlin Museum durch den Senat von Berlin als Landesmuseum übernommen. Erste Direktorin war von 1971-80 Irmgard Wirth.

In der Zwischenzeit sind die Bestände so stark angewachsen, daß einzelne Abteilungen, wie z.B. die Theatergeschichtliche Sammlung, magaziniert werden mußten. Die von Anfang an schwerpunktmäßig ausgebaute Jüdische Abteilung konnte erstmals 1984 in einem eigenen Ausstellungsraum gezeigt werden. 1986 erhielt sie eine provisorische Dependance in mehreren Räumen des Gropius-Baus. Die notwendige Erweiterung des Berlin Museums auf einem Nachbargrundstück ist vorgesehen.

Sammlungsbestände

Im Mittelpunkt der Schausammlung stehen jeweils die historischen Epochen unter Berücksichtigung der politischen, wirtschaftlichen, kulturellen und gesellschaftlichen Entwicklungen. Der Zeitraum reicht vom ausgehenden Mittelalter bis zur Gegenwart.

Eine Sammlung von Karten und Plänen bietet in Verbindung mit neuzeitlichen Stadtmodellen und Schautafeln eine Einführung in die städtebauliche und topographische Entwicklung Berlins. Die Geschichte der Stadt wird nicht nur durch Werke der bildenden Kunst, sondern auch durch Objekte der Alltagskultur, des Kunsthandwerks, durch Archivalien, Photos und Schrifttafeln vermittelt. So ist das Berlin Museum von seiner Aufgabenstellung her kein reines Kunstmuseum. Da aber Berlin, insbesondere im 19. und 20. Jh., in fast allen Bereichen an den herausragenden Kunstentwicklungen maß-

1 *Michel Ribestein,*
Die Auferweckung des
Lazarus, *1553, Öl/Holz,
107 × 111 cm*

2 Die Kindheit, *Teppich-
manufaktur Charles Vigne,
zw. 1735 u. 1763, Wolle,
Seide, Leinen, Brokat,
223 × 219 cm*

3 *Anna Dorothea
Therbusch,* Bildnis Fried-
rich Cothenius, *1777,
Öl/Lw., 130 × 99 cm*

4 Karikatur auf die Rede
Friedrich Wilhelms IV. vor
dem Vereinigten Landtag
am 11.4.1847, *Lithogra-
phie, koloriert, 34 × 26,8 cm*

gebend beteiligt war, werden den historischen Abläufen jeweils zusammengehörige
Gruppen wichtiger Kunstwerke zugeordnet,
wie z. B. die reichhaltige Sammlung von Berliner Eisenkunstguß vom Anfang des 19. Jh.
oder Gemälde der Berliner Secession und
des Expressionismus zu Beginn des 20. Jh.
Eigenständige Bereiche, die nur zum Teil in
den Schausammlungen integriert sind, bilden die **Jüdische Abteilung,** die **Graphische Sammlung** und die Archivalien, die fir-
mengeschichtliche Abteilung **Handwerk
und Gewerbe,** darunter die **Berliner Mode,**
ferner die **Theatergeschichtliche Sammlung** und eine **Spielzeugsammlung.**

Rolf Bothe

Geschichte und Kunst vom 16.-18. Jh.

Die frühesten Objekte des Berlin Museums
stammen aus dem 16. Jh., darunter ein vor-
zügliches Tafelbild von Michel Ribestein.
Handwerker, Bürger und Adel sind in Porträts und Genredarstellungen gegenwärtig.
In Erzeugnissen der Möbelkunst und des
Kunstgewerbes werden Wohnkultur, Wirt-
schafts- und Lebensformen vor allem der
städtischen Bevölkerung, des Landadels und
des Hofes anschaulich. Das Berliner Kunsthandwerk entwickelte im Barock keine eigenen Möbeltypen. Die großen Dielenschränke
wurden nach Braunschweiger und Hamburger Vorbild gebaut. Erst im Rokoko wirkte
der Einfluß der friderizianischen Hofkunst

3

4

stilbildend auch für nichthöfische Aufträge: Intarsierte oder bildhauerisch gearbeitete Möbel dieses Umkreises sind in guten Beispielen vorhanden.

Die märkische Hafnerkunst ist durch einen aufwendigen Kachelofen und eine Sammlung von Einzelkacheln in ihrer Vielfalt anspruchsvoll vertreten, die Potsdam-Zechliner Glasherstellung in einzelnen schönen Stükken vorgestellt. Die Erzeugnisse der kurfürstlich-königlich-privilegierten Manufakturen sind in umfangreicheren Beständen gesammelt: Die Berliner Fayence-Manufakturen Wolbeer, Funcke und Lüdicke werden mit charakteristischen Beispielen präsentiert; die Teppichmanufaktur des Charles Vigne ist mit einem Stück aus einer Lebensalter-Serie vertreten. Die Königliche Porzellanmanufaktur und ihre Vorgängerinnen unter Wegely und Gotzkowsky sind für das 18. Jh. präsent in einer Sammlung von qualitätvollen Stücken des friderizianischen Rokoko bis zum Zopfstil unter Friedrich Wilhelm II.

Zeugnisse für die hohe Kunst des Berliner Zinngießer-, Silber- und Goldschmiedehandwerks, nicht zuletzt der Uhrmacherzunft, die für mechanische Flöten- und Harfenwerke berühmt war, runden das Bild ab.

Dietmar J. Ponert

Berlin von den Napoleonischen Befreiungskriegen bis zum Ersten Weltkrieg

Die Städteordnung von 1808 brachte für Berlin die bürgerliche Selbstverwaltung der Stadt, die in den Befreiungskriegen ein Zentrum der nationalen Unabhängigkeitsbewegung war. Gemälde und Graphiken dokumentieren diese Epoche ebenso wie politisch motivierte Darstellungen in Eisenkunstguß und Porzellan.

War Berlin bereits am Ende des 18. Jh. ein Gewerbezentrum von Rang, so kann die Gründung der königlichen Eisengießerei 1804 als ein Anzeichen der beginnenden Industrialisierung gewertet werden, für die die Verkündigung der Gewerbefreiheit 1810 die politischen Voraussetzungen brachte. Nach der Aufhebung der innerpreußischen Zollgrenzen 1818 und der Gründung des Deutschen Zollvereins 1834 entwickelte sich Berlin rasch zum wirtschaftlichen Mittelpunkt Norddeutschlands – insbesondere in der Maschinenindustrie, die mit dem Namen August Borsig eng verbunden ist. Eduard Biermanns Bild der 1837 gegründeten Fabrik Borsigs versinnbildlicht den Aufschwung dieses Industriezweiges.

Die industrielle Revolution mit ihrer zuneh-

Berliner Eisengußschmuck, *um 1825*

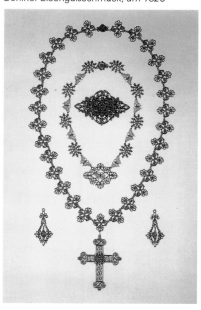

Amphorenvase mit Ansicht von Berlin,
*Königliche Porzellanmanufaktur Berlin,
um 1830, H 63 cm*

menden Mechanisierung der Arbeit schuf
aber auch eine rechtlich und sozial ungesicherte Arbeiterschaft. Die sozialen Spannungen und die enttäuschten Hoffnungen des
Bürgertums führten auch in Berlin zur Märzrevolution von 1848, die in zahlreichen Holzstichen und Flugschriften dokumentiert ist.
Die Reichsgründungsepoche wird mit Darstellungen Adolph Menzels, dem akademischen Realismus Anton von Werners und

anderen Künstlern belegt. Seit 1871 Hauptstadt des Kaiserreiches, wurde Berlin auch
zum politischen und wirtschaftlichen Zentrum. Maler wie Julius Jacob und Paul Andorff zeigen in ihren Bildern sowohl die
wachsende Industriestadt als auch das vom
Bauboom bedrohte ›Alt-Berlin‹.

Rolf Bothe

Kunstgewerbe Das Berliner Kunstgewerbe
im 19. Jh. wird in einer eigenen Raumfolge
gezeigt. Der Berliner Eisenkunstguß ist mit
einer umfangreichen Abteilung vertreten,
vom großen Paradestück einer monumentalen Vase mit Bacchantenrelief nach antikem
Vorbild bis zum Filigran des Schmucks von
Armbändern, Ohrringen und Halsketten.
Die Sammlung mit Produkten der Königlichen Porzellanmanufaktur reicht von den
Prunkvasen des Klassizismus und der Schinkelzeit über die zahlreichen Sammeltassen
des Berliner Biedermeier bis zum Historismus. Ferner sind zahlreiche Erzeugnisse des
Gold- und Silberschmiedehandwerks ausgestellt, dessen hervorragendster Vertreter Johann George Hossauer ist; die gesamte
noch unausgewertete Reihe seiner Tagebücher gehört ebenfalls zum Bestand des Museums.
Ein Ausstellungsraum ist gewebten Textilien, der Berliner Wollstickerei und dem umfangreichen Gebiet textiler Handarbeiten,
wie Nadel- und Perlstickerei, gewidmet.
Die bürgerliche Wohnkultur in Berlin seit der
Wende zum 19. Jh. ist in einer geschlossenen Folge von museal organisierten Wohnensembles dargestellt. Aus der Zeit Friedrich
Wilhelms II. stammen hervorragende zum
Teil musikalische Uhrwerke; wenig später –
noch vor dem Tode der Königin Luise – entstanden qualitätvolle Sitz- und Schreibmöbel
sowie der eindrucksvolle achtteilige Tafel-

Biedermeierzimmer, *um 1830*

Rechts: Adolph Menzel, Markt im Winter, 1862, Deckfarben, Öl, Kreide/bräunliches Papier, 32,4 × 26,8 cm

Unten rechts: Wilhelm Schadow, Bildnis Lilly Parthey, 1823, Öl/Lw., 116 × 78,5 cm

aufsatz des Berliner Goldschmiedes Fournier (um 1805). Es folgen Ensembles des Biedermeier, des ›zweiten Rokoko‹, der für Berlin so überaus bezeichnenden Neu-Renaissance, und des Jugendstils, wobei das zeitgemäße Kunstgewerbe in und auf den Möbeln – Sitte und Gebrauch entsprechend – aufgestellt ist. Getrocknete Blumen, Gemälde und Wandschmuck, Leuchterkronen, Teppiche, Kachelöfen und nachgedruckte Tapeten vervollständigen den wohnmäßigen Eindruck. Neuerworben wurde ein Kinderzimmer, das Henry van de Velde 1910/1911 für einen Auftraggeber in Berlin schuf; Zimmereinrichtungen von Bruno Paul, Paul Troost, Otto Rudolf Salvisberg können aus Platzmangel zum Teil nicht gezeigt werden. *Dietmar J. Ponert*

Genre- und Porträtmalerei Die Berliner Genremalerei des 19. Jh. zeichnet sich durch eine realistische und nüchterne, häufig humorvolle Erfassung des Alltags aus, die auch das Leben der ›niederen Klassen‹ nicht ausspart. Besonders in der politisch unruhigen Zeit vor der Revolution von 1848 wurden auch gesellschaftskritische Themen aufgegriffen; hier ist besonders Theodor Hosemann zu nennen. Das Spektrum der Darstellungen reicht vom Kaffeehaus bis zur Bürgerwehr, vom Wachsoldaten bis zu Szenen aus dem bäuerlichen Leben; Maler wie Franz Krüger, August von Rentzell und Adolph Menzel sind mit mehreren Werken vertreten.

Der Berliner Porträtstil des 19. Jh. wurde von dem am französischen Klassizismus geschulten Wilhelm Wach, vor allem aber von Wilhelm Schadow geprägt, dem späteren Gründer der Düsseldorfer Malerschule. Sein malerisch-farbiger Realismus bildete die Grundlage für die weitere Entwicklung der Berliner Porträtmalerei. Neben zwei charakteristischen Gemälden Schadows zeigt die Abteilung Werke Berliner Künstler wie August Hopfgarten und Carl Begas; einen weiteren Höhepunkt für die zweite Hälfte des Jahrhunderts bildet das 1870 entstandene Bild der Familie Strousberg von Ludwig Knaus.

1

Das Bild der Stadt in der Malerei des 19. Jh.
Die Stadtdarstellungen geben einen Einblick in einen berlinspezifischen Nebenzweig der Landschaftsmalerei. Gezeigt werden u. a. Bilder von Wilhelm Barth, Carl Hasenpflug, Eduard Gaertner, Wilhelm Brücke und Julius Jacob bis hin zu Werken von Franz Skarbina und Lesser Ury, die mit ihren alltäglichen Straßenszenen und einer vom Impressionismus geprägten Malweise noch vor Gründung der Berliner Secession den Aufbruch zur Moderne markierten. Thematisch vermitteln die Bilder einen Einblick in eine Zeit, in der Berlin durch Verkehrsbauten, Industrieanlagen, Verwaltungsbauten und Mietshäuser außerordentlich verändert wurde.

Die Berliner Secession Die 1898 gegründete Berliner Secession verstand sich als Gegenbewegung zur offiziellen wilhelminischen Kunst, wie sie von Anton von Werner, dem Direktor der Akademie, gefordert wurde. Im Gegensatz zur traditionellen Histo-

rienmalerei orientierten sich die meisten Mitglieder der Secession am französischen Impressionismus, versuchten neue malerische Wege zu beschreiten oder, wie Hans Baluschek, soziale Themen aufzugreifen.

Die Secessionsabteilung des Berlin Museums bietet einen Querschnitt durch die verschiedenen Strömungen der Secession; ihre Protagonisten Max Liebermann, Walter Leistikow, Hans Baluschek, Lovis Corinth und Max Slevogt sind mit Hauptwerken vertreten, ebenso Max Beckmann und Ludwig Meidner mit frühen Bildern. Auch die Secessionsplastik wird mit Werken von August Gaul und Ludwig Tuaillon dokumentiert.

Carola Jüllig

Berlin im 20. Jh.
Die beengten Raumverhältnisse ermöglichen es nicht, die Geschichte Berlins im 20. Jh. auch nur annähernd vollständig zu dokumentieren. Die Darstellung konzentriert sich daher auf Entwicklungslinien der Stadtgeschichte, die das Bild Berlins bis heute prägen. Kunstwerke von teilweise bedeutendem Rang sind in die chronologische Abfolge integriert.

Milieustudien und Photographien von Heinrich Zille und das Arrangement einer vollständig erhaltenen proletarischen Wohnküche geben einen Einblick in die Probleme der ›kleinen‹ Leute, die auf der Schattenseite des prunkvollen wilhelminischen Berlin, in den Mietskasernenquartieren des Berliner Nordens und Ostens lebten. Dokumente des Kriegsalltags der Jahre 1914-18 und eine umfangreiche Sammlung von Flugblättern der Novemberrevolution markieren das Ende des Kaiserreichs und die von Krisen belastete Entstehung der Weimarer Republik.

Die Gründung von Groß-Berlin im Jahr 1920 bezeichnet einen mit großen Hoffnungen verknüpften Neubeginn der Stadtentwicklung. Stellvertretend für die Reformen in Verwaltung und Infrastruktur der Millionenstadt stehen der Ausbau des öffentlichen Ver-

2

1 *Lovis Corinth,*
Selbstbildnis, *1900,*
Öl/Lw., 74 × 60 cm

2 *Lyonel Feininger,*
Gasometer in Berlin-
Schöneberg, *1912,*
Öl/Lw., 70 × 93 cm

3 *Max Beckmann,* Der
Nollendorfplatz, *1911,*
Öl/Lw., 66 × 76,5 cm

3

Wahlplakate, *1946*

Rainer Fetting, Mauer, *1980,*
Dispersion/Leinen, 200 × 150 cm

kehrswesens und die Errichtung des Berliner Funkturms 1926, bis heute eines der Wahrzeichen der Stadt. Die Maler Lesser Ury, Franz Heckendorf, Jakob Steinhardt, Konrad Felixmüller und Gustav Wunderwald halten, stilistisch zwischen Spätimpressionismus, Expressionismus und Neuer Sachlichkeit angesiedelt, das rastlose Pulsieren der Metropole fest. Dokumente des blühenden Theaterlebens, Zeugnisse der zahllosen Cabarets, Varietébühnen und Nachtcafés vermitteln einen Eindruck von der Welt und Halbwelt des Berlin der ›Goldenen Zwanziger‹.

Berlin unter dem Hakenkreuz: Unter den vielen Aspekten des Themas – ihre ausführliche Dokumentation muß einem Museumsneubau vorbehalten bleiben – greift die Sammlung zwei Entwicklungslinien auf, die die Gestalt der Stadt bis heute prägen: zum einen die Verfolgung und Deportation der Berliner Juden und die systematische Vernichtung der Synagogen und anderen Zeugnisse der reichen Tradition der Jüdischen Gemeinde zu Berlin; zum anderen die Zerstörung des alten Berlin im Bombenkrieg und den Alltag der Bevölkerung in den Kriegsjahren. Von besonderem dokumentarischen Wert ist eine Porträtstudie Adolf Hitlers, die der Maler Klaus Richter 1941 heimlich anfertigte – vermutlich das einzige nach dem Leben ausgeführte kritische Bildnis des Diktators. Die als ›entartet‹ verfemten Künstler Käthe Kollwitz, George Grosz und Otto Nagel sind in Selbstporträts vertreten, die im Exil oder unter den Bedingungen des Malverbots entstanden.

Die wechselhafte Nachkriegsgeschichte Berlins, von der ersten und einzigen gesamtberliner Wahl 1946 über den Mauerbau bis zum Besuch J.F. Kennedys, ist in ausgewählten Dokumenten präsent, spricht vor allem aber aus den Werken der bildenden Künstler. Die Sammlung umfaßt Gemälde der unmittelbaren Nachkriegszeit ebenso wie die Auseinandersetzung mit der abstrakten Kunst, die ›Berliner Realisten‹ sowie die Anfänge der ›Neuen Wilden Malerei‹.

Kurt Winkler

Johann Georg Rosenberg, Der Molkenmarkt mit der Petrikirche, *1785, Radierung, koloriert, 48,9 × 72,3 cm*

Die Jüdische Abteilung

Seit Januar 1984 steht im Gebäude des Berlin Museums ein Raum zur ständigen Präsentation der bedeutendsten Stücke aus der Judaica-Sammlung zur Verfügung. Der größere Teil des Bestandes – also weitere Objekte der Zeremonialkunst, Bücher und Schriften, Gemälde, Graphik, Photos, historische Dokumente – befindet sich aus Platzgründen außerhalb des Hauses und ist seit Herbst 1986 im Gropius-Bau in der Stresemannstraße für die Öffentlichkeit zugänglich. Die Schmuckgegenstände der Thora, der auf Pergament geschriebenen Bücher

der Bibel, sind die wichtigsten Objekte der Zeremonialkunst und dementsprechend auch wichtigster Bestandteil der Ausstellung. Herausragendes Einzelstück ist der silberne Chanukka-Leuchter des Berliner Meisters George Wilhelm Marg(g)raff, der um 1776 entstand. Unter den übrigen Gegenständen für die Feier des Sabbat, der jüdischen Festtage und der verschiedenen Stationen des Lebenszyklus befinden sich einzelne, für Berlin nachweisbare Objekte, darunter zwei Thora-Schilde, eine Thora-Krone und einige Gewürzbüchsen. Aus der Sammlung an Werken der bildenden Kunst wurden

Rechts: Thora-Vorhang, *Samt, Goldstickerei, 280 × 165 cm*
Unten: George W. Marg(g)raff, Chanukka-Leuchter, *um 1776, Silber, H 66,5 cm*

im Verlauf der letzten Jahre trotz der eingeschränkten Platzverhältnisse in stetigem
Wechsel kleinere Themenbereiche präsentiert. *Veronika Bendt*

Die Graphische Sammlung
Über die umfangreichsten Bestände des
Museums verfügt die Graphische Sammlung
mit etwa 5000 Handzeichnungen und 30000
druckgraphischen Blättern.
Stadtansichten von Berlin, Potsdam und
Umgebung, die durch Pläne und Karten er-
gänzt werden, stehen an erster Stelle. Vom
Panorama bis zur Wiedergabe einzelner Ge-
bäude liegen in Folgen und Einzelblättern
Darstellungen namhafter und anonymer
Künstler vom Ende des 17. Jh. bis in die Ge-
genwart vor. Hervorzuheben sind Zeichnun-
gen nach Johann Stridbeck, der sich 1690/91
in Berlin aufhielt; Aquarelle von C. H. Horst;
Radierungen von Caspar Merian (um 1650),
Peter Schenk (um 1700), Johann David
Schleuen und seinen Söhnen (zweite Hälfte
18. Jh.); große kolorierte Radierungen von
Johann Georg Rosenberg (1773-85); die in
Lieferungen erschienenen Ansichten des
Verlages Jean Morino (1787-97) und aus der
ersten Hälfte des 19. Jh. Graphik von und
nach Franz Catel, Louis Serrurier, Karl Friedrich Schinkel (von diesem auch ein Skizzenbuch aus seiner Schülerzeit), Eduard Gaertner u. a. Die sogenannte ›Lindenrolle‹ eines
anonymen Künstlers (um 1820) besitzt das
Berlin Museum in zwei Exemplaren, davon
eines in zeitgenössischer Kolorierung.
Die Darstellung der Stadt wird durch die
Schilderung des **städtischen Lebens** ergänzt. Daniel Chodowiecki, der realistisch
und humorvoll seine Umwelt darstellte, bietet für das Ende des 18. Jh. mit der fast
vollständigen Sammlung seiner Radierungen (Slg. Nicolai-Parthey) reiches Material,
ebenso Johann Wilhelm Meil. Die Berliner
Ausrufer (Cris de Berlin) und Berliner Kostüme des 18. und 19. Jh. – meist in vollständigen Folgen – von Johann Rosenberg, Wilhelm und F. Henschel und Burchard Dörbeck
sowie die Schilderungen Berliner Volksfeste
und Vergnügungen (Theodor Hosemann,
Stralauer Fischzug) ergänzen das für Berlin
wichtige Gebiet ›**Berliner Humor**‹, zu dem
vor allem die Folge ›Berliner Witze und An-
necdoten bildlich dargestellt‹ gehört. Weit
über den Humor hinaus geht die Bedeutung
des Werkes von Heinrich Zille, von dem das
Berlin Museum eine der umfangreichsten
Sammlungen besitzt (über 2000 Zeichnungen und druckgraphische Arbeiten sowie
370 Abzüge seiner Photographien).
Mit etwa 3000 Handzeichnungen und druckgraphischen Blättern ist die **Porträtsammlung** ein weiterer Schwerpunkt. Hervorragend zwei Deckfarbenmalereien von Daniel
Chodowiecki, Friedrich II. und Zieten zu Pferde darstellend, sowie Arbeiten von Johann
Heinrich Wilhelm Tischbein u. a.
Eine große Bereicherung war der Erwerb eines wesentlichen Teils der Zeichnungen, die
bei Vereinsabenden des 1814/15 gegründeten ›Berlinischen Künstlervereins‹ in den
Jahren 1816-39 entstanden. Darunter sind

Daniel Chodowiecki, Friedrich II. zu Pferde,
1776, Deckfarben/Papier, 17 × 13,5 cm

allein 112 Zeichnungen von Johann Gottfried
Schadow, weitere von Carl Blechen, Eduard
Gaertner u. a.
Für die zweite Hälfte des 19. Jh. und den Beginn des 20. Jh. stehen Namen wie Adolph
Menzel, Franz Skarbina, Hans Baluschek,
Max Liebermann, Lovis Corinth u. a. Der Expressionismus ist mit Werken von Ernst Ludwig Kirchner, Ludwig Meidner, Max Pechstein, Karl Schmidt-Rottluff und Max Beckmann vertreten, die folgende Zeit mit Käthe
Kollwitz, Otto Nagel und einer großen Zahl
jüngerer Künstler.
Die fast 700 Zeichnungen umfassende
Sammlung aus dem Nachlaß von Emil Orlik
enthält neben Porträts Berliner Persönlichkeiten der ersten Jahrzehnte des 20. Jh.
auch Darstellungen von Theateraufführungen. *Dominik Bartmann / Ingeborg Preuß*

Theatergeschichtliche Sammlung
Berliner Theatergeschichte war lange Zeit
schlechthin identisch mit deutscher Theatergeschichte. Große Dramatiker, wie Lessing
und Iffland, Hauptmann und Brecht, haben
das hiesige Kulturleben für mehr als zwei
Jahrhunderte ebenso geprägt wie bedeutende Theaterdirektoren und großartige Schau-
spieler. Die Theatergeschichtliche Sammlung im Berlin Museum dokumentiert und
präsentiert den mannigfaltigen Anteil des
Theaters an der kulturellen Entwicklung der
Stadt in seinen wichtigsten Epochen mit Pro-
gramm- und Textheften, diversen Jahrgän-
gen von Theaterjournalen, Kritiken und Thea-
terzetteln – vom Programm der Doebbelin-
schen Hofschauspieler von 1777 bis zu den
aktuellen Theaterbegleitheften der Staatlichen Schauspielbühnen. Einblick in die Theaterwelt des frühen 19. Jh. geben z. B. die kolorierten Bildbände mit Kostümen aus dem
Königlichen Nationaltheater zu Berlin, welche von Iffland und Brühl zwischen 1803 und
1823 herausgebracht wurden, und die seit

1819 entstandene Serie von Bühnenbildentwürfen Karl Friedrich Schinkels. Im Königstädtischen Theater, einem Volkstheater, erwuchs den Hoftheatern bereits vor der Revolution von 1848 eine ernsthafte Konkurrenz, und mit der 1869 erlassenen Gewerbefreiheit erfuhr nun auch das bürgerliche Theater einen raschen Aufschwung. Als 1883 das Deutsche Theater gegründet wurde, war damit bereits die Voraussetzung geschaffen für die Theaterarbeit Otto Brahms und Max Reinhardts wenige Jahre später. Besonders die Ära Reinhardt ist in der Sammlung des Berlin Museums mit zahlreichen Schauspieler- und Szenenphotos, Besetzungslisten und Kritiken sowie mit Schauspielerporträts reich dokumentiert. Die Theaterwelt unseres Jahrhunderts ist vor allem in der 1974 dem Museum überwiesenen, rund 350 Exponate umfassenden ehemaligen Porträtsammlung des Schiller-Theaters präsent. Darunter befinden sich neben zahlreichen Zeichnungen und Graphiken auch etwa 60 Gemälde und 35 Büsten und Totenmasken, die von bedeutenden zeitgenössischen Künstlern, wie Beckmann, Liebermann, Meidner, Dix, Barlach, Felixmüller, Kokoschka u. a. geschaffen wurden. Die Zeit nach '45 ist mit Kostüm- und Bühnenbildentwürfen von Bernhard Klein, Paul Strecker, Ita Maximowna, Eva Schwarz u. a. vertreten.

Helmut F. Braun

Die Spielzeugsammlung

Den Schwerpunkt der Sammlung, die aus der Zeit um 1800 bis zur Gegenwart reicht, bildet Spielzeug, das von Berliner Firmen hergestellt oder vertrieben wurde. Unter dem Mädchenspielzeug sind die Puppen und ihr umfangreiches Zubehör zahlreich vertreten. Sie reichen von der Biedermeierwachspuppe (um 1835) über Gliedergelenkpuppen sowie die Stoffpuppen der Käthe Kruse von 1930 bis zur modernen Puppendame. In verschiedenen Puppenstuben, darunter ein großbürgerliches Puppenhaus (um 1880) mit Bad und Aufzug, spiegelt sich anschaulich die Wohnkultur dieser Zeit. Bei den Jungen waren im 19. Jh. Pferd und Wagen sehr beliebt. In der Sammlung befinden sich zahlreiche Fuhrwerke mit Pferdeställen, Bierwagen

che Fuhrwerke mit Pferdeställen, Bierwagen der Firma Schultheiß sowie Modellwagen der Pferdestraßenbahn. Besonders gut läßt sich der technische Stand der Zeit an Dampfmaschinen, Eisenbahnen sowie den Blechautos der Firma Lehmann aus Brandenburg ablesen. Die zahlreichen Baukästen für Jungen reichen von Holz-, Stein- und Metallbaukästen bis zu dem Bauzug-Montagekasten von 1948, der eine Nachbildung der Berliner Trümmerwagen darstellt. Große Freude bereitet Jungen und Mädchen der Zoologische Garten, der von dem bekannten Berliner Spielzeughaus Bernhard Keilich vertrieben wurde, ebenso wie Kaufmannsladen und Puppenschule. Zu den optischen Spielsachen gehören ein Projektionskasten mit Schattenbildern (um 1820), eine Laterna Magica (um 1880) sowie ein Stereoskop (um 1900). Unter den Beschäftigungsspielen aus Papier befinden sich Anziehpuppen und die beliebten Papiertheater mit Szenenbögen.

Puppe auf Schlittschuhen, *letztes Drittel 19. Jh., H 48 cm*

Links: Ita Maximowna,
Bühnenmodell zu
Hauptmanns ›Ratten‹,
Schiller-Theater, 1954,
Sperrholz, bemalt,
32,5 × 59 × 39 cm

Rechts: Intarsienwerkstatt der Firma
Nast/Hupke, *seit 1874*

Zur Sammlung gehören auch Kinderbücher aus Berliner Verlagen wie Winkelmann & Söhne. Es befinden sich darunter eine Naturgeschichte für Kinder von 1845 sowie zahlreiche Märchen- und Bilderbücher mit Illustrationen von Theodor Hosemann, Paul Meyerheim u. a. 1986 wurde die Spielzeugsammlung um die Sammlung Jordan – erworben durch die Preußische Seehandlung – mit ca. 600 Objekten erweitert.

Gisela Freydank

Handwerk und Gewerbe

Trotz der Vielzahl der Berliner Museen fehlen in den jeweiligen Sammlungen weitgehend jene Erzeugnisse der Handwerksbetriebe und Manufakturen, die im Zuge der Industrialisierung und der ständig steigenden technischen Verbesserungen in der expandierenden Großstadt entstanden und deren künstlerische Produktion Wohnkultur und Stadtbild gleichermaßen prägten. Das Berlin Museum hat sich in den letzten Jahren bemüht, berlinspezifische Produkte aus Handwerk und Gewerbe zu sammeln. Erworben werden konnten u. a. die Einrichtung einer **Posamentenwerkstatt,** darunter Produkte und Archivalien, die zum Teil bis ins frühe 18. Jh. zurückreichen, ferner eine **Intarsienwerkstatt** mit vorzüglich erhaltenen Arbeiten sowie zahlreiche Produkte und Geräte der Berliner Firma ›Plakat-Industrie‹, die schon zu Beginn dieses Jahrhunderts ganz Europa mit **Reklameschildern** versorgte.

Einen Schwerpunkt der neugegründeten Abteilung bildet die **Berliner Mode.** Die Kunst der Kostümschneider, Tuchmacher und Seidenweber kann an einer Reihe von Herrenröcken und Westen aus der Zeit von 1750 bis 1810 dokumentiert werden. Die Berliner Damenmode ist bisher mit ca. 500 Objekten vom Beginn des 19. Jh. bis zur Gegenwart vertreten, darunter Modelle aus berühmten Häusern, wie Hermann Gerson und Valentin Manheimer. Die Wirtschaftskrise von 1929 und der Machtantritt der Nationalsozialisten erschütterten auch das Modeleben. Die Branche wurde besonders stark von den gegen Juden gerichteten Boykottmaßnahmen und Sondergesetzgebungen getroffen. Da Berlin seinen Aufstieg zur Modemetropole nicht zuletzt jüdischen Unternehmern verdankte, wurde es durch Rassenwahn und Krieg auch auf dem Gebiet der Mode seiner besten Kräfte beraubt. Nach 1945 konnte die Stadt durch neue Namen ihren guten Ruf wiederherstellen. Von den wichtigsten Couturiers besitzt das Berlin Museum eine Reihe von Modellkleidern, darunter Arbeiten von Gehringer und Glupp, Staebe-Seger, Günther Brosda, Detlev Albers, Heinz Oestergaard, Uli Richter u. a.

Zu den erfolgreichsten Berliner Designern der Gegenwart gehören Claudia Skoda mit ihren avantgardistischen Strickarbeiten und Reimer Claussen. Außerdem haben sich in den letzten Jahren einige junge Modeschöpfer einen Namen gemacht. Um ihre Interessen zu wahren, schlossen sich 13 Designer 1984 zum ›Club der Mode-Avantgarde Berlin‹ (CAB) zusammen. Von ihnen erwarb das Museum in den letzten Jahren eine Reihe von Modellen, Entwürfen und Photos zur Dokumentation der Berliner Mode.

Rolf Bothe

Schrillastex, *Kleid, 1981*

9 Botanischer Garten und Botanisches Museum Berlin-Dahlem

33 (Dahlem), Königin-Luise-Straße 6-8, zweiter Besuchereingang auch Unter den
Eichen 5-10, Telefon 83006-0
Verkehrsverbindung: U-Bahnhof Dahlem-Dorf, Rathaus Steglitz; Bus 1, 17, 48, 68
Öffnungszeiten des Botanischen Gartens: täglich, auch sonn- und feiertags;
November bis Februar 9-16 Uhr, März 9-17 Uhr, April 9-19 Uhr, Mai bis August 9-20 Uhr,
September 9-19 Uhr, Oktober 9-17 Uhr
Abweichend von der Feiertagsregelung (s. S. 8) am 1.5. ab 14 Uhr geöffnet,
am 24. und 31.12. geschlossen
Öffnungszeiten der Schaugewächshäuser: November bis Februar 9-15.15 Uhr,
März 9-16.15 Uhr, April bis September 9-17.15 Uhr, Oktober 9-16.15 Uhr;
Sonntage und Feiertage erst ab 10 Uhr
Öffnungszeiten des Schaumuseums: Dienstag bis Sonntag 10-17 Uhr,
Mittwoch 10-19 Uhr
Abweichend von der Feiertagsregelung (s. S. 8) nur am 1.1., 1.5., 17.6., 24. und
31.12. geschlossen
Das Botanische Museum (Herbar) ist nicht für die Öffentlichkeit zugänglich

Direktor: Prof. Dr. Werner Greuter
19 wissenschaftliche Mitarbeiter

Träger: Land Berlin
Förderverein: Fördererkreis der naturwissenschaftlichen Museen Berlins e. V. /Regina-
Schiemann-Fonds
Sammlung: Systematische Botanik und Pflanzengeographie

Präsenzbibliothek (im Museum) mit ca. 75000 Bänden, 100000 Sonderdrucken u.
1320 laufenden Zeitschriften

Publikationen: 4 Führer durch den Botanischen Garten — 15 Führer durch das Schaumuseum — Zeitschriften ›Willdenowia‹, ›Englera‹, ›Index seminum‹ (jährlich)

Sammlungsgeschichte

Botanischer Garten und Botanisches Museum Berlin-Dahlem sind eine Einheit und
dienen der Forschung und Bildung. Nach
dem Umfang der Anlagen und Sammlungen
sowie der herausgegebenen Veröffentlichungen stellen beide die größte deutsche
Forschungseinrichtung für systematische
Botanik und Pflanzengeographie dar.
Die Abteilungen oder Teile der Institution
entstanden zu verschiedenen Zeiten. Gegründet vom Großen Kurfürsten, bestand

der alte Botanische Garten seit 1679 in Schöneberg bei Berlin und hatte bereits seit 1646
einen Vorläufer im Lustgarten am Berliner
Schloß. Die Anfänge des Botanischen Museums gehen auf das Jahr 1815 zurück. Es
entwickelte sich aus dem früheren ›Königlichen Herbarium‹, das seit jeher mit dem Garten organisatorisch verbunden war. Im Jahre
1879 erhielt es ein eigenes großes Gebäude
auf dem Gelände des alten Botanischen Gartens und den Namen ›Königlich Botanisches
Museum‹. In dem neuen Gebäude wurden
nicht nur die wissenschaftlichen Sammlun-

Links:
Königl. Botanisches
Museum Berlin-Schö-
neberg um 1880, der
große Saal der
›Museumsabteilung‹

Rechts:
Schaumuseum in
Dahlem um 1910,
Pflanzengeographi-
sche Abteilung/
Ägypten

Narzissenwiese im Botanischen Garten

gen und die Bibliothek untergebracht, es entstand auch eine ›Museumsabteilung‹: das einzige rein botanische Schaumuseum Mitteleuropas.

Den ersten großen Aufschwung nahm der Botanische Garten unter der Direktion von Carl Ludwig Willdenow (1801-12), der den Schöneberger Garten nach wissenschaftlichen Gesichtspunkten völlig neu anlegen ließ. Auf ihn folgten viele andere bekannte Botaniker, Direktoren und Kustoden, und mehrten den wissenschaftlichen Ruf. Die zweite Blütezeit begann in Dahlem unter Adolf Engler (1889-1921).

Unter seiner Direktion erfolgte in den Jahren 1897-1909 die Verlegung an den heutigen Standort in Berlin-Dahlem, da der alte Botanische Garten und das Museumsgebäude für die rasch anwachsenden Pflanzensammlungen zu klein geworden waren. – Baumgruppen des alten Gartens und der Straßenflügel des damaligen Museums bestehen im heutigen Kleistpark bzw. im Kunstamt Berlin-Schöneberg fort.

Sammlungsbestände

Botanischer Garten

Der Dahlemer Botanische Garten ist mit 42 ha Fläche nicht nur der größte in Deutschland, sondern auch einer der bedeutendsten in der Welt. Sein reicher Bestand von etwa 18 000 Pflanzenarten (in Millionen von Exemplaren) soll einen Eindruck von der Mannigfaltigkeit der Pflanzenwelt vermitteln. Obwohl in erster Linie für die Forschung und das Studium auf dem Gebiet der Botanik angelegt, ist er zugleich eine Bildungsstätte für Pflanzenliebhaber und eine Oase im Häusermeer, in der es das ganze Jahr über blüht und grünt; neu hinzugekommen ist die sehr wichtige Aufgabe der Erhaltung von Pflanzenarten, die in der freien Natur vom Aussterben bedroht sind.

Einmalig im Freigelände des Gartens sind die ausgedehnten, 13 ha Fläche einnehmenden **pflanzengeographischen Anlagen,** die von Adolf Engler geschaffen wurden und die den Dahlemer Garten berühmt gemacht haben. In landschaftlich reizvoller Gestaltung wird hier versucht, die Vegetationsgebiete der nördlichen gemäßigten Zone darzustellen, soweit dies im hiesigen Klima möglich ist. Waldpartien, Wiesen, Moore, Heideflächen und Steppen wechseln ab mit Gruppen von Gebirgspflanzen, die auf verschieden hohen Hügeln und Felsgruppen angeordnet sind. Ein großer ›Gebirgsbogen‹ erstreckt sich vom Nordeingang (Dahlem) in Richtung des Südeinganges (Lichterfelde) von den Pyrenäen über die Alpen, die Karpaten, den Balkan, Kleinasien, den Kaukasus bis zum Altai und Himalaja und den Gebirgen Nordamerikas.

Den Süd- und Südwestteil des Gartens nimmt das parkartig angelegte **Arboretum** ein, das in seiner Ausdehnung die pflanzengeographischen Anlagen noch übertrifft; hier werden Bäume und Sträucher, die im Berliner Klima winterhart sind, in verwandtschaftlicher Gruppierung nach Gattungen und Familien gezeigt. Außer Wildarten sind auch

1 *Blütenstand der südafrikanischen Blutblume,* Haemanthus coccineus – 2 *Blüte und Blätter der in Brasilien heimischen Riesenseerose* Victoria cruziana – 3 *Blütenstand einer Palmlilie (Maiglöckchenbaum),* Yucca spec., *aus Florida*

durch Züchtung entstandene Sorten angepflanzt; diese Ziergehölze sind nicht nur für den Fachmann, sondern auch für den Gehölzliebhaber interessant. In einem Rosengarten sind neben Wildarten auch ca. 200 ältere und neuere Sorten zu bewundern.

Ebenfalls nach verwandtschaftlichen Beziehungen, nach Gattungen und Familien, sind die krautigen Pflanzen des **Systems** angeordnet, etwa 3500 Arten. – Zum Freiland gehören außerdem biologisch-morphologische Gruppen, Nutz-, Kultur- und Arzneipflanzen, ein Duft- und Tastgarten für Sehbehinderte und verschiedene Schmuckanlagen, wie z. B. der im historischen Stil angelegte ›Italienische Garten‹ vor den Schaugewächshäusern oder die ca. 3000 m² großen Zierpflanzenrabatten am Südeingang, auf denen vom Frühjahr bis zum Herbst neuere Sorten von Gartenblumen blühen.

Die Grundfläche aller **Gewächshäuser** im Botanischen Garten beträgt 13945 m², also fast 1,5 ha! 16 Häuser sind Schaugewächshäuser und für den Publikumsbesuch eingerichtet, 48 sind Kulturhäuser und dienen der Anzucht und Vermehrung oder beherbergen wissenschaftliche Spezialkulturen. – Eine architektonische Sehenswürdigkeit ist das ›Große Tropenhaus‹ schon als Bauwerk (es war der erste freitragende Hallenbau in Preußen); mit einer Grundfläche von 60×30 m und einer lichten Höhe von 25 m ist es das höchste Gewächshaus der Welt!

In den Schaugewächshäusern werden Tausende von Pflanzenarten aus allen tropischen und subtropischen Gebieten der Erde gezeigt; besonders reich sind Orchideen, Kakteen und andere Sukkulente, Bromelien, Begonien, Farne und tierfangende oder ›fleischfressende‹ Pflanzen vertreten. – Bei den tropischen Nutzpflanzen kommen Bananen, Ananas, Kakao u.a. regelmäßig zur Fruchtreife. – Von Juni bis Ende September

sind im Haus für tropische Wasserpflanzen, dem ›Victoria-Haus‹, die beiden aus Südamerika stammenden, mit riesigen Schwimmblättern versehenen *Victoria*-Arten, *V. amazonica (V. regia)* und *V. cruziana,* in ununterbrochener Blüte zu bewundern. – In den Monaten Februar und März ist das ›Ostasien-Haus‹ eine Attraktion, wenn dort die vielen Kamelien und Azaleen über und über mit Blüten besät sind. – Der Besucher findet zu jeder Jahreszeit in den Gewächshäusern schöne blühende Pflanzen.

Die Schäden, die der Botanische Garten während des Zweiten Weltkrieges erlitt – die völlige Zerstörung aller Gewächshäuser mit den meisten der darin enthaltenen kostbaren subtropischen und tropischen Pflanzen und des Systems im Freigelände –, sind von 1949 bis 1968 behoben worden. Nach der Renovierung des ›Großen Tropenhauses‹ und des ›Victoria-Hauses‹ werden nun alle anderen Schaugewächshäuser nach und nach unter modernen Gesichtspunkten erneuert.

Botanisches Museum

Das für die Öffentlichkeit nicht zugängliche Botanische Museum, neben dem Nordeingang des Botanischen Gartens in Dahlem, ist Sitz des Forschungsinstitutes für systematische Botanik und Pflanzengeographie mit seinen großen wissenschaftlichen Pflanzensammlungen, insbesondere dem Herbarium mit über 2 Mio. Herbarbögen und der umfangreichen Fachbibliothek von etwa 75000 Bänden, annähernd 100000 Sonderdrucken und 1320 laufenden Zeitschriften. 19 Wissenschaftler sind mit der Bearbeitung einzelner Pflanzengruppen (Gattungen und Familien), dem Verfassen von Floren ferner Länder – so erschien 1985 die ›Flore analytique du Togo‹ – und mit diversen Spezialthemen

›Italienischer Garten‹ im Botanischen Garten, im Hintergrund das ›Große Tropenhaus‹

beschäftigt; hinzu kommen fünf bis sechs weitere Mitarbeiter, die zeitlich begrenzt für bestimmte Forschungsprojekte tätig sind (zur Zeit: die Untersuchung tropischer Moosfloren, das pflanzengeographische Studium der südägäischen Inselwelt und die Zusammenstellung eines kritischen Inventars der Mittelmeerflora).

Die Institution gibt zwei eigene Zeitschriften (›Willdenowia‹ und ›Englera‹) und jährlich den ›Index seminum‹ heraus. Daneben sind mehrere Wissenschaftler als Mitherausgeber von Zeitschriften oder größeren Einzelwerken tätig. Hier befindet sich auch die Zentralstelle (Sekretariat) einer Vereinigung der Mittelmeerbotaniker mit einer Reihe eigener Publikationen.

Grundlage der wissenschaftlichen Arbeit des Pflanzensystematikers sind die **Herbarien**: Sammlungen von durch Trocknen und gleichzeitiges Pressen konservierten Pflanzen, die anschließend auf Spannbögen aus dünnem Karton zusammen mit dem Sammleretikett befestigt werden. Solche Herbarpflanzen sind über Jahrhunderte für wissenschaftliche Untersuchungen verwendbar,

Ansicht aus dem ›Großen Tropenhaus‹ mit Wasserfall

Plastische Karte der ›Vegetation der Erde‹ im Schaumuseum nebst 28 farbigen Großdias

sofern sie sachgerecht bei ca. 50-60 Prozent Luftfeuchtigkeit archiviert werden; sie verlieren zwar die ursprünglichen Farben, bewahren jedoch alle ihre Strukturen. Man kann an ihnen, nach vorsichtigem Aufweichen, sogar noch die Anatomie studieren.

Große überseeische Pflanzensammlungen kamen im 18. und 19. Jh. durch die weltreisenden Sammler nach Europa. Die Botaniker jener Zeit standen mit ihren Kollegen weltweit in regem wissenschaftlichen Austausch. Sammler bereisten alle Kontinente und brachten Herbarbelege, Samen und lebende Pflanzen mit, oft von bis dahin unbekannten Arten und Gattungen. Diese Pflanzen wurden dann wissenschaftlich bearbeitet und ggf. neu beschrieben und benannt. Belegexemplare zu Neubeschreibungen werden als ›Typen‹ bezeichnet.

Vor der starken Beschädigung des Botanischen Museums zwischen März 1943 und Februar 1944 enthielt das Herbar über vier Mio. Belegexemplare, darunter viele Typen, aus allen Gruppen des Pflanzenreiches (Algen, Pilze, Flechten, Moose, Farne, Samenpflanzen). Nur Teile der Sammlung konnten gerettet werden, darunter das 1815 angekaufte Herbarium Carl Ludwig Willdenows mit über 20 000 Arten und vielen Typen. Die Bibliothek brannte völlig aus.

Der Wiederaufbau des Museums vollzog sich in zwei Abschnitten; von 1949-59 wurden die Teilruinen des Arbeits-, Museums- und Hörsaalflügels wiederhergestellt, von 1983-87 das Gebäude für die wissenschaftlichen Sammlungen und die Bibliothek, in etwas anderer Form als früher, neu errichtet.

Die wissenschaftlichen Sammlungen wurden, ausgehend von den geretteten Beständen, durch Geschenke, Ankauf, Tausch und eigene Sammelreisen neu aufgebaut, ein Prozeß, der unmittelbar nach der Zerstörung begann und heute noch fortdauert. Einmaliges, etwa die zerstörten Typusexemplare, läßt sich allerdings nicht ersetzen; dieser Verlust ist unwiederbringlich!

Schaumuseum

In dem 1879 bezogenen Museumsgebäude in Schöneberg wurde 1880 eine Museumsabteilung eröffnet, die der »Belehrung nicht fachlich ausgebildeter Besucher« dienen sollte. Sie enthielt all jene Gegenstände der Sammlungen, die nicht in Herbarmappen untergebracht werden konnten. Die Anordnung der Objekte ging zunächst von systematischen Kriterien aus, ab 1890 auch von Gesichtspunkten der Pflanzengeographie, Paläobotanik, des Nutzens für den Menschen usw. Bei der Verlegung nach Dahlem (1907) bezog das Schaumuseum einen Gebäudeflügel von fast 50 m Länge mit drei Stockwerken, wobei sich an der Anordnung der Objekte nicht viel änderte; es entstanden zusätzliche Abteilungen, die die allgemeinen Erscheinungen des Pflanzenlebens, die Grundtypen der Pflanzengestalten und deren Fortpflanzungsverhältnisse, dazu die Kolonialbotanik zur Anschauung brachten. Ein Magazin gab es nicht, das Schaumuseum war selbst Magazin und Ergänzung zum Herbar: ein Studienmuseum par excellence, für den Laien unübersichtlich und ermüdend. Es wurde, wie alles andere, im Zweiten Weltkrieg ein Opfer von Spreng- und Brandbomben.

Ab 1957 begann der Aufbau eines neuen Schaumuseums, zunächst eingeschossig. Nach dem Umzug des Herbars in die neuen Räume wurden zwei zusätzliche Etagen zu Ausstellungs- und Atelierräumen für das Schaumuseum umgebaut.

Die Auswahl der **Ausstellungsthemen** erfolgte unter dem Gedanken der gegenseitigen Ergänzung von Botanischem Garten und Museum und unter den Gegebenheiten der Forschungsrichtung der Institution auf dem Gebiet der systematischen Botanik und Pflanzengeographie: Während dem Besucher im Garten vor allem die verschiedenen Pflanzengestalten, zum Teil in natürlicher Vergesellschaftung, mit ihren Formen und Farben und ihrer Entwicklung über das Jahr ins Auge fallen, werden ihm im Museum der Aufbau und die Feinstruktur der gleichen Pflanzen nebst ihrer Entwicklung und Verbreitung gezeigt. Um das möglich zu machen, wird zum Hilfsmittel Modell gegriffen: Stark vergrößerte, um mikroskopisch kleine Pflanzen oder Pflanzenteile darzustellen, sowie verkleinerte, um Vegetationstypen in Dioramen zu zeigen.

In der bis 1974 fertiggestellten Ausstellungsetage sind die geschichtliche Entwicklung der Pflanzenwelt (Paläobotanik), die Stämme des Pflanzenreiches (Wuchsformen, Vermehrung und Fortpflanzung von den Bakterien bis zu den höheren Pflanzen), die heutige Verbreitung der Pflanzen (Pflanzengeographie) und viele Kultur- und Nutzpflanzen aus allen Klimagebieten mit den von ihnen gewonnenen Produkten zu sehen, dazu pflanzliche Grabbeigaben aus dem alten Ägypten (Originale).

In der noch in der Einrichtung befindlichen zweiten Schaumuseumsetage werden die ›Geschichte der Systematik‹, der Stammbaum der höheren Pflanzen (Angiospermen) und eine biologische Abteilung, die die äußere und innere Anpassung der Pflanzengestalten an Standort und Klima darstellt, zu sehen sein. Außerdem werden ein Sonderausstel-

Ausschnitt aus einem Kenya-Diorama im Schaumuseum mit 2-3 m hohen Schopfbäumen, links Senecio, *rechts* Lobelia

lungsraum für aktuelle Themen, ein Film- und ein Multivisionsraum und eine Cafeteria zur Verfügung stehen. – Die im Museum ausgestellten Modelle sind nach einem hier entwickelten neuen Verfahren in Teamarbeit von Bildhauer und Graphiker hergestellt worden.

Seit 1987 hat das Schaumuseum einen direkten Zugang vom Garten her. Sowohl im Garten als auch im Museum kann der Besucher Pläne, Führer und Postkarten käuflich erwerben. *Eva Potztal*

Blütenmodell der Seidenpflanze Asclepias syriaca *im Schaumuseum*

10 **Bröhan-Museum**

19 (Charlottenburg), Schloßstraße 1a, Telefon 3 21 40 29
Verkehrsverbindung: U-Bahnhof Sophie-Charlotte-Platz, Richard-Wagner-Platz;
Bus 9, 21, 54, 62, 74, 87
Geöffnet: Dienstag bis Sonntag 10-18 Uhr
Abweichend von der Feiertagsregelung (s. S. 8) nur am 24. und 31. 12. geschlossen

Direktor: Prof. Karl H. Bröhan
Wissenschaftliche Mitarbeiterin: Dr. Ingeborg Becker

Träger: Stiftung Bröhan

Sammlung: Kunsthandwerk und Möbel des Jugendstils und des Art déco;
Gemälde der Berliner Secession; Industriedesign

Publikationen: Bestandskataloge: ›Berliner Secessionisten‹, Bd. I, Berlin 1973 –
›Kunsthandwerk – Jugendstil, Werkbund, Art Déco‹, Bd. II, Teil 1: ›Glas, Holz,
Keramik‹, Berlin 1976 – Bd. II, Teil 2: ›Metall, Porzellan‹, Berlin 1977 – ›Kunst der 20er
und 30er Jahre – Gemälde, Skulpturen, Kunsthandwerk, Industriedesign‹, Bd. III,
Berlin 1985 – Ausstellungskataloge und Bilderhefte

Sammlungsgeschichte

Das Bröhan-Museum wurde im Oktober
1983 in Charlottenburg eröffnet. Vorher, seit
1975, befand sich die rein private Kunstsammlung von Karl H. Bröhan in einer Dahlemer Villa. Mit dem Umzug änderte sich auch
der Status: Die Sammlung wurde dem Land
Berlin geschenkt und damit den Landesmu-
seen gleichgestellt.
Die Entstehungsgeschichte des Museums
ist zugleich auch die Entstehungsgeschichte
einer privaten Spezialsammlung, deren besonderer Reiz in der zeitlichen Beschränkung
auf die Epochen des Jugendstils, besonders
in der qualitativ hochstehenden französischen Variante, und des Art déco liegt. Diese
Sammelgebiete von Karl H. Bröhan wurden
innerhalb einer relativ kurzen Zeit, erst seit
1966, aufgebaut, vorher hatte sich das
sammlerische Interesse auf die Porzellane
der KPM Berlin des 18. Jh. konzentriert.

Baubeschreibung

Dem Ensemble der Offiziersbauten, die die
Schloßstraße kontrapunktisch begrenzen, ist
das 1893 als Infanteriekaserne erbaute Gebäude, das heute noch von verschiedenen
Instituten wie dem Antikenmuseum (s. S.
24) und dem Rathgen-Forschungslabor der
Staatlichen Museen Preußischer Kulturbesitz genutzt wird, harmonisch eingegliedert.
Der Bau hat drei Geschosse sowie ein Mez-
zanin. Die Fassade wird durch einen Rustika-
sockel und einen um ein Stockwerk höheren
Mittelrisalit akzentuiert. Der Umbau der Räume im Erdgeschoß für die musealen Belange des Bröhan-Museums erfolgte 1982/83.
Die Baumaßnahmen sollten auf der Straßenseite eine gleichmäßige Folge von unterschiedlich großen ineinandergehenden Räumen schaffen. Ein vorhandener Lichthof erhielt über dem Kellergeschoß eine Decke sowie nach oben hin ein ausfahrbares Tele-
skopdach aus Glas. Der Eingang zum Bröhan-Museum liegt nicht an der Straßenseite,
sondern man betritt die Räume durch ein
seitliches Portal. Die innerarchitektonische

Gestaltung oblag den Architekten Winnetou
Kampmann und Ute Weström.
Ausgestellt sind zur Zeit ca. 1600 Objekte,
vorgesehen sind für 1987/88 erweiterte Aus-
stellungs- und Nutzungsräumlichkeiten in
der dritten Etage des Hauses. Die Aufteilung
der Räume folgt dem historischen Ablauf.
Zeitlich gesehen umfassen die Sammelgebiete des Bröhan-Museums die Spanne zwischen der Pariser Weltausstellung von 1889
und dem Ausbruch des Zweiten Weltkrieges
1939.

Sammlungsbestände

Dem Besucher wird empfohlen, sich an der
Kasse nach links zu wenden, um durch einen
Vitrinenflur (1) zu der Suite der Schau-
räume zu gelangen. Die Vitrinen zeigen Porzellane des Jugendstils, rechts die großen

Karl Hagemeister,
Wellen im Sturm, *1915,*
Öl/Lw., 125,5 × 168 cm

skandinavischen Manufakturen wie Königlich Kopenhagen, Bing & Grøndahl und Rörstrand, Schweden, die linke Seite gehört der
KPM Berlin.
Dekorativer Blickpunkt der KPM-Vitrine ist
der sogenannte *Hochzeitszug,* 1905 entworfen von dem Bildhauer Adolf Amberg, dessen Figurenprozession sich über die volle
Länge dreier Vitrinenabteilungen hinzieht.
Ursprünglich für die Hochzeit des preußischen Kronprinzenpaares gedacht, kam das
Werk erst 1910 unter dem dominierenden
künstlerischen Direktorat von Theo Schmuz-
Baudiss zur Ausführung. Von Schmuz-Baudiss wurde auch das berühmte Tafelgeschirr
Ceres entworfen. Stilisierung und klassizistische Tendenzen finden sich in dieser Form
zusammen. War Schmuz-Baudiss für die
künstlerische Ausrichtung der Manufaktur
verantwortlich, so sicherten die beiden Chemiker Hermann Seger und Albert Heinecke
den Anschluß der KPM an die moderne
Technik. Auf dem Gebiet der Entwicklung
neuer Kunstglasuren wie Ochsenblut-, Kri-
stall- und Seladonglasuren waren sie sehr erfolgreich, und ihre Arbeit war richtungwei-
send für die gesamte deutsche Porzellanin-
dustrie.
Die Räume, die sich nun anschließen, sind
nach den Entwerfern des jeweiligen Mobi-
liars benannt.

Salon Hector Guimard (2)
Hector Guimard (1867–1942) entsprach in
seiner gestalterischen Vielseitigkeit dem Anspruch des Jugendstils nach der ästhetischen Durchdringung aller Lebensbereiche.
Ob es sich um die heute noch vorhandenen
gußeisernen Eingänge der Pariser Metro
handelt oder um Architektur- und Möbelent-
würfe, immer stehen organische Naturformen im Vordergrund. Wie eine ausgefallene
Möbelskulptur wirkt denn auch das Buffet
aus hellem, massivem Birnenholz; plastisch
wachsen Seerosenstengel und -blüten aus
dem Unterteil hervor, die Linienführung entspricht in ihrer Dynamik vegetabilen Strukturen. Florale Linienmuster finden sich auch
auf dem Jugendstilteppich, der mit den Eß-

zimmermöbeln von Guimard den Salon vervollständigt. Einen farblich dominierenden
Akzent setzt die Vitrine mit der umfangreichen Sammlung böhmischer Lüstergläser.
Ähnlich wie Louis Tiffany in New York gelang
es um 1900 Joh. Loetz Wwe., Glas mit einer
lüstrierenden, metallischen Schicht zu über-
ziehen.

Salon Louis Majorelle (3)
Neben Guimard und Emile Gallé ist der französische Ebenist Louis Majorelle (1859 bis
1926) als einer der wichtigsten Protagonisten des floralen Jugendstils in Frankreich
anzusehen. Zusammen mit Gallé und Daum
bildete Majorelle das Dreigestirn der École

Emile Gallé, Vase mit Nachtschmetterling,
um 1900, grünes Überfangglas
mit Farbeinschlüssen, H 18,5 cm

de Nancy, des Zentrums des französischen Art nouveau, dem dieser Raum gewidmet ist. Die Majorelle-Möbel werden sinnvoll ergänzt durch Gläser von Emile Gallé und Daum Frères, die die große Vitrine im nächsten Raum zeigt.

Gallé war der künstlerisch vielseitigste Vertreter des Art nouveau in Nancy. Neben seinen kostbaren Glasobjekten schuf er Möbel und Fayencen. Entsprechend seiner Vorliebe für Intarsien bei Möbeln wandte Gallé in seinen Glasobjekten die Marqueterie- und Überfangtechnik an, bei denen mit verschiedenen Glasmassen gearbeitet wird. Seine Motive entnahm er in äußerst phantasievoller Gestaltung immer wieder dem Formenschatz der Natur, den er mit wissenschaftlicher Akribie studierte. Die Jugendstilgläser werden durch die umfangreiche Sammlung böhmischer Lüstergläser von Pallme König vervollständigt, die oftmals zeittypische Metallfassungen aufweisen.

Die Gemälde stammen überwiegend von Malern der 1898 gegründeten ›Berliner Secession‹. Generationsmäßig am Anfang steht Karl Hagemeister, der von 1848 bis

1933 lebte. Nach dem Kunststudium u. a. in Weimar und Paris und dem Anschluß an den Münchener Leibl-Kreis ließ sich Hagemeister in seinem Geburtsort Werder a. d. Havel nieder. Atmosphärische Stimmungen der Tages- und der Jahreszeiten, Bewegung, Werden und Vergehen sind von ihm in scheinbar von innen leuchtenden Farben, in luminaristischer Manier, wiedergegeben. Der großformatige *Seerosenteich* (1902) läßt die Faszination spüren, die diese Lieblingsblume des Jugendstils auf die Maler der Zeit ausübte. Die *Wellen im Sturm* (1915) hingegen, ein bevorzugtes Motiv fast aller Landschaftsmaler, machen die Kraft und den Aufruhr des Elementaren deutlich. Pastos wird hier die Farbe aufgetragen und gewinnt damit fast eine selbständige Form. Über dem Majorelle-Schreibtisch hängt ein Gemälde von Hans Baluschek (1871-1935). Die hier gezeigte Innenansicht eines Eisenwalzwerkes, der Hahnschen Werke in Duisburg, gehört zu dem Typus der Industriedarstellungen, der ansonsten als Motiv in der Kunstgeschichte relativ selten ist. Baluschek fühlte sich ganz besonders der realistischen Tradition der Berliner Kunst verpflichtet und widmete sein Werk mit oftmals sozialkritischer Deutlichkeit der Schilderung der Arbeitswelt und kleinbürgerlicher Vergnügungen – Bildthemen, die von der offiziellen akademischen Kunst seiner Zeit als nicht bildwürdig angesehen wurden. Das Œuvre Hans Baluscheks ist im Bröhan-Museum überaus reichhaltig präsentiert; eine an Umfang vergleichbare Sammlung bietet nur noch das Märkische Museum (s. Museen Ost-Berlin).

Salon Dominique (4/5)

Möbel des Art déco finden sich in den nun folgenden Räumen. ›Dominique‹ war der Name eines 1919 gegründeten Einrichtungs-

1 Schale mit Lüsterdekor, *Ausführung: Joh. Loetz Wwe., um 1900*, Ø 14,5 cm

2 Buffetschrank, Entwurf: Richard Riemerschmid, 1902, Eiche, H 200 cm

3 Teeservice, *Steingut mit gelber Mattglasur, Entwurf: Margarete Marks, Ausführung: Haël-Werkstätten, um 1930*

4 Odaliske mit Tukan, *Entwurf: Paul Börner, Porzellanmanufaktur Meißen, 1912*, H 29 cm

3

hauses in Paris. Typisch für dessen exklusive Möbel sind sowohl der ausgestellte Sekretär aus Birkenholz mit Galuchat-(Rochenhaut-) Einlagen als auch der Kommodenschrank, bei dem dieses ausgefallene Material Verwendung fand. Die Teppiche, ein Unikat von Da Silva Bruhns sowie ein deutsches Industrieprodukt der späten 20er Jahre, weisen die für die Zeit charakteristischen abstrakten Muster auf.

Salon Jules Leleu und
Salon Edgar Brandt (6/7)
Dominierender Mittelpunkt sind die kunstvollen schmiedeeisernen Arbeiten des Elsässers Edgar Brandt. Klassizistische Formenstrenge und Anwendung modernster Fertigungsmethoden im Umgang mit dem äußerst spröden Material gehen bei Brandt eine künstlerische Symbiose ein. Das ungewöhnliche, düstere Material gibt seinen Objekten – Kronleuchter, Stehlampe, Spiegel und Tisch – eine Monumentalität, die allerdings durch die filigrane, reiche Ornamentik aufgehoben wird.
Die Besonderheit der Möbel Leleus liegt in den irisierenden Perlmutt- und Elfenbeineinlagen, die als raffinierte Schmuckelemente dienen. Hervorzuheben ist in diesem Raum Willy Jaeckels Gemälde *Im Café* (1912), ein Beispiel expressionistischer Großstadtdarstellung.

Salon Pierre Chareau und
Salon Süe et Mare (8/9)
Hier ist neben den avantgardistischen, sachlichen Möbeln Chareaus die Glasvitrine von besonderer Wichtigkeit. In der einen Hälfte befinden sich die Gläser der schwedischen Glashütte Orrefors, die exemplarisch den Geist der 20er und 30er Jahre repräsentieren. Den französischen Glaskünstlern Colotte, Thuret, Navarre und Marinot ist die andere Seite gewidmet.

Suite Jacques-Emile Ruhlmann (10-13)
Diese Raumfolge zeigt eine umfangreiche Sammlung des wohl bedeutendsten Ebenisten der 20er Jahre. Aus ausgesuchten, edlen Hölzern mit allergrößter handwerklicher Raffinesse gefertigt, lassen seine Möbel die klassizistische Tradition Frankreichs in den klaren Linien des Art déco wieder aufleben. Exotische Hölzer wie Loupe d'amboine oder Makassar-Ebenholz mit Elfenbeineinlagen ließen seine Möbel schon zu ihrer Entste-

hungszeit zu ausgesprochenen Luxusobjekten werden. Die Gemälde stammen von Jean Lambert-Rucki (1888-1967), der kubische Stilelemente in dekorativer, farbenfroher Weise umsetzte; auch Plastiken von ihm befinden sich in diesen Räumen. Ganz dem Gegenständlichen im Sinne der Neuen Sachlichkeit sind die ausdrucksstarken Porträts Willy Jaeckels verpflichtet. Jaeckel ist der dritte Maler der Berliner Secession, der hier im Hause umfangreich vertreten ist. Arbeiten weiterer Secessionisten wie Walter Leistikow, Franz Skarbina, Lesser Ury vervollständigen den Bestand.
Die Vitrine im Raum 10 zeigt figürliches Meißner Porzellan, wovon besonders die Entwürfe Paul Scheurichs hervorzuheben sind. Seine Figurinen lassen in ihrem bewegten Linienspiel Grazie und Eleganz erkennen. Die Figuren Gerhard Schliepsteins, der für die KPM Berlin und Rosenthal arbeitete, zeigen überlängte Proportionen und stilisierte Bewegungsabläufe. Die großenteils unbemalten Figuren lassen das Porzellanmaterial ganz zur Wirkung kommen. Eine Abteilung ist der Wiener Werkstätte gewidmet, vor al-

4

1 *Jean Lambert-Rucki,* Profiles d'ombres/Schattenrisse, *1919, Öl/Malpappe, 73,5 × 50,5 cm*
2 Teller, *Entwurf: Ursula Fesca, Ausführung: Wächtersbacher Steingutfabrik, 1930, Steingut*
3 *Jean Lambert-Rucki,* Le Baiser/Der Kuß, *um 1925, Bronze, feuervergoldet, H 48 cm*
4 *Willy Jaeckel,* Blumenstilleben mit Amaryllis und Flieder, *um 1930, Öl/Lw., 90 × 80 cm*

Schreibtisch und Stuhl *von Louis Majorelle, um 1900, Nußbaumholz;* Hans Baluschek, Eisenwalzwerk, *1910, Öl/Lw., 111 × 161 cm*

3   4

lem den Glas- und Metallarbeiten von Josef Hoffmann.

Verläßt man nun die Ruhlmann-Suite durch einen Vitrinenflur, um zum Lichthof und den Räumen an der Hofseite zu gelangen, stößt man in diesem Durchgang auf Arbeiten der deutschen seriellen Steingutproduktion. Große Firmen wie Villeroy & Boch oder aber kleinere Werkstätten wie Haël oder später HB in Marwitz, die Steingutfabriken Velten-Vordamm, Carstens, Schramberg, Wächtersbach lassen in ihren Erzeugnissen die Intention erkennen, gutes modernes Design für den täglichen Gebrauch und den schmalen Geldbeutel zu entwerfen. Die abstrakt-geometrischen Dekore nehmen in popularisierter Form Ideen des Bauhauses wieder auf. Die Formgebung ist entweder schlicht und funktional oder weist konstruktivistische Extravaganz auf. Namen von bedeutenden Entwerfern wie Hermann Gretsch, Siegfried Möller, Ursula Fesca, Werner Gothein und Eva Stricker sind damit verbunden.

Vitrinenraum im Lichthof (14)
Im Zeitraffer ist hier die Entwicklung des Porzellans vom Jugendstil bis zum Industriedesign zu verfolgen. Neben dem kostbaren Fischservice der Manufaktur Nymphenburg (um 1900) findet man die schlichten, funktionalen Entwürfe berühmter Designer wie Wilhelm Wagenfeld mit dem Service 639 für Fürstenberg, Hermann Gretsch mit Arzberg 1382, Trude Petri mit Urbino für die KPM Berlin und Wolfgang von Wersin mit Helena für Rosenthal, alle aus den 30er Jahren.

Schatzkammer (15)
Hier werden Metallarbeiten gezeigt; berühmte Fabrikate wie von Georg Jensen, Kopenhagen, Jean Puiforcat, Paris, oder der Reimann-Schule, Berlin, repräsentieren Gold- und Silberschmiedearbeiten der 20er und 30er Jahre in ihrer edlen, schlichten Li-

nienkunst. Der Jugendstil ist hier noch einmal mit Metallobjekten aus Kayserzinn vertreten. Einen farbigen Akzent setzen die dekorativen Vasen von Ernst Wahliss, Wien, die der Zeit des ausklingenden Jugendstils angehören, oder aber die mit einem Emailleüberzug in abstrakten Mustern versehenen Vasen von Camille Fauré, Limoges, aus den 30er Jahren.

Kabinette und Räume an der Hofseite (16-19)
Präsentiert werden Einzelmöbel des französischen Art déco und des deutschen Jugendstils sowie die umfangreichen Glasbestände der 20er und 30er Jahre. Neben den Gläsern der böhmischen Fachschulen Haida und Steinschönau mit ihrer charakteristischen Schwarzlotmalerei und den aufwendigen Schliff- und Ätzdekoren sowie den Gläsern aus ›Seltenen Erden‹ von Moser, Karlsbad, sind es besonders die farblosen, extrem materialgerechten Gläser der Wiener Josef Hoffmann, Adolf Loos und Oswald Haerdtl, für die Transparenz und ›Form ohne Ornament‹ typisch sind. Richard Süßmuth und Wilhelm von Eiff wählen als einzigen Schmuck den Schliffdekor. Wilhelm Wagenfeld hingegen vertritt mit seinen Entwürfen für die Vereinigten Lausitzer Glaswerke das moderne Industriedesign. Keramik, wie die Fayencen der böhmischen Amphora-Werke, die Figurinen Powolnys und Goldscheiders für die ›Wiener Keramik‹, das sogenannte Eierschalenporzellan der holländischen Manufaktur Rozenburg und Porzellan der Manufaktur Meißen finden sich am Ende des Museumsrundganges. Bisher noch unerwähnt blieben die zahlreichen, repräsentativen Sèvres-Vasen, die mit naturalistisch-stilisierten oder auch abstrahierten Dekoren jeweils die Charakteristika ihrer Entstehungszeit aufweisen. Die Räume 16-19 werden auch für Sonderausstellungen genutzt. *Ingeborg Becker*

11 Brücke-Museum

33 (Dahlem), Bussardsteig 9, Telefon 831 20 29 (Auskunft erteilt Frau Eva Schneider)
Verkehrsverbindung: Bus 60
Geöffnet: Mittwoch bis Montag 11-17 Uhr
Abweichend von der Feiertagsregelung (s. S. 8) nur Karfreitag, am 1.5., 17.6., 24., 25. und 12. geschlossen

Direktor: Prof. Dr. Leopold Reidemeister

Träger: Land Berlin
Fördervereine: Karl und Emy Schmidt-Rottluff Stiftung;
Fördererkreis Brücke-Museum e. V.

Sammlung: Gemälde, Plastiken, Aquarelle, Zeichnungen, Druckgraphik und andere Werke der Künstlergruppe ›Brücke‹

Publikationen: L. Reidemeister, ›Das Brücke-Museum‹, Berlin 1984 – Museums- und Ausstellungskataloge – ›Brücke-Archiv‹, unregelmäßige Erscheinungsweise

Baubeschreibung

Der Bau des Brücke-Museums wurde vom Land Berlin nach Plänen des damaligen Senatsbaudirektors Werner Düttmann ausgeführt und am 15. September 1967 der Öffentlichkeit übergeben. Für den Besucher wohltuend am Ende einer Sackgasse (Bussardsteig) gelegen, die in den Grunewald geschlagen wurde, ist es allseitig von einer gewachsenen, nicht gärtnerisch veränderten märkischen Waldlandschaft umgeben, die in die Ausstellungsräume hineinwirkt.

Außer den Verwaltungsräumen, einem graphischen Kabinett und Depoträumen im Kellergeschoß auf vier Oberlichträume beschränkt, die um einen offenen Innenhof gelagert sind, ist das Museum mit einer Ausstellungsfläche von 550 m² für etwa 150 Bilder eines der kleinsten Museen Berlins und der Bundesrepublik. Diese vier Räume haben jeweils ganz verschiedene Ausmaße,

was der an sich statischen, in der Tradition des Bauhauses entstandenen Architektur einen dynamisch lebendigen Charakter gibt. Die Räume sind außer von den Außenfenstern jeweils durch ein bis vier schräge Oberlichter ausgeleuchtet, die das volle Licht auf die Bilder lenken, während durch eingehängte Decken die Augen des Besuchers geschützt werden. Der Sisalbelag der Räume gibt dem Haus die Stille und das Bequeme; von Düttmann eigens entworfene Sitzgruppen bieten dem Besucher die Möglichkeit behaglichen Genießens der Kunstwerke. Das Museum, dessen Bau sich auch durch sehr mäßige Kosten auszeichnete (1,1 Mio.), dient damit in vorbildlicher Weise seiner Aufgabe.

Ein maßvoller, den Charakter des Hauses nicht verändernder Anbau, der durch das Anwachsen der Sammlung und die Übernahme des gesamten künstlerischen Nachlasses von Schmidt-Rottluff in die im Hause behei-

1 *Otto Mueller,*
Zwei badende Mädchen,
1921, Leimfarbe/Lw.,
100 × 140 cm

2 *Erich Heckel,* Laute
spielendes Mädchen,
1913, Öl/Lw.,
72 × 79 cm

3 *Karl Schmidt-Rott-*
luff, Rosa Schapire,
1911, Öl/Lw.,
76 × 84 cm

4 *Erich Heckel,* Mann
in jungen Jahren, *1906,*
Öl/Pappe,
47,5 × 36 cm

2

3

4

matete ›Karl und Emy Schmidt-Rottluff Stiftung‹ notwendig geworden war, ermöglicht es, die für die Kunst der ›Brücke‹ so wichtige Graphik ständig in wechselnden Ausstellungen zu zeigen.

Sammlungsgeschichte und -bestände

Das Brücke-Museum ist ausschließlich den Werken der Künstlergruppe ›Brücke‹, die 1905 in Dresden gegründet wurde, gewidmet. In dieser Beschränkung unterscheidet es sich grundsätzlich von anderen Museen, deren Aufgabe es ist, die Kunst des 20. Jh. oder noch größere Bereiche in ihrer ganzen Vielfalt darzustellen. Es schützt damit die Kunstwerke vor der Entfremdung, der sie sonst in Museen ausgesetzt sind, und bewahrt für sie die Nestwärme ihrer ursprünglichen Entstehung im Freundeskreis der Künstler, die mit gemeinsamen Zielen die erste avantgardistische Gruppe der Kunst des 20. Jh. in Deutschland gründeten.

Das eigentliche Entstehungsdatum für die Planung des Brücke-Museums ist der 1. Dezember 1964, der 80. Geburtstag Schmidt-Rottluffs (1884-1976). Der Künstler erklärte sich bereit, dem Land Berlin eine Schenkung von 74 Bildern zu machen, und stellte seinen gesamten künstlerischen Nachlaß in Aussicht unter der Bedingung, daß er öffentlich ausgestellt und konservatorisch betreut werde. Der ergänzende Vorschlag des derzeitigen Leiters des Brücke-Museums, diese Planung auf die Künstlergruppe ›Brücke‹ auszudehnen und damit erstmals eine einzelne Künstlergruppe museal darzustellen, wurde von Schmidt-Rottluff akzeptiert und konnte durch die Bereitschaftserklärung Erich Hekkels 1964, damals wohnhaft in Hemmenhofen am Bodensee, diesen Plan zu unterstützen, verwirklicht werden. Erich Heckel (1883-1970) hat durch umfangreiche Schenkungen nicht nur die Darstellung seines eigenen Werkes ermöglicht, sondern dem Mu-

seum auch alles als Geschenk überwiesen, was er von anderen Künstlern der ›Brücke‹ besaß, darunter die damals jährlich erschienenen ›Brücke-Mappen‹, Otto Muellers ›Zigeunermappe‹ usw. Dieses hilfreiche Mäzenatentum hat seine Witwe Frau Siddi Hekkel fortgesetzt.

Mit dieser großzügigen, für sich nichts beanspruchenden Partnerschaft Erich Heckels war die Basis für ein Brücke-Museum geschaffen. Schmidt-Rottluff und Heckel waren repräsentativ vertreten. Die Aufgabe für die folgenden Jahre war es, auch die übrigen Künstler der ›Brücke‹ wirkungsvoll darzustellen. Der leitende Gedanke bei den Erwerbungen, die sowohl durch die großzügigen finanziellen Zuwendungen Schmidt-Rottluffs wie durch das Berliner Zahlenlotto und weitere Sondermittel ermöglicht wurden, war, diejenigen Künstler, die nicht so breit wie Schmidt-Rottluff und Heckel vertreten waren, in Hauptwerken zur Wirkung kommen zu lassen. Dies ist weitgehend gelungen.

Emil Nolde (1867-1956), 1906/07 Mitglied der ›Brücke‹, ursprünglich überhaupt nicht in der Sammlung vertreten, ist jetzt mit sechs Bildern repräsentiert, darunter durch für sein Werk so entscheidende Bilder wie die *Verspottung,* eines seiner ersten drei religiösen Bilder von 1909, in denen Nolde den Durchbruch zum Expressionismus fand, und die gelöst beglückenden *Feriengäste* von 1911. Dasselbe gilt für Max Pechstein (1881-1955), der neben anderen Bildern durch sein *Fischerboot,* entstanden 1913 in Monte Rosso Al Mare, vertreten ist, das Pechstein in seinen Lebenserinnerungen als sein bedeutendstes Werk bezeichnet. Es gilt ebenso für

1 *Emil Nolde,* Feriengäste,
1911, Öl/Lw., 87 × 101 cm
2 *Max Pechstein,* Fischerboot, *1913, Öl/Lw.,*
190 × 96 cm
3 *Ernst Ludwig Kirchner,*
Berliner Straßenszene,
1913, Öl/Lw., 121 × 95 cm
4 *Karl Schmitt-Rottluff,*
Fischersonntag, *1923,*
Öl/Lw., 104 × 124 cm

3

den 1910 zur ›Brücke‹ gekommenen Otto
Mueller (1874-1930), der mit seinen *Zwei ba-*
denden Mädchen (1921) der Sammlung die

verträumte lyrische Note gibt, die nur ihm
eignet.
Vor allem mußten diese Bemühungen aber

4

Ernst Ludwig Kirchner, Otto Mueller mit Pfeife, *1913, Öl/Lw., 60 × 50,6 cm*

dem Werk Ernst-Ludwig Kirchners (1880 bis 1938) gelten, ohne den die ›Brücke‹ nicht zu denken ist. Er ist heute mit zehn Bildern vertreten, deren Schwerpunkt in seinen Berliner Jahren von 1911-14 liegt, gipfelnd in der *Berliner Straßenszene* (1913) der ehemaligen Sammlung Hagemann, in dem das heute noch so brisante Thema des Einsamen in der Menge anklingt.

Außer den Künstlern der ›Brücke‹, von denen noch das Gründungsmitglied Franz Bleyl (1880-1966), der Hamburger Franz Nölken (1884-1918) und der Schweizer Cuno Amiet

(1868-1961) zu erwähnen wären, werden auf einhelligen Wunsch Schmidt-Rottluffs und Heckels noch fünf weitere Künstler im Brücke-Museum gesammelt, die mit den ›Brücke‹-Malern in der Zeit zwischen den beiden Weltkriegen ausgestellt haben: Walter Gramatté, Otto Herbig, Max Kaus, Anton Kerschbaumer und die Bildhauerin Emy Roeder. Von diesen ist Max Kaus (1891-1977) besonders eindrucksvoll vertreten.

Bei einem Rundgang durch das Museum sieht der Besucher in der Eingangshalle wechselnde kleine Werkgruppen aus der Sammlung. Raum I zeigt Werke aus der Frühzeit der ›Brücke‹ in Dresden in ihrem noch überwiegend neoimpressionistischen Stil, Raum II die Reifezeit der ›Brücke‹ in Dresden und Berlin bis 1913 in ihrem stark farbigen Flächenstil und ihrer expressiven Steigerung des Ausdrucks. Das weitere Wirken Schmidt-Rottluffs und Heckels nach Auflösung der ›Brücke‹ 1913, vor allem in den 20er Jahren, wird in Raum III präsentiert, das Spätwerk der ›Brücke‹-Künstler und ihrer Freunde in Raum IV, der mit seinen vier Oberlichtern der bevorzugte Raum für Sonderausstellungen ist.

Traditionell wird im Brücke-Museum jährlich mindestens eine Sonderausstellung veranstaltet, die einer besonderen Thematik der ›Brücke‹ gilt (z. B. ›Künstler der Brücke an den Moritzburger Seen‹, 1970; ›Künstler der Brücke in Berlin‹, 1972; ›Künstler der Brücke in Dresden‹, 1973; ›Das Aquarell der Brücke‹, 1975) oder einem einzelnen Künstler gewidmet ist. Zu diesen Ausstellungen erscheinen Sonderkataloge.

Leopold Reidemeister

Max Kaus, Paar im grünen Raum, *1920, Öl/Lw., 94 × 120 cm*

12 Deutsches Historisches Museum

Museum im Aufbau

Während der Aufbauphase: 61 (Kreuzberg), Gropius-Bau, Stresemannstraße 110; künftiger Standort des Neubaus: 21 (Tiergarten), Platz der Republik (Auskunft erteilt bis auf weiteres der Senator für Kulturelle Angelegenheiten, 30 [Charlottenburg] Europa-Center, Telefon 21 23-32 37)

Verkehrsverbindung: Gropius-Bau U-Bahnhof Kochstraße, S-Bahnhof Anhalter Bahnhof; Bus 24, 29; Platz der Republik Bus 69, 83

Termine und **Öffnungszeiten** der Wechselausstellungen sind der Tagespresse zu entnehmen

Museumskonzept

Das Deutsche Historische Museum ist das Geschenk der Bundesrepublik Deutschland zur 750-Jahr-Feier Berlins im Jahre 1987. Es ist in der Bundesrepublik Deutschland das erste Museum, das die deutsche Geschichte als Ganzes darstellt. In Berlin-Ost besteht seit 1952 das ›Museum für Deutsche Geschichte‹ (s. Museen Ost-Berlin) auf der Basis eines marxistischen Geschichts- und Gesellschaftsbildes. Das Deutsche Historische Museum wird die deutsche Geschichte im europäischen Zusammenhang sowohl chronologisch als auch epochenübergreifend und themenvertiefend in einer ständigen Schausammlung dokumentieren, wobei neben der politischen Geschichte Sozial-, Wirtschafts- und Kulturgeschichte breiten Raum einnehmen. Zusätzlich werden große Wechselausstellungen stattfinden.

Bis zur Fertigstellung des eigenen Museumsgebäudes wird das Deutsche Historische Museum überwiegend Wechselausstellungen im Gropius-Bau veranstalten.

Die Sammlung des Deutschen Historischen Museums befindet sich im Aufbau.

Geschichte des Standorts

Der Neubau des Deutschen Historischen Museums wird im Spreebogen in der Nähe von Reichstag und Kongreßhalle errichtet. Das Gelände gehört zu den historischen Plätzen Berlins und hat, seitdem es als Exerzierplatz des absolutistischen Preußen aufgegeben und als Königsplatz verziert wurde (um 1840), insbesondere nach der Reichsgründung von 1871 eine zunehmend zentrale, hauptstädtische Bedeutung erlangt.

Das bedeutendste Bauwerk am Platz der Republik, das Reichstagsgebäude, wurde 1884-94 am östlichen Rand des Königsplatzes errichtet, wodurch das Regierungsviertel (Wilhelmstraße) eine Erweiterung erfuhr. Allerdings bestand eine deutliche räumliche Distanz zum Berliner Schloß, dem Machtzentrum des Kaiserreiches, und die Bauplanungen verzichteten auch auf einen Standort direkt an der Hauptstraßenführung (Unter den Linden/Charlottenburger Chaussee). Das Kroll'sche Etablissement (später die Kroll-Oper), die Siegessäule (1871-73) und die Denkmäler für Bismarck, Roon und Moltke vervollständigten den Königsplatz und damit die Repräsentanz des Zweiten Reiches im

›Reichstagsviertel‹, das vom Tiergarten und dem sich parallel entwickelnden Alsenviertel im Spreebogen begrenzt wurde. Das Gelände um den Königsplatz – in der frühen Weimarer Republik und seit der Nachkriegszeit ›Platz der Republik‹ genannt – geriet schon bald nach der Fertigstellung des Reichstagsgebäudes in die zentralstädtischen Straßenplanungen im Sinne der Anlage repräsentativer Achsen: Ende 1901 ließ Wilhelm II. die letzte Gruppe Denkmäler brandenburgischer Markgrafen und preußischer Könige und Kaiser auf der Siegesallee (Anlage ab 1873) enthüllen, einer Nord-Süd-Allee, die als Verlängerung der Alsenstraße eine Verbindung vom Königsplatz zum Kemperplatz durch den Tiergarten bildete und dabei mit der Charlottenburger Chaussee, der westlichen Verlängerung der alten Berliner Prachtstraße Unter den Linden, ein Kreuz darstellte. Ein weiterer Ausbau dieser Hauptstraßen wurde noch in monarchischer Zeit geplant (Mächler-Plan während des Ersten Weltkrieges), aber nicht mehr ausgeführt.

Die Anlage einer republikanischen Achse (›Straße der Republik‹), die vom Reichstagsgebäude, dem parlamentarischen Machtzentrum der Republik, zum geplanten Reichspräsidentenpalais (nordwestlich des Schlosses Bellevue) führen und von Regierungs- und Verwaltungsgebäuden flankiert werden sollte, scheiterte an der Finanzkrise Ende der 20er Jahre, ebenso wie die Republik einige Jahre später selbst.

Die Nationalsozialisten griffen die Achsenkonzeption wieder auf und überhöhten sie radikal zu einem ›Forum des Großdeutschen Reiches‹ und seiner Hauptstadt mit dem künftigen Namen ›Germania‹. Albert Speers Pläne (1936-42) sahen u. a. den Bau einer 300 m hohen ›Großen Halle‹ auf dem Gelände nördlich des Königsplatzes vor, ein ›Führer‹-Palais anstelle der Kroll-Oper und das Oberkommando der Wehrmacht an der Kreuzung der Nord-Süd- und der Ost-West-Achse.

Die Umsetzung dieser gigantischen Baupläne begann mit der Verlagerung der Denkmäler des Zweiten Reiches an den Großen Stern (Siegessäule, Bismarckdenkmal u. a.), dem Abriß des Alsenviertels und der Verlagerung von Botschaften an den südlichen Rand des Tiergartens, dem Abriß der Bauten um die Matthäi-Kirche, dem Ausbau der Ost-West-Achse sowie der Errichtung erster Gebäude im Bereich der geplanten Nord-Süd-

Achse, wie des ›Hauses des Fremdenverkehrs‹ und der Empfangsgebäude am Flughafen Tempelhof.

Die Leere des Platzes der Republik, so wie er sich während der ersten vier Nachkriegsjahrzehnte zeigte, spiegelt die Geschichte Berlins während des ›Kalten Krieges‹ und danach wider: In Erwartung der Wiedervereinigung wurde auf eine Neubebauung verzichtet. Dafür bot der Platz Raum für politische Großkundgebungen gegen die Blockierung West-Berlins während der späten 40er und in den 50er Jahren.

Mit dem Mauerbau verlor der Platz der Republik seine erhoffte Ergänzungsfunktion zur historischen Mitte der Stadt. Die Mauer selbst, das sowjetische Ehrenmal an der Stelle des von Speer geplanten Oberkommandos der Wehrmacht und die mit amerikanischer Hilfe gebaute Kongreßhalle (1957) begrenzen heute das einstige Reichstagsviertel und dokumentieren in dieser Form den Nachkriegszustand als Ergebnis der Politik des sog. Dritten Reiches.

Zwar wird das Gebiet seit den frühen 60er Jahren durch eine Entlastungsstraße ›belebt‹, da der traditionelle Nord-Süd-Straßenzug durch die Friedrichstraße abgeschnitten blieb; funktional erhielt es aber den Charakter einer Randzone der westlichen Stadthälfte, die während der 70er und 80er Jahre überwiegend dem Verkehr und der Freizeitnutzung dient. Erst mit der Aufgabe der ›Frontstadtrolle‹ Berlins infolge der Berlin-Verträge am Anfang der 70er Jahre begannen Planungsüberlegungen, dem Platz der Republik wieder ein neues Ansehen zu verschaffen und ihm eine neue zentrale Funktion zuzuordnen, die im Wettbewerb ›Zentraler Bereich‹ (1986) konkrete Formen annahmen.

13 Deutsches Rundfunk-Museum

19 (Charlottenburg), Hammarskjöldplatz 1 (am Funkturm), Telefon 3028186
(Auskunft erteilen Frau Feld und Herr Exner)
Verkehrsverbindung: U-Bahnhof Theodor-Heuss-Platz, Kaiserdamm,
S-Bahnhof Westkreuz; Bus 4, 10, 65, 69, 94
Geöffnet: Mittwoch bis Montag 10-17 Uhr
Abweichend von der Feiertagsregelung (s. S. 8) nur am 1. 5., Himmelfahrt, Buß- und
Bettag, 24. und 25.12. geschlossen. Am 27.12. geschlossen, sofern der 26.12.
auf einen Dienstag fällt

Träger: Deutsches Rundfunk-Museum e. V.
Vorstand: Werner Goldberg (1. Vorsitzender), Günter Körste (SFB: 2. Vorsitzender),
Michael Maass (RIAS), Peter Schögel (SFB), Herbert Wolff (SFB)
Geschäftsführer: Ulrich Thiele (SFB)

Sammlung: Dokumentation der Entwicklung des Rundfunks im soziologischen und
zeitgeschichtlichen Zusammenhang

Präsenzbibliothek mit ca. 2500 Titeln

Publikationen: Katalog ›Deutsches Rundfunk-Museum‹, Berlin 1983 – H. Riedel,
›60 Jahre Radio – Von der Rarität zum Massenmedium‹, Berlin 1987[2] – H. Riedel,
›Fernsehen – Von der Vision zum Programm. 50 Jahre Programmdienst in Deutschland‹, Berlin 1985

Museumsgeschichte

Im November 1964 gründeten Vertreter der
Rundfunkanstalten, der Deutschen Bundespost, der Elektroindustrie, der Universitäten
und der Fachpresse einen gemeinnützigen
Verein mit dem Ziel, in Berlin, der Wiege des
deutschen Rundfunks, ein Rundfunk-Museum zu errichten. Finanzielle Zuwendungen
des Landes Berlin ermöglichten es, das Museum am 24. August 1967 an historischer
Stätte zu eröffnen: Der Sender Freies Berlin
hatte das Gebäude des ehemaligen Senders
Witzleben mietfrei zur Verfügung gestellt.
Trotz der räumlichen Enge erweist sich das
am Fuße des Funkturms gelegene Gebäude
auch heute noch als idealer Ausstellungsort.

In der Anfangsphase konzentrierte sich das
Museum darauf, technische Geräte zu sammeln und zu ordnen, um einen möglichst
umfangreichen Einblick in die technische
Entwicklung der Rundfunkindustrie zu bieten. Es leistete auf diesem Gebiet Pionier-
arbeit. Historische Fachliteratur vervollstän-
digte die Sammlung, die im großen und ganzen auf den technisch versierten Fachmann
zugeschnitten war.

Wechselausstellungen

Erst als durch eine großzügige Geldspende
der Deutschen Bundespost im Jahre 1974
die finanzielle Existenz gesichert war, konnte
neben der Sammlungsfunktion auch das Bil-
dungs- und Dokumentationsziel des Mu-

Nachbau des historischen Hörfunk-Studios aus dem Vox-Haus von 1923

1 *Das ›Wohnzimmer aus den 20er Jahren‹ mit Rundfunkgeräten und einem Grammophon der Zeit*

2 *In der ›Öffentlichen Fernsehstube‹ der Reichspost aus den 30er Jahren in Berlin*

3/4 *Der ›Radioladen‹ mit dem typischen Sortiment der 30er Jahre*

seums erfüllt werden, was seit 1975 durch wechselnde Ausstellungen im Untergeschoß erfolgt:

1975 ›Rundfunk in aller Welt‹: Am Beispiel der fünf ausgewählten Länder USA, Volksrepublik China, Nigeria, Niederlande und Indonesien ließen sich anhand von Originalprogrammen (Hörfunk und Fernsehen), Photomaterial und statistischen Daten unterschiedliche Rundfunksysteme mit ihren soziologisch-politischen Funktionen miteinander vergleichen.

1977 ›25 Jahre Fernsehen in der Bundesrepublik Deutschland‹: Struktur, Technik und Programm der bundesdeutschen Fernsehsysteme.

1979 ›Hörfunk im Zeitalter des Fernsehens‹: Die veränderte Funktion und Nutzung des Hörfunks in seiner heutigen ›Konkurrenzsituation‹ zum Fernsehen.

1981 ›Die Entwicklung des Fernsehens‹: In drei Abteilungen wird der Weg von den spekulativen Ideen des vorigen Jahrhunderts über die mechanischen Lösungen der 20er Jahre bis zum elektronischen Fernsehen der Gegenwart dargestellt. Diese Ausstellung wurde in den folgenden Jahren ausgebaut und ergänzt, z. B. 1985 durch die Errichtung zweier in Verbindung stehender ›Fernseh-Sprechstellen‹ – heute nennen wir es ›Bildtelefon‹ –, die vor 50 Jahren erstmalig auf der Strecke Berlin–Leipzig in Betrieb genommen wurden.

Ständige Ausstellung ›60 Jahre deutscher Rundfunk‹

Diese seit 1974 bestehende ›Basis-Ausstellung‹ des Deutschen Rundfunk-Museums versucht, dem Besucher Zusammenhänge von Zeitgeschichte und Technik zu vermitteln – nicht durch bloße Aneinanderreihung

3

4

nostalgischer Einzelobjekte, sondern durch die Integration von technischen Einrichtungen in das alltägliche Leben, eingebettet in soziologische und zeitgeschichtliche Übersichten der betreffenden Epoche: Rundfunk wird nicht als technisches Wunder begriffen, so daß auch auf die Vermittlung technischen Spezialwissens verzichtet wird. Der Hauptakzent liegt auf der Beschreibung des Rundfunks als kulturelles, politisches und wirtschaftliches Medium.

In sechs Stationen wird die Vergangenheit lebendig: »Achtung, Achtung! Hier ist Berlin auf Welle 400 m«, krächzt es aus dem Lautsprecher. Der Besucher steht in dem originalgetreu mit Scheuertüchern, Kreppapier und anderen Provisorien aufgebauten Vox-Haus-Studio in Berlin, aus dem am 29. Oktober 1923 um 20 Uhr die erste Ansage der ersten deutschen Rundfunkanstalt gesendet wurde.

In einem Wohnzimmer aus den 20er Jahren können z. B. Wahlreden von Hindenburg und anderen Größen der Weimarer Republik nacherlebt werden. Empfangsgeräte dieser Zeit waren Detektorapparate (Gleichrichter), einfache Radios, die in der Regel nur aus wenigen Bauteilen bestanden (Schwingkreis, Detektor, Kopfhörer), deshalb billig waren und oft auch von Radioamateuren selbst gebastelt werden konnten.

1925 entwickelten Manfred von Ardenne und Siegmund Loewe die legendäre Mehrfachröhre 3 NF, die erste integrierte Schaltung der Welt, die einen Dreiröhrenverstärker in sich vereinigte. Eingebaut in den Ortsempfänger ›Loewe OE 333‹, der 1926 für nur 39,50 Reichsmark auf den Markt kam, beendete diese Röhre die Ära der Detektorempfänger und brachte ein billiges, einfach zu handhabendes Radio unters Volk: Noch 1926 war die erste Million verkauft, der Loewe OE 333 ›Rundfunk-Millionär‹, das erste in großer Serie verkaufte Radio der Welt. Nächste Stationen der Ausstellung sind die 30er Jahre bis Kriegsende. In einer ›Öffent-

lichen Fernsehstube‹, ab 1935 in Berlin eingerichtet, kann man sich bei Liesl Karlstadt und Karl Valentin vergnügen. Ein Radioladen aus der Zeit bietet ein Sortiment des damaligen Angebots: vom luxuriösen Superhet-Empfänger der Firma Körting zum stolzen Preis von 640 Reichsmark bis zur billigen ›Goebbels-Schnauze‹ für nur 35 Mark. Ein Luftschutzraum, in dem eine Situation von Anfang 1945 festgehalten ist, läßt bei manchen älteren Besuchern Erinnerungen und auch Ängste wiederaufleben: der Volksempfänger bringt Luftwarnmeldungen, ein Superhet überträgt verbotene ›Feindpropaganda‹ der BBC.

Beim Neuanfang nach 1945 verblieben dem deutschen Rundfunk nur sieben Frequenzen. Um die Rundfunk-Versorgung zu gewährleisten, einigten sich in der Bundesrepublik Deutschland Post, Rundfunkanstalten und Industrie auf die Erschließung eines neuen Wellenbereichs, der Ultrakurzwelle (UKW). Durch den Ausbau des in der Not geborenen neuen UKW-Sendernetzes war für die ganze Bevölkerung ein technisch einwandfreier Rundfunkempfang wieder möglich, denn man hatte die Übertragungsqualität des Rundfunks seit seiner Einführung 1923 erheblich verbessern können. Das klassische Gerät der 50er Jahre wies alle Faktoren auf, die die Technik bis dahin zu bieten hatte: UKW, Superhet, Plattenspieleranschluß, magisches Auge, integrierter Lautsprecher.

Die weitere Entwicklung der Radiogeräte-Technik ist gekennzeichnet durch Verwendung von Transistoren seit Ende der 50er Jahre und die integrierte Schaltung seit Anfang der 70er Jahre.

Ein bis zur Internationalen Funkausstellung 1987 fertiggestellter Umbau im Erd- und Untergeschoß soll drei große übergeordnete Bereiche aufnehmen: Querschnitt- und Objektsammlungen (Hörfunk und Fernsehen), Themenapparate sowie ein modernes betriebsbereites Fernsehstudio. *Heide Riedel*

14 Deutschlandhaus

61 (Kreuzberg), Stresemannstraße 90, Telefon 26 11046
Verkehrsverbindung: S-Bahnhof Anhalter Bahnhof; Bus 29
Geöffnet: Montag bis Freitag 9-19 Uhr, Samstag und Sonntag 14-17 Uhr;
Sonderausstellungen Montag bis Freitag 12-18 Uhr, Samstag und Sonntag 14-18 Uhr
Abweichend von der Feiertagsregelung (s. S. 8) am 1.1., Karfreitag, Ostersonntag,
Ostermontag, 1.5., Christi Himmelfahrt, Pfingstsonntag, Pfingstmontag, 17.6., 24., 25.
und 31.12. geschlossen

Leiter: Dr. Wolfgang Schulz
Wissenschaftliche Mitarbeiterin: Dr. Gisela Höhle

Träger: Stiftung Deutschlandhaus Berlin

Ausleihbibliothek mit ca. 17000 Büchern zur ost- und mitteldeutschen Landeskunde,
Kunst, Kultur, Literatur

Publikationen: Ausstellungskataloge

Sammlungsgeschichte und -aufgabe

Das Deutschlandhaus, getragen von der gemeinnützigen ›Stiftung Deutschlandhaus
Berlin‹, ist Berlins Stätte ost- und mitteldeutscher Kultur. Die Kultureinrichtung wurde
1952 als ›Haus der ostdeutschen Heimat‹ in
Berlin-Charlottenburg gegründet, seinerzeit
Kommunikationszentrum für Vertriebene
und Flüchtlinge aus beiden Teilen der Stadt.
1961 wurde das heutige Gebäude bezogen,
zwischen Potsdamer Platz und Anhalter
Bahnhof verkehrsgünstig gelegen, in unmittelbarer Nähe des Gropius-Baus. Das Bauwerk, 1929 errichtet als Teil des Europa-Hau-
ses, gehört zu den wenigen erhaltenen Büro-
gebäuden mit expressionistischer Ornamen-
tierung.
Aufgabe und Zweck des Deutschlandhauses
ist die »Pflege und Vermittlung aller kulturellen Werte deutscher Siedlungsgebiete außerhalb des Geltungsbereiches des Grund-
gesetzes der Bundesrepublik Deutschland«,
d.h. Erhaltung und Erschließung ost- und
mitteldeutschen Kulturgutes. Neben der mitteldeutschen Kultur in Vergangenheit und
Gegenwart ist ganz besonders der ostdeutsche Beitrag in Kunst, Literatur, Musik, Film
und Theater, Landeskunde und Gesellschaft
zu verdeutlichen. Deckt sich der mitteldeutsche Raum mit der heutigen DDR, so umfaßt der ostdeutsche Raum sowohl die historischen deutschen Ostgebiete wie darüber
hinaus das gesamte ehemalige deutsche
Siedlungsgebiet in Ost- und Südosteuropa.

Aktivitäten und Sammlungsbestände

Jährlich besuchen ca. 80000 Gäste die **Veranstaltungen** im Deutschlandhaus, wie Dia-
Vorträge, Konzerte, Dichterlesungen, Mund-
arttage, Filme usw. Die öffentliche Bibliothek ist zentrale wissenschaftliche Sammel-
stätte in Berlin zu Fragen der ost- und mitteldeutschen Landeskunde, Kunst, Kultur, Literatur usw. Angegliedert ist eine umfassende
Notgeld-Sammlung, ein Ansichtskartenar-
chiv (ca. 10000 Postkarten) und ein Presse-
Archiv über ost- und mitteldeutsche
Künstler.
In **Sonderausstellungen** wird das Schaffen
ost- und mitteldeutscher Künstler aus Vergangenheit und Gegenwart vorgestellt. Ausstellungen über ›Große Ostdeutsche‹ wechseln mit der geographisch-historischen Präsentation deutscher Siedlungsgebiete.
Das Deutschlandhaus hat Museumscharak-
ter. **Ständig ausgestellt** sind ost- und mitteldeutsche Trachten, ein Groß-Modell der
thüringischen Wartburg, die Abgüsse der
Naumburger Stifterfiguren, eine vergleichs-
lose Porzellansammlung mit Wappen und
Ansichten ost- und mitteldeutscher Städte
auf Erzeugnissen der Souvenirindustrie sowie Photoausstellungen über deutsche
Landschaften und das historische Berlin.
Die **Kunstsammlung** umfaßt Gemälde,
Zeichnungen und Graphik ostdeutscher
Künstler (nicht ständig ausgestellt); besonders umfangreich Städtegraphik und die
Sammlung historischer Landkarten. In der
Sammlung von Stadtplänen, basierend auf
dem Pharus-Archiv, wird Vollständigkeit an-
gestrebt. Daneben werden literarische Nach-
lässe gepflegt, u.a. von August Scholtis und
Ruth Hoffmann. Besonders auffallend prä-
sentieren sich dem Besucher die zahlreichen
Glasfenster im Deutschlandhaus von Ludwig
Peter Kowalski.   *Wolfgang Schulz*

*Oben links: ›Dietmar‹ aus dem Naumburger
Stifterchor, 1245, bemalte Gipswiederholung
in Originalgröße, H 190 cm*

15 **Domäne Dahlem**

Freilichtmuseum

33 (Dahlem), Königin-Luise-Straße 49, Telefon 8325000 (Auskunft erteilt Herr Driest)
Verkehrsverbindung: U-Bahnhof Dahlem-Dorf; Bus 1, 10, 17
Öffnungszeiten des Geländes: täglich, auch sonn- und feiertags, 9-18 Uhr;
Führungen nach telefonischer Vereinbarung (Auskunft erteilt Herr Brasch)
Träger: Verein der Freunde der Domäne Dahlem e. V.
Vorsitzender: Prof. Dr. Martin Quilisch
Dokumentation der Lebens- und Arbeitswelt auf einem märkischen Gutshof
seit der Mitte des 19. Jh.

Museumsgeschichte und -anlage

Mit der Auflösung der Berliner Stadtgüter im Jahre 1976 drohte auch die lange Geschichte des märkischen Rittergutes, der späteren Domäne Dahlem, stillschweigend zu Ende zu gehen. Ein spontan gegründeter Bürgerverein setzte sich damals das Ziel, den historischen Kern des Gutshofes zu erhalten und zu einem lebendigen, bürgernahen Freilichtmuseum zu gestalten: einem Museumslandgut für die Berliner mit Tierhaltung, Akkerbau und ländlichem Handwerk, einem Stück historischer, ländlicher Lebens- und Arbeitswelt mitten in der Großstadt.
Herzstück der Domäne Dahlem ist das Herrenhaus, einer der ältesten erhaltenen Profanbauten Berlins. Die 1983 begonnenen Bauforschungen haben einen gotischen Kern freigelegt, der um 1500 entstand und der um 1680 durch die Familie Wilmersdorff barock umgebaut und erweitert wurde. Noch älteren Vorläufern des Gebäudes sind die Archäologen zur Zeit auf der Spur. Zum Ensemble gehören aber auch Stallgebäude, Landarbeiterhäuser, die Hufschmiede und die Gutstischlerei. Ergänzungen durch ein Backhaus und eine Bockwindmühle sind geplant.

Museumsbestände und -aktivitäten

Schwerpunkt der Sammlung soll die Dokumentation der Lebens- und Arbeitswelt eines märkischen Gutshofes seit der Mitte des 19. Jh. sein. Arbeitsgeräte, landwirt-
schaftliche Maschinen und Fahrzeuge (hervorzuheben ein pferdegezogener Milchwagen für den Straßenverkauf) stammen teilweise aus den Beständen der Domäne selbst, teilweise aus dem Gut Marienfelde oder von anderen Berliner landwirtschaftlichen Betrieben. Während das Herrenhaus nach seiner Instandsetzung ab 1988 vor allem der Darstellung der dörflichen und landwirtschaftlichen Geschichte Berlins gewidmet sein soll, werden die Landarbeiterhäuser das Leben der ›kleinen Leute‹ zeigen. Einzelbereichen der Landarbeit ist die Dauerausstellung auf dem Dachboden des Stallgebäudes gewidmet. Pflüge, Eggen und Kultivatoren unterschiedlicher Bauart zeigen die Entwicklung der Feldbestellung. Erntegeräte für Getreide, Kartoffeln und Rüben bilden eine weitere Abteilung. Schafschur, Weben und Spinnen, Schweineschlachten und Milchwirtschaft werden als Teile der Gutswirtschaft vorgestellt. Großgeräte, wie eine Dreschmaschine aus dem Jahre 1908 und frühere Modelle eines Lanz-Bulldog-Schleppers stehen unter offenen Remisen im Hof.
Zur Konzeption des Museums, das noch im Aufbau ist, gehören auch die Jahreszeitenfeste – wie Schlachtfest, Maifest, Erntefest und Adventsmarkt mit Vorführungen historischer landwirtschaftlicher und handwerklicher Technik –, die sich bei den Berlinern großer Beliebtheit erfreuen. Für das Lebendige im Museum sorgen neben der Tierhaltung sowie der Feld- und Gartenarbeit auch Arbeitsgruppen für Töpferei, Weben, Spinnen und Bauernmalerei. *Martin Quilisch*

16 **Friedensmuseum**

61 (Kreuzberg), Stresemannstraße 27 (neben dem Hebbel-Theater), Telefon 2 51 01 86
(Auskunft erteilt Hans-Peter Richter, auch unter 4 31 61 81)
Verkehrsverbindung: U-Bahnhof Hallesches Tor, Möckernbrücke; Bus 24, 41, 95
Geöffnet: täglich, auch sonn- und feiertags, 16-20 Uhr; Termine für Gruppen
nach Vereinbarung

Träger: Das Friedensmuseum e. V.

Sammlung: Ausstellungsobjekte zu den Themen Rüstung, Feindbilder, Gewalt im
Alltag/Psychologische Kriegsvorbereitung, Gesicht des Krieges, Friedensbewegung
Präsenzbibliothek

Museumsgeschichte

Das Friedensmuseum ist ein politisches Museum mit Tradition. Ernst Friedrich, ein Anarchist und Pazifist, begann unter großer persönlicher Aufopferung 1923 in einem Keller in der Parochialstraße 29, die sich im Osten Berlins befand, mit dem Aufbau des ersten ›Internationalen Anti-Kriegs-Museums‹. Er zeigte Dokumente, Bilder und Gegenstände aus dem Ersten Weltkrieg. Er finanzierte das Museum durch den Verkauf seiner Bücher, vor allem ›Krieg dem Kriege‹, das in viele Sprachen übersetzt ist und noch immer neu aufgelegt wird. Ernst Friedrich wurde in der Nacht vor dem Reichstagsbrand verhaftet, das Museum völlig zerstört und in ein SA-Heim umgewandelt. Er hatte dies vorausgesehen und sein Archiv vorher heimlich in Sicherheit gebracht. Nach sieben Monaten Haft wurde er freigelassen und ging ins Exil. Sein in Belgien neu eröffnetes Anti-Kriegs-Museum wurde beim Einmarsch der Deutschen ebenso zerstört wie das erste. Alle späteren Versuche einer nochmaligen Museumsgründung scheiterten.
1981 wurde der Gedanke wieder aufgegriffen und bereits im Mai 1982 konnte ein neues Anti-Kriegs-Museum in Kreuzberg eröffnet werden, zunächst in enger konzeptioneller Anlehnung an das erste (s. auch Anti-Kriegs-Museum, S. 34). Heute wird nicht nur die Vergangenheit dokumentiert, sondern auch auf die aktuelle Rüstungspolitik und die zunehmende Militarisierung des Alltags eingegangen.
Anfang 1984 erfolgte eine Umbenennung des Museums in ›Friedensmuseum‹, denn den Mitarbeitern geht es auch und gerade darum, Anstöße für ein friedvolleres Miteinander-Umgehen auf den verschiedensten Ebenen zu geben. Dem dient etwa eine Sammlung von Gesellschafts- und Brettspielen, die statt Konkurrenz und persönlichem Vorteil Kooperation und Gruppenbewußtsein fördern und auch ausgeliehen werden können.

Im Museum

Die wechselnden Ausstellungen behandeln die Themen: Feindbilder, Rüstung, Gewalt, Gesicht des Krieges, Friedensbewegung, gewaltfreie Aktion und deren Geschichte.
Während der Öffnungszeiten läuft non-stop ein Dia-Projektor mit wechselnden Dia-Serien.
Eine Präsenzbibliothek, die auch viel ›Graue Literatur‹ enthält, befindet sich im Aufbau. Hier kann man sich über Publikationen informieren, sich Anregungen holen, stöbern, schmökern … Darüber hinaus findet einmal monatlich eine öffentliche Veranstaltung (Informationen, Lesungen, Diskussionen, Film-, Video-Vorführungen) statt.

Hans-Peter Richter

Im Friedensmuseum

17 Galerie der Romantik
Nationalgalerie

Staatliche Museen Preußischer Kulturbesitz

19 (Charlottenburg), Schloß Charlottenburg, Ostflügel (Neuer Flügel),
Telefon über Nationalgalerie 2 66 26 50/51
Verkehrsverbindung: U-Bahnhof Sophie-Charlotte-Platz, Richard-Wagner-Platz;
Bus 9, 21, 54, 62, 74, 87
Geöffnet: Dienstag bis Sonntag 9-17 Uhr
Abweichend von der Feiertagsregelung (s. S. 8) nur am 1.1., Osterdienstag, am 1.5.,
Pfingstdienstag, 24., 25. und 31.12. geschlossen

Sammlung: Gemälde des frühen 19. Jh.

Publikationen: ›Gemälde der deutschen Romantik in der Nationalgalerie Berlin‹,
Berlin 1985 – ›Galerie der Romantik‹, Berlin 1986

Für die sonstigen Angaben s. Nationalgalerie (S. 264)

Museums- und Sammlungsgeschichte

Eine Dependance der Nationalgalerie im Neuen Flügel des Schlosses Charlottenburg (s. S. 285) beherbergt jetzt – solange ein Neubau für die Kunst des 19. Jh. fehlt – die Sammlung des frühen 19. Jh. von Caspar David Friedrich bis zu Waldmüller, benannt: Galerie der Romantik.
Nachdem das Kunstgewerbemuseum (s. S. 149) 1985 aus dem Schloß ausgezogen war, bot sich die Chance, in einem angemessenen Ambiente nicht nur einen wichtigen Teil der Bestände der Nationalgalerie großzügiger unterzubringen, sondern hier auch bisher räumlich getrennte Werke des Hauptmeisters der deutschen Romantik, C.D. Friedrich, zu vereinen. Vier Gemälde Friedrichs, darunter die frühen Hauptwerke *Der Mönch am Meer, Abtei im Eichwald* und *Morgen im Riesengebirge*, hingen bisher als Leihgaben der Nationalgalerie im Schinkel-Pavillon im Schloßpark von Charlottenburg, während die übrigen Bilder des Malers sich weit entfernt im Tiergarten, im Mies van der Rohe-Bau befanden. Hinzugekommen sind noch fünf weitere Werke des Meisters aus dem Besitz der Staatlichen Schlösser und Gärten, die als Dauerleihgaben in die Galerie gelangten, sowie zwei Leihgaben aus Privatbesitz an die Staatlichen Schlösser und Gärten. So ist Friedrich jetzt mit 23 Gemälden

präsent, der umfassendsten Sammlung von Werken seiner Hand unter einem Dach.
Außerdem wird nun in den Schloßräumen auch der gewichtige Komplex von 15 Bildern des Architekten Karl Friedrich Schinkel geschlossen vorgeführt, wozu das Haus der Nationalgalerie, seit Jahren durch wachsende Bestände immer mehr beengt, keine Möglichkeit bot.
Schon Joachim Heinrich Wilhelm Wagener, der einst mit der Stiftung seiner Gemäldesammlung an den preußischen König den Anstoß zur Gründung der Nationalgalerie gab, hatte mit wichtigen Erwerbungen die Basis für eine Galerie der Romantik gelegt. Bereits im Entstehungsjahr 1815 kaufte er ein Hauptwerk Schinkels: *Gotische Kirche auf einem Felsen am Meer.* Drei weitere Bilder Schinkels kamen bald dazu, und da er mancher Originale nicht mehr habhaft werden konnte, ließ er von Malern wie Ahlborn und Bonte Kopien anfertigen, die noch heute durch ihre Qualität überzeugen. Sein wichtigster Auftrag ging an keinen Geringeren als Caspar David Friedrich, bei dem er 1822 die beiden Gegenstücke *Der einsame Baum* und *Mondaufgang am Meer* bestellte. Seit der 1861 erfolgten Gründung der Nationalgalerie ist bis heute nicht nur die Sammlung zeitgenössischer Kunst, sondern auch die des frühen 19. Jh., vor allem deutsche und österreichische Malerei, stetig ausgebaut worden.

Caspar David Friedrich, Der einsame Baum, *1822, Öl/Lw., 55 × 71 cm*

Sammlungsbestände

Im Neuen Flügel geben jetzt zwei meisterhafte Porträts der Zeit um 1800 den Auftakt: Gottlieb Schicks (1776-1812) *Porträt der Heinrike Dannecker* und Philipp Otto Runges (1777-1810) *Frau und Söhnchen des Künstlers.* Spiegelt Schicks monumentales Bildnis die ins Heiter-Natürliche gewendete große Geste des Klassizismus, so Runges Doppelporträt den herben aufrechten Geist des bedeutendsten Figurenmalers unter den Romantikern.

Tektonisch streng gebaut sind die Erdformationen auf den drei Bildern des Tirolers Joseph Anton Koch (1768-1839), der als erster das Hochgebirge für die Malerei erschloß. Besonders in einem seiner Hauptwerke *Wasserfälle bei Subiaco* von 1813 wird die innere Monumentalität seiner Landschaftsauffassung spürbar. Johann Martin von Rohdens (1778-1868) Ansicht von *Tivoli* (1848) huldigt dem bei deutschen Künstlern in Italien beliebten Ort in lichteren Farben, während Carl Rottmann (1797-1850) seiner Vision von dem *Schlachtfeld bei Marathon* (um 1849) einen pathetisch entrückten Klang verleiht.

In zwei Sälen mit Gemälden Caspar David Friedrichs (1774-1840) läßt sich der Werdegang dieses großen Romantikers und überragenden Landschafters schrittweise verfolgen, von den ersten epochemachenden Meisterwerken wie *Der Mönch am Meer* (1808 bis 1810) bis zu verklärten, stillen Bildern der Spätzeit wie *Riesengebirge* (um 1835). *Der Mönch am Meer* und *Abtei im Eichwald* (1809/10) erregten bereits bei ihrer Ausstellung in Berlin 1810 das Interesse der königlichen Familie, die beide Bilder auf Betreiben des Kronprinzen sogleich erwarb. Diese Bilder sind Inkunabeln der Frühromantik. In ihnen überraschen – für die Entstehungszeit

geradezu revolutionär – die weitgehende Reduktion der landschaftlichen Formen wie der Raumtiefe und der Farbwerte. Die Palette ist auf wenige melancholische Töne beschränkt. Friedrich gelang es in diesen Meisterwerken seiner Jugend, Formensprache und Gehalt untrennbar miteinander zu verbinden. Friedrich bevorzugte häufig abendliche oder nächtliche Stimmungen in seinen Landschaften. So spricht sich in einer Reihe von Meeresbildern wie *Meeresküste bei Mondschein* (um 1830), *Das Kreuz an der Ostsee* (um 1815), *Zwei Männer am Meer* (1817) und *Mondaufgang am Meer* (1822) das Gefühl für die Unendlichkeit des Kosmos und die verborgenen göttlichen Kräfte in der Natur besonders deutlich aus. Zu Friedrichs monumentalsten Kompositionen gehört *Der Watzmann* (1824/25), den er selbst nie gesehen hat. Einsamkeit und Todesstarre des Winters schilderte er in *Eichbaum im Schnee* (1829) und der *Verschneiten Hütte* (1827). Auf dem einzigen Interieur, das der große Landschaftsmaler schuf, *Frau am Fenster* (1822), sieht man Caroline Bommer, die Frau des Künstlers, aus dem dunklen Dresdener Atelier auf die Elbe hinausblicken. Georg Friedrich Kersting (1785-1847), Friedrichs Freund, malte ihn in seinem kahlen Atelier sinnend vor der Staffelei.

Architekturvisionen und Landschaften von Karl Friedrich Schinkel (1781-1841) fügen sich harmonisch den Werken Friedrichs an, dessen Farbgebung nicht ohne Einfluß auf Schinkel blieb. Diese 15 Gemälde Schinkels aus den Jahren, da er keine Bauaufträge hatte, sind der umfangreichste Komplex von Bildern des großen preußischen Architekten, der auch als Bühnenbildner tätig war und das Stadtbild Berlins entscheidend prägte. In Werken wie *Antike Stadt an einem Berge* (um 1805) oder *Blick in Griechenlands Blüte* (Kopie von Ahlborn 1836) huldigte Schinkel

Caspar David Friedrich, Der Mönch am Meer, *1808-10, Öl/Lw., 110 × 171,5 cm*

dem Ideal einer versunkenen klassischen Welt mit ihren Tempelbauten. Andere große Kompositionen wie *Mittelalterliche Stadt an einem Fluß* oder *Gotische Kirche auf einem Felsen am Meer*, beide von 1815, zeigen mit ihrer gotischen Phantasiearchitektur, wie stark auch für Schinkel das verklärte Vorbild einer mittelalterlichen Kultur und deren Baukunst gewesen sind. In dämmriger Abendbeleuchtung malte er 1817 das *Spreeufer bei Stralau* mit Blick auf die Silhouette von Berlin oder in einem späten Werk von 1821 eine Ansicht vom *Rugard auf Rügen*.

Der Kreis der in Rom tätigen sogenannten ›Nazarener‹ ist mit einer Reihe von Hauptwerken vertreten. Ihre großen Vorbilder waren die altdeutsche Malerei und die italienischen Meister des Quattrocento. Sie bemühten sich, das Andachtsbild zu erneuern, wovon großformatige Kompositionen wie Friedrich Overbecks (1789-1869) *Christus bei Maria und Martha* (1813/16) oder J. Schnorr von Carolsfelds (1794-1872) *Verkündigung* von 1820 Zeugnis ablegen. Bedeutende Leistungen vollbrachten die Nazarener auch auf dem Gebiet des Porträts. J. Schnorr

Karl Friedrich Schinkel, Gotische Kirche auf einem Felsen am Meer, *1815, Öl/Lw., 72 × 98 cm*

Carl Blechen, Das Innere des Palmenhauses, *1832, Öl/Papier, 64 × 56 cm*

von Carolsfelds *Frau Bianca von Quandt* von 1820 gehört zu den empfindsamsten Bildnissen jener Zeit.

Overbecks ideales Bildnis seines Freundes Franz Pforr von 1810 – beide waren die führenden Köpfe der Nazarener – in altdeutscher Tracht vor dem Ausblick auf eine mittelalterliche Stadt prägte den Typus des romantischen ›Freundschaftsporträts‹.

In zwei der höchst seltenen Bilder des jung verstorbenen Carl Philipp Fohr (1795-1818), *Der verirrte Ritter* und *Ritter vor der Köhlerhütte,* beide von 1816, wird eine mittelalterliche Märchenwelt beschworen.

Die Raumfolge wird abgeschlossen durch zwei Kabinette mit Werken Carl Blechens (1798-1840), des genialen Berliner Landschafters, der einen phantasievollen romantischen Geist mit sprühendem, lichtgesättigtem Kolorismus verband. Mit 23 Werken ist dies, neben C. D. Friedrich und Schinkel, das dritte gewichtige Ensemble eines Hauptmeisters der Romantik, der in keinem anderen Museum so gut vertreten ist. In den dunkeltonigen, zuweilen an C. D. Friedrich gemahnenden Frühwerken der 20er Jahre wie *Ge-*

birgsschlucht im Winter, Felslandschaft mit Mönch oder *Klosterruine Oybin* spricht sich dramatisches Empfinden und ein Sinn für Naturmystik aus. Blechens Reise nach Italien 1828/29 führte ihn dann zu einer für Lichtphänomene und gesteigerte Farbwerte empfänglichen Malweise, die sich vor allem in kühnen Ölskizzen niederschlug. In hellfarbigen Bildern wie *Drei Fischer am Golf von Neapel, Spinnerinnen in Cervara* oder *Italienisches Klostergebäude am Wasser* eilte er seiner Zeit voraus. Auch in den nach der Italienreise gemalten größeren Bildern wie *Schlucht bei Amalfi* (1831) spielt die subtile Beobachtung des Lichts eine entscheidende Rolle. Im Auftrag des preußischen Königs malte Blechen 1832 das *Innere des Palmenhauses* auf der Pfaueninsel, belebt durch lagernde Odalisken. Hier verbinden sich genaueste Wiedergabe der filigranartigen Gußeisenarchitektur und des durch das Glasdach einfallenden Sonnenlichts. Blechens *Walzwerk Neustadt-Eberswalde* von 1834 gehört zu den frühesten Industriedarstellungen in der Malerei, das kleine Bild *Blick auf Dächer und Gärten* (um 1835) zu den originellsten und unkonventionellsten Kompositionen der Zeit.

Auf der anderen Seite des Vestibüls, im westlichen Teil des Neuen Flügels, präsentieren sich Werke der Biedermeierzeit. Die Einstimmung gibt Eduard Gaertners (1801 bis 1877) großformatiges Panorama der Straße *Unter den Linden* von 1853. Dieses Hauptwerk des Meisters der Berliner Stadtvedute schildert in heller Beleuchtung das Treiben im Zentrum Berlins mit Blick auf die Oper von Knobelsdorff und das Stadtschloß. Auf anderen Ansichten wie der *Klosterstraße* (1830) und der *Parochialstraße* (1831) gibt Gaertner minutiöse Ausschnitte aus dem Leben der aufstrebenden Hauptstadt Preußens. Johann Erdmann Hummel (1769-1852) malte die berühmte *Granitschale im Berliner Lustgarten* (1831) sowie eine nächtliche *Schachpartie* (um 1818/19) bei Mond- und Kerzenschein. Franz Krüger (1797-1857) zeigt in temperamentvoller Weise den *Ausritt des Prinzen Wilhelm in Begleitung des Künstlers* (1836).

Die behagliche, doch durchaus nicht unkritische Sicht Spitzwegs (1808-85) im folgenden Raum ist mit zehn Bildern ausgebreitet. Berühmte Frühwerke wie *Der arme Poet* (1839) und *Der Liebesbrief* (um 1845/46) sind nicht ohne ironische Pointe. Spätere Bilder: *Drachensteigen, Straße in Venedig* oder *Badende Frauen* sind Beispiele für Spitzwegs freie und lockere Maltechnik.

Den Abschluß bilden Gemälde von Ferdinand Georg Waldmüller (1793-1865), beginnend mit den beiden meisterlichen Frühwerken *Porträt der Mutter des Hauptmanns von Stierle-Holzmeister* und *Porträt des Hauptmanns von Stierle-Holzmeister* (1819), deren

Friedrich Overbeck, Der Maler Franz Pforr, *1810, Öl/Lw., 62 × 47 cm*

sachliche unbeschönigte Auffassung die Zeitgenossen provozierte. Von höchster Akribie des Details ist ein *Blumenstrauß mit Silbergefäßen und antiker Vase* (um 1840). *Blick auf Ischl* und *Vorfrühling im Wiener Wald* von 1864 zeigen Waldmüller als einen Landschafter, der sachliche Beobachtung mit dem Sinn für besondere Lichtwirkungen zu verbinden wußte.   *Peter Krieger*

Carl Spitzweg, Der arme Poet, *1839, Öl/Lw., 36,3 × 44,7 cm*

18 **Gedenkstätte Deutscher Widerstand**

30 (Tiergarten), Stauffenbergstraße 13-14, Telefon 2604-2202/13
Verkehrsverbindung: U-Bahnhof Kurfürstenstraße; Bus 24, 29, 48
Geöffnet: Montag bis Freitag 9-18 Uhr, Samstag, Sonntag und an Feiertagen
(außer am 1.1., 24., 25., 26. und 31.12.) 9-13 Uhr

Leiter: Wolfgang Göbel
Wissenschaftliche Mitarbeiter: Dipl.-Pol. Hans-Rainer Sandvoß, Dipl.-Pol. Nicolaus
Starost

Träger: Land Berlin

Ständige Ausstellung zum Widerstand gegen den Nationalsozialismus

Ausstellungs- und Baugeschichte

Die ›Gedenkstätte Deutscher Widerstand‹
wurde im Juni 1985 nach umfangreichen
Umbau- und Ausbauarbeiten der Öffentlichkeit übergeben. Die Angliederung historisch
bedeutsamer Räume und damit eine grundlegende Erweiterung der Gedenkstätte sowie die inhaltliche Umgestaltung der ständigen Ausstellung ›Widerstand gegen den Nationalsozialismus‹ wurde durch den Auszug
mehrerer Bundesbehörden aus dem Bendlerblock im Bezirk Tiergarten möglich.
Der Bendlerblock zählt zu den letzten klassischen Bauten des Kaiserreiches. Das in den
Jahren 1911-14 von den renommierten Architekten Reinhardt & Süßenguth geplante
Dienstgebäude für die obersten Marinebe-
hörden (Reichsmarine-Amt, Admiralsstab
und Marine-Kabinett) ist ein Mammutbau mit
nahezu 800 Diensträumen und Büros. Von
1919 bis 1935 Sitz des Reichswehrministe-
riums, war er danach bis zum Kriegsende
Standort für die Oberkommandos der Wehrmacht, des Heeres und der Marine. Politiker
wie Noske, Geßler, Groener und von Schlei-
cher sowie Militärs wie von Seeckt, von
Hammerstein und Heye bestimmten als jeweilige Hausherren des Bendlerblocks die
Entwicklungen in der Weimarer Republik
wesentlich mit. Heute verbinden viele Menschen die konservative Hochburg von einst –
im Volksmund damals ›die Bendlerstraße‹

genannt – mit den dramatischen Ereignissen des 20. Juli 1944, als eine kleine Gruppe von Offizieren um den Chef des Allgemeinen Heeresamtes, General Olbricht, und Oberst von Stauffenberg nach langer Planung den Sturz der Hitler-Herrschaft bewirken wollte.

Im Herbst 1982 beschloß der Senat von Berlin, die im zweiten Stock gelegenen historischen Räume der ehemaligen Stabsetage zu einer nationalen Gedenkstätte des deutschen Widerstandes auszubauen. Mit der Erarbeitung der inhaltlichen Ausstellungskonzeption wurde der Historiker Prof. Dr. Peter Steinbach (Passau) beauftragt. Für die Gestaltung zeichnet der Designer Prof. Hans Peter Hoch (Stuttgart) verantwortlich.

Die neu gestaltete Ausstellung soll den Widerstand gegen das NS-Regime über den Umkreis des 20. Juli 1944 hinaus in seiner ganzen Breite darstellen und dabei den historischen Raumbereich einbeziehen, der Ausgangspunkt der militärischen Verschwörung gegen Hitler war und in dem sich am 20. Juli 1944 wesentliche Vorgänge des Umsturzversuchs abspielten. Bis zum Sommer 1986 wurde die Hälfte der auf mehr als 1000 m² Fläche projektierten Dokumentation fertiggestellt; die übrigen Ausstellungsräume sollen bis Ende 1987 zugänglich sein.

Die Ausstellung will historische Zusammenhänge vermitteln, einen Beitrag zur politischen Bildung leisten sowie heutige und spätere Generationen befähigen, Lehren aus der Geschichte zu ziehen: aus im Widerstand gewonnenen Erfahrungen und dem Kampf gegen totalitäre Diktaturen.

In der Ausstellung

Der Rundgang durch die Ausstellung wird eröffnet mit einer Auswahl von Plakaten, Photos und Schriftstücken über den Zerfall und das Ende der Weimarer Republik. Die Präsentation nationalsozialistischer Programmatik schließt an, wobei auf eine Selbstdarstellung des Nationalsozialismus ausdrücklich verzichtet wird. Diese Informationen zur Vorgeschichte sind wichtig, um dem Besucher Ursache und Entstehung der deutschen Widerstandsbewegung zu verdeutlichen.

Die detaillierte Dokumentation des vielfältigen Kampfes gegen das Hitler-Regime beginnt mit der Darstellung des Widerstandes der Arbeiterbewegung bis zum Kriegsbeginn. Weitere Stationen sind: Widerstehen aus christlichem Glauben, aus liberalem und konservativem Denken, Formen des Widerstehens in Kunst und Wissenschaft sowie Auflehnung im Exil. Anschließend werden die Anfänge der militärischen Verschwörung und die Umsturzpläne von 1938 bis 1943 dokumentiert. In der sogenannten ›Kommandozentrale‹ des 20. Juli 1944 – dem Stauffenberg-, Karten- und Kommandeurszimmer – wird der Lebensweg des Obersten von Stauffenberg mit vielfältigen Zeugnissen nachgezeichnet, sein Weg von der punktuellen Kritik am Erscheinungsbild des Systems zum kompromißlosen Widerstandskämpfer beschrieben. Anhand von Dokumenten wird der Versuch des deutschen Widerstandes dargestellt, am 20. Juli 1944 das Hitler-Regime aus eigener Kraft zu beseitigen und zusammen mit allen gesellschaftspolitischen Kräften ein neues, auf den Prinzipien der Menschenrechte und der Menschenwürde basierendes Deutschland aufzubauen.

Zu den Bereichen, die bis Ende 1987 fertiggestellt werden sollen, gehören beispielsweise die ›Weiße Rose‹, die ›Rote Kapelle‹, der Widerstand von Juden und Häftlingen und das Nationalkomitee Freies Deutschland. Darüber hinaus werden der Widerstand im Kriegsalltag, unter den Jugendlichen und in den letzten Kriegstagen dokumentiert sein. Den Abschluß bildet die Darstellung des nationalsozialistischen Terrorsystems. In der Ausstellung werden im Endstadium über 1500 Objekte gezeigt, weitere 4000 Bilder und Dokumente werden thematisch geordnet und erläutert in Mappen bereitliegen.

Die Gedenkstätte Deutscher Widerstand bietet ein vielfältiges Bildungsangebot für Besuchergruppen und Einzelpersonen: Seminare sowie Film- und Vortragsveranstaltungen; zahlreiche Publikationen, darunter eine Reihe über den Widerstand in Deutschland und eine weitere über den Widerstand in Berlin, werden an Interessenten kostenlos abgegeben.

19 Gemäldegalerie

Staatliche Museen Preußischer Kulturbesitz

33 (Dahlem), Arnimallee 23, Telefon 8301-216, Zentrale: 8301-1
Verkehrsverbindung: U-Bahnhof Dahlem-Dorf; Bus 1, 10, 17
Geöffnet: Dienstag bis Sonntag 9-17 Uhr
Abweichend von der Feiertagsregelung (s. S. 8) nur am 1.1., Osterdienstag, 1.5.,
Pfingstdienstag, 24., 25. und 31.12. geschlossen

Direktor: Prof. Dr. Henning Bock (Malerei des 18. Jh.)
Wissenschaftliche Mitarbeiter: Dr. Wilhelm H. Köhler (Altdeutsche Malerei),
Dr. Rainald Grosshans (Altniederländische Malerei), Dr. Jan Kelch (Holländische und
Flämische Malerei), Dr. Erich Schleier (Italienische Malerei)

Träger: Stiftung Preußischer Kulturbesitz
Förderverein: Kaiser-Friedrich-Museums-Verein

Sammlung: Europäische Malerei des 13.-18. Jh.

Publikationen: ›Katalog der ausgestellten Gemälde des 13.-18. Jahrhunderts‹,
Berlin 1975 (englische Ausgabe 1978) – ›Geschichte der Sammlung und ausgewählte
Meisterwerke‹, Berlin 1985 – ›Gesamtverzeichnis der Gemälde‹, Berlin 1986

Sammlungsgeschichte

Über die Entstehung der kurfürstlichen
Kunstsammlungen ist nichts bekannt. Aus
dem 16. Jh. sind einige Gemälde von Lucas
Cranach aus der Zeit Joachims I. und seines
Sohnes Joachim II. nachweisbar, die heute
noch in den Berliner Museen sind. Der Drei-
ßigjährige Krieg verwüstete dann das Land,
so daß eigentlich erst seit dem Großen Kurfürsten (reg. 1640-88) von einem Neubeginn
der Kunstkammer die Rede sein kann. Durch
Erziehung und Heirat Holland verbunden, erlangte Friedrich Wilhelm auch durch seine
Verwandtschaft Vermächtnisse und Erb-
schaften mit bedeutenden Kunstsammlungen, darunter die ›Oranische Erbschaft‹ nach
dem Tod Wilhelms III. von Oranien, des Königs von England. Diese gelangte allerdings
erst später nach Berlin.
Der Sohn des Großen Kurfürsten, Friedrich III. (reg. 1688-1713), der sich 1701 zum
König von Preußen krönte, stand seinem Vater an Prachtentfaltung und an Sammellei-
denschaft in nichts nach, brachte aber durch
seine Prunksucht den preußischen Staat in
einen finanziell desolaten Zustand. Sein
Sohn, Friedrich Wilhelm I. (reg. 1713-40),
den man den Soldatenkönig nannte,
schränkte daher alle Ausgaben, außer denen
für das Militär, energisch ein. Auch kamen
die Bemühungen um die Kunstkammer zum
Erliegen. Mehr noch: Friedrich Wilhelm ver-
ringerte ihre Bestände, er ließ Goldmedaillen
einschmelzen und verkaufte Antiken oder
tauschte sie mit dem Kurfürst von Sachsen
gegen Soldaten. Sein Sohn hingegen, Friedrich II. (reg. 1740-86), den man später den
›Großen‹ nannte, wurde zum bedeutendsten
Förderer der Künste in Preußen. Im Laufe
der Jahre gelangten einige hundert Bilder
von Watteau, Lancret, Pater, Detroy u.a.
nach Preußen. Es entstand eine der größten
Sammlungen dieser Richtung überhaupt.
Als König in den 50er Jahren wandte er seinen Sammeleifer auch einer anderen, mehr
repräsentativen Gattung zu. Er wollte gern
Bilder von Rubens und van Dyck kaufen und

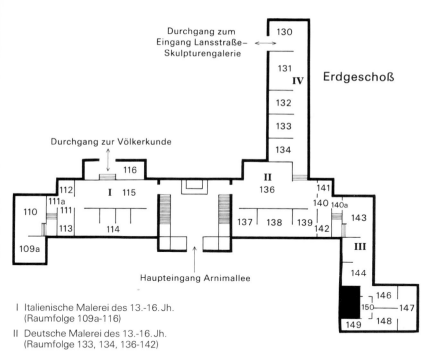

Durchgang zum
Eingang Lansstraße–
Skulpturengalerie ↔

130
131
IV
132
133
134

Erdgeschoß

Durchgang zur Völkerkunde ↕

116
112
I 115
110
111a
111
113
114

II
136
141
140 140a
137 138 139
142
143

III
144

146
150 147
149 148

Haupteingang Arnimallee ↑

I Italienische Malerei des 13.-16. Jh.
(Raumfolge 109a-116)

II Deutsche Malerei des 13.-16. Jh.
(Raumfolge 133, 134, 136-142)

III Niederländische und Französische Malerei
des 15. und 16. Jh.
(Raumfolge 143, 144, 146-150)

IV Französische und Englische Malerei
des 18. Jh.
(Raumfolge 130-132)

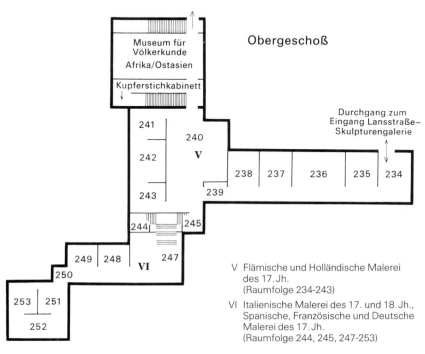

Museum für
Völkerkunde
Afrika/Ostasien

Obergeschoß

Kupferstichkabinett ↓

241
240
242
V
243

Durchgang zum
Eingang Lansstraße–
Skulpturengalerie ↕

238 237 236 235 234
239

244 245
249 248 247
250 **VI**
253 251
252

V Flämische und Holländische Malerei
des 17. Jh.
(Raumfolge 234-243)

VI Italienische Malerei des 17. und 18. Jh.,
Spanische, Französische und Deutsche
Malerei des 17. Jh.
(Raumfolge 244, 245, 247-253)

bracht werden sollte. Der Plan enthielt auch ein Konzept zur Einrichtung des Museums: Die Aufstellung der Kunstwerke sollte nach Epochen, Schulen und Künstlern erfolgen. Die Galerie sei als »Bildungsanstalt für den Geschmack« anzusehen und in einer solchen sei »die Ordnung in der Aufstellung das erste Gesetz«. Dieses Ziel, die Sammlung nach wissenschaftlich systematischen Kriterien zu gliedern und auszubauen, bestimmte den Charakter der Sammlung vom Anfang bis heute.

Auch Friedrich Wilhelm III. (reg. 1797-1840) billigte diesen Plan. Daher legte Alois Hirt 1798 ein Gutachten für die Organisation der Sammlung und einen Entwurf für ein Museumsgebäude vor, die zwar nicht verwirklicht wurden, sich jedoch auf die spätere Gründung auswirkten. Trotz der Not der Zeit erfolgten auch in den nächsten Jahren immer wieder Ankäufe von Sammlungen der verschiedensten Art. Dann brachten die Niederlage Preußens 1806 und ihre wirtschaftlichen Folgen das Projekt zum Erliegen. Mehr noch: 1806 kam im Gefolge der französischen Armee Vivant Denon nach Berlin, um aus den Königlichen Schlössern Kunstwerke für das Musée Napoleon in Paris auszuwählen. Erst nach der zweiten und endgültigen Niederlage Napoleons kehrten diese nach Berlin zurück; ein Teil allerdings blieb verschollen.

1 *Böhmisch um 1350,* Glatzer Madonna, *Lw. über Pappelholz, 186 × 95 cm*

2 *Martin Schongauer,* Geburt Christi, *um 1480, Eichenholz, 37.5 × 28 cm*

3 *Albrecht Dürer,* Hieronymus Holzschuher, *1526, Lindenholz, 51 × 37 cm*

4 *Lucas Cranach d. Ä.,* Der Jungbrunnen, *1546, Lindenholz, 122,5 × 186,5 cm*

wies seine Agenten in Paris an, nach »hübsche, große Tablau de galerie« von Tizian, Veronese, Luca Giordano und Correggio »vohr honete Preise« Umschau zu halten. Auch die Themen waren hierbei von Bedeutung. Religiöse Darstellungen waren in der Regel nicht genehm. Stücke aus der »Fabel oder Historie« sollten es sein. Doch nahm er auch sakrale Gegenstände, so sie von großen Malern waren. Für diese Galeriestücke errichtete er ein Gebäude im Park von Sanssouci. Es ist ein eingeschossiger Bau von 17 Achsen mit den Fenstern nach Süden. Diese Bildergalerie ist das älteste in Deutschland erhaltene Galeriegebäude. Die Sammlungen dienten jedoch zunächst allein dem König und waren außer dem Hof und offiziellen Gästen kaum jemandem zugänglich. Erst auf Ersuchen des Staatsministers von Heinitz wurde 1786 die Galerie des Berliner Schlosses Künstlern und Schülern der Akademie zum Studium und zum Kopieren zugänglich gemacht.

Friedrich Wilhelm II. (reg. 1786-97) erweiterte die Genehmigung zum Studium der Kunstwerke auf alle Königlichen Schlösser und berief 1796 den Archäologen Alois Hirt aus Rom als Professor für Kunsttheorie an die Akademie der Künste. Schon im folgenden Jahr legte Hirt zur Feier des Geburtstages des Königs in einem Festvortrag vor der Akademie einen Plan für die Gründung eines öffentlichen Museums in Berlin vor, in das der Kunstbesitz aus den Königlichen Schlössern »in seinen besten Stücken« einge-

Die Sammlung Giustiniani

Bei seinem Aufenthalt 1814 in Paris hatte Friedrich Wilhelm III. die dortigen Museen kennengelernt. Dies wirkte sich günstig auf das Berliner Projekt aus. So wurden nach der Niederlage Napoleons 1815 Absichten deutlich, für das zu gründende Museum ganze Sammlungen anzukaufen. 1815 wurde in Paris die fürstliche Sammlung Giustiniani erworben. Sie war seit Beginn des 17. Jh. zusammengetragen worden und enthielt Meisterwerke der römischen Barockmalerei, wie Caravaggios *Amor als Sieger, Der Evangelist Matthäus, Der ungläubige Thomas, Christus am Ölberg,* aber auch Werke der Carracci, von Guido Reni, Claude Lorrain u. a. Wenig später setzten auch Bemühungen ein, die Brüder Boisserée und ihre bedeutende Sammlung altdeutscher und altniederländischer Gemälde nach Berlin zu holen. Doch 1817 scheiterten die Verhandlungen trotz der intensiven Bemühungen Schinkels.

Die Sammlung Solly

In Berlin selbst gab es eine außerordentlich große und wichtige Gemäldesammlung. Edward Solly, ein englischer Kaufmann in Berlin, an Kunst, Literatur und den Wissenschaften interessiert, hatte im Lauf der Jahre ca. 3000 Gemälde zusammengetragen. Er sammelte vorwiegend frühe italienische Bilder bis Raffael, später aber unter dem Einfluß seiner Freunde von Rumohr und Schinkel auch ausgewählte Beispiele der nördlichen Schulen, darunter Holbeins *Georg Gisze* und die *Flügel des Genter Altars* von van Eyck. Nach den Napoleonischen Kriegen war Solly wegen wirtschaftlicher Schwierigkeiten genötigt, seine Sammlung dem preußischen Staat zunächst zu verpfänden und dann 1821 zu verkaufen. Der Erwerb dieser Sammlung veränderte die Situation. Sie bildete einen wesentlichen Teil der Galerie und bestimmt ihren Charakter bis heute.

3

Nach einer Kabinettsorder vom 12. Oktober 1820 sollte das einzurichtende Museum, außer den hierzu angekauften Sammlungen, auch geeignete Kunstwerke aus den Königlichen Schlössern, Palästen und Galerien enthalten. Nachdem mehrere Räumlichkeiten und Gebäude auf ihre Eignung als Museum geprüft worden waren, legte Karl Friedrich Schinkel 1823 dem König einen neuen Plan für das Museum vor. Dieser sah ein breitgelagertes zweigeschossiges Gebäude mit imponierender Säulenfront gegenüber dem Schloß zwischen Zeughaus und Dom vor. Am 30. April erteilte der König Schinkel den Auftrag zum Bau. Am 9. Juli

1 *Hans Holbein d. J.,*
Georg Gisze, *1532,*
Eichenholz,
96,3 × 85,7 cm

2 *Jean Fouquet,*
Estienne Chevalier,
um 1450, Eichenholz,
93 × 86 cm

3 *Jan van Eyck,* Die
Madonna in der Kirche,
um 1425, Eichenholz,
31 × 14 cm

4 *Rogier van der Wey-*
den, Middelburger Altar,
um 1445, Eichenholz,
Mittelbild: 91 × 89 cm,
Flügel je 91 × 40 cm

1825 wurde der Grundstein gelegt, am 8. November 1826 das Richtfest gefeiert. Für die Auswahl der Kunstwerke und die Inneneinrichtung des Museums wurde eine Museumskommission gebildet. Ihr gehörten Alois Hirt, Karl Friedrich Schinkel, Gustav Fr. Waagen und die Professoren Rauch, Dähling und Wach von der Akademie an, ferner der Maler-Restaurator Schlesinger. Am 8. Mai 1829 kam noch Wilhelm von Humboldt dazu. An diesen Tätigkeiten wurde auch, wiewohl ohne Amt, der Freiherr Carl Friedrich von Rumohr beteiligt, der als einer der besten Gemäldekenner seiner Zeit galt. Er änderte die mehr antiquarisch bestimmte Konzeption Hirts nach ästhetischen Kriterien ab. Hinfort bestimmte die künstlerische Qualität des originalen Kunstwerks seinen Rang in der Aufstellung.

Am 30. August 1830, dem 60. Geburtstag Friedrich Wilhelms III., wurde das ›Alte Museum‹ (s. Museen Ost-Berlin) feierlich eröffnet. Ein wissenschaftlicher Katalog von Gustav Fr. Waagen erschloß die Gemäldesammlung. Er verzeichnete 1198 Gemälde. Hiervon kamen 346 aus den Königlichen Schlössern, 677 aus der Sammlung Solly, 73 aus der Sammlung Giustiniani. Von den restlichen, einzeln erworbenen Bildern hatte allein 39 von Rumohr angekauft.

Mit der Ernennung Gustav Fr. Waagens zum Direktor wurde erstmals ein wissenschaftlich gebildeter Kunsthistoriker Leiter einer Galerie. Der systematische Ausbau der Galerie unter seiner Leitung in den nächsten Jahren und Jahrzehnten entsprach dem durch von Rumohr gesetzten Standard. Tizians *Mädchen mit Fruchtschale* und Andrea del Sartos *Thronende Madonna mit Heiligen* er-

gänzten das Cinquecento. Die Altniederländische Abteilung um die *Flügel des Genter Altars* von van Eyck wurde glücklich erweitert durch zwei *Altarflügel* von Petrus Christus und zwei *Tafeln eines Altars* aus Löwen von Dieric Bouts. Hinzu kamen ferner drei hochbedeutende *Triptychen* von Rogier van der Weyden. Auch für die Spanische Abteilung gelangen Erwerbungen: Murillos *Hl. Antonius van Padua* und Zurbarans *Leben des Hl. Bonaventura.* Die Holländische Abteilung wurde um vier Bildnisse von Frans Hals bereichert. Um 1843, ein Dutzend Jahre nach Eröffnung des Museums, hatte Waagen 104 Gemälde erworben. Mit seinem Tod 1868

endet die erste, noch der Romantik verpflichtete Epoche.

Die folgenden Jahre brachten die nationale Einigung Deutschlands unter Preußens Führung. Unter dem neuen, imperialen Anspruch, der Berlin als der Hauptstadt des neuen Reiches zuwuchs, wandelten sich Stellung und Anspruch der Museen. Das kam auch darin zum Ausdruck, daß der Kronprinz Friedrich ihre Protektion übernahm.

1872 trat Wilhelm Bode unter dem Direktor Julius Meyer als Direktionsassistent in die Gemäldegalerie ein. Er sollte in den kommenden Jahrzehnten die Geschicke der Galerie und der Museen wesentlich bestimmen. Bode ließ sich vom Prinzip leiten, daß Charakter und Rang einer Galerie von den Hauptwerken bestimmt werden. Er folgte Rumohr und Waagen auch in dem Bestreben, den universalen und systematischen Charakter der Galerie auszubauen.

1874 hatte Julius Meyer die **Sammlung Suermondt** in Aachen angekauft und damit der Galerie einen – nächst der Sammlung Solly – bedeutenden Zuwachs verschafft: Bilder von Altdorfer, Hans Baldung Grien und Holbein, Jan van Eycks *Kirchenmadonna* und vor allem Holländer wie Frans Hals, Jan Vermeer, Jacob van Ruisdael, Paulus Potter u. a. Zahlreiche Einzelerwerbungen in den nächsten Jahrzehnten verliehen der Galerie in vielen Bereichen internationalen Rang. Bode kaufte zu den zwölf bereits vorhandenen Rembrandt-Gemälden 13 weitere hinzu. Von Dürer erwarb er in nicht einmal zehn Jahren sieben Gemälde.

Nach Julius Meyers Rücktritt folgte ihm 1890 Wilhelm Bode im Amt. Das stete Anwachsen der Sammlung führte zu einer hoffnungslosen Überfüllung der Ausstellungsräume, der auf die Dauer nur mit einem Neubau abgeholfen werden konnte. 1896 wurde dann der Bau eines neuen Museums, das nach seinem Förderer Kaiser-Friedrich-Museum (s. Museen Ost-Berlin, Bode-Museum) heißen und im wesentlichen ein Renaissancemuseum sein sollte, dem Architekten Ernst von Ihne anvertraut. Am 18. Oktober 1904 wurde es von Kaiser Wilhelm II. feierlich eröffnet. In der Gestaltung der Innen-

3

räume, insbesondere für die italienische Abteilung, hatte Bode einen spezifischen Stil entwickelt. Er kombinierte Gemälde, Skulpturen, Rahmen und Möbel und stimmte die Raumausstattung auf die Kunstwerke ab, um ihnen eine adäquate, ihrer ursprünglichen Situation möglichst nahekommende Umgebung zu geben.

Schon seit 1897 hatte sich eine Vereinigung von Kunstfreunden und -sammlern um Bode zum ›Kaiser-Friedrich-Museums-Verein‹ mit dem Zweck zusammengeschlossen, Kunst-

werke für das Museum zu erwerben. Zahlreiche bedeutende Gemälde und Skulpturen, darunter der *Mann mit dem Goldhelm* und Schongauers *Geburt Christi,* gelangten so in die Galerie.

Anläßlich der Eröffnung des Neubaus stiftete auch der Berliner Kaufmann **James Simon,** ein bedeutender Mäzen der Museen, seine Sammlung italienischer und mittelalterlicher Kunstwerke. Eine weitere Sammlung vorwiegend deutscher Kunstwerke des Mittelalters übergab er den Museen 1918 bis 1920. Das der Eröffnung folgende Jahrzehnt bis zum Ausbruch des Ersten Weltkrie-

2

ges war zweifellos das erfolgreichste in der Geschichte der Museen. Es brachte neben einer Fülle von Neuerwerbungen auch eine Erweiterung der Sammelgebiete. 1896 war Max J. Friedländer in die Galerie eingetreten. Seine fundamentalen Kenntnisse auf dem Gebiet der altdeutschen und altniederländischen Kunst wirkten sich auf die Ankäufe aus. So gelang die Erwerbung von Gemälden von Konrad Witz, Martin Schongauer, Baldung und Cranach, ferner von Rogier van der Weyden, Dieric Bouts, Geertgens, Hieronymus Bosch, Pieter Bruegel d. Ä., Jean Fouquet und schließlich von zwei Altären des Hugo van der Goes.

Bald nach der Eröffnung des Kaiser-Friedrich-Museums wurde eine Erweiterung erforderlich, die die mittelalterliche Kunst aufnehmen sollte. Mit dem Bau wurde Alfred Messel beauftragt. Er plante südlich des Kaiser-Friedrich-Museums einen Dreiflügelbau für die Abteilungen Deutsches Museum, Pergamon- und Vorderasiatisches Museum. Nach seinem Tod führte Ludwig Hoffmann den Bau fort, der infolge widriger Umstände erst 1930 fertiggestellt wurde (s. Museen Ost-Berlin, Pergamon-Museum). Das Deutsche Museum, das die mittelalterliche Kunst nördlich der Alpen aufnahm, folgte in den Ausstellungsprinzipien der Konzeption Wilhelm von Bodes. Dieser hatte die Fertigstellung des Baus 1930 allerdings nicht mehr erlebt; er starb 1929.

Erwerbungen waren in diesen von wirtschaftlicher Not gezeichneten Jahren nur in bescheidenem Rahmen möglich. Überdies erlitt die Galerie einen unersetzlichen Verlust: Aufgrund des Versailler Vertrages mußten die 1818 von Solly gekauften *Flügel des Genter Altars* der van Eyck und die 1843 von Waagen erworbenen *Flügel des Löwener Al-*

1 *Pieter Bruegel d. Ä.,* Die niederländischen Sprichwörter, *1559, Eichenholz, 117 × 163 cm*

2 *Tizian,* Mädchen mit Fruchtschale, *um 1555, Lw., 102 × 82 cm*

3 *Fra Filippo Lippi,* Maria das Kind verehrend, *um 1459, Pappelholz, 129,5 × 118,5 cm*

4 *Raffael,* Madonna Terranuova, *um 1505, Pappelholz, Ø 86 cm*

3

tars von Dieric Bouts als Reparation an den belgischen Staat ausgeliefert werden.

Der Beginn des Dritten Reiches wirkte sich auf die Berliner Museen vor allem personell aus. Zahlreiche Wissenschaftler verloren ihr Amt, viele wurden zur Emigration gezwungen. Die drastischen fiskalischen Einschränkungen machten Ankäufe nahezu unmöglich. Erwerbungen erfolgten in der Regel im Tausch und mußten mit Substanz bezahlt werden. Bei Ausbruch des Krieges 1939 wurden die Museen geschlossen. Die seit 1942 verstärkten Luftangriffe auf Berlin erforderten eine Sicherung der Museumsbestände. Wertvolle Gemälde und Skulpturen wurden in einem Flakbunker in Friedrichshain eingelagert. Wenige Tage nach der Besetzung Berlins durch die sowjetische Armee am 2. Mai 1945 geriet der Bunker in

4

Brand. Gegen 500 Gemälde und zahlreiche Skulpturen, darunter Spitzenwerke, verbrannten.

Ein Großteil des übrigen Bestandes war noch im März 1945 in stillgelegte Salzbergwerke vorwiegend in Thüringen gebracht worden. Diese Gemälde wurden von der amerikanischen Armee in ein Sammellager, den ›Central Art Collecting Point‹, in Wiesbaden transportiert. 202 ausgewählte Gemälde wurden ›zur Sicherung‹ im November 1945 in die National Gallery in Washington überführt und dort deponiert. 1949 kehrten diese Bilder – nach einer langen Ausstellungsfolge in den USA – nach Wiesbaden zurück. Die auf der Museumsinsel verbliebenen Kunstwerke wurden durch die sowjetische Armee nach Rußland transportiert.

1950 zog die Gemäldegalerie – zunächst mit wechselnden Ausstellungen – in das Museum Dahlem ein. 1953 erzwang der ›Kaiser-Friedrich-Museums-Verein‹ die Rückgabe der vereinseigenen Gemälde, der bis Mai 1957 die Rückkehr aller Gemälde aus Wiesbaden nach Berlin (West) folgte.

Mit der Wiedereröffnung der Gemäldegalerie begann dann auch die normale Museumstätigkeit. Das Archiv mußte neu erarbeitet werden, da nahezu alle Unterlagen entweder verloren oder im Ostteil der Stadt – unzugänglich – verblieben waren. Gleichzeitig wurde versucht, Lücken, die der Krieg gerissen hatte, durch Erwerbungen zu schließen sowie neue Bereiche zu eröffnen, so die Abteilungen für französische und englische Malerei des 18. Jh. Insgesamt sind in den Jahren nach dem Krieg etwa 130 Gemälde für die Galerie erworben worden, hinzu kommen weitere 31 Bilder, die der ›Kaiser-Friedrich-Museums-Verein‹ für das Museum gekauft hat. Hierunter befinden sich Werke von Dürer, Georges de la Tour, Carracci, Jor-

daens, Boucher, Largillierre, Gainsborough, Tiepolo und anderen. Der Gesamtbestand beträgt derzeit ca. 1600 Bilder. Etwa 750 hiervon sind in 45 Räumen im Unter- und Obergeschoß des Altbaus ausgestellt.

Baubeschreibung

In den Jahren 1912-16 ließ Wilhelm von Bode im Rahmen des Ausbaus eines Teils der Domäne Dahlem zur ›Institutsstadt‹ von dem Architekten Bruno Paul ein ›Asiatisches Museum‹ errichten.

Das Gebäude in der Arnimallee 23-27 gliedert sich in einen in 19 Achsen breitgelagerten Mittelbau von zweieinhalb Geschossen. Die Fassadenmitte betont ein Portikus aus sechs jonischen Säulen mit einem flachen Giebel. Die schlichten, groß gedachten Formen orientieren sich am klassischen Formenschatz der traditionellen Architektur. An beiden Seiten sind niedrigere, nach vorn führende Flügel angefügt, die in etwas höheren Pavillons enden. Sie umschließen einen als Garten gestalteten Ehrenhof. Zwei weitere Flügel an der Rückseite des Bauwerks erweitern es nach Norden. An diese schließen sich die Neubauten mit dem Eingang an der Lansstraße an.

Nach dem Ersten Weltkrieg war das Bauwerk ›halbfertig‹ liegengeblieben und diente als Magazin. Seit 1948 ließ der Senat von Berlin das Museum ausbauen, und 1950 zogen die Gemäldegalerie und andere Institute – Abteilungen des Museums für Völker-

1 *Peter Paul Rubens,* Andromeda, *um 1638, Eichenholz, 189 × 94 cm*

2 *Frans Hals,* Catharina Hooft mit ihrer Amme, *um 1619/20, Lw., 86 × 65 cm*

3 *Jan Vermeer,* Junge Dame mit Perlenhalsband, *1660/65, Lw., 55 × 45 cm*

4 *Rembrandt,* Moses zerschmettert die Gesetzestafeln, *1659, Lw., 168,5 × 136,5 cm*

kunde und das Kupferstichkabinett (s. S. 226 bzw. 163) – der Staatlichen Museen in Dahlem ein. Das Provisorium hat bis heute Bestand. Ein Neubau der Gemäldegalerie im Rahmen der Planung für die Museen europäischer Kunst im Tiergarten vorgesehen.

Sammlungsbestände

Die Ausstellung der Gemälde im Erdgeschoß und Obergeschoß ist nach Jahrhunderten und nach Ländern geordnet. Im Erdgeschoß befinden sich die deutschen, niederländischen und italienischen Gemälde des 13.-16. Jh. und die französische und englische Malerei des 18. Jh. Im Obergeschoß ist die flämische und holländische Barockmalerei sowie die französische, italienische und spanische Malerei des 17. und 18. Jh. ausgestellt. Es wird empfohlen, bei einem Rundgang der Systematik zu folgen und einen Grundriß zu benutzen, da die fortlaufende Numerierung der Räume einem anderen Prinzip folgt.

ERDGESCHOSS

I Italienische Malerei des 13.-16. Jh.
(Raumfolge 109a-116)

Raum 115: Italienische Malerei des 13. bis 15. Jh. Giotto (um 1267-1337): *Die Grablegung Mariae,* um 1310; Ugolino da Siena (tätig 1317-27): *Tafeln vom Retabel von Santa Croce;* Taddeo Gaddi (Ende 13. Jh.? bis 1366): *Triptychon,* 1334; Lippo Memmi (kurz nach 1290-1356): *Maria mit dem Kind;* Simone Martini (um 1284-1344): *Grablegung Christi;* Pietro Lorenzetti (gest. 1348?): *Szenen aus der Legende der Hl. Humilitas;* Sassetta (um 1400-50): *Maria mit dem Kind,* um 1432-36; Giovanni di Paolo (gest. 1482): *Christus am Kreuz;* Cima da Conegliano (1459/60-1517/18): *Die Heilung des Anianus,* um 1497-99; Carlo Crivelli (um 1430/35 bis um 1595): *Thronende Maria mit der Schlüsselübergabe an St. Petrus,* 1488.

Raum 114: Quattrocentomalerei in Florenz Masaccio (1401-28?): *Predellentafeln,* 1426; Gentile da Fabriano (um 1370?-1427): *Thronende Maria mit dem Kind und zwei Heiligen;* Fra Angelico (um 1395-1455): *Das Jüngste Gericht;* Fra Filippo Lippi (um 1406 bis 1469): *Maria das Kind verehrend,* um 1459; Andrea del Castagno (um 1421-57): *Die Himmelfahrt Mariae,* 1449/50; Domenico Veneziano (um 1405/10-61): *Anbetung der Könige,* um 1439-41; Piero della Francesca (1420/22-92): *Landschaft mit dem Hl. Hieronymus als Büßer,* 1450; Antonio del Pollaiuolo (1431?-98): *David als Sieger,* um 1472, *Profilbildnis einer jungen Frau,* um 1465; Piero del Pollaiuolo (1443-96): *Verkündigung an Maria;* Verrocchio (um 1435-88): *Maria mit dem Kind;* Piero di Cosimo (1461/ 1462-1521?): *Venus, Mars und Amor,* um 1505; Filippino Lippi (1457-1504): *Allegorie der Musik,* um 1500; Luca Signorelli (um 1445/50-1523): *Zwei Seitentafeln eines Altars,* um 1498; Sandro Botticelli (1445 bis 1510): *Maria mit dem Kind und singenden Engeln,* um 1477, *Thronende Maria mit dem Kind und den beiden Johannes,* 1485, *Hl. Sebastian,* 1474.

Raum 116: Venezianische Malerei um 1500 Vittore Carpaccio (1465/67-1525/26): *Die Weihe des Hl. Stephanus,* 1511; Giovanni Bellini (um 1430/31-1516): *Der tote Christus, von zwei Engeln gestützt,* um 1480/85, *Die Auferstehung Christi,* 1475/79; Andrea Mantegna (1431-1506): *Kardinal Lodovico Trevisano, Darstellung Christi im Tempel,* um 1465/66; Bartolomeo Montagna (um 1450-1523): *Der auferstandene Christus mit Maria Magdalena und zwei Heiligen,* um 1492.

Raum 113: Florentinische Malerei des 16. Jh. Agnolo Bronzino (1503-72): *Bildnis des Ugolino Martelli,* um 1535/38; Andrea del Sarto (1486-1530): *Bildnis einer jungen Frau.*

1 *Pieter de Hooch,*
Die Mutter, *um 1659/6*
Lw., 92 × 100 cm

2 *Jacob van Ruisdael,*
Eichen an einem See,
1665/69, Lw.,
116,6 × 142,2 cm

3 *Nicolas Poussin,* Ju-
piter und Amalthea, *um*
1639, Lw., 97 × 133 cm

4 *Caravaggio,*
Amor als Sieger, *1602,*
Lw., 156 × 113 cm

**Raum 112: Oberitalienische Malerei 2.H.
15. Jh.** Giorgione (1477/78-1510): *Bildnis
eines jungen Mannes;* Francesco Francia
(um 1450-1517): *Die Hl. Familie,* um 1485/90;
Ercole de' Roberti (nach 1450?-1496):
Johannes der Täufer, um 1480; Antonello da
Messina (um 1430-79): *Bildnis eines jungen
Mannes,* 1478.

**Raum 111: Florentinische Malerei des
16. Jh.** Raffael (1483-1520): *Madonna Terranuova,* um 1505, *Madonna Colonna,* um
1508; Franciabigio (1482-1525): *Bildnis ei-*

nes jungen Mannes, 1522; Rosso Fiorentino
(1495-1540): *Bildnis eines jungen Mannes,*
1517/18.

**Raum 111a: Oberitalienische Malerei des
16. Jh.** Paris Bordone (1500-71): *Zwei
Schachspieler,* um 1540; Giovanni Battista
Moroni (1520/24-78): *Der Herzog von Albur-
querque,* 1560.

**Raum 110: Venezianische Malerei des
16. Jh.** Tizian (1488/90-1576): *Mädchen mit
Fruchtschale,* um 1555, *Bildnis der Clarissa*

3
4

Strozzi, 1542; Tintoretto (1518-94): *Maria mit dem Kind, von den Evangelisten Markus und Lucas verehrt,* um 1570/75.

Raum 109 a: Oberitalienische Malerei des 16. Jh. Correggio (1489-1534): *Leda mit dem Schwan,* um 1532; Sebastiano del Piombo (um 1485-1547): *Bildnis einer jungen Römerin,* um 1512/13; Lorenzo Lotto (um 1480 bis 1556): *Bildnis eines Architekten, Christi Abschied von seiner Mutter,* 1521.

II Deutsche Malerei des 13.-16. Jh.
(Raumfolge 133, 134, 136-142)

Raum 136: Mittelalterliche Altäre des 13. bis 16. Jh. Westfälisch, 1. Drittel des 13. Jh: *Altaraufsatz in drei Abteilungen mit der Kreuzigung;* Böhmisch um 1350: *Thronende Maria mit dem Kind* (Glatzer Madonna); Konrad Witz (um 1400?-vor 1447): *Die Königin von Saba vor Salomo* (Heilsspiegelaltar); Hans Multscher (um 1400-vor März 1467): *Die Flügel des Wurzacher-Altars,* 1437; Meister der Darmstädter Passion (tätig Mitte 15. Jh.): *Flügel des Bad Orber Kreuzaltars,* nach 1450; Hans Baldung Grien (1484/85-1545): *Kreuzigung Christi,* 1512, *Beweinung Christi,* um 1517; Hans Suess von Kulmbach (um 1480-1522): *Die Anbetung der Könige,* 1511.

Raum 137: Mittelalterliche religiöse Malerei des 14. und 15. Jh. Kölner Meister, um 1320-30: *Kölner Diptychon;* Kölner Meister 1410-20: *Das Leben Christi;* Österreichisch um 1350: *Geburt Christi;* Böhmisch um 1360: *Kreuzigung Christi* (Kaufmannsche Kreuzigung); Erfurter Meister, Ende 14. Jh.: *Maria am Spinnrocken;* Martin Schongauer (um 1450-91): *Geburt Christi,* um 1480.

Raum 138: Dürer und Altdorfer. Albrecht Dürer (1471-1528): *Bildnis Jakob Muffels,* 1526, *Bildnis Hieronymus Holzschuhers,* 1526, *Madonna mit dem Zeisig,* 1506; Albrecht Altdorfer (um 1480-1538): *Landschaft mit Satyrfamilie,* 1507, *Ruhe auf der Flucht nach Ägypten,* 1510, *Der Bettel sitzt der Hoffart auf der Schleppe,* 1531.

Raum 139: Schüler und Nachfolger Dürers. Hans Baldung Grien (1484/85-1545): *Pyramus und Thisbe,* um 1530, *Bildnis des Grafen zu Löwenstein,* 1513; Hans Schäufelein (um 1480/85-1540): *Hl. Hieronymus,* um 1505; Hans Suess von Kulmbach (um 1480 bis 1522): *Bildnis eines jungen Mannes,*

1520; Wolf Huber (1480/85-1553): *Die Flucht nach Ägypten,* um 1525/30.

Raum 140-142: Altäre und Bildnisse des 16. Jh. Bernhard Strigel (um 1460-1528): *Der Hl. Konrad als Schutzheiliger eines Zister- ziensermönchs,* nach 1520, *Teile eines Al- tars aus Isny,* 1518/20, *Bildnis Kaiser Maxi- milian;* Bartholomäus Bruyn d. Ä. (um 1493 bis um 1555): *Bildnis des Johann Reidt,* 1525; Ludger tom Ring d. Ä. (1496-1547): *Bildnis eines Architekten.*

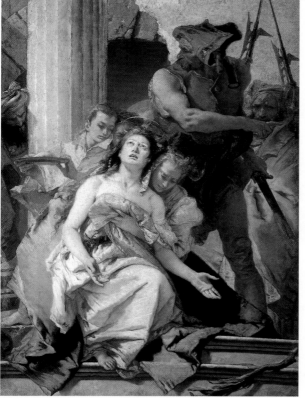

2

1 *Antonio Canaletto,* Der Campo di Rialto, *1758/63, Lw., 119 × 186 cm*

2 *Giovanni Battista Tiepolo,* Das Martyrium der Hl. Agathe, *um 1750, Lw., 184 × 131 cm*

3 *Diego Velázquez,* Bildnis einer Dame, *um 1630-33, Lw., 123 × 99 cr*

Raum 134: Lucas Cranach. Lucas Cranach d.Ä. (1472-1553): *Ruhe auf der Flucht nach Ägypten*, 1504, *Venus und Amor*, um 1530, *Der Jungbrunnen*, 1546, *Apoll und Diana in waldiger Landschaft*, 1530, *Kardinal Albrecht als Hl.Hieronymus*, 1527, *Bildnis eines Bürgermeisters von Weißenfels*, 1515, *Lucretia*, 1533.

Raum 133: Holbein – Augsburger Malerei
Hans Holbein d.J. (1497/98-1543): *Bildnis des Kaufmanns Georg Gisze*, 1532, *Bildnis Herzog Antons des Guten von Lothringen*, um 1543; Christoph Amberger (um 1500-61/1562): *Bildnis des Kosmographen Sebastian Münster*, um 1552; Hans Burgkmair (1473 bis 1531): *Die Geburt Christi*, 1511.

III Niederländische und Französische Malerei des 15. und 16.Jh.
(Raumfolge 143, 144, 146-150)
Treppe Niederländisch, um 1390: *Triptychon mit der Dreifaltigkeit;* Französisch, um 1410: *Madonna mit Engeln.*

Raum 143: van Eyck und Robert Campin
Robert Campin (um 1375-1444): *Madonna an der Rasenbank*, um 1425; Jacques Daret (um 1400/03-66): *Zwei Tafeln vom Altar aus der Abtei St.Vaast in Arras*, 1434/35; Jan van Eyck (um 1390-1441): *Bildnis des Giovanni Arnolfini*, nach 1434, *Die Madonna in der Kirche*, um 1425; Petrus Christus (um 1410-72/1473): *Zwei Flügel eines Triptychons: Verkündigung an Maria, Geburt Christi, Jüngstes Gericht*, 1452, *Bildnis einer jungen Frau*, um 1446; Rogier van der Weyden (1399/1400-64): *Bildnis einer Frau mit Flügelhaube*, um 1435.

Raum 144: Rogier van der Weyden. Rogier van der Weyden (1399/1400-64): *Johannes-Altar*, nach 1450, *Middelburger* (Bladelin)-*Altar*, um 1445, *Marienaltar* (Miraflores-Altar), um 1435; Dieric Bouts (1410/20-75): *Christus im Hause des Pharisäers Simon;* Simon Marmion (um 1435?-1489): *Die Flügel des Retabels von St.Omer, Das Leben des Hl.Bertin*, 1459; Aelbert van Ouwater (um 1415-um 75): *Auferweckung des Lazarus*, um 1450-60; Jean Fouquet (um 1420-um 1480): *Estienne Chevalier mit dem Hl.Stephanus.*

Raum 146: Hugo van der Goes. Geertgen tot Sint Jans (1460/65-95): *Johannes der Täufer in der Einöde, Maria mit dem Kind;* Hugo van der Goes (um 1440/45-82): *Die Anbetung der Hirten*, um 1480, *Die Anbetung der Könige* (Monforte-Altar), um 1470.

Raum 147: Quinten Massys und Gerard David. Quinten Massys (1465/66-1530): *Thronende Madonna*, um 1520; Joos van Cleve (um 1480/85-1540): *Triptychon, mit der Anbetung der Hl.Drei Könige*, um 1515; Michel Sittow (um 1469-1525): *Maria mit dem Kind*, um 1515; Gerard David (um 1460 bis 1523): *Maria mit dem Kind*, um 1490, *Christus am Kreuz*, um 1515; Cornelis Engebrechtsz (1468-1533): *Die Berufung des Matthäus zum Apostelamt*, 1520-25.

3

Raum 148: Pieter Bruegel d.Ä. Hieronymus Bosch (um 1450-1516): *Johannes auf Patmos*, um 1490; Jan Gossaert (1470/80 bis 1532): *Christus am Ölberg*, um 1510; Lucas van Leyden (um 1489-1533): *Maria mit dem Kind und Engeln*, um 1520; Pieter Bruegel d.Ä. (1525/30-69): *Die niederländischen Sprichwörter*, 1559; Anthonis Mor (1517/20 bis 1576/77): *Bildnis der Herzogin Margarete von Parma*, um 1562.

Raum 149: Niederländische Malerei des 16.Jh. Pieter Aertsen (um 1507/08-75): *Marktfrau am Gemüsestand*, 1567; Jan Sanders van Hemessen (um 1500?-nach 1563): *Lockere Gesellschaft*, um 1540, *Die Goldwägerin*, um 1530/35; Joachim Patenier (um 1480-1524): *Ruhe auf der Flucht nach Ägypten*, um 1520.

Raum 150: Niederländische Malerei des 16.Jh. Lucas van Leyden (um 1489 bis 1533):*Die Schachpartie*, um 1508; Herri met de Bles (um 1510-nach 1555): *Gebirgslandschaft mit Flußtal;* Pieter Bruegel d.Ä. (1525/30-69): *Zwei angekettete Affen*, 1562.

IV Französische und Englische Malerei des 18.Jh. (Raumfolge 130-132)
Raum 132: Französische Malerei des 18.Jh. Antoine Watteau (1684-1721): *Der Tanz* (Iris), um 1719, *Die Französische Komödie, Die Italienische Komödie;* Jean Baptiste Simeon Chardin (1699-1779): *Der Zeichner*, 1737; Nicolas de Largillierre (1656 bis 1746): *Der Bildhauer Nicolas Coustou*, um 1710-12; Antoine Pesne (1683-1757): *Friedrich der Große als Kronprinz*, 1739; Francois Boucher (1703-70): *Venus und Amor*, um 1742; Jean Restout (1692-1768): *Die Großmut Scipios*, 1728.

Raum 131: Englische Malerei des 18.Jh.
Thomas Lawrence (1769-1830): *Die Angerstein-Kinder*, 1807; Joshua Reynolds (1723

Antoine Watteau, Der Tanz, *um 1719, Lw., 97 × 166 cm*

bis 1792): *Lady Sunderlin,* 1786, *George Clive und seine Familie,* um 1765/66; Thomas Gainsborough (1729-88): *Mrs. Robert Hingeston,* 1787/88, *Der Jurist Joshua Grigby,* um 1760/65, *Die Marsham-Kinder,* 1787.

Raum 130: Malerei des 18. Jh. Elisabeth-Louise Vigée-Lebrun (1755-1842): *Bildnis des Prinzen Heinrich Lubomirski als Genius des Ruhms,* 1789; Marie Eléonore Godefroid (1778-1849): *Die Söhne des Marschall Ney,* 1810; Claude Joseph Vernet (1714-89): *Die Ansicht von Nogent-sur-Seine,* 1764; Giovanni Paolo Panini (1691-1765): *Ansicht Roms von Nordwesten,* 1749, *Ansicht des Forum Romanum vom Kapitol aus,* 1749, *Die Ausfahrt des Duc de Choiseul auf dem Petersplatz,* 1754.

OBERGESCHOSS

V Flämische und Holländische Malerei des 17. Jh. (Raumfolge 234-243)
Raum 240: Rubenshalle Peter Paul Rubens (1577-1640): *Der Hl. Sebastian,* um 1618; *Perseus befreit Andromeda,* 1622, *Die Hl. Cäcilie,* 1639/40; Anton van Dyck (1599 bis 1641): *Bildnisse eines Genuesischen Ehepaares,* 1622/26, *Marchesa Geronima Spinola,* um 1624/26; Cornelis de Vos (1585 bis 1651): *Die Kinder des Malers,* um 1622; Jan Brueghel d. Ä. (1568-1625): *Blumenstrauß,* um 1619/20; Jakob Jordaens (1593 bis 1678): *Der Raub der Europa,* um 1615/16.

Raum 241: Rubens. Peter Paul Rubens (1577-1640): *Die Eroberung von Tunis durch Karl V.,* um 1638/39, *Bildnis des Jan van*

Ghindertalen, um 1622/25, *Bildnis der Isabella Brant (?),* um 1626, *Das Kind mit dem Vogel,* um 1624/25, *Landschaft mit dem Schiffbruch des Paulus,* um 1620, *Landschaft mit Kühen und Entenjägern,* um 1635/ 1638, *Landschaft mit dem Galgen,* um 1636/ 1640, *Beweinung Christi,* um 1610/11, *Thronende Maria mit dem Kind und Heiligen,* 1627/28; David Teniers d. J. (1610-90): *Der Maler mit seiner Familie,* um 1645/46; Adriaen Brouwer (1605/06-38): *Landschaft mit Kugelspielern,* um 1635/38; Jan Lievens (1607-74): *Abendlandschaft,* um 1640.

Raum 242: Holländische Interieurs. Jan Vermeer van Delft (1632-75): *Junge Dame mit Perlenhalsband,* 1660/65, *Das Glas Wein,* um 1660/61; Pieter de Hooch (1629 bis 1684): *Die Mutter,* um 1659/60; Willem Kalf (1619-93): *Stilleben mit chinesischer Porzellandose,* 1662; Gabriel Metsu (1629 bis 1667): *Die Familie des Amsterdamer Bürgermeisters Valckenier,* um 1657; Gerard Terborch (1617-81): ›Die väterliche Ermahnung‹, um 1654/55; Gerard Dou (1613-75): *Die junge Mutter,* um 1660.

Raum 243: Holländische Genremalerei Jan Steen (1625/26-79): *Der Wirtshausgarten,* um 1660; Gerard Terborch (1617-81): *Die Familie des Schleifers,* um 1653; Jan van Goyen (1596-1656): *Flußlandschaft,* um 1631; Philips Wouwerman (1619-68): *Winterlandschaft mit Holzsteg,* um 1660; Emanuel de Witte (1617-92): *Die Nieuwe Kerk zu Amsterdam,* um 1680; Pieter Jansz Saenredam (1597-1665): *Blick in den Chorumgang der St. Bavokirche,* 1635.

François Boucher, Venus und Amor, *um 1742, Lw., 56 × 72 cm*

Raum 239: Holländische Stilleben. Adriaen van de Venne (1589-1662): *Der Sommer,* 1614, *Der Winter,* 1614; Osias Beert (um 1580-1624): *Stilleben mit Kirschen und Erdbeeren in einer Porzellanschüssel,* 1608; Balthasar van der Ast (1593/94-1657): *Stilleben mit Fruchtschale,* um 1625.

Raum 238: Holländische Bildnis- und Genremalerei. Frans Hals (1581/85-1666): *Singender Knabe mit Flöte,* 1627; ›Malle Babbe‹, um 1629/30, *Bildnis der Catharina Hooft mit ihrer Amme,* um 1619/20; Thomas de Keyser (1596/97-1667): *Bildnis einer Dame,* 1632; Esaias van de Velde (1590/91 bis 1630): *Gesellschaft auf einer Gartenterrasse,* um 1615; Dirck Hals (1591-1656): *Fröhliche Tischgesellschaft,* um 1625/30; Willem Buytewech (1591/92-1624): *Fröhliche Gesellschaft im Freien,* um 1616/17.

Raum 237: Holländische Landschaften Esaias van de Velde (um 1590/91-1630): *Ansicht von Zieriksee,* 1618; Pieter de Molijn (1595-1661): *Der Abend,* 1627; Jan van Goyen (1596-1656): *Ansicht von Arnheim,* 1646; Hercules Seghers (1589/90-vor 1638): *Ansicht der Stadt Rhenen,* 1625/30; Jakob van Ruisdael (1628/29-82): *Landschaft mit Klosterruine,* um 1654/55, *Der Damplatz zu Amsterdam,* um 1675/80, *Eichen an einem See,* 1665/69; Salomon van Ruysdael (1600/03 bis 1670): *Holländische Landschaft mit Raubzug,* 1656.

Raum 236: Rembrandt (I.) Rembrandt (1606-69): *Selbstbildnis mit Samtbarett,* um 1633/34, *Jakob ringt mit dem Engel,* um 1660, *Rembrandts Frau Saskia,* 1643, *Moses mit den Gesetzestafeln,* 1659, *Bildnis der Hendrickje Stoffels,* um 1659, *Der Mennonitenprediger Anslo und seine Frau,* 1641; Rembrandt-Umkreis: *Der Mann mit dem Goldhelm,* um 1650/55.

Raum 235: Rembrandt (II.) Rembrandt (1606-69): *Predigt Johannes des Täufers,* 1634/35, *Christuskopf,* 1655, *Joseph und Potiphars Frau,* 1655, *Raub der Proserpina,* um 1630, *Simson und Delila,* 1628, *Susanna und die beiden Alten,* 1647, *Landschaft mit langer Bogenbrücke,* um 1635/40; Pieter Lastman (1583-1633): *Susanna und die beiden Alten,* 1614.

Raum 234: Holländische Landschaftsmalerei. Adriaen van de Velde (1636-72): *Die Farm,* 1666; Meindert Hobbema (1638 bis 1709): *Dorfstraße unter Bäumen,* um 1665; Paulus Potter (1625-54): *Aufbruch zur Jagd,* 1652; Philips Koninck (1619-88): *Holländische Flachlandschaft,* um 1655/60; Karel Dujardin (um 1622-78): *Der Morgen, Der Abend,* 1658/59; Nicolaes Berchem (1620 bis 1683): *Die Rückkehr von der Falkenjagd,* um 1670; Jan Asselijn (um 1615-52): *Holländische Landschaft mit Deichbau,* um 1651.

VI Italienische Malerei des 17. und 18. Jh. Spanische, Französische und Deutsche Malerei des 17. Jh.
(Raumfolge 244, 245, 247-253)

Raum 244, 245: Treppenhaus – Italienische, Spanische und Französische Malerei des 17. Jh. Georges de La Tour (1593 bis

1652): *Essendes Bauernpaar,* um 1620; Diego Velázquez (1599-1660): *Bildnis einer Dame,* um 1630-33; Toskanisch um 1645: *Bildnis des toskanischen Generals Alessandro del Borro (?);* Bartolomé Esteban Murillo (1618-82): *Die Taufe Christi,* um 1655; Francisco de Zurbarán (1598-1664): *Bildnis des Don Alonso Verdugo de Albornoz,* um 1635.

Vitrine: Elsheimer und Umkreis. Adam Elsheimer (1578-1610): *Hl. Familie mit Engeln,* um 1599; Johann Rottenhammer (1564 bis 1625): *Allegorie der Künste;* Pieter Lastman (1583-1633): *Ruhe auf der Flucht,* um 1608.

Raum 247: Caravaggio und Caravaggisten. Michelangelo Merisi da Caravaggio (1571-1610): *Amor als Sieger,* 1602; Mathias Stomer (1600-nach 1641): *Christus am Ölberg,* um 1630-32; Orazio Gentileschi (1563-1639): *David mit dem Haupt des Goliath,* um 1610.

Raum 248: Römische Malerei 1. Hälfte 17. Jh. (Landschaften). Nicolas Poussin (1594-1665): *Jupiter als Kind von der Ziege Amalthea genährt,* um 1639, *Landschaft aus der römischen Campagna mit Matthäus und dem Engel,* 1640; Claude Lorrain (1600-82): *Italienische Küstenlandschaft im Morgenlicht,* 1642; Annibale Carracci (1560-1609): *Flußlandschaft mit Kastell und Brücke,* um 1600.

Raum 249: Frühbarockmalerei. Ludovico Carracci (1555-1619): *Christus in der Wüste, von Engeln bedient,* 1608/10; Guercino (1591-1666): *Die Verlobung der Hl. Katharina,* 1620; Gioacchino Assereto (1600-49): *Alexander der Große und Diogenes,* um 1625-35.

Raum 250: Deutsche Barockmalerei. Johann Liss (um 1597-1631): *Die Verzückung des Hl. Paulus,* um 1628/29; Johann Heinrich Schönfeld (1609-84): *Der Triumph der Venus,* 1640/45.

Raum 251: Venezianische Malerei des 18. Jh. Giovanni Battista Tiepolo (1696 bis 1770): *Das Martyrium der Hl. Agathe,* um 1750, *Die Kreuztragung Christi,* um 1738, *Rinaldo und Armida im Zaubergarten, Rinaldos Abschied von Armida,* 1755-60; Sebastiano Ricci (1659-1734): *Bathseba im Bade,* um 1725.

Raum 252: Venezianische Stadtansichten (mit Bildern der Streit'schen Stiftung). Canaletto (1697-1768): *Der Canal Grande in Richtung auf die Rialtobrücke, La Vigilia di S. Pietro,* um 1758-60; Francesco Guardi (1712 bis 1793): *Der Luftballonaufstieg,* 1784; Pietro Longhi (1702-85): *Die Musikstunde,* um 1760/70; Jacopo Amigoni (1682-1752): *Bildnis des Kaufmanns Sigismund Streit,* 1739.

Raum 253: Hoch- und Spätbarockmalerei (Neapel, Rom, Bologna). Luca Giordano (1634-1705): *Der Hl. Michael,* um 1663; Francesco Solimena (1657-1747): *Rosenkranzmadonna,* um 1680/82; Carlo Maratta (1625-1713): *Bildnis eines jungen Mannes,* 1663; Giuseppe Maria Crespi (1665-1747): *Die Geburt des Arkas (?),* um 1720-25.

Wilhelm H. Köhler

Thomas Gainsborough,
Die Marsham-Kinder,
1787, Lw., 242,9 × 181,9 cm

20 **Haus am Checkpoint Charlie**

61 (Kreuzberg), Friedrichstraße 44, Telefon 251 10 31 (Auskunft erteilt Horst Schumm, auch unter 211 96 27)
Verkehrsverbindung: U-Bahnhof Kochstraße; Bus 29
Geöffnet: täglich, auch sonn- und feiertags, 9-22 Uhr

Direktor: Dr. Rainer Hildebrandt
Wissenschaftlicher Mitarbeiter: Hans-Jürgen Dyck

Träger: Arbeitsgemeinschaft 13. August e. V.

Sammlung: Photos, Dokumente, Objekte zur Geschichte und Entwicklung der Berliner Mauer und zu Friedensbewegungen

Publikationen: Kataloge zu den vier ständigen Ausstellungen, zu Menschenrechtsthemen und zum gewaltfreien Kampf (auch in Englisch und Französisch)

Museumsgeschichte

Das Haus am Checkpoint Charlie ist ein politisches Museum. Anlaß zur Gründung war der Bau der Mauer am 13. August 1961 und dessen Folgen: Allein im ersten Jahr nach dem Mauerbau wurden 41 Tote bei Grenzzwischenfällen registriert. Zehntausende von Familien wurden voneinander getrennt. Es lag nahe, über diese gravierenden Menschenrechtsverletzungen zu informieren und auch über den Erfindungsreichtum bei Fluchten und über die Fluchthelfer, die es zu Hunderten gab und von denen viele für Unbekannte ihr Leben einsetzten. Flüchtlinge aus der DDR, ehemalige politische Häftlinge und Studenten hatten unter der Leitung des Publizisten Rainer Hildebrandt zunächst im Norden Berlins, unmittelbar gegenüber der Häuserfront, die entlang der Bernauer Straße zur Grenzlinie wurde, eine Ausstellung aufgebaut, die am 16. Oktober 1962 eröffnet wurde. Photos und Fluchtobjekte wurden ge-

zeigt. Geflüchtete Volksarmisten informierten dort über die schwierige Situation ihrer Kameraden, von denen viele niemals zielen würden. Für sie gelte es, Verständnis aufzubringen.

Ständige Ausstellungen

Die Ausstellung in einer Dreizimmerwohnung wurde seit der Eröffnung stark besucht. Der Erfolg ermutigte dazu, neue Räume unmittelbar am Grenzübergang Checkpoint Charlie zu mieten. Am 14. Juni 1963 wurde in dem ehemaligen Cafe Köln mit Bundesminister Ernst Lemmer die mit engagierten Helfern und kleinen Beihilfen von Bund, Senat, Klassenlotterie, Firmen und Privatleuten erstellte Ausstellung ›DIE MAUER – Vom 13. August bis heute‹ eröffnet. Viele Besucher kamen und informierten sich über die Entwicklung der Mauer und die Geschehnisse dort. Fluchtobjekte üben besondere Anziehungskraft aus, darunter Fluchtautos, zwei Heißluftballons und ein selbstgebautes Fluchtflugzeug. Aber die Besucher begannen sich auch zunehmend für die dargestellten tieferen Zusammenhänge der Teilung und ihre Überwindung zu interessieren.

Insofern war der weitere, 1966 eröffnete Ausstellungsteil ›BERLIN – Von der Frontstadt zur Brücke Europas‹ eine folgerichtige Ergänzung der ›MAUER‹-Ausstellung, da sie zeigte, daß sich Berlin – trotz Mauer – zu einer Metropole entwickeln konnte und wie es schließlich gelang, die Mauer durchlässiger zu machen und den Berlin-Verkehr im Rahmen internationaler und innerdeutscher Vereinbarungen weitgehend störungsfrei zu gestalten. Besonders ausführlich ist auch die Hilfe der Schutzmächte für Berlin – von der Luftbrücke bis zur Panzerkonfrontation am Checkpoint Charlie – behandelt, was den in Berlin stationierten Soldaten ermöglicht, die Geschichte der Stadt kennenzulernen.

Weder Photos noch Objekte allein können ein Zeiterlebnis ausreichend veranschaulichen; dies kann schon eher der Künstler: Für die 1974 eröffnete Ausstellung ›Maler interpretieren DIE MAUER‹ stifteten international bekannte Künstler und auch solche der ›Berliner Szene‹ Werke. Auch hier war es dem Museum gelungen, ein ›Monopol‹ zu erlangen, da schon früh die Werke jener wenigen Künstler erworben wurden, für die die Mauer nicht nur ein Objekt der Anklage war, sondern auch ein zu deutendes Phänomen und eine geistige Herausforderung. Bekannte Künstler sind mit wichtigen Arbeiten vertreten, so Bill, Grützke, Hajek, Heiliger, Hannah Höch, Kokoschka, Kolář, Loewig, Tàpies, Tselkow, Vostell, um nur einige zu nennen.

Durch den Hinzugewinn weiterer Räume 1984 konnte das eigentliche Anliegen noch besser dargestellt werden. In der Ausstellung ›VON GANDHI BIS WALESA - Gewaltfreier Kampf für Menschenrechte‹ wird Gandhi als Schöpfer der Prinzipien des gewaltfreien Kampfes gezeigt, des weiteren Beispiele aus Polen (Solidarność), der ČSSR (Charta 77), den USA (Martin Luther King), der UdSSR (Sacharow und Helsinki-Gruppen), der DDR und der Bundesrepublik (Friedensbewegungen).

Träger des Museums ist der gemeinnützige, eingetragene Verein ›Arbeitsgemeinschaft 13. August‹, dem auch der ›Verlag Haus am Checkpoint Charlie‹ angegliedert ist (u. a. Publikationen zu DDR-spezifischen und menschenrechtlichen Themen, Kataloge zu den vier Ausstellungen). Ehrenmitglieder dieser Arbeitsgemeinschaft sind Marcel Aeschbacher (Gründer des Schweizer Hilfswerkes für Berliner Ferienkinder), Øjvind Feldsted Andresen (Präsident des Internationalen Sacharow Hearing), Rudolf Hampel (Betreuer entlassener politischer Häftlinge), Eugène Ionesco, Lew Kopelew und Åase Lionaes (ehemalige Vorsitzende der Nobel-Komitees). Mit Unterstützung dieser Ehrenmitglieder hat sich das Museum öffentlich für menschenrechtliche Belange eingesetzt. Zu jeder Wiederkehr des ›13. August‹ und des ›17. Juni‹ findet eine Pressekonferenz mit Zeugen statt, die von ihren Erlebnissen berichten.

Sämtliche Begleittexte zu den Ausstellungen sind auf Deutsch, Englisch und Französisch, auch die zugehörigen Kataloge. Auf Wunsch und bei vorheriger Anmeldung werden Vorträge von ehemaligen DDR-Bürgern angeboten, u. a. über das DDR-Grenzsicherungssystem und die dort diensttuenden Grenzer, gewaltfreien Kampf und Friedensbewegung in der DDR. *Rainer Hildebrandt*

Siegfried Rischar, 3. Preis des vom Museum Haus am Checkpoint Charlie 1984 ausgeschriebenen Wettbewerbs ›Überwindung der MAUER durch Bemalung der MAUER‹

21 **Heimatarchiv Charlottenburg**

Museum im Aufbau

Künftiger Standort: 19 (Charlottenburg), Schloßstraße 69 (Auskunft erteilt das Heimat-
archiv Charlottenburg, Bezirksamt Charlottenburg von Berlin, Abteilung Volksbildung,
Telefon 3430-2069, 3430-2519, Zentrale: 3430-1)
Verkehrsverbindung: U-Bahnhof Sophie-Charlotte-Platz, Richard-Wagner-Platz;
Bus 9, 21, 54, 62, 74, 87
Geöffnet: Mittwoch, Freitag und Sonntag 11-17 Uhr; Termine für Gruppen
nach Vereinbarung

Wissenschaftliche Mitarbeiter: Wolfgang Grein-Steinwerth (Archiv),
Andreas-Ludwig (Museum)

Träger: Bezirksamt Charlottenburg von Berlin

Sammlung: Photos, Zeichnungen, Urkunden, Karten, Stiche zur Geschichte des
Bezirks Charlottenburg

Präsenzbibliothek mit ca. 1500 Bänden zur Geschichte Berlins und des Bezirks,
Schwerpunkt: Graue Literatur

Rechts: Modell des zerstörten Rathauses
Unten: Das Charlottenburger Rathaus

22 Archiv ›Kreuzberg-Museum für Stadtentwicklung und Sozialgeschichte‹

36 (Kreuzberg), Mariannenplatz 2 (Kunstamt Kreuzberg), Telefon 25 88-25 06
(Auskunft erteilt Martin Düspohl)
Verkehrsverbindung: U-Bahnhof Kottbusser Tor; Bus 28, 29, 41
Zur Zeit geschlossen

Leiterin: Krista Tebbe

Träger: Bezirksamt Kreuzberg von Berlin
Förderverein: Verein zur Erforschung und Darstellung der Geschichte Kreuzbergs e. V.

Sammlung: Photos u. Objekte zur Geschichte des Bezirks Kreuzberg

Publikation: M. Düspohl, ›Die Kreuzberger Heimatausstellung – Bildungsarbeit
im stadtgeschichtlichen Museum‹, hrsg. vom Verein zur Erforschung und Darstellung
der Geschichte Kreuzbergs e. V., Berlin 1984

Sammlungsgeschichte

Mit der Gründung des Archivs als ›Kreuzberger Heimatausstellung‹ verfolgte das Kunstamt 1951 das Ziel, die Erinnerung an das zerstörte, alte Berlin wachzuhalten und vor allem der Jugend einen Eindruck von der Bezirksgeschichte zu vermitteln. Die Bewohner wurden aufgefordert, »nach Bildern und Filmstreifen zu suchen«, auf denen die im Krieg zerstörten »wertvollen Gebäude und Denkmäler« zu sehen waren, und kurze Zeit später konnte die Heimatausstellung im Vorraum einer Berufsschulküche eröffnet werden. Es wurde nicht gezielt gesammelt, sondern man nahm auf, was die Bürger selbst für ausstellenswert hielten. Auf diese Weise konnte kein bezirksgeschichtliches Museum entstehen, das etwa die Sozialgeschichte Kreuzbergs dokumentiert hätte, sondern eben eine ›Heimatausstellung‹, in der der Schwerpunkt bei der ›großen Vergangenheit‹ Kreuzbergs lag, seinen Baudenkmälern, Theatern und preußischen Kasernen, bei den berühmten Kreuzbergern (z. B. Fontane), den Originalen (z. B. ›Tränenschulze‹) und den Künstlern (z. B. Büttner). 1977 wurde die Ausstellung vorläufig geschlossen, da die Räumlichkeiten nicht mehr ausreichten und

Die Fontane-Apotheke *im ehem. Diakonissen-Krankenhaus Bethanien*

zugleich eine neue museumsdidaktische Konzeption erarbeitet wurde. Stadtteilgeschichte wird nun in jährlichen Ausstellungsprojekten gezeigt.
Das Archiv ist in der ›Theodor Fontane-Apotheke‹ im Künstlerhaus Bethanien untergebracht und zur Zeit geschlossen, da dem Kunstamt Kreuzberg für die regelmäßige Betreuung keine Mitarbeiter zur Verfügung stehen. *Martin Düspohl*

Sammlungskonzept

Das zweifellos reichste Anschauungsmaterial hat das Archiv zur Geschichte der städtebaulichen Entwicklung Kreuzbergs und zur Architekturgeschichte. Einen Eindruck von der städtebaulichen Entwicklung geben Drucke und Kopien von den wichtigsten Stadt- und Bebauungsplänen. Alte Stiche, Bilder und Photos zeigen die Veränderungen des Stadtpanoramas und der wichtigsten Plätze von ihrer Anlage bis zu den Kriegszerstörungen im Zweiten Weltkrieg.
1978 hat das Kunstamt Kreuzberg die Konzeption eines ›Kreuzberg-Museums für Stadtentwicklung und Sozialgeschichte‹ vorgelegt, für das noch ein Gebäude gefunden werden muß. Aufgabe des Museums wird nicht die Präsentation wertvoller Einzelobjekte sein, sondern die Darstellung der politischen, ökonomischen, sozialen und kulturellen Entwicklungen des Bezirks. Das Kunstamt Kreuzberg begann 1978, unterstützt vom ›Verein zur Erforschung und Darstellung der Geschichte Kreuzbergs e. V.‹, mit dem Aufbau einer alltagsgeschichtlichen Sammlung, für die die Kreuzberger private Photos und Gegenstände spenden. Die Ergebnisse der thematischen Einzelausstellungen (›Arbeiterwiderstand vor 1933‹, 1979; ›Kreuzberg damals‹, 1980; ›Theodor Fontane – Dichtung und Wirklichkeit‹, 1981; ›morgens Deutschland – abends Türkei‹, 1982; ›Kreuzberg 1933 – Ein Bezirk erinnert sich‹, 1983; ›Tanznächte damals – Zur Geschichte Kreuzberger Ballhäuser‹, 1985; ›Stadtgeschichte am Halleschen Tor‹, 1986) werden in den Bestand des künftigen ›Kreuzberg-Museums‹ ebenso eingehen wie das für 1987 geplante Projekt über literarische Stadterfahrungen der 20er Jahre. *Krista Tebbe*

23 Emil-Fischer-Heimatmuseum

Museum für Stadtkultur und Regionalgeschichte

44 (Neukölln), Ganghofer Straße 3-5, Telefon 6809-2535, Zentrale: 6809-1
Verkehrsverbindung: U-Bahnhof Karl-Marx-Straße; Bus 4, 41, 95
Geöffnet: Mittwoch 16-20 Uhr, Donnerstag und Freitag 12-16 Uhr, Samstag 13–18 Uhr,
Sonntag 12–16 Uhr
Abweichend von der Feiertagsregelung (s. S. 8) Gründonnerstag, Osterdienstag und
Pfingstdienstag geöffnet

Leiterin: Dr. Dorothea Kolland
Wissenschaftlicher Mitarbeiter: Udo Gößwald

Träger: Bezirksamt Neukölln von Berlin
Fördervereine: Heimatverein Neukölln e. V., Neuköllner Kulturverein e. V.

Sammlung: Stadt- und Regionalgeschichte, Industrie-, Sozialgeschichte,
Landwirtschaft, Vor- und Frühgeschichte, Sportgeschichte

Photo- und Dokumentarchiv

Publikationen: Ausstellungskataloge

Das Heimatmuseum Neukölln wurde kurz
vor der Jahrhundertwende von dem Lehrer
Emil Fischer als unterrichtsbegleitendes Museum eingerichtet; es ist das älteste und
größte Heimatmuseum Berlins. In seiner
sehr wechselhaften Geschichte fand es
nach dem Krieg seinen endgültigen Standort
in den früheren Räumlichkeiten der Stadtbi-
bliothek, die dem Stadtbad Neukölln (1914
gebaut, vor kurzem wunderschön restauriert) räumlich angeschlossen war.

*In der Ausstellung ›Blickpunkt Karl-Marx-
Straße. Am Büdner-Dreieck‹, 1985*

Der Sammlungsbestand spiegelt die wechselhafte Geschichte dieses Museums wider: Neben dem in wohl jedem Heimatmuseum vorhandenen Sammelsurium von Kuriosa und persönlichen Erinnerungsstücken
sind historisch außerordentlich wertvolle Dokumente zur Sportgeschichte (Turnvater
Jahn eröffnete seinen ersten Modellturn-
platz in diesem Bezirk), zur Industriegeschichte (z. B. aus dem Bestand der Deutschen Glasmosaik-Werkstätten Puhl & Wagner), zur Geschichte des Bildungswesens
(die wichtigsten Reformschulen Preußens
der 20er Jahre befanden sich in Neukölln),
zur Sozial-, Kultur-, Verkehrs- und Baugeschichte.

Außerdem verfügt das Heimatmuseum Neukölln über ein umfangreiches Photo- und
Postkartenarchiv.

Nach langen Jahren des Dornröschenschla-
fes ist im Zuge des stark gewachsenen Interesses an Regional- und Kiezgeschichte die
Arbeit des Heimatmuseums sehr aktiv geworden. Neben der Präsentation der für die
Entwicklung des Bezirks wichtigsten Samm-
lungsbereiche (zur Zeit nur begrenzt zugänglich, da gänzlich neue Präsentationsformen
entwickelt werden und das Gebäude umgebaut wird) ist ein wichtiger aktueller Schwerpunkt die Gestaltung von Sonderausstellungen zu bestimmten Themen. Als besonders
wichtig sind zu nennen: mehrere Ausstellungen zu Aspekten der Schulgeschichte, Ausstellungen über Zaubern (1984) und Artisten
(1986) in Neukölln, die Geschichte der Glasmosaik-Werkstätten Puhl & Wagner (1985),
die Ausstellung ›Junker, Land & Leute. Land-

wirtschaft in Brandenburg: Das Beispiel
Britz‹ (im Gutshof Britz, 1985), ›175 Jahre
Turnplatz Hasenheide‹ (in der Galerie im Kör-
nerpark, 1986), ›Blickpunkt Karl-Marx-Stra-
ße: Das Büdner-Dreieck‹ (Geschichte einer
Straße, 1985).

Zum Prinzip der Arbeit des Heimatmuseums
gehört die aktive Einbeziehung von interessierten Bürgern wie auch die intensive Arbeit
mit Schulen. Zu den meisten Ausstellungen
wurden spezielle museumspädagogische
Materialien erarbeitet, zwei Museumslehrer
sind die Kontaktpersonen zwischen Schule
und Museum.

Zu wichtigen Ausstellungsprojekten wurden
Video-Filme erarbeitet, meist in Zusammenarbeit mit dem Museumspädagogischen
Dienst des Landes Berlin, z. B. ›Widerstand
in Neukölln‹, ›Für alle Zeit ... Die Firmenge-
schichte der Deutschen Glasmosaikanstal-
ten Puhl & Wagner in Berlin-Neukölln‹, ›Das
Alter – Freizeitparadies oder Abstellgleis?‹.

Das Heimatmuseum Neukölln versteht sich
als ›aktives Museum‹, als Museum, das auch
aktuell agieren und reagieren will, das Geschichte nicht als abgeschlossenen Prozeß
begreift, sondern als Teil der Gegenwart und
Zukunft sieht.

Wegen seiner beispielhaften Initiativen und
seiner sehenswerten Ausstellungen erhielt
das Heimatmuseum 1986 den Museums-
preis des Europarates.   *Dorothea Kolland*

24 Heimatmuseum Reinickendorf

28 (Reinickendorf), Alt-Hermsdorf 35-38, Telefon 40440 62
Verkehrsverbindung: S-Bahnhof Hermsdorf; Bus 12
Öffnungszeiten des Museums: Mittwoch bis Sonntag 10-18 Uhr
Öffnungszeiten des Archivs: Montag bis Freitag 9-15 Uhr
Abweichend von der Feiertagsregelung (s. S. 8) Gründonnerstag bzw. Osterdienstag und Pfingstdienstag geöffnet

Leiter: Gerd Koischwitz

Träger: Bezirksamt Reinickendorf von Berlin

Sammlung: Objekte zur Geschichte des Bezirks Reinickendorf

Präsenzbibliothek mit ca. 4000 Titeln, **Archiv** mit ca. 3500 Photos

Das Heimatmuseum Reinickendorf wurde 1980 im früheren Hermsdorfer Schulhaus, das 1898 vollendet wurde, eingerichtet.
Einige Stücke der Sammlung wurden bereits vor 50 Jahren auf dem Dachboden einer Schule ausgestellt. Lehrer betreuten die kleine Schau und erweiterten sie 1959 im alten Gutshaus Wittenau.
Heute zeigt das Museum aus seinen umfangreichen, durch Spenden und Ankäufe ständig wachsenden Beständen in einer **ständigen Ausstellung** landwirtschaftliche Geräte und eine Schmiede, Funde und Lebensweise der Menschen in Stein-, Bronze- und Eisenzeit, ein Jägerstübchen und ein Biedermeierzimmer.
Zur Geschichte des Bezirks Reinickendorf werden Wechselausstellungen veranstaltet.
In der Freiluftanlage kann das ›Germanische Gehöft‹, die Rekonstruktion eines eisenzeitlichen Gehöftes mit Langhaus, Speicher, Webhaus, Brunnen und Backofen, besichtigt werden.
Im Archiv sind nach Anmeldung Photos, Zeitungen und Bücher über den Bezirk zugänglich. *Gerd Koischwitz*

Das ›Germanische Gehöft‹

25 **Heimatmuseum Schöneberg**

62 (Schöneberg), HAUS am KLEISTPARK, Grunewaldstraße 6-7,
Telefon 7 83-22 34, 7 83-30 32
Verkehrsverbindung: U-Bahnhof Kleistpark; Bus 48, 83
Geöffnet: Montag und Freitag 10-13 Uhr, Donnerstag 16-19 Uhr
Während der Schulferien geschlossen

Leiterin: Katharina Kaiser

Träger: Bezirksamt Schöneberg von Berlin

Sammlung: Objekte zur Geschichte des Bezirks Schöneberg mit Friedenau

Archiv mit Photos, Zeitschriften, Büchern, Dokumenten

Publikationen: H. Winz, ›Es war in Schöneberg‹, 1964 – ›Berlin-Schöneberg:
Seine Straßen, Brücken, Parks und Plätze – Herkunft und Bedeutung ihrer Namen‹,
1980 – ›Leben in Schöneberg/Friedenau 1933-45 – Nationalsozialistische Gewaltherrschaft
und Widerstand‹, 1983 – ›Ländliches und städtisches Grün, Wege durch das historische
und heutige Schöneberg‹, 1985

Sammlungsgeschichte

1895 wurde im alten Rathaus am Kaiser-
Wilhelm-Platz ein ›Archiv zur Geschichte der
Schöneberger Landgemeinde‹ eingerichtet,
ab 1938 wurde das Rathaus Friedenau als
Sitz des Heimatarchivs benannt. Bei der Zerstörung des Rathauses im Zweiten Weltkrieg wurde diese Sammlung weitgehend
vernichtet. Kurt Pomplun baute sie mit dem
Konzept thematisch bezogener ›Heimat-
schauen‹ im Rathaus Schöneberg in den
50er Jahren neu auf. Zur 700-Jahr-Feier des
Bezirks 1964 erfolgte eine systematische Erforschung der Bezirksgeschichte unter dem
besonderen Gesichtspunkt der bauge-
schichtlichen Entwicklung durch den Geographen Helmut Winz. 1965 erhielt das Museum im HAUS am KLEISTPARK, dem ehemaligen Königlich Botanischen Museum,
erstmals eigene Räume.

Sammlungsbestände

Das Heimatmuseum ist nun zu einer umfangreichen Sammlung angewachsen – verteilt über sechs kleine Räume – mit Gegenständen aus dem Bezirk Schöneberg, unter
besonderer Berücksichtigung der ehemaligen selbständigen Landgemeinde Friede-
au: von alten Knochen- und Scherbenfund-
stücken aus der Vor- und Frühgeschichte bis
zum vollständig ausgestatteten Biedermeierzimmer der ›Millionenbauern‹; von alten
Stadtplänen über Photos aus der Zeit der
Jahrhundertwende bis zu zahlreichen zum
Teil wertvollen Gemälden (u.a. H. Baluschek, G. Netzband, C. Fehr) und Plastiken
(u.a. R. Begas, E. de Fiori, H. Isenstein); von
der Darstellung berühmter Persönlichkeiten,
die im Bezirk gelebt und gewirkt haben, bis
zu allerlei Sammlerstücken – eine Sammlung
über die ›gute alte Zeit‹. Die Besucher werden vergeblich Dokumente zur neueren Zeitgeschichte zwischen 1918 und 1945 suchen; auch Fragen nach sozialen und politischen Zusammenhängen kann man nur
selbst entdeckend nachgehen. Hierzu wird
aber seit 1982 verstärkt geforscht.
In Sonderausstellungen ›vor Ort‹, dort wo
Geschichte noch sichtbar ist, werden im

überschaubaren Rahmen sozialgeschichtliche Themen vorgestellt: z.B. ›Metalldrücke-
rei Ernst Schulze‹ in einer alten Manufaktur
im zweiten Hinterhof, ein Beispiel für die Ar-
beits- und Wohnsituation in einem Arbeiter-
quartier, von der Erstbebauung um 1850 bis
heute.
Ein weiteres Prinzip ist seit 1982 die Einbeziehung von Betroffenen, Vertretern verschiedener im Bezirk arbeitenden Initiativen,
Gruppierungen, aber auch von einzelnen
Laienforschern. Dies war besonders hilfreich, als es darum ging, das Alltagsleben zur
Zeit des Nationalsozialismus zu untersu-
chen. In diesem Zusammenhang bekam das
Archiv mit seinem umfangreichen Photomaterial, den alten Zeitungen, vielen Büchern,
Plänen und anderen Dokumenten eine neue
Bedeutung, weil jetzt Bürger selbständig Lo-
kalgeschichte erarbeiteten. An dieses Interesse soll nun angeknüpft werden, wenn für
1988 in einer ersten Stufe Museum und Archiv in ein ›Museum als Lernort‹ umstruktu-
riert werden. Da die räumlichen Bedingungen für ein solches Konzept sehr begrenzt
sind, bemüht sich der Bezirk in einer zweiten
Stufe für die 90er Jahre um eine räumlich
angemessenere Form. Es ist daran gedacht,
das Museum als Teil eines bezirklichen Kul-
turzentrums mitten in einer Einkaufsgegend
neu zu eröffnen und zu erweitern.

Katharina Kaiser

Blick in das Museum

26 Stadtgeschichtliches Museum Spandau

20 (Spandau), Zitadelle Spandau, Am Juliusturm, Telefon 3391-297
(Auskunft erteilen Herr Hiltmann und Frau Kunte)
Verkehrsverbindung: U-Bahnhof Zitadelle; Bus 13
Geöffnet: Dienstag bis Freitag 9-16.30 Uhr, Samstag und Sonntag 10-16.30 Uhr
Abweichend von der Feiertagsregelung (s. S. 8) nur am 1.5., 17.6., 24. und 31.12.
geschlossen

Leiter: Gerd Steinmöller

Träger: Bezirksamt Spandau von Berlin

Sammlung: Objekte zur Geschichte des Bezirks Spandau

Die Spandauer Zitadelle ist eines der bedeutendsten Baudenkmäler Berlins, zugleich eine der besterhaltenen Festungsanlagen des 16. Jh. in Europa sowie ein Musterbeispiel italienischer Festungsbaukunst nördlich der Alpen. Ihre historische Entwicklung ist eng mit der Geschichte Brandenburgs, Preußens und der bis 1920 selbständigen Stadt Spandau verbunden.

Auf dem Gelände der Zitadelle ist slawische Besiedlung vom 9. bis zum 12. Jh. nachgewiesen. In askanischer Zeit (zweite Hälfte 12. Jh.) wurde anstelle der slawischen Besiedlung zur Sicherung der Handelsstraße Magdeburg–Lebus–Polen eine ›frühdeutsche‹ Burg errichtet. Bis ins 15. Jh. war die Burg – allmählich zum Schloß ausgebaut – die bevorzugte Wohn- und Regierungsstätte der brandenburgischen Markgrafen und Kurfürsten. Nach dem Umzug der Kurfürsten nach Berlin in der Mitte des 15. Jh. diente das Spandauer Schloß als Witwensitz der Kurfürstinnen.

Aus der Burgzeit sind der Juliusturm und der Palas erhalten. Der Juliusturm, Wahrzeichen Spandaus, ist das älteste profane Bauwerk

Berlins. Der 32 m hohe Bergfried wurde in der ersten Hälfte des 13. Jh. erbaut. 1838 erhielt der Turm einen neuen Zinnenkranz nach dem Entwurf Schinkels. An den Juliusturm schließt sich der Palas an, der Wohnbau der Burg (erbaut um 1350). Der Innenraum des gotischen Backsteinbaus wurde nach vorgefundenen Architekturresten seit 1977 rekonstruiert.

Von 1560 bis 1583 entstand der Bau der heutigen Zitadelle in ›neuitalienischer‹ Festungsmanier. Der Grundriß besteht aus einem inneren Kurtinenviereck von 208 × 196 m. An den Ecken sind zur Sicherung der langen Kurtinen vor einem Sturmangriff Bastionen angeordnet. Der Entwurf stammt von dem Italiener Chiaramella de Gandino; vollendet wurde die Festung von dem Baumeister Rochus Guerrini Graf zu Lynar, der 1578 die Bauleitung übernahm.

Architektonischer Höhepunkt der Renaissancefestung ist das Torhaus mit seiner dreischiffigen Halle im Zentrum. Das italienische Gepräge der Architektur ist hier erkennbar. Die heutige Fassade stammt aus der Zeit des Klassizismus (1839). Um 1680 entstand das brandenburgische Wappen, das das Torhaus zur Dachzone hin abschließt.

Das ursprüngliche Verteidigungssystem des 16. Jh. vermittelt anschaulich die ›Bastion König‹ mit ihren drei Verteidigungsebenen. Zwei sind als Verteidigungs- oder Schützengalerien, sogenannte Kasematten, ausgebaut.

Die Zitadelle hatte mehrere Aufgaben zu erfüllen. Sie diente als Flankenschutz für die Residenzstadt Berlin und als Staatsgefängnis. Ein letztes trauriges Kapitel ist die Nutzung der Anlage als Gasschutzlaboratorium des Heeres von 1935 bis Kriegsende.

Die Zitadelle wird seit 1977 zu einem Museums- und Kulturzentrum ausgebaut. Das Museum für Vor- und Frühgeschichte (s. S. 246) und das Archäologische Landesamt werden dort ihren endgültigen Standort erhalten. Zur Zeit wird ein ehemaliges Magazingebäude, das sogenannte ›Neue Zeughaus‹ (erbaut 1856-58), für das Stadtgeschichtliche Museum Spandau restauriert. Es wird mit seinen umfangreichen Sammlungen (Archivbestände von 1300 bis 1900, historische Waffen, Fahnensammlung sowie Hinterlassenschaften aus 750 Jahren Stadtgeschichte, insbesondere zum Handwerk) 1988 eröffnet. *Gerd Steinmöller*

27 Museum und Archiv des Heimatvereins für den Bezirk Steglitz gegr. 1923 e.V.

45 (Lichterfelde), Drakestraße 64a, Telefon 8332109 (Auskunft erteilen Frau Noll, auch unter 8311773, und Frau Krause-Dönitz, auch unter 8345371)
Verkehrsverbindung: S-Bahnhof Lichterfelde-West; Bus 11, 68
Öffnungszeiten des Museums: Mittwoch 15-18 Uhr, Sonntag 10-12 Uhr
Öffnungszeiten des Archivs: Mittwoch 15-18 Uhr

Leiterin: Ingeborg Noll

Träger: Heimatverein für den Bezirk Steglitz gegr. 1923 e.V.

Sammlung: Objekte zur Geschichte des Bezirks Steglitz

Präsenzbibliothek mit ca. 2500 Bänden; **Archiv** mit Photos, Plänen, Postkarten

Museumsgeschichte und -bau

Das Steglitzer Heimatmuseum ist auf eine ›Bürgerinitiative‹ im Jahre 1923 zurückzuführen: Die Bewohner des größten Dorfes in Preußen konnten sich nur schwer mit der Eingemeindung nach Groß-Berlin abfinden. Ihr Anliegen war es, durch Veranstaltungen und Ausstellungen den Heimatgedanken wachzuhalten. Die 1920 in den Bezirk Steglitz aufgenommenen, einst selbständigen reichen Gemeinden Lichterfelde und Lankwitz sowie die Villenkolonie Südende schlossen sich dem nun entstandenen ›Heimatverein für den Bezirk Steglitz gegr. 1923 e.V.‹ an. Durch engagierte Arbeit und großes Interesse der Bevölkerung wuchs der Verein und ebenso die heimatkundlichen Sammlungen.
Erst 1966 konnte der Verein ein eigenes Domizil beziehen: ein im geschützten Baubereich von Lichterfelde gelegenes, 1903 erbautes Backsteinhaus mit Türmchen, Stuckelementen und schmiedeeisernen Balkonen. Vererbt hatte es ein Mäzen, Direktor Eugen Marschner, mit der Auflage, es soweit wie möglich für die heimatkundlichen Sammlungen und die Vereinsarbeit zu nutzen. In ehrenamtlicher Tätigkeit wurden ein Museum und Archiv eingerichtet, unterbrochen nur durch die erforderlichen Sanierungs- und Restaurierungsarbeiten, zu denen das Land Berlin und der Bezirk Steglitz große Hilfestellung geleistet haben. 1984 konnte sich der Verein in seinem neuen alten Haus vorstellen. Das Museum befindet sich im Hochparterre; im Souterrain gibt es noch zwei Magazinräume.

Sammlungsbestände

Im langen Korridor der ehemals herrschaftlichen Wohnung kann man sich anhand alter Pläne, Landkarten und Photographien mit der Entwicklung der einstigen Teltow-Dörfer Steglitz, Lankwitz und Lichterfelde zum Großstadtbezirk vertraut machen. Man findet ein Modell der Dorfaue Lichterfelde, wie sie etwa Mitte des vorigen Jahrhunderts ausgesehen hat, Gegenstände aus der vorindustriellen Zeit, auch bei den Bauarbeiten im Bäketal gefundene Werkzeuge, älteste Zeugnisse einer Besiedlung aus der Bronzezeit.

Am Modell der ersten ›Elektrischen‹ der Welt, die 1881 in Lichterfelde fuhr, vorbei geht es zur ›Lichterfelder Garnison‹. Einst befand sich hier die Hauptkadettenanstalt, und auch die Gardeschützen hatten hier ihr Domizil. Zwei Soldaten in der jeweiligen Originaluniform halten ›Wache‹ vor den Erinnerungsstücken. Ein Wohnzimmer aus der Mitte des vorigen Jahrhunderts mit dazugehörigen Familienbildern, mit Porzellanen und Gläsern gefüllte Vitrinen führen in eine vergangene Welt: Eine Porzellanpendule könnte gleich zu schlagen beginnen, an einen kleinen Flügel möchte man sich zum Musizieren setzen, das Meisterstück eines Tischlers von 1830; ein Nähkasten mit Geheimfächern und Intarsien erinnert an alte Handwerkskunst.
Steglitz ist die Geburtsstätte des ›Wandervogel‹; neben dem ›Wohnzimmer‹ finden wir in einem auch mit Möbeln der Biedermeierzeit ausgestatteten Raum zahlreiche Requisiten aus dieser Jugendbewegung.
Eine Bibliothek und ein umfangreiches Archiv, betreut von ehrenamtlichen Mitarbeitern, stehen für geschichtliche ›Spurensicherung‹ zur Verfügung.   *Ingeborg Noll*

Die erste ›Elektrische‹ der Welt mit Modell

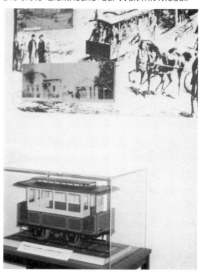

28 Heimatmuseum Tempelhof

42 (Tempelhof), Alt-Mariendorf 43, Telefon 70 22-4 65
Verkehrsverbindung: U-Bahnhof Alt-Mariendorf; Bus 76, 77, 78, 79, 81
Geöffnet: Dienstag 14-19 Uhr, Freitag 10-16 Uhr, Samstag 13-18 Uhr,
Sonntag 11-17 Uhr
Während der Schulferien geschlossen

Leiter: Wilfried Postier

Träger: Bezirksamt Tempelhof von Berlin
Förderverein: Heimatvereinigung für den Bezirk Tempelhof e. V.

Sammlung: Objekte zur Geschichte des Bezirks Tempelhof

Präsenzbibliothek und **Photoarchiv**

Publikation: ›Museumsführer‹, Berlin 1986

Berlins älteste Wetterfahne, *Marienfelder
Dorfkirche, 1595*

Mitten im Herzen Tempelhofs befindet sich
in Alt-Mariendorf 43 das Tempelhofer Heimatmuseum. Das kommunale Museum ist
im Obergeschoß des ehemaligen Dorfschul-
hauses untergebracht. Der 1873 errichtete
Bau besitzt eine neuklassizistische Fassade,
an der durch Risalite die beiden Eingänge betont werden.
Die eigentlichen Wurzeln des Tempelhofer
Heimatmuseums gehen in die Zeit nach dem
Zweiten Weltkrieg zurück. Es muß wohl ein
Zeichen der Zeit gewesen sein, daß in den
einzelnen Berliner Bezirken nach dem Zusammenbruch von 1945 Bestrebungen er-
wachten, sich mit der bezirkseigenen Geschichte zu befassen und alle Gegenstände,
die den Krieg überlebt hatten, zusammenzu-
tragen. In fast allen Bezirken entstanden Hei-
matvereine und Arbeitsgemeinschaften als
eine Art Bürgerinitiative, die durch Wanderungen und Vorträge, Veröffentlichungen und
Ausstellungen weite Kreise der Bevölkerung
ansprachen.
Hatten sich einstmals solche Bestrebungen
auf das altbekannte Berliner ›Märkische Museum‹ (s. Museen Ost-Berlin) stützen können, so entstanden nun in fast allen West-
berliner Bezirken eigene Heimatarchive als
Grundlage für die wissenschaftliche Heimat-
forschung, soweit nicht schon besondere
Heimatmuseen vorhanden waren.
Im Bezirk Tempelhof bemühte sich eine kleine Gruppe Interessierter über ein Jahrzehnt
lang, eine Heimatsammlung aufzubauen, in
der der eigentümliche Charakter und das Ei-
genleben des Bezirks zum Ausdruck kom-

men sollte. Die ›Arbeitsgemeinschaft zur
Pflege der Heimatgeschichte‹, wie sich die
historisch interessierte Gruppierung in Tempelhof nannte, begann mit ihren Aufbauar-
beiten für ein späteres Museum bereits im
Jahre 1949. Der erste große Erfolg der Arbeitsgemeinschaft war im Jahr 1953 eine
Ausstellung im Rathaus Tempelhof mit dem
Titel ›Heimat Bezirk Tempelhof‹.
Daneben war es aber ein fast tragisches Kapitel lokalkulturellen Lebens, daß diese Bemühungen um den Aufbau eines Museums
im Laufe der Zeit auf immer weniger Erfolg
stießen, da keine geeigneten Räume zur Verfügung standen. Zunächst war das Archiv
nur unzureichend im Rathaus untergebracht,
bis es dann im Jahre 1954 in das Verwaltungsgebäude Alt-Tempelhof 26 umzog.
Aber auch damit war die Raumfrage für ein
geplantes Museum noch längst nicht gelöst.
Erst am 8. Dezember 1960 konnte nach elf-
jährigen Bemühungen das Tempelhofer Heimatmuseum in Alt-Mariendorf 43 eröffnet
werden, und damit wurde die inzwischen
umfangreich gewordene Sammlung – zunächst noch in drei Räumen – der Öffentlichkeit zugänglich.
Aus diesen Anfängen ist ein beachtliches
Heimatmuseum geworden. Inzwischen ist
die reichhaltige Sammlung, die zum größten
Teil aus Spenden alteingesessener Bauern-
und Bürgerfamilien besteht, auf zehn Aus-
stellungs- und Archivräume verteilt.

Wilfried Postier

*Heimatmuseum Tempelhof:
Küche aus den 1920er Jahren*

29 **Heimatmuseum Tiergarten**

Museum im Aufbau

21 (Tiergarten), Zwinglistraße 2, Telefon 3905-2728, 3905-2343
Verkehrsverbindung: U-Bahnhof Turmstraße; Bus 1, 23, 24, 70, 72, 90
Zur Zeit noch nicht öffentlich zugänglich

Träger: Bezirksamt Tiergarten von Berlin

Sammlung: Objekte zur Geschichte des Bezirks Tiergarten

Im Schulgebäude Zwinglistraße 2 stehen dem Bezirk Tiergarten seit Mitte 1986 erstmals geeignete Räume für die Aufnahme einer Heimatsammlung zur Verfügung.
Es gilt jetzt zunächst, vorhandenes Material (Photos, Bücher, Postkarten, Zeitungsausschnitte, Akten u.a.), das Hinweise auf die Entstehung des Bezirks geben kann, auszuwerten und chronologisch nach Sachgebieten zu ordnen. Eigene Recherchen zur Geschichte des Bezirks sind vorgesehen; die Ergebnisse sollen in einer ständigen Ausstellung präsentiert werden.

Karlheinz Plutowski

30 **Heimatarchiv Wedding**

Museum im Aufbau

65 (Wedding), Müllerstraße 158, Telefon 457-3053 (Auskunft erteilen Christiane Schoelzel-Grundmann und Jochen Reinecke);
künftiger Standort: 65 (Wedding), Pankstraße 47
Verkehrsverbindung: U-Bahnhof Wedding, Leopoldplatz; Bus 12, 64;
zum künftigen Standort: U-Bahnhof Pankstraße; Bus 64, 70, 71
Geöffnet: Mittwoch 11-19 Uhr

Leiter: Dr. Werner Wendorff

Träger: Bezirksamt Wedding von Berlin

Sammlung: Objekte zur Geschichte des Bezirks Wedding

Handbibliothek mit ca. 400 Bänden; **Archiv** mit Photos, Plänen, Postkarten, Dokumenten

Der Wedding, Berlins dritter Verwaltungsbezirk, hat eine bewegte Geschichte. Man denke nur an das Stichwort ›Roter Wedding‹, das etwas über seine politische Prägung in den 20er und 30er Jahren, über die Straßenkämpfe zwischen Kommunisten und Nationalsozialisten, aber auch über das unermeßliche soziale Elend in dieser Zeit aussagt. Dies alles, aber noch mehr: die damals schon 700jährige Geschichte seines Heimatbezirks zu erforschen und zu dokumentieren, war das Ziel des Lehrers und Heimatforschers Bruno Stephan. 1952 gründete er mit Unterstützung des damaligen Volksbildungsstadtrats das Weddinger Heimatarchiv und gab zahlreiche Veröffentlichungen zur Weddinger Heimatgeschichte heraus.
1982 bekam das Archiv neue, repräsentative Räume, die es ermöglichten, u. a. eine Ausstellung mit dem Thema ›Künstler sehen den Wedding‹ und eine Dokumentation zum Leben und Werk des Weddinger Malers Otto Nagel zu zeigen, verschiedene Schaukästen mit Exponaten zur Geschichte des Bezirks aufzustellen sowie die Handbibliothek zur Geschichte Berlins und des Wedding zugänglich zu machen. Daneben gibt es umfangreiche Sammlungen alter Stadt- und Gebietspläne, Postkarten und diverser Dokumente, die aber aus Platzmangel nicht ausgestellt werden können. Im Jahre 1988 soll das Archiv in ein Museum umgewandelt werden. Der Standort wird dann das älteste Schulgebäude des Wedding in der Pankstraße 47 sein.

Christiane Schoelzel-Grundmann

Oben: Eines der zahlreichen Weddinger Vergnügungs-etablissements, um 1900
Links: Der ›Beamtenein-gang‹ der AEG, um 1900

124

31 Kommunales Museum für Stadtteilgeschichte

31 (Wilmersdorf), Hohenzollerndamm 177, Telefon 8689-7910, Zentrale: 8689-1
Verkehrsverbindung: U-Bahnhof Fehrbelliner Platz; Bus 1, 4, 50, 74
Geöffnet: Montag, Mittwoch, Freitag 10-14 Uhr, Dienstag und Donnerstag 14-18 Uhr
Abweichend von der Feiertagsregelung (s. S. 8) Gründonnerstag, Osterdienstag und
Pfingstdienstag geöffnet

Leiter: Udo Christoffel

Träger: Bezirksamt Wilmersdorf von Berlin

Sammlung: Objekte zur Geschichte des Bezirks Wilmersdorf; Spezialsammlung von
Postkarten und Zeitschriften

Sammlungsgeschichte

Bereits 1907 gab es ein Wilmersdorfer
Stadtarchiv, das jedoch außer alten Akten
nur einen Schulzenstab als Reliquie aus vergangenen dörflichen Zeiten enthielt. 1931
wurde in einer Schmargendorfer Schule eine
Heimatschau gezeigt: Tonscherben von
Ausgrabungen im Grunewald, Pläne, Photos,
Ansichtskarten, Aquarelle und ein Panorama-
bild von einem ungenannten Wilmersdorfer
Maler. Diese Sammlung bezog nach einer
vorübergehenden Unterbringung im Stadt-
haus Kaiserallee in den 30er Jahren Räume
im ältesten Haus Wilmersdorfs, dem sogenannten Schölerschlößchen in der Wilhelms-
aue. Im Zweiten Weltkrieg wurde das
Schlößchen beschädigt; die Reste der
Sammlung verlagerte man dann 1948/49 in
eine ehemalige Dienstwohnung der Fichte-
Schule in der Emser Straße. Nach der Zusammenlegung des Stadtarchivs im Rathaus
mit dem Heimatmuseum konnte die Sammlung – allerdings ohne eigenen Etat und ohne
ausreichende Öffnungszeiten – bis Ende der
60er Jahre gezeigt werden. Danach verblieb
sie jahrelang auf Dachböden und in Kellern.
Schließlich wurden die Bestände 1972 dem
Kunstamt Wilmersdorf übergeben und inventarisiert. Da geeignete Räume fehlten,
wurde eine Wanderausstellung für Schulen
zusammengestellt. Erst 1981 erhielt das
Kunstamt neue Räume im Hause Hohenzollerndamm 177 und richtete hier das Kommunale Museum für Stadtteilgeschichte ein.

Sammlungsbestände

Das Museum schildert an ausgewählten Beispielen die Geschichte der Dörfer Wilmersdorf und Schmargendorf, der 1889 erbauten
Villenkolonie Grunewald und des Forstes
Grunewald bis zur Eingemeindung in Groß-
Berlin am 27. April 1920. Zu den Beständen
gehören alte Gemälde, Urkunden, historische Photos, Karten, Akten, eine alte Truhe,
ein Taufstein, die Wahlurne der Gemeinde-
versammlung. Großphotos führen leitmoti-
visch durch die Ausstellung. In knappen Texten werden historische Abläufe und Objekte
erläutert.
Der Schausammlung angeschlossen ist ein
nach Voranmeldung zugängliches Archiv zur
Stadtteilgeschichte, dessen Bestände in den
folgenden vom Kunstamt Wilmersdorf herausgegebenen Publikationen aufbereitet
sind: 1. ›Berlin-Wilmersdorf. Ein Stadtteil-
buch‹ mit der Geschichte des Dorfes bis zum
Jahr 1920; 2. ›Wilmersdorf in Stadtansichten‹ mit Wiedergaben alter Ansichtskarten
und Texten zur Geschichte der Postkarte,
der Wilmersdorfer Post, zur Bebauung Wilmersdorfs usw.; 3. ›Berlin-Wilmersdorf,
Schmargendorf, Kolonie und Forst Grunewald dargestellt im Kartenbild der Jahre
1588-1938‹; 4. ›Berlin Wilmersdorf. Die Jahre 1920-1945‹ mit einer aus ausgewählten
Zeitungsartikeln des ›Westens‹ bestehenden Chronik, begleitenden Texten zur Zeitgeschichte, Panoramen der 20er, 30er und
40er Jahre, einem Jüdischen Kapitel, einem
Exkurs über das Ende des Zweiten Weltkrieges, einem Quellenverzeichnis mit Register
der wichtigsten Personen und einem sum-
marischen Sachregister.   *Udo Christoffel*

*Aus einer alten vornehmen Berliner Villa
im Grunewald: C. Sohn, Mondgöttin Selene,
um 1850(?), Öl/Lw., 200 × 150 cm*

32 Heimatmuseum Zehlendorf

37 (Zehlendorf), Clayallee 355, Telefon 815 11 19 (Auskunft erteilt Dr. Kurt Trumpa)
Verkehrsverbindung: S-Bahnhof Zehlendorf; Bus 1, 3, 10, 18, 48, 53, 60
Geöffnet: Donnerstag 16-18.30 Uhr und nach Vereinbarung
Abweichend von der Feiertagsregelung (s. S. 8) Gründonnerstag geöffnet

Leiter: Dr. Kurt Trumpa
Wissenschaftlicher Mitarbeiter: Jürgen Thonert

Träger: Heimatverein für den Bezirk Zehlendorf e. V.

Sammlung: Objekte zur Geschichte des Bezirks Zehlendorf

Präsenzbibliothek mit ca. 200 Bänden; **Archiv**

Publikationen: ›Heimatbrief‹ (Periodikum) – ›Zehlendorfer Chronik‹ (Reihe)

Sammlungsgeschichte

Das heutige Heimatmuseum Zehlendorf geht mit seinen Sammlungen und dem dazugehörigen Archiv auf die Bemühungen alter Zehlendorfer Heimatfreunde aus den 20er Jahren zurück, welche die ›stummen Zeugen der Zehlendorfer Vergangenheit‹ sammelten, um ein Museum zu gründen. Nur wenige Stücke überlebten den Krieg. Ein im Jahre 1949 neu gegründeter ›Heimatverein für den Bezirk Zehlendorf‹ knüpfte an die alten Bestrebungen an und begann zunächst mit dem Aufbau eines Museums in den Kellern des Scharfe-Stiftes. Als 1973 neben der Alten Dorfkirche das Schulhaus von 1828 verfügbar wurde, konnte der Heimatverein mit seinen Sammlungen und dem Archiv dorthin umziehen und im würdigen Ambiente des sogenannten ›historischen Winkels‹ von Zehlendorf sein Heimatmuseum gründen. Der vor dem Museum gelegene kleine Platz wird von einer stattlichen ›Friedenseiche‹ überschattet, welche die Gemeinde zum Gedenken an den Krieg von 1870/71 gepflanzt hat. Er wird vor der schönen Feldsteinmauer aus dem Jahre 1826 des alten Dorfkirchhofes begrenzt, in dessen Mitte die kleine Dorfkirche von 1768 liegt.

Uhrwerk der abgerissenen Zehlendorfer Gemeindeschule

Sammlungsbestände

Im Eingangsflur werden alle bisherigen ›Oberhäupter‹, von der Landgemeinde bis zum heutigen Stadtbezirk, vorgestellt. Das Porträt des ersten Hausherrn, Ernst Ferdinand Schäde, grüßt über einem alten Grenzstein, der aus dem Unterfutter eines Straßenbelages gerettet wurde.
Der erste Ausstellungsraum befaßt sich mit der Darstellung der dörflichen Vergangenheit. Kernstück ist dabei ein Modell des Dorfes Zehlendorf, das auf einem Vermessungsplan des Jahres 1819 basiert und den letzten echten Dorfcharakter im Maßstab 1 : 220 dreidimensional demonstriert. Bäuerliches Gerät, Familienbilder, Ölgemälde, Photos und Landkarten ergänzen das Modell. Der daran anschließende Raum befaßt sich mit Naturgegebenheiten des Bezirks sowie mit der Vor- und Frühgeschichte des Zehlendorfer Bereiches. Sammlungen, Funde, Bilder und Karten sind hier dem Interessierten behilflich, eine möglichst umfassende Anschauung dieses Gebietes zu gewinnen.
Mit Einrichtungsgegenständen, Produkten, Bildern und Dokumenten wird im nächsten Raum die Zeit um 1900 sichtbar gemacht. Eine Glocke der damals florierenden Zehlendorfer Firma Collier ist aufgestellt, das Uhrwerk der Turmuhr der einstigen Gemeindeschule wird gezeigt, ein Musikapparat des vergangenen Laehrschen Sanatoriums läßt alte Melodien erklingen, und Photos erinnern an längst verblichene Honoratioren, Lehrer, Schüler, Feuerwehrmänner und Schützenkönige. Der nächste Raum ist dann Wechselausstellungen vorbehalten. Nur auf diese Art ist es bei begrenztem Platz dennoch möglich, einzelne Ortsteile (z. B. Wannsee), Sondersituationen wie aktuell auftretende Bauvorhaben (Mexikoplatz) oder Jubiläumsereignisse (75 Jahre Teltowkanal usw.) vorzustellen. Da gewinnt dann das kleine Museum Farbe und Leben und zeigt immer neue Facetten des ausgedehnten Bezirks Zehlendorf.
Der Fundus aber, aus dem das ganze Museum lebt, befindet sich im Dachgeschoß des alten Schulhauses, in dem einst der Lehrer mit seiner Familie wohnte. Hier ist auch ein Bildarchiv und eine umfangreiche Arbeitsbibliothek untergebracht.

Kurt Trumpa

33 Historische Ausstellung ›Fragen an die deutsche Geschichte‹ im Reichstagsgebäude

21 (Tiergarten), Reichstagsgebäude, Telefon 3977-141, Zentrale: 3977-0
Verkehrsverbindung: Bus 69, 83
Geöffnet: Dienstag bis Sonntag 10-17 Uhr
Abweichend von der Feiertagsregelung (s. S. 8) nur am 24. und 31. 12. geschlossen

Leiter: Edmund Mattig

Träger: Deutscher Bundestag (Verwaltung)

Ständige Ausstellung zur geschichtlichen Entwicklung Deutschlands in den letzten 190 Jahren bis zur Gegenwart

Publikation: ›Fragen an die deutsche Geschichte‹, hrsg. v. Deutschen Bundestag (Katalog zur Ausstellung), 1985

Ausstellungsgeschichte

1971 wurde aus Anlaß der 100. Wiederkehr des Jahres der Reichsgründung von 1871 die historische Ausstellung ›Fragen an die deutsche Geschichte‹ eröffnet. Der große Publikumserfolg machte sie zu einer Dauerausstellung. Das 25jährige Bestehen der Bundesrepublik Deutschland im Jahre 1974 war dann Anlaß, die Ausstellung fortzuführen und zu erweitern. Standen bis dahin das 19. Jh. und die politische Entwicklung bis zur Reichsgründung 1871 im Mittelpunkt, so wurde in der erweiterten Ausstellung auch die anschließende geschichtliche und zeitliche Entwicklung bis zu unserer unmittelbaren Gegenwart mit einbezogen (wissenschaftliche Planung: Prof. Dr. Lothar Gall, Gestaltung und visuelle Konzeption: Claus-Peter Groß).
Die Ausstellung wird veranstaltet vom Deutschen Bundestag. Sie steht unter der Schirmherrrschaft des Präsidenten des Deutschen Bundestages.
Neugestaltungen von Ausstellungsabteilungen und wechselnde Sonderausstellungen

sind immer wieder Anreiz, diese historische Ausstellung zu besuchen. Bis heute konnten über 7,5 Mio. Besucher begrüßt werden.

Baugeschichte

Das Reichstagsgebäude wurde nach Plänen von Paul Wallot im Stil der italienischen Hochrenaissance in den Jahren 1884-94 am ehemaligen Königsplatz, heute Platz der Republik, errichtet und war Sitz des Parlaments des Deutschen Reiches. Am 27. Februar 1933 wurde der Reichstag durch eine von den Nationalsozialisten gewollte – wenn nicht sogar durchgeführte – Brandstiftung heimgesucht, der Plenarsaal zerstört und die Kuppel beschädigt. Die stärksten Schäden erhielt der Reichstag 1945 durch Kriegseinwirkung. 1955 entschied der Deutsche Bundestag, das Gebäude als Tagungsstätte der erhofften gesamtdeutschen Parlamentsversammlung wieder zu errichten. In den Jahren 1957-70 entstand nach den Plänen des Architekten Paul Baumgarten innerhalb der restaurierten Fassade (ohne Kuppel) ein völlig neues, modernen Auffassungen und Ansprüchen genügendes Parlamentsgebäude.

In der Ausstellung

Die historische Ausstellung ist über den Nord-Eingang (Paul-Löbe-Straße) des Reichstagsgebäudes zu erreichen. Sie bietet in sieben Abteilungen einen Überblick über die geschichtliche Entwicklung Deutschlands in den letzten 190 Jahren bis hin zur unmittelbaren Gegenwart. Sie stellt damit zugleich die Frage nach dem geschichtlichen Ort der Bundesrepublik, nach der Kontinuität der deutschen Geschichte. Dabei wird nicht nur die politische Geschichte im engeren Sinne behandelt, sondern gleichberechtigt auch die wirtschaftliche, die soziale und die geistig-kulturelle Entwicklung. Einen besonderen Schwerpunkt bildet die Geschichte des Parlamentarismus und der politischen Parteien, die von den ersten Anfängen bis zum heutigen Tage ausführlich verfolgt wird. Die Ausstellung ist so angelegt, daß einzelne Abteilungen jeweils selbständige Einheiten bilden.

Blick in die Ausstellung: die Jahre 1933-1945 (Raumgruppe VI)

Blick in die Ausstellung: die Jahre 1800-1815 (Raumgruppe I)
Blick in die Ausstellung: die Jahre 1850-1918 (Raumgruppe IV)

Sie gliedert sich in folgende Raumgruppen:

I. 1800-1815 Politischer Aufbruch und Wiener Kongreß
II. 1815-1848 Vormärz
III. 1848/49 Die Revolution 1848/49
IV. 1850-1918 Industrielle Revolution und Reichsgründung – Das kaiserliche Deutschland
V. 1919-1933 Die Weimarer Republik
VI. 1933-1945 Das Dritte Reich
VII. 1945 bis heute Entstehung und Entwicklung der Bundesrepublik Deutschland

Die Gesamtfläche der Ausstellung beträgt rund 3000 m². Es wurden alle Mittel zeitgemäßer Ausstellungstechnik genutzt. Den Kern bilden die Ausstellungstafeln (rd. 800 lfd. Meter), auf denen in Kommentar und rund 1600 zeitgenössischen Bildern die geschichtliche Entwicklung dargestellt wird. Zahlreiche wichtige Dokumente aus allen großen deutschen Archiven und gegenständliche Zeugnisse aus vielen Museen werden ergänzt durch eine Fülle von Objekten aus Technik und Alltagsleben. Große Verfassungs-Schautafeln, Landkarten, Graphiken, Statistiken und Strukturmodelle geben eine Übersicht über die territorialen, staatlichen, wirtschaftlichen und sozialen Veränderungen. Hinzu kommen neun Display-Systeme mit jeweils 60 Bildern sowie eigens für die Ausstellung angefertigte Filme. Weitere Filme und alte Wochenschauen sind Bestandteil eines ständigen Beiprogramms. Der umfangreiche Ausstellungskatalog (auch in Englisch und Französisch) umfaßt über 450 Seiten mit vielen zeitgenössischen Aufnahmen und ausfaltbaren Schaubildern. Er kommentiert nicht in der üblichen Weise die einzelnen Exponate, sondern sucht größere Zusammenhänge darzustellen. Er ist deshalb auch unabhängig von der Ausstellung als verständlicher und knapper Abriß der deutschen Geschichte der letzten 190 Jahre zu verwenden. Für Einzelbesucher steht ein Tonband-Führungssystem gegen eine Leihgebühr auch in Englisch und Französisch zur Verfügung.

34 **Jagdschloß Grunewald**

Staatliche Schlösser und Gärten

33 (Grunewald, am Grunewaldsee), Telefon 8133597
Verkehrsverbindung: Bus 10, 17, 60
Geöffnet: Dienstag bis Sonntag; April bis September 10-18 Uhr, März und Oktober 10-17 Uhr, November bis Februar 10-16 Uhr
Abweichend von der Feiertagsregelung (s. S. 8) nur Osterdienstag, am 1.5., Pfingstdienstag, Bußtag, 24., 25. und 31.12. geschlossen

Publikation: ›Amtlicher Führer Grunewald‹

Für die sonstigen Angaben s. Schloß Charlottenburg (s. S. 285)

Sammlungsgeschichte

Nach dem Ersten Weltkrieg übernahm die Verwaltung der Staatlichen Schlösser und Gärten das Jagdschloß als Museum und ergänzte das Inventar mit Möbeln und Gemälden aus anderen verstaatlichten Schlössern der Hohenzollern. Die Sammlung, die den Kunsterwerb in Brandenburg-Preußen dokumentiert, wird durch altdeutsche und niederländische Malerei des 17. Jh. geprägt. Von der Renaissance bis zum frühen 18. Jh. treten besonders Joachim II., der Große Kurfürst sowie Friedrich I. als Sammler hervor. Die Sammeltätigkeit Friedrich Wilhelms I. und Friedrichs des Großen kommt hier nicht zum Ausdruck. Enge kulturelle Beziehungen zu Holland wurden durch die Vermählung des Großen Kurfürsten mit Louise Henriette von Oranien geknüpft. Der Einfluß niederländischer Kunst blieb auch über den Tod Friedrich Wilhelms hinaus wirksam. Mit dem Erlöschen der Hauptlinie der Oranier nach dem Tod Wilhelms II. von England gelangten oranische Schlösser in preußischen Besitz. Unter Friedrich Wilhelm I. und Friedrich II. wurden Bilder in Schlösser der Hohenzollern überführt, darunter nachweisbar acht ins Jagdschloß Grunewald. Dreizehn altdeutsche und niederländische Gemälde stammen aus der Sammlung, die Friedrich Wilhelm III. 1821 von Edward Solly erworben hatte, acht Porträts aus der Ansbach–Bayreuther Ahnengalerie aus der Plassenburg bei

Lucas Cranach d. J., Joachim II. Hektor, Kurfürst von Brandenburg *(Ausschnitt), um 1555, Öl/Holz, 113 × 93 cm*

Kulmbach. 1873 konnte der Kronprinz Friedrich Wilhelm den von dem ersten brandenburgischen Kurfürsten Friedrich I. gestifteten *Cadolzburger Altar* in seinen Besitz bringen. Einige Gemälde sind im Zweiten Weltkrieg, den das Schloß nahezu unbeschadet über-

Wilhelm Barth, Hof des Jagdschlosses Grunewald *(Ausschnitt), 1832, Öl/Lw., 106 × 143 cm*

1 *Blick in den Renaissance-Saal im Erdgeschoß, um 1542*

2 *Willem Frederik van Royen,* Menagerie des Kurfürsten Friedrich III., *1697, Öl/Lw., 234 × 191 cm*

3 *Lucas Cranach d. Ä.,* Judith tötet den Feldherrn Sisera, *1530, Öl/Holz, 76 × 56 cm*

4 *Lucas Cranach d. Ä.,* Die Quellnymphe, *um 1515, Öl/Holz, 58 × 87 cm*

standen hat, verlorengegangen oder beschädigt worden. Gemälde aus dem zerstörten Schloß Monbijou sowie Neuerwerbungen ergänzen den Bestand.

Baugeschichte

Unter den zahlreichen Jagdschlössern des Kurfürsten Joachim II. von Brandenburg in der Umgebung der Residenz ist das Jagdschloß Grunewald der am besten erhaltene Bau. Nach der Inschrift über dem Eingang wurde der Grundstein für das ›Haus zum gruenen Walde‹, das dem umliegenden Waldgebiet seinen Namen gab, am 7. März 1542 gelegt.

Der Grundriß des ursprünglich von einem Wassergraben umzogenen Bauwerks ist unverändert geblieben. An den zentralen rechteckigen Baukörper fügt sich zum Hof hin ein Vestibül, auf der Seeseite springen zwei quadratische Blöcke über die Flucht der Schmalseiten hervor. Im östlichen Winkel zwischen Vestibül und Hauptbau steht ein polygonaler

Treppenturm. Die Dachform des Renaissance-Baus ist unbekannt, wahrscheinlich erhoben sich über dem zweiten Geschoß Giebel entsprechend dem erhaltenen Eselsrückengiebel über dem Vestibül. An beiden Vorbauten befinden sich im ersten Obergeschoß Erker.

Von der Dekoration des Außenbaus sind das Relief mit zwei forkelnden Hirschen über dem Eingang, Ornamente mit dem kurfürstlichen Wappen am Giebel des Vestibüls sowie die breiten Sandsteinfaschen von einem Teil der Fenster erhalten. Die Mehrzahl der Fenster wurde beim Umbau unter Friedrich I. ab 1705 bis vermutlich 1706 nach den Plänen von Martin Grünberg vergrößert. Giebel und Dach wurden abgetragen, die Mauern für ein zweites Obergeschoß neu gezogen. Das Aufschütten der Gräben mit Bauschutt nahm der Anlage den Festungscharakter. Der weiße Putz, die Bänderung im Erdgeschoß und das Mansarddach, die den Bau auszeichnen, sind durch den barocken Umbau bestimmt. Im wesentlichen schließt die Baugeschichte mit der Errichtung des Jagdzeugmagazins unter Friedrich dem Großen 1770 ab. 1973 wurde bei Renovierungsarbeiten eine Doppelarkade in einer um 1706 gezogenen Zwischenwand freigelegt. Die ursprüngliche, mit geometrischen Mustern bemalte Holzdecke war unter der barocken Stuckdecke erhalten, so daß der Raum mit Ausnahme der Fenster wieder rekonstruiert werden konnte. Der Fußboden wurde auf sein ursprüngliches Niveau tiefer gelegt, die quadratischen Ziegelplatten rekonstruiert. Der Große Saal im Jagdschloß Grunewald ist das einzige Beispiel eines Renaissance-Raumes in Berlin. Von der Ausgestaltung um 1700 sind weiße Stuckdecken erhalten.

Sammlungsbestände

Das für die Berliner Renaissance-Skulptur bedeutende Relief des führenden Bildhauers Joachims II., Hans Schenk gen. Scheußlich (um 1500-vor 1572), das vermutlich gegen 1706 im Vestibül eingemauert wurde und aus dem Neubau des Berliner Stadtschlosses stammen wird, zeigt in einer Trinkszene über einer erklärenden Inschrift den Baumeister des Stadtschlosses Caspar Theyß, seinen Bauschreiber Kunz Buntschuh zusammen mit dem Künstler als Mundschenk.

Im Großen Saal sind hauptsächlich brandenburgische Bildnisse in der Nachfolge von Lucas Cranach d. Ä. (1472-1553) ausgestellt, darunter eine der besten Arbeiten des jüngeren Cranach (1515-86), das *Porträt Joachims II.* (um 1555), sowie Arbeiten des Hofmalers von Markgraf Christian von Brandenburg-Bayreuth, Heinrich Bollandt (1577-1651).

Neun Passionsszenen aus der Cranach-Werkstatt (1537/38), die für die Berliner Domkirche bestimmt waren, sind Auftragsarbeiten Joachims II. vor dessen Konversion zum lutherischen Glauben; von Lucas Cranach d. Ä. stammt das *Bildnis des* am Katholizismus festhaltenden *Kurfürsten Joachim I.* mit einem Rosenkranz in den Händen. Ein Werk Friedrich Wilhelms I. von 1735 ist das *Bildnis eines jungen Bauern.* In mehreren Räumen wird die ursprüngliche Funktion des Jagdschlosses veranschaulicht. Von kulturhistorischem Interesse ist die *Menagerie des Kurfürsten Friedrich III.* (1697) mit der Darstellung exotischer Tiere von Willem Frederik van Royen (1645-1723). Die Serie von fünf Prunkjagden (um 1720) befindet sich seit dem frühen 19. Jh. im Schloß und gehört damit zu seinem ältesten Inventar.

3

Seit 1828 fanden auf Initiative Karls von Preußen, eines Sohnes Friedrich Wilhelms III., wieder alljährlich Parforcejagden im Grunewald statt, wie sie bis zum Tode des Soldatenkönigs 1740 veranstaltet wurden. Das Bildnis des Prinzen als Jäger zu Pferd (um 1860) von Carl Steffeck (1818-90) kam auf seinen Wunsch ins Schloß. An die Herkunft der Gemahlin Friedrich Wilhelms IV. aus Bayern erinnert das in der Berliner Porzellanmanufaktur hergestellte Service (um 1847) aus dem Bayrischen Häuschen im Park von Sanssouci. Eine Wendeltreppe, die bis zum zweiten Obergeschoß aus der Erbauungszeit des Schlosses stammt, führt ins erste Obergeschoß. Hier ragt unter den Werken deutscher und niederländischer Meister das älteste Stück der Sammlung, der *Flügelaltar* (erste Hälfte des 15. Jh.) aus der Stadtkirche von Cadolzburg bei Nürnberg, hervor. In der Kreuzigungsszene des Mittelbildes knien die Stifter, der erste brandenburgische Kurfürst aus dem Hause Hohenzollern, Kurfürst Friedrich I., mit seiner Gemahlin Elisabeth von Bayern-Landshut, zu deren Besitz die Cadolzburg gehörte. Von dem Bildhauer des Sandsteinreliefs im Vestibül, Hans Schenk gen. Scheußlich, stammt das Holzrelief mit dem *Bildnis des Tiedemann Giese (?)* (um 1528). Weiter sind Werke Lucas Cranachs d. Ä. und seiner Schüler ausgestellt: von Cranach die *Quellnymphe,* die früheste

4

1 *Willem Cornelisz Duyster,*
Dame und Herr mit Musik-
instrumenten, *um 1630, Öl/Holz,*
43 × 35 cm

2 *Jan Baptiste Weenix,* Erminia
bei den Hirten, *um 1660, Öl/Lw.,*
108 × 143 cm

3 *Jan Lievens,* Mars und Venus,
1653, Öl/Lw., 146 × 136 cm

4 Radschloßbüchse *(Detail),*
Sachsen, um 1690,
Holz mit Beineinlagen

bekannte Fassung eines mehrfach mit ge-
ringfügigen Änderungen gemalten Themas,
die beiden *Porträts der jungen Prinzen Jo-*
hann von Anhalt (1520) *und Joachim von An-*
halt (wohl 1521), *Lucretia* (1529), *Judith*
(1530), *Adam und Eva* (1537). Bei der *Taufe*
Christi (1556) von Lucas Cranach d.J. handelt es sich um ein Gedächtnisbild auf die
Eheschließung Johanns von Anhalt mit Mar-
garethe von Brandenburg, deren Brautführer
Johann von Küstrin, der Bruder Joachims I.,
war. Vor der Ansicht der Stadt Dessau sind
Angehörige des anhaltischen Fürstenhau-
ses, Luther, Melanchthon und Cranach d.Ä.
porträtiert. Nachdem wenig später die Refor-
mation in Anhalt eingeführt wurde, konnte

die Hochzeit als historischer Wendepunkt
angesehen werden. Der obere Saal ist holländischen und flämischen großformatigen
Gemälden des 17. Jh. gewidmet. Ein Hauptwerk Abraham Bloemaerts (1564-1651), *Ur-*
teil des Midas (um 1640), nach Ovids ›Meta-
morphosen‹ zeigt den musikalischen Wett-
streit zwischen Apollon und Pan. Werke von
Jacob Jordaens (1593-1678) sind *Wie die Al-*
ten sungen, so pfeifen die Jungen (um 1645)
sowie das karikierend aufgefaßte Bild *Su-*
sanna im Bade (1657). Auftraggeber für die
um 1616 bis 1625 entstandene Serie der
zwölf ersten römischen Kaiser war Friedrich
Heinrich von Oranien, aus dessen Besitz sie
an den Großen Kurfürsten, seinen Schwie-

3

gersohn, ging. Das bedeutendste Werk unter den von verschiedenen holländischen und flämischen Künstlern gemalten Brustbildnissen ist das des ersten Imperators Caesar von Rubens (1577-1640).

Unter den Idyllen und Allegorien aus dem späten 16. bis zum frühen 18. Jh. gehörten die Illustrationen zu Guarinis ›Il pastor fido‹ von Abraham Bloemaert und Dirck van der Lisse (gest. 1669) ursprünglich zur Ausstattung eines Zimmers in Schloß Honslaersdijk. Im zweiten Obergeschoß wird die Rembrandt-Schule durch ein Bildnis (1643) Ferdinand Bols (1616-80) vertreten. Von Willem Cornelisz Duyster (1599-1635) stammt das Gemälde *Dame und Herr mit Musikinstrumenten* (um 1630), von Jan Baptiste Weenix (1621-63) *Erminia bei den Hirten* (um 1660). Beispiele von Bildern niederländischer Hofmaler des ausgehenden 17. und beginnenden 18. Jh. sind *Die Wahrsagerin* (um 1670) des niederländischen Historienmalers Nicolaus Wieling (um 1640-78), Werke des auf zoologische und botanische Merkwürdigkeiten spezialisierten Willem Frederik van Royen, der für den Großen Kurfürsten und Friedrich II. arbeitete, ein Jagdstilleben von dem vielseitig begabten Hendrik de Fromantiou (1633/34-nach 1700), dem 1687 die Aufsicht über die Gemälde in kurfürstlichem Besitz

übertragen wurde, eine Walfangszene des Amsterdamer Marinemalers und Schiffsbaumeisters Michiel Maddersteeg (1659-1709), Trompe-l'œil-Stilleben von Frans de Hamilton (1661-95 nachweisbar) mit Jagdbeute und Jagdutensilien, Werke von Willem van Honthorst (1594-1666), dem Bruder des begabteren Gerard, und Adriaen van der Spelt (um 1630-73). Ein Bild des bedeutendsten holländischen Malers im Dienst des Großen Kurfürsten, Jan Lievens (1607-74), die Darstellung von *Venus und Mars,* dem Amoretten die Waffen entführen (1653), ist fünf Jahre nach Ende des Dreißigjährigen Krieges entstanden. Größtenteils Erwerbungen nach 1945 sind die Bilder der Galerie bürgerlicher Porträts von Johann Kupetzky (1667-1740) über Antoine Pesne (1683-1757) und die Pesne-Schule zu Anton Graff (1736-1813).

Das 19. Jh. wird neben anderen durch Franz Krüger (1797-1857) und Wilhelm von Kügelgen (1802-67) vertreten.

Das **Jagdzeugmagazin,** ein dem Schloß gegenüberliegender, langgestreckter Bau, umfaßt eine Sammlung jagdkundlicher Gegenstände, hauptsächlich aus dem Besitz des Prinzen Karl von Preußen aus dem Zeughaus, Jagdgemälde und -stiche, Kunstgewerbe und Geweihe.

Suzanne Grosskopf-Knaack

4

35 Georg-Kolbe-Museum

19 (Charlottenburg), Sensbuger Allee 25, Telefon 3 04 21 44
Verkehrsverbindung: U-Bahnhof Theodor-Heuss-Platz; Bus 94
Geöffnet: Dienstag bis Sonntag 10-17 Uhr
Abweichend von der Feiertagsregelung (s. S. 8) nur Karfreitag, am 24. und 31. 12. geschlossen

Direktor: Dr. Ursel Berger

Träger: Georg-Kolbe-Stiftung

Sammlung: Plastische und zeichnerische Arbeiten von Georg Kolbe; Berliner Bildhauerei des 20. Jh.; Bildhauerzeichnungen

Bibliothek und Archiv zum Sammlungsgebiet nach Voranmeldung benutzbar

Publikationen: M. v. Tiesenhausen, ›Georg Kolbe zum Gedächtnis‹, Berlin 1972 – U. Berger, ›Kunstwerke aus dem Besitz von Georg Kolbe‹, Berlin 1978 – U. Berger, ›Georg Kolbe – Zeichnungen‹, Berlin 1980 – Bestandskatalog der Kolbe-Plastiken in Vorbereitung

Sammlungsgeschichte

Das Georg-Kolbe-Museum trägt den Namen seines Stifters. Der Bildhauer Georg Kolbe (1877-1947) hatte testamentarisch verfügt, daß sein Nachlaß in eine Stiftung eingehen und sein Haus der Öffentlichkeit zugänglich gemacht werden solle.
Als erstes Museum nach dem Kriege im westlichen Teil Berlins konnte das Georg-Kolbe-Haus 1950 eröffnet werden. Präsentiert wurde die Arbeitsstätte des Künstlers: Nicht Bronzeplastiken dominierten, sondern große Gipsmodelle aus Kolbes später Zeit. Arbeitswerkzeuge, private Möbel und Gegenstände gaben dem Museum einen persönlichen Charakter.
Dies änderte sich 1970. Hauptanliegen war es nun, einen Überblick über Kolbes Schaffen zu geben. Durch Neugüsse und Erwerbungen konnten Frühwerke Kolbes in die Sammlung integriert werden, die im Nachlaß unterrepräsentiert waren.
Seit 1978 erhält das Georg-Kolbe-Museum Zuwendungen des Landes Berlin; vorher hatte es sich selbst getragen.
Das Sammlungsgebiet ist in den letzten Jahren auf die Berliner Bildhauerei des 20. Jh. (vor allem erste Hälfte) erweitert worden. Nicht nur Einzelwerke wurden erworben oder als Leihgaben gesichert, sondern auch ganze bzw. Teilnachlässe (Richard Scheibe, August Kraus, Hermann Blumenthal). Wechselausstellungen, vorrangig zur Berliner Bildhauerei des 20. Jh., unterstreichen die neue Ausrichtung des Museums. Das reiche Archiv aus dem Nachlaß Georg Kolbes wurde durch schriftliche Unterlagen von Richard Scheibe, Renée Sintenis und Hugo Lederer ergänzt.

Baugeschichte und -beschreibung

Auf dem Höhepunkt seines Erfolges baute Georg Kolbe 1928/29 sein großzügiges Atelierhaus. Architekt war Ernst Rentsch, ein in Berlin tätiger Schweizer, der wohl ganz Kolbes Vorstellungen folgte. Der strenge, kubi-

sche Backsteinbau enthält nur kleine Privaträume; statt eines Wohnzimmers gab es ein von oben beleuchtetes ›Wohnatelier‹. Ihm folgt als Hauptraum das große Atelier mit Oberlicht und hohen Fenstern zum Garten. Parallel zum Atelierhaus des Bildhauers wurde das Wohnhaus für Kolbes Tochter mit Fa-

1 *Georg Kolbe,* Tänzer Nijinsky, *1913/19, Bronze, H 65 cm*

2 *Georg Kolbe,* Zorn, *1922, Eiche, bemalt, H 166 cm*

3 *Georg Kolbe,* Tänzerinnen-Brunnen, *1922, Bronze u. Stein (im Garten des Museums), H 305 cm*

4 *Georg Kolbe,* Liegende, *vor 1920, Tusche, 33 × 45 cm*

1

2

3

milie erbaut, das ein Maleratelier für den Schwiegersohn Kurt von Keudell enthielt (heute Eigentum der Deutsche Klassenlotterie Berlin). Kolbe erweiterte 1932 sein Atelierhaus durch eine offene (später verglaste) Arbeitsterrasse und einen kleinen Raum für Arbeiten in Ton.

Die Ausstellungsräume des Georg-Kolbe-Museums sind die ehemaligen Ateliers des Bildhauers, außerdem der Garten mit altem Kiefernbestand und der 1935 angelegte Skulpturenhof.

Ein Erweiterungstrakt wird weitere Ausstellungsräume und Depots enthalten.

Sammlungsbestände

Plastiken von Georg Kolbe

Georg Kolbe war einer der bekanntesten und erfolgreichsten deutschen Bildhauer in der ersten Hälfte des 20. Jh. Nach dem Studium der Malerei in Dresden und München sowie Aufenthalten in Paris und Rom ging Kolbe um 1900 allmählich zur Bildhauerei über.

Erst dem 35jährigen gelang 1912 mit seiner *Tänzerin* (Nationalgalerie, Berlin [Ost], s. Museen Berlin-Ost) der große Durchbruch. Ly-

risch bewegte, zart modellierte Aktfiguren bildeten vor dem Ersten Weltkrieg einen Höhepunkt in Kolbes Schaffen (*Mädchenfigur* 1912, *Torso eines Somalinegers* 1912, *Tänzer Nijinsky* 1913/19). Danach wurde Kolbes Formensprache strenger und stilisierter; um 1920 lassen sich Einflüsse des Expressionismus erkennen. Aus dieser Phase besitzt das Museum mehrere Werke, z. B. *Assunta* (1921), *Zorn* (1922), *Verkündung* (1924) sowie den 1979 im Garten aufgestellten *Tänzerinnen-Brunnen* (1922).

Die größte Resonanz fand Kolbes Schaffen in der zweiten Hälfte der 20er Jahre. Er war zu natürlicheren Proportionen und Bewegungen zurückgekehrt. Die bewegte, skizzenhafte Oberfläche gibt den Figuren dieser Zeit warmes Leben: *Kauernde* (1925), *Kniende* (1926), *Genius vom Beethoven-Denkmal* (1926/27). Beeindruckend sind die Werke, die vom frühen Tod der Ehefrau des Künstlers geprägt sind: *Requiem, Einsamer, Frauenhände*, alle 1927.

In den 30er Jahren konzentrierte sich Kolbe auf stehende Aktplastiken in härterer Modellierung. Die Statuen sollen mit Architekturformen verbunden werden: 1935 entsteht

4

der Skulpturenhof mit den Großbronzen *Aufsteigende Frau* (1934), *Junger Streiter* (1935), *Herabsteigender* (1936). Nach dem Zweiten Weltkrieg modellierte Kolbe nur noch wenige kleinere Figuren, als erste den *Befreiten* (1945), der die Stimmungslage nach dem Zusammenbruch widerspiegelt.

Georg Kolbe ging es bei seinen Plastiken nicht vorrangig um formale Probleme. Er wollte Menschenbilder schaffen, heitere, gelassene, trauernde, erhabene Figuren, die den Betrachter ansprechen und betroffen machen.

Berliner Bildhauerei

Das Georg-Kolbe-Museum sollte nicht zu einer Gedenkstätte erstarren. Seit einigen Jahren werden Arbeiten von Bildhauern gesammelt, die in der ersten Hälfte des 20. Jh. in Berlin tätig waren.

Auf dem Gebiet der Bildhauerei hatte Berlin schon früh die traditionelleren Kunstzentren München und Düsseldorf überflügelt. Kaum ein bedeutender deutscher Bildhauer des 20. Jh., der nicht längere oder kürzere Zeit hier gearbeitet hätte. In der neu angelegten Sammlung des Georg-Kolbe-Museums wird mit Werken von Adolf von Hildebrand, Louis Tuaillon, Max Klinger, August Kraus und August Gaul die neuklassizistische Richtung präsentiert, die sich gegen den Wilhelminischen Neubarock durchsetzen konnte.

Einen Schwerpunkt bilden Plastiken von Bildhauern aus Kolbes Generation, denen es weniger als den Neu-Klassizisten um formale Gesetzmäßigkeiten, sondern um lebensvolle, idealistische Menschenbilder ging. Bronzen von Fritz Klimsch, Wilhelm Gerstel, Hermann Haller, Renée Sintenis und Ernesto

Rudolf Belling, Tänzerin, *1916, Gips, golden gefaßt, H 45 cm*

Georg Kolbe, Requiem, *Bronze, 1927, H 46 cm*

de Fiori, von dem kürzlich die *Engländerin* erworben werden konnte, repräsentieren die Hauptrichtung in der deutschen Plastik der ersten Jahrzehnte unseres Jahrhunderts.

Während des Ersten Weltkrieges und der turbulenten Nachkriegszeit drangen expressionistische, kubistische Formen in die deutsche Bildhauerei ein. Mit der *Tänzerin* von Rudolf Belling und mit Werken von William Wauer, Oswald Herzog, Marg Moll und Edwin Scharff wird die experimentelle Phase der Berliner Plastik vorgestellt, der sich auch Kolbe, Richard Scheibe und Gerhard Marcks kurzfristig anschlossen.

Die strenge, stilisierende Plastik der 30er, 40er Jahre wird durch Werke von Marcks, Scheibe, Emy Roeder und vor allem Hermann Blumenthal präsentiert. Hier muß die Sammlung noch weiter ausgebaut werden; eine Ausweitung auf die folgenden Jahrzehnte Berliner Bildhauerei ist geplant.

Zeichnungen und Gemälde

Das Georg-Kolbe-Museum besitzt eine große Zahl von Zeichnungen Georg Kolbes und Richard Scheibes; am wertvollsten sind die um 1920 entstandenen Tuscheblätter Kolbes. Beide Bildhauer besaßen auch Arbeiten anderer, meist befreundeter Künstler. Aus den Nachlässen von Kolbe und Scheibe erhielt das Museum den Grundstock zu einer Sammlung von Bildhauerzeichnungen, darunter Blätter von Rodin, Maillol, Lehmbruck, Marcks, Grzimek usw. Auch Werke von Malerfreunden sind im Museum vertreten, vor allem von Schmidt-Rottluff, am bedeutendsten ist das Ölbild *Aufgehender Mond* von 1920. Ein Gemälde von Kirchner gelangte über den Kolbe-Nachlaß ins Museum: *Absteigende Kühe* (1920). Durch diese persönlichen Sammlungen wird der Bestand des Georg-Kolbe-Museums abgerundet.

Ursel Berger

36 **Käthe-Kollwitz-Museum Berlin**

15 (Charlottenburg), Fasanenstraße 24, Telefon 8 82 52 10
Verkehrsverbindung: U-Bahnhof Kurfürstendamm; Bus 9, 19, 29, 69
Geöffnet: Mittwoch bis Montag 11-18 Uhr
Abweichend von der Feiertagsregelung (s. S. 8) an allen Feiertagen geöffnet
(24. und 31. 12. 11-14 Uhr), sofern sie nicht auf einen Dienstag fallen

Direktor: Prof. Hans Pels-Leusden
Stellvertretender Direktor: Martin Fritsch

Träger: Käthe-Kollwitz-Museum und grafische Sammlung Hans Pels-Leusden e. V.

Sammlung: Graphik, Zeichnungen, Plakate, Plastik von Käthe Kollwitz

Publikationen: ›Käthe Kollwitz – Zeichnungen, Druckgrafik, Skulpturen aus dem
Bestand der Galerie Pels-Leusden, Berlin, und anderen Sammlungen‹, Katalog zur Ausstellung in der Jahrhunderthalle Hoechst, 1985 – Bestandskatalog des Museums
in Vorbereitung

Museumsgeschichte

Das erste Museum Berlins, das sich ausschließlich dem Werk Käthe Kollwitz' widmet, öffnete seine Tore im Mai 1986. In dem
baugeschichtlich bedeutenden Haus Fasanenstraße 24 in Berlin-Charlottenburg wurde
in Anwesenheit der Kollwitz-Familie das
Käthe-Kollwitz-Museum eröffnet. Das Haus,
das bereits 1871 als erstes Wohnhaus in der
Fasanenstraße errichtet, aber schon 1897 im
spätklassizistischen Stil großzügig zu einem
Palais umgebaut wurde, ist nach 18monati-
gen Restaurierungsarbeiten fertiggestellt
worden. Das Museum, das von einem neu-
en, doch maßstäblich eingepaßten Kuppel-
dach bekrönt wird, nimmt auf 800 m² Ausstellungsfläche die Käthe-Kollwitz-Samm-
lung von Hans Pels-Leusden auf.

Käthe Kollwitz,
Selbstbildnis
1926/36, Bronze,
H 37 cm

Sammlungsbestände

Die Sammlung des Mäzens, der mit der Stiftung seine Schätze den Bürgern Berlins und
den Besuchern der Stadt zugänglich macht,
umfaßt als größtes Konvolut 100 **Druckgra-**
phiken: Radierungen, Lithographien, Holzschnitte und auch übermalte Blattzustände.
Hans Pels-Leusden, von jeher der Ansicht, in
der Graphik liege die stärkste Begabung der
Kollwitz, hat mit besonderem Eifer Blätter in
jeder Technik gesammelt.

Zu diesem Komplex kommen 70 **Zeichnun-**
gen und **Originalplakate**, mit denen die
Kollwitz eine heute kaum vorstellbare Resonanz und Popularität fand. Ihre Aufrufe gegen den Hunger, wie etwa die Lithographie
Brot von 1924 oder ihr Antikriegsappell *Nie*
wieder Krieg von 1922/23, sind Allgemein-
gut, sind Symbole geworden.
Gehören die plakativen Arbeiten zur extro-
vertierten Seite der Künstlerin, so sind ihre
bildhauerischen Werke eher verinnerlicht
und still.
Erst als über 50jährige begann sich die Kollwitz – weitgehend autodidaktisch – mit der

Käthe Kollwitz, Frau mit
totem Kind (gegensei-
tige Entwurfsskizze zur
Lithographie und Radie-
rung Pietà*), 1903, Kohle*
und schwarze Kreide,
47,6 × 69,8 cm

Käthe Kollwitz, Die Freiwilligen *(Entwurf zum gleichnamigen Blatt 2 der Folge* Krieg*), 1920, Kohle, 45 × 60 cm*

Plastik zu befassen. Die raschen Fortschritte, die sie trotz aller Selbstzweifel machte, gipfeln im *Selbstbildnis* (1926-36). Es steht an herausragender Stelle innerhalb der Skulpturenreihe. Mit 15 Bronzegüssen aller Skulpturen ist ihr plastisches Schaffen im Museum vollständig vertreten. Der schönste Raum des Hauses, die neu errichtete Bleikuppel mit einer Ausstellungsfläche von 200 m², ist zwei Skulpturen gewidmet: *Mutter mit Zwillingen* (1924-37), ein Bronzeguß, während eine 1951 ausgeführte Kalkstein-Fassung der *Zwillingsmutter* auf dem Grundstück ihres einstigen Wohnhauses am Prenzlauer Berg steht, sowie ihr von Gustav Seitz 1958 geschaffenes *Denkmal*, eine 2,10 m hohe sitzende Käthe Kollwitz – neben der Ausführung auf dem Kollwitz-Platz in Berlin (Ost) der einzige weitere Guß.
Eine der frühesten Zeichnungen der Sammlung, *Selbstbildnis auf dem Balkon* (1892), ist eine Seltenheit im Œuvre. Denn die Kollwitz, die sich nahezu ausschließlich auf Menschen konzentrierte, hat mit dem Blatt auch eine Häuseransicht festgehalten. Sie zeigt Gebäude am Wörther Platz – ihrer Wohngegend – in der Abenddämmerung.
Im Alter von 75 Jahren, nachdem sie im Grunde ihr Œuvre bereits abgeschlossen hatte, greift die Kollwitz noch einmal zur Kreide. Unter dem Eindruck einer erschütternden Wiederholung des Schicksals entwirft sie als letzte Lithographie die Mahnung *Saatfrüchte sollen nicht vermahlen werden.* War dem Ersten Weltkrieg ihr Sohn Peter zum Opfer gefallen, so fällt 1942 ihr Enkel Peter. Wieder nimmt Käthe Kollwitz ein Thema auf, das sie 1918 einem Kampfaufruf von Dehmel entgegenschleuderte, ein Zitat ihres Lieblingsdichters Wolfgang von Goethe aus dem 7. Buch von ›Wilhelm Meisters Lehrjahren‹, eben jene Mahnung »Saatfrüchte sollen nicht vermahlen werden«.

Ein erster herausragender Schwerpunkt innerhalb der Sammlung ist die sorgfältig zusammengetragene Kollektion von *Selbstporträts*, Belege dafür, wie wichtig der Kollwitz in allen Lebensjahrzehnten die genaue, unerbittliche Beobachtung ihrer selbst gewesen ist.
Der zweite Komplex umfaßt den Zyklus *Krieg,* ausgelöst von der abgrundtiefen Trauer um den gefallenen Sohn Peter. Ihrem Schmerz, aber auch ihrer pazifistischen Einstellung verleiht sie Ausdruck im Mappenwerk *Krieg,* das im selben Jahr erschien wie der graphische Zyklus gleichen Titels von Otto Dix. Zusammen mit diesem zählt es zu den bedeutendsten Antikrieg-Folgen dieses Jahrhunderts.
Von 1914 an zieht sich – neben dem Thema ›Mutter und Kind‹ – das Motiv ›Tod‹ durch das Œuvre und findet einen Höhepunkt in der achtteiligen Folge *Tod.* Diese Lithographien entstanden in den ersten Jahren des Dritten Reiches. Bereits 1933 war Käthe Kollwitz in Opposition zum Naziregime getreten, das sie daraufhin nötigte, aus der Preußischen Akademie der Künste, deren Mitglied sie seit 1920 gewesen war, auszutreten.
Ein vierter – wenn nicht gar der wichtigste – Themenkreis führt zum *Gedenkblatt für Karl Liebknecht,* dem Holzschnitt von 1920. Das Erlebnis der Bestürzung und der Trauer in der Arbeiterschaft setzte eine Kette von Beschäftigungen mit Liebknecht in Gang: Sie liest seine Schriften, nimmt ihre eigene politische Haltung unter die Lupe und sucht nach einer adäquaten graphischen Form. Nach vielen Vorzeichnungen findet die Künstlerin dann schließlich im Holzschnitt, den sie bei Ernst Barlach entdeckt, eine für sie völlig neue Technik, ein Ausdrucksmittel, in dem sie es zu großer Meisterschaft gebracht hat. *Martin Fritsch*

37 **Kunstbibliothek**

Staatliche Museen Preußischer Kulturbesitz

12 (Charlottenburg), Jebensstraße 2, Telefon 31 01 16
Verkehrsverbindung: U- und S-Bahnhof Zoologischer Garten; Bus 9, 19, 29, 54, 60, 69, 73, 90, 94
Geöffnet: Montag und Donnerstag 13-21 Uhr, Dienstag, Mittwoch und Freitag 9-17 Uhr
Abweichend von der Feiertagsregelung (s. S. 8) Gründonnerstag, Osterdienstag und Pfingstdienstag geöffnet

Direktor: Prof. Dr. Bernd Evers
Wissenschaftliche Mitarbeiter: Dr. Gretel Wagner (Lipperheidesche Kostümbibliothek), Dr. Lutz Malke (Gebrauchsgraphische Sammlung), Dr. Gabriele Musidlak-Schlott (Bibliothek), Dr. Christina Thon (Ornamentstichsammlung, Handzeichnungen)

Träger: Stiftung Preußischer Kulturbesitz

Sammlung: Wissenschaftliche Literatur zur mittleren und neuen Kunstgeschichte; Quellenschriften und Bildzeugnisse zur Architektur-, Ornament-, Buch- und Kostümgeschichte sowie Gebrauchsgraphik

Kunstwissenschaftliche **Bibliothek** mit ca. 200 000 Bänden (Präsenzbibliothek)

Publikationen: ›Katalog der Ornamentstichsammlung der Staatlichen Kunstbibliothek Berlin‹, Berlin u. Leipzig 1939 – ›Katalog der Lipperheideschen Kostümbibliothek‹, bearb. von E. Nienholdt u. G. Wagner-Neumann, Berlin 1965 – E. Berckenhagen, ›Die Französischen Zeichnungen der Kunstbibliothek Berlin – Kritischer Katalog‹, Berlin 1970 – ›J. M. Olbrich, ›Die Zeichnungen in der Kunstbibliothek Berlin – Kritischer Katalog‹, bearb. von K. H. Schreyl unter Mitarbeit von D. Neumeister, Berlin 1972 – S. Jacob, ›Italienische Zeichnungen der Kunstbibliothek Berlin – Architektur und Dekoration 16. bis 18. Jahrhundert‹, Berlin 1975 – M. Fischer, ›Katalog der Architektur- und Ornamentstichsammlung‹, Teil I Baukunst England, Berlin 1977

Sammlungsgeschichte

Die Kunstbibliothek zählt zu den Staatlichen Museen Preußischer Kulturbesitz (s. S. 322) und versteht sich nicht nur als eine öffentliche kunstwissenschaftliche Spezialbibliothek, sondern auch als ein graphisches Kabinett mit vielfältigen Beständen zur auftragsgebundenen Kunst.

Sie verdankt ihre Entstehung dem Großen Berliner Handwerkerverein, der 1867 das ›Deutsche Gewerbemuseum zu Berlin‹ gründete, dem eine Unterrichtsanstalt und eine Bibliothek angegliedert war. Die Gründungsidee mit der Rückbesinnung auf handwerkliche Qualitäten als Gegenbewegung zur fortschreitenden Industrialisierung bestimmte in den Anfangsjahren auch die Erwerbungs-

Giovanni Battista Piranesi, Ansicht des Janus Quadrifrons und des Argentarierbogens, *1771, Radierung, 25,8 × 40,2 cm*

John Nash und Edward Wedlake Brayley, Illustrations of Her Majesty's Palace at Brighton, *London 1838, mit handkolorierten Aquatintablättern, 18,5 × 30,5 cm*

richtlinien der Bibliothek zu einer Muster- und Vorbildersammlung für alle Bereiche des Kunsthandwerks. Nach der Übernahme durch den preußischen Staat im Jahre 1886 des in der Zwischenzeit in Kunstgewerbemuseum (s. S. 149) umbenannten Instituts wurde die Bibliothek im Jahre 1894 zu einer eigenständigen Abteilung der Königlichen Museen ausgegliedert.

Erster Standort in der wechselvollen Geschichte der Kunstbibliothek war das Gropiussche Diorama unweit der Universität Unter den Linden, eine kurzfristige Zwischenstation das Gebäude der Preußischen Porzellanmanufaktur, ehe 1881 die kunstgewerblichen Sammlungen einschließlich Bibliothek und Unterrichtsanstalt in das von Martin Gropius und Heino Schmieden errichtete Gebäude an der Prinz-Albrecht-Straße einziehen konnten.

In den für die Geschichte der Kunstbibliothek entscheidenden Anfangsjahrzehnten unter der Leitung von Peter Jessen bildete sich durch bedeutsame Erwerbungen und Übernahmen umfangreicher Sammlungsbestände die noch heute gültige Struktur mit den musealen Abteilungen aus. Zu den herausragenden Verdiensten Peter Jessens zählt, daß er die Kunstbibliothek über den zweckgebundenen Sammelauftrag hinaus zu einem Institut von internationalem Ansehen ausgebaut hat. Wertvollen Zuwachs erhielt die Kunstbibliothek in dieser Zeitspanne durch die Übernahme der Ornamentstichsammlung des französischen Architekten Hippolyte Destailleur, durch den Erwerb der für Druck- und Illustrationsgeschichte aufschlußreichen Privatbibliothek des Architekten Hans Grisebach sowie durch die Schenkung der einzigartigen Freiherrlich Lipperheideschen Kostümbibliothek.

Im Jahre 1905 erfolgte ein erneuter Umzug aus den Räumen des Kunstgewerbemuseums in den benachbarten Bau der Unterrichtsanstalt. Die schrittweise Öffnung und Ausweitung der Sammelschwerpunkte der Kunstbibliothek auf alle Gegenstandsfelder der Kunstgeschichte führte im Jahre 1924 zur Bezeichnung ›Staatliche Kunstbibliothek‹.

In der nationalsozialistischen Zeit zwang ein erneuter Umzug zu einer Notunterkunft im Kunstgewerbemuseum. Kriegs- und Nachkriegsjahre führten zu erheblich eingeschränkten Nutzungsmöglichkeiten der Bibliotheks- und Sammlungsbestände. Nach Rückführung der Sammlung, die überwiegend nach Süd- und Westdeutschland ausgelagert war, vollzog sich der Neuaufbau zunächst in einem Pavillonbau des Alten Dahlemer Museums, ab 1954 am noch heutigen Standort in einem senatseigenen Gebäude in der Jebensstraße 2. Nach dieser provisorischen Unterkunft in dem 1908 von Schmieden und Boetke errichteten Landwehrkasino, das vor Bezug für Bibliothekszwecke umgebaut wurde und auch weiteren Museen für viele Jahre Magazinräume bot, dürfte die Kunstbibliothek eine endgültige Bleibe in dem geplanten Neubau im Tiergarten finden, der in einigen Jahren bezugsfertig ist.

Die Direktoren der Kunstbibliothek Kurt Glaser (Amtszeit 1924-33), Hermann Schmitz (Amtszeit 1934-41), Albert Boeckler (Amtszeit 1942-47), Carl Koch (Amtszeit 1947-54), Paul Ortwin Rave (Amtszeit 1954-61), Stephan Waetzoldt (Amtszeit 1961-73) und Ekhart Berckenhagen (Amtszeit 1973-85) ergänzten die unter der Amtszeit von Peter Jessen (1886-1924) breit angelegten Sammelgebiete durch Erwerbung vieler einzelner bedeutender Werke oder Nachlässe bzw. Sammlungen. So zählen zu den herausragenden Zuwächsen Architekturzeichnungen aus dem Baubüro Balthasar Neumanns, die Handzeichnungen-Sammlung Marc Rosenberg und der Nachlaß des Architekten Erich Mendelsohn. Dank großzügiger Spendenmittel konnten schmerzliche Lücken in der berühmten, durch Kriegsverluste stark dezimierten Ornamentstichsammlung geschlossen werden. So ist in der über 100jährigen

Geschichte der Kunstbibliothek die einmalige Verbindung einer kunstwissenschaftlichen Spezialbibliothek und eines graphischen Kabinetts mit reichhaltigem Bestand auf vielen Gebieten der angewandten Kunst in wechselseitiger Anregung entwickelt und gefördert worden.

Sammlungsbestände

Kunstwissenschaftliche Bibliothek

Als eine der ältesten kunsthistorischen Spezialbibliotheken verfügt die Kunstbibliothek über einen Buchbestand von rund 200 000 Bänden, der auf einer über 100jährigen kontinuierlichen Sammlungsgeschichte beruht. Für die Entwicklung der Bibliothek war von einschneidender Bedeutung, daß sie im Jahre 1894 zu einem selbständigen Institut erhoben wurde und damit ihre enge, zweckgerichtete Aufgabe als Bibliothek der kunstgewerblichen Sammlungen verlor. In der Folgezeit weitete sich ihr Sammelauftrag rasch auf alle Gebiete der abendländischen Kunstgeschichte aus, so daß die Kunstbibliothek heute einen breitgefächerten, historisch gewachsenen kunstgeschichtlichen Literaturbestand besitzt.

Nach Möglichkeit wird das weltweit erscheinende wissenschaftliche Schrifttum im Fach Kunstgeschichte erworben, wobei das steigende Titelangebot bei gleichzeitig stagnie-

Oben: Jacques Androuet Ducerceau, Parallelperspektivische Ansicht und Grundriß einer ›maison de plaisance‹, *kolorierte Federzeichnung, 42,3 × 25,8 cm*

Links: Aufriß für ein Sakramentshaus (Detail), *süddeutsch, letztes Viertel 15. Jh., Federzeichnung, teilw. aquarelliert, 189,2 × 28,8 cm*

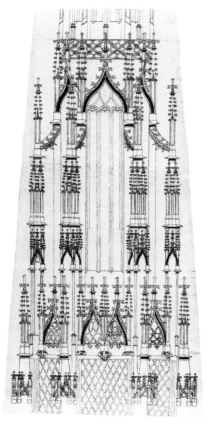

renden Erwerbungsmitteln zu einer strengen Auswahl zwingt. Neben dem Kaufzugang erhält die Kunstbibliothek viele Titel über den Schriftentausch mit Museen in der gesamten Welt sowie Buchgeschenke von befreundeten Wissenschaftlern und Institutionen. Im Rahmen eines Sammelschwerpunktprogramms, das von der Deutschen Forschungsgemeinschaft finanziell unterstützt und gefördert wird, erwirbt die Kunstbibliothek Literatur zur Kunst Englands und des angelsächsischen Kulturkreises bis 1900, zur Kunst Skandinaviens bis 1900, zur Kunst Spaniens und Portugals einschließlich ihrer außereuropäischen Kulturkreise bis 1900 und zur Architektur des 20. Jh. einschließlich Städtebau und Urbanistik. Dieser dichte Bestand, ergänzt um seltene Zeitschriftenreihen des 19. und frühen 20. Jh., durch ca. 600 laufend gehaltene Spezialzeitschriften und durch ca. 150 000 photographische Aufnahmen zur europäischen Topographie und Architekturgeschichte, bietet weitgespannte Studien- und Forschungsmöglichkeiten.

Die Kunstbibliothek ist eine Präsenzbibliothek. Mit Ausnahme der Handbibliothek im

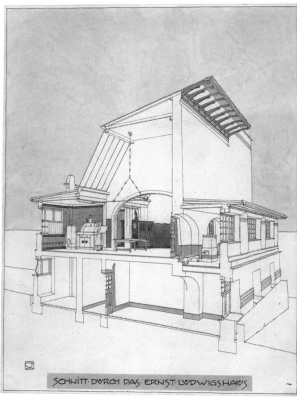

Lesesaal mit ausgewählten Nachschlagewerken und einführender Standardliteratur sind die Buchbestände magaziniert aufgestellt. Die Sofortausleihe erfolgt nach Vorlage eines Ausweises und nach Ausfüllen eines Bestellzettels in einen der beiden Lesesäle. Erschlossen werden die Bibliotheksbestände durch Zettelkataloge im internationalen Format. Der alphabetische Hauptkatalog, geführt nach den Preußischen Instruktionen, weist den Gesamtbestand einschließlich der Zeitschriften und Serien nach. Er umfaßt auch die Buchbestände der Lipperheideschen Kostümbibliothek und die Sammlungen der Bibliothek Grisebach und der ›Neuen Schönen Bücher‹. In Sonderkatalogen sind die Ausstellungs-, Bestands-, Auktions- und Lagerkataloge nachgewiesen. Ein Sachkatalog, der den gesamten Bibliotheksbestand in über 30 Hauptgruppen unterteilt, ermöglicht die Suche nach Titeln zu einem bestimmten Sachgebiet oder Thema. Weitere Kataloge wie der Künstlerkatalog oder der Zeitschriftenaufsatzkatalog schlüsseln zusätzlich den vielfältigen Bestand der Kunstbibliothek auf. Die Literatur steht allen wissenschaftlich arbeitenden Benutzern zur Verfügung. Die ständig steigenden Besucherzahlen – insgesamt werden pro Jahr über 120 000 Bände an über 20 000 Benutzer ausgegeben – zeigen an, daß die Kunstbibliothek innerhalb und außerhalb Berlins einen ausgezeichneten Ruf als kunsthistorische Spezialbibliothek genießt.

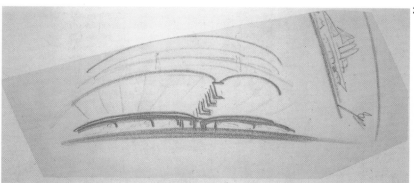

Ornamentstichsammlung

Die Ornamentstichsammlung entstand zur Zeit des an Stilepochen der Vergangenheit orientierten Historismus. Angelegt wurde sie als Vorbildersammlung des 1867 gegründeten, seit 1868 mit einer Unterrichtsanstalt zur Ausbildung von Kunsthandwerkern und Architekten verbundenen ›Deutschen Gewerbemuseums‹. Der Begriff ›Ornamentstich‹ bezeichnete im Sinne des 19. Jh. über rein ornamentale Vorlagen hinaus die vom späten 15. Jh. bis um 1830 in verschiedenen graphischen Techniken verbreiteten Entwürfe für alle Bereiche der angewandten Kunst, einschließlich der Architektur und der Kalligraphie.

Seit ihrer Gründung war die Ornamentstichsammlung ein Bestandteil der Bibliothek des Deutschen Gewerbemuseums, das 1879 zum Königlichen Kunstgewerbemuseum wurde. Durch laufende Erwerbungen, vor allem durch den Ankauf der Sammlung des Pariser Architekten Hippolyte Destailleur erlangte sie bald internationale Bedeutung. Um die Sammlung Destailleur für die Berliner Museen sichern zu können, wurde die Kaufsumme 1879 zunächst durch privates Mäzenatentum aufgebracht. Nachdem im Staatshaushalt die erforderlichen Mittel zur Verfügung standen, gelangten die Werke über angewandte Kunst und Architektur 1886 in die Bibliothek des Kunstgewerbemuseums, der übrige Bestand wurde dem Kupferstichkabinett (s. S. 163) überwiesen. Andererseits trat das Kupferstichkabinett eigene Bestände, die thematisch der Ornamentstichsammlung entsprachen, an diese ab.

1894, als die Bibliothek des Kunstgewerbemuseums zu einer selbständigen Abteilung der Königlichen Museen erhoben wurde, erschien der erste, von Peter Jessen und anderen Autoren bearbeitete Katalog der Ornamentstichsammlung, der 2638 Nummern: Einzelblätter, Stichfolgen und Bücher nachweist. Die 1939 veröffentlichte, hauptsächlich Arthur Lotz zu verdankende Neubearbeitung des Katalogs enthält 5435 Titel und 85 Nachträge.

Gegliedert ist der Bestand in neun Hauptabteilungen: Ornament, Kunsthandwerk, Baukunst, Innenausstattung und dekorative Malerei, Bildnerei, Naturdarstellungen und Fabelwesen, Sinnbilder und Allegorien, Lehrbücher und Vorlagen der Mal- und Zeichenkunst, Schrift und Druck. Die meisten dieser Systematikgruppen sind nach Sondergebieten und (oder) Ländern unterteilt. Die Titel sind chronologisch geordnet, wobei für datierte Werke das Jahr der Erstausgabe maßgebend war. Die weitaus umfangreichste Abteilung der Baukunst umfaßt auch die Sondergebiete Theater, Festbauten und -ausstattung, Feuerwerksdekoration, Gartenkunst, Festungsanlagen, Verkehrs- und Wasserbau, Brunnen, architektonische Denkmäler, Grabmäler sowie einzelne Bauteile. Unterschieden wird zwischen theoretischen Werken (Lehrbüchern und Entwürfen) und Aufnahmen gebauter Architektur.

1945 erlitt die Ornamentstichsammlung durch Kriegseinwirkung schwere Verluste.

3

Während die in Kästen verwahrten aufgelegten Blätter durch rechtzeitige Verlagerung erhalten blieben, gingen etwa 50 Prozent der gebundenen Werke verloren, darunter alle Großfoliobände. Von diesen Verlusten waren vor allem die Abteilungen Kunsthandwerk und Architektur betroffen.

Da vor 1955 kaum Erwerbungsmittel zur Verfügung standen, konnten in dieser Zeit nur wenige Lücken geschlossen werden. Erst danach war es möglich, aus dem laufenden Etat und mit Hilfe von Sondermitteln der Deutschen Forschungsgemeinschaft und der Stiftung Volkswagenwerk einen Teil des Verlorenen wiederzubeschaffen und die Sammlung um früher nicht vorhandene Werke zu erweitern. Vor allem die Abteilung der Baukunst Englands konnte systematisch wieder aufgebaut und durch einen von Marianne Fischer bearbeiteten Teilkatalog wissenschaftlich erschlossen werden. Als bedeutender Gewinn auf dem Gebiet der italienischen Architektur kann die Wiedererwerbung der Werke Piranesis gelten. An Stelle der 24bändigen posthumen Pariser Ausgabe von 1800-07 besitzt die Kunstbibliothek seit 1965 eine 18bändige Ausgabe des Œuvres großenteils von den römischen Erstausgaben mit den zugehörigen, in dem verlorenen Exemplar fehlenden Texten. Die in der posthumen Ausgabe enthaltenen späten Werke Francesco Piranesis konnten dagegen noch nicht wieder beschafft werden.

Der Gesamtbestand der Ornamentstichsammlung umfaßt trotz eine immer noch großer Lücken wieder 3870 Bände und 8250 aufgelegte Blätter.

Sammlung der Handzeichnungen

Die Sammlung der Handzeichnungen umfaßt ca. 25800 Entwürfe sowie 170 Zeichnungsbände und Skizzenbücher zur Architektur, Raumausstattung und angewandten Kunst Europas vom späten 15. Jh. bis zur Ge-

1

genwart. Wie die Ornamentstichsammlung diente sie ursprünglich als Vorbildersammlung für die Unterrichtsanstalt des Deutschen Gewerbemuseums.

Den Grundstock des Bestandes französischer Zeichnungen bildeten die 1879 erworbenen Blätter der Sammlung Destailleur. Die italienischen Zeichnungen entstammen größtenteils der Sammlung des Bildhauers Vincenzi Pacetti, die der erste Direktor der Kgl. Preußischen Gemäldegalerie (s. S. 96), Gustav Friedrich Waagen, 1843 in Rom erworben hatte und die zunächst geschlossen im Kupferstichkabinett verblieben war. 1888 wurden die Architekturzeichnungen und kunstgewerblichen Entwürfe ausgegliedert und der Bibliothek des Kunstgewerbemuseums überwiesen. Der Altbestand an deutschen Zeichnungen geht ebenfalls zum Teil auf Überweisungen aus dem Kupferstichkabinett zurück. Durch den Ankauf der Archi-

tekturzeichnungen aus dem Nachlaß Balthasar Neumanns konnte 1926 der Bestand der deutschen Barockzeichnungen bedeutend vermehrt werden. Einen weiteren Schwerpunkt bildete die Erwerbung der Sammlung Marc Rosenberg 1927, zu der Goldschmiede-Entwürfe und Vorzeichnungen für Ornamentstiche u. a. von Peter Flötner, Virgil Solis und Christoph Jamnitzer gehören. Deutsche und schweizerische Scheibenrisse sind mit über 300, zu verschiedenen Zeiten erworbenen Beispielen, meist aus der Renaissancezeit, gut vertreten.

Seit Beginn des 20. Jh. wurde durch den Ankauf der Nachlässe von Otto Eckmann (1902) und Joseph Maria Olbrich (1912) die Kunst der Gegenwart in den Sammlungsbereich einbezogen. Diese Tradition wurde nach dem Zweiten Weltkrieg fortgesetzt. Als bedeutendste Erwerbung ist der Nachlaß des Architekten Erich Mendelsohn mit etwa 1550 eigenhändigen Zeichnungen zu nennen, der 1975 in die Kunstbibliothek gelangte. Die Neubewertung der Architektur des Historismus fand ihren Niederschlag im Ankauf der zeichnerischen Nachlässe von Hans Grisebach (1966), Hippolyte Destailleur (1967) und Paul Wallot (1984). Der Zeichnungsbestand der Kunstbibliothek ist nur teilweise durch Kataloge wissenschaftlich erschlossen.

In jüngster Zeit gelangten auch Architekturmodelle meist als Schenkungen in die Kunstbibliothek. Der derzeitige Bestand – 145 Modelle, meist deutscher Architekten der Gegenwart – ist aus Platzmangel vorerst nicht öffentlich zugänglich.

Lipperheidesche Kostümbibliothek

Die Lipperheidesche Kostümbibliothek, die für das Gebiet der Kostümkunde nicht nur in Deutschland umfassendste Sammlung, basiert auf der Kollektion eines Privatmannes. Franz Lipperheide (1838–1906), Buchhändler und Verleger, edierte 1865 zusammen mit seiner Frau Frieda, geb. Gestefeld, eine Zeitschrift ›Die Modenwelt‹ (erstes Heft 1. Oktober 1865). Das neugegründete Blatt brachte aktuelle Modeberichte, Modelle mit Schnitt-

2

vorlagen und Anleitungen zu mannigfachen Handarbeiten, verzichtete jedoch – wie es in anderen eingeführten Zeitungen üblich war – auf literarische Beiträge und auf farbige Bildbeilagen. Daher war die ›Modenwelt‹ billiger, zudem traf Frieda Lipperheide, in deren Händen die Redaktion lag, mit ihrer Auswahl den Geschmack eines großen Publikums. Die Zeitschrift erreichte enorme Auflagen, 1890 gab es neben der deutschen Ausgabe zwölf fremdsprachliche Editionen in fast allen europäischen Ländern sowie in Nord- und Südamerika.

Seit 1874 kam die ›Illustrirte Frauenzeitung‹ als ›Ausgabe der Modenwelt mit Unterhaltungsblatt‹ hinzu. Auch dieses Journal florierte schnell und fand 1912 unter dem Titel ›Die Dame‹ im Verlag Ullstein seine Fortsetzung. Der materielle Erfolg brachte Lipperheide in die Lage, ein Sammler großen Stils zu werden. Sein Hauptanliegen galt dem Aufbau einer Bibliothek, die eine intensive Kostümforschung ermöglichte. Seit 1870 erwarb er systematisch Quellenschriften und Sekundärliteratur, Zeichnungen, Stiche und Photos. Gemälde, vorwiegend Porträts, sowie Bildnisminiaturen ergänzten die Sammlung.

Der Begriff ›Kostüm‹ umfaßt mehr als nur die Trachten und Moden aller Länder und Zeiten. Hinzu kommen spezielle Werke über Frisuren und Bartformen, über Hüte, Strümpfe und Schuhe, über Wäsche und Beiwerk wie Schirm, Muff oder Taschentuch. Berücksichtigt ist die Tracht einzelner Stände vom prunkvollen Krönungsornat bis zur einfachen Mönchskutte. Man findet Abbildungen und beschreibende Texte über die Kleidung von Bauern und Bergleuten, von Professoren und Studenten, von Handwerkern und Straßenhändlern. Bücher über Uniformen fehlen ebensowenig wie über Fahnen und Waffen. Es gibt wertvolle Kupferstichfolgen und Literatur zu feierlichen Handlungen, seien es Staatszeremonien und fürstliche Feste, Volksbelustigungen oder private Anlässe. Breiten Raum nehmen Werke über Sport und Spiel, über Tanz und Theater ein. Es gibt Schriften über Eß- und Trinksitten, sogar über Etikette. Zahlreich sind die Kleiderordnungen, Erlässe und Edikte über erlaubte und verbotene Kleidung einzelner Stände. Karikaturen, Streitschriften und Satiren über vermeintliche modische Übertreibungen schließen sich an. Selbstverständlich gehört zum Sammlungsbestand alles Material, das sich mit der Herstellung der Kleidung und den unterschiedlichen Web-

3

und Wirktechniken befaßt. Besonders erwähnenswert sind die vielen Jahrgänge von Modezeitschriften, in- und ausländisch, von den letzten Jahrzehnten des 18. Jh. bis zum heutigen Tage.

Nicht nur die Vielseitigkeit der Bibliothek verdient hervorgehoben zu werden, sondern auch die bibliophilen Kostbarkeiten unterstreichen die Einzigartigkeit dieser Sammlung. Eines der wertvollsten, zugleich das älteste Werk, ist eine auf Pergament geschriebene, mit 192 Miniaturen versehene, gereimte französische Übersetzung des ›Speculum humanae salvationis‹, wohl in Flandern um 1465 entstanden. Lipperheide er-

1 *Jean-Ignace-Isidore Gérard, gen. Grandville,* Les ombres portées, *Paris 1830-35, kolorierte Lithographie, 36 × 27 cm*

2 *Elegante Engländerin, in:* ›Gallerie des modes et costumes français‹, *Paris 1778-87, kolorierter Kupferstich, 34,5 × 23,1 cm*

3 *Leon Bakst,* Theaterfigurine Roxane, *1911, schwarze Kreidezeichnung mit Aquarell- u. Deckfarben, Silberhöhung, 38 × 28,2 cm*

4 *Georges Lepape,* Figurine in blauem Mantel, *1921, Aquarell u. Feder, 30 × 23 cm*   4

1

gorien und der ikonographischen Themen, der Wappen und eigenhändigen Eintragungen auch für den Kunsthistoriker, den Heraldiker und für den Genealogen von Bedeutung.

Vorhanden sind 123 Blätter aus einer der schönsten Kupferstich-Folgen über die Moden des 18. Jh., der ›Gallerie des Modes et Costumes francais‹, Paris 1778-87; ein komplettes Exemplar von 408 Tafeln ist in keiner Bibliothek nachweisbar. Zu nennen ist eine der gesuchtesten Erstausgaben der deutschen Literatur, das 1789 herausgegebene ›Römische Carneval‹ von Goethe, oder das Menzelsche Uniformenwerk über die Armee Friedrichs des Großen, das nur in 30 Exemplaren gedruckt wurde, von denen lediglich sechs in den Handel kamen.

1899 übergab der Freiherr von Lipperheide (1892 in Wiederanerkennung eines alten Familienadels nobilitiert) seine kostbare Bibliothek dem preußischen Staat, um diese Sammlung auch nach seinem Tode als Ganzes erhalten und fortgeführt zu wissen. Mehr als 10300 Bände (Bücher, Handschriften, Almanache sowie Modezeitungen und Illustrierte), 29698 Einzelblätter (Handzeichnungen, Kupferstiche, Holzschnitte, Lithographien und Photos), über 600 Gemälde und eine beachtliche Anzahl von Bildnisminiaturen wurden der Bibliothek des Kunstgewerbemuseums übereignet, »ein wahrhaft fürstliches Geschenk«, wie es Julius Lessing, der damalige Direktor des Museums, formulierte.

Seit die Lipperheidesche Kostümbibliothek in staatlichen Besitz übergegangen ist, war es

warb diese Handschrift wohl nicht wegen des theologischen Inhalts, sondern im Hinblick auf die Wiedergabe einiger biblischer Szenen, in denen die Dargestellten elegant nach burgundischer Mode gekleidet sind. Eine weitere Rarität ist das Heldtsche Trachtenbuch ›Abconterfaitting allerlei Ordenspersonen in iren klaidungen und dan viler alten klaidungen …‹. Sigmund Heldt, Losungsschreiber in Nürnberg, beschreibt in der Vorrede sein Vorhaben, etwas von der Vergangenheit für die Nachkommen festzuhalten. Die 867 kolorierten Handzeichnungen, entstanden zwischen 1560 und 1580, zeigen Trachten aus Deutschland, vornehmlich aus Nürnberg, aus anderen europäischen Städten und Landschaften, aus Afrika und Amerika. Nicht minder interessant ist ein um 1580 in Augsburg gemaltes Album mit Kostümdarstellungen aus aller Welt, das mit seinen qualitätvollen Aquarellen die bisweilen recht naiven Wiedergaben des Heldtschen Folianten übertrifft. Unter den Inkunabeln befindet sich eine in Deutschland entstandene Apokalypse des Johannes, ein handkolorierter Holztafeldruck von 1465. Ferner sind zu nennen das 1472 in Verona gedruckte Buch ›De re militari. Libri XII‹ von Robertos Valturios, dem Kriegsminister des Sigismondo Malatesta von Rimini. Vorhanden ist ein Exemplar eines der berühmtesten deutschen Holzschnittbücher, die erste und einzige, 1483 von Koberger in Nürnberg gedruckte deutsche Bibel, oder eine Ausgabe der ›Schönen Melusine‹, 1483 in Straßburg bei Heinrich Knoblochtzer erschienen.

Die zahlreichen Stammbücher des 16. und 17. Jh. sind nicht nur hinsichtlich der Trachtendarstellungen für den Kostümkundler von Interesse, sondern sie sind wegen der Alle-

das Bestreben der jeweiligen Betreuer, die Vielseitigkeit zu erhalten und soweit wie möglich die wichtigsten Neuerscheinungen der einzelnen Sammelgebiete zu erwerben, Lücken im alten Bestand zu schließen, Verlorenes zu ersetzen. Der gegenwärtige Bestand umfaßt ca. 23 000 Bücher und 34 000 Einzelblätter. 1897 lag der erste Band der Lipperheideschen Kostümbibliothek vor, zusammengestellt von Bruno Jacobi; für den zweiten Band (1901-03) zeichnete bereits die Generalverwaltung der Königlichen Museen verantwortlich. 1965 erschien eine zweibändige Neubearbeitung, die Verluste sowie zum Teil veränderte Zuschreibungen machten zum Teil eine revidierte Ausgabe erforderlich. Die Systematik ist im wesentlichen geblieben, es mußte jedoch eine andere Numerierung gefunden werden. Statt der fortlaufenden Zählung wählte man eine Buchstaben- und Zahlenkombination, ein System, durch das man die Neuerwerbungen ohne große Mühe signieren kann. Eine Konkordanz erschien erforderlich, um beide Kataloge mühelos vergleichen zu können. Der Druckvermerk ›nicht bei Lipperheide‹ in den Angebotslisten seltener Bücher und Stichwerke ist immer ein Hinweis auf besondere Seltenheit.

1 *Dagmar Niefind*, Figurine des Narren (David Bennent) *für Shakespeare ›König Lear‹. 1985, Bleistiftzeichnung, 62,1 × 41,7 cm*

2 Schriftseite aus einem Evangeliar, *Tours, 9. Jh., Handschrift/Pergament, 17 × 27,4 cm*

3 ›The works of Geoffrey Chaucer‹, *Hammersmith, Kelmscott Press, 1896, mit Holzschnitten von Edward Burne-Jones, Randleisten u. Initialen von William Morris, 42,5 × 27,5 cm*

4 *A. M. Cassandre,* Plakat für den ›Nordexpress‹, *1927, Farblithographie, 104 × 75 cm*

Gebrauchsgraphische Sammlung
Die Vorlagensammlung der Unterrichtsanstalt am ehemaligen Deutschen Gewerbemuseum bildet den Grundstock für den heute vielschichtigen Bestand an angewandter Graphik in der Kunstbibliothek. Aus der Vielzahl der Sammlungsgebiete verdienen einige Bereiche besonders hervorgehoben zu werden.
Die bedeutende Plakatsammlung zählt heute ca. 50 000 Blätter aus dem In- und Ausland und reicht von den Anfängen dieser gebrauchsgraphischen Gattung bis zum heutigen Künstlerplakat. Der Bestand basiert auf einer traditionsreichen Sammlungsgeschichte. Als eine der ersten Institutionen hat die Kunstbibliothek den systematischen Aufbau einer Plakatsammlung begonnen und bereits 1895 eine erste Plakatausstellung durchgeführt. Die Bestände sind in die Zeitabschnitte bis 1914, von 1914 bis 1945 und ab 1945 aufgeteilt und jeweils nach Ländern, Künstlern bzw. Themen geordnet.
Eine zweite nennenswerte Abteilung der Gebrauchsgraphischen Sammlung umfaßt vielfältige Belege zur Geschichte der Buchillustration, Typographie und Druckverfahren. Herausragende Dokumente von der Inkunabelzeit bis ins 18. Jh. enthält die geschlossen aufgestellte Bibliothek des Architekten Hans Grisebach, die 1905 mit Sonder- und Spendenmitteln angekauft werden konnte. Diese Bibliothek, in der sich die Entwicklung der europäischen Typographie und Buchillustration in über drei Jahrhunderten widerspiegelt, findet in der Kollektion der ›Neuen Schönen Bücher‹ eine sinnreiche Ergänzung und Fortsetzung für das 19. und 20. Jh. Abgerundet werden beide Buchsammlungen durch aufgelegte Einzelblätter, die neben mittelalterlichen Handschriften-Proben vor-

Ernst Ludwig Kirchner, Farbholzschnitt für den Bucheinband von Georg Heym ›Umbra Vitae‹, *vor 1924, Probedruck, 27,5 × 42 cm*

wiegend aus Musterdrucken aller bedeutenden Buchdrucker, Typographen und Schriftkünstler bestehen. Akzente in die bibliophilen Bestände der Kunstbibliothek setzen die Drucke von Koberger (Nürnberg), Ratdoldt (Augsburg/Venedig), Steiner (Augsburg), Froben (Basel), Giunta (Venedig) und Bodoni (Parma). Der Kreis der Buchillustratoren reicht von Amann, Burgkmair, Cranach und Dürer bis zu den klassischen französischen

Johann Josef Watzek, Weinglas mit Apfel, *1896, erster Versuch des Dreifarben-Gummidrucks von drei Negativen, 24,3 × 18,2 cm*

Illustratoren des 18. Jh., wie Cochin oder Boucher. Alle mustergültigen in- und ausländischen Pressen des späten 19. und frühen 20. Jh. sind mit exemplarischen Belegen in der Sammlung der ›Neuen Schönen Bücher‹ vertreten, ebenso Beispiele für die Illustrationskunst der wichtigsten Buchkünstler aus diesem Zeitraum. Dieser kostbare Sammlungsbestand, der die gesamte europäische Buchkunst von den Anfängen bis heute an wesentlichen Druckzeugnissen illustriert, wird durch eine erlesene Beispielsammlung zur Geschichte des Buchumschlags, der Bunt-, Vorsatz-, Druck- und Schreibpapiere angereichert.

Aus der Vielzahl weiterer Sammlungskomplexe wie Visitenkarten, Einladungen, Speisekarten, Silhouetten oder Spielkarten ragt der Bestand an Zeugnissen der künstlerischen Photographie heraus. Er vermittelt einen repräsentativen Querschnitt zur Entwicklung der europäischen Photographie von den Anfängen bis etwa 1930. Besonders reich ist die deutsche Photographie mit ihren Zentren Hamburg, München und Berlin vertreten. Von fast allen berühmten Künstlerphotographen besitzt die Kunstbibliothek Originalabzüge. Sie beginnen bei David Octavius Hill und Margaret Cameron und reichen bis zu den Aufnahmen von Renger-Patzsch, Moholy-Nagy, Max Burchartz und André Kertesz.

Dieser vielschichtige, weitgehend magazinierte Bestand der Kunstbibliothek ist in den vergangenen Jahren auf vielfältige Weise der Öffentlichkeit bekanntgemacht worden. Wissenschaftliche Bestandskataloge zu Teilgebieten sind erarbeitet und publiziert worden und zahlreiche Ausstellungen, oft begleitet durch Kataloge, haben wesentlich zu einer vertieften Kenntnis über den weitgespannten Fundus der Kunstbibliothek beigetragen.

38 Kunstgewerbemuseum

Staatliche Museen Preußischer Kulturbesitz

30 (Tiergarten), Tiergartenstraße 6, Telefon 2 66 29 02/03, Zentrale: 2 66 29 11
Verkehrsverbindung: U-Bahnhof Kurfürstenstraße; Bus 29, 48, 83
Geöffnet: Dienstag bis Sonntag 9-17 Uhr
Abweichend von der Feiertagsregelung (s. S. 8) nur am 1. 1., Osterdienstag, 1. 5.,
Pfingstdienstag, 24., 25. und 31. 12. geschlossen

Direktor: Prof. Dr. Franz Adrian Dreier. Seit 1. 3. 1987 Dr. Barbara Mundt
Wissenschaftliche Mitarbeiter: Dr. Barbara Mundt (Kunsthandwerk des 19. und
20. Jh., Textil, Schmuck), Dr. Tjark Hausmann (Keramik des 15.-18. Jh., Uhren),
Dr. Dietrich Kötzsche (Mittelalter, Zeughausbestand), Dr. Stephan Bursche (Porzellan,
Silber, Möbel)

Träger: Stiftung Preußischer Kulturbesitz

Sammlung: Europäisches Kunsthandwerk vom frühen Mittelalter bis zur Gegenwart

Publikationen: Bestandskataloge Band I-X (›Ausgewählte Werke‹ – W. Scheffler,
›Werke um 1900‹ – K. Pechstein, ›Bronzen und Plaketten‹ – ›Europäisches Kunsthandwerk – Neuerwerbungen 1959-1969‹ – K. Pechstein, ›Goldschmiedewerke der
Renaissance‹ – T. Hausmann, ›Majolika, spanische und italienische Keramik‹ –
B. Mundt, ›Historismus‹ – T. Hausmann, ›Alte Uhren‹ – S. Bursche, ›Meißen - Steinzeug und Porzellan des 18. Jahrhunderts‹ – ›Katalog zur Eröffnung des neuen Gebäudes am Tiergarten‹) – Ausstellungskataloge, u. a. B. Mundt, ›20er Jahre – Neuerwerbungen‹, 1972 – F. A. Dreier, ›Winkelmeßinstrumente‹, 1979 – D. Kötzsche, ›Der
Welfenschatz‹, Bildführer 1973

Sammlungsgeschichte

Das Berliner Kunstgewerbemuseum, das älteste seiner Art in Deutschland und trotz
schwerer Kriegsverluste und politischer Teilung noch immer eines der bedeutendsten in
der Welt, wurde im Jahre 1867 gegründet.
Vorbild war das 1851 in London ins Leben
gerufene South Kensington-Museum, das
heutige Victoria und Albert-Museum. Die ge-
dankliche Grundlage seines Programms lie-
ferten die Ideen Gottfried Sempers. In der
Anwendung der von ihm vorgenommenen
theoretischen Ableitung der schmückenden
Formen aus der ursprünglichen Zweck- und
Materialgebundenheit erhoffte man sich eine wirkungsvolle Handhabe im Kampf gegen
die Verwilderung des Ornaments, gegen die
Verwendung von allegorischem Beiwerk,
das stupide Kopieren von Naturformen und
die Überwucherung mit nationaler Symbolik.
1865 beauftragte Kronprinzessin Friedrich
den Vorsteher des städtischen statistischen
Büros, H. Schwabe, mit der Vorbereitung einer Denkschrift über die Voraussetzungen
einer ›Kunstindustrieschule‹ in Berlin. Noch
im Herbst 1866 bildete man eine ›Kommission zur Gründung eines Kunstgewerbemuseums in Berlin‹. Am 25. März 1867 legte der
Gründungsausschuß die Satzungen eines
Vereins vor, der sich unter dem Namen
›Deutsches Gewerbe-Museum zu Berlin‹
zum Ziel setzte, »den Gewerbetreibenden
die Hülfsmittel der Kunst und Wissenschaft
zugänglich zu machen«. 1879 hat man die
Bezeichnung ›Deutsches Gewerbemuseum‹, die ständig zu Irrtümern Anlaß gab, in
›Kunstgewerbemuseum‹ geändert.
Mit beschränkten Mitteln begab man sich
ans Werk. Als erste Behausung wurde das
›Gropiussche Diorama‹ in der Stallstraße 7
gewählt. Am 12. Januar 1868 begann die Unterrichtsanstalt ihre Tätigkeit mit vier Sonn-
tags-, vier Abend- und zwei Tageskursen, die

1

von 230 Schülern besucht wurden. Am 7. April des gleichen Jahres fand die Eröffnung der ersten beiden Sammlungssäle statt.

Der Bestand des Museums setzte sich zunächst vornehmlich aus Beispielen des zeitgenössischen Kunstgewerbes zusammen, die von Kommissaren des Handelsministeriums auf den Weltausstellungen angekauft und später an das Museum abgegeben wurden. Seit dem Jahr seiner Gründung stand dem Museum als einer der regsten Helfer der 1843 in Stettin geborene Julius Lessing zur Seite. 1872 ernannte man ihn zum Kommissar der im Zeughaus veranstalteten ›Ausstellung älterer kunstgewerblicher Gegenstände‹, die Leihgaben aus königlichem Besitz, den Sammlungen des Kronprinzenpaares, zahlreichen Berliner Schlössern und Privatsammlungen umfaßte. Das Unternehmen erwies sich als durchschlagender Erfolg. Endgültig wurde nun auch einer breiteren Öffentlichkeit bewußt, wie sinnvoll es sein mußte, größere Teile der in den verschiedensten Berliner Sammlungen zersplitterten Schätze des Kunstgewerbes in einem zentralen Museum zu vereinen.

Noch im Oktober berief man Julius Lessing zum Direktor der Sammlungen. Am 22. April des folgenden Jahres wurde der Beschluß gefaßt, das Museum durch Errichtung eines Neubaus auf Staatskosten so bald wie möglich aus der Enge seiner bisherigen Bleibe zu befreien. Als Interimslösung wählte man zunächst eine Reihe von Räumen in den alten Gebäuden der Königlichen Porzellanmanufaktur an der Leipziger und Königgrätzer Straße, die durch den Umzug der Manufaktur nach Charlottenburg freigeworden waren. Zwei wichtige Ereignisse fallen in diese Zeit. 1874 erwarb der preußische Staat das **Ratssilber der Stadt Lüneburg** für das Kunstgewerbemuseum und verhinderte dadurch den drohenden Verkauf dieser unvergleichlichen Sammlung von Goldschmiedewerken der Spätgotik und Renaissance in das Ausland. 1875 schließlich ging Lessings sehnlichster Wunsch in Erfüllung: die Aufteilung der Königlichen Kunstkammer.

Die 1603 zuerst erwähnte Kunstkammer der brandenburgischen Kurfürsten und späteren Könige, deren Anfänge bis ins 16. Jh. zurückreichen, hatte bereits nach der Errichtung von Schinkels ›Altem Museum‹ (s. Museen Ost-Berlin) im Jahre 1830 Teile an die Skulpturensammlung, die Gemäldegalerie, das Antiquarium und die Münz- und Medaillensammlung abgegeben, war seitdem den Königlichen Museen angegliedert und hatte in den folgenden Jahren ihre Bestände durch die Erwerbung bedeutender Privatsammlungen nach der kunstgewerblichen Seite hin wesentlich ergänzt (1825 Glasgemäldesammlung von Derschau, 1828 Majolikasammlung des Generalkonsuls Bartholdy in Rom, 1835 Sammlung des Generalpostmeisters von Nagler, 1858 Teile der Sammlung A. von Minutoli, 1872 Sammlung venezianischer Gläser von Guastalla).

1881 war das neue, von Martin Gropius und Heino Schmieden errichtete zweistöckige Museumsgebäude an der Prinz-Albrecht-Straße, das einen weiten Lichthof umschloß, bezugsfertig. Für 40 Jahre hat es die Sammlungen des Museums aufgenommen. Im Zweiten Weltkrieg, als die Bestände längst in das Schloß überführt waren, wurde es zur Ruine.

Nachdem das Museum sich Geltung verschafft hatte, bestand auch für den anfangs

2

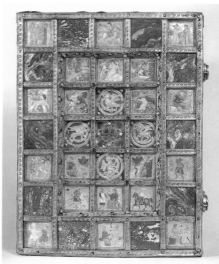

4

1 Reliquienkreuz *(Welfenschatz), wohl Oberitalien, 11. Jh., Gold, Zellenschmelz auf Gold, Goldfiligran, Niello, Edelsteine, Perlen, Fuß Silber, gegossen u. vergoldet, H 33,1 cm*

2 Tragaltar des Eilbertus *(Welfenschatz), Köln, um 1150, Eichenholzkern, Grubenschmelz auf Kupfer, vergoldet, Bergkristall über Pergamentmalerei, Bodenplatte Braunfirnis, 13,3 × 35,7 × 20,9 cm*

3 Kuppelreliquiar *(Welfenschatz), Köln, um 1175-80, Holzkern, Grubenschmelz auf Kupfer, vergoldet, Reliefs u. Figuren Walroßzahn, Füße Bronze gegossen u. vergoldet, H 45,5 cm*

4 Plenar Herzog Ottos des Milden *(Vorderdeckel) (Welfenschatz), Braunschweig, 1339, Holzkern, Silber, graviert u. vergoldet, Jaspis, Bergkristall über Pergamentmalerei, Edelsteine, Perlen, 35,4 × 26 cm*

zögernden Staat kein Grund mehr, es weiterhin dem Risiko seiner privaten Existenz zu überlassen. 1885 wurde es den Königlichen Museen angegliedert. Der lebendigen, aber unsicheren Periode der Bürgerinitiative folgte eine ruhigere unter der Obhut der preußischen Regierung.

In den 80er Jahren bahnte sich ein Wandel an, der die bis dahin als verbindlich angesehene Konzeption der Kunstgewerbemuseen in Frage stellte und schließlich zur Trennung der Sammlungen von ihren Lehrinstituten führte. Man hat in der Folgezeit die im praktischen Unterricht vorherrschende Verwendung von Vorbildern der Vergangenheit für diese Entwicklung verantwortlich gemacht. Es wäre indessen ungerecht, den Anstalten daraus einen Vorwurf zu machen, daß sich ihnen bis zum Beginn der Stilwende um 1900 neben Zeugnissen vergangener Epochen fast ausschließlich Beispiele zeitgenössischer Werkstätten zur Erläuterung boten,

deren Beeinflussung durch Vorbilder aus älterer Zeit offenkundig war.

1921 erfolgte die Trennung des Berliner Museums von seiner Unterrichtsanstalt. Als man die Sammlungen in das Stadtschloß überführte, blieb diese im Gebäude an der Prinz-Albrecht-Straße zurück, um drei Jahre darauf im Rahmen der Kunstschulreform, die der Kultusminister H. C. Becker, unterstützt von seinem Referenten, Wilhem Waetzoldt, konzipiert hatte, unter der Leitung von Bruno Paul mit der Akademie zu den ›Vereinigten Staatsschulen für freie und angewandte Kunst‹ zusammengelegt zu werden.

In den Kunstgewerbemuseen hatte sich der Schwerpunkt ihres Wirkens im Verlauf der Entwicklung unmerklich verlagert. Gegenüber der Lehrtätigkeit war ihre Bedeutung als Stätten historischer Forschung und Besinnung in den Vordergrund gerückt. Wesentlich trug zu ihrer wachsenden Anerkennung als Museen die praktische Überwindung des in den Kunstanschauungen des Klassizismus begründeten Gegensatzes zwischen ›freier‹ und ›strenger‹ Kunst durch die Künstler des Jugendstils bei. Allmählich setzte sich die Erkenntnis durch, daß diese Scheidung der Künste in zwei Gattungen zum Mißbrauch gedieh, wenn man sie zur Grundlage eines Wertmaßstabes erhebt und das Erzeugnis des Kunsthandwerkers auf seine bloße Nutzbarkeit hin beurteilt, statt es zugleich und in erster Linie als Ausdruck der formenden Phantasie seines Schöpfers zu begreifen. Aus den Mustersammlungen der Gewerbeschulen waren Kunstmuseen geworden, die gleichwertig neben Gemäldegalerien und Skulpturensammlungen traten.

Verkörpert Julius Lessing die Frühphase der Kunstgewerbemuseen, so hebt mit der Ernennung seines Nachfolgers Otto von Falke im Jahre 1908 die zweite, die historisch orientierte Phase an, in der das Berliner Kunstgewerbemuseum zur Stätte kritischer Forschung wird. Als Sohn Jakob von Falkes, der über zehn Jahre lang dem Wiener Museum vorstand, war er von Jugend an mit der Idee und Geschichte der Kunstgewerbemuseen vertraut. Von Falkes eigentliche Bedeutung liegt in der mit unermüdlichem Fleiß, mit Klarheit und Sicherheit des Urteils betriebenen Auswertung des von der vorangegangenen Generation in unübersehbarer Fülle vorgelegten wissenschaftlichen Rohmaterials. Unter seinen Erwerbungen ist in erster Linie der *Roentgensekretär Papst Pius' VI.* zu nennen, eines der hervorragendsten Beispiele deutscher Ebenistenkunst des 18. Jh., und der *Mainzer Goldschmuck* der Kaiserin Gisela aus der Zeit um 1025, dem Otto von Falke, wie so vielem anderem, die grundlegende Monographie gewidmet hat.

Nach dem Ersten Weltkrieg, der den Ausbruch der Revolution und die Abdankung Wilhelms II. zur Folge hatte, ist dann aus dem Kunstgewerbemuseum das ›Schloß-Museum‹ geworden. Es war die Idee Otto von Falkes, der 1920 auf Vorschlag Wilhelm von Bodes zum Generaldirektor der Berliner Museen ernannt wurde, den Bau Andreas Schlüters und Eosander von Göthes durch Umwandlung in ein Museum sinnvoll in den Dienst der Öffentlichkeit zu stellen und ihn damit einer Aufgabe zuzuführen, die seiner kunstgeschichtlichen Bedeutung entsprach. 1921 wurden die Bestände des Kunstgewerbemuseums in das Schloß überführt und mit dem dort vorhandenen kostbaren Inventar vereint. Aus der Verschmelzung der beiden Sammlungskomplexe entstand so eine grandiose Synopsis der Geschichte des europäischen Kunsthandwerks von den Anfängen im Mittelalter bis in das 19. Jh.

Auf Otto von Falke folgte 1928 Robert Schmidt. Wie sein Amtsvorgänger hat er der Forschung auf vielen Gebieten durch zahlreiche Buchveröffentlichungen und Zeitschriftenaufsätze neue Wege gewiesen. Seine besondere Liebe galt neben der Möbelkunst, der Fayence und dem Porzellan vor allem der Glaskunst Mitteleuropas. Er erwarb für das Museum die Porzellansammlung Hermine Feist und große Teile der Sammlung Figdor, Wien. Maßgebend beteiligt war er beim Ankauf des **Welfenschatzes,** jenes unvergleichlichen Bestandes an mittelalterlichem Sakralgerät aus dem Besitz eines der berühmtesten Fürstenhäuser, mit dessen Erwerb die Sammlungen der romanischen und gotischen Goldschmiedekunst in einzigartiger Weise ergänzt werden konnten.

Mit dem Ausbruch des Zweiten Weltkrieges brach über das Museum die Katastrophe herein. Gleich zu Kriegsbeginn wurde es geschlossen. Schon vorher war ein Teil der kostbarsten Sammlungsobjekte in den Tresor der Preußischen Staatsbank (Seehandlung) verbracht worden. Weitere Bestände deponierte man im Tresor der Münze. Den größten Teil der Spitzenwerke faßte man später im Flakbunker Friedrichshain zusammen, den Möbeln diente eine Reihe von Schlössern als Unterkunft. Eines dieser Schlösser, Sophienhof in Mecklenburg, wurde mitsamt dem darin ausgelagerten Kunstgut ein Raub der Flammen. Vieles ging im Friedrichshain, anderes in der Münze zugrunde. Auch vom Plünderungen blieben die Bestände nicht verschont. Das Berliner Schloß brannte beim Bombenangriff vom 2. Februar 1945 bis auf den westlichen Abschluß aus. Die Mehrzahl der Prunkräume wurde zerstört, der Bau selbst fünf Jahre nach Beendigung des Krieges bis auf den Grund abgerissen.

Für zahlreiche Kunstwerke begann während der Kapitulationswirren eine wahre Odyssee. Was im Westen Deutschlands erhalten blieb, wurde schließlich in den Kunstgutlagern Wiesbaden und Celle zusammengefaßt.

Überblickt man den erhaltenen Bestand, so gewinnt man zwar nicht mehr den Eindruck einer bei größter Mannigfaltigkeit gleichgewichtigen, wohl aber einer an Werken von hervorragender Qualität ungemein reichen Sammlung. Fast unversehrt blieben die Sammlungen des Mittelalters mit dem **Welfenschatz,** dem **Schatz des Dionysiusstiftes in Enger,** den **Baseler Monstranzen** (bis auf das Kapellenkreuz), den romanischen und gotischen Bronzegeräten. In den Sammlungen von Goldschmiedearbeiten der Renaissance bilden noch immer das **Lüneburger Ratssilber,** der **Pritzwalker Silberfund** und die Meisterwerke der Jamnitzer, Straub, Krug, Petzold, Silber, Lencker und Walbaum die künstlerischen Höhepunkte. Fast vollständig erhalten ist das rheinische, sächsische und hessische Steinzeug. Obgleich die Majolikasammlung rund zwei Drittel ihres ehemaligen Bestandes verloren hat, vermag kein anderes Museum in Deutschland eine Übersicht gleichen Ranges zu bieten. Die Porzellansammlung überrascht nach wie vor durch ihre Reichhaltigkeit an hervorragenden Beispielen der wichtigsten deutschen Manufakturen. Ausgezeichnet vertreten sind Hafnerkeramik, Fayence, Zinn und Messing. Vor der Zerstörung bewahrt blieben viele Arbeiten der zweiten Hälfte des 19. Jh. und des Jugendstils. Die Rückführung des Kunstgutes nach Berlin (West) war 1957 abgeschlossen. Robert Schmidt hat sie nicht mehr erlebt. Er starb am 6. Oktober 1952 als Direktor des Kunstgutlagers Celle.

Mit dem ›Gesetz zur Errichtung der Stiftung Preußischer Kulturbesitz‹ wurde am 25. Juli 1957 eine gesetzliche und materielle Grundlage geschaffen, die nach der Auflösung des preußischen Staates herrenlos gewordenen Sammlungen wieder planvoll in den Dienst der Öffentlichkeit zu stellen. Von 1963 bis 1984 diente dem Berliner Kunstgewerbemuseum der Neue Flügel des Schlosses Charlottenburg (s. S. 285) als vorläufige Bleibe. Seit dem 12. Mai 1985 sind die Sammlungen des Museums im Neubau von Rolf Gutbrod am Tiergarten den Besuchern wieder in vollem Umfange zugänglich.

Baugeschichte und -beschreibung

Der Neubau des Kunstgewerbemuseums ging aus einem 1965 veranstalteten Wettbewerb hervor, mit dessen weiterführender Planung die Stiftung Preußischer Kulturbesitz den Stuttgarter Architekten Rolf Gutbrod

Agnus-Dei-Ostensorium *(Münsterschatz in Basel), Basel, nach 1460, Silber, getrieben, graviert u. teilw. vergoldet, Edelsteine, H 63 cm*

beauftragte. Die Funktion des Bauherrn nahm die Bundesbaudirektion wahr. 1970 legte Rolf Gutbrod die baureifen Pläne vor. Nachdem das Projekt für sechs Jahre zurückgestellt werden mußte, beschloß die Regierung der Bundesrepublik Deutschland 1976, den Bau in ihr zur Bekämpfung der Rezession entwickeltes Zukunftsinvestitionsprogramm aufzunehmen. 1977 wurde der Grundstein gelegt. Nach achtjähriger Bauzeit konnte das Gebäude schließlich im Sommer 1984 bezogen und am 12. Mai 1985 der Öffentlichkeit übergeben werden.
Es liegt in dem von der Tiergartenstraße gebildeten Winkel westlich von der Philharmonie Hans Scharouns. Zur Zeit ist es nur von der rückwärtigen Zufahrt an der Tiergartenstraße 6 über eine Nottreppe zu erreichen, da ein Tunnelbau zwischen der Philharmonie und der Tiefgarage der Museen den direkten Weg zum Eingang versperrt. Nach der endgültigen Beendigung der Bauarbeiten wird der Besucher das Museum vom Matthäi-

Kirchplatz, d. h. vom Gelände des hier geplanten ›Kulturforums‹ aus über die ›Piazzetta‹ erreichen, die als ansteigende Ebene die Museen für europäische Kunst miteinander verbinden soll: Kunstbibliothek (s. S. 139), Kupferstichkabinett (s. S. 163), Gemäldegalerie (s. S. 96), Skulpturengalerie (s. S. 308) und Kunstgewerbemuseum.
Gegenwärtig ragt das Gebäude des Kunstgewerbemuseums als Torso aus der Bauwüste. Sein zum Kulturforum hin geplanter Restaurantflügel zeichnet sich bislang lediglich in Gestalt zweier Treppenhausblöcke ab, der optische Bezug zu den übrigen, erst im Rohbau befindlichen Museumsbauten ist noch nicht hergestellt. Der Baumbestand, mit dem der rückwärtige Teil in die Bewaldung des Tiergartens einbezogen werden soll, läßt noch viel von der aus Sichtbeton und Backsteinblenden gebildeten Außenhaut frei.
Der Neubau des Kunstgewerbemuseums umschließt einen baum- und pflanzenbewachsenen Innenhof, dem ein zweiter kleinerer, offener Hof im Untergeschoß an der Piazzetta antwortet. Den Eintretenden empfängt ein weites Treppenhaus mit hohem Luftraum, in das von der Eingangsseite und vom Innenhof her in unterschiedlicher Intensität Tageslicht fällt. Es verbindet die drei Ausstellungsebenen des Museums und die mit ihnen korrespondierende umlaufende Galerie, auf der dem Besucher in Bild und Schrift Information über alle wichtigen kunsthandwerklichen Techniken und eine Reihe von kulturgeschichtlichen Themen angeboten wird. Über der oberen Ausstellungsebene liegt als zweigeschossiger Winkel ein Trakt mit der Verwaltung und den Restaurierungs- und Photowerkstätten.

Sammlungsbestände

Orientierung
Der Präsentation der Sammlungsbestände dienen drei Raumfolgen im Erdgeschoß, im Obergeschoß und im Untergeschoß. Ihre Aufteilung nach Raumgruppen von I bis X entspricht dem Rundgang, der mit dem frühen Mittelalter beginnt und beim Kunsthandwerk und Produkt-Design der Gegenwart endet. Die Eingangsebene, auf der die Besucher das Gebäude betreten, liegt zwischen dem Erdgeschoß mit Sammlungen vom Mittelalter bis zur Renaissance (Räume I-III und Raum VIII für Sonderausstellungen) und dem Obergeschoß mit Sammlungen von der Renaissance (Fortsetzung) bis zum Art déco (Räume IV-VII). Im Untergeschoß wird Kunsthandwerk der Gegenwart und Produkt-Design gezeigt (Räume IX u. X). Ein weiterer hier vorgesehener Raum für Sonderausstellungen (XI) wird im Jahr 1987 fertiggestellt. Die Geschosse sind durch Treppen und Fahrstühle miteinander verbunden. Von der Eingangsebene gelangt man direkt in die Informationsgalerie, die zwischen den Ausstellungen im Erdgeschoß umlaufende Empore, die von den Ausstellungsräumen gleichfalls durch Treppen und Fahrstühle zugänglich ist. In der Ebene der Informationsgalerie liegt auch die Cafeteria (Raum II).

Raum I: Mittelalter

Beim Betreten des Raumes trifft man zunächst auf den **Schatz aus dem Stift des
Heiligen Dionysius zu Enger/Herford** in
Westfalen mit einem als ›Bursa‹, als Pilgerta-
sche, gestalteten *Reliquiar,* entstanden im
dritten Viertel des 8. Jh. als eines der kostbarsten Beispiele frühmittelalterlicher Treib-
arbeiten mit Zelleneinlage und Zellenschmelz. Eine *Taufschale* aus grünem Ser-
pentin mit Montierung des 12. Jh. ist durch
die Legende mit dem Sachsenherzog Widu-
kind verbunden; ein mit Goldfiligran, Niello,
Edelstein- und Perlbesatz reich verziertes
Reliquienkreuz ist um 1100 wahrscheinlich
in der Werkstatt des Roger von Helmarshau-
sen entstanden. – Als zweites, zur geschichtlichen Einheit gewachsenes Ganzes
bilden den Mittelpunkt der Sammlung 42 Re-

1 Minneteppich, *wohl Basel, um 1430-50,
Bildwirkerei, Wolle auf Leinenkette,
107 × 151 cm*

2 Operatio *vom Remaklus-Retabel in Stablo,
Maasgebiet, um 1150, Grubenschmelz auf
Kupfer, vergoldet,* ⌀ *14,6 cm*

3 Bursenreliquiar *(Schatz von Enger/Her-
ford), 3. Viertel 8. Jh., Holzkern, Gold-, Silber-
blech, getrieben u. vergoldet, Edelsteine,
Perlen, 16 × 14 × 5,3 cm*

4 *Reineke vam Dressche,* Chormantelschließe *(Domschatz in Minden), Minden, dat.
1484, Silber, gegossen, getrieben, ziseliert,
graviert u. teilw. vergoldet, Reste von Email,*
⌀ *14 cm*

5 St. Georgs-Reliquiar, *Elbing, um 1480,
Silber, getrieben, gegossen, ziseliert, graviert
u. teilw. vergoldet, Sockel ehem. teilw.
emailliert, H 30,5 cm*

liquienbehälter aus dem sog. **Welfenschatz,** dem ehemaligen Schatz des St. Blasius-Stiftes in Braunschweig und einzigen in einem Museum geschlossen gezeigten mittelalterlichen Kirchenschatz, dessen Hauptstücke als Schenkungen der Brunonen und Welfen in den Besitz des Domkapitels gelangten. Er umschließt Arbeiten byzantinischer, rheinischer und sächsischer Goldschmiedewerkstätten vom frühen bis zum späten Mittelalter, darunter Werke von höchstem Rang wie das *Welfenkreuz,* dessen Ursprung in einer oberitalienischen Werkstatt des 11. Jh. vermutet wird, die byzantinische *Goldikone mit dem Hl. Demetrius* aus dem 12. Jh., das *Kuppelreliquiar,* entstanden um 1775-80 in Köln, der gleichfalls mit Köln in Verbindung zu bringende *Tragaltar des Eilbertus* und das 1339 geschaffene *Plenar Ottos des Milden* und seiner Gemahlin Agnes von Brandenburg. – Auch in den nicht zum Welfenschatz gehörenden Beständen finden sich Werke von überragender Bedeutung, so das erst vor wenigen Jahren erworbene *Grubenschmelzmedaillon* mit der ›OPERATIO‹, der Personifikation der guten Werke, der ›bona opera‹, des Heiligen Remaklus, ein Meisterwerk maasländischer Goldschmiedekunst, das einst den – vor 1798 verlorenen – monumentalen Altaraufsatz der Kirche zu Stablo in den Ardennen zierte. Als Denkmal nicht nur der Kunst, sondern auch der deutschen Geschichte ist die um 1160 in Aachen (?) gefertigte sog. *Taufschale Kaiser Friedrichs I. Barbarossa* zu werten, ebenso das *Kreuz Kaiser Heinrichs II.* aus dem **Basler Münsterschatz,** eine westdeutsche Arbeit aus dem frühen 11. Jh. Das Museum besitzt hervorragende Elfenbeinarbeiten, romanische und gotische Bronzen, Emailarbeiten aus Limoges, kostbare Textilien, darunter einen *Wandbehang* aus der Gegend von Halberstadt, geschaffen um 1160-70. Unter den Werken der späten Gotik sind zu nennen: die um 1460 entstandene *Basler Universitätsmonstranz,* das *St. Georgs-Reliquiar aus Elbing,* die *Chormantelschließe* des Reineke vam Dressche, gefertigt in Minden im Jahre 1484 und *acht bemalte Scheiben aus Er-*

5

4

bach, deren um 1480 tätiger Meister seine Schulung in Straßburg erhalten haben dürfte.

Raum II: Renaissance
Sammlung spanischer Lüsterware. Eine der bedeutendsten Sammlungen italienischer Majolika mit frühen Arbeiten des 13./14. Jh., Beispielen der Toskana aus dem 15. Jh. und vielen Spitzenwerken aus Faenza, Caffagiolo, Ferrara, Siena, Venedig, Deruta, Gubbio und Urbino, darunter Arbeiten von Nicolò da Urbino, Francesco Xanto Avelli und Orazio (?) Fontana. Zu den Rarissima gehört eine *Schale aus sog. Medici-Porzellan* (um 1580). – Eine hervorragende Sammlung von venezianischen Gläsern und Gläsern in ›facon de Venise‹ enthält Beispiele aus Farbglas mit Emailmalerei, Chalzedonglas, vergoldetem und emailliertem ›Cristallo‹, Faden- und Netzgläser, diamantgerissene Gläser, Milch- und Opalgläser, Eisgläser, Flügelgläser, Millefiori- und Aventuringläser und Glastypen mit plastischem Dekor. – Ferner werden qualitätvolle italienische Bronzen gezeigt von Andrea Briosco, gen. Riccio, und anderen Meistern, französische Maleremails des 16. Jh. aus Limoges, Möbel und niederländische Bildteppiche, darunter ein *Brüsseler Teppich mit der ›Flucht nach Ägypten‹* (um 1510-20), Verdüren der zweiten Hälfte des 16. Jh. mit Tierkampfszenen, zwei Teppiche aus einer Folge mit den Taten des Scipio etc.

Raum III: Renaissance (Fortsetzung)
Das **Lüneburger Ratssilber,** der bedeutendste noch erhaltene städtische Silberschatz der Spätgotik und Renaissance, wird in diesem Raum gezeigt mit Arbeiten nord- und süddeutscher Goldschmiede, darunter der *Bürgereidkristall,* die *Schale mit den Kirchenvätern,* die beiden *Gießlöwen, Interimspokal,*

1 Sitzende Madonna, *Faenza, um 1500, Majolika, H 50,4 cm*

2 Anhänger mit Christus als Schmerzensmann, *Süddeutschland, wohl Augsburg, um 1590, Gold, gegossen, Email en ronde bosse, transluzider Tiefschnittschmelz, Perlen, H 9 cm*

3 *Christoph Jamnitzer,* Elefanten-Gießgefäß, *Nürnberg, um 1600, Silber, vergoldet u. teilw. bemalt, H 43 cm*

4 *Jonas Silber,* ›Weltallschale‹, *Nürnberg, 1589, Silber, teilw. mit Lackfarben bemalt, Höhe 34,3 cm, Ø 20 cm*

5 Deckelpokal, *Potsdam, um 1720, Goldrubinglas, vergoldet, H 38 cm*

6 Prunkkanne, *Augsburg, um 1640, Elfenbein mit silbervergoldeter Montierung, H 39,7 cm*

7 *Georg Schmidt,* Tischuhr, *Augsburg, zw. 1611 u. 1616, Gehäuse: Messing, vergoldet, Stundenring: Silber, Greif: Bronze, vergoldet, Werk: Messing, H 18,1 cm*

5

6

7

Januspokal und die – ursprünglich für die Johanniskirche geschaffene – *Lüneburger Madonna*. – Dazu gesellen sich Meisterwerke süddeutscher Goldschmiede, insbesondere aus Nürnberg, der *Kaiserpokal* von Wenzel Jamnitzer, das *Gießgefäß* in Gestalt eines Elefanten von seinem Enkel Christoph Jamnitzer, die im Auftrag Kaiser Rudolphs II. von Jonas Silber geschaffene ›*Weltallschale*‹, eine *Prunkkassette* aus vergoldetem Silber und Lapislazuli von Hans Straub, der *Diana-Pokal* von Hans Petzoldt. In einem Nebenraum sind Goldschmiedemodelle ausgestellt, darunter das *Modell für den Schaft des sog. Merkelschen Tafelaufsatzes* von Wenzel Jamnitzer im Rijksmuseum in Amsterdam. – Es werden in diesem Raum ferner

kunstvolle Eisenarbeiten, deutsche Bronzen der Renaissance, Schmuck und Bestecke gezeigt. Sechs um 1530 geschaffene Bildteppiche mit Darstellungen der Trionfi nach Petrarca, die Entwürfen der Werkstatt des Barnaerd van Orley stilistisch nahestehen, schmücken die Wände.

OBERGESCHOSS

Raum IV: Renaissance (Fortsetzung) bis Barock

Die Renaissance setzt sich mit Sammlungsbeständen fort, wie sie seit dem 16. Jh. in den Kunstkammern der Fürsten, des Adels und gelehrter Humanisten aufbewahrt wurden: kunstvoll geschnitzte Straußeneier und

1

Kokosnüsse, zu Trinkgefäßen montiert, Arbeiten aus Perlmutter, Bergkristall, Halbedelstein, geschnitzte Elfenbeinfiguren und -humpen, Arbeiten aus Bernstein usw., ferner wissenschaftliche Instrumente und Uhren. Eine Kunstkammer im kleinen stellt der Inhalt des – im Kriege verlorenen – *Pommerschen Kunstschrankes* dar, den der Augsburger Patrizier und Agent Philipp Hainhofer im Auftrage des Herzogs Philipp II. von Pommern-Stettin konzipierte und ausführen ließ. – Es folgen umfassende Sammlungen von süddeutscher Bunthafnerware der Renaissance, von rheinischem, sächsischem und süddeutschem Steinzeug mit Beispielen aus Siegburg, Raeren, Frechen, Köln, Freiberg i. S., Kreußen, Waldenburg, Altenburg, Annaberg; ferner Bunzlauer Gefäße und Gläser des Barock. Hier ist die Entwicklung des deutschen Glasschnitts von den frühen Nürnberger Arbeiten eines Georg Schwan-

2

hardt, Hermann Schwinger oder Johann Wolfgang Schmidt über die Meisterwerke böhmischer und schlesischer Glasschneider wie Friedrich Winter und Christian Gottfried Schneider bis zu den Spitzenwerken des brandenburgischen Glasschnitts in Gestalt der Pokale von Gottfried Spiller zu studieren. Thüringer Pokale mit Schnitt von Georg Ernst Kunckel und dem Meister HI, ein holländisches Kelchglas mit Schnitt von Simon Jacob Sang, ›gestippte‹, d. h. mit dem Diamanten punktierte Gläser von Frans Greenwood, David Wolf, van den Blyk, Goldrubingläser aus süddeutschen Hütten und aus Potsdam. Zwischengold- und Schwarzlotgläser, darunter eine Flasche von Ignaz Preißler, Form- und Emailgläser komplettieren den Bestand. – Auch prunkvolles Silber des Barock wird in diesem Raum gezeigt. – Es folgen bedeutende Bestände an Delfter Fayencen, darunter eine *Vase mit Chinesendekor* von Rochus Hoppesteyn und ein Teller mit Landschaft von Frederik van Frijtom, ferner Potsdam-Berliner Fayencen. Möbel der Renaissance und des Barock verleihen dem Raum Akzente.

Raum V: Barock bis Rokoko, Chinoiserie
Es setzt sich zunächst die Ausstellung deutscher Fayencen fort mit Beispielen der Manufakturen Frankfurt, Hanau, Ansbach, Nürnberg und Bayreuth, Künersberg, Göppingen, Göggingen, Erfurt, Dorotheenthal, Kiel, Stokkelsdorf, Königsberg usw. Den künstlerischen Höhepunkt bilden zwei Fuldaer Vasen mit Löwenfinck-Dekor. Von hoher Qualität ist auch die kleine Sammlung von Beispielen französischer Fabriken wie Straßburg, Niederviller und Marseille. – Es folgen die bedeutenden Bestände an Meißner Porzellan mit Arbeiten von Johann Gregorius Hörold, Johann Joachim Kändler, Johann Friedrich Eberlein. Von überragender Bedeutung ist die Gruppe von *Figuren aus der italienischen Komödie,* die Franz Anton Bustelli für die Manufaktur Nymphenburg schuf. Gut vertreten sind auch die Manufakturen Frankenthal mit Beispielen von Konrad Linck, Johann Gottlieb Lücke und Ludwigsburg mit Figuren von Wilhelm Beyer und Valentin Sonnenschein. Höchst ist mit Figuren von Johann Peter Melchior vertreten. In der hervorragenden Sammlung von Berliner Porzellan der Perioden Wegely, Gotzkowski und KPM finden sich Figuren von Friedrich Elias Meyer, darunter *Chinese und Chinesin, die Luft,* die Jahreszeiten-Salzfässer, und von seinem Bruder Christian Wilhelm Meyer vorzüglich bemalte Ausformungen der Allegorien der Künste. Als Meisterwerk des Klassizismus wird Gottfried von Schadows *Prinzessinnengruppe* gezeigt. – Auch Kostüme des Rokoko sind hier zu sehen. Zu den Kostbarkeiten der Möbelkunst gehören ein um 1730 in Rom entstandener *Kommodenschrank,* dessen reiche und ungewöhnlich qualitätvolle Bemalung mit mythologischen Szenen und Landschaftsprospekten der Werkstatt des Sebastiano Conca zugeschrieben werden kann, Bildnisminiaturen, darunter fein gemalte Porträts von Heinrich Friedrich Füger, Sil-

3

1 Eulenpokal, *Schweiz?, Mitte 16. Jh.,*
Fayence, H 35 cm

2 Kanne, *China, Fassung Erfurt, Ende 16. Jh.,*
Porzellan, bemalt, Silber, vergoldet, H 19 cm

3 *Franz Anton Bustelli,* Mezzetin, *Nymphen-*
burg, um 1760, Porzellan, bemalt, H 22 cm

4 *Pierre Aldebert Griot,* Ballbüchlein, *Berlin,*
um 1750/60, Gold, guillochiert, mit Perlmutt-
einlagen, H 9,3 cm

ber des Rokoko und Emails der Berliner Bi-
jouteriewarenhandlung Fromery, ein *Bildtep-*
pich aus der Serie ›Les nouvelles Indes‹ von
Neilson und ein weiterer aus Aubusson. –
Mit den europäischen Sammlungen korre-
spondiert in diesem Raum auf einer durch
Rampen zugänglichen Plattform ein kleiner
Bestand chinesischer Porzellane jener Gattungen, die europäischen Porzellan- und Fa-
yencemalern als Vorbilder dienten, ferner eine bedeutende Sammlung von Jingdhezen-
Porzellanen bemalt nach europäischen Kupferstichen in Kanton und Honan im Auftrage
der indischen Kompagnien, ein ebenso seltener Bestand an Kanton-Emails, eine kleine
Gruppe chinesischer Gläser und eine bedeutende Sammlung von Riechfläschchen. Auch
Beispiele der europäischen Chinoiserie, z. B.
ein *Kabinettschrank mit Chinesenmalerei*
des für August den Starken von Sachsen-
Polen tätigen Hoflackierers Martin Schnell
und eine *Kommode* von Mathieu Criaerd
werden hier gezeigt. Einen besonderen Anziehungspunkt bildet das von dem deutsch-
stämmigen Maler Christian Mattheus Wehr-
lin bemalte *Chinesenzimmer* der Zeit um
1760 aus dem Palazzo Graneri in Turin und
ein reich geschnitzter Rocaillerahmen von
monumentalen Ausmaßen, den Melchior
Hefele in Wien um 1751 als *Modell für den*
Silberrahmen des Gnadenbildes der Wall-
fahrtskirche *Sonntagberg* in Niederöster-
reich schuf.

Raum VI: Rokoko (Fortsetzung)
bis Jugendstil

Nach dem Eintritt erwarten den Besucher
ein *Wirkteppich ›Bacchus und Ariadne‹* nach
Boucher, zwei Konsoltische von Ferdinand
Tietz, Gemälde preußischer Prinzessinnen
von Antoine Pesne, ein *Verwandlungstisch,*
geschnitzt und marketiert mit Elfenbein- und
Perlmutteinlagen von Abraham Roentgen,
ein *Schreibschrank* (um 1790-95) aus Mahagony mit vergoldeten Bronzebeschlägen und

4

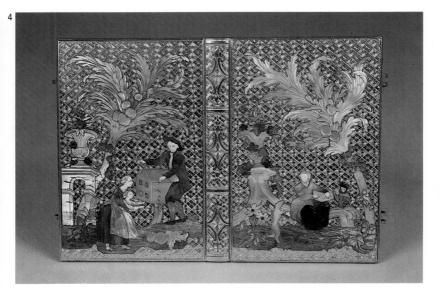

eine *Kommode* aus dem Besitz des Herzogs Karl August von Sachsen Weimar (um 1785-1790), gleichfalls Mahagony mit feuervergoldeten Bronzebeschlägen, beide von David Roentgen. Eine Meisterleistung der Markterie bietet das *Spiegelkabinett* von Johann Georg Neßtfell aus Schloß Wiesentheid in Franken, dessen aus verschiedenen Hölzern gefügter Flächendekor durch Laub- und Bandlwerk-Motive nach Vorlagen im Stil Paul Deckers, ausgeführt in Perlmutter und graviertem Zinn, zusätzliche Belebung erfährt. Besonders qualitätvolle Silberarbeiten aus Paris, London, Petersburg, Augsburg, Dresden, Berlin werden hier gezeigt, ferner Pariser Tapeten aus dem Hause Dufour und Gläser des Empire und Biedermeier, darunter Beispiele von J.J. Mildner, Sigismund Menzel, den beiden Mohn, Kothgasser und C. v. Scheidt. Den Höhepunkt des Biedermeierglasschnitts verkörpern Gläser von Dominik Bimann und seinem bislang nur in Berlin mit einem signierten Glas vertretenen Bruder Vinzens Bimann. Es folgt eine besonders reichhaltige und qualitätvolle Sammlung von Berliner Eisenkunstguß als Überleitung zum Kunsthandwerk des Historismus. Gläser von Salviati, Heckert, Lobmeyr, Köln-Ehrenfeld, Philippe Brocard und Ernest Leveillé, Keramiken von William de Morgan, Theodor Deck, Ernest Chaplet, Marc-Louis Solon, Arbeiten aus edlen und unedlen Metallen, darunter Beispiele von Christopher Dresser, englische Möbel aus Papiermaché, gelackt, bemalt und mit Perlmuttereinlagen verziert, ein *Zimmer des Mailänders Carlo Bugatti* und eine Sammlung von frühen Galvanoplastiken nach Silbergefäßen vergangener Epochen sind zu nennen. – Unter den Arbeiten des Jugendstils ist die Glaskunst mit hervorragenden Beispielen von Emile Gallé, Louis Comfort Tiffany, Daum und Lötz Wwe. vertreten. Keramiken von Auguste Delaherche, Pierre Adrien Dalpayrat und Albert Dammouse, von Jacob Julius Scharvogel, aus Bunzlau und Merkelbach, Rozenburg und Purmerend in Holland und von Richard Mutz, u.a. Figuren nach Ernst Barlach, von dem auch Ausfor-

mungen der Schwarzburger Werkstätten gezeigt werden, Emailarbeiten, darunter eine besonders reizvolle Deckeldose mit Fledermäusen von Eugène Feuillâtre, Paris, Schmuck, u.a. von René Lalique, und Kayser-Zinn runden das Bild, das durch Möbel von Henry van de Velde, Emile Gallé und Lucien Gaillard weitere Ergänzung erfährt. *Drei Glasfenster mit Allegorien der Jahreszeiten*

1 *David Roentgen (?)*, Schreibsekretär, *Neuwied (?), 1790-95, Mahagoniwurzelholz mit vergoldeten Bronzebeschlägen, H 214 cm*

2 *Abraham Roentgen*, Klapp- und Schreibtisch, *Neuwied, um 1760/65, Nuß-, Palisander- u. Rosenholz, Elfenbein u. Perlmutt, H 80 cm, L 108 cm, B 52 cm*

3 *Wilhelm Viertel*, Becher, *Dresden, 1817, farbloses Glas mit Transparentmalerei, H 10,3 cm*

4 *Jean Charles Cahier*, Samowar, *Paris, um 1820, Silber, H 55 cm*

nach Entwurf von Max Pechstein, ausgeführt von der Fa. Puhl, Wagner & Heinersdorf in Berlin-Treptow, liefern in diesem Raum einen beherrschenden Akzent.

Raum VII (Treppenhaus): Jugendstil (Fortsetzung) bis Art déco

Der Jugendstil setzt sich zunächst mit Porzellanen von Rörstrand, Bing & Gröndal, Kgl. Kopenhagen, Meißen, Berlin, Nymphenburg, Unterweißbach und anderen Manufakturen fort. Eine ganze Vitrine ist Arbeiten von Max Läuger reserviert, eine weitere dem von Adolf Amberg für die Berliner Manufaktur entworfenen *Hochzeitszug*. Auch das *›Schärpenspiel‹* von Léonard-Agathon van Weydefeldt findet sich in einer Sondervitrine. Dazu kommen Möbel von Bernhard Pankok und Richard Riemerschmid. – Zwei expressionistische starkfarbige und figurenreiche Glastüren von César Klein, ehemals im Spiegelsaal des Gurlitt-Hauses in Berlin, ausgeführt von Puhl, Wagner & Heinersdorf in Berlin-Treptow, leiten über zu den Sammlungen des Art déco mit Gläsern von Gabriel Argy-Rousseau, Aristide Colotte, François Emile Decorchemont, Daum Frères, Wilhelm von Eiff, Jean Sala, Almeric Walter, Andries Dirk Copier und Maurice Marinot, René Lalique, Sven Palmquist, André Thuret, Henri-Edouard Navarre, P. Nicolas, WMF (IKORA). Ein *Ziergefäß,* ausgeführt für Lobmeyr von August Bischof nach Entwurf von Ena Rottenberg, gehört zum besten, was auf dem Gebiet des Glasschnitts in dieser Zeit geschaffen worden ist. Unter den Metallarbeiten sind Beispiele von Alexandre und Henriette Marty, Jean Dunand und Claudius Linossier zu nennen, Emailarbeiten von Gustav Hilbert und Franz Hartmann, Schmuck von Cartier, Georges Fouquet, der Fa. Janesich und von Raymond Templier, ein Silberservice von Jean Puiforcat, Keramik und Porzellan von Max Esser, Edouard Marcel Sandoz, Raoul Lachenal, Felix Massoul. Im Stil des Suprematismus bemalte Porzellane aus Leningrad, KPM-Porzellan mit abstraktem Dekor von Gertrud Kant-Kaus. Aus dem Palast Manik Bagh des Maharadja von Indore in Indien stammt ein *Möbelensemble nach Entwurf von Eckart Muthesius* aus der Zeit um 1930-33. Marcel Wolfers schuf eine große Deckeldose aus Borassus-Palme, Mahagony, lackiert und mit Perlmutter und Goldstaub belegt, deren Deckelinnenseite das Haupt der Medusa zeigt.

UNTERGESCHOSS

Raum IX (Treppenhaus): Kunsthandwerk der Gegenwart

Das Hauptgewicht dieser noch jungen Sammlung liegt bei der deutschen Keramik, die jedoch durch ausgewählte Beispiele der internationalen Glaskunst sowie einige Gold- und Silberschmiedearbeiten und Tapisserien erweitert wird. Die Ausstellung der Keramik beginnt mit einer schönen Reihe von Gefäßen, die Hubert Griemert in den 30er Jahren an der dem Bauhaus nahestehenden Kunstschule der Burg Giebichenstein in Halle ge-

3

schaffen hat. Arbeiten seiner Altersgefährten Stephan Erdös und Richard Bampi aus den 50er Jahren schließen sich an, besondere Akzente setzen größere Werkgruppen von Jan Bontjes van Beek und von Mitgliedern der Keramikerfamilie Hohlt. Alle Genannten waren Meister der einfachen, gedrehten Form, die sich zeit ihres Lebens mit dem Geheimnis der farbigen Glasuren auseinandersetzten. Ihnen hat nach dem Zweiten Weltkrieg eine etwas jüngere Generation von Töpfern nachgeeifert, die inzwischen selbst schon als Klassiker der deutschen Keramik gelten: Ingeborg und Bruno Asshoff, Beate Kuhn, Margarete Schott, Ursula und Karl Scheid, Gotlind und Gerald Weigel. Für sie alle stehen die großen Vorbilder in Ostasien, und auch die Jüngeren Horst Kerstan

4

Bildnis Friedrich Wilhelms IV. von Preußen,
*Entwürfe für Bild u. Rahmen: Gustav Stier u.
Franz Krüger, Ausführung: KPM u. Königl.
Gewerbeinstitut, Berlin, 1842-44, Porzellan
mit Aufglasurmalerei, Bronzeguß, vergoldet,
Rahmenhöhe 105 cm*

und Heidi Kippenberg zeigen mit ihren Gefäßen noch deutlich dieselbe Orientierung. Die jüngsten Keramiker dagegen haben sich andere Quellen der Inspiration gesucht und arbeiten mit graphischen Effekten, Inlay, Verformung, modellieren und montieren. Einzelne Werke großer internationaler Keramikerpersönlichkeiten runden das Bild ab: Lucie Rie, Antoni Cumella, Gertrud und Otto Natzler, Edouard Chapallaz. – Das Silberschmiedehandwerk repräsentieren mit klassischen Formen eine besonders eindrucksvolle Schale von Andreas Moritz und einige Gefäße seiner Schüler Wilfried Moll und Christoph Diemer; nach dem Entwurf von Moritz hat Horst

Bühl eine Bergkristallschale geschliffen, nach eigenem eine weitere aus Achat. Die Vielfalt heutigen Schmuckschaffens können bisher nur wenige Beispiele belegen; sie umfassen expressive Tendenzen bei Nele und dem Ehepaar Seibert-Philippen, malerische bei Reinhold Reiling und Klaus Bury, konstruktivistische bei Friedrich Becker, Thomas Schleede und einigen jüngeren Silberschmieden, die besonders gern mit neuen, unedlen Materialien arbeiten. – Die Reihe der Vitrinen mit Glaskunst unserer Zeit zeigt Objekte der Amerikaner Dominik Labino, Robert Coleman, Sam Hermann, Marvin Lipovski und des Japaners Kyohei Fujita. Einige Gefäße aus Murano und aus dem Thüringer Wald zeigen in moderner Form die Verwendung alter venezianischer Ofen- und Lampenglastechniken. Objekte von Vaclav Cigler, Frantisek Novak und anderen Künstlern der Tschechoslowakei belegen die neuen Tendenzen in der traditionsreichen böhmischen Glaskunst.

Raum X: Produkt-Design

Der Aufbau dieses Sammlungsteils ist, wie auch der des zeitgenössischen Kunsthandwerks, weniger statisch angelegt als der der oberen Ausstellungsgeschosse. Hier wird der Sammlungsbestand stets nur ausschnitthaft gezeigt. Die stetige Weiterentwicklung des zeitgenössischen Schaffens soll beobachtet und dargestellt werden. In der Abteilung Produkt-Design sieht das Konzept eine Dokumentation der beispielhaften Formentwicklung unseres Jahrhunderts vor allem auf den Gebieten vor, die auch aus älteren Epochen im Museum gesammelt werden. So überwiegt Tafel- und Hausgerät aus Porzellan, Glas und Metall in den Vitrinen, jeweils beginnend mit Arbeiten der Bauhaus-Werkstätten (Bogler, Lindig, Wagenfeld) und fortgeführt an Beispielen der 30er bis 80er Jahre. Auch die Entwicklung des Möbels wird von der Frühzeit des Jahrhunderts bis heute gezeigt, wobei als besondere Kostbarkeiten originale Serien-Prototypen von Ernst Dieckmann, Ludwig Mies van der Rohe und Herbert Hirche aus der Reihe der Beispiele herausragen, die jedoch ein weitaus größeres Spektrum – von Thonet bis zu Toshiyuki Kita – umfaßt. Einige für unsere Zeit unentbehrliche technische Geräte und Produkte aus Kunststoff runden die Ausstellung ab.

Franz Adrian Dreier

Eugène Feuillâtre, Deckelbüchse
mit Fledermäusen, *Paris,
1900, Silber, teilw. vergoldet,
Email, Glas, H 7 cm*

39 **Kupferstichkabinett**

Staatliche Museen Preußischer Kulturbesitz

33 (Dahlem), Arnimallee 23-27, Telefon 8301-228, Zentrale: 8301-1
Verkehrsverbindung: U-Bahnhof Dahlem-Dorf; Bus 1, 10, 17
Geöffnet: Dienstag bis Sonntag 9-17 Uhr, Studiensaal: Dienstag bis Freitag 9-16 Uhr
Abweichend von der Feiertagsregelung (s. S. 8) nur am 1. 1., Osterdienstag, 1. 5.,
Pfingstdienstag, 24., 25. und 31. 12. geschlossen

Direktor: Prof. Dr. Alexander Dückers (Kunst der Moderne)
Wissenschaftliche Mitarbeiter: Dr. Hans Mielke (Deutsche und Niederländische
Kunst bis 1800), Dr. Sigrid Achenbach (Französische und Englische Kunst bis 1800;
Kunst des 19. Jh.), Dr. Peter Dreyer (Italienische Kunst bis 1800), Dr. Frauke Steenbock
(Handschriften des Mittelalters und der Renaissance)

Träger: Stiftung Preußischer Kulturbesitz

Sammlung: Europäische – aus jüngerer Zeit auch nordamerikanische – Zeichnungen
und Druckgraphik vom Mittelalter bis zur Gegenwart; illuminierte Handschriften des
Mittelalters und der Renaissance; Inkunabeln; mit Originalgraphik illustrierte Bücher

Präsenzbibliothek für die Besucher des Studiensaales nutzbar

Publikationen: Abgesehen von den vergriffenen, jedoch im Studiensaal einzusehenden
Gesamtverzeichnissen der deutschen u. niederländischen Zeichnungen vor 1800
sowie der Miniaturen (Handschriften u. Einzelblätter) liegen Bestandskataloge vor zu:
Dürer (Zeichnungen), Tizian (Holzschnitte), Rubens (Zeichnungen), Roos (Zeichnungen),
venezianische Graphik des 18. Jh. (auf den Gebieten Vedute, architektonisches
Capriccio u. Landschaft; mit Einzelbeispielen Piranesis), Menzel (Zeichnungen u. Druck-
graphik), Orlik (Druckgraphik), Künstler der ›Brücke‹ (Druckgraphik bis 1914), Picasso
(Druckgraphik). Einen Überblick über die Sammlung mit Ausnahme der Zeichnungen
des 19. u. 20. Jh. gibt ›Kunst der Welt in den Berliner Museen, Kupferstichkabinett
Berlin‹, Stuttgart u. Zürich 1980

Sammlungsgeschichte

Das Kupferstichkabinett wurde 1831 begründet, geht in seinen Anfängen aber auf das
Jahr 1652 zurück, als der Große Kurfürst
rund 2500 Zeichnungen und Aquarelle für die
Bibliothek des brandenburgisch-preußischen
Hofes erwarb, die frühzeitig auch Gelehrten
und Künstlern zugänglich war. So erweist

sich das Kabinett als das älteste der Berliner
Museen, und verschiedene Quellen bele-
gen, daß sein Urbestand in den nahezu 180
Jahren bis zur ›offiziellen‹ Museumsgrün-
dung um gewichtige Komplexe erweitert
wurde.
In den Kreis der international bedeutendsten
Museen dieser Art wie London, Paris und
Wien trat das Kupferstichkabinett jedoch

Kölner Schule, Aussendung der Apostel, *Evangeliar aus Kloster Abdinghof, um 1080,
Deckfarben/Pergament, 27,5 × 19,3 cm*

1 *Nachfolger des Rogier van der Weyden,* Bewei-nung Christi, *um 1450-60, Deckfarben/Pergament, 25,8 × 20 cm*

2 *Deutsche Schule,* Streit-gespräch mit dem Tod, *aus: ›Der Ackermann von Böhmen‹, Bamberg, um 1462, Holzschnitt, koloriert, 22 × 14 cm*

3 *Albrecht Dürer,* Die Mut-ter des Künstlers, *1514, Kohle, 42,3 × 30,5 cm*

4 *Matthias Grünewald,* Hl. Katharina, *um 1520, schwarze Kreide, weiß gehöht, 31,6 × 21,5 cm*

erst ein, als 1835 der Ankauf der umfangrei-chen Sammlung des preußischen General-postmeisters und Staatsministers von Nag-ler glückte. Die Erwerbung ganzer Sammlun-gen oder ihrer wichtigsten Teile blieb fortan geradezu ein Kennzeichen für den Ausbau des Bestandes. Zeichnete sich die Nagler-sche Sammlung u. a. durch eine große Zahl

altdeutscher Zeichnungen von vorzüglicher Qualität aus, so wurde mit der 1843 in das Kabinett gelangten römischen Sammlung Pacetti der Grundstock für den Besitz an ita-lienischen Zeichnungen des 15.-18. Jh. ge-legt.

Es folgten u. a. 1844 die Erwerbung von et-wa 1500 Holzstöcken altdeutscher Meister aus der Nürnberger Sammlung Derschau, 1874 der Ankauf der Sammlung Suermondt aus Aachen mit dem Schwerpunkt holländi-scher Meisterzeichnungen, 1877 die Pariser Sammlung Posonyi mit allein 40 Dürer-Zeich-nungen, 1882 weite Bereiche der Hand-schriftensammlung des Herzogs von Hamil-ton (darunter der Großteil von Botticellis Illu-strationen zu Dantes ›Göttlicher Komödie‹), 1902 die Berliner Sammlung von Beckerath mit Meisterwerken nahezu aller europäi-schen Schulen, 1906 die Goya-Sammlung Felix Boix aus Madrid. Hervorzuheben sei ferner der Ankauf von sieben Zeichnungen Grünewalds um 1925 und von zwei Aquarel-len Dürers im Jahr 1952. Die Erwerbung ei-ner amerikanischen Privatsammlung mit weit über 300 Lithographien und Radierun-gen Alberto Giacomettis im Jahr 1985 ist zu werten als ein erster Schritt auf dem Weg, an die alte Sammeltradition des Museums wieder anzuknüpfen.

Neben den Kriegsverlusten, die das Kupfer-stichkabinett jedoch in weit geringerem Ma-ße trafen als andere Berliner Museen, stellte die nationalsozialistische Aktion gegen die sogenannte ›entartete Kunst‹ den schwer-sten Eingriff in den Sammlungsbestand dar. 1937 wurden etwa 650 Werke der klassischen Moderne aus der Sammlung entfernt. Die ›Neue Abteilung‹ des Museums, die traditionell die Kunst des 19. und 20. Jh. umfaßt, war auch aus anderem Grund besonderen Wechselfällen ausgesetzt. 1878 wurde der Kabinettsbestand an Zeichnungen des 19. Jh. an die Nationalgalerie überwiesen, mit der Folge, daß für einen längeren Zeitraum vom Kupferstichkabinett die Druckgraphik, von der Nationalgalerie die Zeichnungen der jeweiligen Gegenwart gesammelt wurden. Diese Aufspaltung der Zuständigkeiten fand 1986 ein Ende, und heute betreut das Kupferstichkabinett das Sammelgebiet wieder in vollem Umfang. Da sich der Altbestand der ›Sammlung der Zeichnungen‹ der Nationalgalerie nahezu vollständig in Berlin ([Ost]; s. Museen Ost-Berlin, Altes Museum) befindet und sich fast ausschließlich auf deutsche Zeichnungen beschränkt, ist auf dem Feld neuerer Zeichnungen ein Nachholbedarf nicht zu übersehen. Dies gilt in besonderem Maß für die klassische Moderne und das 19. Jh. Der von der Nationalgalerie in Berlin (West) zusammengetragene und jüngst vom Kupferstichkabinett übernommene Bestand besitzt hingegen auf dem Gebiet der deutschen Zeichenkunst der Nachkriegszeit gewichtige Schwerpunkte.

In den ersten Jahren nach seiner Gründung war das Kupferstichkabinett angesiedelt in Schinkels 1830 vollendetem ›Alten Museum‹ am Lustgarten, 1840 wurde es verlegt in das nahebei am nördlichen Spreeufer gelegene Schloß Monbijou. 1848 bezog es großzügig gestaltete Räume in Friedrich August Stülers ›Neuem Museum‹ (s. Museen Ost-Berlin) auf der sich nun entwickelnden ›Museumsinsel‹, die für bald 100 Jahre seine

3

Heimat bleiben sollte. Als Folge des Zweiten Weltkrieges und der Spaltung Berlins befindet sich heute der weitaus größere Teil des Vorkriegsbestandes im Dachgeschoß von Bruno Pauls Altbau des Museumskomplexes in Berlin-Dahlem (s. S. 96), ein kleinerer Teil im Osten der Stadt (erneut, wie auch die ›Sammlung der Zeichnungen‹, im ›Alten Museum‹). Der dringend benötigte Neubau für die Dahlemer Sammlung wird im Kulturforum am Rande des Tiergartens errichtet und soll zu Beginn der 90er Jahre bezogen werden.

Sammlungsbestände

Das Berliner Kupferstichkabinett gehört zu den bedeutendsten graphischen Sammlungen der Welt. Es umfaßt – in ungefähren Zahlen – 35000 Zeichnungen und 380000 Werke der Druckgraphik vom Mittelalter bis zur Gegenwart, über 100 mit Miniaturen geschmückte Handschriften und mehrere hundert aus solchen Handschriften stammende Einzelminiaturen des 11.-16. Jh., 190 Wappen- und Skizzenbücher, gut tausend Bücher (Inkunabeln) des 15. und 16. Jh., ein halbes Tausend illustrierte Bücher des 17.-20. Jh.

Die Kunstwerke werden wegen ihrer Lichtempfindlichkeit und aufgrund des Umfangs des Sammlungsbestandes in einem Magazin aufbewahrt, sind aber mit gewissen Einschränkungen, welche z. B. die Handschriften sowie die Mappenwerke und Großformate jüngerer Druckgraphik betreffen, im Studiensaal des Museums zugänglich. Dort kann sich der Besucher – nach Nennung des Namens des betreffenden Künstlers – Werke seiner Wahl vorlegen lassen. Außerdem veranstaltet das Kupferstichkabinett, vornehmlich mit Werken aus dem eigenen Bestand, regelmäßig Ausstellungen zu wechselnden Themen.

1

Handschriften, Einzelminiaturen, Frühdrucke

Mit 103 illuminierten Handschriften und mehr als 400 Einzelminiaturen besitzt das Kupferstichkabinett eine ungewöhnliche Sammlung zur Buchkunst, deren Vielseitigkeit bedeutende Zeugnisse der Buchmalerei vom Mittelalter bis zum Ausgang der Renaissance dokumentieren.

Von den Cimelien des Mittelalters sind das Reichenauer Evangelistar (um 1050), das den Spätstil der Kölner Malerschule vertretende Evangeliar aus Kloster Abdinghof (um 1080) und das sog. Psalterfragment der Maas-Schule (1160/70) hervorzuheben. Aus der Zeit der Gotik sind die berühmte Hamilton-Bibel (Neapel, um 1350), der reich illustrierte Alexander-Roman (französisch, Ende 13. Jh.) und die Toggenburg-Weltchronik von 1411 zu nennen. Unter den Handschriften niederländisch-flämischer Herkunft nimmt das Stundenbuch der Maria von Burgund aus einer Gent-Brügger Werkstatt einen besonderen Rang ein. In der Gruppe der italienischen Codices sind das ›Romanzo di Paolo e Daria‹ des Gasparo Visconti und das 1520 von Ludovico Vicentinus in Rom beendete Missale des Giulio de' Medici (Papst Clemens VII.) besonders hervorzuheben. Aus dem Kreis Nürnberger Miniatoren stammen die allegorischen Illustrationen zum Traktat vom Stein der Weisen ›Splendor Solis‹. Unter den meist aus Handschriften herausgeschnittenen Einzelminiaturen sind viele von herausragender kunsthistorischer Bedeutung.

Vorläufer des von Johannes Gutenberg erfundenen Buchdruckes mit beweglichen Lettern sind die Blockbücher. Von den zumeist in den Niederlanden und Deutschland zwischen 1430 und 1460/70 entstandenen Ausgaben besitzt das Berliner Kabinett 13 – Armenbibel (biblia pauperum), Apokalypse, Planetenbuch –, darunter einige Unica.

Seit der Mitte des 15. Jh. gibt es mit Holzschnitten illustrierte Bücher, deren Text mit beweglichen Lettern gedruckt ist. Diese seltenen Frühdrucke, Inkunabeln oder Wiegendrucke genannt, sind durch herausragende Werke vertreten. Dazu zählt der nur in zwei

1 *Pieter Bruegel d. Ä.,* Die Bienenzüchter, *1568, Feder in Braun, 20,3 × 30,9 cm*

2 *Peter Paul Rubens,* Junge Frau, einen Krug auf dem Kopf tragend, *um 1617/18, schwarze Kreide, Weißhöhung, Rötel, 49 × 26,9 cm*

3 *Lucas Cranach d. J.,* Bildnis der Herzogin Elisabeth von Sachsen, *um 1564, Pinsel in Braun über schwarzem Stift, Deckfarben/rosa grundiertes Papier, 38,7 × 28,3 cm*

3

Exemplaren bekannte, ca. 1461 bei Pfister in Bamberg gedruckte ›Ackermann von Böhmen‹. Die wichtigsten deutschen Druckorte sollen hier mit Meisterwerken zitiert werden. Augsburg: Ausgaben des ›Belial‹ von 1472 und 1473; Boccaccios ›Von den berühmten Frauen‹ (1479). Ulm: Die ›Fabeln‹ des Aesop (1476) und der ›Eunuch‹ des Terenz (1486). Mainz: Johannes Breidenbachs ›Pilgerfahrt in das Heilige Land‹ (Erhard Reuwich, 1486). Nürnberg: Schedels berühmte ›Weltchronik‹ und der ›Schatzbehalter‹ (1491) mit Holzschnitten von Michael Wolgemut und von Wilhelm Pleydenwurff. Basel: ›Ritter von Thurn‹ (1493) und Sebastian Brants ›Narrenschiff‹ (1497), beide mit Holzschnitten vom jungen Dürer. Lübeck: ›Die deutsche Bibel‹ von 1494. Auch Italien ist mit ausgezeichneten und qualitätvollen Drucken vertreten: Aesops ›Fabeln‹, Neapel 1485; Petrarcas ›Trionfi‹, Venedig 1488, vor allem aber die ›Hypnerotomachia Polifili‹, Venedig 1499. Besonders zahlreich sind die in Deutschland gedruckten Bücher aus der ersten Hälfte des 16. Jh. vertreten, die von bedeutenden Meistern des frühen Holzschnitts illustriert wurden. Die Bücher von Albrecht Dürer sind vollzählig vorhanden. Unter den Auftragswerken des Kaisers Maximilian ragt das Prachtexemplar des ›Theuerdank‹ (Nürnberg 1517) heraus, dessen Holzschnitte, auf Pergament gedruckt, von Hans Burgkmair, Leonhard Beck und Hans Schäuffelein stammen. Die vom Petrarca-Meister (Hans Weiditz?) reich bebilderten Augsburger Drucke, vor allem Petrarcas ›Von der Artzney bayder

Glück‹ (1532), zeichnen sich durch die erzählerische Vielfalt ihres Bilderschmuckes aus.

Aus der Reihe der nach 1550 entstandenen illustrierten Drucke sind die großen Verlagswerke zu nennen, die mit ihren vielbändigen Ausgaben neue Wege drucktechnischer Unternehmen beschreiten.

Deutsche Zeichnungen und Druckgraphik des 15.-18. Jahrhunderts

Die Sammlung altdeutscher Zeichnungen im Kupferstichkabinett wird von keinem Museum der Welt übertroffen. Am Anfang stehen einige kostbare, noch ganz der gotischen Tradition verpflichtete Blätter, entstanden um 1400: aquarellierte Passionsszenen aus der Böhmischen Schule; ein großer Altarentwurf aus Köln, Madern Gerthner zugeschrieben. Aus der Jahrhundertmitte sei die feingestrichelte Darstellung einer weiblichen Heiligen vom Meister E S (tätig um 1440-67) hervorgehoben. Vom Meister des Hausbuches besitzt Berlin die einzige sichere Zeichnung. Martin Schongauer (gest. 1491) ist mit vier Blättern vertreten. Schwerpunkt der Sammlung sind 120 Zeichnungen Dürers (1471-1528). Die zeichnerischen Œuvres der Dürer-Schüler sind ungleich schmaler, doch sind auch sie sehr gut vertreten: Hans Baldung, Hans von·Kulmbach, Hans Schäuffelein. Von Hans Holbein d. Ä. gibt es ca. 70 Silberstiftzeichnungen mit Porträts. In keiner Sammlung sind die Zeichnungen der Donauschul-Meister Albrecht Altdorfer und Wolf Huber reicher vertreten. Von insgesamt 32 bekannten Grünewald-Zeich-

1 *Rembrandt van Rijn,* Selbstbildnis, *um 1635, Feder in Braun, laviert u. weiß gedeckt, 12,5 × 13,7 cm*

2 *Giovanni Battista Tiepolo,* Die Foresteria der Villa Valmarana bei Vicenza, *1757, Feder, laviert, 12,6 × 23,8 cm*

3 *Sandro Botticelli,* Dante und Vergil bei den Gräbern der Kuppler, Verführer und Schmeichler, *Illustration zur ›Göttlichen Komödie‹, Inferno XVIII, zw. 1492 u. 1497, Deckfarben/Pergament, 32 × 47,3 cm*

nungen besitzt Berlin 14. Der Bestand an Zeichnungen Lucas Cranachs wird gleichfalls von keinem anderen Museum erreicht. Auch für das spätere 16., das 17. und 18. Jh. bleibt die Sammlung von einmaligem Reichtum.

Die Entstehung der druckgraphischen Techniken um 1400 hängt ursächlich zusammen mit einem bis dahin unbekannten Bildhunger, der im ausgehenden Mittelalter weiteste Kreise der Bevölkerung ergriff. Die Technik, die zur Herstellung solcher ›Bilder‹ als erste entwickelt wurde, war die des Holzschnitts, die im Zeugdruck längst bekannt war und nun für den Bilddruck eingesetzt wurde. Von den seltenen Blättern aus der Frühzeit der Druckkunst besitzt das Kupferstichkabinett einen sehr reichen Bestand (ca. 300 Blatt), vor allem deutscher, doch auch niederländischer, französischer und italienischer Herkunft.

Wenige Jahrzehnte später (um 1420/30) entstanden die ersten Kupferstiche. Berlin besitzt eine hervorragende Sammlung an Werken der frühen Kupferstecher, die mit Notnamen bezeichnet werden: Meister der Spielkarten, der Liebesgärten, des Todes Mariae, der Berliner Passion, Meister von 1446 (dies das früheste Datum auf einem Kupferstich). Vom ersten bedeutenden Künstler der Stechkunst kennen wir nur die Initialen: E S. Der größte Kupferstecher vor Dürer war Martin Schongauer. Das Ende des Jahrhunderts, das an seinem Beginn die Druckkünste hervorgebracht hatte, erreichte bereits deren ersten Höhepunkt mit Albrecht Dürer, dessen Holzschnitte und Kupferstiche von kaum zu übertreffender Qualität und Vollständigkeit in Berlin vorliegen. Vorzüglich sind auch die Dürer-Schüler vertreten: Hans Baldung, Hans Schäuffelein, Georg Pencz, die Brüder Sebald und Barthel Beham. Ebenso die großen Meister der Renaissance: Hans Holbein d. J., Lucas Cranach, Albrecht und Erhard Altdorfer, Hans Burgk-

mair; weiter Daniel Hopfer, Augustin Hirschvogel, Hans Seb. Lautensack, Virgil Solis, Jost Ammann, Monogrammisten und anonyme Blätter des 16. Jh. Die große Menge der deutschen Drucke des 17. und 18. Jh. hat sich dagegen überwiegend im Kupferstichkabinett zu Berlin (Ost) erhalten, abgesehen von folgenden Ausnahmen: Schabkunstblätter des Ludwig von Siegen u. a., Farbstiche, die Blätter von Georg Friedrich Schmidt, Johann Heinrich Roos, Wenzel Hollar, Jeremias Falck, J. G. Wille, Johann Friedrich Bause, Daniel Chodowiecki und Johann Wilhelm Meil.

Niederländische Zeichnungen und Druckgraphik des 15.-18. Jahrhunderts

Die Sammlung niederländischer Zeichnungen im Kupferstichkabinett gehört zu den reichsten und vielseitigsten ihrer Art. Blätter des 15. Jh. sind kostbar durch ihre spärliche Überlieferung. Die besten unter ihnen versucht man auf die großen Meister wie Jan van Eyck, Rogier van der Weyden, Hugo van der Goes aufzuteilen, ohne immer entscheiden zu können, ob es sich um Originale oder Nachzeichnungen handelt. Mit der Wende zum 16. Jh. wächst die Menge des überlieferten Materials, wir können Zeichnungen mit ganz anderer Sicherheit bestimmten Meistern zuschreiben: Hieronymus Bosch, Jan Gossaert, Barent van Orley, Lucas van Leyden, Maarten van Heemskerck. Die überragende Figur der niederländischen Kunst im 16. Jh. war der Flame Pieter Bruegel d. Ä., der Bauernbruegel (um 1525-69). Die neueste Forschung erkannte, daß zwei bislang Bruegel zugeschriebene Gruppen von Zeichnungen von den Brüdern Jacques (um 1565-1603) und Roelant Savery (1576-1639) stammen, so daß dem Kupferstichkabinett noch acht sichere Zeichnungen Bruegels bleiben, was von keiner anderen Sammlung übertroffen wird. Die großen Flamen des 17. Jh., Ru-

2

bens, van Dyck und Jordaens, sind in Berlin mit wichtigen Blättern vertreten.

Überreich ist die Sammlung der holländischen Zeichnungen des 17. Jh., in deren Mittelpunkt das Werk Rembrandts steht. Von den einst akzeptierten 150 Zeichnungen seiner Hand hat etwa die Hälfte der strengen Kritik moderner Forschung standgehalten, aber auch diese Zahl wird von keinem anderen Museum erreicht. Es ist kaum nötig zu sagen, daß auch die übrigen großen Meister des 17. Jh. sehr gut vertreten sind, z. B. Hendrik Averkamp, Willem Buytewech, Esaias, Jan, Adriaen und Willem van der Velde, Adriaen und Isaak van Ostade, Jan van Goyen, Jacob van Ruysdael.

Die niederländische Druckgraphik tritt selbständig erst um 1500 in Erscheinung mit Lucas van Leyden und Jacob Cornelisz. von Amsterdam, deren Œuvre im Kupferstichkabinett vorzüglich vertreten ist. Für das fortschreitende 16. Jh. ist das Aufblühen der sog. Reproduktionsgraphik charakteristisch. So ist z. B. das berühmte druckgraphische Werk Pieter Bruegels bis auf eine Ausnahme von tüchtigen Handwerkern gestochen worden. Erst zum Ende des Jahrhunderts gewannen die Künstler erneut Interesse, ihre Entwürfe selbst in die Kupferplatte zu stechen (Hendrik Goltzius), was im 17. Jh. wieder sehr häufig wird. Hier bilden die Radierungen Rembrandts den eigentlichen Schwerpunkt niederländischer Druckgraphik, und sein Werk liegt in Berlin sozusagen vollständig vor. Doch auch die Drucke der übrigen ›Malerstecher‹ von Berchem bis Zeeman sind in größter Reichhaltigkeit vorhanden.

Italienische Zeichnungen und Druckgraphik des 14.-18. Jahrhunderts

Das Berliner Kupferstichkabinett verdankt die Masse seines Bestandes an italienischen Zeichnungen der Sammlung des römischen

Bildhauers Cavceppi (gest. 1799) und ihrer Erweiterung durch Vincenzo Pacetti, also einer Künstlersammlung, die in Rom zusammengetragen wurde. Das erklärt ihre Vorzüge und Schwächen. Oft sind umfangreiche Werkkomplexe einzelner Meister vorhanden, oft fehlen wichtige Namen ganz. Auch die späteren Erwerbungen solch bedeutender, wenn auch an Umfang kleinerer Sammlungen wie Suermondt und von Beckerath, deren Schwerpunkte auf den nördlichen Schulen lagen, und die Bemühungen um den Erwerb einzelner Zeichnungen haben dieses Bild nicht entschieden geändert. So liegt die Stärke noch heute nicht bei den berühmten Künstlern der italienischen Früh- und Hochrenaissance – Leonardo, Michelangelo, Raffael – oder der ersten Generation der Barockmeister, etwa der Carracci, nicht also in Namen, die dem Laien vertraut sind, sondern in den einzelnen Werkkomplexen, die Fundgruben für den Forscher sind und an deren Spitze der des Urbinaten Federico Barocci (1535-1612) zu nennen ist. Francesco Vanni und Rutilio Manetti aus Siena, Bernardino Pocetti aus Florenz und der in Rom tätige Giuseppe Cesari – Cavaliere d'Arpino – sind ebenfalls mit größeren Beständen vertreten, aus denen die Arbeitsgewohnheit der Zeit um 1600 faßbar wird. Im späteren 17. und 18. Jh. sind es vor allem Maratta und seine Nachfolger (Masucci, Pietro di Pietri, Benefial), die zahlenmäßig gut vertreten sind, Giovanni Battista Gaulli und die Schulen von Gianlorenzo Bernini und Pietro da Cortona. Daneben sind

aus dem Norden Italiens der Venezianer Giovanni Battista Tiepolo gut und der Istrier Francesco Trevisani vorzüglich vertreten.

Wenn auch die italienischen Schulen nicht sämtlich in gleichmäßiger Breite und durch alle Zeiten hindurch im Kupferstichkabinett repräsentiert sind, so läßt sich doch die gesamte Spanne vom Beginn der Zeichenkunst bis gegen 1800 mit guten und oft auch vorzüglichen Beispielen belegen.

Eine kleine Zahl von Blättern, oft ohne Zuschreibung, dokumentiert das 14. und die erste Hälfte des 15. Jh. Einzelne Zeichnungen von Mantegna, Bellini, Francia, Verrocchio, Fra Bartolomeo, Signorelli, Cambiaso, Raffael, Michelangelo, Bandinelli, Tizian und Tintoretto und eine bedeutendere Gruppe von Veronese seien für die Zeit zwischen 1450 und 1600 hervorgehoben. Von den Meistern des Barock sind die Carracci, Gianlorenzo Bernini, Pietro Testa, Salvator Rosa, Piazetta, die Guardi mit vereinzelten, Canaletto und Pietro Longhi mit kleineren Gruppen vorhanden.

Unter den italienischen Handschriften nehmen einige Blätter der leider aufgelösten ›Göttlichen Komödie‹ mit den Illustrationen von Sandro Botticelli einen hervorragenden Platz ein.

Die italienische Druckgraphik ist in ausgeglichenerer Weise vorhanden als die Zeichnungen. Hervorzuheben sind von den frühen Blättern die Arbeiten von Andrea Mantegna und seiner Schule, von denen des 18. Jh. die Radierungen von Antonio Canaletto.

Französische, englische und spanische Zeichnungen und Druckgraphik des 15.-18. Jahrhunderts

Obwohl vom Umfang her nicht allzu groß, ist die französische Abteilung der Handzeichnungen doch durch die Qualität des Vorhandenen von besonderem Rang. Einige Verluste, die dem Kabinett infolge des Krieges und der Teilung der Bestände entstanden, konnten durch wichtige, seit den 60er Jahren wieder mögliche Neuankäufe ausgeglichen werden. Zu den größten und gleichzeitig frühesten Kostbarkeiten der Sammlung gehört die in farbigen Kreiden gezeichnete Bildnisstudie des Kanzlers Guillaume Jouvenel des Ursins von Jean Fouquet (1415/25-1478/81). Einige wenige Blätter Jacques Bellanges und des großen Radierers Jacques Callot repräsentieren den französischen Manierismus bzw. Frühbarock. Unter den Zeichnungen des fortgeschritteneren 17. Jh. ragen die vorzüglichen Arbeiten (ca. 24 Blatt) des Landschafters Claude Lorrain (1600-82) besonders hervor. Am dichtesten findet man das 18. Jh. vertreten. Außer wenigen, dafür aber exquisiten Beispielen aus dem großen Œuvre von Jean Antoine Watteau kann das Kupferstichkabinett eine Reihe bedeutender Blätter von dessen Nachfolgern Nicolas Lancret, François Boucher und Jean Honoré Fragonard vorweisen. Einen besonders wichtigen Teil des Bestandes bilden ferner Werke von Charles-Nicolas Cochin le fils, Jean-Etienne Liotard, Gabriel de Saint Aubin und Hubert Robert. Aus dem späteren 18. Jh. ist vor allem das während eines längeren Aufenthaltes in Rom gezeichnete Skizzenbuch Jacques Louis Davids mit rund 50 Landschaften, Stadtansichten und Antikenstudien zu nennen.

Der sehr kleine Bestand an englischen Zeichnungen hat seinen Schwerpunkt in den knapp 30, teilweise farbigen Blättern Thomas Gainsboroughs (1727-88). Das Gesicht

Adolph Menzel, Alter Mann aus Marburg, *1847, Stift, 35,8 × 25,9 cm*

Francisco Goya, Der Koloß, *um 1810-18, Schabkunst, 28,5 × 20,4 cm*

der Abteilung wird ferner durch eine Reihe charakteristischer Pinsel- und Graphitzeichnungen des Porträtmalers George Romney (1734-1802) und mehrere Aquarelle des Karikaturisten Thomas Rowlandson (1756-1827) bestimmt.

Unter den wenigen im Kupferstichkabinett vorhandenen Zeichnungen spanischer Künstler dominieren die Arbeiten Francisco de Goyas (1746-1828), von dem es einige gute, mit Feder und Pinsel gezeichnete Blätter gibt.

In seltener Vollständigkeit ist darüber hinaus das druckgraphische Werk des Künstlers vertreten. Neben den berühmten Folgen *Caprichos, Desastres de la Guerra, Tauromachie* und den *Proverbios* (Disparates) umfaßt es höchst seltene Blätter wie den *Koloß,* Meisterwerke aus der Frühzeit der Lithographie, wie die 1825 in Bordeaux entstandenen vier Stierkampfszenen und auch mehrere Unica.

Die französische und die englische Graphik sind im Kabinett sehr viel umfangreicher vertreten als die Zeichnungen. Ausgesprochene Schwerpunkte der Sammlung bilden bei der älteren französischen Graphik die umfangreichen Gruppen an Porträt- und Watteau-Stichen. Ferner ist auf die zwar nicht allzu große, dafür aber außerordentlich qualitätvolle Farbstichsammlung des 18. Jh. hinzuweisen, in der wir den Hauptmeistern dieser in Frankreich erfundenen und dort zu ihrem Höhepunkt gelangten Technik teilweise anhand höchst seltener Exemplare (u. a. von Christoph LeBlon, Louis Philibert Debucourt, François Janinet) begegnen. Von der englischen Graphik, die erst im 18. Jh. Bedeutung erlangte, wurden das Radierwerk von William Hogarth (1697-1764) und die wertvollen Schabkunstblätter vom Ende des 18./Anfang des 19. Jh. besonders intensiv gesammelt.

1

Zeichnungen und Druckgraphik
des 19. und 20. Jahrhunderts

Abgesehen von Goya, dessen Schaffenszeit auch noch nahezu drei Jahrzehnte des 19. Jh. umfaßt, ist insbesondere der umfangreiche Bestand an Druckgraphik Honoré Daumiers hervorzuheben. Zu erwähnen sind ferner kleinere, aber gewichtige Gruppen der Graphik der französischen Impressionisten und des Belgiers James Ensor. Die englische Druckkunst erreichte ihren Höhepunkt in der zweiten Jahrhunderthälfte im Radierwerk von Whistler, Haden, Bone u. a. Insbesondere von Whistler, der als Graphiker zu den Schlüsselfiguren des 19. Jh. gehört, besitzt das Kabinett gewichtige Bestände.

Die Sammlung deutscher Graphik dieser Zeit hat ihre besondere Stärke auf dem Gebiet der Lithographie. Von den Anfängen her läßt sich diese hier durch alle wichtigen Entwicklungsphasen verfolgen. Unter den Beständen finden sich seltene Arbeiten Reuters, Schinkels, Schadows und Oliviers, die zu den schönsten Dokumenten der frühen Künstlerlithographie gehören. Gut vertreten ist auch das druckgraphische Œuvre Klingers. In einmaliger Vollständigkeit ist das lithographische Werk Adolph Menzels vorhanden. Als die zentrale deutsche Künstlerpersönlichkeit des 19. Jh. auf dem Gebiet der Graphik ist er auch als Radierer und Entwerfer für den Holzschnitt sehr gut repräsentiert.

Mit der Übernahme des Zeichnungsbestandes der Nationalgalerie gelangten zwei große Komplexe in die Sammlung, die den alten Bestand an Graphik des 19. Jh. auf sinnvolle Weise ergänzen: 125 höchst qualitätvolle Arbeiten Menzels aus der Zeit zwischen 1838 und ca. 1905 und die über 1000 Blätter umfassende, kulturhistorisch besonders interessante Bildnissammlung des preußischen Hofmalers Wilhelm Hensel, die zur Zeit noch in der Nationalgalerie aufbewahrt wird. Die Menzelsammlung des Kabinetts wird – abgesehen von der Parallelinstitution im Ostteil der Stadt, die freilich über etwa 5000 Zeichnungen des Künstlers verfügt – von keinem anderen Museum erreicht.

Aus der Sammlung der Zeichnungen des 20. Jh. sind an erster Stelle zu nennen die mehr als 100 Blätter von Käthe Kollwitz aus allen Schaffensphasen der Künstlerin, eine schöne Gruppe von Werken deutscher Expressionisten (u. a. von Kirchner, Heckel, Nolde, Meidner) und eine Reihe bedeutsamer Zeichnungen bzw. Aquarelle und Collagen u. a. von Klee, Höch, Dix, Wols und Uhlmann. Die Schwerpunkte im Bestand an Zeichnungen der Nachkriegszeit bilden zur Zeit noch die deutsche informelle und konkrete Kunst sowie die kritischen Realisten. Eine umfangreiche Werkgruppe von Trökes gelangte als Geschenk des Künstlers in die Sammlung neuerer Zeichnungen, als diese noch Teil der Nationalgalerie war.

Weit größer als diese Sammlung ist der Bestand an europäischer und nordamerikanischer Druckgraphik der Moderne. Sein Umfang erlaubt nur einen Abriß in Stichworten, bei dem vieles unerwähnt bleiben muß. Toulouse-Lautrec und Munch, Kollwitz, Nolde und Beckmann, die Künstler der ›Berliner Sezession‹ (Liebermann, Slevogt, Corinth), der ›Brücke‹ (Kirchner, Heckel, Schmidt-Rottluff, Pechstein) und des ›Blauen Reiters‹ (Kandinsky, Marc, Macke) sind teils vorzüglich, teils in annähernd repräsentativer Auswahl durch Einzelblätter, graphische Folgen und illustrierte Bücher vertreten. Innerhalb der klassischen Moderne sind ferner die konstruktivistisch-konkrete Graphik der osteuropäischen Avantgarde (Malewitsch, Lissitzky, Moholy-Nagy), seltene frühe Lithographien von Matisse, die Picasso-Sammlung (150 Werke aus den Jahren 1904 bis 1968), illustrierte Bücher von Braque, Miró, Arp, Lé-

1 *Wassily Kandinsky,* Zwei Reiter vor Rot, *1911, aus dem Buch* ›Klänge‹, *München, 1913, Farbholzschnitt, 10,5 × 15,6 cm*

2 *Pablo Picasso,* Jaqueline, *1959, Farblinolschnitt, 64 × 53 cm*

3 *Francesco Clemente,* Selbstbildnis, *1984, Farbholzschnitt, 35,6 × 50,9 cm*

2

ger, Marini und Schlichter sowie wichtige Blätter von Klee und Dix (u. a. die Folge *Der Krieg*) hervorzuheben.

Von keiner anderen öffentlichen Sammlung übertroffen wird der Bestand von über 340 Lithographien und Radierungen Alberto Giacomettis. Die Druckgraphik des europäischen Informel und des amerikanischen Abstrakten Expressionismus ist durch gute Beispiele vertreten, u. a. von Hartung, Soulages, Schumacher, Sonderborg, Motherwell, Francis, de Kooning und Frankenthaler. Dasselbe gilt für jüngere und jüngste Strömungen beiderseits des Atlantik, die direkt oder mittelbar der konstruktivistisch-konkreten Kunst zuzuordnen sind. Genannt seien Albers, Bill, Calderara, Fruhtrunk, Palermo, Kelly, Noland, Rockburne und LeWitt.

Die Sammlung anglo-amerikanischer Pop Art zeichnet sich durch ihr breites Spektrum aus, das u. a. Einzelblätter und Mappenwerke von Johns, Rauschenberg, Hamilton, Hockney, Jones, Kitaj, Paolozzi, Warhol, Lichtenstein, Dine, Rosenquist, Indiana und Oldenburg umfaßt. Für den neueren amerikanischen Realismus stehen eine Reihe signifikanter graphischer Werke u. a. von Pearlstein, Katz und Close.

In der Sammlung befinden sich jeweils größere Werkgruppen der Druckgraphik von Beuys und Rainer, und unter den recht zahlreichen Beispielen für die neue ›Ausdruckskunst‹ der unmittelbaren Gegenwart sei allein verwiesen auf graphische Werke von Kiefer, Baselitz, Penck, Paladino und Clemente.

3

40 Museum für Blindenwesen

an der Johann-August-Zeune-Schule für Blinde

41 (Steglitz), Rothenburgstraße 14, Telefon 7912243, 7916045
(Auskunft erteilt Uwe Benke)
Verkehrsverbindung: U-Bahnhof Rathaus Steglitz, S-Bahnhof Steglitz; Bus 17, 30, 32, 48, 68, 85, 86, 88
Geöffnet: Mittwoch 15.30-18 Uhr oder nach Vereinbarung; während der Schulferien geschlossen

Leiter: Wolfgang Mohr
Wissenschaftlicher Mitarbeiter: Uwe Benke

Träger: Bezirksamt Steglitz von Berlin
Förderverein: Verein zur Förderung des Museums für Blindenwesen e. V.

Sammlung: Lehrmittel, Gebrauchsgegenstände und Literatur über, von und für Blinde

Präsenz- und Ausleihbibliothek (beschränkter Leihverkehr) mit ca. 3000 Bänden zur Schwarzschrift und ca. 1500 Bänden zum Prägedruck

Museumsgeschichte

Als Karl Wulff, Direktor der Königlichen Blindenanstalt zu Berlin-Steglitz, im Jahre 1890 das Museum für das Blindenwesen einrichtete, konnte er auf den Grundstock von J. A. Zeune zurückgreifen, der 1806 die Berliner Blindenschule als erste deutsche Blindenschule gegründet hatte. Das Museum, das einzige seiner Art in Deutschland, wurde ständig durch Lehrmittel, Gebrauchsgegenstände und Literatur über, von und für Blinde erweitert und erhielt 1906 sogar ein eigenes Gebäude.

Der Zweite Weltkrieg brachte den Verlust des Hauses und erheblicher Teile der Bestände mit sich – besonders davon betroffen waren die Lehrmittel. Ein Versuch, das Museum in seiner alten Form wieder aufleben zu lassen, scheiterte an räumlichen und finanziellen Problemen. Erst 1983 konnte die Arbeit in einem kleineren Rahmen erneut aufgenommen werden, als im roten Backsteingebäude der ehemaligen Vorschule aus dem Jahr 1877 entsprechende Räume frei wurden.

Globus in tastbarer Ausführung, *Beschriftung in tastbarer Schwarzschrift, um 1930*

Sammlungsbestände

In der Ausstellung werden in nahezu lückenloser Folge eine Reihe von Punktschrifttafeln und -maschinen für Blinde gezeigt, die deren Entwicklung und Gebrauch deutlich werden läßt. Darunter befindet sich auch die Erfindung des blinden Gustav Seiffert aus dem Jahr 1884, die als Unikat die erste wirklich brauchbare Punktschriftmaschine der Welt darstellt. Sowohl Schreibmaschinen als auch Füllhalter sind ursprünglich für den Gebrauch Blinder erfunden worden. Unter den Tafeln und Schreibmaschinen für ›Schwarzschrift‹ befindet sich das Modell einer Schreibtafel, die der ›Vater‹ der Blindenbildung, Valentin Haüy, 1806 für Zeune anfertigte.

Eine Auswahl von Blindenbüchern aus verschiedenen Epochen und Ländern weist den Weg tastbarer Schrift vom ältesten bekannten Exemplar, dem Choralbuch eines blinden holländischen Organisten aus dem Jahr 1736, dessen Zeichen aus Spielkarten ausgeschnitten sind, über Linienschrift, Stachelschrift und Asphaltdruck des 19. Jh.

Die Entwicklung spezieller Blindenschriften unterschiedlicher Systeme läßt sich verfolgen bis hin zur heute noch gültigen Punktschrift des blinden Louis Braille aus dem Jahr 1825.

Daneben sind eine Reihe von Gebrauchsgegenständen und Hilfsmitteln für Blinde zu sehen, darunter die erste für Blinde entwickelte Telefonzentrale. Hier wird deutlich, wie die Einführung technischer Hilfsmittel den Blinden neue Berufszweige erschließt und sie unabhängiger werden läßt.

In einer speziellen ›Probierecke‹ können sich die Besucher mit den Besonderheiten der Blindenschrift an verschiedenen Schreibtafeln und -maschinen vertraut machen.

Eine große Zahl von Dokumenten, Photographien, Stichen, Bildern und Plastiken sowie Lehr- und Hilfsmitteln sind ebenfalls Teil der Sammlung. Sie stehen ebenso wie die Museumsbücherei mit ihrem umfangreichen Bestand, dessen älteste Exemplare aus dem 16. Jh. stammen, für Sonderausstellungen und zu wissenschaftlicher Auswertung zur Verfügung. *Uwe Benke*

174

41 Museum für Deutsche Volkskunde

Staatliche Museen Preußischer Kulturbesitz

33 (Dahlem), Im Winkel 6/8, Telefon 832031
Verkehrsverbindung: U-Bahnhof Dahlem-Dorf; Bus 1, 10, 17
Geöffnet: Dienstag bis Sonntag 9-17 Uhr
Abweichend von der Feiertagsregelung (s. S. 8) nur am 1.1., Osterdienstag, 1.5.,
Pfingstdienstag, 24., 25. und 31.12. geschlossen

Direktor: Prof. Dr. Theodor Kohlmann
Wissenschaftliche Mitarbeiter: Dr. Heidi Müller, Dr. Konrad Vanja

Träger: Stiftung Preußischer Kulturbesitz
Förderverein: Freunde des Museums für Deutsche Volkskunde e. V.

Sammlung: Objekte der Volks- und Alltagskultur aus dem deutschsprachigen Mitteleuropa vom 16. Jh. bis zur Gegenwart (Möbel, Trachten, Hausrat, Arbeitsgerät,
Sachgüter aus verschiedenen Lebensbereichen)

Volkskundliche **Fachbibliothek,** auch öffentlich zugänglich (Präsenzbestand).
Geöffnet: Dienstag bis Freitag 8-13, 14-16 Uhr

Publikationen: Liste mit etwa 30 Titeln auf Anforderung

Sammlungsgeschichte

Das Museum für Deutsche Volkskunde ist
neben der volkskundlichen Abteilung des
Germanischen Nationalmuseums in Nürnberg die einzige überregional ausgerichtete
Sammlung zur Volkskunde in der Bundesrepublik. Es verdankt seine Gründung dem bekannten Mediziner und Anthropologen Rudolf Virchow, der – angeregt durch das von
Arthur Hazelius gegründete Nordische Museum in Stockholm – 1888 ein Gründungsko-
mitee zusammenführte und durch den Pommern Ulrich Jahn erste Probesammlungen in
Mönchgut auf Rügen durchführen ließ. Am
27. Oktober 1889 konnte das ›Museum für
Deutsche Volkstrachten und Erzeugnisse
des Hausgewerbes‹, wie es damals hieß, im
Palais Creutz in der Klosterstraße eröffnet
werden. Über Sammlungsbestand und Aufstellung informiert ein ›Führer durch die
Sammlung des Museums‹, der 1890 in erster Auflage erschien. Seit 1891 wurde das
Museum durch einen Museumsverein getragen, der seit 1897 ›Mittheilungen aus dem
Museum für Deutsche Volkstrachten und Erzeugnisse des Hausgewerbes zu Berlin‹ her-
ausgab. Die Museumsobjekte kamen gro-

ßenteils durch Stiftungen der Mitglieder des
Gründungskomitees und des Museumsvereins zusammen. Zu nennen sind vor allem
James Simon, Marie Andree-Eysn, Alexander Meyer-Cohn, Max Bartels, Adolf Schla-
bitz und Hermann Sökeland.
Nach Virchows Tod wurde das Museum zum
1. April 1904 als ›Sammlung für Deutsche
Volkskunde‹ in den Verband der damals Königlichen Museen eingefügt und unter dem
Kustos Karl Brunner der prähistorischen Abteilung angegliedert. Die Aufstellung der
Sammlungen folgte vorwiegend landschaftlichen Gesichtspunkten.
Am 1. Oktober 1935 konnte das Museum unter seinem neuen Leiter Konrad Hahm – nun
auch als selbständige Abteilung der Staatlichen Museen – eine neue Ausstellung im
Schloß Bellevue unter dem Thema ›Deutsche Bauernkunst‹ eröffnen. Dem Museum
eng verbunden war das von Hahm gegründete Institut für Volkskunstforschung der
Berliner Universität. Die Bestände des Museums wurden wesentlich vermehrt, nach
einem neuen, noch heute angewendeten
Schema katalogisiert und in zahlreichen Publikationen Hahms und seiner Mitarbeiter
der Öffentlichkeit bekannt gemacht. Insbe-

sondere wurde die Zusammenarbeit mit den Berliner Schulen intensiviert. Diese museumspädagogische Arbeit koordinierte das von dem Pädagogen Adolf Reichwein geleitete Museumsreferat ›Schule und Museum‹. Mehrere Schulausstellungen mit den Themen ›Ton und Töpfer‹, ›Holz im Deutschen Volkshandwerk‹, ›Weben und Wirken‹ sowie ›Metall im Deutschen Volkshandwerk‹ in den Jahren 1939-44 bekunden die damaligen Aktivitäten im pädagogischen Bereich, auf die sich das Museum konzentriert hatte, nachdem es 1938 das Schloß Bellevue wieder räumen mußte und nur provisorisch im Kronprinzessinenpalais und in einem Magazingebäude in der Splittgerbergasse untergebracht war. Die wissenschaftliche Arbeit wurde durch die Herausgabe von ›Volkswerk. Jahrbuch des Staatlichen Museums für Deutsche Volkskunde‹ (1941-43) gefördert. Hahms früher Tod 1943, die Hinrichtung des Widerstandskämpfers Adolf Reichwein 1944, die Zerbombung des Magazingebäudes und der Verlust von etwa 80 Prozent der über 45000 Museumsobjekte trafen das Museum für Deutsche Volkskunde schwer.

Erst 1959 erfolgte in Berlin (West) ein Neuanfang mit der Rückführung von 40 Kisten mit etwa 4000 wertvollen Objekten (Schmuck, Votivbilder, Keramik, Graphik u.a.) und der Übertragung der Museumsleitung an Lothar Pretzell, der sofort mit einer intensiven und erfolgreichen Sammeltätigkeit begann. 1964 trat das Museum zum 75jährigen Jubiläum erstmals wieder mit der Ausstellung ›Volkskunst und Volkshandwerk‹ an die Öffentlichkeit. 1967 folgte anläßlich der Berliner Festwochen die Ausstellung ›Kostbares Volksgut‹. Das Museum war seit 1959 mit seinen wachsenden Beständen provisorisch in der Lichterfelder Gardeschützenkaserne untergebracht. 1974 erfolgte der Umzug in ein neues Haus, in dem seit dem 10. April 1976 die im folgenden beschriebenen Ausstellungsgruppen zu sehen sind, die durch zahlreiche Sonderausstellungen ergänzt und erweitert wurden. Eine bis

Hochzeitspaar, *Schwalm/Hessen, um 1930*

jetzt 14 Bände umfassende Schriftenreihe, eine Reihe mit kleinen Schriften des 1978 wiedergegründeten Museumsvereins mit bisher acht Heften, Bilderhefte der Staatlichen Museen, drei Schriften zu den Ausstellungen der Sammlung Weinhold ›Das Evangelium in den Wohnungen der Völker‹ und weitere Veröffentlichungen dokumentieren die Aktivitäten des Museums seit der Wiedereröffnung.

Truhe, *Minden-Ravensberg, 1783*

Trachten und Möbel aus den Vierlanden bei Hamburg

Baubeschreibung

1974 bezog das Museum den wiedererrichteten Magazintrakt des Geheimen Staatsarchivs Preußischer Kulturbesitz, der in den 20er Jahren unseres Jahrhunderts erbaut und im Krieg zerstört worden war. Der Wiederaufbau erfolgte auf den alten Grundrissen und lehnt sich auch in den Geschoßhöhen, den Fensterteilungen und der Fassadengestaltung an seinen Vorgänger an. Zusätzlich wurde durch die Bundesbaudirektion ein pavillonartiger Anbau entworfen, der Eingangshalle, Cafeteria, Film- und Vortragsraum sowie einen kleinen Sonderausstellungsraum beherbergt. Der Hauptbau bietet in drei Stockwerken, zusätzlich auch im Untergeschoß und in zwei Dachgeschossen 2020 m² Ausstellungsfläche, 1440 m² Fläche für die Studiensammlungen und ausreichenden Raum für die Restaurierungswerkstätten, die Verwaltung und eine öffentlich zugängliche Bibliothek.   *Theodor Kohlmann*

Sammlungsbestände

Die Dauerausstellung des Museums für Deutsche Volkskunde zeigt unter verschiedenen Gesichtspunkten Kleidung, Mobiliar und Gerätschaften des Hauswesens. Diese Gegenstände stammen zumeist aus dem ländlichen Bereich und umfassen den Zeitraum der letzten 250 Jahre mit Schwerpunkt im ausgehenden 18. und 19. Jh.

Das Erdgeschoß zeigt Möbel und Trachten unter funktionalen und regionalen Gesichtspunkten, dazu Geschirr und Hausgerät. Das erste Obergeschoß beherbergt Abteilungen zum Hauswesen (Kochen, Backen, Milchwirtschaft) sowie zu Textilien in Kleidung und Haushalt (Flachsbearbeitung, Spinnen und Weben, Waschen und Bügeln und textile Techniken).

ERDGESCHOSS
Möbel und Tracht aus Norddeutschland
Möbel als Heiratsgut Ein Anlaß, Möbel zu erwerben oder herstellen zu lassen, war die Gründung eines eigenen Hausstandes. Hier-

auf weisen die auf bäuerlichen Möbeln angebrachten Namen und Daten der Hochzeit hin. Diese Möbel, zumeist als Mitgift schön ausgeziert, sind zudem ein Zeichen für Wohlhabenheit und Besitz, der den dörflichen Mitbewohnern in vielen Gegenden Deutschlands auf dem Brautwagen im Verlaufe des Hochzeitsfestes vorgeführt wurde, bevor sie dann Küche und Stube zierten. Ein repräsentativ gestaltetes ›Möbelsortiment‹ von Schrank, Truhe, Himmelbett und Anrichte aus Minden-Ravensberg (Westfalen) zeigt, daß dies einer begüterten Bauerntochter gehört haben könnte.

Norddeutsche Schrankformen Der Schrank (niederdeutsch ›Schapp‹) diente als Wirtschaftsschrank der Vorratshaltung von Nahrungsmitteln oder als Kleider- und Wäscheschrank der Aufbewahrung von Textilien. Meist aus Eichenholz, vielfach auch farbig gefaßt, findet er sich seit dem 17. Jh. mit charakteristischen Renaissance-Verzierungen, vier- oder mehrtürig und auf Kufen stehend. Die späteren ein- oder zweitürigen Kleiderschränke hatten städtisch-barocke Vorbilder. Ähnlich wie bei den Schränken waren für die kleinstädtischen und ländlichen Schreiner auch für die Truhen etwa die repräsentativen Stücke aus den wohlhabenden Hansestädten Hamburg und Bremen stilbildend und wegweisend.

Qualitätsunterschiede im Mobiliar zeigen sich nicht nur in der Art des gewählten Holzes (teure Eiche, billiges Fichtenholz u. ä.), sondern auch in der Art der Ausziierung, etwa einer einfachen Schablonenbemalung oder aufwendiger Holzeinlegearbeiten. Soziale Stellung drückte sich damit auch in dem entsprechenden Möbelbesitz aus.

Für **Trachten** ist es kennzeichnend, daß sie innerhalb ihres Verbreitungsgebietes nach verbindlichen Regeln getragen werden. Diese (ungeschriebenen) Regeln schrieben Stoffe, Farben, Schnitte, Schmuck und Zusammenstellung der Kleidungsteile je nach Anlaß des Tragens vor: werktägliche Arbeit, sonntäglicher Kirchgang, Festlichkeiten und Beerdigung u. v. a. Die Trachten sind einem

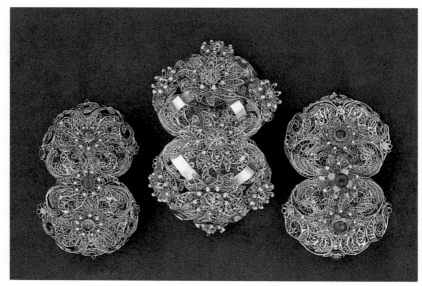

Florschnallen, *Oberbayern, 1. Hälfte 19. Jh., Silberfiligran, vergoldet, Glassteine*

historischen und sozialen Wandel unterworfen. In der niedersächsisch-westfälischen Landschaft Schaumburg-Lippe z. B. hat sich erst nach 1870 ein großer Formenreichtum entwickelt, der im Zusammenhang mit der

Kronen und Kränze für Mädchen und Bräute, *19.-20. Jh.*

damaligen agrarischen Hochkonjunktur zu sehen ist. Es entstanden die reichgestalteten Bückeburger, Friller und Lindhorster Trachten, die noch heute in Restformen getragen werden. Die Farben in der Tracht weisen auf Altersgruppen hin: In der Tracht der oberhessischen Schwalm etwa reichten die Abstufungen von der Kinder- und Jungmädchenfarbe Rot über Grün, Violett bis zur Altersfarbe Schwarz. Während in dieser Region die Tracht noch von alten Frauen alltäglich getragen wird, wird sie in anderen Regionen, etwa im oberbayerischen Miesbach lediglich zu besonderen Fest- und Feiertagen angelegt.

Als ein Beispiel für den Zusammenhang von Kultur und Wirtschaftsleben werden die Vierlande in ihrer Blütezeit um 1800/50 vorgestellt: Gemüse- und Obstbelieferung der nahen Stadt Hamburg mit gutem Verdienst und eine selbstbewußte Ausprägung von Kulturgütern (Möbel, Tracht u. a.) korrespondieren und stabilisieren sich gegenseitig.

Möbel und Tracht aus Süddeutschland und Österreich

Ebenso wie bei den Trachten, bei denen es z. B. nicht *die* Schwarzwaldtracht gibt, sondern vielfältige Trachtenformen innerhalb eines Trachtengebietes (etwa evang. und kathol. Trachten), so gibt es auch bei Möbeln unterschiedlichste Erscheinungsformen: *den* typischen Bauernstuhl hat es nie gegeben. Brettstühle waren in Süddeutschland allgemein üblich, während sie in Norddeutschland nur in wenigen Landstrichen vorkamen. Neben regionaltypischen Ausprägungen finden sich jedoch auch einzelne Werkstätten, die sich durch einen besonderen Stil in der Bemalung von Möbeln auszeichnen. Manche Hersteller können heute auch namentlich nachgewiesen werden, obwohl Handwerker-Signaturen auf ländlichen Möbeln

Des Jägers Leichenzug, *Frankfurt, um 1870, kol. Lithographie*

meist fehlen. Kennzeichnend für süddeutsche Möbel sind reiche, farbige Bemalungen, die zum Ende der traditionellen Möbelmalerei (Mitte des 19. Jh.) in grelle Farben auslaufen. Der Dekor ist von höfischen und

Schrank, *Mangfallgau, 1861, Fichtenholz, bemalt, beschnitzt und mit Lithographien beklebt*

städtischen Stileinflüssen ebenso geprägt wie von kirchlichen (Mariensymbol u. a.) und gibt dem Mobiliar sein entsprechendes Gepräge (Bett als Statussymbol). Schmuck- und Gedenkfunktion haben Wandbilder, die bis zum 18. Jh. selten, dann aber im 19. Jh. durch die billigen Druckverfahren Lithographie und Chromolithographie (sog. Oeldruck) massenhaft Absatz finden.

Deutliches Unterscheidungsmerkmal in der ländlichen Frauentracht sind die Hauben, seit dem Mittelalter Kennzeichen des Frauenstandes. Ihre Formen reichen von einfachen Kappen bis zu großen Radhauben, Zeichen von Prunk und Stolz. Reich geschmückte Kronen erhielten ledige Mädchen oder heiratende Frauen. Zur Aufbewahrung dienten Spanschachteln, häufig schön bemalte Freundschaftsgeschenke.

Geschirr und Hausgerät

Aus verschiedenen Formen und in verschiedenen Materialien konnte man in den vergangenen Jahrhunderten Gebrauchsgeschirr wie Töpfe und Terrinen, Schüsseln, Teller, Tassen, Krüge und Kannen herstellen: aus Metall (meist Zinn und Kupfer, im 19. Jh. auch Blech und Email), Glas, Holz oder Keramik. In der Keramik unterscheidet man wasserundurchlässige (gesinterte) und durchlässig-poröse, gebrannte Tonwaren. Zu den ersteren gehören das Steinzeug und das Anfang des 18. Jh. in Deutschland wiedererfundene Porzellan, zur zweiten Gruppe gehören die Hafnerware (fälschlich Bauerntöpferei genannt), die Fayence und das zunächst aus England importierte Steingut. Während in den ländlichen Haushalten die Hafnerware als billigste Gebrauchskeramik eine lange Tradition hat, kamen Steinzeug, Fayence, Porzellan und Steingut wegen ihrer jeweils anfänglich teuren Herstellung erst verzögert in Gebrauch.

1 Marburger Geschirr, *Mitte 19. Jh.*

2 Teekessel mit Stövchen, *Eiderstedt, 2. Hälfte 19. Jh.*

3 Drehbutterfaß, *Mühlviertel, 19. Jh., Fichtenholz*

4 Schwingelbretter, *Mönchgut, Mitte 19. Jh.*

5 Webkamm, *Mönchgut, 1858, Buchenholz*

6 Webstuhl, *Niedersachsen, 1815, Eichenholz*

Wenn auch viele kleine Töpfereien auf den Absatz in ihrer unmittelbaren Umgebung angewiesen waren, so gelang es doch anderen, überregionale Bedeutung zu erlangen, wie etwa denjenigen aus Marburg in Oberhessen oder aus dem Kröning/Niederbayern. Für Steinzeug waren im 19. Jh. der Westerwald im Rheinland und Bunzlau in Schlesien die Zentren, die Stadt und Land in Deutschland mit Vorratstöpfen, Krügen, Kannen u. a. belieferten. Gebrauchs- und Ziergeschirr aus Fayence, das aus vielen kleinen und verstreut liegenden Manufakturen stammte, wurde Ende des 18. Jh. von Porzellan und Steingut allmählich abgelöst, das jetzt als dauerhafteres Gebrauchsgut zu erschwinglichen Preisen zu haben war.

Geschirre und Hausgeräte aus Holz, Messing, Kupfer, Blech und Email, Glas und Silber werden in weiteren Ausstellungseinheiten gezeigt. *Konrad Vanja*

ERSTES OBERGESCHOSS

Hauswirtschaft

Das erste Obergeschoß soll dem Besucher Einblicke in die bäuerliche Hauswirtschaft vermitteln. In vorindustrieller Zeit wurden dort viele Dinge des täglichen Bedarfs – z. B. Nahrungsmittel, Leinengewebe – von der Bauernfamilie und dem Gesinde hergestellt. Das galt jedoch nicht für alle Landbewohner gleichermaßen: Familien, in denen gewerblich gearbeitet wurde, etwa weil der Landbesitz nicht reichte, steckten oft ihre Arbeitskraft so weitgehend in diesen Broterwerb, daß für das Backen oder Weben von selbst benötigtem Leinen nicht mehr genügend

Zeit blieb. Völlige Selbstversorgung gab es aber auch bei den Bauern nicht: Schuhe, Herd-, Küchen- und Arbeitsgeräte, Woll- und Baumwollstoffe und -kleidung beispielsweise wurden gekauft.

Nahrungszubereitung Für die erste Bearbeitung der Erträge aus Feld und Garten gab es Schneiden, Pressen, Reiben, Mühlen und Stampfen; zahlreiche Körbe, Krüge, Fässer, Säcke usw. dienten der Vorratshaltung. Bei der im Museum angedeuteten norddeutschen Herdstelle – geschlossene eiserne Herde zum Kochen setzten sich auf dem Land erst allmählich im Laufe des 19. Jh. durch – schützt der typische Rähmen den Dachboden vor Funkenflug. Beim Kochen konnte die Hitze durch die Entfernung zum

Feuer reguliert werden – den Wendebaum konnte man schwenken, an dem Kesselhaken oder Hahl die Kessel, Töpfe und Pfannen verschieden hoch einhängen. Eisernes Herdund Küchengerät und Töpfe und Backformen aus Keramik gehörten zu den Dingen, die man beim Dorfschmied, auf Märkten oder bei Wanderhändlern kaufte. Nach den aufwendigen Vorbereitungsarbeiten wie Gemüseputzen und Zerkleinern, oft auch der Konservierung, mußten an diesen Feuerstellen in den schweren Töpfen das Viehfutter und die Mahlzeiten für oft viele Menschen gekocht werden – diese Aufgaben der Frauen waren wie viele andere Arbeiten in der Landwirtschaft mit großer körperlicher Anstrengung verbunden.

Brot wurde meist alle zwei bis drei Wochen gebacken. Das schweißtreibende Kneten des vielen Teigs, das Heizen und anschließende Fegen und Wischen des Ofens mit Kruke und nassem Besen, bevor in der gespeicherten Hitze gebacken wurde, der Transport der Laibe zum häufig außerhalb des Hofes liegenden Ofen nahmen oft einen ganzen oder zwei Tage in Anspruch. In vielen ländlichen Gewerbegebieten wurde deshalb Brot beim Bäcker gekauft. An bestimmten Feiertagen wurde und wird bis heute besonderes Gebäck verzehrt, etwa in Modeln gebacken oder frei geformt – sogenanntes ›Gebildbrot‹ –, seit dem 19. Jh. auch mit gedruckten Papieroblaten verziert. Am Neujahrstag wurden in Norddeutschland vielfach Waffelkuchen in langstieligen Klemmeisen gebacken.

Besonders in Stadtnähe war der Verkauf von überschüssiger Milch und Milchprodukten eine wichtige Einnahmequelle der bäuerlichen Haushalte, was dazu führen konnte, daß diese Nahrungsmittel dort eher knapp waren, obwohl Käse, Milchsuppen und -breie zu den traditionellen ländlichen Speisen gehörten. Die Butterherstellung mit Satten zur Gewinnung des Rahms oder später Zentrifugen und vor allem dem Rühren oder Stoßen in den Butterfässern war recht aufwendig; deshalb war Butter in vielen Familien eine nicht alltägliche Delikatesse.

Textilherstellung Neben der Bereitung der Nahrungsmittel war der zweite wichtige Bereich der bäuerlichen Hauswirtschaft die Herstellung von Leinwand vor allem für Bettund Leibwäsche. Andere Stoffe mußten gekauft werden. Sowohl die Herstellung als auch der Kauf von Stoffen belastete den bäuerlichen Haushalt. Textilien wurden deshalb lange benutzt, vielfach herabgestuft im Verwendungszweck, geflickt und umgeändert. Ungesponnener Flachs und Leinenvorräte waren ein wichtiger Bestandteil der weiblichen Aussteuer.

Leinengarn wird aus der Flachspflanze gewonnen. Bis das Leinen im Laufe des 19. Jh. durch die früher maschinell zu verarbeitende Baumwolle verdrängt wurde, spielte es im Wirtschaftsleben vieler ländlicher Gebiete eine große Rolle: Nicht nur für den Eigenbedarf, sondern auch als Gewerbe wurde in vielen Gegenden Flachs verarbeitet, z. B. in Schlesien, im Bielefelder Raum, am Niederrhein, am Rand der Schwäbischen Alb.

Die Leinenherstellung erforderte zahlreiche Arbeitsgänge: Nach der Flachsernte mußten zunächst die Samenkapseln mit den kammartigen Riffeln von den Stengeln abgetrennt werden. Dann wurden die Stengel mehrere Tage entweder in Wasserlöcher gelegt oder Tau und Regen ausgesetzt (›Rösten‹ oder ›Rotten‹), um den Klebstoff zwischen Faserschicht, holzigem Kern und Rinde zu lösen. Damit sich Kern und Rinde brechen und dann von den Fasern entfernen ließen, wurde der Flachs anschließend in Back- oder anderen Öfen gedörrt. Die Brechen bestanden aus einem oder mehreren Brettern, die zwischen feststehende Brettkanten geschlagen wurden und dabei die harten Stengelteile zerbrachen. Diese Reste wurden beim anschließenden ›Schwingen‹ mit den meist hölzernen Schwingmessern abgestreift. Auf größeren Höfen gab es seit dem frühen 19. Jahrhundert auch über Kurbeln drehbare Brech- und Schwingmaschinen. Als nächstes wurde der Flachs mehrere Male ›gehechelt‹, d. h. durch zunehmend feiner mit Eisenspitzen besetzte Bretter gezogen, um ihn zu säubern und die kürzeren Fasern auszusondern. Die Hecheln waren meist auf besonderen Hechelstühlen befestigt. Aus den gröberen und kürzeren Fasern wurde Sackleinen oder auch Leibwäsche minderer Qualität hergestellt.

In den Museen sind häufig verzierte Geräte, z. B. Schwingmesser, Hecheln oder Spinnräder, überliefert. Oft handelt es sich dabei um Geschenke junger Männer an ihre Bräute. Der Anteil dieser geschmückten Stücke in den Museen ist größer als er in der Realität des 19. Jh. war: Zum einen wurden sie von ihren Besitzerinnen pfleglicher behandelt, zum anderen waren sie bei den früheren Sammlern besonders beliebt.

Das Spinnen wurde – wie viele andere Handarbeiten – im Winter und in Gesellschaft anderer Dorfbewohner erledigt. Es wurden entweder Handspindeln oder Spinnräder benutzt. Haspeln ermöglichten oft beim Aufspulen des fertigen Garns gleichzeitig eine Mengenabmessung.

Die Webstühle standen auf größeren Höfen oft in besonderen Webkammern mit Lehmböden, um das Garn durch Feuchtigkeit geschmeidig zu halten. Tragegurte und Bänder konnten mit Webkämmen hergestellt werden; die meisten Bänder wurden aber von gewerblichen Bandwebern auf großen Bandstühlen, auf denen zwischen zehn und dreißig Bänder parallel gewebt werden konnten, angefertigt.

Vor der Erfindung der Waschmaschine wurde nur wenige Male im Jahr gewaschen. Diese ›große Wäsche‹ mit ihren zahlreichen Arbeitsgängen – Einweichen, Brühen oder Kochen, Reiben oder Schlagen, Spülen, Trocknen, Bleichen – dauerte etliche Tage. Für das Glätten gab es vielfältige Geräte: Mangelrollen und -bretter, oft reich verziert, über Kurbeln bewegliche große Rollen, Walzen und Pressen. Beim Plätten mit den heizbaren Plätteisen und ab ca. 1900 bei den Heißmangeln wurde die Druckwirkung durch Hitze unterstützt. Das im bäuerlichen Haushalt gewebte Leinen ließ man häufig beim nächsten Blaudrucker verschönern. Der Blaudruck gehört zu den Reservedruckverfahren: Während des Färbens sind die Motive durch den ›Papp‹ abgedeckt (›reserviert‹), der mit den Modeln aufgedruckt und anschließend ausgewaschen wurde.

Die Bedeutung der textilen Handarbeitstechniken im bäuerlichen Haushalt war unterschiedlich: Am wichtigsten waren das Stricken und das Sticken, für das Mädchen zum Erlernen und als Vorlage häufig Stickmustertücher anfertigen mußten. Beides spielte sowohl bei der Herstellung der eigenen Textilien als auch als Gewerbe eine Rolle. Weniger häufig wurden Häkel- oder Perlarbeiten angefertigt oder Spitzen geklöppelt.

Sabine Schachtner

Ökumenische und vergleichende Sammlung Gertrud Weinhold ›Das Evangelium in den Wohnungen der Völker‹

Die dem Museum für Deutsche Volkskunde angegliederte Sammlung von Gertrud Weinhold ›Das Evangelium in den Wohnungen der Völker‹ sammelt raum- und zeitübergreifende Zeugnisse zur religiösen Volkskunst. Konfession und Religion bilden keine Sammlungsgrenze, sondern werden in ihren jeweiligen Traditionen gewürdigt und als gleichberechtigte Erscheinungen im vergleichenden Zusammenhang dargestellt. Die Sammlung präsentiert sich mit Sonderausstellungen unter wechselnden Themen, die dann meist über mehrere Jahre gezeigt werden. Derzeit steht die Ausstellung unter dem Thema ›Zeit und Raum zur Ehre Gottes‹.

Heilige Ecke, *Rußland, Anfang 20. Jh. (Sammlung Gertrud Weinhold)*

42 Museum für Indische Kunst

Staatliche Museen Preußischer Kulturbesitz

33 (Dahlem), Takustraße 40, Besuchereingang: Lansstraße 8, Telefon 83 01-3 61,
Zentrale: 83 01-1
Verkehrsverbindung: U-Bahnhof Dahlem-Dorf; Bus 1, 10, 17
Geöffnet: Dienstag bis Sonntag 9-17 Uhr
Abweichend von der Feiertagsregelung (s. S. 8) nur am 1. 1., Osterdienstag, 1. 5.,
Pfingstdienstag, 24., 25. und 31. 12. geschlossen

Direktorin: Prof. Dr. Marianne Yaldiz (Vorderindien, Zentralasien [Turfan], Pakistan,
Afghanistan, Himalaya-Länder)
Wissenschaftliche Mitarbeiter: Dr. Wibke Lobo (Südostasien), S. K. Sinha
(Indien/Neuzeit, Bibliothek)

Träger: Stiftung Preußischer Kulturbesitz

Sammlung: Archäologische Sammlungen aus Indien, Indische Skulpturen, Bronzen,
Kunstgewerbe, Miniaturmalereien; Nepal/Tibet; Hinterindien/Indonesien;
Zentralasien (›Turfan‹-Sammlung)

Präsenzbibliothek, Bücher und Zeitschriften: 10 000 Bände, 150 laufend gehaltene
Zeitschriften

Publikationen: ›*Museum für Indische Kunst. Ausgestellte Werke*‹, Berlin 1971, 1976,
1986 – ›*museum, Museum für Indische Kunst Berlin*‹, Braunschweig 1978 – ›*Kunst
der Welt in den Berliner Museen, Museum für Indische Kunst Berlin*‹, Stuttgart u. Zürich
1980 – ›*Schätze Indischer Kunst*‹, Berlin 1984 – Veröffentlichungen des Museums für
Indische Kunst Berlin, 7 Bände

Kopf und Halsansatz einer Yakshī, *Sanchi,
Anfang 1. Jh., hellgrauer Sandstein, H 26 cm*

Sammlungsgeschichte

Das Museum für Indische Kunst wurde am
1. Januar 1963 gegründet und ist das jüngste
der Staatlichen Museen Preußischer Kulturbesitz (s. S. 322). Es entstand durch Übernahme der bis dahin im Museum für Völkerkunde (s. S. 226) gesammelten Kunstobjekte indischer, hinterindischer, indonesischer und
zentralasiatischer Provenienz. Die Vorgeschichte des neuen Museums deckt sich daher weitgehend mit der Geschichte der ›Indischen Abteilung‹ des Museums für Völkerkunde. Die Übertragung der indo-asiatischen
Kunstsammlung erlöste die reichhaltige ethnologische Sammlung aus Indo-Asien aus ihrem Schattendasein neben der Kunst und
eröffnete dem neuen Museum Möglichkeiten, die indische Kunst als eine der großen

Künste der Welt in das rechte Licht zu setzen und der indischen Kunstforschung in
Deutschland ein erstes eigenes Institut zu
schaffen.
Die ersten im Erwerbungskatalog der ehemaligen Indischen Abteilung eingetragenen
Objekte indo-asiatischer Kunst stammen aus
der Königlich-Preußischen Kunstkammer,
deren Bestände 1829 in eine staatliche ›Ethnographische Sammlung‹ überführt wurden.
Die Qualität der übernommenen Gegenstände war, dem damaligen Verständnis für diese Kunst entsprechend, sehr ungleich. Erst
in den letzten zwei Jahrzehnten des 19. Jh.
gelangten hervorragende indische und hin-
terindische Werke in Berliner Museumsbe-
sitz. Doch alle bis zur Jahrhundertwende ge-
tätigten Erwerbungen verblassen angesichts
des Zustroms indo-asiatischer Kunstgegenstände in der Zeit von 1900 bis zum Beginn
des Ersten Weltkrieges. Ursachen hierfür
waren das auf großer Sympathie gegründete
und stetig wachsende Interesse für Indien
und die enormen wissenschaftlichen Leistungen der deutschen Indologie in der Erforschung der indischen Literatur und Religionen.
Es sind vor allem zwei große Sammlungsbe-
reiche, die Berlin zum Ort der bei weitem
umfangreichsten und bedeutendsten indo-
asiatischen Kunstsammlungen in Deutschland machten. Für das Gebiet der indischen,
hinterindischen und indonesischen Kunst
waren es die Erwerbungen großer Sammlungen von Steinskulpturen und Bronzen, für
die zentralasiatische Region die Funde der
königlich-preußischen Turfan-Expeditionen,
vor allem die Wandmalereien und Plastiken
aus verfallenen buddhistischen Höhlenklö-
stern. Diese Sammlungen waren in dem Gebäude des alten Museums für Völkerkunde

Oben: Buddhistisches Reliquiar, *Gandhara, 20 n. Chr., grauer Schiefer, H 18 cm*

Unten: Buddha und Vajrapāni, *Gandhara, Anfang 2. Jh., Schiefer, H 39 cm*

ausgestellt und mußten im Zweiten Weltkrieg, soweit überhaupt möglich, zum Schutze ausgelagert werden. Die Museumsarbeit nach 1945 galt zunächst der Schadensfeststellung und Rückführung der Bestände. Das alte Museum war durch Bomben zerstört, die Arbeit mußte in den Dahlemer Museumsgebäuden fortgeführt werden.

Mit der Arbeitsaufnahme der Stiftung Preußischer Kulturbesitz im Jahre 1961 begann ein neuer Abschnitt auch der Arbeit an den indischen Sammlungen. 1963 erfolgte die Gründung des Museums für Indische Kunst. 1966 begannen langjährige Ausgrabungen des Museums am Hügel von Sonkh im nördlichen Indien, die das Institut zu einem Forschungsträger auf dem Felde der indischen Archäologie und Kunstgeschichte machten. Im Oktober 1971 wurden die Schausammlungen im neuen Gebäude in Dahlem (Erdgeschoß links, Eingang Lansstraße) eröffnet. Zahlreiche Erwerbungen von Kunstwerken haben auch seitdem die indischen Sammlungen bereichert. Seit 1986 bietet sich das Museum den Besuchern wesentlich verändert dar. Viele Objekte sind ausgewechselt und Umbauten vorgenommen worden. Ein neuer Trakt mit Kunstwerken aus Nepal und Tibet ist angefügt, und eine Galerie hinterindischer und indonesischer Kunst, gerahmt von der eindrucksvollen Kulisse von Abformungen breitflächiger Reliefs des Tempels von Angkor Vat in Kambodscha, ist für die Besucher eröffnet worden. In einem kleinen Studio im Untergeschoß werden Wechselausstellungen gezeigt. *Herbert Härtel*

Sammlungsbestände

Indien
Archäologische Kleinfunde und Plastische Kunst Der große Saal dient der Darbietung von Töpferei, Siegeln und Terrakotten, vor allem aber ausgewählter Steinskulpturen, Stuck- und Bronzefiguren. Die Terrakottafiguren umspannen die Entwicklung dieser Kleinkunst von ihren Anfängen in der frühgeschichtlichen Zeit, d.h. von den Muttergöttin-Figuren des 3. Jh. v. Chr. bis zu den ikonographisch entwickelten Götterdarstellungen der klassischen Zeit des 5. Jh. n. Chr. Aber klarer noch spiegelt die Ausstellungsgruppe der Steinskulpturen die Entwicklung der Kunst in den verschiedenen Regionen In-

diens wider. Die frühesten Figuren gehören in das 2. Jh. v. Chr., die jüngsten wurden im 18. Jh. geschaffen; sie umfassen somit einen Zeitraum von zwei Jahrtausenden. In ihrer Herkunft von Kaschmir bis nach Südindien, von Rajasthan im Westen bis nach Orissa im Osten reichend, vertreten die ausgewählten Skulpturen auch eine ganze Reihe regionaler Kunststile- und perioden. Die ältesten Stücke stammen mit wenigen Ausnahmen von Steinzäunen und Torpfeilern buddhistischer Stūpa-Anlagen, während die überwiegend hinduistischen Reliefs und Figuren der klassischen bis spätesten Perioden zumeist von Tempelwänden oder aus Tempeln herrühren. Neben Steinskulpturen gab es zu allen Zeiten, wenn auch in ganz unterschiedlicher Häufigkeit, Bronzen und andere Metallfiguren, die in Indien stets nach dem Verfahren ›der verlorenen Form‹ hergestellt wurden. Die Berliner Bronzesammlung ist reich an frühmittelalterlichen bis spätmittelalterlichen Bildwerken (8.-13. Jh. n. Chr.) vor allem der nördlichen Gebiete, von Gujarat bis Kaschmir, von Rajasthan bis Bengalen.

Die Darstellungen der Kunstwerke in Stein und Bronze sind in der Regel gut bestimmbar. Sie gehören mit wenigen Ausnahmen den großen Religionen Buddhismus, Hinduismus oder Jinismus an. Im buddhistischen Feld stehen in der frühen Zeit die Figuren des Buddha oder Szenen aus dem Leben des historischen Buddha im Mittelpunkt. Spätere buddhistische Götterfiguren geben Gestalten anderer Entwicklungsstufen des Buddhismus wieder, im wesentlichen die Buddhas und Bodhisattvas des Mahāyāna. Die hinduistischen Götterbilder gehören in der Mehrzahl in die Kreise des Vishnu und seiner Inkarnationen sowie des Śiva und seiner Aspekte. Unter den Göttinnen ist Durgā in unterschiedlichen Formen die herausragende Gestalt. Die Berliner Sammlung ist gerade aus der Sicht ikonographischer Entwicklungen und Besonderheiten von Götterbildern die wohl anspruchsvollste außerhalb Indiens. Neben der ältesten Darstellung eines Śiva der Gandharaschule und einer Durgā der Mathurakunst, neben einzigartigen Belegstücken der frühen Vishnu-Ikonographie und Götterbildern, die es nur in einem einzigen Beispiel gibt, beherbergt die Sammlung auch die älteste bekannte Bronzefigur des Gottes Vishnu. Das Pantheon der indischen Götter in den Kunstwerken des Museums wird u. a. ergänzt durch mehrere Darstellungen des Schöpfergottes Brahmā, des Sonnengottes Sūrya und der Flußgöttin Gangā (= Ganges). Zu den niederen göttlichen Gestalten zählen die Fruchtbarkeitsgöttinnen, die Yakshas und Yakshīs und die Nāgarājas, die Schlangenkönige, und ihre Frauen.

Der Kreis der Objekte in Stein schließt sich mit den Architekturteilen und Inschrift-Dokumenten, unter denen der Deckstein eines Steinzaunes mit einer Inschrift aus der Zeit des Königs Sūryamitra von Panchala (1. Jh. n. Chr.) und ein buddhistisches Reliquiar mit Gold- und Silberbeilagen und einer mehrzeiligen Inschrift in Kharoshthī-Schrift aus dem Jahre 77 des Königs Azes I, d. i. 20 n. Chr., besondere Beachtung verdienen.

Herbert Härtel

5

1 Frau mit Kind, *Mathura, 2./3. Jh.*, *rötlicher, gefleckter Sandstein, H 26 cm*

2 Flußgöttin Gangā, *Nordindien, 5. Jh.*, *ziegelrote, geschlämmte Terrakotta, H 32,5 cm*

3 Dreiköpfiger, vierarmiger Vishnu, *Pakistan, Swat-Tal, Anfang 7. Jh.*, *grünpatinierte Bronze, H 48,5 cm*

4 Gott Skanda-Kārttikeya, *Orissa, 13. Jh.*, *grünlicher Chloritschiefer mit ockerfarbener Übermalung, H 75 cm*

5 Krishna und Arjuna, *Deogarh-Stil, 5./6. Jh.*, *grauer Sandstein, H 74 cm*

6 Mohinī als Versucherin, *Tanjore-Distrikt, 19. Jh.*, *Holzrelief, H 62 cm*

Moghulhöfen gehaltenen persischen Lehrmeister ihre speziellen Kenntnisse in die indische Tradition mit ein. Die überlieferten Objekte sind in der Regel Gebrauchsgegenstände, wie Becher, Kannen, Vasen, Schalen. Sie werden in der ›verlorenen Form‹ gegossen und mit Silber tauschiert. Die Kunst der **Elfenbeinschnitzerei** zieht sich durch die ganze nachchristliche Zeit. War sie anfangs hauptsächlich auf Götterbilder begrenzt, wurden später auch Gebrauchsgegenstände gefertigt. Die **Holzschnitzereien** sind in ihrer Technik den Elfenbeinarbeiten sehr ähnlich. Sie stammen meist aus Südindien oder Gujarat. In der Mehrzahl handelt es sich um Architekturteile, Portale, Fenster, Reliefs von Tempeln oder Hausschreine. Von allen Handwerkskünsten ist die **Weberei** sicherlich die älteste. Literarische und bildhafte

Kleinkunst und Kunstgewerbe Wie literarische Quellen, Darstellungen in Malerei und Plastik und gelegentliche Einzelfunde aus älterer Zeit beweisen, sind Kleinkunst wie auch Kunstgewerbe seit Jahrtausenden in Indien heimisch. Leider sind nur wenige Gegenstände aus früher Zeit überliefert. Die Masse der bewahrten Objekte stammt aus der Zeit zwischen dem 16. und 19. Jh., einer Zeit also, in der sich indische und islamische Formvorstellungen in der Kunst mengten. Arbeiten aus Südindien sind im allgemeinen rein indisch, solche aus den Gebieten der islamischen Hochburgen, wie Delhi, Agra, Haiderabad, weitgehend islamisch.

In der **Metallkunst,** die schon früh höchste Vollendung erreichte, brachten die an den

6

Türvorhang, *Nordindien, frühes 17. Jh.,
Seidendamast, 97 × 212 cm*

Überlieferungen geben Zeugnis von einer
Fülle verschiedenartiger, kunstvoll gearbeiteter Stoffe, reicher Brokate, gemusterter
Musseline und vielem mehr.

Marianne Yaldiz

Miniaturmalerei Das Museum für Indische
Kunst besitzt eine umfangreiche Sammlung
von Miniaturmalereien. Die Werke sind so
breit gefächert, daß sie einen guten Überblick über die Malkunst vom 12. bis 19. Jh. bieten. In ihrer vielschichtigen Bedeutung sind sie erst vor dem Hintergrund der
drei Hochreligionen Buddhismus, Jinismus
und Hinduismus zu verstehen. Im Bereich
der Miniaturmalerei treten Themenkreise
auf, die wir sonst nicht dargestellt finden,
z. B. Bilder des höfischen Lebens, Porträt-
und Naturstudien.
Die ältesten Buchmalereien sind auf buddhistischen Palmblattmanuskripten des 10.-
12. Jh. erhalten, die in Bengalen geschrieben
und im Pāla-Stil illuminiert sind. Die dargestellten Szenen geben sehr häufig Episoden
aus dem Leben des Buddha wieder.
Ein Gegenstück der buddhistischen Pāla-
Schule war die Schule jinistischer Miniaturmalerei im westlichen Indien, deren Entwicklung sich vom 11.-16. Jh. verfolgen läßt.
Einer frühen Phase von Palmblattminiaturen

folgte die um 1400 einsetzende zweite Phase von illustrierten Papiermanuskripten. Die
Eckigkeit der meist im Dreiviertel-Profil wiedergegebenen Gesichter, die spitzen Nasen
und die hervorstehenden Augen kennzeichnen diesen Stil. Die Legenden, die sich um
die wichtigsten Ereignisse im Leben des
Weisen Mahāvīra, Begründer der jinistischen
Religion, ranken, sind bevorzugte Themen.
Nach dieser Periode setzt vom 16. Jh. an eine stürmische und vielschichtige Entwicklung der indischen Miniaturmalerei ein. Das
vor allem für das Gebiet von Mewar im südlichen Rajasthan nachweisbare Bemühen um
einen eigenen Malstil fällt in die Zeit, als die
Moghulkaiser Humayun und Akbar, durch
persische Vorbilder inspiriert, an ihren Höfen
die Moghul-Miniaturmalerei ins Leben riefen, die von der zweiten Hälfte des 16. bis
zum Anfang des 18. Jh. die Entwicklung dieses Kunstzweiges in Indien weithin beeinflußte. Die Zentren Delhi und Agra prägten
den Stil der verschiedenen Malschulen an
den Provinzhöfen, doch im Dekkhan und im
nordwestlichen Rajasthan – Bikaner – lassen
sich auch eigene Züge erkennen. Neben der
Darstellung kriegerischer oder höfischer Szenen spielt die Porträtmalerei die wichtigste
Rolle. Ganze Alben mit Bildnissen von Moghulherrschern, wie sie auch in der Ausstellung gezeigt werden, dokumentieren ihren
Stolz auf die Abstammung und ihr Bedürfnis,
den eigenen Machtanspruch zu legitimieren.
In anderen Teilen Rajasthans und im westlichen Himalaya-Gebiet entstanden stilistisch
voneinander unterscheidbare, lokale Malschulen an den oft recht selbständigen Provinzhöfen. Als bedeutendstes Zentrum rajputischer Malerei gilt Bundi, in der Ausstellung durch mehrere farbenprächtige und im
Detail liebevoll und sorgfältig ausgemalte
Beispiele vertreten.
Unter dem Begriff Pahari werden die Malschulen der etwa 34 Bergstaaten des Himalaya-Vorgebietes zusammengefaßt. Wie bei
den Miniaturen der rajputischen Fürstenhöfe
stehen auch hier die Darstellungen hinduistischer Themen im Vordergrund. Epische,
poetische und religiöse Texte werden illustriert. Die Legenden um den Gott Krishna
sind Gegenstand unzähliger Bilderserien.
Zu den eigenwilligsten Schöpfungen indischer Miniaturmalerei gehören die Rāgamālā-Bilder, von denen das Museum für Indische Kunst eine bedeutende Sammlung besitzt. Sie sind zu verstehen als visuelle Umsetzung von tages- und jahreszeitlich unterschiedlichen Stimmungen, die ihren Ausdruck in der Musik gefunden haben. Die Bilder haben die Aufgabe, eine Vision jener
Stimmung hervorzurufen, die dem Melodietypus gleichen Namens entsteigt.

Wibke Lobo

Nepal/Tibet

Die geographische Lage Indiens und der dadurch verursachte ständige Kontakt mit indischen Einwanderern prägten die Kunst Nepals und Tibets unverkennbar. So hatten
Buddhismus und Hinduismus in **Nepal** großen Einfluß genommen, buddhistische Klö-

वसंतरागिनी ३ २१

Frühlingsstimmung, *Bundi, Mitte 17. Jh., Miniaturmalerei, 11,8 × 20,5 cm*

ster und hinduistische Tempel bestanden – wie der chinesische Pilger Hsüan-tsang im 7. Jh. n. Chr. berichtet – friedlich nebeneinander.

Die Entwicklung der nepalischen Kunststile bis zum Beginn des 13. Jh. ist deutlich von der indischen Kunstentwicklung der Gupta- und Pāla/Senā-Dynastien geprägt. Ein eigenständiger Stil entwickelt sich in Nepal erst in der Malla-Zeit (13.-18. Jh.), wo sich die nepalische Kunst zu neuer Blüte entfaltet.

Während der ersten nachchristlichen Jahrhunderte hatte sich der Buddhismus zur umfassenden Lehre des Mahāyāna weiterent-

wickelt. In Nepal entstand ein eigenartiger monistischer Überbau über den Kosmos der göttlichen Erlösergestalten mit der Vorstellung von einem Urbuddha, dessen Meditation die fünf Weltenbuddhas und die übrige Schöpfung ins Dasein rief. So tritt uns die Vielfalt dieser Gedankenwelten bildhaft in Gestalt bewegter hinduistischer und buddhistischer Gottheiten entgegen, im Kontrast zu Darstellungen des in meditativer Ruhe sitzenden Buddha und zu den Stoffmalereien aus ältester buddhistischer Erzählungsliteratur.

Alle Arbeiten zeigen nepalische Eigenart. Sie stehen mit ihren weichen, anmutigen Formen vermittelnd zwischen Indien und Tibet, in ihren älteren und besten Stücken erinnern sie jedoch an die indische Pāla-Zeit, in der beide Länder noch eine kulturelle Einheit waren.

Die Einführung des Buddhismus in **Tibet** soll auf König Sron-btsan-sgam-po (Mitte des 7. Jh. n. Chr.) zurückgehen. Weite Verbreitung fand diese Religion jedoch erst, als der indische Meister Padmasambhava um 750 n. Chr. die neue Lehre in einer den Vorstellungen der alten Bon-Religion angepaßten

1 Tantrische Gottheit, *Tibet, 18. Jh., Bronze, vergoldet, H 23,5 cm*

2 Śiva und Umā (Umā-Maheśvara), *Nepal, 9. Jh., grüngrauer Kalkstein, H 62,5 cm*

3 Rad-Emblem, *Ost-Java, 1176, Bronze, H 24,5 cm*

4 Büste einer Buddhafigur, *Thailand, Ende 14. Jh., Bronze, H 55 cm*

Weise, d. h. mit zauberischen Praktiken des Tantrismus durchsetzt, vortrug. Diese neu entstandene Religionsform des tibetischen Buddhismus wird im allgemeinen Lamaismus genannt. Das Pantheon des Lamaismus umfaßt neben Darstellungen von Buddhas, Bodhisattvas und Dhyāni-Buddhas Schutz- und Initiationsgottheiten. Die häufige Darstellung geschlechtlicher Vereinigung männlicher und weiblicher Gottheiten geht auf das Prinzip der Polarität und ihrer Aufhebung in der Vereinigung zurück.

Wie in den meisten anderen Religionen nehmen auch im tibetischen Buddhismus bestimmte Riten einen weiten Raum ein. Kultische Handlungen sollten zur Verwirklichung des angestrebten Zieles führen. Man benutzte bei einigen Riten gewöhnliche Musikinstrumente, bei anderen mußten sie aus vorgegebenem Material sein; bei den mannigfaltigen tantrischen Zeremonien wurden Schädelschalen auf den Opfertisch gestellt. Danksagungen nach überstandener Krankheit bestanden aus Speiseopfern, die in bestimmten Gefäßen dargebracht werden mußten. *Marianne Yaldiz*

Hinterindien/Indonesien

Als Folge lebhafter Handelsbeziehungen hatte sich der indische Kultureinfluß in den ersten nachchristlichen Jahrhunderten nach Hinterindien und auf die Inseln des malaiischen Archipels ausgedehnt. Den Kaufleuten und gelehrten Brahmanen, die sich an Handelsstationen und Fürstenhöfen niederließen, folgten bald buddhistische Mönche aus Indien und Sri Lanka, die der einheimischen Bevölkerung die Kenntnis der heiligen Lehre brachten. In **Birma** folgte der Vereinigung des Landes unter dem Königreich von Pagan

im 11. Jh. eine Blütezeit der Architektur. Oft schmücken Tonreliefs mit Darstellungen buddhistischer Legenden die Wände religiöser Gebäude. Die Sammlung birmanischer Reliefplatten aus dem späten 13. Jh. nimmt in der Schausammlung einen prominenten Platz ein. Aus etwas früherer Zeit, dem Anfang des 12. Jh., stammen kleine Bronzefigürchen und Ornamentteile, die zu einem birmanischen Altar gehörten. Sie geben ein Beispiel für die Motiv- und Stilwanderungen innerhalb der buddhistischen Welt, denn sie zeigen Dekorationsformen, die schon in der Gandhara-Zeit im Nordwesten Indiens auftraten, und in Körper- und Gewandform den Einfluß des indischen Pāla-Stils.

Aus **Thailand** kommen die frühesten und die spätesten der ausgestellten Objekte. Die vom 3. Jahrtausend v. Chr. bis in nachchristliche Zeit nachweisbare Kultur von Ban Chieng hat vor allem Tongefäße und -geräte, Schmuck und Werkzeuge aus Bronze hinterlassen. Aus der umfangreichen Ban Chieng-Sammlung des Museums werden einige Grabfunde, vor allem Bronzeschmuck, gezeigt.

Die Kunst der Mon-Zeit (7.-11. Jh. n. Chr.) ist durch eine Vitrine mit Terrakotta- und Stuckköpfen vertreten. Die Köpfe zeigen die charakteristische Mon-Physiognomie mit breitem Gesicht, weitem Augenabstand, flacher, breiter Nase und dicken Lippen.

Ein Thai-Stil entwickelte sich erst im 13. Jh. In den Skulpturen und Bronzen des einstigen Reiches von Lan Na klingt noch der Einfluß indischer Pāla-Kunst nach. Zwei Fragmente überlebensgroßer Buddhafiguren in der Schausammlung sind Arbeiten nordthailändischer Schulen. Im ganzen lassen sich in der Entwicklung auch hier, wie in Birma, drei

Hauptperioden unterscheiden: die Nachahmung indischer Vorbilder, eine Zeit zunehmender Selbständigkeit mit eigenen Schönheitsidealen und schließlich eine Periode des Niedergangs, in welcher das Ornamentale eine beherrschende Stellung einnimmt und unter westlichen Einflüssen eigene Überlieferungen vernachlässigt werden. Die Prachthandschrift *Traiphum* aus dem Ende des 18. Jh. gehört mit ihren 109 beschrifteten Bildern in die Spätzeit, weist aber trotz ihres ornamentalen Stils noch hohe künstlerische Qualität auf.

Die **Kunst der Khmer** wird neben einigen originalen Steinskulpturen vor allem von wandfüllenden Reliefs dokumentiert: Abgüsse von Flachreliefs des großartigen Monuments Angkor Vāt in Kambodscha. Die Bedeutung dieser Nachbildungen ist nicht hoch genug einzuschätzen, denn sie geben einen lebendigen Einblick in die wichtigste Epoche der Khmerkultur.

In der Ausstellung **indonesischer Kunst** sind zwei Buddhaköpfe vom Terrassenstūpa Borobudur auf Java hervorzuheben. Während des 8. und 9. Jh. ist Java kultureller Mittelpunkt des Archipels. Wir verdanken dieser Epoche eine große Anzahl bedeutender Bauwerke, wie den Borobudur oder die Candis Kalasan und Wewu. Beziehungen bestehen besonders zu den noch blühenden Mahāyāna-Gemeinden in Bihar, dem alten Heimatland des Buddhismus. Die ältesten Figuren, Votivbilder der Mahāyāna-Bodhisattvas und -Buddhas, künden vom Siegeszug des Buddhismus. Bereits im 9. Jh. aber beginnt die javanische Vielfalt der Götterkreise. Die Glaubensformen beginnen sich zu überschneiden und teilweise zu vermengen. Die bedeutende Sammlung javanischer Bronzen in der Ausstellung läßt diese Entwicklung klar erkennen. Buddhistische und hinduistische Götterbilder stehen ungetrennt nebeneinander, der Wirklichkeit und dem Geist jener Zeit entsprechend.

Die Blütezeit der Kunst in Mitteljava bricht um das Jahr 930 unvermittelt ab. Aus unbekanntem Grund werden das Land und seine kaum erbauten Tempel verlassen. Der Schwerpunkt des kulturellen und politischen Lebens liegt fortan in Ost-Java. In der Kunst setzen sich die einheimischen javanischen Formen gegenüber den indischen Stileinflüssen durch. Über die bronzenen Gestalten und Kultgefäße aus Ost-Java breitet sich filigranhafte Ornamentik aus, wie sie das Rad-Emblem und der Rasselstab in sehr gelungener Weise zeigen.

Die neue Epoche der ›Javanisierung‹ wird an den späten Bronzen sichtbar. Die menschlichen Gestalten werden den Schattenspielfiguren ähnlich, was auf den ausgestellten Tierkreisbechern deutlich zu sehen ist. Ihre spitzen, verhärteten Formen gleiten in das Karikaturenhafte hinüber. *Wibke Lobo*

Zentralasien (›Turfan‹-Sammlung)

Das Museum besitzt eine herausragende Sammlung zentralasiatischer Wandmalereien, Skulpturen, bebilderter Handschriften und bemalter oder bestickter Textilien. Diese

Rinderhirt Nanda, einer Predigt lauschend, *Kyzil, ›Statuenhöhle‹, um 500, Wandmalerei, 32,5 × 60 cm*

Objekte, die im ersten nachchristlichen Jahrtausend entstanden, gelangten zwischen 1902 und 1914 in das Berliner Museum, als unter der Leitung der beiden Wissenschaftler A. Grünwedel und A. v. LeCoq vier Expeditionen nach Zentralasien geführt wurden. Die Forschungen machten es augenscheinlich, daß der Hauptweg des Buddhismus nach China über Ostturkistan geführt haben muß. Es zeigt sich jetzt, daß dieses Land im 1. Jahrtausend n. Chr. überwiegend buddhistisch war und seine Bevölkerung zum großen Teil aus Iranern und Indern bestand. Hauptquelle der neuen Erkenntnisse waren die in großer Zahl entdeckten Handschriften und die in Höhlentempeln oder freistehenden Klöstern vorgefundenen Wandmalereien. Schenkten uns die Handschriften Texte in zahlreichen, bis dahin zum Teil unbekannten Schriften und Sprachen wieder, so gewährten die auf stucküberzogenem Lehm gemalten Wandbilder nebst den zusammen damit entdeckten Plastiken, Stoffmalereien, Keramiken, Terrakotten, Siegeln usw. bildhaften Eindruck in das Kulturleben, die religiösen Vorstellungen und die Kunstübung einer mehr als ein halbes Jahrtausend (etwa 500-1000 n. Chr.) umfassenden Geschichtsepoche Ostturkistans.

Die deutschen Expeditionen konnten neben den zahlreichen kleineren Funden auch große Teile der vorgefundenen Wandgemälde bergen und nach Berlin bringen. So erhielt das Museum eine einzigartige Sammlung von Wandbildern, deren erhaltener Teil auch heute noch eine Fülle farbenprächtigen Anschauungsmaterials bietet. Auf den Malereien sind ganz überwiegend religiöse Themen dargestellt: das Leben des Buddha und Begebenheiten aus seinen Vorgeburten, in denen er in allen möglichen Existenzformen erscheint. Die wissenschaftliche Auswertung aller Funde hat zu kunstgeschichtlichen Erkenntnissen geführt, die hier mit wenigen Worten angedeutet werden mögen.

Im Gebiet der nördlichen Seidenstraße heben sich zwei Kunstkreise deutlich voneinander ab: ein westlicher, älterer (etwa 500-700 n. Chr.) in der Gegend um Kutscha, dessen völkische Träger indo-europäische Stämme sind, die gewöhnlich als Tocharer bezeichnet werden. Der andere, östliche und jüngere Kreis (etwa 650-950 n. Chr.) in dem Oasengebiet um Turfan, geht auf Volksstämme türkischer Zunge zurück, die dem Ausdruck ihrer Kunst nach stark durch China beeinflußt sind. Stifterbilder aus den erforschten Höhlenanlagen vermitteln uns die Bekanntschaft mit Menschen der genannten Volksstämme, ihren Trachten usw., zugleich aber ein erstes Verständnis der auftretenden Kunststile.

Der indische Einfluß zeigt sich dort, wo es sich um das eminent buddhistische Thema, um die durch die Tradition gebundene Darstellung des Buddha und seines Kultes handelt. Die szenische und künstlerische Gestaltung solcher Themen in den Wandbildern verschiedener Höhlentempel von Kyzil dürfte auf einer älteren, an den Skulpturen von Gandhara orientierten Malweise fußen.

Die westliche Kunst Kutschas, die uns aus den Gemälden von Kyzil bekanntgeworden ist, weist nirgends ostasiatische Einflüsse auf. An einem weiteren Ausgrabungsort in der Nähe von Kutscha, in Kumtura, fanden sich neben Höhlen mit Malereien indo-iranischen Stils auch solche, die mit Wandbildern in ganz anderer Malweise ausgeschmückt waren. An der wesentlich schwungvolleren Linienführung, der Kompositionsweise und den Einzelmotiven läßt sich chinesischer Einfluß erkennen. Wir haben es hier bereits mit Werken des östlichen Kunstkreises im Gebiet der Turfan-Oase zu tun. Dort liegt Chotscho, die alte Hauptstadt der Uiguren, eines Turkvolkes, dessen Vertreter uns in den Stifterbildern lebendig entgegentreten. Einige Bilder der uigurischen Periode (8.-9. Jh. n. Chr.) sind von bedeutender künstlerischer Qualität und als Proben der berühmten chinesischen Malerei der Tang-Zeit besonders beachtlich. Übernommene indische Kompositionen und Elemente westlicher Tradition sind in den Bildern des östlichen Kunstkreises in ansprechender Weise ostasiatisch umgesetzt.

Neben den Wandgemälden sieht der Besucher in der Ausstellung aber auch eine Fülle anderer interessanter Gegenstände aus dem Schatz der Turfan-Sammlung. Eine Anzahl

Halbfigur einer Gottheit, *Yarchoto, 8./9. Jh., Lehm, bemalt, H 49,5 cm*

von Plastiken, in Lehm, Holz und Bronze gearbeitet, macht ihn mit einem anderen Kunstzweig Ostturkistans bekannt. Malereien auf Seide, Stoff, Papier und Holz, kunstvolle Stickereien, Keramik und Metallarbeiten zeugen von der Vielseitigkeit des künstlerischen Schaffens. Die religionshistorisch und auch in manch anderer Beziehung wichtigsten Fundstücke der deutschen Turfan-Expeditionen sind ohne Zweifel die Handschriften. Viele tausend Manuskripte, auf Birkenrinde, Palmblatt, Papier und vereinzelt auch auf Leder geschrieben, in 17 Sprachen und 24 Alphabeten überliefert, haben uns wichtigste Aufschlüsse über die religiösen, staatlichen und sprachlichen Verhältnisse im mittelalterlichen Ostturkistan gebracht. Die Schausammlung ausgewählter Blätter solcher Manuskripte soll dem Besucher einen Eindruck von den Originalen vermitteln.

Deutlicher als aus anderen Funden geht aus den Texten hervor, daß nicht der Buddhismus allein in Ostturkistan verbreitet gewesen ist. Auch das Christentum in nestorianischer Form und der Manichäismus haben Eingang gefunden. In der alten Uigurenhauptstadt Chotscho und Umgebung wurden kostbare Reste der Literatur der Manichäer, darunter die berühmten, bei uns ausgestellten Buchminiaturen, entdeckt. Daß solche Funde überhaupt gemacht werden konnten, ist letztlich dem Umstand zu verdanken, daß im 8. Jh. der uigurische Fürst Bugug Chan (759-780) zum Manichäismus, einer synkretistischen Weltreligion, die mit dem zoroastrischen Dualismus christliche und buddhistische Elemente verquickt, bekehrt wurde. Von da an blieben die uigurischen Herrscher eifrige Anhänger dieser Religion. Die Masse des Volkes jedoch war nach wie vor buddhistisch. Reste von Wandbildern, Tempelfahnen, Seidenbildern, Stikkereien und in erster Linie die erwähnten Buchminiaturen zeugen davon, daß auch der manichäische Kult künstlerischen Ausdruck gefunden hat.

Marianne Yaldiz

43 Museum für Islamische Kunst

Staatliche Museen Preußischer Kulturbesitz

33 (Dahlem), Takustraße 40, Besuchereingang: Lansstraße 8, Telefon 8301-392,
Zentrale: 8301-1
Verkehrsverbindung: U-Bahnhof Dahlem-Dorf; Bus 1, 10, 17
Geöffnet: Dienstag bis Sonntag 9-17 Uhr
Abweichend von der Feiertagsregelung (s. S. 8) nur am 1. 1., Osterdienstag, 1. 5.,
Pfingstdienstag, 24., 25. und 31. 12. geschlossen

Direktor: Prof. Dr. Klaus Brisch
Wissenschaftliche Mitarbeiter: Dr. Jens Kröger, Dr. Elke Niewöhner

Träger: Stiftung Preußischer Kulturbesitz

Sammlung: Kunst und Kunstgewerbe der islamischen Welt; parthische, sasanidische
und alt-südarabische Kunst

Präsenzbibliothek mit 13000 Bänden zur islamischen Archäologie und Kunstgeschichte, Benutzung nach Anmeldung

Publikationen: ›Museum für Islamische Kunst Berlin‹, Berlin 1979 – ›Kunst der Welt in
den Berliner Museen, Museum für Islamische Kunst Berlin‹, Stuttgart u. Zürich 1980 –
›Islamische Kunst‹, Loseblatt-Katalog unpublizierter Werke aus deutschen Museen,
Hrsg. K. Brisch (Museum für Islamische Kunst, Bd. 1: Glas, bearb. von J. Kröger, Mainz
1984 – Bd. 2: Metall, Stein, Stuck, Holz, Elfenbein, Stoffe, bearb. von A. Hauptmann,
v. Gladiss u. J. Kröger, Mainz 1985) – ›Islamische Kunst – Verborgene Schätze‹, Berlin
1986 – F. Spuhler, ›Die Orientteppiche im Museum für Islamische Kunst Berlin‹, 1987

Sammlungsgeschichte

Am 18. Oktober 1904 wurde im Kaiser-Friedrich-Museum (heute Bode-Museum, s. Museen Ost-Berlin) die ›Islamische Abteilung‹
auf Betreiben von Wilhelm von Bode eröffnet. Er hatte es erreicht, daß die 1903 vom
osmanischen Sultan Abdulhamid II. an Kaiser
Wilhelm II. geschenkte Palastfassade von
Mschatta (Jordanien) Anlaß der Gründung eines eigenständigen Museums wurde. Als
persönliche Gabe überließ Bode der Abteilung eine Reihe herausragender orientalischer Knüpfteppiche, die er vornehmlich in
Italien erworben hatte. Leihweise wurde au
ßerdem die umfangreiche und bedeutende
Sammlung von Friedrich Sarre ausgestellt,
die 1922 endgültig in den Besitz der Abteilung überging. Durch Überweisung vereinzelter Kunstwerke aus dem Kunstgewerbe-
und dem Völkerkundemuseum (s. S. 149
bzw. 226) wurden die Bestände ebenso erweitert wie durch Ankäufe und Geschenke
in den folgenden Jahren. Die Leitung der
Sammlung wurde 1904 Friedrich Sarre übertragen, der ihr von 1921-31 als beamteter
Direktor vorstand. Zusammen mit Ernst
Herzfeld führte Sarre die deutschen Ausgrabungen in Samarra im Irak (1911-13) durch,
die außer wichtigen wissenschaftlichen Ergebnissen auch eine wesentliche Bereicherung der Sammlung brachten. Dies gilt in
gleicher Weise für die Ausgrabungen 1928/
1929 und 1931/32 in der sasanidischen Hauptstadt Ktesiphon, Irak, sowie in Tabgha am
See Genezareth in Palästina (1936-39). An
beiden Unternehmungen war die Abteilung
mit Ernst Kühnel maßgeblich beteiligt. Seit
1931 Direktor, konnte Kühnel die neuen Ausstellungsräume der Islamischen Kunstabteilung im Pergamon-Museum (s. Museen Ost-
Berlin) am 17. Dezember 1932 eröffnen. Der
Zweite Weltkrieg bedeutete durch die Teilung der Sammlung und den Verlust der
wichtigsten Teppiche einen tiefen Einschnitt. Während die fest eingebauten Architekturteile, vor allem die unter großen Mühen restaurierte Mschattafassade und eine
große Anzahl von bedeutenden Kunstwerken, den Bestand des Islamischen Museums auf der Museumsinsel in Berlin (Ost)

ausmachen, wurden die im Westen Deutschlands vor dem Luftkrieg geborgenen Kunstwerke nach Berlin (West) zurückgeführt und 1962 in die Obhut der im Jahre 1957 durch Bundesgesetz errichteten Stiftung Preußischer Kulturbesitz (s. S. 322) gegeben. Bereits 1954 konnte Ernst Kühnel anläßlich des

50jährigen Bestehens der Abteilung eine große Auswahl im Museum in Dahlem ausstellen. 1955 wurde die Sammlungstätigkeit erneut aufgenommen; die bedeutendste Erwerbung dieser Jahre stellt ein persischer Tierteppich dar. 1958 wurde Kurt Erdmann, der bis zu seinem Tod 1964 die Sammlung durch den Ankauf hervorragender Kunstwerke vornehmlich aus dem Iran bereichern konnte, Direktor der Abteilung. Bald nach der Berufung von Klaus Brisch als Direktor und der Neubenennung in Museum für Islamische Kunst wurde 1967-69 eine repräsentative Ausstellung in den Räumen des Museums für Vor- und Frühgeschichte (s. S. 246) im Langhansbau des Charlottenburger Schlosses gezeigt. Am 11. Juni 1971 schließlich fand die Eröffnung der Ausstellung in den neu erbauten Räumen der Museen in Dahlem statt (Obergeschoß links, Eingang Lansstraße), der der folgende Überblick über die Aufstellung der Sammlung gilt.

Sammlungsbestände

Bereits vor der Eingangstür erblickt der Besucher den von der Decke abgehängten großen Gartenteppich aus dem Iran des 18. Jh. Er bildet den Grundriß wirklicher persischer Gärten der Zeit ab mit Kanälen, Inseln, Bäumen und Blüten. Zugleich bezeugt der Teppich – und die anderen 22 im Raum – die in Europa seit Jahrhunderten bestehende Bewunderung des Orientteppichs, die auf der Unnachahmlichkeit seiner Farben und dem Verständnis als Abbild der geordneten Welt beruht.

Einführung

Hinter dem Eingang wird der Betrachter zuerst des in einer eigenen Vitrine verwahrten Prachtkorans aus dem Istanbul der zweiten Hälfte des 16. Jh. gewahr, dessen prunkvoller Schmuck am besten als Ehrung des dem Islam heiligen Worts zu verstehen ist. Links neben dem Eingang befindet sich eine Reihe von ägyptischen Grabsteinen des 9. Jh. mit ihren eindrucksvollen Texten in archaischer Schrift, daneben andere Beispiele für die ho-

3

1 Prachtkoran, *Türkei (Istanbul), 2. Hälfte 16. Jh., Gouache, Gold/ Papier, 50 × 33 cm*

2 Staatsurkunde mit Herrscheremblem, *Türkei (Istanbul), Anfang Juni 1614, Tempera, Gold/Papier, 350 × 62 cm*

3 Korankasten, *Ägypten, 1. Hälfte 14. Jh., tauschierte Bronze/ Holz, 27 × 42,5 × 42,5 cm*

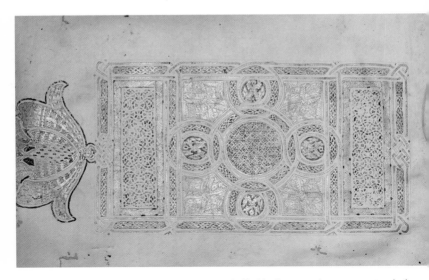

he Kultur islamischer Kalligraphie. Beides, Koran und arabische Schrift – denn auch Persisch und Türkisch wurden mit dem arabischen Alphabet geschrieben –, verbinden die Kunst so verschiedener Länder, von Spanien bis zum westlichen China, und einer so langen Zeit, vom 7. Jh. bis zur Gegenwart. Als Beispiel von osmanischem Türkisch in arabischer Schrift sei die anspruchsvolle Herrscherurkunde erwähnt, der Firman einer Schenkung von Sultan Ahmed I. vom Juni 1614 mit dem Emblem aus den Buchstaben seines Namens.

Der Raumabschnitt bis zum Gartenteppich bildet die Einführung in das Museum, daher sind in den ersten beiden Vitrinen die Kunst der Moschee und die Kunst des Hofes in hervorragenden Beispielen versammelt: ein ägyptischer Korankasten des 14. Jh., Seiten aus einem frühen, ganz hieratisch und feierlich geschriebenen Koran (um 800 n. Chr.),

ein Türklopfer aus einer mesopotamischen Moschee vom 13. Jh. mit einem glückbringenden, schützenden Drachenpaar, Darstellungen der heiligen Städte Mekka und Medina aus einem arabischen Gebetbuch mit persischer Übersetzung, eine Moscheeampel aus emailliertem Glas (Syrien, um 1300 n. Chr.) sowie ein aus Iran stammendes Einzelblatt des 17. Jh. mit einer Kalligraphie, die die Einleitungsformel ›Im Namen Gottes des Barmherzigen‹ in Gestalt eines Wiedehopfes wiedergibt. Eine Buchseite mit der Darstellung des Propheten Muhammad, der mit seinem Schwiegersohn Ali die heidnischen Idole von der Ka'ba, dem Hauptheiligtum des Islams in Mekka, entfernt, ist Erinnerung daran, daß das vieldiskutierte Bilderverbot im Islam sich nur auf Moscheen bezog und die Darstellung Gottes unterbinden sollte.

Die zweite Vitrine zeigt einen Rahmen aus Elfenbein, in tiefem Relief geschnitzt, der

1 Koranseiten, *Irak oder Syrien, 8.-9. Jh., Pergament, 21,5 × 32,5 cm*

2 Kalligraphie in Form eines Wiedehopfes, *Iran, 17. Jh., Tusche/ Papier, 22 × 20,4 cm*

3 Miniatur: Der Prophet Muhammad entfernt die Idole von der Ka'ba, *Iran, Ende 16. Jh., Tempera/Papier, 29,3 × 17 cm*

4 Weiblicher Kopf, *Grabstele, Yemen, 1. Jh. v. Chr., Alabaster, H 24,5 cm*

2

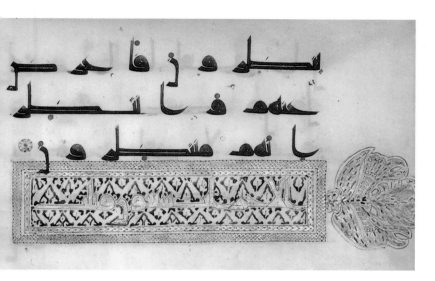

Herrscher bei Festen und auf der Jagd abwechselnd mit den Emblemen königlicher Macht wiedergibt: Adler, die Gazellen greifen, Löwen, die Tiere schlagen. Er dürfte aus dem fatimidischen Palast in Kairo stammen und ist um 1100 n. Chr. zu datieren. Ein Signalhorn, Olifant, um 1100 n. Chr. von muslimischen Kunsthandwerkern in Unteritalien angefertigt, zeigt das stetige Interesse Europas an islamischer Kunst, denn diese Hörner wurden wohl überwiegend für westliche Auftraggeber hergestellt. Die anderen Kunstwerke dieser Vitrine aus Glas, Metall und Stuck legen Zeugnis ab von den Ansprüchen, die an die Qualität gestellt wurden.

Vorislamische Kunst
Folgt man den Nummern der weiteren Vitrinen, so begleitet man den Gang der Geschichte der islamischen Kunst.

4

1

1 Kuppel aus der Alhambra in Granada, *Spanien, um 1320, Zedern- u. Pinienholz, 355 × 355 × 190 cm*

2 Jagdschale, *Iran, 7. Jh., Silber, teilvergoldet, ⌀ 19 cm*

3 Teller, *Türkei (Iznik), 1. Hälfte 16. Jh., Quarz-Fritte-Keramik, ⌀ 40,2 cm*

4 Poloreiterflasche, *Syrien (Damaskus), um 1260-70, Glas, emailliert u. vergoldet, H 28 cm*

Seit seiner Gründung 1904 besitzt das Museum Schätze der vorislamischen Zeit, die ihm am Anfang vorwiegend durch Schenkungen und aus Fundteilungen eigener Grabungen zuwuchsen. Eine Vitrine zeigt Totengedenkstelen des 3. Jh. v. Chr.-1. Jh. n. Chr. aus Südarabien, eine weitere parthische Kunst mit besonders kostbaren Beispielen

2

dieser iranischen Dynastie vom 2. Jh. v. bis zum 3. Jh. n. Chr., zwei Vitrinen geben illustre Beispiele der Kunst der Sasaniden, Herrscher eines Weltreichs vom 3. Jh. n. Chr. bis zur arabischen Eroberung des Iran. Hier sei vor allem auf die vergoldete Jagdschale aus Silber verwiesen, die einen sasanidischen Herrscher bei der Jagd zeigt. Berühmt ist die Bronzeschüssel (Iran, wohl 7. Jh.), weil darin ein sasanidischer Feuertempel, ein Heiligtum der damaligen persischen Staatsreligion, dargestellt ist. Die Beispiele sasanidischer Glaskunst machen verständlich, daß solche Erzeugnisse in China und Japan begehrt waren.

Kalifat der Umayyaden

Mit Vitrine 7 beginnt die frühe islamische Kunst. Zu erwähnen ist hier besonders das Fragment eines Fenstergitters aus Stuck mit eingesetzten farbigen Glasscheiben, ein Vorläufer der europäischen Glasfenster. Es ist bei einer Grabung des Museums in Tabgha am See Genezareth gefunden worden und um 710 n. Chr. zu datieren. Eine Bronzekanne, wohl im Iran entstanden, fanden deutsche Forscher an der Grabstätte des letzten umayyadischen Kalifen, Marwan II., der 749 in Oberägypten umgebracht wurde. Die Umayyaden, Verwandte des Propheten, bildeten die erste Erbdynastie des Islams; zu ihrer Zeit wurde sowohl die Eroberung Spaniens und des heutigen Pakistans wie die großer Gebiete Zentralasiens abgeschlossen. Damaskus wurde die Hauptstadt ihres Reiches.

Kalifat der Abbasiden
Die nächste Dynastie, die der Abbasiden – auch sie mit dem Propheten Muhammad verwandt –, herrschte faktisch, später nur noch nominell, bis zur Eroberung ihrer Hauptstadt Baghdad durch die Mongolen 1258. Aus einer anderen ihrer Hauptstädte, dem vom ersten Direktor des Museums ausgegrabenen Sammarra im Irak, stammen viele Kunstwerke in der achten Vitrine, vor allem Teile verschiedener Millefioriplatten und Wandmalereien, aber auch Gläser und Fliesen mit Lüsterdekoration, Glasuren, die durch die Beimengung von Kupferoxiden einen goldfarbenen Glanz erhielten. Dies alles ist um die Mitte des 9. Jh. zu datieren.
Aus dem weiten Reich der Abbasiden, aus dem Iran, aus Turkestan und Afghanistan und natürlich aus dem Irak, kommen die Kunstwerke in den Vitrinen 8-12. Hier sei besonders das freistehende Gerät in Vogelform erwähnt, aber auch die weißgrundigen Schalen mit arabischer Schrift aus Usbekistan (Afrasiyab) und die achteckige Silberplatte mit dem Simurgh, dem mythischen Vogel der iranischen Vorzeit, der aber noch in der religiösen Mystik des islamischen Iran symbolische Bedeutung hatte. Zu den Höhepunkten geschnittenen Glases gehört eine Henkelkanne, deren Wandung mehrere Friese stilisierter Palmetten umziehen. Die perlmuttfarbene Irisierung islamischer Gläser entstand durch Bodenlagerung, ist also eine zufällige Erscheinung. Besondere Beachtung verdient auch ein Ohrgehänge aus dem 10. Jh.

Tuluniden und Fatimiden
In den Vitrinen 13-15 werden Beispiele der Kunst der Tuluniden gezeigt, einer türkischen Dynastie, die von 868-905 in Ägypten und Syrien herrschte; typisch sind die be-

4

malten Holzzinnen. Eine strahlende Zeit war die der Fatimiden, einer schiitischen Dynastie aus Nordafrika, die in denselben Ländern von 909-1171 regierte. Aus ihrem Palast in der von ihnen gegründeten Stadt Kairo dürfte der ehemals bemalte Holzfries mit einer Jagdszene stammen. Hervorgehoben sei noch der kleine Bronzelöwe, der zu einem Brunnen gehört haben muß. In Vitrine 13 sind mehrere Beispiele von Lüsterdekoration auf Keramik und Glas zu sehen; der goldfarbene Glanz wird durch Beimischen von Kupferoxyden zur letzten Glasur erreicht. Die Keramik zeigt zudem figürliche Ikonographie. Zum fatimidischen Kunstkreis gehören auch die daneben stehenden Elfenbeinarbeiten, denn sie wurden von muslimischen Künstlern in Sizilien und Unteritalien hergestellt: ein bemalter und ein geschnitzter Deckelkasten, eine Pyxis, ein Kamm und ein kleines Kästchen.

Islamische Kunst und christliche Auftraggeber
Vitrine 16 ist mit Goldschmuck und Keramik aus Spanien gefüllt, darunter der einzigen Lüsterschale, die durch Inschrift auf dem Boden als in Malaga hergestellt bekannt ist. Andere Metallarbeiten sind in Venedig in Fortführung orientalischer Traditionen entstanden. Spanisch ist auch die Kuppel in der Mitte des Raums, die zu dem kleinen um 1320 erbauten Palast auf der Alhambra in Granada gehört, der jetzt Torre de las Damas genannt wird. Ein spanischer Teppich aus dem 15. Jh. gehört ebenfalls in diesen Kulturkreis.

Reiche der Seldschuken
Die Seldschuken waren ein Türkvolk, das zuerst Persien und dann Anatolien sowie Teile des Iraks und Syriens erobert hat und dort

3

von 1038-1194 an der Macht war. Ihrer Kunst sind die Vitrinen 17, 18, teilweise 19, 20 und 21 gewidmet. In Vitrine 17 sollten die Silberschale mit einem Lautenspieler, die vergoldete Silberkanne und der mit Gold und Silber eingelegte, tauschierte Bronzeleuchter beachtet werden, ebenso die mehrfarbige Schale, die für die Farbfreudigkeit der seldschukischen Kunst typisch ist. In Vitrine 18 ist das signierte Waschgeschirr aus Mosul, Irak, wegen der reichen Ikonographie, aber auch wegen der perfekten Tauschierung besonders hervorzuheben. Bei der Tauschierkunst wurde das Grundmetall mit dem gewünschten Muster graviert und dieses dann mit einem Stift kaum millimetertief ausgehoben. Das auf das Muster zugeschnittene Silber wurde später in die Vertiefung gehämmert. Für die Goldauflage wurde der Metallgrund nur aufgerauht.

Beispiele für islamische Skulptur geben zwei Köpfe aus Stuck in Vitrine 20, früher zu Statuen gehörend und gänzlich bemalt. Hier ist auch auf die Lüsterkanne aufmerksam zu machen, die 1198 oder 1199 datiert ist und so zu den frühesten Beispielen persischer Lüsterkeramik überhaupt gehört. Um 1200 ist dagegen der große Adlerteller in Vitrine 17 zu datieren – ein ausgezeichnetes Beispiel für einen Stil, der großformatige, kraftvoll gezeichnete Motive bevorzugte. Neben Vitrine 21 steht ein nicht vollständig erhaltenes Wassergefäß aus unglasiertem Ton mit Darstellungen einer Gazellen- und Einhornjagd, in der Vitrine ein kleineres Fragment mit einer Harfenspielerin und ein türkisfar-

ben glasiertes Gießgefäß in Form eines Bocks. Formale Ähnlichkeit bei unterschiedlichem Material weisen eine Metallkanne vom Ende des 12. Jh. sowie eine blauglasierte Schnabelkanne aus dem 13. Jh. auf.

Vitrine 19 enthält vorwiegend Keramik und Glas aus dem 11.-13. Jh. in Syrien, als dort die Ayyubiden herrschten. Deren bekanntester Fürst Saladin war Gegner der Kreuzfahrer. Zwei Wandfliesen mit koranischem Text stammen aus einer Moschee der Stadt Raqqa, aber auch andere Keramikarten sind hier in ayyubidischer Zeit entstanden.

Reiche der Il-Khane und Timuriden

In den Vitrinen 22-24 sind Werke aus dem 13.-14. Jh. ausgestellt. Nach dem Sieg der Mongolen über die Abbasiden herrschte in Iran die mongolische Dynastie der Il-Khane (Il-Khan = untergebener Fürst), deren Gegenspieler in Ägypten und Syrien die Mamluken wurden. Es kam zu erneuten Kontakten mit Ostasien; gemäß ihrer innerasiatischen Herkunft bevorzugten die Mongolen Gedanken und Motive, die in China ihren Ursprung hatten. Der Drache und der Phönix etwa symbolisierten die Macht der il-khanidischen Herrscher. In der Mehrzahl stammen die Fliesenbruchstücke und Fliesenfelder der Vitrine 22 aus den Ausgrabungen des Deutschen Archäologischen Instituts vom Tacht-i Sulaiman (Provinz Aserbeidschan). Dort errichtete der Herrscher Abaqa Khan in den Jahren nach 1271 einen Sommerpalast. Bei den Ausgrabungen wurden unter anderem auch Tropfgefäße in großer Anzahl gefun-

1

2

den, die wahrscheinlich als Transportbehäl-
ter Verwendung fanden und in der gesamten
islamischen Welt im 10.-13. Jh. verbreitet
waren. Ritzdekorierte Keramik des 13. Jh.,
im Grund dunkel, darüber häufig grün gla-
siert, war sehr gebräuchlich. Zwischen den
Vitrinen 21 und 22 sowie in Vitrine 23 ist eine
Reihe von Fliesen aus dem 13.-14. Jh. zu sehen, die für die Sockelzonen in Innenräumen
hergestellt wurden. Mit Lüstermalerei ausgeführte Sternfliesen wurden im Verbund
mit Kreuzfliesen versetzt. Als Beispiel der
Gefäßkeramik dieser Zeit mag die möglicherweise in dem bekannten Töpferzen-
trum Kaschan im späten 13. Jh. gefertigte
Kanne erwähnt werden. Besonders reizvoll
ist auch eine Kamelfigur mit Zeremonial-
sänfte.
Die Il-Khane wurden in Iran durch die nach
dem Herrscher Timur benannte Dynastie der
Timuriden (1395-1506) abgelöst. In ihrer zeit-

weiligen Hauptstadt Herat im Osten Irans
lebte Prinz Baisunqur, ein Förderer der Künste, für den 1420 in Schiras (Südiran) ein Ma-
nuskript mit Texten der klassischen persischen Dichtung geschrieben und illustriert
wurde. Einige Miniaturen aus dem Manu-
skript sind in dem Schrank zwischen den Vitrinen 23 und 24 ausgestellt, in dessen her-
ausziehbaren Fächern zudem eine Auswahl
von Stoffen betrachtet werden kann. Zu
ihnen gehören zahlreiche Tiraze, eine Bezeichnung für Stoffe mit Inschriftfriesen, in
denen gewöhnlich der regierende Kalif, der
Sitz der Werkstatt und das Herstellungsjahr
genannt werden.
Werke timuridischer Zeit zeigen wiederholt
chinesische Motive, bei einer Schale etwa
durch die Pinselmalerei eines Drachens,
oder Einflüsse chinesischen Porzellans bei
einem Teller mit Singvogel im Blütenstrauch
in Vitrine 24.

1 Deckengemälde, *Iran, datiert 1846,*
Leimfarben/Baumwolle, 689 × 248 cm

2 Tierteppich mit Medaillon *(Ausschnitt),*
Iran, 2. Hälfte 16. Jh., Wolle u. Baumwolle,
437 × 226 cm

Reiche der Ayyubiden und Mamluken

In Ägypten und Syrien wurden die Ayyubiden von den Mamluken (1382-1517), einer Sklavengarde der ayyubidischen Sultane, abgelöst. Aus frühmamlukischer Zeit stammt eine Dose, deren Dekoration beweist, daß von den Mongolen in Iran eingeführte Motive auch in Syrien und Ägypten verbreitet waren. Höhepunkte ayyubidischer und mamlukischer Kunst stellen Goldemailgläser dar, die in den syrischen Zentren Aleppo und Damaskus geschaffen wurden (Vitrine 25). Zu diesen zählt die um 1260-70 geblasene und bemalte Flasche mit Poloreiterfries.

Die drei identischen Wappen in Rosettenform auf der Flaschenschulter legen nahe, daß es sich um eine Auftragsarbeit für einen in Yemen herrschenden Sultan handelt. Bemalte Stangengläser waren in dieser Zeit sehr beliebt. Auftragsarbeiten waren auch die zahlreichen Moscheeampeln. Die in den Vitrinen 25 und 26 ausgestellten Metallarbeiten, vornehmlich mit Silber und Gold tauschiert, geben gute Beispiele mamlukischer Metallkunst. Eine silbertauschierte Messingdose aus Nordsyrien diente vermutlich als Behälter für parfümierte Seifen, die nach den Mahlzeiten zum Händewaschen herumgereicht wurden.

Besondere Qualität erreichten auch die höfischen Textilwerkstätten sowie die Kairener Teppichmanufakturen, in denen der ›Mamluken‹-Teppich (um 1500) geknüpft wurde. Auch nach der Eroberung Ägyptens durch die Osmanen wurden in den Manufakturen noch weiterhin bedeutende Teppiche hergestellt.

Reich der Osmanen

Aus der Zeit der Osmanen (1281-1924), unter deren mächtigsten Herrschern das Reich in der Mitte des 16. Jh. seine größte Ausdehnung erreichte, stammt eine Reihe herausragender Werke (Vitrinen 27-29). Zu diesen gehört ein großer Teller – eine Nachahmung chinesischen Porzellans, welches die osmanischen Herrscher mit großem Eifer in ihren Schatzhäusern sammelten und das den Künstlern als Anregung diente. Sehr bald schon entwickelten die osmanischen Hofwerkstätten in Iznik sowohl für die Gefäßkeramik als auch in der Fliesenmalerei einen unverkennbar eigenen Stil, in dem Blumen wichtige Dekorationsmotive darstellen. Die Leistungsfähigkeit der osmanischen Verwaltung läßt sich an der Anfang Juni 1600 datierten Urkunde ablesen, in der Sultan Mehmed III. einem Feldherrn und Großwesir für dessen militärische Verdienste während eines Feldzuges in Ungarn Ländereien in Unterägypten schenkte. Aus einer Prophetenbiographie für Sultan Murad III. stammt möglicherweise ein dem Ende des 16. Jh. zugewiesenes Einzelblatt: Links steht der Prophet Moses vor seinem Thron, rechts der Prophet Muhammad, zwischen ihnen der Erzengel Gabriel, der für Muhammad die Rolle des Führers im Himmel annimmt.

Bedeutend sind auch die Leistungen der osmanischen Textilwerkstätten und Teppichmanufakturen. Als Beispiel für einen Gewandstoff steht ein Goldbrokat mit Spitzovalmustersystem. Aus dem 16. Jh. stammen ein großgemusterter ›Holbein‹- und ein ›Lotto‹-Teppich. Beide Teppichgruppen erhielten ihre Bezeichnung nach europäischen Künstlern, die, wie Hans Holbein d. J. (1497-1543), auf ihren Gemälden eng vergleichbare Teppiche wiedergaben und damit zugleich den Hinweis für deren Verbreitung in Europa liefern. Arbeiten der Manufakturen von Uschak im 17. Jh. stellen unter anderem der Medaillon-Uschak sowie das Fragment eines Reihengebetsteppichs im Eingangsraum dar.

2

Reiche der Safawiden und Moghuln

Gegenspieler der Osmanen in Iran waren im 16. und 17. Jh. die Safawiden (1501-1732), die erste nationale Dynastie in der islamischen Geschichte Irans (Vitrinen 30-32). Aus der ersten Hälfte des 16. Jh. stammt die Gebetsnische (Mihrab) mit zwei darüber befindlichen Schriftfriesen. Die Gebetsnische weist dem Betenden die Gebetsrichtung nach Mekka, die Inschriften beinhalten Koranzitate mit Anweisungen zum Gebet. Nische und Friese sind in der für Iran charakteristischen, aufwendigen Technik des Fayencemosaiks hergestellt, bei dem die Einzelteile aus einfarbig glasierten Platten herausgeschlagen und dann mosaikartig im Stuckgrund zusammengefügt wurden. Bei Gefäßen dominiert blauweiße, von chinesischen Vorbildern inspirierte Keramik; nur vorübergehend kommt es zu einer Wiederholung der Lüstertechnik. Um 1010 vollendete der Dichter Firdausi das iranische Nationalepos, das ›Schah-nama‹ (Königsbuch), eine Versdichtung über die mythische und historische Geschichte Irans und seiner Herrscher. In den Jahrhunderten danach wurde es in unzähligen Exemplaren abgeschrieben und illustriert. Das bedeutendste Beispiel, aus dem das Museum zwei Einzelblätter erwerben konnte, wurde in der Hofwerkstatt von Schah Tahmasp (1524-76) geschrieben und von den besten Künstlern seiner Zeit illustriert (Pultvitrine in der Nähe von Vitrine 29). Die eine Miniatur zeigt den Dichter Firdausi, umgeben von zahlreichen Hofbeamten, als er dem Sultan Mahmud von Ghazna das fertiggestellte Königsbuch überreicht. Aus den Quellen weiß man, daß die Belohnung nicht fürstlich ausfiel. Die zweite Miniatur behandelt eine Episode aus mythischer Zeit: Der Held Sam kommt zum Berg Alburz, um seinen ehedem verstoßenen Sohn Zal, der von dem Vogel Simurgh gerettet worden war, zurückzuholen.

Zu den persischen Teppichen der klassischen Zeit (16.-17. Jh.) gehören das Fragment eines Reihengebetsteppichs und ein großformatiger Medaillonteppich. Auf rotem Grund sind vor einem Rankensystem Löwen, Leoparden, Hirsche sowie Steinböcke und Gazellen wiedergegeben, im Medaillon befinden sich Pfauenpaare. Als Vasenteppiche bezeichnet man eine andere Gruppe klassischer Teppiche, die mit Blumen gefüllte Vasen aufweisen. Ein kleiner, seidener und broschierter Repräsentationsteppich aus der Zeit von Schah Abbas I. (1588-1628) steht stellvertretend für Teppiche, die von Gesandtschaften als Geschenke nach Europa mitgebracht wurden. Sie riefen große Bewunderung hervor und so kam es dazu, daß Teppiche auch in Persien bestellt wurden.

Die engen Beziehungen Irans zu den Moghul-Kaisern Indiens (1526-1858) zeigen sich in der Kunst durch eine vorübergehende Abhängigkeit von iranischen Vorbildern, die jedoch bald zu einer eigenständigen und unverwechselbaren Kunst Moghul-Indiens führt, wie der auf der Rückseite des Gartenteppichs befindliche Spiralrankenteppich aus dem 17. Jh. beweist. Im Verlauf der zweiten Hälfte des 18. Jh. wurde auf Leinen die große Weltkarte im Eingangsraum gemalt, auf der das Bild der Erde mit den Erzählungen des Alexanderromans vereinigt ist.

Auf den Niedergang der Safawiden und eine Zeit größerer Unruhen in Iran folgte die Dynastie der Kadscharen (1779-1924), unter deren Herrschern es zu einer Wiederbelebung der Künste kam. Aus der Zeit um 1800 stammt ein aus dunkelblauer Seide geschneiderter Rock (Vitrine 32), aus der Mitte des 19. Jh. ein größeres Fliesenfeld. Vor dem Eingang der Ausstellung hängt ein 1846 datiertes Deckengemälde mit umfangreichem Bildprogramm, das wahrscheinlich aus dem Empfangssaal eines vornehmen Hauses stammt. Es bildet den Ausklang des Ganges durch die Geschichte der islamischen Kunst. *Klaus Brisch / Jens Kröger*

44 Museum für Ostasiatische Kunst
Staatliche Museen Preußischer Kulturbesitz

33 (Dahlem), Takustraße 40, Besuchereingang: Lansstraße 8, Telefon 8301-382, Zentrale: 8301-1
Verkehrsverbindung: U-Bahnhof Dahlem-Dorf; Bus 1, 10, 17
Geöffnet: Dienstag bis Sonntag 9-17 Uhr
Abweichend von der Feiertagsregelung (s. S. 8) nur am 1.1., Osterdienstag, 1.5., Pfingstdienstag, 24., 25. und 31.12. geschlossen

Leiter: Dr. Willibald Veit (China)
Wissenschaftliche Mitarbeiter: Dr. Steffi Schmidt (Japan, China, Korea: Graphik), Dr. Setsuko Kuwabara (Japan: Malerei, Kalligraphie, Skulptur, Kunstgewerbe)

Träger: Stiftung Preußischer Kulturbesitz

Sammlung: Archäologie, Kunst und Kunstgewerbe Chinas, Japans und Koreas

Präsenzbibliothek mit ca. 10000 Bänden

Publikationen: B. v. Ragué, ›Ausgewählte Werke ostasiatischer Kunst‹, 1977 – S. Schmidt, ›Ostasiatische Holzschnitte I u. II‹, 1980 u. 1976 – B. v. Ragué, ›Ein chinesischer Kaiserthron‹, 1982 – S. Yao, ›Ostasiatische Schriftkunst‹, 1981 – ›Kunst der Welt in den Berliner Museen, Museum für Ostasiatische Kunst Berlin‹, Stuttgart und Zürich 1980

Sammlungsgeschichte

1906-1945
Das Museum für Ostasiatische Kunst ist die älteste Einrichtung dieser Art in Deutschland. Sie entstand auf Betreiben des damaligen noch kommissarischen Generaldirektors der Königlichen Museen, Wilhelm von Bode, aus der Erkenntnis heraus, daß die ostasiatische Kunst der europäischen Kunst zumindest ebenbürtig sei und so behandelt werden müsse. Daher wurde – obgleich beim Völkerkundemuseum (s. S. 226) schon seit 1873 eine eigene ostasiatische Abteilung bestand – durch einen Ministererlaß vom 8. November 1906 die ›Ostasiatische Kunstsammlung‹ als eigenständige Abteilung gegründet.
Erst am 9. Oktober 1924 konnten nach dem Auszug des Kunstgewerbemuseums (s. S. 149) in der Prinz-Albrecht-Straße (heutige Stresemannstraße) eigene Ausstellungsräu-me bezogen werden. In seinem Aufsatz zur Eröffnung der neuen Ausstellungsräume beschrieb Otto Kümmel die Situation zur Zeit der Gründung mit folgenden Worten: »... Die Sammlung hatte nichts, von dem sie hätte ausgehen können; was die Museen an ostasiatischen Kunstwerken besaßen, verblieb in seinem alten Zusammenhange und ist bis heute in diesem Zusammenhange verblieben. Ausgrabungen, die mit nicht geringen Mühen, aber geringen Kosten auch dem Laien sicheres Material geliefert hätten, versprachen nur für die ältesten Perioden der chinesischen Kunst Erfolg und waren damals im eigentlichen China ausgeschlossen. Der Versuch einer Ausplünderung der chinesischen Grottentempel wäre vielleicht geglückt und hätte Berlin die wertvollsten Sammlungen früher buddhistischer Plastik sichern können. Daß an diese Möglichkeit nicht einmal gedacht wurde, wird man heute, wo es chinesischer und europäischer

1

1 Zeremonialaxt *(Typ Yue), China, Shang-Dynastie, 12.-11. Jh. v. Chr., Bronze, H 30,4 cm*

4 Opfergefäß *(Typ Gui), China, Ende mittl. Chou-Dynastie, ca. 500 v. Chr., Bronze, H 36,9 cm*

2 Kumme *(famille rose), China, Qing-Dynastie, Ära Yongzheng, 1723-25, Porzellan, H 6,6 cm*

3 Tuschereibstein, *China, Liao-Dynastie, 2. Hälfte 11. Jh., Steinzeug, H 6,6 cm*

2

3

(Kümmel hätte wohl noch hinzufügen müssen: amerikanischer und japanischer) Habsucht gelungen ist, aus den großartigsten Monumenten buddhistischer Kunst Trümmerhaufen zu machen, schwerlich tadeln wollen. Die Abteilung war also, wie die meisten ihrer älteren Schwestern, auf den Kunstmarkt angewiesen. Während diese aber einen stolzen alten Bestand nur hier und da zu ergänzen hatten, mußte die Ostasiatische Kunstabteilung mit Mitteln, die hinter den jährlichen Ankaufsfonds der größeren Abteilungen erheblich zurückstanden, von Grund aus aufbauen ... Unter diesen Umständen war von vornherein eine gewisse Selbstbeschränkung geboten.«

So verzichtete man auf das Sammeln von Porzellan – aus finanziellen Gründen und da es unmöglich war, selbst die Dresdener Sammlung auch nur annähernd zu erreichen; zudem besaß das Kunstgewerbemuseum eine gute Sammlung, in der die wichtigsten Gattungen vertreten waren. Man verzichtete ferner auf das Sammeln des japanischen Farbholzschnittes, da die Bibliothek des Kunstgewerbemuseums – die heutige Kunstbibliothek (s. S. 139) – bereits eine kleine, aber gut ausgewählte Sammlung ostasiatischer Holzschnitte und Handzeichnungen besaß. Kümmel schreibt hierzu: »Die Graphik Japans und Chinas kann außerdem nur in Sammlungen zur Geltung kommen, die über die technischen Einrichtungen eines Kupferstichkabinetts verfügen ... Holzschnitte wurden daher nicht erworben; die sehr erheblichen Bestände, die der Abteilung später als Geschenk zufielen, der Bibliothek überwiesen. Ressortpartikularismus ist in öffentlichen Sammlungen am wenigsten am Platze.«

Sofort nach der Ernennung Otto Kümmels zum Leiter der Ostasiatischen Kunstsammlung wurde er nach Ostasien zum Einkauf geschickt. Dort stand ihm in Ernst Grosse aus Freiburg der beste deutsche Kenner und Sammler hilfreich zur Seite. Nach Kümmels Rückkehr nach Berlin (1909) hat Grosse, als wissenschaftlicher Beirat den deutschen Botschaften in Tokio und Peking zugeordnet, dann bis 1913 weiter für die Berliner Sammlung gekauft.

Der Grundstock der Sammlung wurde im Februar 1907 durch Erwerbungen aus dem Nachlaß des Kunsthändlers Tadamasa Hayashi gelegt. Auf Wunsch von Grosse war Wilhelm von Bode 1906 Hayashi in einer

Buddha Amitâba
auf Lotosthron, *China,
Tang-Dynastie,
dat. 746, grauer Kalk-
stein, H 94 cm (mit
Sockel)*

plötzlichen finanziellen Notlage mit privaten Mitteln schnell und großzügig zu Hilfe gekommen. Zum Dank hatte Hayashi den Berliner Museen testamentarisch zu günstigen Preisen ein Vorkaufsrecht an seiner bedeutenden Sammlung eingeräumt. So gelangen

Stützfigur, *buddhistisch, China, Song-Dynastie, 11. Jh., Eisenguß, H 39 cm*

zahlreiche wichtige Erwerbungen, bei denen Kümmel den Akzent auf chinesische und japanische Malerei sowie auf die im Westen noch wenig beachtete Teekeramik und ihre koreanischen Vorstufen legte. Eine größere, für 1914 und die folgenden Jahre geplante Erwerbungsreise wurde durch den Ersten Weltkrieg verhindert.

Zwei großzügige Stiftungen ergänzten die bisherigen Erwerbungen in willkommener Weise: 1915 kam durch testamentarische Verfügung und großherzigen Verzicht Ernst Grosses auf eigene Rechte die bedeutende Sammlung von Frau Marie Meyer (ca. 1832-1915) aus Freiburg i. Br. nach Berlin. Die Sammlung wuchs dadurch nicht nur auf das Doppelte, sondern gelangte auch qualitativ auf ein höheres Niveau. Hervorzuheben sind chinesische Bronzen, chinesische und japanische Malerei sowie japanische Teekeramik. 1921 folgte die Schenkung von Gustav Jacoby (1857-1921), dem ehemaligen Kaiserlich Japanischen Konsul in Berlin. Sie umfaßte annähernd 2000 Objekte, u. a. chinesische und japanische Malerei, Hunderte von vorzüglichen japanischen Lackarbeiten sowie eine umfangreiche Sammlung japanischer Schwertzierate. Erfreulich, daß einige der besten Bilder des Museums, die aus dieser Schenkung stammen, die Kriegswirren überdauert haben.

Der Mangel an Werken chinesischer Plastik wurde durch die Leihgabe eines Teils der Sammlung des Freiherrn Eduard von der Heydt in der Zeit vor dem Zweiten Weltkrieg

Lu Xinzhong, Der Siebte Höllenkönig *(Hängerolle), China, Song-Dynastie, 13. Jh., Farben und Tusche/Seide, 85 × 50,5 cm*

ausgeglichen. 1926 und 1927 brachte Kümmel von einer zweiten Ostasienreise einige wichtige Erwerbungen mit. Aus dem bescheidenen Museumsetat konnte er auch später noch manche bedeutende Ergänzung einfügen; tatsächlich aber waren etwa neun Zehntel der allmählich in die Tausende zählenden Objekte aus privaten Schenkungen hervorgegangen. Leider ist es heute nicht mehr möglich, genaue Angaben über alle Stifter zu machen, da die alten Museumsakten im Kriege vernichtet wurden.

In der Zeit bis zum Zweiten Weltkrieg trat das Museum mit einer Reihe bedeutender

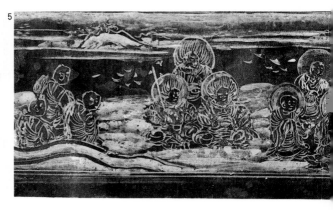

4

3

1 Thron aus einem kaiserlichen Reisepalast, *China, 2. Hälfte 17. Jh., Palisanderholz mit Perlmutteinlagen in Lack- u. Goldgrund, H 105 cm*

2 Fußbank, *China, Ming-Dynastie, frühes 15. Jh., geschnitzter Rotlack, 14,9 × 52,8 × 20,7 cm*

3 *Unbek. Meister,* Jizô, Schutzpatron der Verdammten in der Hölle *(Hängerolle), Japan, Kamakura-Zeit, 2. Hälfte 13. Jh., Tusche, Goldtusche u. geschnittenes Blattgold/Seide, 117 × 50,5 cm*

4 *Unbek. Meister,* Zao Gongen, buddhist. Schutzgottheit, *Japan, Heian-Zeit, 2. Hälfte 12. Jh., Bronze, H 23, 5 cm*

5 *Unbek. Meister,* Das Große Sutra der Absoluten Weisheit *(insges. 50 Schriftröllchen), Japan, Heian-/Kamakura-Zeit, 2. Hälfte 12. Jh., mit Indigo gefärbtes Papier, Titelbild in Gold- u. Silbermalerei, Schrift in Goldtusche, je Rolle 4,4 × ca. 200 cm*

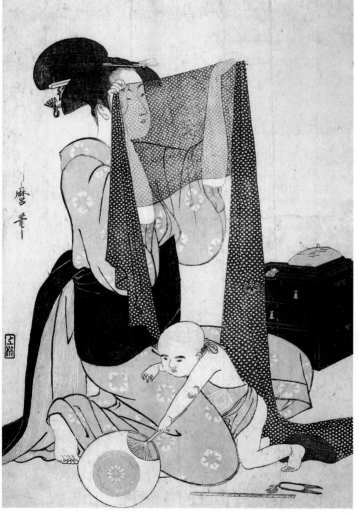

2

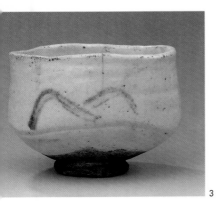

3

1 *Fujiware (Tosa) Hirokane,* Märchen vom jungen Himmelsprinzen *(Querrolle), Japan, Muromachi-Zeit, Mitte 15. Jh., Tusche, Farben u. Gold/Papier, 32,1 × 918 cm*

2 *Kitagawa Utamaro,* Frau mit Kind neben einem Nähkästchen, *Japan, Edo-Zeit, Anfang 90er J. 18. Jh., Farbholzschnitt, 37 × 24,7 cm*

3 *Unbek. Meister,* Teeschale *(chawan; Typ E-Shino), Japan, Momoyama-Zeit, letztes Viertel 16. Jh., sandfarbener, im Brand rötlich verfärbter Scherben, rote u. schwarzbraune Unterglasurmalerei, grauweiße Glasur, H 10,1 cm*

Ausstellungen an die Öffentlichkeit. Eine erste Ausstellung der Abteilungsbestände im Jahre 1912 in der Preußischen Akademie der Künste, ein umfangreicher Beitrag zu der Ausstellung 1925 in Amsterdam und schließlich die große, für ein neues Bild von der Kunst und Kultur Chinas bahnbrechende Ausstellung chinesischer Kunst, die im Jahre 1929 von der Preußischen Akademie der Künste und der Gesellschaft für Ostasiatische Kunst in Berlin veranstaltet wurde, verhalfen der Berliner Sammlung zu internationalem Ansehen und weckten ein breites Interesse an ostasiatischer Kultur. 1931 schloß sich eine Ausstellung von Werken lebender japanischer Maler an und 1939 die mit Hilfe der japanischen Regierung organisierte Ausstellung altjapanischer Kunst, die an Bedeutung bis heute noch von keiner Ausstellung überboten wird.

Der Krieg zog einen kräftigen Schlußstrich unter die rege Tätigkeit des Museums und seiner Mitarbeiter. Am härtesten von allen Staatlichen Museen betroffen, begann der Wiederaufbau mit nur fünf Prozent der Vorkriegsbestände und dem totalen Verlust der wohl größten Fachbibliothek außerhalb des Fernen Ostens sowie der großen Dia- und Photosammlung. Besonders schmerzlich war der Verlust folgender Objektgruppen: der Textilsammlung; sämtlicher Plastiken; 216 No-Masken; des gesamten Bestandes an frühen chinesischen Kultbronzen, darunter der berühmte Elefant und das Becken des Königs Fuzhai (reg. 495-473 v. Chr.) aus der Sammlung Oeder; 70 Bronzespiegel; 3000 Schwertzierate aus den Sammlungen Jacoby und Oeder; des gesamten Bestandes an Lackarbeiten; sämtlicher Jadearbeiten, auch der kurz vorher erworbenen Sammlung Heinrich Hardt, Berlin.

1959-1987
Mit etwa 300 Objekten konnte 1959 unter der Leitung von Roger Goepper mit dem Wiederaufbau der Sammlung (seit Kriegsende unter dem Namen ›Ostasiatische Kunstabteilung‹, seit 1967 ›Museum für Ostasiatische Kunst‹) begonnen werden. Darunter befanden sich fast der gesamte Bestand an chinesischer und japanischer Malerei, insgesamt 155 Werke, wenige bedeutende Porzellane sowie große Teile der koreanischen und japanischen Teekeramik, insgesamt 75 Stücke. Nur dieser kleine Teil war im Rahmen der Rückführung des Preußischen Kulturbesitzes aus den westdeutschen Sammellagern Wiesbaden und Celle wieder nach Berlin gebracht worden. Bis zur Eröffnung der neuen Museumsräume in Dahlem 1970 war er provisorisch in den Arbeitsräumen der Kunstbibliothek untergebracht.
Angesichts der desolaten Situation des Sammlungsbestandes konnte man sich damals nur dafür entscheiden, schwerpunktmäßig chinesische und japanische Malerei zu sammeln, Archäologie und Kunstgewerbe nur durch Stücke besonderer Qualität zu erweitern. Auf keinem Gebiet ist es möglich, Vollständigkeit anzustreben, eine Lehr- und Studiensammlung kann nicht aufgebaut werden. Unter diesen widrigen Umständen gelang es, in den ersten sechs Jahren eine Reihe bedeutender Objekte zu erwerben. Der Bestand chinesischer Malerei wurde um zwei repräsentative Werke von Meistern des 17. Jh. und ein buddhistisches Kultbild aus dem 13. Jh. ergänzt. Als wohl wichtigste Erwerbung dieser Zeit gilt eine chinesische Bronzeaxt mit den beiden plastischen Menschenmasken aus dem 12.-11. Jh. v. Chr. Bis vor wenigen Jahren ein Unikum, wird sie durch neuere Grabungsfunde in der Volksrepublik China noch immer nicht an Qualität und Ausstrahlungskraft übertroffen. 1965 gelangte eine in Europa wohl einmalige Sammlung von etwa 150 Bronzen aus dem Ordosgebiet in das Museum. Die aus dem 5. Jh. v.-3. Jh. n. Chr. stammenden Bronzen sind im Zusammenhang mit zentralasiatischer Steppenkunst zu sehen und geben einen Einblick in das vielseitige künstlerische Schaffen auf dem chinesischen Kontinent. Wie in der Anfangsphase, so können Ankäufe auf dem Gebiet ostasiatischer Kunst auch heute meist nur im Ausland, d. h. in Ostasien, USA und England getätigt werden.
Die Leitung des Museums lag in den Jahren 1966-85 in den Händen von Beatrix von Ragué, die trotz der oben genannten Sachzwänge die Erwerbungspolitik erfolgreich fortsetzte und aufgrund ihrer Spezialforschung neue Akzente geben konnte. Den zahlenmäßig bedeutendsten Zuwachs erfuhr das Museum 1967 durch die Übertragung der ostasiatischen Graphiksammlung der Kunstbibliothek, etwa 7000 Blatt. Da das Museum nicht über die technischen Einrichtungen eines Kupferstichkabinetts verfügt,

kann den Besuchern nur immer in dreimonatigem Rhythmus ein sehr kleiner Teil der Graphiksammlung in den Ausstellungsräumen gezeigt werden. Zahlreiche Publikationen und eine Ausstellungstournee 1973-74 durch mehrere japanische Museen sprechen für die Bedeutung dieser Sammlung.

In der Zeit bis 1985 gelangen wichtige Neuerwerbungen auf dem Gebiet der ostasiatischen Lackkunst. Genannt seien ein chinesischer Kaiserthron aus der zweiten Hälfte des 17. Jh., eine chinesische rote Schnitzlack-Fußbank aus dem frühen 15. Jh., eine chinesische Ohrenschale aus dem 2.-3. Jh. v. Chr. und eine Gruppe moderner japanischer Lakke, geschaffen von ›Trägern wichtiger Kulturgüter‹. Dieser Titel wird von der japanischen Regierung jeweils nur einem Vertreter einer bestimmten Kunst- und Kunsthandwerksgattung verliehen. Der Schwerpunkt der Sammeltätigkeit blieb weiterhin die ostasiatische Malerei. Trotz der zunehmend schwierigeren Lage auf dem Kunstmarkt – nicht vergessen werden darf die Tatsache, daß ostasiatische Malerei zu den fallstrickreichsten Gebieten der Kunst überhaupt zählt – konnte der Bestand durch eine Reihe gewichtiger Neuerwerbungen erweitert werden. Das 1347 datierte Bild *Bambus, Fels und Entenpaar* des Malers Wang Yuan (tätig um 1328-49), das 1743 datierte Bild *Müßig in der Hütte am Bergbach* von Hua Yan (1682-1756) und das japanische Stellschirmpaar *Frühsommer-Landschaft vor hohen Bergen* von Matsumura Goshun (1752-1811) gehören zu den schönsten Werken der ostasiatischen Malerei. Zu erwähnen sind zwei Schenkungen: 488 chinesische volkstümliche Holzschnitte der Sammlung Gerd und Lotti Wallenstein, die den Komplex des ostasiatischen Graphikbestandes aufs beste ergänzen, und aus dem Vermächtnis Hanna Becker vom Rath eine gußeiserne Stützfigur, 11. Jh. n. Chr., aus dem chinesisch-buddhistischen Bereich.

Archäologie, Skulptur und Kunsthandwerk sind mit repräsentativen Stücken vertreten. Wegen der Empfindlichkeit des Materials werden sämtliche Malereien und Graphiken alle drei Monate gewechselt. Der große Graphikbestand ermöglicht in diesen Abständen jeweils thematische Einzelausstellungen, die durch Führungsblätter erläutert werden.

Die Bibliothek konnte innerhalb der letzten 25 Jahre auf nahezu 10 000 Titel ausgebaut werden. Immer noch leidet die Arbeit unter dem Mangel an älteren Publikationen.

Ausstellung

Die Ausstellungsräume des Museums für Ostasiatische Kunst befinden sich mit denen des Museums für Islamische Kunst (s. S.194) im gleichen Bauteil des Dahlemer Museumskomplexes (Obergeschoß links, Eingang Lansstraße). Sie sind auf einer Grundfläche von 860 m^2 angeordnet und ausschließlich künstlich beleuchtet. Es sind etwa 400 Objekte ausgestellt. Die Ausstellungsfläche ist in acht Bereiche gegliedert, die thematisch bestimmt sind, zugleich aber in großen Zügen auch eine historische Folge einhalten. Diese einzelnen Komplexe sind durch hohe Vitrinen, die quer in den Raum gestellt sind und durch senkrechte Mittelwände den Durchblick in den nächsten Bereich verhindern, voneinander getrennt. Es handelt sich um folgende acht Komplexe:

1. Chinesische Frühzeit
2. Religiöse Kunst Ostasiens
3. Chinesisches Kunstgewerbe
4. Chinesische Malerei
5. Japanische Malerei
6. Kunstgewerbe Koreas und Japans
7. Graphik
8. Tradition und Moderne

Willibald Veit

Goldschmuck, *Korea, Alte Silla-Dynastie, 5./6. Jh., Gold, Golddraht, Kupfer mit Goldblechauflage, Länge der Ohrringe 7,5 cm, Länge der Kette 17 cm*

Das Museumsgelände,
*Wandgemälde von
Klaus Büscher, 1981*

45 **Museum für Verkehr und Technik**

61 (Kreuzberg), Trebbiner Straße 9, Telefon 2 54 84-0
Verkehrsverbindung: U-Bahnhof Gleisdreieck, Möckernbrücke; Bus 29
Geöffnet: Dienstag bis Freitag 9-18 Uhr, Samstag und Sonntag 10-18 Uhr
Abweichend von der Feiertagsregelung (s. S. 8) nur am 1. 1., Osterdienstag, 1. 5.,
Pfingstdienstag, 24., 25. und 31. 12. geschlossen

Direktor: Prof. Günther Gottmann
Wissenschaftliche Mitarbeiter: Dr. Maria Borgmann (Öffentlichkeitsarbeit, Sonder-
ausstellungen), Hadwig Dorsch (Automations- und Rechentechnik), Alfred Gottwaldt
(Schienenverkehr), Ulrich Kubisch (Straßenverkehr), Michael Lehmann (Vorindustrielle
Energietechnik), Dr. Helmut Lindner (Wissenschaftliche Dokumentation, Medizintech-
nik), Otto Lührs (Naturwissenschaftliche Grundlagen der Technik), Dr. Holger Steinle
(Luft- und Raumfahrt), Klaus Streckebach (Schiffahrt, Technik), Dr. Rolf Stümpel
(Schreib- und Drucktechnik, Photo- und Filmtechnik), Dr. Jochim Varchmin (Energietech-
nik), Dr. Gabriele Wohlauf (Produktions- und Haushaltstechnik)

Träger: Land Berlin
Förderverein: Förderverein des Museums für Verkehr und Technik e. V.

Sammlung: Exponate zu den Themen Straßen-, Schienen-, Luftverkehr, Schreib- und
Drucktechnik, Nachrichten- und Datentechnik, Produktions- und Haushaltstechnik,
Energietechnik, Medizintechnik, Wasserbau und Schiffahrt, Meß- und Regeltechnik,
Textiltechnik, Soziales Umfeld der technischen Kultur

Präsenzbibliothek mit ca. 60 000 Bänden

Publikationen: ›Berliner Beiträge zur Technikgeschichte und Industriekultur‹ (BBTI),
bis 1987 8 Bände (›Museum für Verkehr und Technik Berlin – Schätze und Perspekti-
ven‹ – ›400 Jahre technische Sammlungen in Berlin‹ – ›Berlin – Wiege der deutschen
Luftfahrt‹ – ›Verkehrs- und Baumuseum Berlin‹. Der ›Hamburger Bahnhof‹ –
›Automobile in Berlin. Vom Tropfenwagen zum Amphicar‹ – ›Zündapp. Aufstieg und
Niedergang‹ – ›H. Nelson und seine Zeit – Maschinenwelt und Arbeitsleben bei Borsig‹

Museumsgeschichte und -konzept

Das staatliche Museum für Verkehr und
Technik nimmt die Tradition, zum Teil auch
die Bestände großer technischer Museen
Berlins aus der Vorkriegszeit auf. Aus der
Fülle von technikgeschichtlichen Sammlungen und Ausstellungen wuchsen einige zu
internationalem Rang: Reichspostmuseum
(gegr. 1872), Arbeitsschutzmuseum (1901),
Meereskundemuseum (1906), Verkehrs-
und Baumuseum (1906), Deutsche Luftfahrtsammlung (1936). Ihre reichen Bestände
wurden teils im Krieg zerstört, teils nach Ost

und West verschleppt oder auch in das heutige Museum für Verkehr und Technik integriert. Wohl weltweit erstmalig und schule-
machend betrieb seit 1887 der Bildungsver-
ein ›Urania‹ eine große Volksbildungsstätte,
in der die Besucher selbständig eine große
Zahl naturwissenschaftlich-technischer Experimente durchführen konnten.
Nachdem ein privater Verein nach dem Kriege durch zwei Jahrzehnte die Wiedererrich-
tung eines Verkehrsmuseums betrieben hatte, gründete der Senat von Berlin am
1. 4. 1982 ein staatliches Technikmuseum,
das einerseits die Nachfolge der großen Vor-

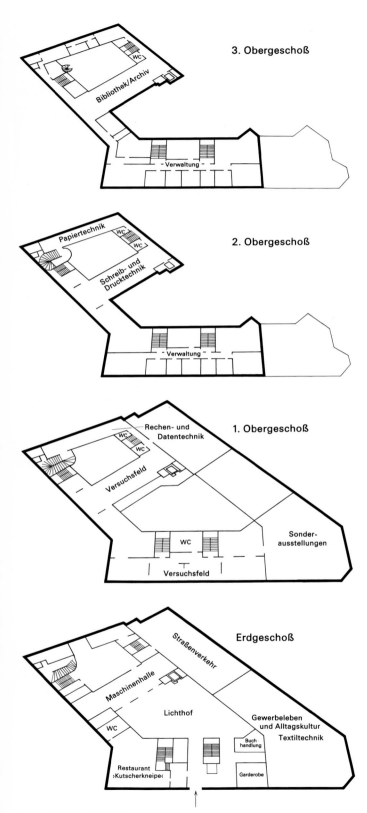

3. Obergeschoß

Bibliothek/Archiv

WC

Verwaltung

2. Obergeschoß

Papiertechnik

WC
WC

Schreib- und
Drucktechnik

Verwaltung

1. Obergeschoß

Rechen- und
Datentechnik

WC
WC

Versuchsfeld

Sonder-
ausstellungen

WC

Versuchsfeld

Erdgeschoß

Straßenverkehr

Maschinenhalle

Lichthof

Gewerbeleben
und Alltagskultur

Textiltechnik

WC

Buch-
handlung

Restaurant
»Kutscherkneipe«

Garderobe

Brasilianischer Ochsenkarren *mit dem ältesten Radtypus der Welt, dem Scheibenrad*

läufermuseen antreten, andererseits über den Personen- und Güterverkehr hinaus auch andere Techniken und Technologien in Geschichte und Gegenwart darstellen soll – daher der heutige Name des Museums.

Bereits 1983 eröffnete das Museum sein erstes Gebäude aus einem Bauprogramm, das etwa 15 Jahre umfassen wird. Die jetzigen Ausstellungen geben also trotz ihres Umfangs erst einen kleinen Teil des theoretischen Konzepts und des umfangreichen Sammlungsgutes wieder.

Das Museum für Verkehr und Technik will nicht nur statisch Denkmäler der Maschinengeschichte ausstellen, sondern die dynamischen Bezüge zwischen den spezialisierten technischen Disziplinen und zwischen Wissenschaft und Technik einerseits und Mensch und Natur andererseits erlebbar machen. Es zeigt Technikgeschichte als Sozial- und Kulturgeschichte und als Fundament der Zukunft der Menschheit. Dabei sollen die Besucher, möglichst gemeinsam, Grundgesetze von Natur, Wissenschaft und Technik möglichst sinnenhaft erfahren und dadurch geistig be-greifen.

Museumsgelände

Das Museum wird auf dem verkehrsgeschichtlich traditionsreichen Gelände des ehemaligen Anhalter Bahnhofs errichtet. Unter den zehn Kopfbahnhöfen, die sich um den alten Stadtkern lagerten, war der ›Anhalter‹ der größte. 1841 eröffnet, wurde er 1880 durch den Neubau von Franz H. Schwechten (Architekt auch der Kaiser-Wilhelm-Gedächtniskirche in Berlin) ersetzt. Die sich nach Süden öffnende Rückseite des Personenbahnhofs wurde durch den Landwehrkanal begrenzt, über den eine viergleisige Brücke zum Betriebsgelände führte.

LS I   Lokschuppen I:
      Schienenverkehr
      (vom Beginn bis 1925)
LS Ia Lokschuppen Ia:
      Schienenverkehr (1925–heute)
BW   Beamtenwohnhaus:
      Wasserbau- und Schiffahrt
WS   Werkstattbau

WT   Wasserturm
FG   Freigelände:
      Wind- und Wassermühlen,
      Freilichtexperimente

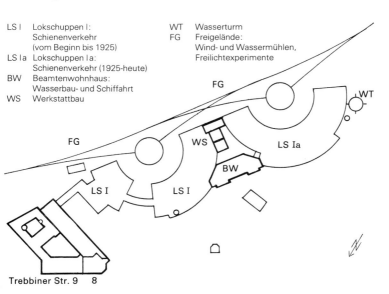

Trebbiner Str. 9   8

1 Fokker Dreidecker, *1917*
2 ›Pedestrian Hobby Horse‹ (Laufrad), *1818, aus der über 300 Stücke umfassenden Fahrradsammlung*
3 Junkers Ju 52, *1941*
4 Cockpit der Dakota DC 3, *1940*

Diese Eisenbahnlandschaft südlich des Landwehrkanals am Gleisdreieck wird auf der einen Seite beherrscht durch den Ortsgüterbahnhof, dessen repräsentativen, in einer dreibogigen Arkade sich öffnenden Kopfbau 1876 ebenfalls Franz Schwechten schuf. Über 200 m, später auf 350 m verlängert, wird eine Ladestraße von breiten Güterschuppen flankiert, an deren Außenseite Eisenbahngleise An- und Abfuhr städtischer Güter durch den Schienenverkehr ermöglichten.

Die westliche Seite des jetzigen Museumsgeländes wird begrenzt durch das Bahnbetriebswerk für die tägliche Pflege der Lokomotiven des Anhalter Bahnhofs mit zwei Ringlokomotivschuppen (ab 1879), deren beide Drehscheiben die Besetzung der insgesamt 40 Stellplätze ermöglichen. 1908 kam noch der das Bild prägende Wasserturm (300 m³) hinzu.

2000 Menschen arbeiteten in diesem Betrieb in drei Schichten, um die Abfertigung von täglich 110 Zügen mit bis zu 60000 Reisenden in dem Personenbahnhof und von täglich bis zu 400 Waggons mit 3000 t Stückgut am Güterbahnhof zu gewährleisten.

Im Krieg beschädigt, wurde der Personenbahnhof noch bis 1952 genutzt, aber 1961 gesprengt und bis auf ein Portalfragment abgeräumt. Auf dem Betriebsgelände, nur zum Teil noch als Güterumschlagsanlage in Funktion, entwickelte sich eine eigenständige Trümmerflora von Birken, Robinien und Weichselkirschen, die aus Mauerresten und Eisenbahngleisen wuchern – Symbol einer im Museumsgelände erhaltenen Nachkriegsgeschichte.

Bauprogramm

Das Museum wird die 150jährige Verkehrsgeschichte seines Geländes wieder lebendig machen durch behutsame Wiederherstellung der technischen Anlagen und größtmögliche Schonung der autochthonen Nachkriegsflora.

Als erstes Gebäude des Ensembles und als Keimzelle des Museums wurde am 14.12.1983 der ehemalige Verwaltungsbau der Markt- und Kühlhallengesellschaft, restauriert und erweitert, eröffnet. Ab Frühjahr 1987 ist der erste Lokschuppen zugänglich, 1988 folgt der zweite mit den Werkstätten und dem Wasserturm.

Vor den Lokschuppen, wo vor der Eisenbahnzeit der Mühlenweg zehn Windmühlen miteinander verband, demonstrieren die letzte Berliner Bockwindmühle (1820), eine Holländerwindmühle (1905) sowie Wind- und Wasserräder die vorindustriellen Antriebsenergien. Der noch erhaltene Teil des Empfangsgebäudes des Güterbahnhofs (der andere Teil wurde 1971 für den Bau einer U-Bahn abgetragen) ist bereits dem Museum übertragen. Die Ladestraße wird zu einer Museumsstraße mit den Fahrzeugen des Straßenverkehrs überdacht werden, von der aus sich zu beiden Seiten die Güterhallen als historische Werkstätten und technische Ausstellungseinheiten öffnen.

Eingangsbau

Bis das zukünftige Hauptgebäude, der Güterbahnhof, fertiggestellt sein wird, gilt die Keimzelle des Museums, die Trebbiner Stra-

3

ße 9, als Eingang. 1908 errichtet, diente das
Gebäude zur Verwaltung und Verteilung der
Eisproduktion, die in den ursprünglich ge-
genüberliegenden Kühlhäusern erfolgte. Die
Innenhöfe und das Erdgeschoß beherberg-
ten die Pferdewagen, mit denen das Stan-
geneis in Berlin ausgefahren wurde. In den
oberen Stockwerken des Hintergebäudes
befanden sich die Pferdeställe, zu denen eine Pferde-Wendeltreppe führte, die als besondere Attraktion noch heute zugänglich
ist. Der Bau, im Kriege schwer beschädigt,
wurde von den Architekten Wolff und Peters
restauriert und durch einen Anbau erweitert.

Sammlungsbestände

ERDGESCHOSS

Lichthof
Der nunmehr überdachte erste Innenhof ist
Ausgangspunkt verschiedener Rundgänge
durch das Haus. Zugleich würdigt er die Erfindung des Menschen, die Grundelement
der technischen Kulturgeschichte wurde:
Rad und Rotation. Als Wagenrad, Lauf- und
Fahrrad, als Wind- und Wasserrad, als Zahn-
und Schwungrad ermöglicht es seit etwa
6000 Jahren den Verkehr, die Gewinnung
und Übertragung von Energie, die Produktion und die Zeitmessung.
In der Mitte steht ein ochsenbespannter
zweirädriger Wagen aus Brasilien, vermutlich 19. Jh., dessen massive Scheibenräder
und dessen Konstruktion fast unverändert
auf dem Wege über die Iberische Halbinsel,
Rom, Mesopotamien den Stand der Technik
des 4. Jahrtausends v. Chr. bewahren.
Ringsum stehen die Muskelkraftfahrzeuge:
Kutschen, Laufrad des Freiherrn von Drais,
Kurbel- und Hochräder, Sicherheits- und
Klappräder.
Eine Turmuhr des 18. Jh. und die Bahnhofs-
uhr des ehemaligen Breslauer Bahnhofs
symbolisieren zugleich den Antriebs- und
Übertragungsmechanismus des Zahnrades

4

wie die Technisierung und Industrialisierung
der Zeit.
Ein auf- und niedergehender Heißluftballon
lenkt den Blick auf die im Lichthof aufge-
hängten Flugzeuge: Der erste Flug mit einem Gerät ›schwerer als Luft‹ gelang Otto
Lilienthal 1891 in Berlin. Sein ›Normal-Segel-
apparat‹ von 1894 war zugleich das erste Se-
rienflugzeug der Welt mit einer Auflage von
sechs Stück und einem Preis von 500,-
Mark. Das Modell des Riesenwasserflugzeu-
ges Dornier Do X, das Originalflugzeug Jean-
nin Stahltaube von 1913 und der Fokker Dreidecker von 1917 weisen auf das Vorläufer-
museum ›Deutsche Luftfahrtsammlung Berlin‹ hin, in der seit 1936 über 100 Flugzeuge
ausgestellt waren. Nur zwei Dutzend blieben
erhalten – in Polen. Gemeinsam mit dem

1 ›Brennaborette‹, *Nutz-fahrzeug und ältestes noch existierendes Automobil der Brennabor-Werke, Brandenburg/Havel, 1908*
2 Dampfwagen De Dion-Bouton, *1883, fahrfähiger Nachbau*
3 NAG C 4 b, *ein Glanz-stück des Berliner Automobilbaus, 1923*
4 Lutzmann Pfeil I, *1896*
5 Benz E 3 21/50, *1913, Karosserie von Josef Neuß, Berlin*

polnischen Luftfahrtmuseum werden sie restauriert und in Krakau und Berlin ausgestellt.

In dem Museumsdepot warten noch zahlreiche Flugzeuge wie Junkers JU 52, Messerschmitt Me 108 Taifun, Fieseler Storch, Bükker Bestman u. a. auf die Ausstellung.

Straßenverkehr

Zur Rechten öffnet sich der Lichthof in den modernen Anbau, der 1985 eröffnet wurde. Die eine Hälfte füllt der motorisierte Straßenverkehr, der in wechselnden Ausstellungen vor allem den Berliner und sächsischen Automobilbau zeigt, z. B. den der Brennabor-Werke in Brandenburg, die sich von der Kinderwagen- und Fahrradherstellung über motorisierte Dreiräder bis zum größten deutschen Automobilproduzenten entwickelten. In der Autoabteilung fährt ein Fahrstuhl hinab in das Kellerdepot, das weitere 25 Wagen

zeigt. Aus dem Gesamtbestand von etwa 130 Autos und 150 Krafträdern (z. B. die komplette Zündappentwicklung von 1919 bis 1984) zeigen die Ausstellungen nur einen kleinen Teil: z. B. den De-Dion-Bouton-Dampfwagen von 1883, Daimler Stahlradwagen von 1889, Lutzmann Pfeil I von 1896, Benz E 3 21/50 von 1913, NAG C 4 b von 1923, dazu Horch, Wanderer, Maybach, DHW, Ford, BMW u. v. a. m. Auch von der über 300 Stück umfassenden, in Europa einmaligen Fahrradsammlung können aus Platzmangel nur wenige Exponate gezeigt werden.

Gewerbeleben und Alltagskultur

Einen andeutenden Eindruck des späteren Hauptgebäudes mit seiner Museumsstraße gibt auch die Ausstellung in der zweiten Hälfte der Anbauhalle.

Im Eingangsbereich der Abteilung im Erdge-

schoß wird die Vernetzung von Technik, Verkehr, Alltag, Erwerbsarbeit, Hausarbeit, Freizeit am Beispiel der Koffer- und Taschenproduktion den Besucher/innen sinnfällig veranschaulicht. Das Maschinen- und Produktensemble stammt aus der Zeit nach dem Ersten Weltkrieg bis in die 70er Jahre. Die Verwendung von Materialien wie Hartpappe und Vulkanfiber zeigt die Entwicklung zur Produktion von billigen Massenartikeln – dem standardisierten, alltäglichen Gebrauchsgegenstand, für jedermann/jedefrau, hergestellt überwiegend von Frauen.

An die Kofferproduktion schließt sich ein Einblick in verschiedene Phasen und Arten der Textilherstellung an, eingeleitet von einer kurzen Darstellung der Museumsarbeit vor Ort, d. h. Photodokumentation, Restaurierung und Informationsbeschaffung am Beispiel einer ehemaligen Strickerei. Stricken ist auch das Thema des ersten Textilensembles aus einer Berliner Zwischenmeisterei der 60er Jahre. Die Geschichte dieser Strickerei stellt Bezüge zu anderen Zentren der Textilproduktion her, thematisiert geschlechtsspezifische Arbeitsteilung in diesem Bereich und problematisiert den Zwischenhandel. Der zweite textile Ausstellungsbereich veranschaulicht den Übergang von häuslicher Weberei zu industrieller Textilfertigung im Berliner Raum zwischen 1830 und 1850. Hier wird die Standortfrage im Zusammenhang mit der Entwicklung bestimmter Industrien und Auswirkungen auf die Sozialstruktur im Zentrum stehen. Zusammen mit der sich anschließenden Inszenierung von Massenverkauf entsteht ein besucheraktiver Raum der Ausstellung, in dem durch Vorführung, Eigentätigkeit und Aktionen die Objekte Leben gewinnen und zur Auseinandersetzung mit Technikgeschichte herausfordern.

Maschinenhalle
Nach hinten öffnet sich der Lichthof in drei Bögen in die Maschinenhalle, die Zeugnisse der ersten und zweiten industriellen Revolution kontrastiert.
Die Balancier-Dampfmaschine von 1860 aus Westminster, Leihgabe des Science Mu-

seum London, wird in Funktion vorgeführt. Über Transmissionen betreibt sie eine historische Werkhalle mit zahlreichen metallverarbeitenden Maschinen. Das Wandgemälde hinter der Dampfmaschine, von Manfred Bleßmann 1983 zur Eröffnung gemalt, läßt die soziale Welt der ersten industriellen Revolution erahnen. Das Hintergrundbild auf der anderen Seite der Halle zeigt den Arbeitsplatz der heutigen technischen Revolution, die automatisierte Autoproduktion in Wolfsburg. Vor dem Bild demonstriert ein VW-Industrieroboter Traum und Trauma der Automation.

ERSTES OBERGESCHOSS

Zwei der zahlreichen Aufgänge ermöglichen einen systematischen Rundgang: vom Hinterhof hinter der Maschinenhalle über die

1 *Historische Werkstatt mit englischer Dampfmaschine (1860) und Werkzeugmaschinen (1860-1920)*

2 Polyphon, *1900*

3 *Erfahrungswelt der Sinne – im Versuchsfeld kann man die Grundlagen von Naturwissenschaft und Technik be-greifen*

4 Graphik-Computersystem

Pferde-Wendeltreppe oder vom Lichthof über die Treppe auf die Galerie.

Versuchsfeld

Die vor allem bei der Jugend beliebteste Abteilung des Museums ist das Versuchsfeld, das die Entwicklung von der alten ›Urania‹ über das Deutsche Museum in München bis zu den amerikanischen Science-Centers aufgreift und weiterführt. An mehr als 100 Experimenten kann der Besucher, möglichst mit Partner, handgreiflich Grundgesetze der Natur, Naturwissenschaft und Technik be-greifen, sinnenhaft er-fassen, um sie intellektuell zu verstehen. Vorerst finden sich im Versuchsfeld die Bereiche visuelle und akustische Wahrnehmung, Umwelt, Mechanik, Elektrizität, Optik und diverse Techniken. Im Laufe der Zeit weitet sich das Versuchsfeld aus in alle Ausstellungsabteilungen und in das Freigelände des Museums.

Sonderausstellungen

Der Rundgang durch das Versuchsfeld endet in dem Raum für Sonderausstellungen, der sich wiederum zum Lichthof öffnet.

Rechen- und Datentechnik

Vom Hinterhof über die Pferdetreppe gelangt man in den ersten der früheren Pferdeställe. Musikautomaten, gesteuert durch Stiftwalzen, Lochstreifen oder Stanzplatten, zeigen schon frühe Anwendungen des ›digitalen Prinzips‹, das einerseits rationalisiert, andererseits arbeitslos machen kann, deutlich sichtbar auch beim Jacquard-Webstuhl, der den Seidenweberaufstand in Lyon bewirkte. Auf der anderen Seite führt der Weg über den Abakus und das Fingerzählen bis zu den frühen und heutigen Rechenmaschinen. Die rasche Entwicklung der Bürotechnik in dem letzten halben Jahrhundert zeigt der Vergleich der Lochkarten- und Tabelliermaschinen von Powers, Berlin 1927, mit einem Büro der 50er Jahre und einer IBM-Lochkartenanlage von 1962. Wie sehr heute der Mikrochip den Computer zu einem universellen Werkzeug macht, zeigen die vom Besucher zu benutzenden Ausstellungseinheiten zur Computergraphik, Computermusik und künstlichen Intelligenz.

Eine Multivision diskutiert das Pro und Kontra der Automation.

1 Stanhope-Presse, *konstruiert und gebaut 1835 in den Werkstätten der Königlich Preußischen Oberhofbuchdruckerei Decker, Berlin*
2 Sholes & Glidden-Schreibmaschine, *erste fabrikmäßig in der damaligen Waffenfirma E. Remington & Sons gefertigte Schreibmaschine, 1876*

ZWEITES OBERGESCHOSS

Schreib- und Drucktechnik

Die Zeit der hölzernen Druckpressen begann mit Johannes Gutenberg (1400-68). Wie dessen Presse aussah, läßt sich nur vermuten. Deshalb baute das Museum eine der ältesten erhaltenen Pressen aus dem 16. Jh. nach. Auf ihr wie auf den ersten gußeisernen Druckpressen von Stanhope und Clymer aus dem Beginn des 19. Jh. können sich die Besucher selbst ihre Andenken drucken, während Bleiguß, Handsatz und Maschinensatz von Druckern demonstriert werden.

Für angemeldete Gruppen und Klassen steht eine eigene ›Lehrdruckerei‹ zur Verfügung, in der mitgebrachte Holz- oder Linolschnitte mit selbstgesetzten Texten montiert und gedruckt werden.

Im äußeren Rahmen einer historischen Büromaschinenhandlung finden sich Schreibmaschinen der ersten Stunde wie die von Peter Mitterhofer (1864) oder Malling-Hansen (1878) ebenso wie die moderne Olympiama-

schine, die durch Computerspeicherwerk, elektronische Steuerung und Düsen- statt Typenschreibwerk die chinesische Schrift mit mehr als 1600 Zeichen schreibt.

Papiertechnik

Daß die oberen Stockwerke als Pferdeställe dienten, zeigt der Raum der Papiertechnik im Hintergebäude: Die Reihe der Futtertröge mit den Eisenringen zum Anbinden der Pferde sind noch erhalten und dienen heute als Tröge, in denen die Besucher Papier selber schöpfen können. Das handwerkliche Schöpfen, das zuerst in Asien, seit dem 12. Jh. auch in Europa ausgeübt wurde, führt zur modernen Papierfabrikation, die ein wirklichkeitsgetreues Modell vorführt (ab Herbst 1987).

EHEMALIGES BAHNBETRIEBSWERK

Ab 1987 bzw. 1988 sind die vielfältigen Gebäude des ehemaligen Bahnbetriebswerks des Anhalter Bahnhofs als Ausstellungsräume des Museums zugänglich. Die weiträumige Anlage aus zwei Lokomotivschuppen, einem Werkstattbau, einem mehrstöckigen Beamtenwohnhaus und dem Freigelände wird die Abteilung Schienenverkehr sowie die Bereiche Brückenbau, Wasserbau und Schiffahrt aufnehmen. Ein Brückengebäude führt die Besucher aus dem ersten Stock des Eingangsgebäudes (Computer-Ausstellung) in diesen zweiten Bauabschnitt des Museums.

Lokomotivschuppen

Die beiden historischen Ringlokschuppen mit ihren Drehscheiben bieten Platz für über 40 Originalfahrzeuge des Schienenverkehrs. Die hier entstehende Ausstellung zeigt die Entwicklung der Eisenbahntechnik in enger Verbindung mit dem Gang der deutschen Geschichte. Deshalb ist sie chronologisch gegliedert: In rund 20 ›Stationen‹ werden Schienenfahrzeuge und Dokumente in Be-

3 ›Beuth‹-Lokomotive *von Borsig, 1844 (historischer Nachbau, 1912)*
4 Schnellzuglok 17008, Gattung S 10, *von Schwartzkopff, 1911 (noch in der Halle des ehem. Verkehrs- und Baumuseums)*

ziehung gesetzt zur Sozial- und Kulturgeschichte.

Der Übergang in den nördlichen Lokomotivschuppen I führt zunächst in eine Vorhalle, die dem Andenken der großen deutschen Lokomotivfabrik August Borsig in Berlin gewidmet ist und das Alltagsleben Berlins als Industriemetropole und Arbeiterstadt in der Kaiserzeit darstellt. Den Raum beherrscht die Balancier-Dampfmaschine von 1860. Ihr gegenüber befinden sich zwei Gemälde von Paul Meyerheim, die er 1875/76 für die Villa Borsig in Moabit schuf, *Lokomotiv-Montagehalle* und *Eisenbahnbrücke Ehrenbreitstein*. Auf Kupferplatten gemalt, gehörten sie zu einem Zyklus von sieben Bildern, die beim Abriß der Villa der Stadt Berlin geschenkt wurden. Vier von ihnen befinden sich im Märkischen Museum (s. Museen Ost-Berlin), eines ist verschollen.

Der Rundschuppen I ist in zwei Teilen wiederhergestellt worden, die durch eine ›Vegetationsschneise‹ voneinander getrennt sind. Damit wird an die Zeit des Verfalls dieser Bauten nach dem Krieg und an die Rückkehr der Natur auf das Bahngelände erinnert.

Der erste Abschnitt zeigt als Vorläufer der Eisenbahn den hölzernen Förderwagen auf hölzernen Gleisen aus den ungarischen Goldgruben des 16. Jh. und dann die Bahn in den ›Stationen‹ zwischen den Jahren 1835-85. Man betritt diesen Raum durch das ›Fürstenportal‹ des Anhalter Bahnhofs und sieht als älteste Lokomotiven die ›Beuth‹ von Borsig (1844), die ›Pfalz‹ von Maffei (1853), die ›Kiel‹ von Hanomag (1872), die preußische Tenderlok T 0 von Henschel (1883) mit zeitgenössischen Wagen und Eisenbahnabteilen und einen Nachbau der ersten Elektrolok der Welt von Siemens (1879).

In der zweiten Hälfte der Halle folgt die Ausstellung der ›Stationen‹ 1885-1925. Dazu gehören unter anderem eine Dampflokomotive T 3 von 1901, eine Nebenbahnlok T 9.3 von 1903, eine Schnellzuglok S 10 von 1911, die Personenzuglok P 8 von 1914, eine Zahnradlok von 1923, eine Borsig-Werkbahnlok von 1907 und Schmalspurdampfloks von 1903 und 1916, ein elektrischer Lokalbahn-Triebwagen von 1898, eine Gebirgslok von 1913 und eine Treidellok vom Teltow-Kanal von 1906. Hier sind auch die berühmten Wagenmodelle und viele weitere Objekte aus dem ehemaligen ›Hamburger Bahnhof‹, dem früheren Verkehrs- und Baumuseum, zu sehen. Auf den letzten drei Gleisen des Schuppens am Werkstattgebäude können die Besucher bei der Aufarbeitung von Museumsfahrzeugen zuschauen.

Den Übergang zur Abteilung Wasserbau und Schiffahrt in dem Beamtenwohnhaus am Lokschuppen bilden im Erdgeschoß dieses Gebäudes Modelle von Eisenbahnbrücken an Flüssen und Häfen.

1

Der südliche Lokschuppen Ia wird im Jahre 1988 zum Jubiläum ›150 Jahre Eisenbahn in Preußen‹ fertiggestellt. Er wird die jüngeren ›Stationen‹ von 1925 bis zu unseren Tagen zeigen: die Entwicklung der Reichsbahn in der Weimarer Republik, während des Nationalsozialismus und des Krieges sowie die der Bundesbahn in Wiederaufbau, Wirtschaftswunder und Gegenwart. Darin finden sich z.B. Schnellzuglokomotiven der Reihen 01 (1936) und 01.10 (1940), eine Dampfschneeschleuder (1942), die ›Europa-Lok‹ (1967) bis hin zur Hochgeschwindigkeitslok von Henschel (1980).

Beamtenwohnhaus

Zwei ehemals bedeutende Museen Berlins, das Verkehrs- und Baumuseum im Hamburger Bahnhof mit seiner einmaligen Sammlung wasserbautechnischer Exponate und das Museum für Meereskunde an der ehemaligen Friedrich-Wilhelm-Universität, mit dem angeschlossenen Forschungsinstitut, stellen die Vorläufer des Fachbereichs Wasserbau und Schiffahrt am Museum für Verkehr und Technik dar. Ab Juni 1987 ist er im Beamtenwohnhaus zwischen den beiden Lokschuppen vorläufig untergebracht.

In der unteren Etage des dreigeschossigen Gebäudes wird hauptsächlich mit Exponaten aus dem Hamburger Bahnhof die Verbindung zwischen Wasserbau und Eisenbahnverkehr hergestellt. Modelle der Dirschauer Brücke über die Weichsel, der Grünenthaler Brücke über den Nord-Ostsee-Kanal und des Fähranlegers Stralsund sind hier unter anderem zu sehen.

Im ersten Stockwerk werden wasserbautechnische Ausstellungsstücke wie z.B. Modelle der Hindenburg-Schleuse und der Klappbrücke über den Kanal im Duisburg-Ruhrorter Hafen in Verbindung zur Binnenschiffahrt im Dreieck Berlin–Breslau–Stettin gesetzt. Neben dem Verlauf der märkischen Wasserstraßen und wichtiger Schiffstypen wie Galiot, Ewer und Zeesenboot wird besonders die Technikgeschichte Berlins hervorgehoben. Modelle der ›Prinzessin Charlotte von Preußen‹ (das erste deutsche Dampfschiff) und der ›Prinz Carl‹ (das erste deutsche eiserne Dampfschiff), die beide in Berlin gebaut wurden, sowie wichtiger Berli-

ner wasserbautechnischer Konstruktionen, wie der Charlottenburger Brücke, der Oberbaumbrücke und der Sparkassenzentrale auf dem Mühlendamm, bezeugen dies.

Das obere Stockwerk ist schließlich der Hochseeschiffahrt gewidmet. Eröffnet wird es mit einer Sonderausstellung unter dem Titel ›Horatio Nelson und seine Zeit‹, in der hauptsächlich Leihgaben aus der Sammlung Peter Tamm ausgestellt werden. Die Schiffahrt um 1800 wird mit Gemälden, Knochenschiffsmodellen, nautischen Instrumenten, Illustrationen und dem originalgetreuen Nachbau eines Ausschnitts aus einem Gefangenenschiff dokumentiert. Später wird hier besonders die Schiffahrt Brandenburg-Preußens im 17. und 18.Jh. behandelt werden.

FREIGELÄNDE

Das Gelände vor den Lokschuppen war über ein Jahrhundert von betriebsamstem Leben erfüllt: Lokomotiven wurden gewartet und faßten Kohle, Wasser, Sand; Wagen wurden gewaschen und rangiert; über 100 Züge durchfuhren täglich das Gelände zum Anhalter Bahnhof – eine große unkrautfreie Schienenlandschaft. Nach dem Kriege erst wenig, dann gar nicht mehr genutzt, wurde dieses Gebiet überraschend schnell von der Natur zurückerobert. Im Zeitraffer wiederholte sich die Evolution der Flora und Fauna nach der Eiszeit von den ersten schotterdurchdringenden Moosen und Gräsern bis zur Entwicklung von Birken, Robinien und Weichselkirschen. Diese eindrucksvolle Nachkriegsgeschichte von der Spannung zwischen Natur und Technik will das Museum erhalten, um auch in der Zukunft ein Kapitel unvergleichlicher Großstadtökologie zu erforschen und beobachten zu lassen. Diesem Schutz dienen Ausgrenzungen von Grünzonen und die Anlage eines kleinen Sees. Er ist zugleich Speicherbecken für Regenwasser, Vegetationshilfe für das künstlich aufgeschüttete Eisenbahngelände und Mühlenteich für das Wasserrad des Hammerwerks.

Wind- und Wassermühlen
Die vorindustrielle Energietechnik demonstrieren historische Windmühlen und Was-

1 *Blick in die Abteilung Wasserbau mit Brückenbau-Modellen aus dem ehem. Verkehrs- und Baumuseum im Hamburger Bahnhof*

2 Galiot ›Stadt Elbing‹, *1738 (Modell, Maßstab 1 : 50)*

3 *Die vermutlich letzte* Berliner Bockwindmühle, *gebaut 1820, dreht sich nach ihrer Restaurierung wieder auf dem Berliner Museumsgelände*

2

serräder, die durch private Spenden erworben und wieder aufgebaut wurden. Die letzte noch erhaltene Berliner Bockwindmühle wurde 1820 bei Köpenick gebaut und 1872 von dort nach Bohnsdorf bei Berlin übertragen. Die Holländer Windmühle war 1905 in Poghausen in Ostfriesland erbaut worden. Im Innern dieser Mühle zeigt eine Ausstellung die Technik des Mühlenbaus sowie Arbeitsweise und Leben des Müllers in der Geschichte.

Das unterschlächtige Wasserrad mit einem Durchmesser von fünf Metern betreibt einen Schwanzhammer von 1870 zur Kleineisenherstellung aus Hohenberg im Frankenwald. Das Ensemble wird ergänzt durch zahlreiche Demonstrationen moderner regenerativer Energietechniken: Sonnenkollektoren, Solarzellen, Wärmepumpen usw.

All diese Energiequellen werden nicht zum Selbstzweck gezeigt, sondern sollen Modelle und Experimente speisen. Sie sind nur

3

zeitweise nutzbar, und Speichermöglichkeiten sind beschränkt, so daß auf Energie durch das Netz nicht verzichtet werden kann, um die Kontinuität der Vorführungen zu gewährleisten.

Freilichtexperimente
(ab 1988)

Der spielerisch-handgreifliche Bereich des Freigeländes, der natürlich auch zum Verwundern und Erkennen führen soll, gliedert sich in drei Hauptgruppen:

Außenobjekte, Objekte unter Dach und Wasserobjekte.

Zu den Außenobjekten zählen eine Sonnenuhr und sonnengespeiste Lichtexperimente wie die Sonnenlinse, in deren Brennpunkt man Eier kocht. Eine ›Flüsterstrecke‹, mit deren Hilfe man sich von Brennpunkt zu Brennpunkt zweier Parabolspiegel über 100 m Entfernung verständigen kann, gehört ebenso dazu wie ein ›Summstein‹, in dem man durch leises Summen seinen Kopf zum Dröhnen bringt.

Die zweite Objektgruppe besteht aus Experimenten, die einerseits in Innenräumen nicht ausgeführt werden können, weil dabei z. B. Flüssigkeit oder Sand auf den Boden fällt, die aber andererseits regen- und windgeschützt sein müssen. Mit trockenem Sand lassen sich z. B. Schwingungsformen auf Metallplatten oder -stangen zeigen oder Rieselexperimente machen.

Attraktive Experimente werden im und am Teich gebaut. Drei Fontänen zeigen dem Besucher die momentane Energiesituation. Eine immer aktive Fontäne, etwa 3 m hoch, wird mit einer Leistung von etwa 200 Watt betrieben. Im Vergleich der Spritzhöhen läßt sich zeigen, ob z. B. Sonne oder Wind mehr leisten. Eine Archimedes-Schraube wird von Hand oder Windkraft gedreht und transportiert dabei Wasser empor. Am Ende einer langen Wippe kann eine Heulboje im Wasser angehoben und gesenkt werden. Dabei werden langgezogene wohlklingende Heultöne erzeugt.

Dies sind nur einige Beispiele von Aktiv-Exponaten, die als Fortsetzung und Ergänzung des Versuchsfeldes betrachtet werden können. Insgesamt sind für das Freigelände ca. 30 Experimente vorgesehen.

46 Museum für Völkerkunde

Staatliche Museen Preußischer Kulturbesitz

33 (Dahlem), Arnimallee 27, Besuchereingang: Lansstraße 8, Telefon 83 01-2 26,
Zentrale: 83 01-1
Verkehrsverbindung: U-Bahnhof Dahlem-Dorf; Bus 1, 10, 17
Geöffnet: Dienstag bis Sonntag 9-17 Uhr
Abweichend von der Feiertagsregelung (s. S. 8) nur am 1. 1., Osterdienstag, 1. 5.,
Pfingstdienstag, 24., 25. und 31. 12. geschlossen

Direktor: Prof. Dr. Klaus Helfrich (Südsee); Vertreter: Dr. Dieter Eisleb (Amerikanische
Archäologie)
Wissenschaftliche Mitarbeiter: Dr. Markus Schindlbeck (Südsee); Dr. Immina von
Schuler (Amerikanische Archäologie); Prof. Dr. Günther Hartmann (Amerikanische
Naturvölker); Dr. Hans-Joachim Koloß, Dr. Angelika Tunis (Afrika); Dr. Gisela
Dombrowski (Westasien); Dr. Gerd Höpfner (Südasien); Dr. Claudius Müller, Dr. Shun-
Chi Wu (Ostasien); Dr. Wulf Köpke (Europa); Prof. Dr. Artur Simon (Musikethnologie);
Dr. Dharma Prakash (Junior-/Blinden-Museum)

Träger: Stiftung Preußischer Kulturbesitz

Sammlung: Völkerkundliche Gegenstände und Dokumente aller Länder, ausgenommen deutschsprachiger Raum. Dauerausstellungen der Abteilungen Südsee, Amerikanische Archäologie, Afrika, Südasien, Ostasien; Sonderausstellungen aller Abteilungen;
Wechselausstellungen des Junior- und Blinden-Museums; Studiensammlungen für
Fachwissenschaftler und interessierte Laien nach Absprache zugänglich

Präsenzbibliothek mit ca. 70 000 Monographien und 460 laufenden Fachzeitschriften
zu Ethnologie, Ethnographie und verwandten Kulturwissenschaften, Anthropologie,
Linguistik, Geographie usw. Geöffnet: Montag bis Freitag 8-12, 14-16 Uhr

Publikationen: Veröffentlichungen des Museums für Völkerkunde Berlin, N. F.,
42 Titel – Baessler-Archiv, N. F. – Bilderhefte, 4 Titel – Bestands- u. Ausstellungskataloge – Museum Collection Berlin (West), Schallplatten, 14 Titel

Sammlungsgeschichte

Das Berliner Museum für Völkerkunde ist
heute, nach einer langen und wechselvollen
Geschichte, ein Institut der Staatlichen
Museen Preußischer Kulturbesitz (s. S. 322).
In seinen Anfängen geht es zurück auf
das berühmte Kunst- und Raritätenkabinett
des Großen Kurfürsten von Brandenburg
(17. Jh.), das neben europäischen Kunstwerken auch kostbare ›exotische Kuriosa‹ aus
überseeischen Ländern enthielt. Aus diesem
Kabinett entstand die spätere Königlich Preußische Kunstkammer, deren allmählich an-
wachsende Bestände außereuropäischer
Herkunft im Jahre 1829 in einer eigenen

›Ethnographischen Sammlung‹ zusammengefaßt wurden. Sie bildete den Grundstock
für das im Jahre 1873 durch Adolf Bastian
begründete Berliner Museum für Völkerkunde.
Bastian verband mit der Errichtung eines eigenständigen Völkerkundemuseums weniger ein ›musisches‹ denn ein vorrangig wissenschaftliches Interesse. Ihm war bewußt,
daß das europäische Expansionsstreben seiner Zeit die traditionellen außereuropäischen
Kulturen in ihrer Existenz bedrohte und zu
deren unaufhaltsamem Untergang führen
mußte. Deshalb schien es ihm geboten, Beispiele des außereuropäischen Kulturbesitzes, vom schlichten Alltagsgerät bis hin zum

Kunstwerk, möglichst systematisch und umfassend zu sammeln, um diese faszinierenden Zeugnisse menschlichen Erfindergeistes und Gestaltungsvermögens vor Untergang und Vergessen zu bewahren. Die Ethnographica sollten in dem von ihm begründeten und geleiteten Museum archiviert werden, aber auch für weiterführende Forschungen zur Kulturgeschichte der Menschheit verfügbar sein.

Nach diesen – auch heute noch gültigen – Richtlinien entwickelte sich das Museum in nur wenigen Jahrzehnten zu einer der weltweit größten Völkerkundesammlungen und zugleich zu einer wissenschaftlichen Einrichtung von hohem Rang und Ansehen, das viele der bedeutendsten deutschen Ethnologen zu seinen Mitarbeitern zählte. Die im Museum bewahrten Ethnographica, erworben auf zahlreichen Forschungsreisen in allen Erdteilen und vermehrt durch Ankäufe und großzügige Schenkungen, bezeugten bald eindrucksvoll die Vielfältigkeit menschlicher Lebensformen in den vorindustriellen Gesellschaften.

Kurz vor Ausbruch des Zweiten Weltkrieges umfaßte die Sammlung rund 400 000 Objekte. Vieles von dem, was durch Arbeit und Umsicht der Museumswissenschaftler bis dahin bewahrt werden konnte, ging in den Wirren des Krieges verloren. Die großen Verluste betrafen besonders auch die kostbarsten und unersetzlichen Zeugnisse längst erloschener Kulturen. Wiewohl gerade diese Lücken nie mehr ganz zu füllen sind, konnten nach dem Kriege die Museumsbestände doch durch Erwerbungen auf Expeditionen und im Handel wieder wesentlich ergänzt und erweitert werden. Heute besitzt das Museum rund 453 000 Sammlungseinheiten (393 000 Ethnographica und 60 000 musikethnologische Tonaufnahmen), 141 000 Photodokumente und 1000 völkerkundliche Filme. Es verfügt über eine wissenschaftliche Fachbibliothek mit rund 70 000 Monographien und 460 laufenden Fachzeitschriften.

Organisatorisch gliedert sich das Museum in acht Regionalabteilungen sowie eine musikethnologische und eine didaktische Abteilung (Junior- und Blinden-Museum). Zu den vorrangigen Aufgaben zählen: die Bewahrung der Bestände unter optimaler konservatorischer und restauratorischer Betreuung; die wissenschaftliche Bearbeitung und Veröffentlichung der Sammlungen; die systematische Ergänzung und Erweiterung der bestehenden Sammlungen auf Forschungsreisen und durch Ankäufe im Handel; eine breit angelegte Öffentlichkeitsarbeit mit dem Ziel, durch Ausstellungen und ergänzende Informationen (Ausstellungsführer, Führungsblätter, Führungen, Film-, Video-, Dia- und Tonvorführungen, Konzerte u. ä.) jenes Wissen über die Vielfalt und Bedingtheit menschlicher Daseinsgestaltung zu vermitteln, das notwendig ist für eine fundierte Reflexion der eigenen Geschichte und für eine von Verständnis und Toleranz geprägte Einstellung gegenüber fremden Lebensformen. Die Präsentation von Dauerausstellungen und zeitlich begrenzten Sonderausstellungen, die der Öffentlichkeit ausgewählte Teilkomplexe der völkerkundlichen Sammlungen zugänglich machen, ist von jeher ein besonders wichtiges Anliegen des Museums.

Schon 1886, 13 Jahre nach seiner Gründung, konnte das Museum für Völkerkunde einen eigenen Museumsbau in der Stresemannstraße im Zentrum Berlins beziehen. Die rasch anwachsenden Sammlungsbestände zwangen jedoch schon bald zu einer Teilung in eine Schau- und eine Studiensammlung. Seit 1926 beherbergte das Haus in der Innenstadt eine modernisierte Schausammlung; die umfangreichere völkerkundliche Studiensammlung nahm der alte Bereich des Museumsbaus in Dahlem auf, ursprünglich als Teil eines weitläufigen Museumskomplexes für die asiatischen Kulturen geplant. Nach dem Krieg stand dem Museum für die ersten Dauerausstellungen lediglich das Dahlemer Magazingebäude zur Verfügung, da der Museumsbau im Zentrum dem Krieg zum Opfer gefallen war. Nach Konstituierung der Stiftung Preußischer Kulturbesitz im Jahre 1961 beschloß man, den Dahlemer Gebäudekomplex zu erweitern und hier ein großzügig ausgebautes Zentrum außereuropäischer Kunst und Kultur zu schaffen, sobald die provisorisch in Dahlem untergebrachten Museen für abendländische Kunst eigene Häuser bezogen haben.

Mit der Errichtung der Dahlemer Erweiterungsbauten ergab sich 1970 für die Abteilungen Südsee, Amerikanische Archäologie und Südasien endlich die Möglichkeit, ihre Schausammlungen in angemessener Form der Öffentlichkeit vorzustellen. Zudem konnten die nicht ausgestellten Bestände des Museums in modernen Studiensammlungsräumen archiviert werden. 1973 kamen die Dauerausstellungen der Abteilungen Afrika und Ostasien in renovierten Räumen des Altbaus hinzu. Die ursprüngliche Konzeption, die Dauerausstellungen Südasien, Afrika und Ostasien zu erweitern und abzurunden und die bedeutenden Bestände der Abteilungen Amerikanische Naturvölker, Westasien, Europa und Musikethnologie in Schausammlungen zu präsentieren, konnte bislang noch nicht verwirklicht werden, weil sich der Auszug der Museen für abendländische Kunst aus dem Dahlemer Museumskomplex weiterhin verzögert.

Sammlungsbestände

Südsee

Als vor über 200 Jahren die Inselwelten des Pazifischen Ozeans den Europäern in begeisterten Reiseberichten nähergebracht wurden, gelangten auch bereits die ersten Ethnographica aus Ozeanien nach Berlin in die damalige Kunstkammer des preußischen Königs. Einige der kostbarsten Stücke in der heutigen Südsee-Sammlung, wie das Symbol des Kriegsgottes Ku-kaili-moku von Hawaii, gehen auf diese Zeit zurück. Es dauerte jedoch noch hundert Jahre, bis man damit begann, systematische Sammlungen anzulegen, die als wissenschaftlicher Beleg für die verschiedenen Kulturen gelten konnten. In

1

2

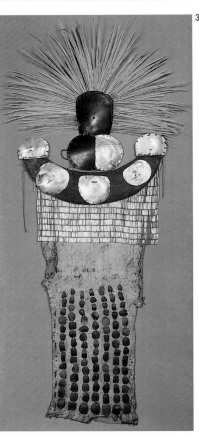

3

den 70er Jahren des 19. Jh., als die kolonialen Handelsinteressen im Pazifik immer weiter ausgebaut wurden, bemühte man außer Wissenschaftlern auch Verwaltungsbeamte, Kapitäne, Missionare und viele andere Reisende, umfangreiche Konvolute aus den verschiedenen Gebieten der Südsee anzulegen. Jan Stanislaus Kubary, Eduard Arning, Otto Finsch und Karl von den Steinen zählen zu den bedeutenden Sammlern jener Zeit. Einen Höhepunkt bedeutete die von Berlin ausgehende Sepik-Expedition (1912/13), deren Sammlung eine der reichsten Kulturregionen Neuguineas dokumentiert. Bis zum Ausbruch des Ersten Weltkrieges waren die meisten Kulturen der Südsee weitgehend im Museum für Völkerkunde repräsentiert. Um danach die Bestände weiter zu vervollständigen, sandte man neue Expeditionen aus (z.B. 1933/34 nach Südwest-Neuguinea, den Neuen Hebriden und Neukaledonien).

Auch nach dem Zweiten Weltkrieg gelang es noch, größere Sammlungen anzukaufen oder auf Reisen zu erwerben (Ethnographica von den Tuvalu/Ellice-Inseln, Kiribati/Gilbert-Inseln, von den St.-Cruz-Inseln, aus dem Maprik-Gebiet, aus dem westlichen Hochland von Neuguinea u. ä.). Die Sammlung der Abteilung Südsee umfaßt heute über 55 000 Objekte. Ihre Konzeption ist nicht nur auf die Ergänzung einzelner Gebiete ausgerichtet,

4

sondern zielt inzwischen zunehmend auch darauf, moderne Weiterentwicklungen traditioneller Kunstformen sichtbar zu machen.

Die seit 1970 bestehende **Dauerausstellung** der Abteilung Südsee zeigt im Erd- und im Obergeschoß über 3000 Objekte, repräsentativ für die Kulturen von Ozeanien und Australien in voreuropäischer Zeit. Formenvielfalt und künstlerische Ausgestaltung der Exponate vermögen dem Besucher optisch eindrucksvoll Kulturzusammenhänge zu verdeutlichen. Vorrangig dokumentiert die Sammlung den Zustand der Südsee-Kulturen zum Zeitpunkt ihrer Entdeckung und Erforschung durch die ›Weißen‹, noch bevor der Kontakt mit der westlichen Zivilisation die traditionellen Gesellschaften maßgeblich veränderte. Nach regionalen Aspekten gegliedert, bieten die Exponate eine Übersicht zu den einzelnen Gebieten. Darüber hinaus werden unterschiedliche Sachbereiche überregional vorgestellt, um den systematischen Vergleich bestimmter Objekte aus verschiedenen Gegenden zu ermöglichen.

Der empfohlene Rundgang durch die Ausstellung beginnt nach dem Einführungsraum im Erdgeschoß mit den Sammlungen aus **Neuguinea** (Sepik-Gebiet, Papua-Golf, West-Neuguinea, Küste und Hochland von Nordost-Neuguinea). Von dort gelangt der Besucher zur **Bootshalle** mit den unterschiedlichsten Wasserfahrzeugen, vom einfachen Rindenkanu der Australier bis zu den großen Hochseebooten. Das Doppelrumpfboot der Tonga-Inseln, eine Rekonstruktion nach Skizzen von James Cook, kann bestiegen werden. Die Vielfalt der Kulturformen **Melanesiens** veranschaulichen Beispiele von den Admiralitäts-Inseln, von Neubritannien, Neuirland, Vanuatu, Neukaledonien

und den Salomo-Inseln. Zentral im Erdgeschoß sind in einer **Hausausstellung** Originalbauten und Giebelfronten von den Abelam/Neuguinea, den Maori/Neuseeland u. ä. zu sehen; das Männerklub-Haus von den Belau-Inseln kann betreten werden. Außerdem befinden sich in diesem Stockwerk Ethnographica aus **Australien** und von den Inseln der Torres-Straße.

Das Obergeschoß beherbergt Objekte aus **Mikronesien** und **Polynesien** sowie Rindenbaststoffe zusammen mit den entsprechenden Fertigungsgeräten aus Ozeanien.

Zusätzlich zu den Führungsblättern steht den Besuchern in einem Informationsraum im Untergeschoß eine Handbibliothek zur Verfügung.

Amerikanische Archäologie

Die Abteilung Amerikanische Archäologie betreut die Sammlungen aus dem Bereich der vorspanischen meso-, mittel- und südamerikanischen Hochkulturen. Dabei umfaßt der geographische Rahmen folgende Gebiete: Mexico (ohne seine nördlichen, an die USA angrenzenden Bundesstaaten), Guatemala, Belize, Honduras, El Salvador, Nicaragua, Costarica, Panama, die Küsten- und Hochlandregionen Kolumbiens, Ecuadors, Perus und das Hochland Boliviens mit deren kulturellen Einflußgebieten in Nordchile und Nordwest-Argentinien. Da prähistorische Objekte nicht vorhanden sind, spannt sich der zeitliche Bogen vom Beginn der präklassischen Kulturphasen dieser Gebiete um 2000 v. Chr. bis zur Eroberung durch die Spanier im ersten Drittel des 16. Jh. – ein Zeitraum von rund 3500 Jahren.

Bereits um 1900 erkannte man, daß bis heute in den handwerklichen Techniken, den deko-

1 Kalksteinrelief, *Mexico, Maya-Kultur, 8. Jh., H 96 cm*

2 Zeremonialmesser, *Nordperu, Lambayeque-Stil, um 1000 n. Chr., Gold u. Silber, H 34 cm*

3 Herzopferschale, *Mexico, aztekisch, um 1500, Augit-Porphyr, H 14,1 cm*

4 *Alt-Amerika-Dauerausstellung*

5 Gewebe *(Ausschnitt), Peru, Nazca-Kultur, um 300 n. Chr.*

rativen Elementen, Mythen und Märchen der Indianer Spuren untergegangener Kulturen fortleben, die Rückschlüsse auf die Lebensweise in ihrer Vergangenheit zulassen. Daher wurden in den letzten Jahrzehnten auch besonders die zunehmend seltener werdenden Güter der rezenten, d.h. noch bestehenden indianischen Kultur aufgenommen. So verfügt die Abteilung heute über eine der reichhaltigsten Sammlungen von Textilien der indianischen Bevölkerung aus Mexico und Guatemala.

Der Bestand der archäologischen Objekte beläuft sich zur Zeit auf ca. 120000 Katalognummern, von denen etwa 47000 auf Meso- und Mittelamerika, 73000 auf Südamerika entfallen. Einen gewissen Schwerpunkt bilden dabei die Sammlungen aus Alt-Peru, die in allen Materialgruppen nach Umfang und

Geschlossenheit zu den bedeutendsten ihrer Art gehören. Weisen die mesoamerikanischen Bestände ebenfalls gute, in sich geschlossene Sammlungsgruppen auf, wie die bemalten Keramiken der Maya-Kultur, die Tonwaren und Steinplastiken der Kulturen der Golfküste sowie die Gefäßplastiken Westmexicos, so sind sie doch mehr durch hervorragende und teils einmalige Einzelobjekte charakterisiert. Genannt seien hier nur die Stelen und Plastiken aus Cozumalhuapa, der Lintel aus Yaxchilán und die aztekische Opferblutschale.

Ferner verdient die Goldsammlung Erwähnung, die nach Umfang und Qualität bedeutende Objekte aus den drei wichtigsten goldverarbeitenden Gebieten Alt-Amerikas (Costarica, Kolumbien und Peru) enthält und in dieser umfassenden Zusammenstellung

kaum in einem anderen Museum gezeigt werden kann.

Der Erwerbung von Objekten altamerikanischer Kulturen sind durch gesetzliche Bestimmungen der oben erwähnten Länder Grenzen gesetzt. Dennoch gelang es in den letzten drei Jahrzehnten, Sammlungslücken zu füllen oder bedeutende Einzelstücke zu erwerben. Dies betrifft für den mexikanischen Bereich Keramik und Plastiken der Maya, Westmexicos und der Kultur von Teotihuacan. Hinzu kommt figürlicher Jadebrustschmuck aus Costarica. Für den peruanischen Bereich wurden vor allem die Bestände der Frühkulturen (Chavín, Paracas, Vicus) erweitert. Die Textilsammlung (ca. 7500 Objekte) konnte durch wertvolle Exemplare der Chavín-, Nazca- und Huarikultur ergänzt werden.

Die **Dauerausstellung** ›Altamerika‹ (Erdgeschoß) ist in erster Linie nach geographischen Gesichtspunkten gegliedert, um dem Besucher Orientierungshilfen zu bieten. So findet er im ersten Saal nach dem Ensemble der Steinskulpturen aus Cozumalhuapa Objekte der **Maya-Kultur und der Mexikanischen Kulturen,** in zeitlicher Abfolge arrangiert, von den präklassischen Kulturen des letzten Jahrtausends v. Chr. bis zu den Azteken um 1500 n. Chr. Der zweite Raum präsentiert Keramiken und Steinplastik aus **Mittelamerika** – den heutigen Ländern Nicaragua, Costarica und Panama –, die in dieser Zusammenstellung als eine der schönsten Sammlungen aus diesem Gebiet gelten. Nach dem **Goldraum,** einer Art Schatzkammer, folgen die Kulturen des **südamerikanischen Andenraumes** von Kolumbien über Peru bis Chile und Argentinien.

Am Informationsstand am Ende der Ausstellung findet der Besucher Bücher zu Themen altamerikanischer Kulturen, in leicht verständlicher Form geschrieben, zur weiteren Unterrichtung. Ferner gewähren ausführliche Publikationen auch in die nicht ausgestellten Sammlungen Einblick.

Amerikanische Naturvölker

(zur Zeit keine Dauerausstellung)

Die Abteilung Amerikanische Naturvölker gehört mit über 50000 Objekten zu den großen Abteilungen des Berliner Museums. Zu Studien- und Forschungszwecken bewahrt sie in den **Studiensammlungen** Gegenstände von vielen nord- und südamerikanischen Indianergruppen auf, die außerhalb des Bereichs der amerikanischen Hochkulturen lebten oder noch leben.

In ihrer heutigen Form existiert diese Abteilung erst seit 1956, hervorgegangen aus der ›Abteilung Amerika‹, die bereits zwischen 1920 und 1934 in die beiden Sektionen ›Nord- und Mittelamerika‹ sowie eine Abtei-

lung ›Südamerika‹ gegliedert war. Die Ursprünge der Sammlung lassen sich bis ins 17. Jh. zurückverfolgen. Damals gab der holländische Statthalter Johann Moritz von Nassau-Siegen in Brasilien erworbene Gegenstände als ›Kuriositäten‹ der Kunstkammer des Großen Kurfürsten in Berlin.

Aus dem **nordamerikanischen Raum** gelangten erst im 18. Jh. einige Objekte nach Berlin, die mit den Namen des englischen Südseeforschers James Cook, Johann Reinhold Forster und seines Sohnes Johann Georg Forster verknüpft sind. Der überwiegende Teil der ethnographischen Kollektion aus dem nördlichen Subkontinent stammt jedoch aus dem 19. Jh. Die umfangreichste Einzelsammlung verdankt die Abteilung dem norwegischen Kapitän Adrian Jacobsen, der zwischen 1881 und 1883 im Auftrag des Berliner Völkerkundemuseums große Teile von British Columbia und Alaska bereiste. Seine weit über 6000 Objekte umfassende Sammlung zählt zu den herausragenden Beständen der Abteilung. Nicht minder bemerkenswert sind die Sammlungen aus dem Waldland, den Prärien, der Subarktis, von der Nordwestküste wie auch aus dem Südwesten der heutigen USA.

An Bedeutung stehen die **südamerikanischen Kollektionen** aufgrund ihrer Qualität und ihres Alters keineswegs zurück. Neben den zahlreichen Federschmuckstücken aus dem Großraum Amazonien – die ältesten Objekte datieren etwa von 1810 – verdienen die umfangreichen Maskenbestände aus Nordwest-Brasilien und anderen Teilen des südamerikanischen Waldlandes Erwähnung. Durch Ausbombung, Brand und Raub sind 1945 erhebliche Bestände aus dem Bereich der Amerikanischen Naturvölker verlorengegangen. Diese Lücken – soweit das überhaupt noch möglich ist – versucht die Abteilung durch Ankäufe im Handel und durch Sammel- und Forschungsreisen in die jeweiligen Gebiete zu füllen. So konnte man in den letzten zehn Jahren zusätzliche Sammlungsschwerpunkte für **Zentralamerika** und **Zentralbrasilien** setzen. Aus dem nordamerikanischen Raum hingegen war in den ver-

gangenen Jahren meist nur der Erwerb von Einzelstücken möglich.

Die Abteilung Amerikanische Naturvölker verfügt bislang über keine eigenen Ausstellungsflächen im Museum. Neben Sonderausstellungen in Berlin (West) hat man vor über 20 Jahren damit begonnen, zeitlich begrenzte Ausstellungen auch in Westdeutschland in Verbindung mit Museen, Kunsthallen

5

1 Holzhelm mit Bildnis, *USA, Alaska, 2. Drittel 19. Jh., Holz, Haare, Fell, Muscheln, H 24,5 cm*

2/3 Falschgesichtermasken, *USA, östl. Waldland, Canada, Ende 19. Jh., Holz, Tierhaare, Stoff, Papier; Maske oben: H 29,5 cm, Maske unten: H 27,5 cm*

4 Zeremonial-Tanzhut, *Nord-Brasilien, Wayana, um 1935, Palmfasern, Rindenbast, Federn, Baumwolle, H 38 cm (ohne Federn)*

5 Große Holzmaske, *Zentral-Brasilien, Mehináku, um 1835, Holz, Federn, Fischzähne, Pflanzenfasern, H 64 cm*

oder Kunstvereinen durchzuführen. Diese Ausstellungen, die stets ein großes Publikum anziehen, bieten der Abteilung die Möglichkeit, die Ergebnisse ihrer Sammel- und Forschungsarbeit vorzustellen.

Afrika

Die Anfänge der afrikanischen Sammlungen lassen sich bis in das Jahr 1829 zurückverfolgen; denn bereits die damals gegründete ›Ethnographische Sammlung‹ sah, da sie alle außereuropäischen Kontinente umfaßte, auch eine Unterabteilung ›Afrika‹ vor. Wenn auch das europäische Interesse für das seinerzeit noch weitgehend unerforschte Afrika groß war, so blieben zunächst nennenswerte Neuzugänge aus. Der Bestand beschränkte sich auf einige Stücke aus Äthiopien, Nubien, Algerien und Südafrika. Zwar gelang

es, einige alte und wertvolle Privatsammlungen für das Museum zu sichern. Maßgeblich für den Aufbau der Abteilung war jedoch der Erwerb von Einzelstücken und Konvoluten, die Forschungsreisende (H. Barth, G. Rohlfs, G. Nachtigal, O. Lenz u. a.) erst Mitte des letzten Jahrhunderts aus Afrika mitgebracht hatten.

Den größten Zuwachs verzeichnete die Abteilung während der deutschen Kolonialzeit: Mit der Gründung der deutschen Kolonien 1884 setzte ein verstärkter Zustrom von Ethnographica aus Afrika ein. Auf diese Weise gelangten die heute so berühmten Sammlungen aus Ostafrika, Südwestafrika, Kamerun und Togo nach Berlin. Ferner sind auch jene Bestände zu nennen, die die Museumswissenschaftler selbst auf Forschungsreisen in Afrika erwarben. Mit den Kollektionen eng verknüpft ist – damals wie heute – die wissenschaftliche Forschungsarbeit der Abteilung Afrika. Man denke dabei nur an Namen wie Felix von Luschan und Bernhard Ankermann, jene bekannten Afrikanisten, die im ausgehenden 19. und beginnenden 20. Jh. am Museum wirkten. Gerade ihnen ist es zu verdanken, daß sich die Berliner Afrika-Sammlung zu einer der bedeutendsten ihrer Art entwickeln konnte.

Hatte schon der Erste Weltkrieg durch den Verlust der Kolonien jede weitere Forschungs- und Sammeltätigkeit in Afrika so gut wie ausgeschlossen, so waren die Folgen des Zweiten Weltkrieges geradezu verheerend. Von dem einstigen Sammelbestand von 67000 Objekten ging etwa die Hälfte verloren, zudem wertvolle Photos, Manuskripte sowie anderes Quellen- und Forschungsmaterial.

Die Nachkriegszeit bedeutete auch für die Abteilung Afrika einen weitgehenden Neu-

beginn. Vor allem galt es, die durch den Krieg dezimierten Sammlungen wieder zu ergänzen. Trotz begrenzter finanzieller Mittel konnten ca. 10000 Ethnographica erworben werden, sowohl auf eigenen Sammel- und Forschungsreisen in Nigeria, Ghana, Togo und dem Sudan wie auch durch den Ankauf mehrerer Kollektionen aus Uganda, Tunesien, Marokko und anderen Ländern. Heute zählt die Abteilung mit einem Bestand von ca. 48000 Objekten wieder zu den großen Afrika-Sammlungen.

Obgleich der Sammlungs- und Forschungsbereich von Beginn an den gesamten Kontinent umfaßt, liegen die wissenschaftlichen Schwerpunkte auf den Kulturregionen südlich der Sahara. Zu den Kostbarkeiten der Sammlung gehören zweifellos die Kunstwerke aus den Königreichen Benin und Ife/Nigeria (Bronzegüsse, Elfenbeinschnitzereien, Terrakotten, u. a.). Die Bestände aus den übrigen westafrikanischen Ländern, die zu über zwei Dritteln im Zweiten Weltkrieg verlorengingen, weisen trotz zahlreicher Neuerwerbungen der letzten Jahre immer noch große Lücken auf. Ferner verfügt die Abteilung über eine umfangreiche und bedeutende Sammlung aus dem Zaire.

Bis zur Eröffnung der Dauerausstellung 1973 konnten der Öffentlichkeit lediglich in kleineren Sonderschauen Ethnographica zu bestimmten Themenkreisen gezeigt werden. Die **Dauerausstellung** ›Afrika‹ im renovierten Altbau des Dahlemer Museumskomplexes (Obergeschoß) enthält neben den bereits genannten Objekten aus den Königreichen **Benin** und **Ife** eine Auswahl eindrucks-

voller kunsthandwerklicher Erzeugnisse aus dem Grasland von **Kamerun.** Die Kulturen Zentral-, Süd-, Ost- und Nordostafrikas können erst nach Erweiterung der Dauerausstellungsräume präsentiert werden. In engem Zusammenhang mit dem Aufbau der Sammlungen und der Konzeption von Sonderausstellungen stehen die Publikationen der Abteilung.

Westasien
(zur Zeit keine Dauerausstellung)

Wenn auch die 1970 gegründete Abteilung Westasien eine der jüngsten des Museums für Völkerkunde ist, so haben doch einige Sammlungsstücke eine museale Vergangenheit, die weit mehr als 100 Jahre zurückreicht: Aus dem 1857 neu angelegten Katalog der ›Ethnographischen Sammlung‹ der Preußischen Kunstkammer geht hervor, daß 160 bis dahin erworbene Ethnographica aus West- und Mittelasien in ein gesondertes Verzeichnis, den noch heute geführten IB-Katalog, übertragen wurden. Dieser Grundstock der Sektion Westasien wuchs bis zum Ersten Weltkrieg durch größere und kleinere, regional weit gestreute Sammlungen schon auf etwa 9000 Katalognummern an. Jedoch verzögerte sich die schon lange geplante Einrichtung einer selbständigen, von Ost- und Südasien getrennten Abteilung Westasien noch bis 1970. Mit der Gründung wurde endlich nicht nur der Bedeutung der Sammlung Rechnung getragen, sondern innerhalb des Völkerkundemuseums auch dem Teil Asiens, dessen Völker bei aller Verschiedenheit im einzelnen durch die gemein-

3

1 Afrika-Dauerausstellung

2 Kultfigur, *Gelbguß, Nigeria, Benin, 18. Jh.,*
H 46,5 cm

3 Ahnenfigur des Tshibinda Ilunga Katele,
Angola, Tschokwe, H 39 cm

4 Maske, *Nord-Moçambique, H 24,5 cm*

same islamische Tradition verbunden sind.
Von Arabien im Westen bis an die indische
Grenze und nach China hinein im Osten umfaßt der Sammel- und Arbeitsbereich heute
die folgenden Länder und Gebiete: Saudi-
Arabien, Nord- und Süd-Jemen, die Staaten
am Persischen Golf, den Sinai, Israel, Jordanien, Libanon, Syrien, Irak, Türkei, Iran, Afghanistan, Pakistan sowie im Norden die
mittelasiatischen Sowjetrepubliken (West-
Turkestan) und die chinesische Provinz Sin-
kiang (Ost-Turkestan).
Nach Abzug der Kriegsverluste und Übertragung des größten Teils der ursprünglich
ebenfalls im IB-Katalog geführten ›Turfan‹-
Sammlung an das Museum für Indische
Kunst 1963 (s. S. 184) übernahm die Abteilung Westasien bei ihrer Gründung einen Bestand von ca. 5000 Objekten, der sich seitdem gut verdoppelt hat. Aufgrund der umfangreichen alten Bestände aus West-Turkestan, aber besonders dank der sog. Buchara-
Sammlung, die der Forschungsreisende Willi
Rickmer Rickmers um die Jahrhundertwende dem Museum stiftete, liegt noch heute
ein deutlicher Schwerpunkt der Abteilung
auf Mittelasien. Aus **West-Turkestan** stammen vor allem Erzeugnisse verfeinerter
Handwerkskunst, teils von professionellen
Handwerkern, teils von Frauen in Haus oder

Zelt vornehmlich für den Eigenbedarf gefertigt (Messing- und Kupfergefäße, Waffen,
Sattel- und Zaumzeug, Keramik, Kleidung,
Schmuck, Knüpfarbeiten, Stickereien u. a.).
Eine ähnliche, aber kleinere Sammlung aus
Ost-Turkestan, zum Teil von geschulten
Ethnologen zusammengestellt, enthält neben vergleichbaren handwerklichen Produkten auch einfacheres Gerät des täglichen Ge-
brauchs.
Sigrid Westphal-Hellbusch, erfahrene Ethno-
login für den islamischen Orient, übernahm
1970 die Leitung der neuen Abteilung. Nach-

4

1 Karagöz-Schatten-spielfigur, *Türkei, 19. Jh. (?), transparente, bemalte Tierhaut,* H 36 cm

2 Totengedenkfigur der Kalasch *(Ausschnitt), Nordwest-Pakistan, 1. Hälfte 20. Jh. (?)*

3 Stickereidecke, *West-Turkestan, 19. Jh., Seide/Baum-wolle, 168 × 119 cm*

4 *Südasien-Dauerausstellung*

5 Schattenspielfigur *(Königin Nang Sida), Thailand, 19. Jh., Leder*

6 Sarong *(Ausschnitt), Java, 19./20. Jh., Baumwolle, gebatikt*

dem die Bestände gesichtet und systematisch geordnet waren, konnte nicht nur mit der noch ausstehenden wissenschaftlichen Bearbeitung, sondern ebenso mit der Ergänzung und Erweiterung der Sammlung begonnen werden. Dabei galt es zum einen, Lükken in bereits vorhandenen Objektgruppen zu schließen. Ferner waren repräsentative Beispiele nomadischer, bäuerlicher und städtischer Lebensart zu erwerben, um Ausstellungen zu allen typischen kulturellen oder wirtschaftlichen Aspekten zusammenstellen zu können. So konnte die Abteilung einen empfindlichen Verlust — im Krieg war die

4

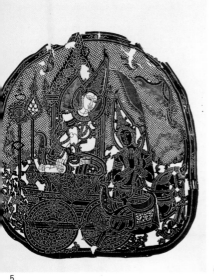

5

6

Schmucksammlung verlorengegangen – durch verschiedene Ankäufe wieder ausgleichen (kurdischer Silberschmuck, jemenitische Silberarbeiten, Schmuck der Turkmenen sowie Schmuckstücke aus dem städtisch-turkestanischen Bereich, aus Afghanistan und Pakistan). Die unlängst erworbenen Ethnographica aus allen Lebensbereichen der Bewohner der **Thar-Wüste** vermögen die umfangreiche Textilsammlung aus dem **Sind (Pakistan)** gut zu ergänzen für eine künftige umfassende Ausstellung zu den dort lebenden Bevölkerungsgruppen. Einen Glücksfall stellte 1980 die Übernahme einer Sammlung dar, die Sonia Gidal bei den Beduinen des **Negev** in Jahrzehnten zusammengetragen hatte (ein vollständig eingerichtetes Zelt, Kleidung, Schmuck, Geräte

u. ä.). Damit konnte das Lebensbild einer Gruppe aus dem von jeher in der Abteilung unterrepräsentierten arabischen Raum in einer Sonderausstellung gezeigt werden. Aus **Nuristan (Nordost-Afghanistan),** dessen Bevölkerung erst Ende des letzten Jahrhunderts islamisiert wurde, stammt der umfangreichste Zuwachs der Abteilung (vor allem Hausbauteile, Einrichtungsgegenstände und Geräte aus Holz, kunstvoll beschnitzt, Kleidung, Schmuck, Waffen u. a.). Eine kleinere, aber vergleichbar vollständige Sammlung stammt aus dem **Swat (Nordwest-Pakistan).**

Da die Abteilung Westasien zu den Sektionen des Museums gehört, denen vorläufig noch kein Raum für eine Dauerausstellung zur Verfügung steht, kann sie ihre Bestände nur durch Publikationen und Sonderausstellungen bekannt machen.

Südasien

Die Abteilung Südasien besteht unter diesem Namen erst seit 1963. Bis dahin gab es eine ›Indische Abteilung‹, die sowohl Kunstobjekte des indischen Subkontinents, Hinterindiens, Indonesiens und Zentralasiens als auch ethnographische Gegenstände West-, Süd- und Südostasiens erwarb und betreute. 1963 wurden die Kunstsammlungen, 1970 die westasiatischen Ethnographica aus der Abteilung herausgelöst. Somit umfaßt der Sammel- und Forschungsbereich heute Indien, Sri Lanka, die Inselgruppen des Indischen Ozeans, die Staaten am Südabhang des Himalaya, die Länder des südostasiatischen Festlandes und die Inselwelt Indonesiens unter Einschluß der Philippinen und Taiwans. Die Abteilung sammelt Ethnographica aller autochthonen Völker und Kulturen dieser Gebiete; ausgenommen sind archäologische Objekte und Kunstgegenstände der Hochkulturen in Süd- und Südostasien. Der Bestand liegt gegenwärtig bei 30000 Katalogeintragungen.

Die südasiatische Sammlung blickt heute auf eine Tradition von mehr als 150 Jahren zurück, kamen doch bereits 1829 Einzelstücke aus den Philippinen durch das preußische Seehandelsschiff ›Prinzess Louise‹ und wenig später auch aus der Königlichen Seehandlung in den Besitz des Berliner Museums. Unmittelbar ›preußischer Herkunft‹ ist auch die erste größere zusammenhängende Kollektion (206 Objekte), die Prinz Waldemar von Preußen von einer längeren Studienreise (1844-46) durch Ceylon, Bengalen, Nordindien, Nepal und einige Himalaya-Regionen nach Berlin brachte.

Ahnenfigur *(adu sirana), Nias, 19. Jh., Holz, H 44 cm*

Eine verstärkte, vor allem aber gezielte Sammeltätigkeit setzte jedoch erst nach der Gründung des Berliner Völkerkundemuseums 1873 ein. Adolf Bastian verstand es hervorragend, Reisende und Gelehrte auch für den indisch-indonesischen Raum zu interessieren. Einige Expeditionen führten die Museumsethnologen selbst durch, für andere konnten namhafte Forscher gewonnen werden, die im Auftrag des Museums verschiedene Kulturregionen Süd- und Südostasiens bereisten. So erwarb die Indische Abteilung in den Jahren bis zum Beginn des Ersten Weltkrieges zahlreiche wertvolle und teilweise äußerst umfassende Konvolute, die auch heute noch den Hauptteil der südasiatischen Sammlung ausmachen.

Die umseitigen Beispiele veranschaulichen Umfang und Bedeutung dieser Sammelaktivitäten: Feodor Jagor stellte auf einer seiner Reisen in Indien, Burma, auf Ceylon und den Andamanen zwischen 1873 und 1876 eine seinerzeit vielbeachtete ethnographische Kollektion zusammen, mit 5516 Objekten zugleich auch die größte in den Inventaren der Abteilung. Emil Riebeck verdankt die Sammlung 1881/82 rund 3000 Neuzugänge aus Indien, Ceylon, Assam und Thailand (Ceylon- und Khon-Masken, Ethnographica von den Chitta-gong-Hill-Tracts u. a.). In diese Zeit fällt auch die große Reise des norwegischen Kapitäns Adrian Jacobsen; ausgerüstet vom ›Ethnologischen Hilfscomité‹ legte er zwischen 1887 und 1888 auf den südlichen Molukken und den östlichen Kleinen Sunda-Inseln eine Sammlung von etwa 4000 Ethnographica an (Kultfiguren, Opfergerät, Haushaltsobjekte, Waffen, Kleidung u. ä.). Ferner verdienen die nicht minder bedeutenden Kollektionen der folgenden Sammel- und Forschungsreisenden Erwähnung: 1880 Freudenberg (Masken aus Ceylon), 1883 Lessler (Schattenspielfiguren aus Thailand), 1888 Kühn (Nord-Molukken), 1889 Vaughan Stevens (Malakka), 1891-93 Baessler (Textilien, Schattenspielfiguren aus Java), 1895 Ehlers (Naga-Hills, Assam), 1897 Maaß (Mentawai-Inseln, Sumatra), 1896-99 Pleyte (Schattenspielfiguren aus Java), 1900 Brenner (Kultplastiken von Nias), 1905 Glücksmann (Prachtwaffen aus Java), 1911 Grubauer (Celebes) sowie 1912 Müller (Aru-Inseln).

Erwerbungen der jüngeren Zeit erfolgten vorrangig nach drei unterschiedlichen Kriterien: Ergänzung und Ausbau der Bestände (Schattenspielfiguren aus Java und Bali; Kultplastiken aus Indonesien; Textilien aus Indien und Indonesien), neue regionale oder thematische Gruppen (Silberschmuck aus Rajastan; Schattenspielfiguren und Marionetten aus Indien; Ethnographica aus Taiwan) sowie zeitgenössische Sammlungen (Malereien aus Indien und Bali; Marionetten aus Birma; Kunsthandwerk aus Indien).

In der **Dauerausstellung** ›Südasien‹ (Obergeschoß) werden in einem Teil Marionetten, Schattenspielfiguren und Masken – herausgelöst aus ihrer regionalen Zuordnung – unter dem Thema Masken-, Puppen- und Schattenspiel in Indien, Sri Lanka, Birma, Thailand und Indonesien zusammengefaßt.

Yarkand-Teppich, *China, 17./18. Jh., 210 × 430 cm*

Die vergleichende Ausstellungsform ermöglicht dem Besucher, die für Südasien so typische **Theaterform** im Nebeneinander verschiedener Regionen zu studieren. Auch die Präsentation indonesischer Ethnographica folgt in ihrer Zusammenstellung nach Sachgruppen dem überregional vergleichenden Prinzip und vermittelt zu den Bereichen **Nahrungserwerb, Keramik, Metallarbeiten, Textilien und Kultgerät** einen eindrucksvollen Überblick. Neben wissenschaftlichen Veröffentlichungen stellen auch gelegentliche Sonderausstellungen mit begleitenden Publikationen unterschiedlichste Objektgruppen aus der südasiatischen Sammlung vor.

Ostasien

In der Abteilung Ostasien werden Objekte der Sachkultur aus allen Regionen Ost-, Zentral- und Nordasiens (China, Japan, Korea, Tibet, Mongolei, Sibirien) gesammelt und betreut.

Erste Bestände der heutigen Sammlung gehen in der Tat auf ›Preußischen Kulturbesitz‹ zurück, denn bereits in den Inventaren der Kurfürstlich Brandenburgischen Kunstkammer der Jahre 1603 und 1605 wurden chinesische Stücke geführt. Der junge Kurprinz, der spätere Große Kurfürst, lernte bei seinen Aufenthalten 1633/34 in den Niederlanden fernöstliche Ethnographica kennen, die über die Ostindien-Kompagnie nach Europa gelangt waren. Die asiatischen ›Raritäten‹ faszinierten den jungen Friedrich Wilhelm so, daß er zunächst einige japanische Reitstöcke mit nach Berlin nahm. Später ließ er sich durch Vermittlung seiner Verwandten aus dem Hause Oranien von der Holländischen Ostindien-Kompagnie zahlreiche ostindische und ostasiatische Sammlungsstücke schicken, die dann dem ›Preußischen Raritätenkabinett‹ zukamen.

1806 befahl Napoleon den Abtransport eines Großteils der Ostasien-Sammlung nach Paris. Den verbliebenen Restbestand ordnete Leopold von Ledebur 1831 der ›Ethnographischen Sammlung‹ innerhalb der von ihm geleiteten Preußischen Kunstkammer zu. Im Laufe des 19. Jh. vergrößerte sich der Anteil der Ostasiatica erheblich, primär bedingt durch die verstärkten europäischen Reise- und Handelsaktivitäten in Asien, andererseits aber auch durch eine neue Art des Sammelns: Während man früher überwiegend ›Raritäten‹ und einzelne Kostbarkeiten mitbrachte, bemühte man sich jetzt, je-

Grabwächter *(Muding), China, 8. Jh., Keramik, H 59 cm*

1 Kultfigur *(Yamānta-ka), Tibet, 19. Jh.,* Kupfer, feuervergoldet, H 37 cm

2 Hanfsack-Buddha *(Budai Heshang Milo-fo), China, um 1650,* Bronze, vergoldet, H 49 cm

3 *China-Dauerausstel-lung, Bühne der Peking-Oper*

weils Sammlungsgruppen nach funktionalen Aspekten anzulegen.

Bei der Gründung des Völkerkundemuseums 1873 übernahm Wilhelm Grube die Leitung der Ostasien-Abteilung. In der Nachfolge betreuten bekannte Wissenschaftler wie Friedrich Wilhelm Karl Müller und Ferdinand Lessing als Leiter bzw. Mitarbeiter die Sammlung. 1906 sah ein Minister-Erlaß die Bildung einer eigenen Abteilung für ostasiatische Kunst (heute Museum für Ostasiatische Kunst, s. S. 204) vor, der ein Teil der Bestände aus dem Völkerkundemuseum zugewiesen wurde. Entscheidende Verluste verzeichnete die Abteilung durch Kriegs- und Nachkriegseinwirkungen: Von den einst ca. 40000 Objekten sind heute nur noch ca. 16000 vorhanden. Davon entfallen rund 9000 Ethnographica auf China, 2000 auf Japan, 600 auf Korea, 160 auf die Mongolei und die übrigen auf Nordasien. Die Sammlung enthält Objekte aus allen Bereichen der materiellen Kulturausrüstung (Acker-, Jagd- und Fischfanggerät, Handwerkszeug, Gebrauchskeramik, kunsthandwerkliche Gegenstände, Textilien, Schmuck, Spielzeug, religiöse Utensilien, Kult- und Opfergerät, Grabbeigaben u. ä.).

Seit 1973 wird ein kleiner Teil der chinesischen und mongolischen Bestände in einer **Dauerausstellung** im Altbau des Dahlemer Museums (Obergeschoß) gezeigt. Diese Teilausstellungen möchten den Besucher zum einen mit den traditionellen Gegebenheiten der chinesischen und mongolischen Kultur vertraut machen, um Einblick in das historische Wachstum und in bestimmte Zusammenhänge dieser Kulturen zu gewähren.

Zum anderen werden charakteristische Züge des gegenwärtigen Lebens in **China** und der **Mongolei** nachgezeichnet. In insgesamt acht Räumen sind chinesische Grabbeigaben der Yang-Shao-Epoche, Bronzen der Zhou- und Hanzeit, Götterfiguren der Song-, Ming- und Qing-Dynastien ebenso zu sehen wie Filzteppiche, nomadisches Gebrauchsgerät und eine mongolische Jurte. Die Bedeutung der Schrift als das wichtigste chinesische kulturtragende Element vermögen unterschiedliche Pinsel und Schreibgeräte bis hin zur ›Schreibmaschine‹ zu illustrieren. Geburts-, Hochzeits- und Trauerutensilien,

2

Kunsthandwerk und Einrichtungsgegenstände wie auch Theaterfigurinen, Stabpuppen und Schattenspielfiguren runden das kulturhistorische Bild ab. Fünf Tonbandkassetten, am Informationsstand zusammen mit einem Kassettengerät gegen geringe Gebühr auszuleihen, geben dem Besucher, zusätzlich zu den Führungsblättern, Hintergrundinformationen zu den ausgestellten Objekten.

Der weit größere Teil der ostasiatischen Bestände ist, gegliedert nach regionalen, funktionalen und materialkundlichen Gesichtspunkten, in den Glas-Stahl-Vitrinen der geräumigen **Studiensammlung** untergebracht. Fachwissenschaftlern und interessierten Laien sind nach persönlicher Absprache auch diese Sammlungskomplexe zugänglich. Da die Dauerausstellungsfläche bislang knapp bemessen ist und nur einen kleinen Teil des ostasiatischen Schaffens dokumentieren kann, organisiert die Abteilung in regelmäßigen Abständen Sonderausstellungen zu unterschiedlichen Themen. Die größtenteils vergriffenen Begleitkataloge zu diesen Ausstellungen sind in der Bibliothek zugänglich.

Europa
(zur Zeit keine Dauerausstellung)

Seit 1950 werden die ethnographischen Sammlungen Europas unter Ausschluß der deutschsprachigen Gebiete in einer selbständigen ›Abteilung Europa‹ innerhalb des Museums für Völkerkunde betreut. Regional grenzt sie sich gegen die Abteilungen Ost- und Westasien wie folgt ab: Im Norden bilden der Ural, im Süden die Landesgrenze nach Kasachstan und das Nord- und Westufer des Kaspischen Meeres den Abschluß für Europa. Somit zählen die Kaukasusländer noch zu Europa, die gesamte Türkei (seit 1970) hingegen schon zu Westasien. Die Sammlung berücksichtigt auch die in Europa lebenden nicht-indogermanischen Völker (altkaukasische und finno-ugrische Gruppen, Juden, Turkvölker u. a.).

Im Laufe der Berliner Museumsgeschichte konnte sich die Sammlung und Verwaltung der europäischen Ethnographica erst allmählich verselbständigen, bedingt auch durch das wechselnde Interesse an europäischer Volkskultur. Solange die Sammelintentionen geprägt waren von Neugierde und Faszination für das Neue und Fremde, blieb Europa im Schatten der ›exotischen‹ Kontinente. Neben einigen Zufallseingängen gelangten zu Anfang des 19. Jh. lediglich zwei Zaubertrommeln aus dem schwedischen Lappland als ›kurioses‹ heidnisches Relikt nach Berlin. Als dann unter dem Einfluß Wilhelm v. Humboldts der Aspekt des ›Schönen‹ zum Leitmotiv für Sammlungen wurde, verlor die zum Teil ›unansehnliche‹ Sachkultur der ›Exoten‹ an Bedeutung gegenüber sog. Kunstwerken. Aber erst 1859, als man zur Gliederung des gesamten Konvoluts wissenschaftliche Ordnungsprinzipien erstellte, wurde auch der europäische Raum systematisch einbezogen; die bislang zusammenhanglos geführten Ethnographica wurden in einem ›europäischen Schrank‹ gelagert. Zunächst verwaltete die Abteilung für Vor- und Frühgeschichte die europäische Sektion mit, 1906 jedoch übernahm die ›Vorderasiatische und Indische Abteilung‹ die Leitung. In den 30er Jahren setzte in Europa eine verstärkte, vor allem aber gezieltere Sammeltätigkeit ein. Dies führte 1934 zur Gründung einer ›Abteilung Eurasien‹ und schließlich 1950 zur selbständigen ›Abteilung Europa‹.

Die Anfangsjahre waren ausgefüllt mit Ordnungs-, Revisions- und Restaurierungsarbeiten. Erst danach konnte zur Erweiterung der Bestände ein Konzept erstellt werden, das zwar als Fernziel Vollständigkeit vorsah in bezug auf die materielle Kultur aller europäischen Völker der vorindustriellen Zeit wie auch deren Akkulturationserscheinungen.

1 Festtracht, *Rumänien, Oltenien,
Ende 19. Jh.*

2 Ziergefäß, *Belgien, 19. Jh., H 30 cm*

3 Tongefäße, *Ungarn, Rumänien, Ukraine,
ČSSR, Mitte 19. bis Anfang 20. Jh.,
H 16-23 cm*

Vorerst galt es jedoch, Schwerpunkte zu setzen: Die charakteristischen Wirtschaftsfor-
men wie **Nomadismus, Fischerei** und **Akkerbau** sollten ebenso repräsentativ mit Objekten vertreten sein wie jene **Handwerks-
zweige,** die im täglichen Leben die unterschiedlichsten Bereiche (Spiel, Religion,
künstlerische Gestaltung u. ä.) abdecken.
Um die vielfältigen wissenschaftlichen Fra-
gestellungen umfassend darstellen zu können, sind innerhalb der genannten Sachge-

biete noch weitere Aspekte zu berücksichtigen: Objekte im Funktionszusammenhang,
historische Dimension eines Objekttyps, zur
Herstellung notwendige Geräte und Materialien, individuell bedingte Varianten von Form
und Verzierungselementen.
Durch ca. 30 Forschungs- und Sammelreisen
ist inzwischen der Bestand von 14000 auf
ca. 22000 Ethnographica angewachsen mit
folgenden Akzenten: Die materielle Kultur
der Rentier-Samen steht nun als Beispiel für

Nomadismus, die Objekte der Fischer-Samen als Beispiel für Fischerei (insgesamt 234 Neuerwerbungen); den Sektor Agrarwirtschaft veranschaulichen ca. 800 Neuzugänge aus Polen. Im handwerklichen Bereich sind neben der umfangreichen Sammlung von Trachten und Heimtextilien (ca. 2350 Neuerwerbungen) besonders die spanischen Töpfereiwaren (ca. 600 neue Objekte) sowie die Auswahl kunsthandwerklicher Produkte aus Belgien und Dänemark (205 Neuzugänge) hervorzuheben. Ca. 300 Volksmusikinstrumente und 500 Spielwaren ergänzen das Gebiet Kunst und Spiel. Volksfrömmigkeit bis hin zum Aberglauben vermögen 350 neuerworbene Ethnographica (Krippen, Votive, Devotionalien u.a.) gut zu illustrieren. Bemerkenswerte Ankäufe von Druckgraphik, Hinterglasmalerei, Schmuck vervollständigen den entsprechenden Altbestand der europäischen Sammlung.

Da die Abteilung Europa derzeit noch nicht über permanente Ausstellungsräume verfügt, wurden im Laufe der letzten 15 Jahre verschiedene Sonderausstellungen mit entsprechenden Publikationen ausgerichtet, um die Öffentlichkeit über die Ergebnisse der Sammel- und Forschungsarbeit zu informieren. Diese schwerpunktmäßig historischen Ausstellungen erfordern den Gegenwartsbezug sowohl zur jeweils dargestellten Gesellschaft selbst als auch zu unserer eigenen Kultur. Mit diesem Ansatz, ›Fremdes‹ im Umkreis und in der eigenen Geschichte aufzusuchen und zu verstehen, kann die Abteilung Europa über eine Selbstdarstellung hinaus dazu beitragen, eine Brücke zum Verständnis ferner Gesellschaften zu bilden.

Musikethnologie
(zur Zeit keine Dauerausstellung)

Als eines der international anerkannten Zentren der ›Vergleichenden Musikwissenschaft‹ widmet sich die Abteilung Musikethnologie der Dokumentation und Erforschung aller musikalischen Zeugnisse und Kulturen, die nicht zur abendländischen Kunstmusik zu rechnen sind (s. auch Musikinstrumenten-Museum S. 257).

Die Anfänge des Archivs lassen sich exakt bis in das Jahr 1900 zurückverfolgen, als der damalige Ordinarius für Psychologie an der Humboldt-Universität, Carl Stumpf, ein in Berlin gastierendes Ensemble thailändischer Hofmusiker mit Hilfe eines Edison-Phonographen aufnahm. Schon bald danach setzte eine rege Aufnahmetätigkeit ein, so daß Stumpf seinen Assistenten Erich Moritz von Hornbostel beauftragte, am Psychologischen Institut der Universität ein Phonogramm-Archiv aufzubauen. Den Bestand an Musikdokumenten vermochte Hornbostel vor allem dadurch zu vergrößern, daß er Geographen, Ethnologen und anderen Forschungsreisenden Aufnahmegeräte zur Verfügung stellte. Die wissenschaftliche Auswertung des Materials übernahmen neben Hornbostel sein Mitarbeiter, der Kunsthistoriker und Musikwissenschaftler Curt Sachs, sowie zahlreiche ihrer Schüler.

1934, bei der Angliederung an das Museum

Bogenharfe, *Burma, um 1960, Holz u.a.,*
H 68,5 cm

für Völkerkunde Berlin, verfügte das Archiv bereits über mehr als 9000 Walzenaufnahmen (Edison-Phonogramme) und nahezu 400 Schallplatten. Namhafte Musikethnologen wie Marius Schneider, Kurt Reinhard u.a. übernahmen vor bzw. nach dem Zweiten Weltkrieg die Leitung der Sammlung, die, bedingt durch die Weiterentwicklung der Aufnahmetechnik von der Wachswalzen- zur Magnettonaufzeichnung, 1963 in ›Musikethnologische Abteilung des Museums für Völkerkunde‹, später in ›Abteilung Musikethnologie‹ umbenannt wurde. Beginnend mit

Bechertrommel *(zarb oder dombak),*
Iran, Holz, Höhe 45,7 cm

den ersten Edison-Phonogrammen bis zu den neusten Stereo-Aufnahmen aus aller Welt kann die Abteilung heute einen Bestand von über 60 000 Musikdokumenten vorweisen und ist damit eine der größten ihrer Art.

Heute wie damals kommt der Sammel- und Dokumentationsarbeit vorrangige Bedeutung zu, zumal viele traditionelle Kulturen einem krassen Kulturwandel unterliegen oder ganz aussterben. Die Sammeltätigkeit beschränkt sich jedoch nicht allein auf das Zusammenstellen von **Musikaufnahmen. Filme, Photographien** sowie insbesondere der Erwerb der entsprechenden **Musikinstrumente** bilden die notwendige Ergänzung für eine vollständige wissenschaftliche, aber auch für den Museumsbesucher anschauliche Sammlung. Das Museum für Völkerkunde besitzt, den Bestand aller Abteilungen zusammengenommen, zur Zeit über 7000 Instrumente, deren wissenschaftliche Betreuung der Abteilung Musikethnologie obliegt. Davon erwarb die Abteilung selbst in den vergangenen 25 Jahren ca. 700 Instrumente. Eine umfassende Dokumentation aller auf der Welt existierenden Typen ist damit jedoch noch lange nicht erreicht; bestehende Lücken müssen durch Neuerwerbungen schrittweise gefüllt werden.

Da die Abteilung Musikethnologie noch nicht über eine Dauerausstellungsfläche innerhalb des Museums verfügt, besteht derzeit in erster Linie durch Sonderausstellungen die Möglichkeit, die Sammlung der Öffentlichkeit vorzustellen. Zahlreiche **Schallplattenproduktionen**, in der museumseigenen Reihe ›Museum Collection Berlin (West)‹ erschienen, machen dem Publikum zumindest einen kleinen Teil des Archivbestandes zugänglich. Außerdem können die Museumsbesucher in einer Phonothek über Kopfhörer verschiedenste Originalaufnahmen hören.

Einer stetig wachsenden Nachfrage erfreut sich besonders die **musikpädagogische Arbeit** der Abteilung (Führungen für Schüler- und Studentengruppen, Seminare zur Erwachsenenbildung und Lehrerfortbildung). Nicht zuletzt finden die seit einigen Jahren im Museum veranstalteten **Konzerte** zunehmend Anklang.

Das Junior-Museum und das Blinden-Museum
(Wechselausstellungen)

Seit 1970 besteht innerhalb des Museums für Völkerkunde eine didaktische Abteilung, die ihre Öffentlichkeitsarbeit gezielt auf bestimmte Besuchergruppen richtet: Das Junior-Museum spricht Kinder und Jugendliche an; das Blinden-Museum wendet sich an sehschwache und blinde Besucher.

Während vergleichbare Sektionen schon seit längerer Zeit zahlreichen Museen im Ausland (Niederlande, Großbritannien, USA, usw.) angegliedert sind, war eine derartige museale Einrichtung für Deutschland seinerzeit ein völliges Novum. Inzwischen werden auch in einigen Museen in Westdeutschland Kinder und Jugendliche entsprechend pädagogisch angeleitet; das Berliner Blinden-Museum ist jedoch weiterhin in seiner Konzeption und Arbeitsweise die einzige ständige Museumseinrichtung für Sehbehinderte, nicht nur in Deutschland.

Junior-Museum Die Vorurteile und Klischees, die unsere Gesellschaft nur allzuoft ›andersartigen‹ Menschen mit befremdlichen Lebensgewohnheiten entgegenbringt, übertragen sich zumeist bewußt oder unbewußt auf Kinder und Jugendliche. Neben vielen anderen Ursachen liegen diese negativen Einstellungen in der mangelnden Kenntnis der ›exotischen‹ Kulturen begründet. Das vorrangige Anliegen des Junior-Museums ist daher, die Kinder mit völkerkundlichen Fragen bekannt zu machen und sie vor allem über die fremd anmutenden Kulturen zu informieren. Gewährt man den Kindern Einblick in den Alltag einer anderen Gesellschaftsgruppe, so verliert sich schnell die anfängliche Fremdheit und exotische Ferne, und es bildet sich schrittweise eine offenere, tolerante Haltung gegenüber dem Andersartigen heraus.

Das Kennenlernen ungewohnter Verhaltensweisen, Wertvorstellungen und materieller Güter führt notwendigerweise dazu, die eigenen durch unsere Industriegesellschaft geprägten Lebensformen bewußt zu betrachten und zu relativieren. Somit kann sich die pädagogische Arbeit des Junior-Museums nicht darauf beschränken, ethnologische Fakten zu vermitteln, sondern muß ebenso die Grundelemente von Kultur allgemein im Sinne einer Menschheitskultur berücksichtigen. Nicht zuletzt auch in Anlehnung an den Rahmenplan für Berliner Schulen (›Weltorientierung und Verständnis für die Andersartigkeiten anderer Völker‹ und ›Wirtschaftende Menschen andersartiger Gesellschaftsgruppen‹) richtet das Junior-Museum Ausstellungen nach den oben ausgeführten Ansätzen in eigens für die pädagogische Arbeit gestalteten Räumen aus. Dafür stehen dem Junior- (und auch dem Blinden-) Museum die Ethnographica-Sammlungen aller Regionalabteilungen des Museums zur Verfügung.

Quertrompete *(nambongo), Zaïre, Elfenbein, L 106 cm*

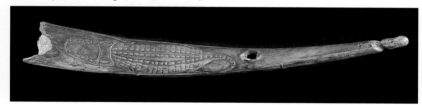

Blick in das Junior-
Museum und
in das Blinden-
Museum

Thematisch lassen sich die bislang 15 vom
Junior-Museum organisierten Ausstellungen
zwei grundsätzlich verschiedenen Konzep-
tionen zuordnen: Einerseits werden, ähnlich
wie von den übrigen Regionalabteilungen,
einzelne Völker kulturhistorisch dargestellt,
z. B. Prärie-Indianer, Kopfjäger in Assam, Es-
kimos. Den ›vergleichenden‹ Ausstellungen
hingegen liegt ein allgemein-kultureller
Aspekt zugrunde, der durch ethnographische Beispiele aus verschiedenen Erdteilen
veranschaulicht wird, z. B. Nachrichtensyste-
me, Nahrung und Eßgewohnheiten anderer
Völker, Kinderalltag in der Dritten Welt und
bei uns.
Die ausgestellten Objekte – einige können
angefaßt werden – werden dem Verständnis
erst durch die Führung, je nach Vorverständ-
nis der Kinder mit Erklärungen, Gesprächen,
Rollenspielen u. ä., nähergebracht. Daher
sind die Ausstellungen weniger auf Einzelbesucher als vielmehr auf Schulklassen, Gruppen aus Kinderhorten und Jugendheimen
ausgerichtet. Eine gezielte Vor- oder Nach-

bereitung der Ausstellung ermöglichen die
jeweils erarbeiteten schriftlichen Begleitma-
terialien.
Blinden-Museum Planung und Aufbau des
Blinden-Museums als einer Abteilung des
Museums für Völkerkunde sind das Verdienst von Brigitte Menzel. Auf die speziellen Bedürfnisse der sehbehinderten Besucher abgestimmt, ist der Ausstellungsraum
mit verschiedenen Hilfsmitteln ausgestattet,
die Einzel- wie Gruppenbesuchern einen
leichten Zugang zu den Original-Ausstel-
lungsobjekten ermöglichen (fünf offene Vitri-
nenkomplexe, durch variable Zwischenwän-
de in zahlreiche Einzelfächer teilbar; Hand-
läufe, die von Fach zu Fach leiten; durchge-
hende Schrägleisten für die Beschriftung der
Exponate, in Braille-Schrift für die blinden, in
Schwarzschrift mit großen Buchstaben für
sehschwache Besucher; Tonbänder für zusätzliche Informationen u. ä.). Ebenso wie
das Junior-Museum richtet das Blinden-Museum Wechselausstellungen zu unterschiedlichen Themen aus.

47 Museum für Vor- und Frühgeschichte

Staatliche Museen Preußischer Kulturbesitz

19 (Charlottenburg), Schloß Charlottenburg, Westflügel (Langhansbau),
Telefon 32091-233, Zentrale: 32091-1
Verkehrsverbindung: U-Bahnhof Sophie-Charlotte-Platz, Richard-Wagner-Platz;
Bus 9, 21, 54, 62, 74, 87
Geöffnet: Samstag bis Donnerstag 9-17 Uhr
Abweichend von der Feiertagsregelung (s. S. 8) nur am 1. 1., Gründonnerstag, 1. 5.,
24., 25. und 31. 12. geschlossen

Direktor: Prof. Dr. Adriaan von Müller
Wissenschaftliche Mitarbeiter: Dr. Klaus Goldmann, Dr. Alix Hänsel (Vor- und Frühgeschichte), Dr. Eva Strommenger-Nagel (Vorderasiatische Altertumskunde)

Träger: Stiftung Preußischer Kulturbesitz

Sammlung: Vor- und Frühgeschichte in Europa und Vorderasien; vorderasiatische
Kulturen bis zum Hellenismus; Europa bis zum Hochmittelalter

Präsenzbibliothek mit ca. 12000 Monographien und 140 Zeitschriften, insgesamt
30000 Bände

Publikationen: Zeitschrift ›Acta Praehistorica et Archaeologica‹ – Reihe der ›Berliner
Beiträge zur Vor- und Frühgeschichte‹ – ›Kunst der Welt in den Berliner Museen,
Museum für Vor- und Frühgeschichte Berlin‹, Stuttgart u. Zürich 1980

Sammlungsgeschichte

Grundstock der Sammlung sind die prähistorischen Altertümer aus dem Kunstkabinett
der Hohenzollern, die 1829 in das ›Museum
Vaterländischer Alterthümer‹ im Schloß
Monbijou übergingen. Daraus entstand in
den 50er Jahren des 19. Jh. die ›Sammlung
der nordischen Alterthümer‹ als Teil des Völ-
kerkunde-Museums im Erdgeschoß des
›Neuen Museums‹ (s. Museen Ost-Berlin)
auf der Museumsinsel. 1874 erhielt diese
Sammlung erstmals mit dem Arzt Albert Voß
einen wissenschaftlichen Betreuer. Die viel-
seitigen Aktivitäten von Rudolf Virchow führten damals zu einer starken Bereicherung
der Bestände weit über den Rahmen der heimischen Vorgeschichte hinaus. Virchow ist
ein großer Teil der Kaukasus-Sammlung zu

*Altsteinzeitliche Faustkeile, Isimilia
(Ostafrika) u. Les Ramons (Frankreich), ca.
500000-300000 Jahre alt, L 16,3 u. 13,2 cm*

verdanken und seinem Verhandlungsge-
schick auch die Schenkung der Sammlung
Trojanischer Altertümer des Heinrich Schliemann (1880). 1885 erfolgte der Umzug in
das neu erbaute Museum für Völkerkunde in
der Prinz-Albrecht-Straße, 1921 von dort in
das benachbarte Kunstgewerbemuseum.
Erst 1926 wurde die Sammlung dann eine
selbständige Abteilung der Staatlichen Museen, seit 1930 als ›Museum für Vor- und
Frühgeschichte‹. Am 3. Februar 1945 wurde
sein Gebäude durch Bomben teilweise zerstört. Die Sammlung erlitt schwere Verluste
durch Brand, und die vor dem Angriff ausgelagerten Bestände kehrten bei Kriegsende
nicht ohne Einbußen zurück. Dennoch gehört das Museum auch heute noch zu den
größten überregionalen Sammlungen zur
Vor- und Frühgeschichte.
Seit dem Zweiten Weltkrieg hat sich das
Sammelgebiet des Museums auf die Länder
der altorientalischen Schriftkulturen ausge-
weitet, womit an den vorderasiatischen
Fundstoff von Troja und aus dem Kaukasus
angeknüpft wird. Dadurch ist das jetzt gebo-
tene Spektrum von einer Vielfalt, die kein anderes Museum darzubieten vermag. Gegen-
überstellungen von Orient und Okzident, die
Darstellung von Gegensätzen und Anregungen verleihen der Ausstellung interessante
Akzente. Leider ist der verfügbare Platz im
Langhansbau des Charlottenburger Schlosses (s. S. 285), in dem das Museum seit 1960
untergebracht ist, so beschränkt, daß das
Konzept nur unvollkommen realisiert werden
kann. Mit dem geplanten Umzug Mitte der
90er Jahre auf die Spandauer Zitadelle wird
der Schausammlung wesentlich mehr Platz
verfügbar sein. *Eva Strommenger*

*Skelett eines Elches aus einem versande-
ten Spreearm, gefunden beim U-Bahnbau am
Hansaplatz in Berlin, ca. 10 000 Jahre alt*

Venus von Laussel, *Dordogne (Nachbildung
einer Felsritzung mit einer Frauenfigur),
ca. 30 000 Jahre alt, H 41,4 cm*

Sammlungsbestände

Die Entstehung des Menschen,
seine Existenz als Jäger und Sammler
von der letzten Eiszeit bis 6000 v. Chr.

Vor etwa 15 Mio. Jahren, also noch im Erd-
zeitalter Miozän, setzte die Entwicklung ein,
durch die sich der Mensch von jenen Vorfah-
ren zu unterscheiden begann, die er mit den
heutigen Menschenaffen gemeinsam hat.
Viele der menschlichen Frühformen starben
im Laufe der Zeit wieder aus. Sie alle stellen
Stufen einer Entwicklung dar, die vom ›Au-
stralopithecus‹ mit starken Überaugenwül-
sten und einer schnauzenartigen Mundpartie
über den sogenannten ›Homo erectus‹ zum
›Homo sapiens‹ und schließlich zum modernen ›Homo sapiens sapiens‹ führte (im Museum: die wichtigsten Schädel in Abformungen).
Bereits für das Frühpleistozän, vor etwa 2
Mio. Jahren, ist der Gebrauch von Geräten,
einfachen, aus Geröllen grob zugeschlage-
nen Werkzeugen nachweisbar. Seit dem
Mittelpleistozän, vor etwa 500 000 Jahren,
verstand man es, aus Feuersteinknollen die
zu vielerlei Tätigkeiten verwendbaren Faustkeile herzustellen. Die ältesten Fundorte mit
menschlichen Überresten liegen in Ost- und
Südostafrika; aber auch in Südostasien, im
Vorderen Orient und in Mitteleuropa wurden
Spuren altertümlicher Menschenformen entdeckt (im Museum: altsteinzeitliche Geräte
aus Europa und dem Vorderen Orient).
In Mitteleuropa lebten vor der letzten Eiszeit,
vor etwa 100 000 Jahren, die nach der ersten
Fundstelle eines solchen Individuums als
›Neandertaler‹ bezeichneten Menschen. Ihre
Überreste wurden zusammen mit den von
ihnen benutzten Geräten bislang vielerorts,
vor allem in Höhlen, entdeckt. Gegen Ende
der Eiszeit, vor etwa 12 000 Jahren, als bereits der moderne Mensch den Neandertaler
abgelöst hatte, lebten am Rande der die Alpen und Nordeuropa überdeckenden Eis-
massen in einer baumlosen, tundrenartigen
Steppe die kälteangepaßten Mammuts,
Wollhaarnashörner, Wildpferde, Rentiere
und Elche. Sie wurden von den Menschen
der ›Altsteinzeit‹ gejagt, die den herumzie-

henden Herden auf ihren Wanderungen folgten (im Museum: Knochenfunde des Rixdorfer Horizonts). Die Jagd auf die riesigen Mammuts setzte hohes Können und die Zusammenarbeit der einzelnen Jäger voraus. Auch die vielfältigen Waffen und Geräte aus Stein und Knochen zeigen, wie ausgefeilt die Jagdmethoden der damaligen Menschen waren.

Die eiszeitlichen Jäger hinterließen zahlreiche Kunstwerke in Form von rundplastischen Tier- und Menschenfiguren, Felsritzungen und Höhlenmalereien von faszinierender Plastizität. Die vor allem in Südfrankreich und Nordspanien entdeckten Darstellungen der verschiedenen Jagdtiere sind mit leuchtenden Farben an die Wände gemalt. Sie geben einen Einblick in die magische Vorstellungswelt (im Museum: Hauptwerke in Abformungen und Nachbildungen).

Als vor 10 000 Jahren das Klima allmählich wärmer wurde, veränderte sich auch die Tier- und Pflanzenwelt. Die Jäger mußten den Tieren nicht mehr auf ihren Wanderzügen folgen, sondern erlegten standorttreues Wild. Deshalb konnten sie nun auch längerfristig an einer Stelle siedeln. Damit beginnt die mittlere Steinzeit. Zumeist an den Ufern von Flüssen und Seen wurden einfache Hütten als Standquartiere für die Jagd auf Rotwild, für das Sammeln von Waldfrüchten und für den Fischfang errichtet (im Museum: steinzeitliche Jäger und Sammler im Berlin-Tegeler Fließ). Die Fischerei ist durch zahlreiche knöcherne Angelhaken und Harpunen bezeugt. Der Hund als ständiger Begleiter und Jagdgenosse des Menschen ist für diese Epoche nachweisbar.   *Alix Hänsel*

Neue Entwicklungen in Vorderasien: Beginn von Dauerseßhaftigkeit, Ackerbau, Viehzucht und Metallverarbeitung (9000-4500 v. Chr.)
Spezielle Umwelt- und Lebensbedingungen lösten seit etwa 9000 v. Chr. in Vorderasien Entwicklungen aus, welche die bislang bestehende annähernde Gleichartigkeit

menschlicher Kulturen aufhoben. In den regenreichen unteren Zonen der Bergländer vom Balkan über Kleinasien nach Afghanistan und Palästina entstanden Dauerseßhaftigkeit, Ackerbau und Viehzucht.

Die ersten Bauern und ›Städter‹ (im Museum: Modell eines Hauses im vorkeramischen Muraibit am syrischen Euphrat und Objekte aus dem palästinensischen Jericho) kannten noch keine Keramik, jedoch hatten sie bereits Gefäße aus Stein. Eine Befestigung mit Turm in Jericho (im 8. Jahrtausend v. Chr.) ist die erste bisher bekannte große Gemeinschaftsarbeit der Bewohner einer Ortschaft (›Stadt‹). Hier wurden neben Steinen auch schon Ziegel als Baumaterial verwendet.

Seit dem Ausgang des 7. Jahrtausends v. Chr. gibt es Tongefäße, die schon bald danach sorgsam bemalt wurden. Der sehr unterschiedliche Aufbau ihres Dekors erlaubt uns, bestimmte Gruppen mit gemeinsamem Musterschatz voneinander zu unterscheiden (im Museum: aus Kleinasien, Mesopotamien und Iran). Orte gleicher künstlerischer Tradition waren zu einer sogenannten ›Verkehrsgemeinschaft‹ enger zusammengeschlossen. Im 7. Jahrtausend wurde bereits Kupfer durch Kalthämmern bearbeitet.

Idole, die häufig Frauen mit stark betonten Geschlechtsmerkmalen wiedergeben und die wohl mit einem Fruchtbarkeitskult zusammenhängen, wurden aus Ton oder Stein angefertigt und bemalt.

Städte und Staaten in Vorderasien (und Ägypten): offizielle Bau- und bildende Kunst, Erfindung der Bronzelegierung, der Töpferscheibe, des Wagens, der Schrift und des Rollsiegels (4500-3200 v. Chr.)
Seit dem 6. Jahrtausend v. Chr. entstanden in Mesopotamien und Chuzistan viele Dörfer und Städte. Ihre Einwohner erzeugten große Überschüsse; sie wurden reicher als die Bevölkerung in den Ursprungsgebieten des

3

4

1 *Knöcherne Angelhaken und Harpunen aus mesolithischen Stationen im Havelland, 8.-6. Jt. v. Chr., L 20,3, 16,3, 19 u. 24 cm*

2 *Reliefiertes Sockelbecken, angebl. Süd-Mesopotamien, Mitte 4. Jt. v. Chr., Andesit, H 34,3 cm*

3 *Tongefäß der jungneolithischen Walternienburg-Bernburger-Kultur, Ebendorf (Kr. Wolmirstedt), wohl als Trommel verwendet, Ende 4. Jt. v. Chr., H 25,5 cm*

4 *Neolithische Beile (›Schuhleistenkeile‹) der ältesten Ackerbaukulturen, Wustermark (Kr. Ost-Havelland) sowie unbek. Fundort, 5. Jt. v. Chr., L 13,7, 19,6 u. 30,5 cm*

Bauerntums. Handel und Vorratswirtschaft gewannen an Bedeutung. Mächtige Stadtstaaten mit einer weltlichen und geistigen Hierarchie, repräsentativen Lehmziegelbauten und Werken der bildenden Kunst zeichneten die Alluvialebenen Vorderasiens und Ägyptens als besonders weit entwickelte Kulturregionen jener Zeit aus. Zur Kontrolle von Macht und Reichtum wurde eine Schrift erfunden, die man bald auch zur Überlieferung ›historischer‹ Nachrichten verwendete. Das Handwerk zeichnet sich durch besonders präzise Arbeit aus, nicht nur bei Luxusobjekten, sondern auch bei einfachen Gebrauchsgegenständen. Keramik wurde jetzt auf der schnell drehenden Töpferscheibe, gelegentlich in großen Serien, hergestellt (im Museum: Beispiele aus der Handelsstadt Habuba Kabira am syrischen Euphrat). Das bereits weit entwickelte Metallhandwerk vermochte durch Vermischung von Kupfer mit Arsen oder Blei Bronzelegierungen herzustellen (im Museum: Beispiele aus Südmesopotamien). Zum Transport gab es Boote, Schlitten und Wagen. *Eva Strommenger*

Bauernkulturen in Europa: Bandkeramiker, Megalithbauten, Höhepunkt der Steintechnik, erste Kupferverarbeitung (6.-3. Jahrtausend v. Chr.)

Im Laufe des 6. Jahrtausends v. Chr. begannen auch die Menschen in Mitteleuropa mit dem Anbau von Getreide und der Haltung von Vieh. Hierbei spielte sicherlich der Einfluß aus den obengenannten vorderasiatischen Bergzonen eine Rolle, denn die ältesten Bauerndörfer lagen im südöstlichen Teil Europas. Die erste mitteleuropäische Bauernkultur wird nach ihren ritzverzierten Gefäßen als ›bandkeramisch‹ bezeichnet. Die Bandkeramiker lebten in Langhäusern aus Holzpfosten mit lehmverputzten Flechtwänden. Die Menschen der etwas jüngeren Rössener Kultur bestatteten ihre Toten mit angezogenen Beinen auf der Seite liegend (Hockerstellung) und gaben ihnen Waffen, Schmuck sowie Gefäße, die wohl eine Totenspeisung enthielten, mit ins Grab (im Museum: bandkeramische Siedlungen und Rössener Gräber).

Die Bauern der sogenannten ›Jungsteinzeit‹ verstanden es bereits, Beile zu durchbohren und glänzend zu polieren. Zur Gewinnung von Feuerstein wurde bereits während der Jungsteinzeit Bergbau betrieben. Ein weiterer Handwerkszweig umfaßte die Herstellung von Tongefäßen sowie Web- und Spinngewichten (im Museum: Feuersteinbergbau und Töpferei). Vor dem Brand im Töpferofen wurden die Gefäße oft durch Ritzmuster verziert und teilweise durch weiße Kalkinkrustationen zusätzlich geschmückt.

Hinweise für die große Bedeutung kultischer Belange finden sich vom westlichen Mittelmeer bis nach Skandinavien: Hier trifft man vor allem im Küstenbereich auf Gräber aus riesigen, oft tonnenschweren Steinblöcken (›Megalithen‹). Diese weit verbreitete Bestattungssitte weist auf gemeinsame religiöse Vorstellungen hin, die teilweise mehr als 1000 Kilometer voneinander entfernt wohnende Gruppen verbanden. Auf der Insel

1

Malta entstanden ab dem 4. Jahrtausend sogar megalithische Tempelbauten aus zahlreichen, miteinander verbundenen Räumen mit Kultnischen (im Museum: Tempelmodell aus Malta).
Eine Nutzung von Kupfer ist schon im 3. Jahrtausend v. Chr. für die von der mittleren Elbe bis zum mittleren Dnjepr verbreitete ›Kugelamphorenkultur‹ nachweisbar. Bereits voll zur Kupferzeit gehörig ist die als ›schnurkeramische‹ oder wegen ihrer hervorragend bearbeiteten Steinwaffen auch als ›Streitaxtkultur‹ bezeichnete Erscheinung, die in der Folgezeit ganz Ost- und Nordeuropa prägte (im Museum: Gefäße, Waffen und Geräte aus den spätsteinzeitlichen Kulturen).
Die Nutzung und Bearbeitung des Kupfers war wohl durch die orientalischen Hochkulturen vermittelt worden, doch da das neue Metall noch nicht in genügender Menge vorhanden war, wurde gerade zu dieser Zeit sehr qualitätvolle Feuersteingeräte hergestellt. Besonders in der dänisch-norddeutschen ›Einzelgrabkultur‹ wurden nach Metallvorbildern zugerichtete Feuersteindolche verwendet, die den weicheren Kupfergeräten überlegen waren. In Westeuropa verbreitete sich die durch reich verzierte Gefäße gekennzeichnete ›Glockenbecherkultur‹, aus deren Bereich auch kupferne Dolche bekannt sind. *Alix Hänsel*

Mesopotamien, Iran und Kleinasien im 3. Jahrtausend v. Chr.: Stadtkultur und Hinterland, Keilschrift, Literatur, Wissenschaft, Menschenstatuetten in Stein und Metall

Insbesondere im südlichen Mesopotamien und Chuzistan wurde zur gleichen Zeit der kulturelle Vorsprung weiter ausgebaut. Mit einem leistungsfähigen Schriftsystem beginnt eine reichhaltige Überlieferung aus vielen Bereichen des täglichen, religiösen und politischen Lebens (im Museum: Tontafeln und Bauurkunden verschiedener Zeiten). Die bildende Kunst schafft ein Leitbild des Menschen jener Epoche, dem wir in zahlreichen Darstellungen begegnen (im Museum: rundplastische Beispiele aus Stein und Bronze, im Relief auf Rollsiegeln).

In den Bergtälern – z. B. des Iran – blieben die einfacheren Lebensumstände von Viehzüchtern, Ackerbauern und Jägern erhalten. Hier war weiterhin die Keramik das Hauptobjekt künstlerischen Schaffens. Manche Gebiete erlebten jedoch besondere Entwicklungen durch die Gewinnung von Rohstoffen und ihre Verarbeitung sowie den Fernhandel mit den Stadtstaaten in den rohstoffarmen Regionen der Schwemmebenen Mesopotamiens, Chuzistans und des Indus (im Museum: Metallwaren aus dem Zagrosgebirge und Steinarbeiten aus dem Süden von Kirman).
Ebenso wie der Iran war Kleinasien ein wichtiger Rohstofflieferant. Wir kennen hier Ortschaften, die bereits im 7. Jahrtausend vom Export des begehrten Obsidians gelebt hatten. Jetzt gewannen Metalle an Bedeutung und es entstand auch ein hoch entwickeltes Metallhandwerk (im Museum: Wagenmodelle und sitzende Frauenfigur aus Anatolien), dessen Besonderheit die häufige Verwendung verschiedenfarbiger Metalle an einem Werkstück ist.

Schliemanns Sammlung Trojanischer Altertümer

Von besonderem Interesse für die Erforschung der Vor- und Frühgeschichte Südost-Europas wie Vorderasiens sind die Funde

1 *Kopf einer Beterstatuette, angebl. Mesopotamien, um 2900-2650 v. Chr., Bleibronze, H 15 cm*

2 *Wasservogelprotome von Kultgeräten der Spätbronzezeit, Heegermühle, um 1000 v. Chr., H 10,5 u. 11,8 cm*

3 *Schiffchentasse (sog. ›Schatz des Priamos‹), Troja, 2. Hälfte 3. Jt. v. Chr., Gold, Nachbildung, größte Breite 18,5 cm*

4 *Gußform aus Sandstein für Bronzesicheln, Liebenwalde, 2. Hälfte 2. Jt. v. Chr., größte Breite d. Platte 21,9 cm*

4

aus Hisarlik, dem antiken Troja an der kleinasiatischen Nordwestküste. Hier legte Heinrich Schliemann seit 1870 neben anderem einen anatolischen Fürstensitz des 3. und 2. Jahrtausends v. Chr. frei. Ein Schatzfund aus der II. Zitadelle um 2400 v. Chr. mit mehreren Goldgefäßen und hervorragend gearbeiteten Steinäxten wurde vom Ausgräber dem sagenhaften König Priamos zugeschrieben. Dieser Fürst von Troja ist aus dem Heldenlied der ›Ilias‹ bekannt, in dem Homer um 750 v. Chr. den ›Trojanischen Krieg‹ besang, welcher allerdings keine historische Realität beanspruchen kann.

Die trojanischen Funde der Schliemannschen Sammlungen gelangten schon 1882 in das damalige Berliner Museum für Völkerkunde, den Vorgänger des Museums für Vor- und Frühgeschichte. *Eva Strommenger*

Die Bronzezeit in Europa: Blüte der Metalltechnik und des Fernhandels (2. Jahrtausend v. Chr.)

In der ersten Hälfte des 2. Jahrtausends v. Chr. war die Nutzung der aus Kupfer und Zinn legierten Bronze in Europa allgemein üblich geworden. Während Kupfer vielerorts bergmännisch gewonnen werden konnte, war die Beschaffung von Zinn nur an wenigen Plätzen möglich. Der Zinnbedarf förderte die internationalen Beziehungen, da man dieses Metall über sehr weite Strecken verhandelte. Trotz der sich intensivierenden Verbindungen mit dem Orient setzte sich in Europa der Schriftgebrauch erst später durch.

Die Ausnutzung der schon während der Bronzezeit bekannten Lagerstätten, etwa des Kupfers im österreichischen Mitterberg, zeugt von dem technischen Können der damaligen Montanisten (im Museum: Darstellung des technischen Ablaufs der Kupfergewinnung, Verhüttung und des Bronzegusses). Durch die Verbindung von Kupfer und Zinn erhielt man ein widerstandsfähiges Metall, mit dem man Waffen, Geräte und Schmuck gießen konnte. Die Bronzehandwerker schmolzen auch häufig unbrauchbar gewordene Gegenstände wieder ein. Sie zogen von Ort zu Ort, um Geräte herzustellen oder zu verhandeln. Manchmal vergruben

sie in unruhigen Zeiten die mitgeführten Bronzen und waren dann gelegentlich nicht mehr in der Lage, ihren Besitz wieder zu heben. Anhand dieser, in der heutigen Zeit immer wieder entdeckten ›Hortfunde‹ zeichnen sich die bronzezeitlichen Handelswege quer durch Europa deutlich ab.

Die Menschen der Bronzezeit lebten zum großen Teil in dörflichen Siedlungen in kleinen Pfostenhäusern mit geflochtenen, lehmverputzten Wänden. Auf gut zu verteidigenden Höhen gab es auch befestigte Niederlassungen, die Herrschafts- oder Verwaltungsmittelpunkte darstellten (im Museum: Dioramen von bronzezeitlichen Siedlungen).

Der Götterglaube nahm einen wichtigen Platz im Leben ein. In Mooren entdeckte Ansammlungen von Bronzegegenständen wurden dort wahrscheinlich als Opfergaben niedergelegt. In einer bronzezeitlichen Siedlung im Bereich des heutigen Klinikums Berlin-Steglitz fand man einen Brunnen, der zahlreiche mit Speiseresten und Heilkräutern gefüllte Opfergefäße barg (im Museum: Opferbrunnen). Auch die an vielen Bronzegefäßen und Schmuckgegenständen erhaltenen Wasservogelsymbole sprechen für einen Kult, der mit der Verehrung einer bestimmten Gottheit, vielleicht des Sonnengottes, in Verbindung stand.

Dem Totenkult kam große Bedeutung zu. Anfänglich bestattete man die Verstorbenen in Hockerlage, dann ging man dazu über, sie verbrannt oder unverbrannt unter Hügeln beizusetzen. Etwa ab 1200 v. Chr., während der sogenannten ›Urnenfelderzeit‹, barg man die Reste des Leichenbrandes zusammen mit Schmuck- und Gefäßbeigaben in tönernen Urnen (im Museum: Brandgräber von Berlin-Wittenau). Besonders prächtig sind die glänzend polierten, durch Buckel und Riefen verzierten tönernen Leichenbrandbehälter der im östlichen Mitteleuropa verbreiteten Lausitzer Kultur.

Die Schmuckausstattung war in den einzelnen Regionen unterschiedlich, wie ja heute noch die Kleidertrachten jeder Gegend anders sind. Auch die Waffen und die Keramik zeigen regionale Unterschiede, so daß die Archäologen mit ihrer Hilfe die Grenzen von

1 *Bronzene Axt mit Nackenscheibe und Ritzverzierung, Pitzerwitz (Kr. Soldin), um 1400 v. Chr., L 27,3 cm*

2 *Bronzeurne aus dem Königsgrab von Seddin (Kr. Perleberg), um 800 v. Chr., H 32,5 cm*

3 *Stangentrense, angebl. Luristan, um 1000-750 v. Chr., Bronze, H der Wangenplatten 13,7 cm*

4 *Reliefplatte mit speisenden Göttern, angebl. SW-Iran, 8./7. Jh. v. Chr., Kalkstein, H 34 cm*

5 *Ohrring, angebl. West-Iran, 6.-4. Jh. v. Chr., Gold, ⌀ 3,9 cm*

Kulturprovinzen erkennen können (im Museum: Bronzeschmuck aus verschiedenen Zentren Europas).

Die Metallbearbeitung erreichte ein immer höheres Niveau. Die technisch vollkommensten Geräte stellen die nordeuropäischen ›Luren‹ dar, langrohrige Blasinstrumente, die im Kult Verwendung fanden. Auch große Kessel wurden teils aus Bronze gegossen, teils getrieben und durch eingehämmerte Muster verziert. Ein besonders schönes Exemplar fand sich in einem schon 1899 untersuchten Grabhügel von Seddin in der Prignitz. Gold wurde ebenfalls zu Gefäßen und Schmuck verarbeitet. In Eberswalde bei Berlin wurde ein Tontopf mit prachtvollen Gefäßen, mit Barren und Drähten aus Gold gefunden (im Museum: Hortfund von Eberswalde). Besonders bemerkenswert ist eine Ziernadel aus dem Havelland mit goldenem Schaft und eiserner Spitze. Das heutzutage als Schmuck ungebräuchliche Metall Eisen war nämlich wegen der Schwierigkeit seiner Gewinnung für die Menschen am Ende der Bronzezeit so kostbar, daß sie es sogar zusammen mit Gold verarbeiteten.

Alix Hänsel

Vorderasien im 2. Jahrtausend v. Chr.

Vorderasiatische Staaten der Babylonier, Assyrer, Mittanni und Hethiter erfuhren wechselvolle Schicksale. In Hauptstädten konzentrierte sich die Herstellung hochwertiger Güter für private wie öffentliche Zwecke (im Museum: Schmuck aus Assur).

4

Das Eisen und die Kulturgruppen der metallreichen Regionen Vorderasiens

In den letzten Jahrhunderten des 2. und zu Beginn des 1. Jahrtausends v. Chr. existierten in Kaukasien mehrere nebeneinander bestehende Kulturprovinzen. Zu ihren Hinterlassenschaften gehören eine Fülle von Metallobjekten, die zumeist als Beigaben in Steinkistengräbern gefunden wurden (im Museum: Schmuckgegenstände und Waffen). Es ist zu beobachten, wie das Eisen die Bronze verdrängte, welche nun nur noch für Schmuck und Gefäße verwendet wurde. Das Museum besitzt eine der größten Sammlungen kaukasischer Metallfunde außerhalb der Sowjetunion.

In denselben Rahmen gehört auch die Kulturgruppe von Amlasch in der südlichen Küstenebene des Kaspischen Meeres und an den Nordhängen des Elbursgebirges.

Die Assyrer und ihre Nachbarn

Seit dem 9. Jh. v. Chr. entwickelte sich das Reich der Assyrer am mittleren Tigris zu einer vorherrschenden politischen Macht Vorderasiens. Die Bergländer an seiner nördlichen und östlichen Peripherie standen mit ihm in wechselhafter Beziehung: Süd- und Ost-Anatolien (Urartu), Adharbaidjan, Luristan und Elam. Gelegentlich ist der Einfluß Assyriens unverkennbar (im Museum: Felsreliefs, Elfenbeinrelief, Glasurgefäße und Schmuck); daneben deuten sich lokale Besonderheiten an, die bislang keineswegs ausreichend erfaßt sind (im Museum: der spezifische Tierstil von Luristan).

Die Staaten der Assyrer und Babylonier fanden im 7. und 6. Jh. v. Chr. ihr Ende. Das nördliche Vorderasien und Ägypten wurden im Reich der Achaemeniden vereint (im Museum: Modell des Palastgebietes von Persepolis und Silbergefäße). *Eva Strommenger*

5

Fürstentümer und frühe Staaten im eisenzeitlichen Europa, Römisches Weltreich, Völkerwanderung und frühes Mittelalter
(8. Jh. v. Chr.-12. Jh. n. Chr.)

Seit dem Beginn des ersten vorchristlichen Jahrtausends wurde in immer größerem Umfang Eisen zur Herstellung von Waffen und Geräten verwendet. Nun wurde über die im westlichen Mittelmeerraum gegründeten Koloniestädte griechische Lebensart weit nach Norden verbreitet, in Italien gelangte die etruskische Kultur zu hoher Blüte, und nördlich sowie nordöstlich der Alpen entstand die als ›Hallstattkultur‹ bekannte Zivilisation (750-450 v. Chr.) mit befestigten Fürstensitzen, Bergbau- und Handelszentren sowie dörflichen Siedlungen. Die Hallstattfürsten ließen sich in riesigen Grabhügeln zusammen mit ihren Besitztümern, darunter Wagen und Pferdegeschirr, Waffen, Gefäße und reicher Schmuck, bestatten.

1 *Bronzehelm vom Typ Negau mit Ritzverzierung, Innsbruck, 2. Hälfte 1. Jt. v. Chr., H 23 cm*

2 *Gewandspange aus vergoldeter Bronze mit Alamandineinlage, Berlin-Britz, 6. Jh. n. Chr., L 5,1 cm*

3 *Gußform für die Figur eines gekreuzigten Christus, Burgwall von Berlin-Spandau, um 900 n. Chr., H 5,7 cm*

In der darauffolgenden ›Latènekultur‹ (450 v. Chr.-Chr. Geb.) nahmen Kunst, Handwerk und Handel einen noch weiteren Aufschwung (im Museum: Waffen, Geräte und Keramik der Hallstatt- und Latènekultur). In Westeuropa lebte damals eine keltisch sprechende Bevölkerung, die teilweise in befestigten, oft viele tausend Menschen beherbergenden Städten (Oppida) siedelte und eine eigene Münzprägung hatte. Um das Jahr 400 begannen keltische Kriegerscharen nach Italien und in den Balkan bis nach Kleinasien vorzudringen.

Das Römische Reich dehnte seine Grenzen weiter aus. Im besetzten Teil Germaniens verbreitete sich durch Militär und Verwaltung römische Lebensart, von der heute die zahlreichen Funde römischer Statuen und Reliefs, fast porzellanartiger Tongefäße (Sigillata) und kostbarer Gläser zeugen.

Seit dem 3. Jh. n. Chr. wurde das Römische Reich so stark bedrängt, daß sein westlicher Teil schließlich zerfiel und unterging. Teile der im Norden ansässigen Germanen brachen nach Süden auf, durchquerten dabei ganz Europa und gründeten in den ehemals römischen Gebieten mehr oder weniger dauerhafte Reiche. Die germanischen Stämme hatten zunächst trotz der zahlreichen römischen Einflüsse ihre eigenständige Kultur bewahrt (im Museum: Waffen, Geräte und Keramik aus dem frühen Germanien). Fürsten regierten die in kleineren Orten von Ackerbau und Viehzucht lebenden Stammesteile. Zahlreiche Waffenfunde zeugen von der wichtigen Bedeutung des Kriegswesens; aber auch kostbarer Schmuck, teilweise mit prächtigen Edelsteineinlagen, ist in den germanischen Gräbern gefunden worden.

Das Reich der germanischen Franken dehnte sich unter den Merowingern und Karolingern immer stärker aus und zerfiel schließlich unter den Erben Karls des Großen. Aus dem Westteil entstand durch die Wahl Konrads I. (911) das Deutsche Reich.

Seit dem 7. Jh. n. Chr. wanderten slawische Stämme nach Osteuropa ein und besiedelten auch das seit der Völkerwanderungszeit teilweise verwaiste Gebiet östlich der Elbe. Ihre vorwiegend aus Holz errichteten Burgen entwickelten sich bald zu städtischen, befestigten Zentren, die den Handel von der Ostsee nach Byzanz kontrollierten. Dazu gehört auch der Burgwall von Berlin-Spandau (im Museum: slawische Burganlage von Berlin-Spandau). Auseinandersetzungen mit dem fränkischen und später dem Deutschen Reich, das seine Macht bis ins Slawengebiet ausdehnte und eine Missionierung der heidnischen Slawen einleitete, führten zu Aufständen und Überfällen, die erst durch die Belehnung Albrechts des Bären mit der Neumark im 12. Jh. ihr Ende fanden. Daß es bereits im 10. Jh. Christen in Spandau gab, belegt der Fund einer Gußform für eine gekreuzigte Christusfigur. *Alix Hänsel*

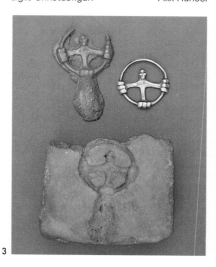

48 Museumsdorf Düppel

Freilichtmuseum

37 (Zehlendorf), Clauertstraße 11, Telefon 8 02 66 71
Verkehrsverbindung: Bus 3, 60
Geöffnet: Mai bis Oktober Sonntag 10-13 Uhr (auch an Feiertagen,
die auf einen Sonntag fallen)
Gruppenführungen nach telefonischer Vereinbarung (für Schulklassen unter 7 83 31 64)

Träger: Fördererkreis des Museumsdorfs Düppel e.V.
Vorsitzender: Hans Wolter

Rekonstruktion einer mittelalterlichen Dorfanlage mit Vorführungen frühgeschichtlichen
Handwerks

Publikationen: A. v. Müller, ›Museumsdorf Düppel‹, Berlin 1986 – Informationsblätter
zu einzelnen historischen handwerklichen u. a. Techniken

Geschichte des Museumsdorfes

Zwischen 1939 und 1942 wurden auf einem
Acker nahe des Machnower Krummen
Fenns, Bezirk Zehlendorf, Scherben gefunden, die auf eine mittelalterliche Siedlung
hinwiesen. 1967 begann auf dem Feld, das
ehemals zum Rittergut Düppel gehörte, die
erste archäologische Untersuchung. Bereits
ca. 50 cm unter dem Boden lag eine Kultur-
schicht, die vor allem durch Erdverfärbungen
Hinweise auf Hausgrundrisse, Hofanlagen
und einen Dorfplatz gaben. Wegen der besonderen Bedeutung der Grabungsfunde
entstand der Gedanke, diese Dorfanlage zu
rekonstruieren.
Zu Pfingsten 1975 konnte das erste rekonstruierte Wohnhaus besichtigt werden. Es
wurde der ›Fördererkreis des Museumsdorfs Düppel‹ gegründet, zum einen, um die
vielfältigen Aufgaben zu lösen, zum anderen,
um der Öffentlichkeit die verschiedensten
Möglichkeiten einer Beteiligung anzubieten.
Die Zielsetzung besteht in der ›lebendigen
Darstellung des Mittelalters‹ in einem märkischen Dorf. Vorführungen können zur Zeit
nur an Sonntagen stattfinden.

Historisches Umfeld

Die Ausgrabungen in Düppel und an anderen
Orten in Berlin lassen vermuten, daß Siedlungen der allerersten Zeit der sog. deut-

Selbstgefertigte Kleidungsstücke

Beim Dachdecken

schen Ostsiedlung an der Wende zum 13. Jh. bereits sehr frühzeitig wieder ›wüst‹, d. h. von ihren Bewohnern verlassen wurden. Am Machnower Krummen Fenn konnte man einen mehrphasigen Siedlungsablauf nachweisen. Nach 1170 wurde eine Palisadenbefestigung errichtet. Sie hatte offenbar eine Sperrfunktion des aus Süden kommenden Handelsweges in Richtung Spandau. Vielleicht stießen hier die Interessengebiete des Markgrafen von Brandenburg mit dem des von Meißen oder des Bischofs von Magdeburg aneinander. Die rasche Aufgabe der Befestigungsanlage und die Bebauung mit Gehöften läßt eine Verschiebung der Machtverhältnisse um 1200 vermuten: Eventuell waren es die Askanier, die erobernd auf den Höhenzug des Teltow vordrangen.

Die Dorfanlage in Düppel wurde etwa um 1220 verlassen, gleichzeitig wurde Zehlendorf (Anger am Teltower Damm) gegründet,

Der rekonstruierte Ziehbrunnen

so daß eine Umsiedlung am wahrscheinlichsten ist. Die jüngeren Orte in diesem Raum befinden sich alle am Rande lehmhaltiger Böden, die mit dem neueingeführten Räderpflug höhere Erträge brachten.

Anlage und Bewirtschaftung des Museumsdorfes

Das Gelände umfaßt zur Zeit etwa zehn Hektar und gliedert sich in den mittelalterlichen Siedlungskern, die Felder, Weiden und Wälder und, streng getrennt durch einen Fahrweg, die Verwaltungsgebäude, Werkstätten und die Schänke.

Ursprünglich waren etwa 14 bis 16 **Häuser** vorhanden. Ihre Rekonstruktion folgt streng der mittelalterlichen Bauweise und verwendet ausschließlich Holz. Die Spaltbohlen oder Stämme (Blockhausstil) für die Wände sind in den Fugen mit Lehm verschmiert. Beim Dachaufbau werden keine Eisen-, sondern nur Holznägel zum Befestigen der Rofen und Pfetten verwendet. Gedeckt wird mit Reet. Uhlenlöcher dienen dem Lichteinfall und Rauchabzug. Um die offenen Feuerstellen befinden sich die Gebrauchsgegenstände aus Holz (Tröge, Kübel) und Ton (einfache Töpferware). Entlang der Wände sind Bänke, die zugleich als ›Betten‹ dienten, angebracht. Oft gehört ein Speicher zum Hofgrundstück, das mit einem Flechtzaun umgeben ist. Von den ehemaligen **Brunnen** wurde bisher einer als Ziehbrunnen rekonstruiert. Die **Felder und Gärten** werden mit alten Kulturpflanzen bestellt. Roggen ist durch Pollenanalyse als wichtigste Art nachgewiesen. Korn wird gedroschen, gemahlen und zu Brot verbacken. Gerste, Hafer, Lein und Rübsen stehen auf dem Felde, Gemüse, Heil- und Gewürz- sowie Farbstoff liefernde Pflanzen in den Gärten. Alte Obstsorten wurden wieder angepflanzt. In der **Tierhaltung** sind alte Rassen von Schafen (Skudden), Ziegen und Schweinen (Rückzüchtung) zu sehen – als anschauliche Beispiele der Haustierentwicklung und zur Erhaltung von Genreserven. Ein Ochse ist als Zugtier angelernt. Enten tummeln sich auf dem Dorfplatz. Die **Handwerkergruppen** vermitteln mit ihren Arbeiten einen Einblick in die damals noch durchweg wirtschaftlich autarken Dorfgemeinschaften. Holz ist der wichtigste Rohstoff. Der Bearbeitung haben sich Schnitzer, Drechsler und Hausbauer angenommen. Bei der Wollverarbeitung wird demonstriert, wie über die Schurwolle die Aufbereitung über das Spinnen und Weben mit mittelalterlichen Werkzeugen und Webstühlen erfolgt. Mit Pflanzenfarbstoffen wird gefärbt. Die Kleidergruppe fertigt für Frauen, Männer und Kinder entsprechende Stücke an. Schuster liefern das Schuhwerk dazu.

Nicht-bäuerliches Handwerk, aber zum mittelalterlichen Dorf gehörig, wird von Schmieden und Töpfern vorgeführt, wobei auch Wert auf die Benutzung entsprechender Werkzeuge gelegt wird. Eine Besonderheit ist die Teerschwelerei, die hier betrieben wurde und Holzteer herstellt. *Hans Wolter*

49 Musikinstrumenten-Museum des Staatlichen Instituts für Musikforschung

Preußischer Kulturbesitz

30 (Tiergarten), Tiergartenstraße 1, Telefon 2 54 81-1 02, Zentrale: 2 54 81-0
Verkehrsverbindung: U-Bahnhof Kurfürstenstraße; Bus 24, 29, 48, 83
Geöffnet: Dienstag bis Samstag 9-17 Uhr, Sonntag 10-17 Uhr
Abweichend von der Feiertagsregelung (s. S. 8) Gründonnerstag, Ostersonntag,
Osterdienstag, Pfingstsonntag, Pfingstdienstag und am 26. 12. geöffnet
Führungen nach Vereinbarung, Samstag 11 Uhr Sonderführung, Samstag 12 Uhr Vor-
führung der Wurlitzer Orgel

Direktorin: Prof. Dr. Dagmar Droysen-Reber
Wissenschaftliche Mitarbeiter: Dr. Gesine Haase, Dr. Martin Elste

Träger: Stiftung Preußischer Kulturbesitz
Förderverein: Vereinigung der Freunde und Förderer der Musikinstrumenten-
Sammlung Berlin e. V.

Sammlung: Musikinstrumente und musikhistorische Dokumente aus dem
europäischen Abendland (16. Jh. bis zur Gegenwart)

Wissenschaftliche Fachbibliothek mit ca. 40 000 Bänden, geöffnet: Dienstag bis Donnerstag 10-17 Uhr, Freitag 10-12 Uhr; **Bildarchiv** mit Dokumenten, Patentschriften,
Instrumentenzeichnungen, graphischer Sammlung, geöffnet: Montag bis Donnerstag
8.15-15.15 Uhr, Freitag 8.15-14.15 Uhr

Publikationen: ›museum, Musikinstrumenten-Museum Berlin‹, Braunschweig 1986 –
›Wege zur Musik‹, hrsg. anläßlich der Eröffnung des neuen Hauses vom Staatlichen
Institut für Musikforschung Preußischer Kulturbesitz, Berlin 1984 – ›Tasteninstrumente
des Museums, Kielklaviere – Clavichorde – Hammerklaviere‹, von G. Haase u.
D. Krickeberg, hrsg. vom Staatlichen Institut für Musikforschung Preußischer Kultur-
besitz, Berlin 1981 – ›Jahrbuch des Staatlichen Instituts für Musikforschung
Preußischer Kulturbesitz‹, hrsg. von D. Droysen-Reber, Berlin 1968 ff.

Baugeschichte und -beschreibung

Das neue Haus des Staatlichen Instituts für
Musikforschung mit Musikinstrumenten-
Museum wurde im Dezember 1984 eröff-
net. Damit war endlich die räumliche Tren-

nung des Museums von den wissenschaftlichen Abteilungen des Instituts, von Bibliothek und Archiven beendet. Die Trennung
aufzuheben, war eines der Hauptanliegen
des damaligen Präsidenten der Stiftung
Preußischer Kulturbesitz, Hans-Georg Wor-

Blick in das Museum, vorn Cembalo *von Johann Christoph Fleischer, Hamburg, 1710*

1

mit. Der Neubau sollte von vornherein in die Planungen des ›Kulturforums‹ (s. S. 322) einbezogen werden, um die hier gegebene Chance, Forschung, Museum und Musikleben mit der Philharmonie zu verbinden, zu nutzen. Der berühmte Berliner Architekt Hans Scharoun setzte die großartige Idee von Institutsneubau und Museum in die Tat um. Bereits 1970 hatte er dafür den Vorentwurf gezeichnet. Nach seinem Tod 1972 führte Edgar Wisniewski die Arbeit fort und vollendete ein Jahr später den Entwurf. Finanzielle Schwierigkeiten unterbrachen die Planungen für mehrere Jahre, bis 1978 mit der Ausführung begonnen werden konnte. 1979 erfolgte die Grundsteinlegung.

Der Bau besteht aus einem weiträumigen Bereich mit umlaufender Galerie. Der Museumsraum ist durch unterschiedlich hohes Niveau sowie durch Pfeiler, nicht aber durch trennende Wände gegliedert: Die Aufstellung der Exponate trägt dieser Konzeption Rechnung. Trotz seiner Größe (Ausstellungsfläche ca. 3000 m²) wirkt der Raum leicht und flexibel, durch die Lichtverhältnisse nahezu behaglich. Die Museumskonzerte werden von dieser Atmosphäre mitgetragen. Zum Experimentieren eignet sich der offene Jazz- und Folkloreraum im ersten Obergeschoß ebenso wie ein Konzertsaal mit 196 Plätzen; für Musikalisch-Literarisches intimen Charakters steht im SIM-Café des Untergeschosses eine kleine Bühne zur Verfügung. Das Museum ist in seiner Gestaltung ein ›Treffpunkt‹ für jedermann.

Dagmar Droysen-Reber

Sammlungsgeschichte und -bestände

Die Idee des Zusammenschlusses verschiedener Einrichtungen der Musikforschung und damit zugleich auch des Musiklebens wie der traditionsreichen ›Sammlung alter Musikinstrumente‹, des ehemals ›Fürstlichen Instituts für musikwissenschaftliche

Forschung zu Bückeburg‹ und des Preußischen Volksliedarchivs zu einer zentralen Institution reicht bis in die Gründungszeit der Musikwissenschaft als eigene Forschungsdisziplin zurück. Der erste Anstoß erfolgte 1917 bei der Gründung des Bückeburger Instituts unter der Schirmherrschaft des Fürsten Adolf zu Schaumburg-Lippe. Hier trafen sich von nun an die deutschen Musikforscher jährlich und setzten damit eine kontinuierliche konzeptionelle und koordinierende Arbeit fort, die in musikwissenschaftlichen Editionen sowie in neuen Publikationen gipfelte.

Nachdem jedoch dieses Projekt in den 30er Jahren an Inflation und Weltwirtschaftskrise gescheitert war, erscholl der Ruf nach dem Staat und mündete 1935 schließlich in der Zusammenführung dreier für sich kaum lebensfähiger Institutionen zum ›Staatlichen Institut für deutsche Musikforschung‹, wie es damals hieß. Es war getragen von der Idee, die Quellen musikwissenschaftlicher Forschung zu sammeln und bereitzustellen, zu denen nicht nur die Musikwerke, die Theoretica, sondern vor allem auch die historischen Werkzeuge, die Musikinstrumente, gezählt wurden. Doch hatte es mit den Musikinstrumenten einmal ganz anders ausgesehen:

Bei der Gründung der ›Sammlung alter Musikinstrumente‹ in den 80er Jahren des letzten Jahrhunderts ging es zunächst einmal um die Idee der Wiederbelebung der Musik einer vergangenen und weitgehend vergessenen Musiktradition, die heute längst wieder selbstverständlich geworden und als ›Alte Musik‹ im öffentlichen kulturellen Bewußtsein verankert ist. Es begann, nachdem Felix Mendelssohn-Bartholdy mit der Wiederaufführung der ›Matthäus-Passion‹ Johann Sebastian Bachs im Jahre 1829 zu einer großen Renaissance des Musikbewußtseins, die sich vor allem in einem steigenden Interesse für die Entwicklung der europäi-

1 Friedrich der Große inmitten seiner Kapelle, *Reproduktion nach der Porträtsammlung hervorragender Flöten-Virtuosen, Dilettanten und Komponisten, Slg. Goldberg*

2 Clavecin brisé *(Reisecembalo) von Jean Marius, Paris, um 1700*

3 *Zwei* Querflöten *mit Kasten von I. Scherer, Paris, 2. Hälfte 18. Jh., aus dem Besitz Friedrichs II. (Dauerleihgabe von Dr. Bruno Dohme)*

2

schen Kunstmusik etwa zwischen dem 16. und 20. Jh. äußerte, quasi den Anstoß gegeben hatte. Nimmt man als erste große Manifestation dieses Interesses die Edition der ersten Gesamtausgabe der Werke Johann Sebastian Bachs durch Philipp Spitta und zugleich damit die Etablierung einer neuen Disziplin, der (historischen) Musikwissenschaft, so wird man als zweiten folgerichtigen Schritt Idee, Konzept und Ausgestaltung der 1888 gegründeten ›Sammlung alter Musikinstrumente‹ zu sehen haben. Diese Sammlung sollte dem neuen Bewußtsein und den wissenschaftlichen Erkenntnissen insofern zu konkretem Leben verhelfen, als sie den Studierenden der ›Königlichen Akademischen Hochschule für Musik zu Berlin‹ die Möglichkeit gab, die Musikwerke vergangener Epochen in möglichst klangechter, histo-

risch getreuer Darbietung zu hören und sich zu ›vergegenwärtigen‹. Diese Idee hängt aufs engste mit der Gründung und dem Ausbau der ›Königlichen Akademischen Hochschule für Musik zu Berlin‹ zusammen und ist daher nicht von ungefähr mit dem Namen eines der größten Geiger des ausgehenden 19. Jh. verbunden, mit Joseph Joachim, der diese Gründung zusammen mit dem großen Musikhistoriker Philipp Spitta betrieb.

Damit kam aber zugleich eine Problematik zum Vorschein, welche die musikwissenschaftliche Forschung bis heute wesentlich mitbestimmt: Sie manifestiert sich vor allem in der Idee der Authentizität historischer Werke, die sich auch auf die Aufführungen erstreckt. So sind sowohl die wissenschaftlichen Forschungen an den historischen Quellen von dem Gedanken der Rekonstruktion

3

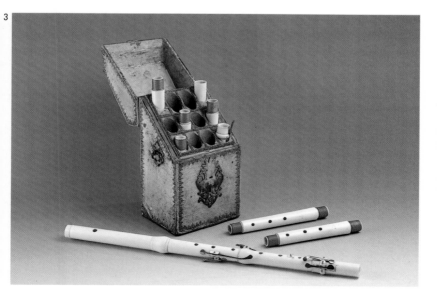

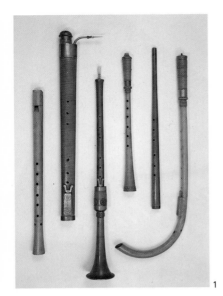

1

des ›Gemeinten‹ bestimmt, als auch die lebendigen Aktivitäten des Musiklebens durch den seither ständig lodernden Geist der ›Werktreue‹ befruchtet. Zwei Triebfedern halten sich seither bis heute die Waage: das kulturelle Interesse an der Wiederbelebung alter Musik und das wissenschaftliche, Erkenntnisse über Entwicklung und Verlauf dessen zu sammeln, was man die abendländische Tonkunst zu nennen pflegte. Diesem Anliegen ist das Staatliche Institut für Musikforschung Preußischer Kulturbesitz auch heute noch verpflichtet. Am Ziel hat sich mithin kaum etwas verändert, um so mehr allerdings an der Sichtweise. Denn diese ist gegenwärtig längst über die Grenzen des damals als nahezu selbstverständlich geltenden Eurozentrismus hinausgediehen, einer Denkweise, die der abendländischen Tonkunst den Primat in der Welt der Musik überhaupt zuerkannte, während außereuropäische musikalische Traditionen allenfalls als ›primitive‹ Vorformen angesehen wurden. Dieser einstmals verbreitete Irrtum mag die Eingrenzung der Sammlung alter Musikinstrumente auf Beispiele der Geschichte europäischer Kunstmusik diktiert haben. Um sich in den Sammlungsschwerpunkten von der Musikethnologischen Abteilung des ebenfalls der Stiftung Preußischer Kulturbesitz zugehörigen Museums für Völkerkunde (s. S. 243) abzusetzen, beläßt man es heute dabei, allerdings unter dem ganz und gar verschiedenen Aspekt der Beschränkung auf das Realisierbare, der ›preußischen‹ Tugend der Bescheidenheit, mit dem wenigen, was von der einst so umfangreichen Sammlung nach dem Zweiten Weltkrieg übriggeblieben ist, hauszuhalten und es um die erreichbaren Exponate zu erweitern.

Der Anfang war nicht vom Mangel geprägt: Von dem Leipziger Verleger und Herausgeber der Instrumentenbau-Zeitschrift, Paul de Wit, konnte dessen Musikinstrumenten-Sammlung erworben werden. Auch gelang

es – was heute zunehmende Bedeutung bekommt – dem ersten ›commißarischen Custos‹, die ministerielle Verfügung zur Überstellung von 34 Musikinstrumenten aus dem Besitz des Hauses Hohenzollern zu erlangen. Dazu gehört unter anderem ein kleines Hologramm preußischer Geschichte, ein zusammenklappbares Reisecembalo, das zu Anfang des 18. Jh. der französische Handwerker Jean Marius für Liselotte von der Pfalz, Herzogin von Orléans, gebaut haben soll, aus deren Besitz es an die Königin in Preußen, Sophie Charlotte, gegangen ist, wie die Legende überliefert. Von diesem Reisecembalo hieß es schon im 19. Jh., daß Friedrich der Große, Enkel der Königin Sophie Charlotte, es auf seine Feldzüge mitgenommen habe, um darauf sein Flötenspiel begleiten zu lassen. Vielleicht war das auch bei der Schlacht von Soor am 30. September 1745 der Fall. Hier glaubte er zunächst seine geliebten Flöten verloren. Dann aber schrieb er am 7. Oktober 1745 an seinen Vertrauten, den ›Geheimen Kammerier‹ Michael Gabriel Fredersdorf »… von meiner Equipage sonst nichts als Meinen Wagen … wieder-gekriegt … Hihr schike Dir einige Stücke, so von meiner guhten flöte wieder-gefunden, gebe es an quantz, daß er die anderen darzu wiedermache. Fch.« Vielleicht befand sich das Klavier beim Gepäck, ohne von Friedrich besonders beachtet worden zu sein, war es doch lediglich ein Begleitinstrument.

Auch das von Joseph Brodmann 1810 in Wien gebaute Pianoforte, das aus dem Besitz Carl Maria von Webers stammt, spiegelt ein Stück lebendiger Geschichte Preußens und der Hohenzollern. Weber selbst hat es hoch geschätzt, später sogar dem Prinzen Wilhelm von Preußen zugedacht. Sein Sohn erst konnte das Vermächtnis erfüllen: Max Maria von Weber hat den Flügel, dem Testament seines Vaters gemäß, Kaiser Wilhelm I. zum Geschenk gemacht.

Anfang der 90er Jahre sorgte der für die Sammlung zuständige ›Preußische Minister der geistlichen, Unterrichts- und Medicinal-Angelegenheiten‹, Gustav Heinrich Konrad von Goßler, der in Naumburg geboren war und die Verhältnisse kannte, für den Ankauf und die Überführung der in der Naumburger Wenzelskirche aufbewahrten Sammlung alter Blasinstrumente, die eine Besonderheit darstellte, allein wegen der weitgehenden Vollständigkeit der überlieferten Instrumente.

Fünf Jahre nach der Gründung, 1893, wurde die Sammlung im Gebäude der von Schinkel erbauten ehemaligen Bauakademie am Schinkelplatz 6 in Berlin-Mitte der Öffentlichkeit zugänglich gemacht. Das geschah allerdings merkwürdig lautlos: Es erschien lediglich eine kurze Mitteilung im Reichsanzeiger, in der es hieß, daß die »Königliche Sammlung alter Musikinstrumente vom 14. Februar 1893 ab an jedem Dienstag und Freitag zwischen 12 und 2 Uhr kostenlos geöffnet« sei. 1902 in den Neubau der Königlichen Akademischen Hochschule für Musik am Steinplatz verlegt, konnten dank finanzieller Hilfe des Hauses Hohenzollern mehr als 1100

1 Blasinstrumente *aus St. Wenzel in Naumburg, 17. Jh., v. l. n. r.: Blockflöte, Dulzian, Pommer, Rauschpfeife, Zink, Krummhorn*

2 Hammerflügel *von Joseph Brodmann, Wien, um 1810 (aus dem Besitz Carl Maria von Webers)*

3 Cembalo (einmanualig) *von Andreas Ruckers d. Ä., Antwerpen, 1618*

weitere Instrumente aus dem Nachlaß des Genter Advokaten César Snoeck erworben werden. Besonders eindrucksvolle Exemplare waren die aus der Glanzzeit der flämischen Instrumentenbauer stammenden Cembali aus der Werkstatt der berühmten Familie Ruckers. In der Folgezeit kam eine größere Anzahl großherziger privater Schenkungen dazu; zu den Spendern zählten nicht nur Joseph Joachim und Philipp Spitta, die Initiatoren der Sammlung, sondern auch die Familien Mendelssohn und Meyerbeer.

Die Musikinstrumentenkunde steckte damals noch weitgehend in den Kinderschuhen. Sie nahm ihren Anfang eigentlich erst mit und in diesem Museum, verbunden vor allem mit dem Namen Curt Sachs, der im Jahr 1919 die Leitung der Sammlung übernommen hatte. Sachs war ein weitgereister Kunsthistoriker, der sich schon vorher als Musikinstrumentenkundler einen bedeutenden Namen gemacht hatte. Er leitete die Neuorientierung der Sammlung hin auf eine primär musikwissenschaftliche Bestimmung ein und führte – in enger Zusammenarbeit mit dem der musikwissenschaftlich orientierten psychologischen Forschung verpflichteten Erich M. von Hornbostel – substantielle Überlegungen vor allem zur Problematik der Systematisierung von Musikinstrumenten entscheidend weiter. Damit erlangte die Berliner Sammlung in kurzer Zeit ein weltweites Renommee. 1933 fand diese Entwicklung wie sehr viele andere auch ein jähes Ende: Curt Sachs mußte emigrieren.
Die kurze Zeit später erfolgte Herauslösung der Sammlung aus dem Verband der Hochschule für Musik und ihre Einbeziehung in das neu gegründete ›Staatliche Institut für deutsche Musikforschung‹ kam kaum noch zum Tragen, denn nach nur einem Jahrzehnt beendete der Zweite Weltkrieg die Arbeit. Der größte Teil der Sammlung ging verloren. Unmittelbar nach Kriegsende kümmerten sich ehemalige Mitarbeiterinnen des Instituts, Margarete Reimann und Thekla Schneider, um die Restbestände an Instrumenten und Einrichtungen, die in halb zerstörten Kellern lagerten. Sie begannen zusammen mit dem damaligen Musikreferenten des Senats von Groß-Berlin, Alfred Berner, damit, für diese Reste neue Räume zu finden. So heißt

Orchester-Horn mit Aufsteckbögen im Kasten *von Courtois neveu aîné, Paris, um 1825*

Violinen, *links: Jakob Stainer, Absam/Tirol, 1654; rechts: Antonio Stradivari, Cremona, 1703*

es in einem Bericht aus dem Jahr 1945, »der größte Teil (der Bestände sei) ... nach Schlesien, Pommern und Mecklenburg verlagert, die wertvollsten Instrumente ... in der Münze am Molkenmarkt untergebracht. Restbestände des Instituts und Museums (befänden sich in) ... Kellern des Gebäudes Klosterstraße 36«, dem ehemaligen Sitz des Instituts. Margarete Reimann teilte mit, es sei

Flötenuhr *von Christian Ernst Kleemeyer, Berlin, Ende 18. Jh.*

»erst Schutt und Geröll zu beseitigen, die die Instrumente völlig bedecken, bevor festgestellt werden kann, was davon noch brauchbar ist«. Die wertvollsten Instrumente befänden sich in der Reichsmünze, »Kielflügel – darunter der sogenannte Bachflügel –, Tafelklaviere, Cembali ... Harfen, Kleinorgeln, Streichinstrumente usw., schätzungsweise 60 bis 70 Stücke, weiterhin ... Bände und Stiche ...«. Als Auslagerungsorte wurden genannt »Menschin über Anklam (Frh. v. Malchus), Alt-Bauer über Lassau (Frh. v. ...) und Schloß Seifersdorf ... Der vierte Bergungsort ist Waischenfeld ... in Oberfranken«.

Im Laufe der kommenden Jahre konnten die Reste der einstmals so großen Sammlung zusammengeführt werden. Dies war zugleich der Neubeginn der Arbeit des ›Instituts für Musikforschung Groß-Berlin‹ mit der Musikinstrumenten-Sammlung im Mittelpunkt. Man begann in einer Villa in Berlin-Grunewald, die Instrumente fanden behelfsmäßig Platz in einigen Schulräumen, bis man 1949 in ein Geschoß im Westflügel des Schlosses Charlottenburg umziehen konnte. 1961 begann die Stiftung Preußischer Kulturbesitz (s. S. 322) mit ihrer Arbeit. Sie übernahm das Institut und bereitete umgehend eine neue, den veränderten Verhältnissen Rechnung tragende Konzeption vor. Zwar wurde der Vorschlag diskutiert, das Musikinstrumenten-Museum in den Verband der Staatlichen Museen Preußischer Kulturbesitz zu übernehmen; doch blieb der Stiftungsrat bei der alten Lösung und dekretierte den weiteren Verbleib des Museums beim Institut. Nun wurde jedoch die inzwischen notwendig gewordene räumliche Verteilung von Institut und Museum auf das ehemalige Joachimsthalsche Gymnasium

(Museum) und den ehemaligen Bendler-Block (Institut) immer prekärer. Sie konnte letztlich durch den Neubau an der Philharmonie in der Tiergartenstraße behoben werden. Dabei verbanden sich auf nahezu optimale Weise die architektonische mit der wissenschaftlichen Konzeption, die in ihren Grundlinien noch immer den Vorstellungen folgt, wie sie zur Gründung des Fürstlichen Instituts zu Bückeburg von den Musikwissenschaftlern Carl August Rau und Max Seiffert in den ersten Jahrzehnten unseres Jahrhunderts vorgegeben waren. Damals galt, was heute noch gilt: das Miteinander von Musikleben und Musikkultur und seiner wissenschaftlichen Reflexion, ein Unterfangen, das zweifellos über die Grenzen traditioneller Musikinstrumentenkunde hinausgeht, diese gar sprengt. Das Musikinstrument ist mehr als nur mechanisches Gebilde, als ›Instrument‹ für die Erzeugung musikalischer Klänge oder als museale Denkwürdigkeit. Es ist vor allem als Paradigma größerer, vielfältig verwobener kultureller, politischer und sozialer Verbindungen wie ihrer Widersprüche ein wichtiger Aspekt allgemeiner Zusammenhänge der Kulturgeschichte.

Dem trugen Konzeption und Einrichtung des Museums ebenso Rechnung wie die Prioritäten der Wissenschaft: Ihre Themen reichen von traditionellen instrumentenkundlichen Fragen über solche der Erforschung und Rekonstruktion vergessener musikalischer Verhaltensformen, der komponierten Musikwerke wie der erbauten musikalisch-mechanischen Werke, d.h. Spielwerke, bis hin zu allgemeineren Aspekten der Akustik, Musiktheorie und Musikpsychologie oder Kulturanthropologie, deren Ergebnisse in die Präsentation des Museums so weit wie möglich einbezogen werden. Dabei stellen gerade die Musikinstrumente so etwas wie Spiegel der jeweiligen Denkhaltungen, aber auch des Fühlens der Menschen sowie der Unterschiede regionaler und sozialer Zugehörigkeit dar.

Hierzu gehört auch die Erforschung des Ineinandergreifens musikalischer und technischer oder philosophischer Ideen. Als klassisches Vorbild sei an die technomorphe Grundstruktur des antiken Weltbildes erinnert, deren Kategorien der ›Harmonia‹ sehr konkret ihre Wurzeln in den jahrtausendelang kumulierten musikalischen Erfahrungen klingender Saiten oder Luftsäulen zu erkennen geben. Auch später im Laufe der abendländischen Geschichte führten derartige Erfahrungen, einmal reflektiert, zum Bau und zur Weiterentwicklung oder auch zur Aufgabe von Konstruktionsprinzipien. Dieser Problemkomplex steht zugleich in engstem Zusammenhang mit den Problemen der Restaurierung von Musikinstrumenten, die immer zugleich Rekonstruktion zum großen Teil verlorengegangener Techniken ihrer Handhabung, aber auch der diesen zugrunde liegenden Lebensformen ist. Das alles läßt die engen Zusammenhänge zwischen Forschung und musealer Präsentation nicht nur sinnvoll erscheinen, es macht sie zugleich notwendig. Es legt darüber hinaus nahe, Art und Wege der Erforschung solcher Zusammenhänge selbst zum Gegenstand der Präsentation zu machen. Denn Kulturen erschließen sich nicht allein aus ihren sichtbar, hörbar oder ›begreifbar‹ in Erscheinung tretenden Einzelheiten, die in Erfahrung gebracht werden können, sie werden sinnfällig vor allem durch ihre immanenten Verbindungen logischer oder psychologischer Art, einschließlich ihrer Widersprüche, Vorurteile oder Mystifikationen. Und die Musikkulturen aller Zeiten sind voll davon.

Hans-Peter Reinecke

Wurlitzer Orgel, *Spieltisch und Kammern mit Instrumentarium (oben), The Rudolph Wurlitzer Co. North Tonawanda/New York, 1929*

50 **Nationalgalerie**

Staatliche Museen Preußischer Kulturbesitz

30 (Tiergarten), Potsdamer Straße 50, Telefon 2 66 26 50/51, Zentrale: 2 66 26 62/63
S. auch **Galerie der Romantik** (S. 89)
Verkehrsverbindung: U-Bahnhof Kurfürstenstraße; Bus 24, 29, 48, 83
Geöffnet: Dienstag bis Sonntag 9-17 Uhr
Abweichend von der Feiertagsregelung (s. S. 8) nur am 1. 1., Osterdienstag, 1. 5.,
Pfingstdienstag, 24., 25. und 31. 12. geschlossen

Direktor: Prof. Dr. Dieter Honisch
Wissenschaftliche Mitarbeiter: Dr. Peter Krieger, Dr. Lucius Grisebach,
Dr. Angela Schneider, Dr. Britta Schmitz

Träger: Stiftung Preußischer Kulturbesitz
Förderverein: Verein der Freunde der Nationalgalerie

Sammlung: Malerei und Plastik des 19. und 20. Jh.

Handbibliothek für wissenschaftliche Mitarbeiter

Publikationen: D. Honisch, ›*Nationalgalerie Berlin*‹, Recklinghausen 1979 – ›*Verzeichnis der Gemälde und Skulpturen des 19. Jahrhunderts*‹, Berlin 1976 – ›*Neuerwerbungen '75-'85*‹, Berlin 1985 – ›*Kunst der Welt in den Berliner Museen, Nationalgalerie Berlin*‹, Stuttgart u. Zürich 1980 – ›*museum, Nationalgalerie Berlin*‹, Braunschweig 1980

Sammlungsgeschichte

Die wechselvolle Geschichte der Nationalgalerie begann 1861, als Joachim Heinrich Wilhelm Wagener dem preußischen König seine 262 Werke umfassende Sammlung schenkte mit der Maßgabe, sie zu pflegen und angemessen weiterzuentwickeln. Dieser Wunsch wurde nicht nur erfüllt, sondern schon 1865 ein Bau von Heinrich Strack nach Plänen von August Stüler auf der Museumsinsel in Angriff genommen. Die Grundidee des Baus ging auf einen Entwurf Karl Friedrich Schinkels für einen Palast des griechischen Königs auf der Akropolis in Athen aus dem Jahr 1834 zurück, der bereits Überlegungen Friedrich Gillys für ein Denkmal Friedrichs des Großen aus dem Jahr 1797 berücksichtigte. Der durch den Ausbruch des Deutsch-Französischen Krieges behinderte Bau kam schließlich 1876 zu seiner Vollendung, ein »Gleichnis des reich gewordenen Preußen« (Rave).
Hinter dem anspruchsvollen Giebel mit der Inschrift ›Der Deutschen Kunst‹ begann sich unter dem ersten wissenschaftlichen Direktor Max Jordan (Amtszeit 1874-96) die Sammlung zu mehren, auf die die aus Künst-

lern gebildete und von Anton von Werner dirigierte Landes-Kunst-Kommission heftig Einfluß zu nehmen versuchte. Der Konflikt war in der unklaren Entscheidungsprozedur vorprogrammiert. Obwohl bereits die Sammlung Wagener Ansätze zu einer europäischen Sammlung in sich trug, wurden – was Jordan beklagte – vom Staat Mittel für den Ankauf lediglich deutscher Werke zur Verfügung gestellt. Es gelang, wichtige Werke zu erwerben, so z. B. von Blechen, von Joseph Anton Koch, Ludwig Richter, Schinkel, von Menzel *Das Flötenkonzert,* schließlich die von Cornelius, Overbeck, Veit und Schadow 1816-18 für den preußischen Generalkonsul Jakob Salomon Bartholdy in Rom gemalte und aus dem Palazzo Zuccaro herausgesägte *Casa Bartholdy.*
Auf Jordan folgte Hugo von Tschudi (Amtszeit 1896-1909), den Wilhelm von Bode im Kreise der Deutsch-Römer entdeckte und als Assistenten an die Gemäldegalerie geholt hatte. Obwohl kein eigentlicher Kenner der damals aktuellen Kunst, wurde er zum Erstaunen der Fachwelt zum Direktor der Nationalgalerie berufen. Seiner Freundschaft mit Liebermann verdankte er das schnelle Eindringen in den französischen Impressio-

nismus. Mit Hilfe von privaten Stiftungen erwarb er Werke von Manet, Monet, Renoir bis hin zu Cézanne, die Entrüstungen in der Öffentlichkeit, vor allem aber bei Wilhelm II. hervorriefen, der sich durch Kabinettsordre die letzte Entscheidung bei allen Erwerbungen vorbehielt. Tschudi hatte nun nicht nur die Landes-Kunst-Kommission gegen sich, sondern auch den Kaiser, schließlich sogar seinen Protektor von Bode, der sich unter Pseudonym öffentlich gegen ihn wandte. Immerhin gelang es Tschudi, mit Erwerbungen von Constable, Courbet, Rodin, Daumier und Maillol die eher nationale Sammlung in eine europäische Dimension zu führen und neue Maßstäbe zu setzen. Aber er erwarb auch Marées, Feuerbach und Böcklin, Menzel, Caspar David Friedrich, Schwind und von Spitzweg *Den armen Poeten.* All dies half nicht, die Widerstände verschärften sich. Tschudi wurde beurlaubt und ging schließ-

lich, »obgleich besiegt, Sieger« (Liebermann), nach München, wo viele seiner für Berlin vorgesehenen Ankäufe heute in der Neuen Pinakothek, dort eingebracht durch die Tschudi-Spende, zu bewundern sind. Was hier der Nationalgalerie entging, war später nicht mehr aufzuholen.

Die unter Tschudi den Königlichen Museen zugeordnete Nationalgalerie wurde auf Betreiben seines Nachfolgers, Ludwig Justi (Amtszeit 1909-33), wieder verselbständigt. Er organisierte die Ankaufskommission um, durchsetzte sie mit Sammlern und Fachkollegen, was ihm – auch wegen seiner über den Impressionismus hinausgehenden Erwerbungen – die Gegnerschaft Liebermanns eintrug, dem sich Karl Scheffler in streitbaren Schriften zugesellte. Alles, was Justi tat, wurde mit beißender Kritik überzogen, ob er die Räume in der Nationalgalerie modernisierte, die Lichtverhältnisse verbesserte, die Sammlung neu ordnete oder im Kronprinzenpalais Unter den Linden eine der neueren Kunst gewidmete Dependance einrichtete mit mutigen Ausstellungen von August Makke und Franz Marc und ebenso mutigen Ankäufen: dem *Turm der Blauen Pferde* von Marc, der verschollen ist, Bildern von Feininger, Heckel, Mueller, Rohlfs, Dix, Kirchner, Munch, Kokoschka, van Gogh, Beckmann, Braque, Klee und Picasso. Die Kritik verstärkte sich, und als die Nationalsozialisten an die Macht kamen, wurde Justi sogleich beurlaubt. Durch einen Erlaß von Goebbels wurden 1937 (nach Rave) 164 Gemälde, 27 plastische Werke und 326 Zeichnungen und Aquarelle entnommen, die den Grundstock

Adolph von Menzel, Das Balkonzimmer, *1845, Öl/Pappe, 58 × 47 cm*

1

1 *Adolph von Menzel,* Das Flötenkonzert, *1852, Öl/Lw., 142 × 205 cm*

2 *Hans von Marées,* Die Ruderer, *1873, Öl/Lw., 136 × 167 cm*

3 *Arnold Böcklin,* Die Toteninsel, *1883, Öl/Holz, 80 × 150 cm*

der 1939 durchgeführten berüchtigten Ausstellung ›Entartete Kunst‹ bildeten. Das Lebenswerk von Justi war zerstört.

Nach Schließung der Häuser lagerte man die Restbestände aus, um sie vor Kriegshandlungen zu schützen. 1945 gelangten die von den Amerikanern sichergestellten Werke in die Kunstgutlager nach Wiesbaden und Celle. Zwischen 1953 und 1957 wurden sie auf Intervention von Ernst Reuter nach Berlin (West) zurückgebracht und von Leopold Reidemeister (Amtszeit 1957-64) 1959 in der Orangerie des Charlottenburger Schlosses wieder der Öffentlichkeit zugänglich gemacht. Bereits 1948 hatte man die Trennung der Nationalgalerie in eine westliche und eine östliche Verwaltung vollzogen. Die von der sowjetischen Militärverwaltung sichergestellten Bestände kehrten in den östlichen Teil der Stadt zurück.

1965 begann man mit dem Neubau der Nationalgalerie von Mies van der Rohe am Tiergarten, der 1968 abgeschlossen war. Durch eine Verwaltungsvereinbarung zwischen der Stiftung Preußischer Kulturbesitz und dem Land Berlin legte man die Bestände der von Adolf Jannasch seit 1945 aufgebauten und 1954 eröffneten Galerie des 20. Jahrhunderts mit denen der Nationalgalerie in dem Neubau unter der Verantwortung des Direktors zusammen. Werner Haftmann (Amtszeit 1967-74) verband die beiden Sammlungsteile und sorgte durch wichtige Ankäufe und internationale Ausstellungen für neues Interesse. Die ausgelagerte, zerrissene und dezimierte Sammlung kehrte – durch die Zusammenlegung der Berliner Bestände und

auch der Etats gestärkt – wieder in den Kreis der großen europäischen Museen zurück. Die Sammlung hat sich inzwischen aus nationalen Anfängen ins Europäische und Internationale entwickelt und wird durch den 1977 wiederbegründeten ›Verein der Freunde der Nationalgalerie‹ tatkräftig unterstützt. 1986 wurde als Dependance im Neuen Flügel des Charlottenburger Schlosses (s. S. 285) wegen des inzwischen eingetretenen Raummangels im neuen Gebäude die **Galerie der Romantik** (s. S. 89) eingerichtet mit Werken des frühen 19. Jh. (Biedermeier, Caspar David Friedrich, Schinkel, Blechen), die in einem zukünftigen Neubau wieder mit den alten Beständen vereint werden sollen.

Dieter Honisch

Baugeschichte und -beschreibung

Seit seiner Eröffnung am 15. September 1968 war Mies van der Rohes Gebäude der Neuen Nationalgalerie ein architektonisches Monument, das in seiner Berühmtheit und Anziehungskraft mit den darin ausgestellten Sammlungen konkurrierte. Die Stahlkonstruktion einer Glashalle mit freitragendem, quadratischem Dach knüpft an eine Reihe ähnlicher Hallenprojekte an, die im Werke Mies van der Rohes zentrale Bedeutung hatten. Im Vordergrund stand dabei die Idee einer reinen Architektur, die gerade wegen ihrer Reinheit und Konsequenz für jede Art von Funktion zu gebrauchen sein sollte.

Die erste Fassung dieses Bautyps entwarf Mies 1957 für ein Bürogebäude in Kuba, das aber nie ausgeführt wurde. Mies verwandte

2

dieselbe Idee erneut, als er 1961 aufgefordert wurde, für die Sammlung Schäfer in Schweinfurt ein Gebäude zu errichten. Als ihm jedoch kurz danach der Berliner Auftrag angetragen wurde, zog Mies seinen Entwurf mit Billigung des Schweinfurter Auftraggebers dort zurück und übernahm ihn in vergrößerter Form für das Berliner Museum. Die Ausführung des Baus begann 1965 und wurde 1968 abgeschlossen.

Mies van der Rohe selbst hat eine Beziehung gesehen zwischen seiner einem Tempel vergleichbaren Halle und den klassizistischen Bauten Schinkels und seiner Nachfolger, mit denen die Geschichte der Berliner Museen und der Nationalgalerie so untrennbar verbunden ist.

Die Aufgabenstellung für das Museum in Berlin bestand darin, Räume für eine ständige Sammlung aus Gemälden, Skulpturen und Zeichnungen und für wechselnde Aus-

stellungen moderner Kunst zu schaffen. Die ständigen Sammlungen wurden in dem überwiegend künstlich beleuchteten Untergeschoß untergebracht. Für Wechselausstellungen wurde die Halle aus Stahl und Glas vorgesehen, die sich auf diesem Sokkelgeschoß erhebt und die von außen gesehen eigentlich das Gebäude der Neuen Nationalgalerie ausmacht. Das untere Geschoß öffnet sich nach einer Seite zu einem Skulpturengarten, der die ganze Breite des Hauses einnimmt. *Lucius Grisebach*

Sammlungsbestände

Adolph von Menzel

Die umfangreiche Sammlung der Gemälde und Zeichnungen Menzels (1815-1905) entstand am Ende des vorigen Jahrhunderts. Ein großer Teil gelangte nach dem Tod 1905 aus dem Nachlaß in die Nationalgalerie.

3

Selbst nach der Teilung der Bestände verwahrt die Nationalgalerie noch 40 Gemälde und Pastelle. Sie lassen sich in zwei größere Komplexe einteilen: die frühen, in den Jahren 1845-48 entstandenen Bilder aus dem zeitgenössischen Berlin, wie die berühmte *Berlin-Potsdamer Eisenbahn* (1847) oder *Das Balkonzimmer* (1845), und die Bilder zur preußischen Geschichte, deren bekanntestes *Das Flötenkonzert* (1852) ist. Aus heutiger kunsthistorischer Sicht gründet die Bedeutung Menzels für die Malerei des 19. Jh. auf den frühen realistischen, den Impressionismus ankündigenden Gemälden. Es handelt sich um skizzenhaft angelegte Bilder, die Motive des vormärzlichen Berlin, Ausblicke auf Häuser und Gärten, aber auch Interieuransichten zum Thema haben. Dabei ging es dem Künstler nicht darum, die Prachtstraßen photographisch genau ins Bild zu setzen. Er zeigte die Stadt dort, wo sie expandierte, wo gebaut wurde, wo sie in Konflikt mit der Natur geriet. Kennzeichnend für diese Bilder ist das Unfertige und Bruchstückhafte, das keinen Überblick über das Ganze erlaubt.

In den 50er Jahren wandte sich Menzel vor allem den friderizianischen Historiendarstellungen zu. Keine übergroßen, blutleeren Verherrlichungen, sondern eher anekdotische Szenen aus dem Leben Friedrichs des Großen: der König beim Flötenspiel oder auf Reisen. Es ging nicht um pathetische Weltgeschichte, sondern um die Darstellung einer ganz bestimmten historischen Situation. Der absolutistische Fürst wird mit den bürgerlichen Augen des 19. Jh. geschildert. Grundsätzlich ähnlich verhält es sich mit den Bildern zur Zeitgeschichte. In der *Abreise König Wilhelms I. zur Armee am 31. Juli 1870*

(1871) geht der Herrscher in der bunten Volksmenge unter, ist ihr nicht mehr über-, sondern zugeordnet.   *Angela Schneider*

Deutsch-Römer
Die Malerei der Deutsch-Römer wird von philosophischem Gedankengut, besonders von der Ideenlehre Platos, und den langjährigen Italienaufenthalten der Künstler geprägt. Anselm Feuerbach (1829-80) griff die großen Themen der griechischen Antike (z. B. Medea, Iphigenie) auf und illustrierte mit feierlichen, zuweilen monumentalen Figuren und eleganten, kühlen Farben das klassische Bildungsideal. Auch seine Stimmungsbilder wirken streng und stilisiert. Die in ihnen auftretenden Menschen scheinen verinnerlicht und bleiben ihrer Umgebung ebenso entrückt wie dem Betrachter. Selbst Szenen, in denen sie mit der Natur in eine innige Beziehung treten, spiegeln die melancholische Sehnsucht nach den arkadischen Landschaften des Südens wider.

Bei Arnold Böcklin (1827-1901) tritt zu einer lebhaften Erfindungsgabe die Vorliebe für ein machtvolles, oftmals grelles Kolorit. Eine Neigung zu phantastischen Elementen läßt einige seiner Bilder vordergründig überspannt erscheinen. Fabelwesen bevölkern die mit bezwingender Eindringlichkeit geschilderten Landschaften; ihre theaterhafte, gestenreiche Körpersprache will Empfindungen sichtbar machen. Böcklins allegorisch überhöhte Werke wurden zu suggestiven Sinnbildern idealer Vorstellungen von Werden, Sein und Vergehen. Seine »Suche nach dem Inneren im Äußeren« verbindet ihn mit der symbolistischen Malerei und beeinflußt noch den Surrealismus unseres Jahrhunderts.

Mehr als um thematische Neugestaltung ging es Hans von Marées (1837-87) um die formale Auseinandersetzung mit den antiken Vorbildern. Mit breiten Pinselstrichen und klaren Farben schuf er in den Fresken der Zoologischen Station in Neapel – *Die Ruderer* (1873) gehören zu den Vorstudien – Lebensbilder von ewiger Gültigkeit. In Szenen aus dem Tageslauf von Fischern und Bauern verbinden sich die klassischen Gestalten und die Landschaft zu einer zeitlosen Erscheinung, mit der die idealistische Malerei eine neue Sinngebung erhält. *Elke Ostländer*

Französische Realisten und Impressionisten

Zu den Vorläufern und Anregern einer impressionistischen Sicht der Natur gehören die Künstler der Schule von Barbizon. Charakteristische Beispiele ihrer intimen Auffassung von der Landschaft sind Théodore Rousseaus *Landschaft bei Barbizon* (1853) und Constant Troyons *Holzfäller* (um 1855). Daubignys *Frühlingslandschaft* von 1862 bildet mit tonig aufgehellten und locker aufgetragenen Farben eine unmittelbare Vorstufe zum Impressionismus. Fast monochrom gemalt ist Daumiers *Don Quichote und Sancho Pansa* (um 1866), zugleich monumental und expressiv.

Von dem führenden Maler des Realismus in Frankreich, Gustave Courbet (1819-77), besitzt die Nationalgalerie drei Landschaften, alle in den 60er Jahren entstanden. Sowohl die *Felsen von Etretat* als auch *Die Welle* wurden am gleichen Ort zur selben Zeit

3

1 *Edouard Manet,*
Im Wintergarten, *1879,*
Öl/Lw., 115 × 150 cm

2 *Gustave Courbet,*
Die Welle, *1869/70,*
Öl/Lw., 112 × 144 cm

3 *Claude Monet,*
St. Germain l'Auxerrois
in Paris, *1866, Öl/Lw.,*
79 × 98 cm

(1869/70) gemalt. Courbets ganz unkonventionelle und revolutionäre Spachteltechnik verleiht solchen Kompositionen Härte und Kraft.

Zu den Schwerpunkten des Bestandes zählen Werke der Impressionisten von Manet bis Renoir, meist Geschenke Berliner Bürger, die auf Initiative Hugo von Tschudis schon seit 1896 (z. B. Manets *Im Wintergarten*) in das Museum einzogen. Der 1879 gemalte *Wintergarten* Manets (1832-83), eines seiner Hauptwerke, zeigt das dem Maler befreundete Ehepaar Guillemet vor einem Fond wuchernder Treibhauspflanzen. Manets fast schattenlose Palette, die Flächigkeit der Bildanlage, die Modernität seiner Themen ließen ihn zum Vorkämpfer der damals verspotteten Impressionisten werden. In der strengen Komposition, die Manets Schulung an alten Meistern verrät, wird die weltstädtische Eleganz des Paars fast ins Erhabene gerückt. Zu den wenigen Bildern, die Manet im Freien malte, gehört das *Landhaus in Reuil* von 1882, in Nahansicht gegeben mit kühnen Überschneidungen. Hier wohnte der damals schon kranke Maler im Sommer. Zu seinen letzten Werken zählt *Der Fliederstrauß* (um 1882), kein vielfarbiges Arrangement, sondern eine auf feinste Nuancierungen des Weiß beschränkte summarisch abkürzende Apotheose des Blühens vor dunklem Grund.

1866 entstand Claude Monets (1840-1926) Kirche *St. Germain l'Auxerrois*. Gleichmäßiger Farbauftrag und eine reduzierte Farbskala lassen das Flächige der Komposition hervortreten. An den als Farbtupfen hingesetzten Figuren unter den Bäumen zeigt sich klar der Durchbruch zur impressionistischen Technik. Aus der berühmten Periode von Argenteuil stammen *Häuser in Argenteuil* (1873) und *Sommer* (1874). Hier erreichen der impressionistische Stil kurzer Farbstriche und die Intensität des Lichtes ihren Höhepunkt. In dem mit barockem Furioso gemalten *Vétheuil sur Seine* von 1878 verschmelzen die einzelnen Bildelemente Fluß, Insel, Kirche und Himmel.

In Auguste Renoirs (1841-1919) *Im Sommer,* einem Frühwerk von 1868, posiert sein Lieblingsmodell jener Jahre, Lise Tréhot, im Halbschatten eines Baumes, als Zigeunerin mit aufgelöstem Haar. Im *Blühenden Kastanienbaum* von 1881 sind dann durch kühne Allfarbigkeit Ferne und Nähe farbig in die Bildebene integriert, die Perspektive vernachlässigt. Zu Renoirs Hauptwerken zählt *Der Nachmittag der Kinder in Vargemont* (1884), sein bedeutendstes Gruppenporträt von großem Format.

Vincent van Goghs (1853-90) *Moulin de la Galette* entstand während seines Pariser Aufenthaltes 1886 und zeigt den Künstler im Begriff, sich von den schweren erdhaften Farbtönen der holländischen Frühzeit zu lösen.

Pierre Bonnards (1867-1947) monumentales Bild *Die Familie Terrasse im Garten* von 1896 war als achtteiliger Wandschirm konzipiert. Als ein Hauptwerk der ›Nabi‹-Periode Bonnards verbindet es die kühne ›japonisieren-

Edvard Munch, Harry Graf Kessler, *1906, Öl/Lw., 200 × 84 cm*

de‹ Flächigkeit mit ornamentaler Stilisierung und der gedämpften Palette der 90er Jahre.

Peter Krieger

Deutsche Impressionisten

Der deutsche Impressionismus ist vertreten mit einer Gruppe wichtiger Bilder von Max Liebermann (1847-1935), Lovis Corinth (1858-1925) und Max Slevogt (1868-1932). Im 1889 gemalten *Stevenstift in Leyden* kündigt sich Liebermanns Übergang zu einer freien, pastosen Maltechnik an. Diese wird großzügiger und lockerer bei dem helleren Bild *Landhaus in Hilversum* von 1901, in dem die Verehrung für Manet mitzuschwingen scheint. Im *Selbstbildnis* von 1925 tritt uns der 78jährige Liebermann souverän an der Staffelei entgegen, gealtert und hager, aber mit hellwachem, forschendem Blick.

Gleich Liebermann fand auch der Ostpreuße Corinth um 1890 zur Lichtmalerei und errang bald in Berlin höchstes Ansehen mit seiner vitalen, farbkräftigen Handschrift. Porträts wie *Familie Rumpf* (1901) oder *Donna Gravida* (1909) erweisen Corinth als Meister in der spontanen Erfassung von Charakteren. Schil-

dert er in *Donna Gravida* den Zustand seiner Frau Charlotte als werdende Mutter mit höchster Behutsamkeit und zarten Tönen, so gibt er im Bildnis *Lotte Roll* (1902) die sprühende Beweglichkeit des Kindes. Hoch aufgereckt zeigt sich Corinth selbst in seiner schweren Körperlichkeit, einsam und grüblerisch im monumentalen *Selbstbildnis* des Jahres 1919. In der furios gemalten *Inntal-Landschaft* von 1910 wird schon die späte expressive Phase seiner Kunst vorweggenommen, die schließlich in Werken wie *Walchensee mit Lärche* (1921), *Schloßfreiheit in Berlin* (1923) und dem *Trojanischen Pferd* (1924) ihre dynamisch farbtrunkene Erfüllung findet.

Max Slevogt, seit 1901 in Berlin, brachte in den deutschen Impressionismus ein barokkes süddeutsches Element. Im *Trabrennen* von 1907 wird die rasende Bewegung der Pferde im Sonnenlicht zum malerischen Hauptproblem. In der *Seelenmesse der St. Georgsritter* (1908) fesselte ihn die vom Kerzenschein erhellte romantische Szenerie. Zu den Höhepunkten seines Schaffens gehört das *Zitronenstilleben* (1921), worin sich vor dunklem Grund in Tafelgeräten und Früchten die hellsten Töne seiner Palette sprühend entfalten. *Peter Krieger*

Klassische Moderne

Im allgemeinen bezeichnen wir mit dem Begriff der Klassischen Moderne die ersten zwei Jahrzehnte dieses Jahrhunderts, all die Kräfte, die mit großem Enthusiasmus und auch großen Zweifeln einer neuen Zeit und einer neuen Gesellschaft entgegen gingen, dann aber durch die politische Wirklichkeit verdrängt und behindert wurden: Vorexpressionismus, Expressionismus, Kubismus, Fauvismus, Orphismus, Konstruktivismus und Bauhaus, Dada, Surrealismus und Neue Sachlichkeit.

Für die Nationalgalerie ist es die Zeit, die durch die Sammeltätigkeit Justis ausgefüllt und von den Nationalsozialisten wieder annulliert worden ist. Alles, was die Nationalgalerie aus diesem Zeitraum besitzt, ist nach dem Krieg erworben worden, von Adolf Jannasch für die Galerie des 20. Jahrhunderts, von Leopold Reidemeister, von Werner Haftmann und nun auch in neuerer Zeit für die vereinigten Sammlungen.

Obwohl der Verlust nicht mehr aufzuholen ist, so sind doch wichtige und entscheidende Erwerbungen gelungen, die den alten Bestand wenigstens in einigen Positionen mit den neueren Ankäufen verbinden.

Die Jahrhundertwende, ein Stiefkind der Sammlung, konnte erst in jüngster Zeit in wesentlichen Stücken belegt werden: Der *Lebensfries* (1906/07) von Edvard Munch für

1 *Erich Heckel,* Dorftanz, *1908, Öl/Lw., 67 × 74 cm*

2 *Ernst Ludwig Kirchner,* Der Belle-Alliance-Platz in Berlin, *1914, Öl/Lw., 96 × 85 cm*

3 *Pablo Picasso,* Sitzende Frau, *1909, Öl/Lw., 100 × 80 cm*

Max Reinhardt, aber auch das Bildnis von *Harry Graf Kessler* (1906), diesem großen Förderer moderner Kunst in der Weimarer Republik, kamen in die Sammlung, dazu der *Redner* (1912) von Hodler und *Kniende Mutter mit Kind* (1907) von Paula Modersohn-Becker. Reidemeister erwarb wichtige Werke von Kirchner, Heckel und Schmidt-Rottluff, aber auch die *Stützen der Gesellschaft* (1926) von George Grosz und *Flechtheim* (1926) von Dix. Jannasch wieder wandte sich Beckmann zu. *Geburt* und *Tod,* aber auch das *Familienbild George* gehen auf seine Initiative zurück. Haftmann fügte den *Vogel* (1940) von Brancusi und *Capricorne* (1948-64) von Max Ernst hinzu sowie Werke von Kokoschka, Lehmbruck und Klee.
In jüngerer Zeit konnten mit dem präkubistischen Bild *Sitzende Frau* (1909) von Picasso, dem *Eiffel-Turm* (1928) von Delaunay und den *Zwei Schwestern* (1935) von Léger schmerzliche Lücken geschlossen werden.
Der ›Verein der Freunde‹ erwarb aus dem Nachlaß von Hannah Höch ein wichtiges Dada-Ensemble mit frühen Werken von Schwitters und Arp.
Natürlich läßt diese Aufzählung nicht erkennen, wie hier wieder Komplexe zusammenwachsen, die den Gedankengang der Künstler deutlich machen. So bilden sich zum Teil verlorene und wiederhergestellte, aber auch völlig neue Schwerpunkte, die der Nationalgalerie ihre alte Bedeutung im Bereich der Klassischen Moderne zurückgeben.

Dieter Honisch

1 *Fernand Léger,* Die zwei Schwestern, *1935, Öl/Lw., 162 × 114 cm*

2 *Robert Delaunay,* Eiffel-Turm, *1928, Öl/Lw., 350 × 260 cm*

3 *Otto Dix,* Der Kunsthändler Alfred Flechtheim, *1926, Öl/Holz, 120 × 80 cm*

4 *George Grosz,* Stützen der Gesellschaft, *1926, Öl/Lw., 200 × 108 cm*

5 *Max Beckmann,* Tod, *1938, Öl/Lw., 121 × 176,5 cm*

3   4

5

Max Beckmann

Zu den Kernstücken der Sammlung des 20. Jh. zählen die elf Gemälde Max Beckmanns (1884-1950). Sie wurden alle nach dem Krieg erworben, um die ehemaligen, durch die Aktion ›Entartete Kunst‹ beschlagnahmten Bestände zu ersetzen. Die Bilder aus den Jahren 1906-42 erlauben einen guten Überblick über die Entwicklung seines Schaffens. Zeigen ihn die beiden ersten Gemälde noch in der Auseinandersetzung mit der Kunstgeschichte, so gehört das *Frauenbad* zu den ersten Bildern nach der Stilwende 1918-19. Die nun unverkennbar Beckmannschen Bildmittel – geschlossener, kastenartiger, mit Menschen dicht besetzter Bildraum und die grobe Umrißzeichnung – erklären sich aus den neuen Bildinhalten, die um die Themen Unheil, Bedrohung und Sexualität kreisen und die grauenvollen Kriegserlebnisse verarbeiten. Das Thema Frauenbad wird wohl auf spätmittelalterliche Darstellungen zurückgehen. Bedrohung spricht bereits aus dem Ort, der einem Luftschutzkeller gleicht, und aus den verzerrten Gesichtern der Frauen.

Die Gemälde der 30er Jahre, das *Familienbild George* (1935) und *Geburt* (1937) und *Tod* (1938) zeichnen sich durch eine freie, malerische Entfaltung der Linie und der Farbe sowie durch eine unmittelbare Symbolsprache der Dinge aus. *Geburt* und *Tod,* im Amsterdamer Exil entstanden, sind als Gegenstücke zu verstehen. Sie gleichen einander in der Malweise, teilweise in der Komposition und in dem verschlüsselten Inhalt. Den *Tod* hat Beckmann einer mündlichen Überlieferung nach auf die Nachricht vom Freitod Kirchners gemalt. Das Werk gibt die Visionen einer Sterbenden wieder, die Bilder ihres verloschenen Lebens in neuer Zusammenordnung sieht. Beckmann hat zur Darstellung des eigentlich Undarstellbaren auf Quellen aus der anglo-indischen Theosophie

zurückgegriffen, die im einzelnen sehr kompliziert sind. Die Gesetze von Zeit und Raum – das wird sofort sichtbar – sind hier aufgehoben. *Angela Schneider*

Amerikaner

Die Kunstszene, die im 19. und in der ersten Hälfte des 20. Jh. von Paris geprägt war, fand nach dem Zweiten Weltkrieg in New York ein neues Zentrum. Das Klima dort wurde maßgeblich beeinflußt von den Emigranten, die unter dem Druck des Naziregimes Europa verlassen mußten. Duchamp, Mondrian und Max Ernst gingen nach Amerika, aber auch Beckmann, viele Lehrer des Bauhauses, von denen neben den Architekten Gropius und Mies van der Rohe besonders Albers (1888-1976) weitreichende Wirkung ausübte. Zahlreiche amerikanische Künstler waren am Black Mountain College und später an der Yale University seine Schüler. Die Nationalgalerie besitzt vier Werke von ihm, die er *Hommage to the Square* (1959/65/67) nannte und in denen er sein künstlerisches Grundprinzip, die ›Interaction‹, die Wechselwirkung der Farbe, in einem nahezu identischen Formschema zu ganz unterschiedlichen Bildlösungen führte. Doch während seine Arbeiten bescheidene Abmessungen hatten, die noch am europäischen Tafelbild festhielten, dehnten die Amerikaner in dem Bestreben nach größerer Nähe und mehr Sinnlichkeit die Bilder zu Aktionsfeldern, wie Pollock, oder zu Farbfeldern, wie Barnett Newman (1906-70). *Who's Afraid of Red, Yellow and Blue IV* von 1969/70 ist das letzte Bild einer Serie zu diesem Thema und das letzte von Newman überhaupt, in dem er versuchte, die Farbe aus ihren Bedeutungsansprüchen und ideologischer Bevormundung (Mondrian) zu lösen und als eigene Realität zu sehen. Ihn interessierte der Moment, in dem Farbe durch Ausdehnung und Intensität eine neue Qualität annahm.

Paul Klee, Abfahrt der Schiffe, *1927, Öl/Lw., 51 × 65,5 cm*

Frank Stella (geb. 1936) wieder will in seinen ›shaped canvases‹ wie *Sanbornville I* (1966) den Dualismus zwischen Bild und Darstellung in einem neuen Bildobjekt überwinden. Werke von Kelly, Louis, Held und Plastiken von Serra, Morris und Sol LeWitt schließen sich an. *Dieter Honisch*

Nouveaux Réalistes und Zero

In den letzten Jahren gelang es der Nationalgalerie, die moderne Sammlung mit wesentlichen Arbeiten von Fontana, Yves Klein, Arman, Tinguely, Christo sowie Uecker, Piene und Mack zu erweitern. Diese Künstler, die sich Ende der 50er Jahre in lockeren Grup-

Max Ernst, Capricorne, *1948-64, getönter Gips, 247 × 210 × 155 cm*

Frank Stella, Sanbornville I, *1966, fluoresz. Alkyd- u. Epoxitfarbe/Lw., 371 × 264 × 10 cm*

pierungen als ›Nouveaux Réalistes‹ und Gruppe ›Zero‹ zusammenfanden, versuchten einen neuen Anfang, indem sie den entleerten Ausdrucksgesten und Ichdarstellungen des Informel mit einer neuen konkreten Bildrealität entgegentraten und u.a. reale Gegenstände verwandten. Aus diesem Grund nannte Yves Klein (1928-62) die 1960 in seiner Pariser Wohnung gegründete Gruppe Nouveaux Réalistes. Setzte Arman (geb. 1928) seine bildähnlichen Assemblagen aus alltäglichen Gebrauchsgegenständen wie Löffeln oder Kannen zusammen, so fabrizierte Tinguely (geb. 1925) gleichsam ›nonsense‹-Maschinen aus Schrott. Yves Klein arbeitete bereits seit Ende der 40er Jahre daran, die reine Farbe durch Verwendung von purem, unbehandeltem Pigment auf unterschiedlichen Bildträgern wie Sperrholzplatten oder

Objekten zur Wirkung zu bringen. Von ihm, aber auch von den beiden Italienern Fontana (1899-1968) und Manzoni (1933-63), die mit zentralen Stücken vertreten sind, wie den *Nature* (1959/60), großen zwischen geometrischer Form und amorphem Wachstum befindlichen Kugeln, gingen entscheidende Impulse auf die neue Generation in Deutschland aus, die sich in Düsseldorf konzentriert hatte. 1957 begannen im Atelier von Piene (geb. 1928) die Atelierausstellungen, in denen die neuen Arbeiten der Öffentlichkeit jeweils für einen Abend präsentiert wurden. Piene trat mit Rauchbildern hervor, und Mack (geb. 1931) zeigte seine Weiß- und Schwarzraster, die klar und beherrscht wirkten. Später kam Uecker (geb. 1930) mit seinen Nagelstrukturen hinzu. Die Zeitung ›Zero‹ entstand, die der Gruppe den Namen gab.

Angela Schneider

Lucio Fontana, Nature, *1959/60, getönter Gips*

51 Naturwissenschaftliche Sammlungen

Museum im Aufbau

Künftiger Standort: 19 (Charlottenburg), Schloßstraße 69 (Auskunft erteilt bis auf weiteres Dr. Dieter Jung, Telefon 8 38 39 42)
Verkehrsverbindung: U-Bahnhof Sophie-Charlotte-Platz, Richard-Wagner-Platz; Bus 9, 21, 54, 62, 74, 87

Träger: Fördererkreis der naturwissenschaftlichen Museen Berlins e.V.
Vorstand: Prof. Dr. B. Krebs (Vorsitzender; FU Berlin, Inst. f. Paläontologie), Prof. Dr. H. Kallenbach (stellvertr. Vorsitzender; TU Berlin, Inst. f. Geologie u. Paläontologie), Dr. Edith Fendler (TU), Prof. Dr. W. Greuter (Direktor Botanischer Garten u. Botanisches Museum), Prof. Dr. H.-G. Klös (Direktor Zoologischer Garten u. Aquarium)
Geschäftsführer: Dr. Dieter Jung, Fritz Doerr

Sammlung: Bio- und geowissenschaftliche Exponate

Präsenzbibliothek mit ca. 1100 Monographien, 600 Zeitschriften-Bänden; 10 000 Separata

Publikationen: ›Schmetterlinge in Berlin-West‹, Teil I, 1983; Teil II, 1987

Sammlungsgeschichte

Nach Kriegsende 1945 kamen die Restbestände früherer naturwissenschaftlicher Museen Berlins in die Verwaltung wissenschaftlicher Institute. Hierzu gehörten z.B. Bestände des Deutschen Entomologischen Museums und der Bienenkundlichen Sammlung in Dahlem sowie des Mineralogisch-geologischen Museums der Technischen Hochschule in Charlottenburg. Hinzu traten im Laufe der Jahrzehnte Sammlungen aus Nachlässen und wissenschaftliches Belegmaterial aus der Arbeit der Universitäten.

Mit der zunehmenden Bedrohung vieler Tierarten entstand im letzten Jahrzehnt zusätzlich die Aufgabe, durch Präparierung und Konservierung Anschauungsobjekte von Tieren zu erhalten, die vermutlich im Zoo nicht mehr zu zeigen sind.

1978 wurde der ›Fördererkreis der naturwissenschaftlichen Museen Berlins e.V.‹ gegründet. Zu seinem Ziel, die weit verstreuten und meist unzulänglich untergebrachten Bestände zu vereinigen und allgemein zugänglich zu machen, wird 1987/88 ein erster Schritt getan: Neben dem Ägyptischen Museum (s. S. 12) werden in einem von den Architekten Schüler und Schüler-Witte umgebauten Gebäude der Nachkriegszeit die ›Naturwissenschaftlichen Sammlungen‹ eingerichtet. Es entstehen dort Magazin- und Arbeitsräume. In einem Schauraum sollen nicht nur Großobjekte präsentiert werden, sondern auch zeitweilig Sonderausstellungen zu biologischen und geowissenschaftlichen Themen.

Sammlungsbestände

Biologische Sammlungen

Bei der Konservierung bedrohter Arten sind eine Reihe von Schwerpunkten gesetzt. Der **Bär** als Wappentier Berlins ist Anlaß zu einer besonderen Berücksichtigung dieser Tiergruppe. Mittelpunkt dieser Sammlung ist die Dermoplastik der Panda-Bärin ›Tjen-Tjen‹, die 1979 als Staatsgeschenk der Volksrepublik China an die Bundesrepublik Deutschland nach Berlin kam. Dieses seltene Schaustück wurde in den vergangenen Jahren auch an andere deutsche Museen entliehen und hat großes Interesse gefunden.

Im Bereich der **Vögel** gilt die Bemühung besonders der Bewahrung von Greifvögeln und Eulen. Hier wie auch bei den **Reptilien** werden bevorzugt Objekte verwahrt, die nach den Bestimmungen des Washingtoner Artenschutz-Abkommens und des Naturschutzgesetzes von den Behörden eingezogen wurden.

Können Tiere nicht insgesamt präpariert werden, werden Skelett oder Schädel erhalten. Hervorragende Objekte sind das ca. 5 m lange Skelett des See-Elefanten ›Bolle‹ und das seiner Tochter ›Antje‹. Mit diesem Weibchen wuchs erstmalig in der Gefangenschaft ein See-Elefant zum Jungtier heran (Berliner Zoo 1977).

Unter den **Insektensammlungen** befinden sich eine Reihe bekannter Bestände, so die Rosenkäfersammlung Schauer, die von Dannenberg gezogenen Schwärmerhybriden, die Rindenlaus-Sammlung Enderlein mit etli-

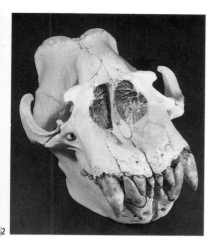

chen Typen und der Gesamtbestand der Blattlaus-Sammlung Heinze nebst dazugehörigen Manuskripten, Zeichnungsoriginalen usw. Auch im Bereich der Insektenkunde sind Sammelschwerpunkte zu nennen: Der bienenkundliche Bestand wird weiter ausgebaut und der im Krieg vernichtete Bestand ersetzt. Zum Thema des Seidenbaus konnte u.a. eine Sammlung von 64 Edikten zur Maulbeerkultur und Seidenraupenzucht im Preußen des 18. Jh. erworben werden, die die wohl umfassendste Dokumentation in Berlin darstellt.

Auch viele große **Muscheln** und **Meeresschnecken** sind heute in ihrem Fortbestand bedroht – dies demonstriert die Schale einer ca. 700 kg schweren Mördermuschel (Tridacna), die ebenfalls zu den vom Zoll eingezogenen Objekten gehört. Der Bereich der Molluskengehäuse oder Conchylien ist außerdem mit den Sammlungen Günther, Neumann u. a. vertreten.

Magaziniert ist schließlich die **Phytopathologische Sammlung**, mit ca. 4500 Präparaten die größte mitteleuropäische Belegsammlung zu Pflanzenschädigungen aller Art.

Geowissenschaftliche Sammlungen

Besondere Beachtung verdienen hier die Sammlungen und Nachlässe Berliner Privatsammler und Wissenschaftler. Die Sammlung Thiergart, Apotheker in Berlin-Frohnau, umfaßt ca. 3000 **paläobotanische Präparate** aus der Eifel, Skandinavien und Afrika.

Umfangreiches **Riffmaterial** stammt von Schröder (zur Zeit Berlin) aus der Bahama-Expedition 1971-72, gefördert von der Deutschen Forschungsgemeinschaft. Der Nachlaß Barthel, des Mitbegründers und ersten Vorsitzenden der jetzigen Trägerorganisation, umfaßt **Fossilien und Schliffe** aus dem Fränkischen Jura und Frankreich sowie rezente Mollusken aus Australien und von den Bahamas. Die von ihm geborgenen afrikanischen Wirbeltierfossilien warten noch auf ihre wissenschaftliche Bearbeitung, bevor sie für eine Aufbewahrung im Museum zur Verfügung stehen. Darunter befindet sich das Skelett eines Sauriers aus der Verwandtschaft des Iguanodon, das mit einer geschätzten Kopfhöhe von 4–5 m eben noch Aufnahme im großen Ausstellungsraum finden könnte. Die Großsaurier werden zur Zeit durch den Abguß eines ca. 1 m langen Tyrannosaurus-Schädels repräsentiert.

Von besonderer Bedeutung für die Bodengeschichte Berlins sind die Geschiebesammlungen und Fossilien eiszeitlicher Wirbeltiere, Schwerpunkte, die weiter gepflegt werden sollen. Dies gilt auch für das Thema der

Biologie und Geologie der Riffe; der Aufbau eines Riff-Dioramas ist beabsichtigt.

Einen besonders schönen Mineralienbestand bietet schließlich noch die Sammlung Hedwig Wilkens, einer Berliner Lehrerin. Besonders der Bereich der Quarze ist darin mit Stücken vertreten, die heute so kaum noch zu finden sind.   *Dieter Jung*

1 Große Panda-Bärin ›Tjen-Tjen‹

2 Schädel des See-Elefanten-Bullen ›Bolle‹

3 Backenzahn eines Mammuts, *Fundort Berlin/Havel, ca. 400 000 Jahre alt, Länge ca. 40 cm*

4 Bergkristallgruppe, *im Hintergrund:* Röntgen-Diagramm eines Bergkristalls

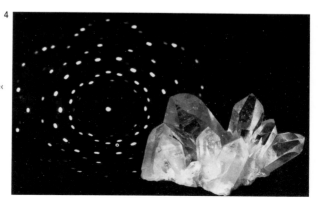

52 Arbeitsgruppe Pädagogisches Museum

Museum im Aufbau

Geschäftsstelle: 33 (Dahlem), Schorlemer Allee 23, Telefon 8 24 11 11
(Auskunft erteilt Karl-Walter Beise)
Bestandsbesichtigung nur nach Voranmeldung

Träger: Arbeitsgruppe Pädagogisches Museum e. V.
Vorstand: Prof. Dr. Georg Rückriem, Dr. Ilona Zeuch
Geschäftsführer: Karl-Walter Beise

Sammlung: Exponate zum Schul- und Erziehungswesen unter historischen, sozialen und politischen Gesichtspunkten

Publikationen: s. Text

Sammlungskonzept

Die Arbeitsgruppe Pädagogisches Museum (Verein zur Gründung und Förderung eines Schulmuseums in Berlin) betreibt seit 1976 kontinuierlich die Vorbereitungen zur Einrichtung eines deutschen Schulmuseums in Berlin. Dies muß bisher ohne ein eigenes Museumsgebäude geschehen. Die Sammlung ist auf Lagerräume verstreut.

Der von der gängigen Bezeichnung ›Schulmuseum‹ abweichende Vereinsname Pädagogisches Museum zielt auf den doppelten Zweck des Vereins: erstens Sammlung, Bewahrung, wissenschaftliche Auswertung, Veröffentlichung und sonstige öffentliche Widmung von Material, das der Gründung und Förderung eines Schulmuseums in Berlin dienlich ist; Erforschung der Entwicklung von Bildung und Erziehung unter historischen, sozialen und politischen Gesichts-

Schautafeln, *19.-20. Jh.*

punkten; Erforschung der Geschichte, der Gegenwart und der zukünftigen Entwicklung des deutschen Schul- und Erziehungswesens, der gesellschaftlichen Grundlagen der Pädagogik sowie Erprobung, Realisierung und Auswertung von Vorschlägen, Verfahren und Methoden der Museums- und Ausstellungspraxis.

Aktivitäten

Ohne festen Ausstellungsort war und ist das Pädagogische Museum gezwungen, die Sammlungsgegenstände und die inhaltliche Konzeption in wechselnden Ausstellungen zu präsentieren. Der noch relativ kleine Sammlungsbestand umfaßt das ganze Spektrum schulgeschichtlich relevanter Objekte vom Schulbuch bis zur Schulbank. Der erste Teil eines Bestandskatalogs schulhistorisch herausragender Objekte an Berliner Schulen gibt einen Überblick über mehrere tausend Exponate, die ein zukünftiges Museum zu betreuen hätte.

Die Ausstellung ›Hilfe Schule‹ stellte die sozialgeschichtliche Konzeption des Pädagogischen Museums erstmalig einer breiten Öffentlichkeit vor. Im historischen Durchgang wurden 150 Jahre Berliner Volksschulgeschichte dargestellt (vgl. ›Hilfe Schule – Ein Bilderlesebuch über Schule und Alltag – 1827 bis heute‹, Berlin 1981; ›Hilfe Schule – Geschichten für Schüler‹, Berlin 1981; ›Hilfe Schule – Dokumentation, Meinungen und Erfahrungen‹, Berlin 1983).

1983 hatte eine zweite große Ausstellung die Volksschule von 1933 bis 1945 zum Thema. Ein umfangreiches Sachbuch dokumentiert diesen Versuch einer Darstellung des Schulalltags unter dem Nationalsozialismus (vgl. ›Heil Hitler, Herr Lehrer – Volksschule 1933 bis 1945‹, Reinbek 1983).

Mit den zweimal jährlich erscheinenden ›Mitteilungen und Materialien‹ bietet die Arbeitsgruppe Pädagogisches Museum ein Forum schulhistorischer und museumspädagogischer Diskussion.

Die Arbeitsschwerpunkte liegen derzeit auf der Erweiterung der Sammlung, auf der Fortsetzung der Bestandserfassung in den Berliner Schulen und auf der Vorbereitung einer großen Ausstellung für Ende 1987.

Karl-Walter Beise

53 Plansammlung der Universitätsbibliothek der Technischen Universität Berlin

10 (Charlottenburg), Dovestraße 1-5, Telefon 3 14 31 16
Verkehrsverbindung: U-Bahnhof Ernst-Reuter-Platz; Bus 1, 90
Geöffnet: Montag bis Donnerstag 13-16 Uhr
Abweichend von der Feiertagsregelung (s. S. 8) Gründonnerstag, Osterdienstag und Pfingstdienstag geöffnet

Leiter: Dieter Radicke

Träger: Technische Universität Berlin

Sammlung: Architekturzeichnungen und -photographien zur preußischen und Berliner Architekturgeschichte des 19. und 20. Jh.

Publikationen: G. Peschken, U. Büchs, ›Sammlung historisch wertvoller Bauzeichnungen in Berlin‹, in ›Kunstforum‹ 38, 2/80 – G. Malz, D. Radicke, ›Vom Architekturmuseum zur Plansammlung‹, ›Die Plansammlung. Neuerwerbungen 1975-1985‹, beide in: ›Technische Universität Berlin, Aus der Chronik der Universitätsbibliothek 1884-1984‹, Berlin 1985 – Ausstellungskatalog

Sammlungsgeschichte

Die heutige Plansammlung wurde 1885 als Architekturmuseum an der Architekturabteilung der Technischen Hochschule Berlin gegründet. In der neuerrichteten Hochschule untergebracht, sollte das Architekturmuseum die vorhandenen Architektursammlungen, vor allem das Schinkel-Museum und die Callenbachsche Sammlung von Modellen mittelalterlicher Bauwerke, um die Architektennachlässe zunächst der Schinkel-Schüler erweitern und in die Gegenwart fortsetzen. Bis in die 20er Jahre unseres Jahrhunderts war die Arbeit des Architekturmuseums überwiegend auf die Architektenausbildung ausgerichtet, in deren Mittelpunkt Lehre und Anwendung historischer Bauformen und das Zeichnen nach historischen Vorbildern standen. Neuere Bauaufgaben, Industrie-, Siedlungs- und Städtebau, wurden deshalb zunächst ebensowenig im Museumsbestand dokumentiert wie die neue architektonische Formensprache um die Jahrhundertwende.

Anfang der 20er Jahre entschied die staatliche Kunstpolitik, das Schinkel-Museum aus dem Zusammenhang der Architektursammlungen an der Technischen Hochschule herauszulösen und der Nationalgalerie einzugliedern. Damit wurde zugleich die in der Berliner Fachwelt geführte Diskussion um die Errichtung eines nationalen Architekturmuseums in der Nähe der Technischen Hochschule und der Kunsthochschule beendet, die 1904 mit der Ausschreibung eines Architektenwettbewerbs, des Schinkel-Wettbewerbs, begonnen hatte. Der staatliche Eingriff in die Architektursammlungen an der Technischen Hochschule gab Anlaß zu einer Neuordnung des Architekturmuseums, die eine stärkere Hinwendung zur Öffentlichkeit zum Ziel hatte: Wechselnde Ausstellungen über zeitgenössische Architekten und aktuelle Bauaufgaben sollten nun in den Räumen stattfinden, die durch den Verlust des Schin-

Georg Theodor Schirrmacher, Lustschloß, entworfen von Schinkel. Nach den Grund- und Aufrissen, welche sich auf dem Schinkel-Museum befinden in Perspektive gesetzt von Schirrmacher, 1855, Zeichnung im 2. Studienjahr an der Bauakademie, Tuschfeder, Wasserfarben/ Karton, 65 × 103 cm

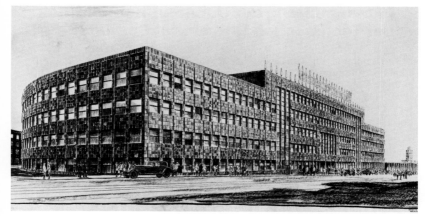

Hans Poelzig, Rundfunkhaus in Berlin, *um 1929, perspektivische Ansicht der Hauptfassade,* Kreide/Karton, 71 × 145 cm

kel-Museums freigeworden waren. Hingegen sollten die historischen Bestände des Museums, die ständige Schau- und Studiensammlung, wie in einer Denkschrift 1926 vorgeschlagen wurde, »ein Bild der Stilentwicklung im 19. und beginnenden 20. Jh. bieten, von der noch in klassischen Bahnen schreitenden Nachschinkelzeit an, (...) über die sich dem französischen und italienischen Renaissancestil zuwendende Folgezeit, der Zeit des Eklektizismus, des Jugendstils usw.«.

1932 mußte dieses Konzept wegen Raummangels an der Technischen Hochschule aufgegeben werden. Die gesamten Bestände an historischen Architekturzeichnungen und Baumodellen wurden ausgelagert und dem Verkehrs- und Baumuseum als Leihgabe überwiesen. Die dadurch vollzogene Trennung der aktuellen Ausstellungen von der ständigen Schau- und Studiensammlung lenkte die Entwicklung des Museums in andere Bahnen: Während die Ausstellungen noch einige Zeit lang in den Räumen der Technischen Hochschule stattfanden, wurden die historischen Bestände unter dem Namen ›Architekturarchiv‹, der Öffentlichkeit nicht mehr zugänglich, nun vor allem zum Gegenstand wissenschaftlicher Bearbeitung. Neben Publikationen entstand seit 1935 ein Zentralkatalog aller in deutschen Archiven aufbewahrter Bauzeichnungen. Durch die Kriegsereignisse gingen der Zentralkatalog sowie Baumodelle und große Teile der bedeutendsten preußischen Architektennachlässe des 19. Jh. verloren (Adler, Bötticher, Gilly, Hitzig, Langhans, Lucae, Persius, v. Quast, Runge, Soller, Strack und Stüler). Die stark reduzierten und beschädigten Bestände wurden nach ihrer Bergung unter dem Namen ›Plansammlung‹ an der Architekturfakultät der Technischen Universität seit Beginn der 50er Jahre wieder öffentlich zugänglich gemacht. Der Name deutet an, daß weniger an das Konzept des Architekturmuseums als mehr an die wissenschaftlichen Aufgaben des Architekturarchivs angeknüpft werden sollte.

Sammlungsbestände

Die Plansammlung ist wesentlich von den Beständen des ehemaligen Architekturmuseums geprägt: Neben den preisgekrönten Entwürfen zu den großen Architekturwettbewerben nach der Reichsgründung (Reichstagswettbewerbe 1872 und 1882, Universität Straßburg 1878, Zentralbahnhof Frankfurt/M. 1880, Museumsinsel Berlin 1884, Reichsgericht Leipzig 1885), die der preußische Staat in die Sammlung eingebracht hatte, bestimmen in erster Linie die zeichnerischen Nachlässe der preußischen Architekten des 19. und 20. Jh., darunter vor allem der Architekturlehrer an der Technischen Hochschule, das Bild der Sammlung. Die bedeutendste Ergänzung brachte die 1971 erfolgte Angliederung der Plansammlung an die Universitätsbibliothek mit sich: Die Monatskonkurrenzen und die Schinkel-Wettbewerbe, die der Architekten-Verein zu Berlin seit 1827 bzw. 1852 unter seinen Mitgliedern durchführte und die ziemlich vollständig erhalten geblieben sind, gingen aus der ehemaligen Bibliothek des Architekten-Vereins an die Plansammlung über.

Der Ausbau der Plansammlung folgt mit der Ergänzung der historischen Bestände und der Erwerbung weiterer Architektennachlässe den vorhandenen Strukturen; zugleich werden aktuelle Interessen der Bauforschung aufgenommen, die zur Bildung neuer Sammelgebiete führen, wie Berliner Beispiele der Garten- und Landschaftsgestaltung, des Städtebaus und der Siedlungen der Wohnungsreform.

Heute bewahrt die Plansammlung etwa 50000 Blatt Architekturzeichnungen neben historischen Photographien und Drucken auf. Die Bestände der Sammlung dienen in erster Linie der bau- und kunstgeschichtlichen Forschung und Lehre als Anschauungs- und Quellenmaterial. Darüber hinaus ist die Plansammlung laufend mit Exponaten an in- und ausländischen Ausstellungen beteiligt.

Dieter Radicke

54 Polizeihistorische Sammlung

42 (Tempelhof), Platz der Luftbrücke 6 (im Polizeipräsidium am Zentralflughafen Tempelhof), Telefon 69 93 50 50
Verkehrsverbindung: U-Bahnhof Platz der Luftbrücke; Bus 4, 19, 24, 96
Geöffnet: Montag 14-15 Uhr, Termine für Gruppen (auch Osterdienstag und Pfingstdienstag) nach Vereinbarung (Wiedereröffnung voraussichtlich Mitte Mai 1987)

Verwalter: Siegbert Aron

Träger: Der Polizeipräsident in Berlin

Sammlung: Objekte aus der Geschichte und Arbeit der Schutz- und Kriminalpolizei

Präsenzbibliothek, insbesondere historische Gesetzesbücher

Eine bereits 1890 entstandene Lehrmittelsammlung des Königlichen Preußischen Polizeipräsidiums, die überwiegend Exponate aus bekannten Kriminalfällen enthielt, diente hauptsächlich der Information und Schulung interessierter ärztlicher und juristischer Kreise. Leider ging diese bedeutende und über die Grenzen der Stadt bekannte Ausstellung 1945 im Bombenhagel unter. Deshalb sind nur wenige Stücke der damaligen Zeit, wie z. B. der Uniformrock des Hauptmanns von Köpenick, erhalten geblieben.
Erst 25 Jahre später waren die Verluste durch neue historische Dokumente und interessante Objekte soweit ausgeglichen, daß einer provisorischen Wiedereröffnung im Jahre 1969 – zunächst in den Kellerräumen eines Dienstgebäudes Gothaer Straße im Bezirk Schöneberg – nichts mehr im Wege stand. Wenige Jahre später, 1973, folgte das Polizei-Museum der Schutzpolizei in der Polizeischule Radelandstraße in Spandau.
Aus Exponaten des ehemaligen Kriminalmuseums und des Polizei-Museums der Berliner Polizei ist, nunmehr wieder vereint, die ›Polizeihistorische Sammlung‹ entstanden.
Das Spektrum der Ausstellung reicht von Dokumenten aus der Gründungszeit bis hin zur technischen Ausstattung der Polizei in den 60er und 70er Jahren, wobei auch dem wechselvollen Erscheinungsbild der Uniform Rechnung getragen wird. Die verbrechensbezogenen Exponate zeigen Hergang und Folgen von Straftaten sowie Aufklärungserfolge der Berliner Kriminalpolizei.
Standort dieser Einrichtung sind wiederhergestellte Räume des Polizeipräsidiums in ei-

nem Gebäudeteil des alten Berliner Zentralflughafens Tempelhof am Luftbrückendenkmal. Erwähnenswert ist das Entree der Sammlung von der Eingangshalle des Polizeipräsidiums, in der Glasfenster zur Hofseite des Gebäudes in Form von Bildperspektiven Zielorte oder gewünschte Ziele der zivilen Luftfahrt der 20er Jahre darstellen. Diese Glasfenster gestalteten den Eingang der Zentralverwaltung der ehemaligen Lufthansa. Sie wurden durch Kriegseinwirkungen weitgehend zerstört und 1985 restauriert.

1 *Uniformrock
des Wilhelm Voigt,
bekannt als
›Hauptmann von
Köpenick‹*
2 *Dokumente aus den
Gründungsjahren der
Kriminalpolizei, u. a. das
erste Verbrecher-Lichtbild-Album aus dem
Jahre 1876*

55 **Scheringianum**

65 (Wedding), Fennstraße 10, Telefon 4 68 24 04
Verkehrsverbindung: U- und S-Bahnhof Wedding; Bus 70, 71, 72, 83, 90
Geöffnet: Freitag 10-15 Uhr nach telefonischer Anmeldung

Direktoren: Gert J. Wlasich und Rudolf Brunn
Wissenschaftliche Mitarbeiterin: Christine Berghausen (Dokumentation)

Träger: Schering AG, 65 (Wedding), Müllerstraße 170-178

Sammlung: Chemie- und pharmaziehistorische Gegenstände, Apparate, Produkte des 19. und 20. Jh.; Berliner Industriegeschichte seit 1850

Präsenzbibliothek mit ca. 8000 Bänden zur Chemie und Pharmazeutik ab 1870

Publikation: ›Scheringianum I‹, Berlin 1986

Der Anstoß zum Aufbau eines Berliner Museums der Schering Aktiengesellschaft kam 1982 von Mitarbeitern. Ihr Anliegen war die Präsentation von Dokumenten, Produkten, Geräten, Kuriosa usw. aus der Historie des Hauses, die bis zur Eröffnung der ›Grünen Apotheke‹ Ernst Friedrich Chr. Scherings anno 1851 zurückreicht, in möglichst würdigem Rahmen. Dieser war bald gefunden. Denn mitten im Berliner Stammwerk Scherings im Wedding steht noch das von den Bombentreffern des Jahres 1943 verschont gebliebene älteste ›Comptoir-, Lager- und Verwaltungsgebäude‹ der früheren Chemischen Fabrik auf Actien (vorm. E. Schering). Es wurde 1872 fertiggestellt, ist nach wie vor als Labor- und Werkstättengebäude in Betrieb und trägt an seiner Fassade Bas-Reliefs berühmter Chemiker und Wissenschaftler des 19. Jh.

Kernstück des Gebäudes ist das ehemalige Hauptlaboratorium. Hier begann 1889 die wissenschaftliche Forschung Scherings; hier wurden 1923 die Grundlagen für die Hormonforschung, deren Ergebnisse Schering international bekannt gemacht haben, geschaffen. Das alte Hauptlabor bildet heute – gemeinsam mit der 1911 eingerichteten ersten wissenschaftlichen Schering-Bibliothek – das Zentrum des Museums Scheringianum.

In 14 Vitrinen findet der Besucher rund 400 Exponate, die nicht nur die Entwicklung Scherings und seiner Aktivitäten aufzeigen, sondern auch ein illustres Bild schicksalhafter Berliner Industriegeschichte geben.

Im obersten Geschoß des Scheringianums werden auf weiteren 200 m² Ausstellungsfläche Sonderschauen gezeigt: 1987 wird die Gründerpersönlichkeit E. Schering gewürdigt. Ehemalige Werke, zum Teil auf Ostberliner Gebiet gelegen, sowie ein Einblick in die soziale Unternehmenskultur Scherings insbesondere während der 30er und 40er Jahre dieses Jahrhunderts ergänzen die Übersicht.

Die unmittelbar angeschlossene historische Dokumentation – Archive und Büros – sind als Dienstleistungseinrichtungen für jene Besucher konzipiert, die tiefer in Sach- und politische Themen einsteigen möchten. Darüber hinaus betreut das Scheringianum Interessenten aus aller Welt mit Recherchen aus der umfangreichen Forschungsgeschichte des Unternehmens, an welcher auch mehrere Nobelpreisträger mitgewirkt haben.

Die Bandbreite der Scheringianum-Exponate reicht vom Pillenbrett (1850) und alchemistisch anmutenden Apparaturen, vom Destillierofen (1900) und von Seekrankheitsmitteln, die schon Thomas Mann verewigt hat, bis hin zu 1945er Notpräparaten wie Läusepulver und aus dem Urin von Besatzungssoldaten gewonnenem Penicillin für die Versorgung der Bevölkerung: Berliner Geschichte am Beispiel des größten heute noch von Berlin aus geführten Weltunternehmens.

Gert J. Wlasich

Blick in die Ausstellung

56 Schloß Charlottenburg

Staatliche Schlösser und Gärten

19 (Charlottenburg), Luisenplatz, Telefon 3 20 91-1
Verkehrsverbindung: U-Bahnhof Sophie-Charlotte-Platz, Richard-Wagner-Platz;
Bus 9, 21, 54, 62, 74, 87
Geöffnet: Dienstag bis Sonntag 9-17 Uhr
Abweichend von der Feiertagsregelung (s. S. 8) nur Osterdienstag, am 1. 5.,
Pfingstdienstag, Bußtag, 24., 25. und 31.12. geschlossen

Direktor: Prof. Dr. Jürgen Julier
Wissenschaftliche Mitarbeiter: Prof. Dr. Helmut Börsch-Supan
(Gemälde, Skulpturen), Dr. Winfried Baer (Kunstgewerbe), Dr. Thilo Eggeling
(Denkmalpflege, Plankammer), Michael Seiler (Gartendenkmalpflege)

Träger: Land Berlin
Förderverein: Freunde der preußischen Schlösser und Gärten e. V.

Sammlung: Höfische Kunst und Kultur in Brandenburg-Preußen

Bibliothek nur für Wissenschaftler

Publikationen: ›Amtliche Führer‹: ›Schloß Charlottenburg, Mausoleum, Schinkel-
Pavillon‹, – ›Katalog der Porzellansammlung im Belvedere‹

Bau- und Sammlungsgeschichte

Das Schloß Charlottenburg wurde seit 1695
als Sommerresidenz für die damalige Kurfür-
stin Sophie Charlotte (1668-1705) erbaut. Ursprünglich hieß es nach dem benachbarten
Dorf Lietzow Lietzenburg. Nach dem frühen
Tod der Bauherrin 1705 gab ihr Gemahl
Friedrich I. (reg. 1688-1713), König in Preußen, dem Schloß und der in diesem Jahr gegründeten Stadt den Namen Charlottenburg.
Zum Schloß gehörte von Anfang an ein aus-
gedehnter Garten im französischen Stil, der
im Norden und Osten von der Spree begrenzt wird. Das Schloß war zunächst ein
nur elf Fensterachsen breiter Bau, der in den

Andreas Schlüter, Reiterdenkmal des
Großen Kurfürsten, *1696-1709, Bronze*

beiden Hauptgeschossen zum Garten hin je fünf repräsentative Räume, darunter die beiden ovalen Säle, und zum Hof hin mehrere kleine Zimmer enthielt. Im rechten Winkel dazu stand, unverbunden mit dem Hauptbau, ein **Kavalierhaus,** das heute in den östlichen Ehrenhofflügel einbezogen ist. Die Pläne zu dieser Anlage stammten von Johann Arnold Nering, der im Jahr der Grundsteinlegung starb. Die Ausführung übernahm Martin Grünberg und brachte sie 1699 zum Abschluß.

Die Krönung Kurfürst Friedrichs III. zum ersten König in Preußen 1701 hatte die Erweiterung des Schlosses zu einer königlichen Residenz zur Folge. Die Pläne hierfür lieferte der in Frankreich geschulte Architekt Johann Friedrich Eosander Göthe. Er führte in der Innendekoration einen eleganten modernen Stil ein, der die noch dem Barock verpflichteten schweren Formen Nerings und Grünbergs ablöste. Zur Stadt hin entstand eine Dreiflügelanlage, die einen nach Süden mit einem prunkvollen Gitter abgeschlossenen Ehrenhof umgibt. Die Gartenfront wurde um mehr als das Doppelte zu einer repräsentativen, durch vier Risalite und den polygonal vorspringenden Mittelbau rhythmisierten Palastfassade mit Anklang an Versailles ausgebildet. Diese gewaltige Ausdehnung in der Horizontalen erforderte einen zusammenfassenden Vertikalakzent, den Eosander in Gestalt des charakteristischen, von einer *Fortuna* als Windfahne bekrönten Kuppelturmes errichtete. Damit wurden in den beiden Hauptgeschossen runde Säle hinzugewonnen, die hinter dem ursprünglichen Mittelrisalit liegen. Hinzu kam noch eine **Orangerie** im Westen. Eine gleichartige war im Osten geplant. Sie kam nicht zur Ausführung, denn als Friedrich I. 1713 starb, stellte **Friedrich Wilhelm I.** (reg. 1713-40), der die Sanierung der gänzlich zerrütteten Staatsfinanzen mit Energie in Angriff nahm, fast alle Arbeiten an höfischen Repräsentationsbauten ein. Im Inneren blieben mehrere Decken unbemalt.

Links: Belvedere von Carl Gotthard Langhans, 1788-90

Rechts: Mausoleum von Heinrich Gentz und Karl Friedrich Schinkel, 1810-12

Links: Goldene Galerie im Neuen Flügel, 1747 vollendet

Rechts: Schinkel-Pavillon, 1824/25

Vor allem die nach dem Tod Sophie Charlottes ausgestatteten Räume westlich des Ovalen Saales verraten das Prunkbedürfnis Friedrichs I., das im Porzellankabinett und der sich anschließenden Kapelle seine höchste Befriedigung fand.

Mit dem Regierungsantritt **Friedrichs des Großen** 1740 erwachte neues Leben im Schloß. An der Stelle der vorgesehenen östlichen Orangerie ließ er durch Georg Wenzeslaus von Knobelsdorff 1740-47 den **Neuen Flügel** anbauen, der die barocke Anlage komplettiert, aber sich doch als etwas Eigenes von ihr abhebt. Außen von nobler Schlichtheit, nur der Mittelpavillon ist reicher gestaltet, ist die Prachtentfaltung ganz auf das Innere konzentriert. Die Hauptenfilade liegt nun zur Stadt hin und im Obergeschoß. Der König besaß hier zwei Wohnungen, eine erste im Westen zum Garten hin und eine zweite im Ostteil hinter der Goldenen Galerie, die das Glanzstück der Innenausstattung ist und das friderizianische Rokoko auf dem Höhepunkt seiner Entwicklung zeigt. Die bildhauerischen Dekorationen stammten von Johann August Nahl, Johann Michael und Johann Christian Hoppenhaupt; als Maler waren beim Schmuck der Wände und Decken Antoine Pesne, Johann Harper, Augustin Dubuisson und Friedrich Wilhelm Höder beteiligt. Kostbares Mobiliar, eine Fülle antiker Marmorskulpturen, die der König 1742 mit der Sammlung des französischen Kardinals Polignac erworben hatte, und vor allem Meisterwerke der französischen Rokokomalerei steigerten die Kostbarkeit der Interieurs. Namentlich der Bestand an Gemälden wurde 1760 bei der Plünderung des Schlosses durch österreichische Truppen stark dezimiert. Erhalten blieb jedoch das um 1745 für das Konzertzimmer erworbene Hauptwerk Watteaus, das *Firmenschild für den Kunsthändler Gersaint* von 1720 und Chardins *Köchin* von 1738.

Friedrich der Große hatte 1740 Charlottenburg zunächst zu seiner Residenz auserse-

hen, vier Jahre später jedoch dem Gelände westlich von Potsdam den Vorzug gegeben und dort das Schloß Sanssouci erbaut. Friedrichs Nachfolger, sein Neffe **Friedrich Wilhelm II.** (reg. 1786-97), hat 1788-90 im Erdgeschoß des Neuen Flügels mehrere Räume im Stil des Frühklassizismus neu dekorieren und im Obergeschoß 1796 eine Wohnung für den Winter eingerichtet. Am Westende der Orangerie erbaute Carl Gotthard Langhans einen etwas massigen **Theaterbau,** der 1791 eingeweiht wurde. Derselbe Baumeister schuf zur gleichen Zeit im Garten, der nun allmählich in einen englischen Landschaftsgarten verwandelt wurde, das **Belvedere,** ein Teehaus von komplizierter, noch dem Barock verpflichteter Gestalt mit reizvoller Innendekoration.

Auch **Friedrich Wilhelm III.** (reg. 1797-1840) bewohnte mit seiner Gemahlin, der Königin Luise, den Neuen Flügel und hat hier behutsame Veränderungen vorgenommen. Schinkel stattete 1809/10, kurz vor dem plötzlichen Tod der Königin 1810, ein Schlafzimmer für sie in einem originellen Klassizismus aus, der ganz griechisch empfunden und dem Wesen der Königin angepaßt war. Ihr **Mausoleum** wurde sogleich nach ihrem Tod am Ende einer Tannenallee im westlichen Teil des Gartens erbaut. Am 23. Dezember wurde sie hier beigesetzt. Schinkel hat die ursprünglich in Sandstein und 1828 in Granit ausgeführte Fassade nach einer Idee des Königs gezeichnet. Das übrige wurde nach Entwurf von Heinrich Gentz ausgeführt. Die Grabstatue aus Carraramarmor schuf Christian Daniel Rauch 1811-14.

1824/25 wurde östlich des Schlosses, etwas in den Garten zurückgesetzt, ein zweigeschossiger **Wohnpavillon** für den König nach Entwurf von Schinkel erbaut, die Nachbildung einer neapolitanischen Villa in edler Proportionierung, schlicht, mit sparsamen und bedeutungsvollen Schmuckgliedern.

Der restaurativ gesonnene Nachfolger **Friedrich Wilhelm IV.** (reg. 1840-58) bezog mit

seiner Gemahlin Elisabeth eine Wohnung im Obergeschoß des Neringbaues. Der Schinkel-Schüler Johann Heinrich Strack veränderte die barocken Räume durch historistische Wanddekorationen. Das Mausoleum erweiterte der König für die Aufnahme der ebenfalls von Rauch geschaffenen Grabstatue seines Vaters durch einen Anbau nach Entwurf Ludwig Ferdinand Hesses und verwandelte den griechischen Prostylostempel in eine Kirche mit Querhaus und Apsis. Die Königin Elisabeth bewohnte das Schloß noch bis zu ihrem Tod 1873. Seitdem diente es nur noch gelegentlich als Wohnung für Angehörige der königlichen Familie. Als Kaiser Wilhelm 1888 und seine Gemahlin, die Kaiserin Augusta, 1890 starben, wurde das Mausoleum noch einmal durch Albert Geyer erweitert.

Nach der Revolution von 1918 erfolgte eine langwierige Auseinandersetzung zwischen dem Haus Hohenzollern und dem preußischen Staat über das Schicksal der kaiserlichen Schlösser samt ihrem kostbaren Inhalt. Das Ergebnis war ein 1925 abgeschlossener Vertrag, wonach die weitaus meisten und wichtigsten Schlösser einer staatlichen Verwaltung unterstellt und der Öffentlichkeit als Museen zugänglich gemacht werden sollten. Diese Entscheidung war beispielhaft,

weil auf diese Weise dem Volk die Anschauung eines wesentlichen Teils der deutschen Geschichte erhalten blieb und der Zusammenhang von Kunstgeschichte und politischer Geschichte gezeigt werden konnte. Es entstand damit ein neuer Typus von Museen, der vor allem in Berlin das Rasterprinzip der Staatlichen Museen glücklich ergänzte. Die Arbeit der Schlösserverwaltung, deren Tätigkeitsfeld von Königsberg bis Brühl reichte, bestand vor allem darin, für jedes Schloß die fruchtbarste geschichtliche Aussage wiederzugewinnen und Veränderungen ohne nennenswerte Aussagekraft wieder rückgängig zu machen. Auch das Schloß Charlottenburg wurde der Öffentlichkeit zugänglich, seine Bedeutung stand jedoch damals weit hinter der des Berliner Stadtschlosses und der Potsdamer Schlösser zurück.

Seit 1936 konnte der Schinkel-Pavillon wieder gezeigt werden. Als 1939 der Zweite Weltkrieg ausbrach, stand die Schlösserverwaltung erst am Anfang ihrer Tätigkeit. Die kriegsbedingten Verlagerungen rissen die wichtigsten Kunstwerke aus ihren Zusammenhängen. Die katastrophalen Zerstörungen vernichteten vieles, was nicht verlagert werden konnte. Anderes ging am Verlagerungsort verloren. Das Schloß Charlotten-

3

burg wurde am 23. November 1943 schwer getroffen und brannte zum größten Teil aus, ebenso der Schinkel-Pavillon und das Belvedere. Nach Kriegsende war das Schicksal der Ruinen zunächst ungewiß. Bei der Spaltung der Stadt 1948 zog die Schlösserverwaltung, die ihren Amtssitz bis dahin im 1950/51 gesprengten Berliner Stadtschloß hatte, in das Schloß Charlottenburg. Es gelang allmählich, den Wiederaufbau gegen Widerstände durchzusetzen. Die einigermaßen intakten Räume wurden für kleine Ausstellungen genutzt. 1950 begannen die Bauarbeiten mit Mitteln des Bundes. 1952 wurde im Hof das *Reiterdenkmal des Großen Kurfürsten,* das Andreas Schlüter für die Lange Brücke beim Berliner Schloß geschaffen hatte, aufgestellt. 1957 war die Rekonstruktion der Schloßkuppel beendet. Die bekrönende *Fortuna* hat Richard Scheibe in Anlehnung an das verlorene Original geschaffen.

1959 war die Orangerie wiederaufgebaut und konnte bis 1968 von der Nationalgalerie zur Ausstellung ihrer Bestände genutzt werden. Anläßlich der Feier des 250. Geburtstages Friedrichs des Großen wurden die Räume im Obergeschoß des Neuen Flügels westlich des Treppenhauses wieder eröffnet. Hier wurden französische Meisterwerke des 18. Jh. aus verschiedenen preußischen Schlössern, dazu einige venezianische Meister und wenige friderizianische Möbel vereinigt. Der Weiße Saal, die Goldene Galerie und das Konzertzimmer konnten erst 1973, die übrigen Räume der Zweiten Wohnung des Königs erst 1984 eröffnet werden. 1966 waren die Prunkräume westlich des Ovalen Saales und die neutral mit nur wenigen historischen Schmuckformen rekonstruierten Räume im Obergeschoß des Neringbaues wiederhergestellt.

Das Porzellankabinett, das seinen Bestand an ostasiatischen Porzellanen bis auf einen geringen Rest eingebüßt hatte, ist nahezu komplett durch Neuerwerbungen wieder ausgestattet worden.

Der Wiederaufbau erfolgte nach dem Grundsatz, nur das zu rekonstruieren, wofür Unter-

lagen in ausreichendem Maß vorhanden waren. So mischen sich im Schloß im wesentlichen intakt gebliebene, rekonstruierte und in vereinfachter Form wiederhergestellte und rein museal genutzte Teile. Die hier ausgestellten Kunstwerke sind nur noch zum Teil altes Inventar. Vieles stammt aus anderen, auch zerstörten, preußischen Schlössern. Aus dem zerstörten Schloß Monbijou gerettete Kunstwerke sind Eigentum des Hauses Hohenzollern. Zahlreiche Werke, die sich dem Ambiente Charlottenburg künstlerisch und historisch einfügen, sind in den letzten 35 Jahren erworben worden.

Der innen und außen rekonstruierte Schinkel-Pavillon wurde 1970 der Öffentlichkeit wieder zugänglich gemacht. Hier wurden Gemälde, Skulpturen und Werke des Kunstgewerbes aus der Schinkel-Zeit in der Absicht vereint, die künstlerischen Erzeugnisse einer Epoche, die die bürgerliche Rechtschaffenheit zu ihrem Ideal erhoben hatte, in einem im gleichen Geiste gestalteten Wohninterieur vorzuführen, für das diese Dinge ursprünglich bestimmt waren. Die Stücke aus dem alten Bestand, größtenteils Erwerbungen Friedrich Wilhelms III., wurden durch Neuankäufe ergänzt. Das Kernstück bildeten bis 1986 die drei 1810 bzw. 1812 vom König erworbenen Hauptwerke Caspar David Friedrichs *Mönch am Meer, Abtei im Eichwald* und *Kreuz im Riesengebirge* (jetzt Galerie der Romantik [s. S. 89]). Zwischen 1965 und 1981 war der Bestand an Gemälden Friedrichs durch fünf Neuankäufe und zwei Leihgaben erweitert worden. 1971 wurde das nur im Außenbau originalgetreu wiederhergestellte Belvedere als ein Museum Berliner Porzellans von den Anfängen bis zum Biedermeier eröffnet. Den Grundstock bildet die im gleichen Jahr vom Land Berlin erworbene Sammlung Karl Heinz Bröhan, die zunächst durch Leihgaben und alten Bestand ergänzt und nach und nach durch zahlreiche Neuerwerbungen vermehrt wurde. Sie ist Eigentum des Senators für Verkehr und Betriebe.

Im Hauptschloß wurden im Obergeschoß des Nering-Eosanderbaues drei Räume mit dem zwei Jahre zuvor erworbenen Restbe-

4

1 *Jean-Baptiste-Siméon Chardin,* Briefsieglerin, *1734, Öl/Lw., 146×147 cm*

2 *Jean-François Detroy,* Die Liebeserklärung, *1731, Öl/Lw., 71×91 cm*

3 *Antoine Watteau,* Einschiffung nach Cythera, *um 1720, Öl/Lw., 129×194 cm*

4 *Antoine Pesne,* Die Tänzerin Barbarina, *1745, Öl/Lw., 221×140 cm*

stand des zerstörten Dohnaschen Schlosses Schlobitten in Ostpreußen ausgestattet, das in seiner Einrichtung starke Anklänge an das Schloß Charlottenburg aufgewiesen hat.

Die komplizierte und wechselvolle Bau- und Sammlungsgeschichte des Schlosses Charlottenburg samt seiner Nebengebäude, die bis in die Gegenwart reicht, spiegelt die Durchdringung von Geschichte und Kunstgeschichte einschließlich der Katastrophe des Zweiten Weltkrieges mit seinen Folgen sowie der Reaktion darauf im Wiederaufbau und der Ergänzung der Sammlungen. So ist dieser Komplex gleichzeitig historisches Museum mit Spuren erlittener Geschichte und Kunstmuseum mit Werken hohen und höch-

sten Ranges. Der Wiederaufbau ist im Inneren des Schlosses noch nicht ganz abgeschlossen. So werden zur Zeit fünf Wohnräume Friedrich Wilhlems II. im Neuen Flügel rekonstruiert. Daher steht die endgültige Anordnung der Sammlungsbestände in einigen Teilen des Schlosses noch aus.

Sammlungsbestände

Die Epoche des Großen Kurfürsten (reg. 1640-88)

Vor allem aus dem gesprengten Berliner Stadtschloß sind, neben Neuerwerbungen und Rückkäufen, noch einige Werke vorhan-

3

den, die die künstlerische Kultur am Hof des
Großen Kurfürsten wenigstens bruchstück-
haft belegen. Zwei Gemälde des Hofmalers
Mathias Czwiczeck (1628-49 nachgewiesen)
von 1648 bzw. 1649 markieren den bescheidenen Neubeginn nach dem Dreißigjährigen
Krieg. Aus den Niederlanden berufene Maler
wie Willem van Honthorst (1594-1666) und
niederländische Maler, die für den Kurfürsten tätig waren, wie Govaert Flinck (1615
bis 1660), Jan Mijtens (um 1600-60) und Lieve
Verschuir (1630-86), dessen *Kurbrandenbur-
gische Flotte* (1684) zudem ein Dokument
für das Bestreben war, Brandenburg zur
Seemacht zu erheben, belegen die enge Anlehnung an die Kultur des damals fortschritt-
lichsten europäischen Landes, an das Brandenburg mit seinen klevischen Besitzungen
angrenzte.
Der Kurfürst hatte den Ehrgeiz, eine Gemäldesammlung anzulegen, deren beste Stücke
1830 in die Gemäldegalerie gelangt sind.
Aus seinem Besitz stammen die Veronese-
Kopie *Anbetung der Könige,* die *Schlacht bei
Lepanto* von Sebastian de Caster und *Der
Satyr beim Bauern* von Jacob Jordaens
(1593-1678). Michael Willmanns (1630-1706)
Apotheose des Großen Kurfürsten (1682) ist
in diesem Zusammenhang ein vereinzeltes
Hauptwerk deutscher Barockmalerei.
Der silberne Bacchusknabe des Hamburgers
Hans Lamprecht III. aus einem Tafelaufsatz
ist ein Rest des kurfürstlichen Silberschat-
zes. Eine Vorstellung von der brandenburgischen Skulptur dieser Zeit vermitteln die 24
aus Oranienburg stammenden Büsten römischer Kaiser und Kaiserinnen vor der Gartenfront, die vermutlich Kaspar Günther (um 1626
bis nach 1669) geschaffen hat. Ein Teil von
ihnen ist kopiert. Eine *Minerva* im Schloßgar-
ten ist ein Werk des Amsterdamers Bartholomäus Eggers (um 1637 bis vor 1692), der
mehrere Werke nach Berlin geliefert hat.
Ein ungewöhnlicher 1978 erworbener Bern-
steinleuchter (um 1660/70) belegt den Rang
der Bernsteinschnitzerei in Königsberg.

Die Epoche Friedrichs III./I.
(reg. 1688-1713)

Der gesteigerte Repräsentationsanspruch
der Kunst zur Zeit Friedrichs III./I., der seit
1701 als König in Preußen regierte, ist durch
die Innen- und Außenarchitektur des Schlosses eindrucksvoll vergegenwärtigt, wenn-
gleich viele Räume unvollendet geblieben
sind und andere nur als Rekonstruktion nach
den Kriegszerstörungen erlebt werden können. Deutlich heben sich die Räume aus der
Kurfürstenzeit von denen aus der Königszeit
ab.
Mit Andreas Schlüter (1659-1714) wurde
1694 einer der größten Baumeister und Bildhauer seiner Zeit nach Berlin berufen. Das

4

1

für die Lange Brücke beim Berliner Schloß geschaffene *Reiterdenkmal des Großen Kurfürsten* (1696-1709) war für lange Zeit das berühmteste Kunstwerk der Stadt. Die *Statue Friedrichs III.* (1697/98) vor dem Neuen Flügel ist ein 1972 aufgestellter Nachguß nach dem in Königsberg verschollenen Original. Der Schlüter-Schule sind im Inneren mehrere Reliefs zuzuordnen, vor allem die Stuckdekoration im Oberen Ovalen Saal. Die wenigen erhaltenen, zum Teil stark restaurierten Deckenbilder stammen u. a. von Anthonie de Coxie (nach 1650-1720), Christoph Werner (um 1670-1750) und Johann Friedrich Wentzel (1670-1729).

Zerstört sind die Deckenbilder von den beiden in Berlin tätigen Holländern Mathäus Terwesten (1670-1757) und Augustin Terwesten (1649-1722). Beide Künstler sind jedoch mit Tafelbildern vertreten. Mit der Berufung von Antoine Pesne (1683-1757) gelang es Friedrich I. 1710, einen hervorragenden französischen Porträtmaler nach Berlin zu holen, der unter drei Königen arbeitete und ein umfangreiches und richtungweisendes Werk hinterließ. An den 49 eigenhändigen Werken aus allen Schaffensphasen, die im Schloß ausgestellt sind, läßt sich die geradezu dramatische Entwicklung der Malerei in Preußen bis zum Rokoko ablesen. Andere Porträtmaler der Epoche sind Gedeon Romandon (um 1667-97), Friedrich Wilhelm Weidemann

(1668-1750) und Samuel Theodor Gericke (1665-1730). Von Anton Schoonjans (um 1655-1726), einem Flamen, der sich 1702 in Berlin aufhielt, sind noch sieben Gemälde vorhanden.

Da weder der König noch seine Gemahlin Sophie Charlotte einen ausgeprägten Sinn für Malerei besaßen, sind außer Porträts nur wenige Erwerbungen von bemerkenswerter Qualität vorhanden. Wichtiger war für die Pracht der Hofhaltung das Kunsthandwerk. Die eingewanderten Hugenotten etablierten Teppichmanufakturen. Aus der Manufaktur von Pierre Mercier (gest. 1729) stammen sechs Gobelins mit Kriegstaten des Großen Kurfürsten, aus der von Jean Barraband II. (gest. 1725) ein Teppich mit dem teetrinkenden Kaiser von China. Ein Hugenotte war auch Pierre Fromery (1659-1738), der mit einer Weckuhr mit Glocke und Steinschloßfeuerzeug vertreten ist. Die wichtigsten kunstgewerblichen Objekte dieser Epoche sind die Reste der preußischen Kroninsignien, Szepter, Reichsapfel und die Karkassen der Kronen sowie das Reichssiegel. Zu den Kroninsignien gehören auch das Kurschwert von dem Florentiner Simone di Martino, das Papst Pius II. 1460 dem Markgrafen Albrecht Achilles in Mantua überreichte, und das 1540/41 von Jobst Freudner von Ulm (1527 bis 1555 nachgewiesen) in Königsberg gefertigte Reichsschwert. Eine Vitrine mit Gläsern dokumentiert das Aufblühen der Potsdamer Glashütte. Vom ursprünglichen Mobiliar sind große Teile vorhanden. Teils handelt es sich um in Berlin gefertigte Stücke, teils um Import. Von herausragender Bedeutung sind ostasiatische Lackmöbel und europäische Nachahmungen solcher Lacke, vor allem Kabinettschränke und Trommeltische. Eines von zwei in Berlin gebauten Cembali von Michael Mietke ist vermutlich von Gerard Dagly aus Lüttich (1657-1726) dekoriert worden. Von der großen Menge chinesischer und japanischer Porzellane, die vor allem das Porzellankabinett schmücken, sind nur wenige alter Bestand.

Die weitaus meisten sind nach dem Krieg als Ersatz für verlorene Porzellane erworben worden.

2

1 *Jean Guillaume George Krüger*, Tabatière, *Berlin, um 1770, Gold, Emaille, Brillanten*

2 *Potsdamer* Kommode, *um 1745, Zedernholz mit Bronzebeschlägen*

3 Wandteppich *aus der Manufaktur von Charles Vigne, Berlin, um 1740*

4 Serviceteile *mit Malerei nach Boucher,* KPM, *um 1765*

3

Die Epoche Friedrich Wilhelms I.
(reg. 1713-40)

Da der Soldatenkönig seine Kraft ganz auf die Wohlfahrt des Landes konzentrierte, sind die für den Hof geschaffenen Kunstwerke aus seiner 27jährigen Regierungszeit entsprechend spärlich und in ihrer Qualität von einer bisweilen erstaunlichen Anspruchslosigkeit. Die Bildnisse Antoine Pesnes aus dieser Epoche sind größtenteils für die Königin Sophie Dorothea gemalt worden, so das *Kinderbildnis Friedrichs des Großen mit seiner Schwester Wilhelmine* (1714) und die beiden *Hochzeitsbilder* der Prinzessinnen Friederike und Sophie mit den Markgrafen von Brandenburg-Ansbach und Brandenburg-Schwedt (1729 und 1734). Die 49 Bildnisse von Offizieren des Regimentes, das Friedrich Wilhelm I. noch als Kronprinz befehligte, sind ein Dokument für seine Liebe zum Soldatenstand. Verschiedene Maler haben diese Bildnisse noch vor dem Regierungsantritt Fried-

rich Wilhelms gemalt. Der einzige von ihnen, der sicher bestimmt werden kann, ist Adam Mányoki (1673-1756). Ein anderer Porträtmaler, den der König neben Friedrich Wilhelm Weidemann bevorzugte, war Georg Lisiewski (1674-1750). Von Dismar Dägen (um 1730 bis 1751 nachgewiesen), den der König 1731 nach Berlin berief, stammen zwei Ansichten mit dem verschwundenen Schloß Monbijou. Gläser, Fayencen, einige Möbel und Silber, darunter eine gewaltige Münzkanne von Johann Christian Lieberkühn (1669-1733), sind Beispiele des eigentümlichen Stils dieser Zeit, deren derbe Kraft beeindruckt.

Die Epoche Friedrichs des Großen
(reg. 1740-86)

Unter Friedrich dem Großen erlebten die Künste in Berlin eine neue Blüte, und dank der spezifischen Vorliebe des Königs für französische Kunst und Kultur sind wichtige Werke, vor allem Gemälde Antoine Wat-

4

teaus (1684-1721) und seines Kreises, nach Berlin und Potsdam gelangt. Im Schloß Charlottenburg befinden sich insgesamt acht Werke dieses wichtigsten Malers des frühen 18. Jh., darunter zwei Hauptstücke, das 1720 gemalte *Firmenschild des Kunsthändlers Gersaint* und die um die gleiche Zeit entstandene *Einschiffung nach Cythera.* Das *Firmenschild,* das für kurze Zeit über der Ladentür des mit Watteau befreundeten Kunsthändlers Edme François Gersaint hing, ist vom König um 1745 in zwei Teilen für das Konzertzimmer des Schlosses Charlottenburg erworben worden. Wie in einem der vom Maler so geliebten Theaterstücke der italienischen Komödie, in denen die Schwächen der Menschen verspottet werden, wird in der Darstellung des Kunstladens der oberflächliche Umgang der feinen Pariser Welt mit der Kunst verspottet. Gemälde suchen sich gegen Spiegel als Symbole der Eitelkeit zu behaupten. Das nicht ganz zutreffend *Einschiffung nach Cythera* genannte Bild – die zweite, im Gedankengehalt völlig veränderte Version des Aufnahmestückes, das Watteau 1717 der Pariser Akademie abgeliefert hatte (jetzt im Louvre) – hat Friedrich der Große 1763 erworben und ins Potsdamer Stadtschloß gehängt. In dem Gemälde ist Cythera, das Heiligtum der Liebesgöttin Venus, im Vordergrund dargestellt. Watteau gibt hier seine Gedanken über die Beziehung der Geschlechter in der ausführlichsten Form und in der gereiftesten Fassung wieder. Das bis 1984 nur als Leihgabe ausgestellte Gemälde wurde mit Hilfe einer spektakulären Spendenaktion für das Schloß gekauft und so vor einer Abwanderung in die Gemäldegalerie bewahrt. Frühwerke Watteaus sind der *Jahrmarkt mit Komödianten* und der *Brautzug.* Aus den späten Jahren stammen *Die Hirten, Liebe auf dem Lande, Das Konzert* und *Recréation italienne.* Sehr zahlreich sind auch die beiden wichtigsten Nachfolger Watteaus, Nicolas Lancret (1690-1745) und Jean-Baptiste Pater (1695-1736), mit 26 Gemälden vertreten. Von den Bildern Lancrets sind die Gegenstücke *Das Moulinet* und *Tanz in der Gartenhalle,* ferner die *Belustigung im Freien mit Tanz* hervorzuheben. Ein Zyklus von 14 Illustrationen zu Paul Scarrons ›Roman comique‹ von Pater sind ungewöhnliche Beispiele seiner beschwingten, problemlosen Kunst. Durch ihr großes Format fallen die *Badenden Mädchen* und der *Tanz im Freien* als wichtige Werke dieses einzigen Watteau-Schülers auf.

Ein frühes Hauptwerk von Jean-Baptiste Chardin (1699-1779) ist die *Briefsieglerin* von 1734. Eines seiner typischen Gemälde ist die

3 *Anton Graff,* Friedrich
der Große, *1781, Öl/Lw.,*
62 × 51,5 cm

4 *Friedrich Tieck,* Kron-
prinzessin Elisabeth von
Preußen, *1824, Bronze,*
H 64 cm

1738 datierte *Köchin.* Das einzige Gemälde
von François Boucher (1703-70) in diesem
Bestand ist *Venus, Merkur und Amor* von
1742, das ebenso wie die *Briefsieglerin* aus
dem Besitz des Prinzen Heinrich von Preußen, dem Bruder Friedrichs des Großen,
stammt.
Fünf Gemälde von Jean-François Detroy
(1679-1752) sind vorhanden, darunter die
Liebeserklärung von 1731. Andere französische Maler dieser Zeit, die seltener in Muse-
en begegnen, sind mit Werken vertreten, so
Louis Boullogne d.J., Bon Boullogne, Pierre
Jacques Cazes, Antoine Coypel, Jean Raoux,
Hyacinthe Rigaud, Louis Silvestre d.J. und
Robert Tournières.
Die Malerei Antoine Pesnes erreichte nach
1740 in Gemälden wie dem ganzfigurigen
Porträt der Tänzerin Barbara Campanini, ge-
nannt Barbarina, das ursprünglich im
Schreibzimmer des Königs im Berliner Stadtschloß hing, und den Bildnissen der Hof-
damen der Königin Elisabeth Christine ihren
Höhepunkt. Von Charles Amédée Philippe
Vanloo (1719-95) und Blaise Nicolas Lesueur
(1716-83), die der König 1748 aus Paris als
Hofmaler berief, sind nur drei bzw. ein Gemälde vorhanden. Die einheimischen Maler,
die für den König tätig waren, sind alle mehr
oder weniger von Antoine Pesne abhängig,
so vor allem Georg Wenzeslaus von Knobelsdorff (1699-1753), der u.a. mit zwei Bildnissen des Königs und der bemerkenswer-
ten *Ansicht vom Schloß Rheinsberg* von
1737 vertreten ist, Johann Gottlieb Glume
(1711-78) und Joachim Martin Falbe (1709 bis
1782), der sich vor allem der Historienmalerei

zuwandte. Von der Skulptur, die Friedrich der
Große gesammelt und in Auftrag gegeben
hat, geben die Bestände des Schlosses nur
eine blasse Vorstellung. Hauptstücke sind jedoch die Marmorbüsten von *Neptun* und
Amphitrite von dem französischen Bildhauer
Lambert Sigisbert Adam (1700-59). An die
zahlreichen Antiken, die einst im Schloß aufgestellt waren, erinnern nur noch neuere
Gipsabgüsse anderer Antiken in der Bibliothek, in deren Schränken die Bücher Friedrichs des Großen aus Sanssouci ausgestellt
sind. Der Bildhauerkunst sind auch einige besonders reich geschnitzte Möbel zuzurech-
nen, so zwei Konsoltische, die mit dem Namen von Johann August Nahl (1710-58) ver-

4

bunden werden, und ein Kaminschirm von Johann Michael Hoppenhaupt (1709-um 1755). Unter den Möbeln sind ferner hervorzuheben ein Eckschrank nach dem Entwurf Knobelsdorffs und als Beispiele der zum Klassizismus neigenden friderizianischen Spätzeit ein Schrank zur Aufbewahrung von Münzen aus dem Antikentempel von Tüllmann sowie eine Kommode von Johann Christian Fiedler.

Reichhaltig ist die Sammlung friderizianischer Porzellane, sowohl Geschirre wie Figuren, die sämtlich nach dem Krieg erworben worden sind. Sie geben eine präzise Auskunft über die erste Berliner Manufaktur von Wilhelm Kaspar Wegely, die nur von 1751-57 bestand, und die zweite, 1761 von Johann Ernst Gotzkowsky gegründete, die 1763 von Friedrich dem Großen erworben und in Königliche Porzellanmanufaktur umbenannt wurde. Von vielen Servicen, die der König für seine Schlösser anfertigen ließ, sind Einzelstücke vorhanden. Die besondere Vorliebe Friedrichs für Tabatièren wird noch durch sieben Dosen belegt, von denen fünf aus brillantenbesetzten Halbedelsteinen, eine aus Gold und eine aus Gold und Email bestehen. Nur weniges erinnert an die Silber- und Goldschmiedekunst dieser Zeit, so eine Blattschale von George Wilhelm Marggraff (um 1730-1804) und zwei Leuchter von Christian Lieberkühn d.J. und Daniel Albrecht Fournier. Reicher dagegen ist der Bestand von Wandteppichen, die sämtlich aus der Manufaktur von Charles Vigne stammen: eine Serie mit der Geschichte von Amor und Psyche, eine Serie mit Watteau-Szenen und eine Serie mit Chinesen.

Die Epoche Friedrich Wilhelms II. (reg. 1786-97)

Friedrich Wilhelm II. hatte keinen ausgeprägten Sinn für Malerei, jedoch schätzte er edles Kunstgewerbe und legte großen Wert auf eine vornehme Ausstattung seiner Wohnräume. Der Dresdner Porträtmaler Anton Graff (1736-1813) war mehrfach in Berlin tätig. Von ihm bewahrt das Schloß neun Gemälde, darunter die *Bildnisse der Königin Elisabeth Christine, Friedrichs des Großen, der Elisa von der Recke* und *des Schauspielers August Iffland in der Rolle des Pygma-*

Karl Friedrich Schinkel, Sessel und zwei Stühle, um 1825, vergoldetes Holz

Links: Carl Blechen,
Der Golf von La Spezia,
um 1830, Öl/Lw.,
93 × 142 cm

Rechts: Jacques Louis
David, Napoleon, *1800,*
Öl/Lw., 272 × 232 cm

lion. Von Johann Georg Ziesenis (1716-76),
einem anderen ausgezeichneten Porträtmaler dieser Epoche, sind fünf Bildnisse vorhanden. Ein schönes *Porträt der Comtesse de
Sabran* von Elisabeth Vigée-Lebrun (1755-
1842) war ehemals im Besitz des Prinzen
Heinrich im Schloß Rheinsberg.
Jakob Philipp Hackert (1737-1807), der führende deutsche Landschaftsmaler des späten 18. Jh., ist mit zwei Bildern vertreten.
Der überragende Bildhauer des Klassizismus
in Berlin war Johann Gottfried Schadow
(1764-1850). Von ihm sind eine *Marmorbü-
ste Friedrichs des Großen,* ein Gipsmodell
der Statue des *Mars* vom Brandenburger
Tor, eine Porzellanausformung einer *Büste
der Königin Luise* und ein Exemplar der Por-
zellanausführung der berühmten *Prinzessinnengruppe* vorhanden. Eine in den Winter-
kammern Friedrich Wilhelms II. angebrachte
Serie Pariser Gobelins mit Szenen aus dem
›Don Quichotte‹ von Michel Audran (1701 bis
1777) und Pierre François Cozètte (1714 bis
1801) ist erhalten. Umfangreich sind auch
aus der Zeit Friedrich Wilhelms II. die Bestände an Berliner Porzellanen.

Die Epoche Friedrich Wilhelms III.
(reg. 1797-1840)
Die Zeit Friedrich Wilhelms III. ist auch die
Karl Friedrich Schinkels (1781-1841), des universalen Künstlers, der die preußische Kunst
wie kein anderer geformt hat. Seine in Charlottenburg vorhandenen Werke auf dem Gebiet der Architektur, der Malerei, der Bühnenmalerei und des Kunstgewerbes lassen
seine Absicht erkennen, künstlerische Gestaltung zu einem Lebensprinzip zu erheben.
Der Schinkel-Pavillon, die Fassade des Mau-

soleums und das rekonstruierte Schlafzimmer der Königin Luise im Neuen Flügel sind
sein architektonischer Beitrag für Charlottenburg. Zu einem Gemälde, dem *Triumphbogen*
von 1817 aus dem alten Bestand, sind seit
1969 vier hinzugekauft worden, darunter die
*Landschaft mit Motiven aus dem Salzburgi-
schen* und die *Kathedrale.* Seine Leistungen
in der Bühnenmalerei sind durch Lithographien nach Originalentwürfen angedeutet.
Unter den Möbeln ragen das Bett der Königin Luise und zwei zugehörige Jardinièren
von 1809/10 hervor. Zwei Marmorkandela-
ber im Mausoleum, ausgeführt von Friedrich
Tieck (1776-1851) und Christian Daniel
Rauch (1777-1857), sowie zwei Bronzekan-
delaber aus dem Palais des Prinzen Albrecht
sind andere Beispiele für seine vielfältige
Entwurfstätigkeit.
Ein Hauptwerk der deutschen Skulptur ist
Christian Daniel Rauchs 1815 aufgestelltes
Grabdenkmal für die Königin Luise im Mau-
soleum, dem 1841 das Friedrich Wilhelms
III., ebenfalls von Rauch, beigesellt wurde.
Zwei bronzene Viktorien vor dem Schinkel-
Pavillon sind 1838-40 entstanden. Von
Rauchs Bildnisbüsten sind hervorzuheben
die der Prinzessinnen Charlotte und Alexan-
drine, die Friedrich Wilhelms III. und Wil-
helms I. Friedrich, König der Niederlande.
Werke von Ludwig Wichmann (1788-1859),
Friedrich Hagemann (1773-1806), Friedrich
Tieck (1776-1851), Emil Wolff (1802-79) und
Theodor Kalide (1801-36) vermitteln eine
Vorstellung vom hohen Niveau der Scha-
dow- und Rauch-Schule.
Neben Schinkel ist der bedeutendste Land-
schaftsmaler in Berlin Carl Blechen (1798 bis
1840), von dem mit dem *Golf von La Spezia,*

dem einzigen Gemälde aus dem alten Bestand, und der *Ansicht von Tivoli* – neben sechs kleineren Gemälden – zwei Hauptwerke vorhanden sind.

Unter den Vedutenmalern zeichnet sich Eduard Gaertner (1801-77) vor allem aus. Er ist mit 14 Gemälden hier zahlreicher als irgendwo anders vertreten. Das 1834 gemalte *Panorama Berlins* vom Dach der Werderschen Kirche, eine Bestandsaufnahme der damaligen Stadt, ist eine einzigartige Leistung. Neben Gaertner stehen andere Maler von Stadtansichten wie Wilhelm Brücke (um 1800-nach 1870), Friedrich Wilhelm Klose (1804-nach 1863), Ludwig Deppe (1820 nachgewiesen), Jean Barthelemy Pascal (1774-nach 1840), Johann Carl Schultz (1801-73), Heinrich Hintze (um 1800-62), Carl Graeb (1816-84) und Gustav Schwarz (um 1800-nach 1854), von dem auch zwei ausgezeichnete Militärstücke zu sehen sind. Die *Rüstkammer im Palais des Prinzen Friedrich* ist ein Werk des bedeutenden, aber vergessenen Carl Friedrich Zimmermann (1796-1820).

Das reiche Spektrum Berliner Malerei der ersten Hälfte des 19. Jh., das sich früher in den Schlössern studieren ließ, konnte durch Neuerwerbungen nur andeutungsweise rekonstruiert werden. Es gibt jetzt wieder Landschaften von Wilhelm Ahlborn (1796 bis

1857), August Wilhelm Schirmer (1802-66), Albert Eichhorn (1811-51), Franz Catel (1778 bis 1856), Eduard Biermann (1803-92), Carl Beckmann (1799-1859), Ludwig Kuhbeil (um 1770-1823) und Florian Grospietsch (1789 bis nach 1830) in Charlottenburg, ein Genrestück von Johann Erdmann Hummel (1769 bis 1852), eine *Madonna* von Karl Wilhelm Wach (1787-1854) neben vier Porträts von ihm. Zu dem *Bildnis Friedrich Wilhelms III.* von Wilhelm Schadow (1788-1862) aus dem alten Bestand sind drei Werke hinzugekauft worden. Wichtig ist der Zyklus von acht Glasfensterentwürfen für die Marienburg in Westpreußen, von denen sieben von Carl Wilhelm Kolbe d. J. (1781-1853) und einer von Wach stammen. Franz Krüger (1797 bis 1857) ist mit fünf Gemälden vertreten, von denen zwei Neuerwerbungen sind.

Die Blüte der Berliner Malerei äußert sich auch in der Porzellanmalerei, deren hohen Rang zahlreiche Services, Prunkvasen, Teller und Tassen beweisen. Auch in der plastischen Formung erreicht die KPM in der Schinkelzeit das höchste Niveau. Eine preußische Spezialität ist der Eisenkunstguß, von dem in der Nachkriegszeit eine große Sammlung aufgebaut wurde. Sie enthält vollplastische Werke, auch Großplastik, Medaillen, Gebrauchsgegenstände und Schmuck.

Im 19. Jh. dominieren in den Schlössern die deutsche und vor allem die berlinische Kunst. Es sind jedoch zwei wichtige französische Gemälde zu erwähnen: von Jacques Louis David (1748-1825) *Napoleon auf dem St. Bernhard* (1800) und von Carle Vernet (1758-1836) *Weihe der preußischen Fahnen auf dem Marsfeld* (1822). Die Entwicklung von Kunst und Kunstgewerbe unter **Friedrich Wilhelm IV.** (reg. 1840-61) und seinen Nachfolgern kann im Schloß Charlottenburg kaum noch verfolgt werden. Bemerkt zu werden verdienen jedoch die 1894 aufgestellten Marmorgrabmäler Kaiser Wilhelms I. und der Kaiserin Augusta von Erdmann Enke im Mausoleum sowie das dort befindliche Apsisfresko von Carl Gottfried Pfannschmidt (1849/50) und ein Marmorkruzifix von Wilhelm Achtermann (um 1841).

Helmut Börsch-Supan

57 Schloß und Landschaftsgarten Glienicke

Staatliche Schlösser und Gärten

39 (Wannsee, nördlich der Königstraße), Telefon 8053041
Verkehrsverbindung: S-Bahnhof Wannsee; Bus 6
Öffnungszeiten des Landschaftsgartens: täglich, auch sonn- und feiertags.
Die Gebäude sind zur Zeit noch nicht öffentlich zugänglich.

Für die sonstigen Angaben: Schloß Charlottenburg (S. 285)

Geschichte und Gestalt der Anlage

Der Park von Kleinglienicke mit Schloß und Nebengebäuden liegt am Ufer des Jungfernsees nördlich der von Berlin nach Potsdam führenden Straße. Während das südlich gelegene Areal mit dem 1683 vom Großen Kurfürsten erbauten und später mehrfach veränderten, zuletzt entstellten Jagdschloß schon im 17. Jh. ein interessanter Ort war, gelangte das nördlich gelegene, als Weinberg und Maulbeerpflanzung genutzte Gebiet erst im 19. Jh. zu historischer und kunsthistorischer Bedeutung. 1747 erbaute der neue Eigentümer, Hofrat Mirow, hier ein Wohnhaus, dessen Substanz im heutigen Schloß enthalten ist. Nach 1764 wechselte das Grundstück häufig seinen Besitzer. Nachdem 1789 die Straße zur Chaussee ausgebaut worden war, erwarb es der General-Adjutant und Oberstallmeister Graf von Lindenau. Er kaufte im Norden Waldgelände hinzu, errichtete ein Gewächshaus dort, wo heute das **Stibadium** steht, und ein Gartenhäuschen an der Stelle der ›Kleinen Neugierde‹. Ferner wandelte er ein an der Havel stehendes kleines Gebäude zu einem Billardhaus um, das den Kern von Schinkels Kasino bildet.

1811 vermietete Lindenau seinen Besitz an Karl August Graf von Hardenberg, seit 1810 Staatskanzler und seit 1814 gefürstet. Damit gelangte Glienicke in die Hände einer der be-

Oben: Löwenfontäne von Karl Friedrich Schinkel, 1837-38, mit Schloß im Hintergrund

Rechts: Kasino von Karl Friedrich Schinkel, 1824-25

1

deutendsten Persönlichkeiten seiner Zeit in Preußen. 1814 ging es in Hardenbergs Eigentum über. Für ihn baute Andreas Ludwig Krüger das Herrenhaus um.

Peter Joseph Lenné, seit 1816 Gärtnergeselle in Sanssouci, wurde noch im gleichen Jahr von Hardenberg mit der Gestaltung des Parks beauftragt. Nach Hardenbergs Tod 1822 erwarb Prinz Karl von Preußen, ein Sohn Friedrich Wilhelms III., 1824 das Anwesen von den Erben. Damit begann die Gestaltung Glienickes, Bestandteil der Gartenlandschaft um Potsdam, zu einem architektonischen und gartenkünstlerischen Werk obersten Ranges. Schinkel, den der Prinz bereits als Kind kennengelernt hatte, baute 1824/25 das Billardhaus zu einem **Kasino** im Stil einer italienischen Villa um. Eine Reise nach Italien 1822 hatte bei Prinz Karl einen so tiefen Eindruck hinterlassen, daß er die Schönheiten des Südens in Glienicke nachahmen wollte. Seine früh geweckten antiquarischen Neigungen wurden damals immer leidenschaftlicher. Zahlreiche Spolien in Park und Gebäuden legen davon Zeugnis ab. 1825-27 erfolgte die Umwandlung des Herrenhauses in ein **Schloß** nach Schinkels Plänen. 1826/27 wurde die an der Chaussee gelegene ›**Kleine Neugierde‹**, ein Teepavillon, von dem aus man den Verkehr beobachten konnte, von Schinkel verändert und innen von Julius Schoppe mit Wandmalereien im pompejanischen Stil ausgestattet. 1827/28 folgte der Umbau eines älteren fast parallel zum Haupt-

trakt des Schlosses gelegenen Hauses zum **Kavalierhaus,** an das im rechten Winkel die **Remise** angeschlossen wurde. 1832 erhielt das Kavalierhaus seinen Turm. 1828 erbaute Schinkel noch im nördlichen Parkgebiet für die Meute des Prinzen den **Jägerhof** mit Anklängen an englische Gotik, ein Reflex der zwei Jahre zuvor unternommenen Englandreise. Damit war eine erste Bauphase abgeschlossen.

Nachdem 1834 nach Schinkels Entwurf eine neue Brücke über die Havel gebaut worden war, wurde der östliche Brückenkopf durch einen hochgelegenen Aussichtsplatz, genannt ›**Große Neugierde‹**, 1835-37 akzentuiert. Zur Bewässerung des Parkes entstand 1836-38 nach Plänen von Schinkels Schüler Ludwig Persius das **Gärtner- und Maschinenhaus,** in dem eine Dampfmaschine aufgestellt wurde. Dadurch konnte vor dem Schloß die Fontäne mit den vergoldeten Bronzelöwen – ein Entwurf Schinkels nach Vorbildern in der Villa Medici in Rom – in Betrieb genommen werden. 1839 baute Persius **Orangerie** und **Gewächshaus,** 1840 das **Matrosenhaus,** 1841 das **Hirschtor,** 1842/43 das im Stil der englischen Tudorgotik entworfene **Jägertor,** 1843-45 den **Wirtschaftshof.** Damit fand eine zweite Bauperiode ihren Abschluß.

1845 starb Persius. Sein Nachfolger wurde Ferdinand von Arnim. Von ihm stammen das 1849 erbaute **Pförtnerhaus** und als wichtigster Bau dieser dritten Periode der **Kloster-**

2

1 Kleine Neugierde *von Karl Friedrich Schinkel, 1826-27*

2 Stibadium *von Persius, 1840*

3 Große Neugierde *von Karl Friedrich Schinkel, 1835-37*

4 Pleasure-Ground

5 Grabmal des Pietro d'Abano, *im Klosterhof*

3

4

hof von 1850, ein merkwürdiger Museumsbau in Formen venezianischer Romanik. Die letzten Baumaßnahmen des Prinzen Karl in Glienicke waren die Erweiterung und Aufstockung der Remise, die dadurch erforderliche Erhöhung des Turmes durch E. Petzholtz 1862 sowie die Umgestaltung des nun mit zwei Greifen und dem Johanniterkreuz geschmückten **Haupttores.**

1883 starb Prinz Karl. Seine Nachkommen besaßen kein großes Interesse an Schloß und Garten, der allmählich verwilderte. Die Sammlungen wurden durch Verkäufe dezimiert. 1934 und 1939 verkauften die Nachkommen des Prinzen Glienicke an die Stadt Berlin. Der Zweite Weltkrieg vereitelte eine Instandsetzung der Anlage. 1945 wurden Schloß, Kasino, ›Große‹ und ›Kleine Neugierde‹ teilweise schwer beschädigt. 1946 begannen die Wiederherstellungsarbeiten. 1966 übernahm die Schlösserverwaltung die meisten und wichtigsten Gebäude von Glienicke in ihre Obhut. 1986 ist die Heimvolkshochschule, die bis dahin das Schloß genutzt hatte, in das Jagdschloß Glienicke umgezogen und hat den Schinkelbau für eine museale Nutzung und die Einrichtung eines gartenkundlichen Instituts freigemacht.

Inventar

Die Antikensammlung des Prinzen Karl von Preußen in Glienicke umfaßt nach dem Verlust wichtiger Werke zwischen 1883 und 1939 noch 50 zumeist stark fragmentierte rundplastische Arbeiten, 29 Reliefteile, neun Teile von Grabaltären und Aschenbehältern, 126 Sarkophagfragmente, sechs Gefäßfragmente, 110 Architekturteile, neun Teile von

Steintischen und -bänken, zehn Reste von Wandmalereien und 14 von Mosaiken sowie 37 Inschriftteile.

Unter den Statuen und Statuetten sind folgende Stücke hervorzuheben: Statue eines bärtigen Gottes an der Nordseite des Kasinos, Fragment einer kolossalen Kaiserstatue (Tiberius) an der Südfront, Asklepios-Statue an der Parkfront (anstelle eines ursprünglich hier aufgestellten sogenannten ›Aristides‹), Knabe mit Gefäß auf der Schulter (ehemals Brunnenfigur am Ende der südlichen Pergola), Kanephore, Artemis, weibliche Statue mit hochgestelltem linken Bein, Artemis-Torso

5

Ernst Rietschel, Neptun-Statue, *1838, Bronze*

und Mädchenstatue, sämtlich im Kasino. Von den Köpfen zeichnen sich ein Zeus, ein Herakles, ein Demosthenes und ein männliches Porträt, ebenfalls im Kasino, aus.

Unter den zahlreichen Spolien, die im Gartenhof des Schlosses eingemauert sind, befinden sich vier Frontseiten von Sarkophagen, die Erwähnung verdienen. Sie stellen die Geschichte des Orest, eine Kampfszene mit zwei Fußsoldaten und zwei Reitern, eine Weinernte mit dem jugendlichen Dionysos in der Mitte und ein von zwei fliegenden Eroten gehaltenes männliches Medaillonbildnis dar. Qualitätvollere Relieffragmente sind: eine gebückte alte Frau mit einem Widder aus einer Opferszene, ein Mädchen mit einem Pferdekopf, eine Kentaurin, zwei Göttinnen, von denen eine Athena ist, sowie der Oberkörper eines bärtigen Mannes. Die Architekturfragmente sind nicht nur in die Gebäude eingemauert, einige sind auch im ›Pleasure-Ground‹ zu einer Gruppe zusammengestellt, die den Eindruck erwecken soll, als habe an dieser Stelle einmal ein antiker Tempel gestanden. Dazu gehören dorische Säulentrommeln vom Poseidon-Tempel auf Kap Sunion – eine weitere bildet die Basis der großen Säule vor dem Klosterhof – (Mitte 5. Jh. v. Chr.) und zwei besonders schöne römische Kompositkapitelle. Von acht Kapitellen, die 1742 aus dem Pantheon in Rom entfernt wurden und nach Glienicke gelangt sind, ist noch eines eingemauert, die anderen sind magaziniert. Bruchstücke von Mosaiken und Wandmalereien sind in der ›Kleinen Neugierde‹ eingelassen, so das Brustbild eines Knaben mit der Inschrift ›Gamios‹ und ein Mosaik mit Fischen.

Beispiele byzantinischer Architektur und Bauskulptur geben der hohe Säulenschaft mit seinem Blattkapitell vor dem Klosterhof und im Inneren das Kapitell links im Hintergrund der großen Nische, eine Arbeit des 6. Jh.

Reichhaltiger ist der Bestand an mittelalterlichen Baufragmenten und Skulpturen, die größtenteils aus Oberitalien stammen. Reste eines Kreuzganges aus dem 13. Jh. von dem 1810 abgebrochenen Kartäuserkloster auf der Insel S. Andrea della Certosa bei Venedig sind im Klosterhof wiederverwendet. Vielleicht schon im 11. Jh. wurde die venezianische Brunneneinfassung im Hof geschaffen. Der Markuslöwe auf der Säule vor dem Klosterhof ist ebenfalls eine venezianische Arbeit. Das Kapitellfragment mit einem angeketteten Affen rechts vom Eingang befand sich ursprünglich am Campanile in Pisa (um 1175). Das Hauptwerk dieser Epoche in Glienicke ist das Grabmal des Philosophen und Arztes Pietro d'Abano (1250-1316) aus dem Dom von Padua. Andere plastische Werke: zwei Heiligenfiguren beim Eingang, eine spätgotische Büste Gottvaters auf einer Blattkonsole im Inneren und zwei Teile eines Kreuzigungsreliefs, von dem nur noch Johannes, Maria und ein Stifter vorhanden sind.

Zu erwähnen sind ferner eine Reihe kreisrunder reliefierter Zierplatten (Pateren) aus dem 14. oder 15. Jh., darunter eine mit einer Ziege, die einen Weinstock benagt, Beispiele von Kosmatenarbeit, so ein Sakramentshäuschen mit gedrehten Säulen, Teile des Fußbodens im Kreuzgang und eine Grabplatte des späten 14. Jh. unter dem Affenkapitell. Bauteile aus der Epoche der Renaissance sind die florentinische Bogenstellung, die 1847/48 in den Eingang der ›Kleinen Neugierde‹ eingebaut wurde, sowie die reich skulpierte Arkade an der Südseite des Kavalierhauses.

Barock ist der farbige Marmorfußboden in den zwei Haupträumen des Kasinos. Er stammt angeblich aus dem Palazzo Corner della Regina in Venedig. Auch die Epoche des Rokoko ist vertreten, und zwar in zwei großen Marmorschalen von der 1745 nach Entwurf Knobelsdorffs in Sanssouci erbauten und 1797 abgerissenen Marmorkolonnade. Die eine Schale steht unter der Neptun-Statue vor dem Stallhof, die andere ist an der südlichen Pergola des Kasinos eingebaut.

Von den Werken des 19. Jh. sind einige hervorzuheben: Von Christian Daniel Rauch (1777-1857) stammen das Rundrelief im Schloß mit dem Bildnis der Prinzessin Marie von Preußen, der Gemahlin des Prinzen Karl, die beiden liegenden Hirsche auf dem Hirschtor (1842, Zinkgüsse von Moritz Geiss), der Abguß der *Felicitas publica* vom Max-Joseph-Denkmal in München (1828, neuer Gipsabguß zwischen *Iphigenie* und *Odysseus* von Friedrich Tieck, die ebenfalls neue Gipsabgüsse sind) am Kavalierhaus und eine vergrößerte Nachbildung der gleichen Figur am Stibadium. Die *Neptun-Statue* vor dem Stallhof hat Ernst Rietschel (1804 bis 1861) 1838 geschaffen (Zinkguß). Die 1828 im Schloßhof aufgestellte sogenannte *Ildefonso-Gruppe,* eine Erinnerung an den in Weimar befindlichen Guß nach der in Madrid bewahrten antiken Gruppe, hat Christoph Heinrich Fischer (gest. 1868) in Berlin gegossen.

Helmut Börsch-Supan

58 Schloß und Landschaftsgarten Pfaueninsel
Staatliche Schlösser und Gärten

39 (Wannsee), Telefon 8 05 30 42
Verkehrsverbindung: S-Bahnhof Wannsee; Bus 6, 18
Öffnungszeiten des Landschaftsgartens (Naturschutzgebiet): täglich, auch sonn-
und feiertags; November bis Februar 10-16 Uhr, März und Oktober 9-17 Uhr,
April und September 8-18 Uhr, Mai bis August 8-20 Uhr
Öffnungszeiten des Schlosses: Dienstag bis Sonntag; April bis September 10-17 Uhr,
Oktober 10-16 Uhr; Osterdienstag, am 1. 5., Pfingstdienstag sowie November bis März
geschlossen

Publikation: ›Amtlicher Führer, Pfaueninsel‹, Berlin 1982

Für die sonstigen Angaben s. Schloß Charlottenburg (S. 285)

Geschichte und Gestalt der Anlage

Die in der Havel nordwestlich von Potsdam
gelegene Pfaueninsel ist eine Welt für sich,
in der sich Kunst und Natur vielfältig ver-
schränken. Eng begrenzt und doch inhalts-
reich, entzieht sie sich jeder Klassifizierung

als Museum, obgleich in der Komposition
der hier versammelten Dinge auch museales
Denken zu spüren ist. Die Insel ist ein Landschaftsgarten, der seit seiner Entstehung eine eigene geschichtliche Dimension hinzugewonnen hat. König Friedrich Wilhelm II.
erwarb die früher ›Kaninchenwerder‹ oder

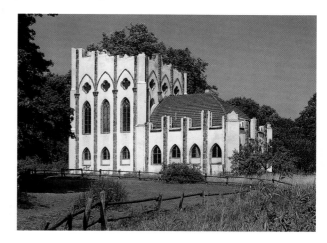

Oben: Schlößchen,
1794-97
Rechts:
Meierei, 1794-97

›Pfauwerder‹ genannte Insel 1793, damals
eine mit Eichen bestandene Wildnis, als Ziel
für Ausflüge auf der Havel, die er von dem
am Heiligen See gelegenen Marmorpalais
aus unternahm. Die Idee, einen paradiesisch
entrückten Ort teils zu bewahren, teils zu
schaffen, ist, obgleich von anderen Gedanken überlagert, bis heute bewahrt geblieben.
Zur ursprünglichen Anlage gehören am Westende der Insel neben dem **Kastellanshaus**
von 1795 vor allem das 1794-97 von dem
Hofzimmermeister Johann Gottlieb Brendel
als künstliche Ruine erbaute **Schlößchen,**
dessen theatralischer Charakter nicht nur in
der kulissenhaften Bauweise – ein mit Holz-
bohlen verkleideter Fachwerkbau hat
durch Sandelung und Quadermalerei das
Aussehen eines Steinbaues – zum Ausdruck
kommt, sondern auch darin, daß er etwas
darstellt, nämlich ein verfallenes römisches
Kastell, obgleich man eher an einen mittelalterlichen Torbau denkt. Von außen eine
künstliche Ruine, enthält der Bau im Inneren
geschmackvoll und bequem eingerichtete
Wohnräume. Am Nordzipfel entstand eine
Meierei ebenfalls als künstliche Ruine, nun
in eindeutig gotischen Formen. Dazu gehörte eine Scheune. Ein **Jagdschirm** aus der
Nähe von Beelitz, ein mit Eichenrinde verkleideter Holzbau, wurde am Südende der
Insel aufgestellt. Er ist das erste, freilich bescheidene, Beispiel von umgesetzter Architektur auf der Pfaueninsel.
Unter Friedrich Wilhelm III. veränderte sich
der Charakter der Insel: Die exotische Idylle
wurde auch landwirtschaftlich genutzt. Bei
der Meierei wurde 1802 ein **Rinderstall** in
gotischen Formen und in der Mitte der Insel
1804 ein **Gutshof** mit zwei Ställen und einer
Scheune errichtet. Eine neue Phase ihrer
Ausgestaltung trat die Insel nach den Frei-
heitskriegen, als sie sich mehr und mehr zu
einem botanischen und zoologischen Garten
entwickelte. Seit 1822 legte der 1816 nach
Berlin berufene Peter Joseph Lenné ein neues
Wegesystem an und gestaltete die Gehölze.
Die erforderliche Bewässerung ermöglichte
eine Dampfmaschine, für die Albert Dietrich
Schadow 1822 einen **Ziegelbau** errichtete.
Bis 1834 entstanden vielerlei Tierhäuser, die

bis auf das **Winterhaus für fremde Vögel**
und die **Volière** verschwunden sind. Für eine 1830 in Paris erworbene Palmensamm-
lung erbaute Schadow ein großartig-elegan-
tes **Palmenhaus,** das 1880 abbrannte, und
für eine von König Georg IV. von England geschenkte Miniaturfregatte 1832 einen **Fre-
gattenschuppen.** 1824 blendete Schinkel
die bedeutende spätgotische Fassade eines
sechsstöckigen Hauses aus Danzig, die der
Kronprinz erworben hatte, einem der Türme
des **Gutshauses** vor, stockte das ganze
Haus auf und kleidete den modernen Teil der
Fassade in neugotische Formen ein, die dem
gotischen Original taktvoll den Vorrang lassen. Als 1829 der von Schinkel gezeichnete
Sandsteinportikus des Mausoleums der Königin Luise im Schloßpark von Charlottenburg (s. S. 285) durch eine Ausführung in Granit ersetzt wurde, stellte man pietätvoll die
Sandsteinfassade vor eine auf der Pfaueninsel errichtete kleine Halle. Ein Entwurf von
Schinkel liegt auch dem 1829/30 als Wohnhaus errichteten **Schweizerhaus** südlich
des Schlößchens zugrunde.

1 *Wilhelm Barth,*
Blick auf die Pfaueninsel,
um 1806, Öl/Lw.,
46 × 74 cm

2 *Jakobsbrunnen,*
um 1797, Sandstein

3 *Kavaliershaus,*
um 1500 und 1824-26

4 *Otaheitisches Kabi-*
nett im Schlößchen,
um 1797

3

Friedrich Wilhelm IV., der 1840 an die Regierung kam, schätzte die Insel nicht so sehr wie sein Vater. Dem 1842 in Berlin gegründeten Zoologischen Garten (s. S. 333) schenkte er fast alle Tiere und dazu einen Teil der Tierhäuser. Anderes verfiel. Vom botanischen Garten blieb bis heute eine Fülle exotischer Bäume. Als die meisten kaiserlichen Schlösser nach dem Ersten Weltkrieg in staatliches Eigentum übergingen, wurde auch die Pfaueninsel der 1926 gegründeten Verwaltung der Staatlichen Schlösser und Gärten unterstellt. Damit begann die Epoche ihrer Instandhaltung nach denkmalpflegerischen Gesichtspunkten. Unter der Neigung von Machthabern, historische Schlösser und Gärten zur Selbstdarstellung zu nutzen, hatte die Pfaueninsel 1937 vorübergehend zu leiden. Die Schäden des letzten Krieges waren geringfügig.

Inventar

Abgesehen von der Bedeutung als Landschaftsgarten mit zugehörigen Gebäuden besteht die kunsthistorische Besonderheit der Pfaueninsel darin, daß die frühklassizistische Einrichtung des Schlößchens und des Saales in der Meierei fast ungeschmälert erhalten und im 19. Jh. nur durch wenige Gegenstände ergänzt worden ist. Weder in Berlin noch in Potsdam hat sich ein in diesem Umfang intaktes Beispiel höfischer Wohnkultur der Zeit Friedrich Wilhelms II. erhalten. Im Schlößchen stehen die meisten Möbel noch an dem Platz, für den sie 1794-97 geschaffen worden sind.
Die erhaltenen Wandmalereien im Schlößchen und in der Meierei dienen der Architektur, täuschen teilweise Stuckarbeiten vor und besitzen zum hauptsächlich dekorativen Charakter. Sie stammen von Peter Ludwig Burnat (1788-1818 nachgewiesen), Johann Carl Wilhelm Rosenberg (1737-nach 1797) und Bartolomeo Verona (seit 1771 in Berlin nachgewiesen). Am selbständigsten wirken noch die Deckenbilder von Johann Christoph Frisch (1738-1815) im Saal des Schlößchens, Kopien nach der damals hochberühmten *Aurora* von Guido Reni im Palazzo Rospigliosi

und nach zwei Fresken von Annibale Carracci im Palazzo Farnese in Rom, *Entführung des Ganymed* und *Apollo und Hyacinth*. Schlecht erhalten sind die mit Tempera gemalten illusionistischen Fensterausblicke von Peter Ludwig Lütke (1759-1831) im Otaheitischen Kabinett. Die Tafelbilder im Schlößchen sind nach 1945 hierhergebracht worden, so drei Ansichten von Paretz und der Pfaueninsel von dem Genfer Friedrich Frégevice (1770-1849) und eine Illustration zu Bernhardin de St. Pierres Roman ›Paul und Virginie‹ nach Fréderic Schall (1752-1825).
In Rahmen, deren Krümmung sich der Rundung der Wände anpaßt, hängen im Turmkabinett des Obergeschosses 14 aquarellierte Radierungen von Giovanni Volpato (1733 bis 1803) mit Ansichten der Museen des Vatikan. Der Erinnerungsraum an die Königin Luise im Erdgeschoß enthält zwei vorzügliche Aquarelle von Johann Erdmann Hummel (1769-1852) mit einer Außen- und einer Innenansicht des Mausoleums im Park von Charlottenburg (1812), ferner zwei 1814 in Rom gefertigte Zeichnungen des Magdebur-

4

Biedermeiergarten beim Schloß

gers Karl Sieg (1784-1854), die den Kopf der Grabstatue der Königin von Rauch darstellen, sowie von Carl Hampe (1772-1848) *Friedrich Wilhelm III.* und die *Königin Luise* (1798). Die Qualität der biedermeierlichen Porzellanmalerei in Berlin veranschaulicht eine *Madonna mit Kind* von Friedrich Frégevice in einem von Gottfried Wilhelm Voelcker (1775-1849) gemalten Blumenkranz. Die 29 Stuckreliefs von Johann Peter Egtler (1741 bis 1810) im Teezimmer sind 1945 durch Verlagerung nach Potsdam gelangt und 1986 von der DDR im Tausch gegen das *Schillerdenkmal* von Carl Begas zurückgegeben worden. Dargestellt sind Gestalten der antiken Mythologie, zum Teil nach antiken Vorbildern und Allegorien. Ein einheitliches Programm ist nicht zu erkennen. Die *Gipsfigur der Pomona,* der Göttin der Feldfrüchte, im gleichen Raum, stammt von dem Berliner Ofenfabrikanten und Bildhauer Philipp Rode (1786-94 nachgewiesen), einem Bruder des Malers Bernhard Rode, der sicher den Entwurf für die Gruppe geliefert hat. Den Reliefs von Egtler stehen stilistisch die vier Supraportenreliefs aus grauem und weißem Marmor von den Brüdern Johann Christoph (1748-99) und Michael Christoph Wohler (1754-1802) aus Potsdam nahe. Als Bildhauerarbeiten vorzüglicher Qualität verdienen auch die Kamine eine Erwähnung, ferner die von Friedrich Heinrich Kambly (1750 bis 1801) geschnitzten und von Johann Carl Wilhelm Rosenberg gefaßten Spiegel.
Die 1851 von dem Rauch-Schüler Bernhard Afinger (1813-82) nach Jean August Barre kopierte *Marmorstatuette* der französischen Schauspielerin Elisa Rachel, die einst vor dem Schlößchen stand und sich jetzt im Vestibül befindet, erinnert an einen denkwürdigen, auch von Fontane beschriebenen Auftritt der berühmten Tragödin auf der Pfaueninsel vor Friedrich Wilhelm IV. und Zar Nikolaus I. von Rußland am 15. Juli 1852.
Von hervorragender Qualität sind die Tischlerarbeiten, bei denen ebenso wie die Formgebung das Material verschiedener einheimischer Hölzer mit ihrer natürlichen Färbung wirkt. Acht Namen von Potsdamer Tischlern sind überliefert. Das Glanzstück sind die Wände des Saales im Obergeschoß von Johann F. Selle, Johann Christian Ziedrich und

Plettenberg. Aufmerksamkeit verdienen die verschieden gemusterten Fußböden. Vorzüglich sind auch die Stühle, Tische und Kommoden von dem Potsdamer Tischler J. E. Eben; von David Hacker aus Potsdam, einem Schüler David Roentgens, stammt ein Schreibtisch mit Marmoreinlagen. Ein mit Eichenlaub dekoriertes Bett hat Johann Christian Angermann 1796 geschaffen. Ihm wird ferner ein Notenständer zugeschrieben. Bereits 1780 wurde ein Tafelklavier von Johann Gottlob Wagner gebaut.
Das 1834 aufgestellte Kolosseumspiel gehört zu den Zutaten des 19. Jh. ebenso wie das durch seine Einfachheit und Zweckmäßigkeit beeindruckende Feldbett Friedrich Wilhelms III. Die meisten Sitzmöbel, deren Form von Raum zu Raum wechselt, sind mit schwarzem Roßhaar bezogen. Gut erhalten sind die Papiertapeten aus der Fabrik von Christian, während die Wandbespannungen aus ostindischem Zitz in den beiden ›Conversationszimmern‹ des Obergeschosses sich in sehr schlechtem Zustand befinden. Unter den Beleuchtungskörpern sind die beiden mächtigen aus Böhmen stammenden Kronleuchter im Saal und die beiden anmutigen ›griechischen‹ Ampeln in den runden Turmkabinetten hervorzuheben. Unmittelbare Spuren ehemaligen Lebens sind die in einer Wandvitrine bewahrten fünf Strohhüte der königlichen Prinzessinnen, die nach der Form um 1810 zu datieren sind und wohl in Florenz gefertigt sein dürften. Zwei Gefäße aus rotem Granit belegen die um 1830 in Berlin zu höchster Vollkommenheit gebrachte Bearbeitung dieses harten Gesteins, das in der an Steinen sonst armen Mark Brandenburg in der Gestalt von Findlingen vorkommt und daher mit einer patriotischen Bedeutung versehen wurde.
Von den Berliner Porzellanen, die in verschiedenen Räumen aufgestellt sind, gehört keines zum ursprünglichen Inventar. Teile eines Services mit Vogelmotiven, das in der KPM für die Pfaueninsel geschaffen wurde, sind erst nach dem Krieg erworben worden, ebenso wie eine nach 1834 von Johann Forst bemalte Schale mit einem vom Kavalierhaus aus gesehenen Panorama der Pfaueninsel. Sie erscheint hier im Zustand ihrer reichsten Blüte. *Helmut Börsch-Supan*

59 Schloß Tegel

Humboldt-Museum

27 (Tegel), Adelheidallee 19-21, Telefon 4343156
Verkehrsverbindung: U-Bahnhof Tegel; Bus 13, 14, 15, 20
Geöffnet: Mittwoch und Sonntag 14-18 Uhr, Park: 13-19 Uhr.
In den Wintermonaten geschlossen

Träger: Familie von Heinz

Sammlung: Antike und klassizistische Bildwerke aus der Sammlung
Wilhelm von Humboldts

Baubeschreibung

Das Anwesen am Tegeler See, ursprünglich
ein Landhaus, um 1550 unter Kurfürst Joachim II. erbaut, dann Jagdschloß des Großen Kurfürsten, kam 1765 in den Besitz der
Familie von Humboldt. 1820-24 baute Schinkel den Renaissance-Bau für Wilhelm von
Humboldt (1767-1835) und seine Frau Caroline zu einem klassizistischen Schlößchen
um. Humboldt war nicht nur Gelehrter,
Staatsmann, Reformer des Schulwesens
und Gründer der Berliner Universität; er hatte auch eine beträchtliche Antikensammlung
zusammengetragen. Für diese Sammlung
sollte Schinkel, den er als preußischer Ge-
sandter am Vatikan 1804 kennengelernt hatte, einen geeigneten Rahmen schaffen.
Erhaltenswerte Gebäudeteile wurden auf
Wunsch des Bauherrn belassen; der südliche Renaissance-Turm war für Schinkel Anlaß, »das Gebäude an jeder Ecke mit einem
Thurme zu versehen, und hierdurch besonders den Charakter eines Schlößchens her-
vorzubringen«. Dorische Pilaster gliedern
den Bau einheitlich. Vier Marmorkopien antiker Statuen, in die Nischen zur Gartenfront
eingestellt, und die acht Reliefs aus der
Rauch-Werkstatt an den vier dreigeschossigen Ecktürmen – Darstellungen der Wind-
götter nach Vorbildern am ›Turm der Winde‹
in Athen aus dem 1.Jh. v.Chr. – verstärken
den beabsichtigten antikisierenden Charakter.

Sammlungsbestände

In der Eingangshalle mit Kassettendecke
und großflächigem Fußbodenmuster befinden sich ein antiker Marmorbrunnen aus der
Kirche des hl.Calixtus in Rom (2.Jh. n.Chr.),
über den Sitzbänken Abgüsse antiker Reliefs, in Nischen Kopien des *Bogenspannen-
den Amor* von Lysipp und eines *Ganymed*.
Im ehemaligen Arbeitszimmer Humboldts,
der Bibliothek, stehen Abgüsse der *Kapitoli-
nischen Venus* und der *Venus von Milo*, die
von Friedrich Tieck modellierte *Singende
Parze* von Carstens und ein Abguß der *Victoria* von Christian Daniel Rauchs Bülow-
Denkmal.
Das Treppenhaus mit Malerei nach dem Entwurf Schinkels führt in den Blauen Salon im
Obergeschoß. Hervorzuheben seien hier:
der Abguß einer antiken Quellnymphe aus
dem Tiber, von Rauch um einen Kopf mit
den Zügen von Humboldts Tochter Caroline

ergänzt; daneben Bildnisreliefs von Wilhelm
und Alexander von Humboldt, ausgeführt
von Klauer 1796 bzw. Tieck 1828; Abgüsse
von Skulpturen Tiecks; eine Kopie von Schadows Porträt der Tochter Gabriele als Braut
(1818); von Wilhelm Wach ein Bildnis der
Kronprinzessin Elisabeth und eine Bildnis-
zeichnung Caroline von Humboldts (1828)
mit dem Porträt Wilhelms von Franz Krüger
aus der gleichen Zeit.
Der Antikensaal mit Wand- und Deckenglie-
derung sowie Ausstattung nach Schinkels
Entwurf enthält Abgüsse nach der Antike
aus der Sammlung Ludovisi in Rom, u.a. den
Sitzenden Mars, sowie *Merkur mit Hirtenflö-
te* von Bertel Thorvaldsen, mit dem Humboldt ebenso befreundet war wie mit Rauch;
ferner die Gruppe des *Galliers mit seinem
Weib,* eine Kopie einer griechischen Bronze
aus Pergamon, die Figuren von *Orest* und
Elektra; über der Tür ein Kopf der Athena.
In den Turmkabinetten u.a. ein Relief der
Drei Parzen (1.Jh. n.Chr.), ein marmorner
Knaben- und ein *Mädchenkopf* (um 200
n.Chr.), im Blauen Kabinett; Kopien der Bildnisse Wilhelm und Alexander von Humboldts (von Thorvaldsen 1808 bzw. Rauch)
sowie ein Jugendbildnis Carolines im Grünen Kabinett; das Bildnis der Konstanze von
Heinz von T. Hamacher (1857) im nordwestlichen Turmkabinett.
Viele antike und klassizistische Originale sind
nach dem Krieg in die Antikensammlung
oder die Nationalgalerie in Berlin (Ost) (s.
Museen Ost-Berlin) gekommen.
Im Schloßpark führt eine Lindenallee zu der
von Schinkel entworfenen *Grabstätte* der Familie von Humboldt. Wilhelm von Humboldt
hatte sie nach dem Tod seiner Frau Caroline
1829 errichten lassen. Auf einer ionischen
Säule in der Mitte der Anlage steht eine
Nachbildung von Thorvaldsens *Hoffnung;*
die halbrunde Bank ist in Anlehnung an pom-
pejanische Vorbilder gearbeitet.
Schloß und Park befinden sich auch heute
noch im Besitz der Nachkommen der Familie
von Humboldt.

60 Skulpturengalerie

Staatliche Museen Preußischer Kulturbesitz

33 (Dahlem), Arnimallee 23/27, Telefon 83 01-2 52, Zentrale: 83 01-1
Verkehrsverbindung: U-Bahnhof Dahlem-Dorf; Bus 1, 10, 17
Geöffnet: Dienstag bis Sonntag 9-17 Uhr
Abweichend von der Feiertagsregelung (s. S. 8) nur am 1. 1., Osterdienstag, 1. 5.,
Pfingstdienstag, 24., 25. und 31. 12. geschlossen

Direktor: Prof. Dr. Peter Bloch
Wissenschaftliche Mitarbeiter: Prof. Dr. Ursula Schlegel (Italienische Sammlung),
Dr. Christian Theuerkauff (Renaissance, Barock, Rokoko), Dr. Hans-Georg Severin
(Frühchristlich-Byzantinische Sammlung), Dr. Hartmut Krohm (Mittelalter)

Träger: Stiftung Preußischer Kulturbesitz
Förderverein: Kaiser-Friedrich-Museums-Verein

Sammlung: Skulpturen von der frühchristlichen Epoche bis in das 19. Jh.

Publikationen: ›Die Bildwerke der Skulpturengalerie I‹, U. Schlegel, ›Die italienischen
Bildwerke des 17. und 18. Jahrhunderts‹, Berlin 1978 – ›Die Bildwerke der Skulpturen-
galerie II‹, Chr. Theuerkauff, ›Die Bildwerke in Elfenbein des 16.-19. Jahrhunderts‹,
Berlin 1986

Sammlungsgeschichte

Die Geschichte der Skulpturengalerie und ihrer Bestände reicht tief in die Historie der
Kunstsammlungen des brandenburgisch-
preußischen Staates zurück. Wie andere barocke Residenzen besaß auch das Berliner
Schloß seine Kunstkammer, deren Bestand
1603, unter der Regierung des Kurfürsten
Johann Friedrich, erstmals inventarisiert
wurde. Doch ging im Dreißigjährigen Krieg
das meiste verloren. Größere Bedeutung gewann dieses ganz auf den persönlichen Be-
darf der Herrscher bezogene ›Museum‹ unter dem Großen Kurfürsten, aus dessen Zeit
nun auch die ältesten auf uns gekommenen
Objekte stammen. Genannt seien die *Adam-
und-Eva*-Gruppe des Elfenbeinschnitzers Leonhard Kern von 1646, vermutlich ein Hoch-
zeitsgeschenk mit den Porträtzügen des
26jährigen Friedrich Wilhelm, das dem
Künstler das Patent eines kurfürstlich-bran-
denburgischen Bildhauers eintrug, oder der
Eisenguß des Großen Kurfürsten zu Pferde

von dem kurfürstlichen Münzschneider Gottfried Leygebe, der den Herrscher als Sieger
über die vielköpfige Chimäre feiert und so
die Rolle des absolutistischen Herrschers
mythologisch überhöht.
Bei der Eröffnung des ›Alten Museums‹ (s.
Museen Ost-Berlin) 1830 waren die wenigen
damals vorhandenen italienischen Skulpturen aus dem Nachlaß des Generalkonsuls
Bartholdy der Antike inkorporiert. Im engen
Kontakt mit Wilhelm von Humboldt planten
die Bildhauer Christian Daniel Rauch und
Friedrich Tieck die Aufstellung der zumeist
antiken Marmorskulpturen. Aus der Kunstkammer gelangten Medaillen, Vasen, Majoliken in die neuen Sammlungen. Direktor der
›Sculpturen-Gallerie‹ wurde Friedrich Tieck,
der auch die ersten Kataloge erarbeitete,
nämlich das Verzeichnis der antiken Bildhau-
erwerke (1834) und das Verzeichnis der Arbeiten der Florentiner Bildhauerfamilie Della
Robbia (1835). Im Jahre 1840 gelang der Ankauf der Sammlung Pajaro aus Venedig mit
80 oberitalienischen und byzantinischen

Werken, 1842 konnten aus Florenz 25 Bildwerke des Quattrocento erworben werden, darunter Desiderios *Büste der Marietta Strozzi*. Damit wurde jene Kollektion von Quattrocentoplastik grundgelegt, die heute einen Schwerpunkt unseres Museums bildet. Auch die Frühchristlich-Byzantinische Sammlung der Skulpturengalerie hat hier ihre Quellen.

Nach diesem großen Beginn blieb es um den weiteren Ausbau der Sammlung still, bis 1872 Wilhelm von Bode zum Assistenten der Gemäldegalerie berufen wurde und den Auftrag erhielt, sich zugleich um die ›Renaissance-Abteilung‹ der Skulpturen‹ zu kümmern. Im Jahre 1885 wurde Bode der erste Direktor der nunmehr verselbständigten ›Abteilung der Bildwerke der christlichen Epochen‹ und leitete diese Abteilung, später neben dem Amt des Direktors der Gemäldegalerie (s. S. 96) und dem Amt des Generaldirektors, bis zu seinem Ausscheiden 1921. Er baute die Skulpturensammlung systematisch aus mit dem Ziel, eine Geschichte der europäischen Plastik umfassend zu repräsentieren. Im Sinne des Historismus bestand die Kunstgeschichte nicht mehr nur aus einigen idealen Höhepunkten, die aus langen dunklen Niederungen ragten. Jede Epoche wurde nun aus ihren eigenen Voraussetzungen gewürdigt. Dies kam vor allem der mittelalterlichen Skulptur von der Romanik bis zur Spätgotik zugute, die sich bald zu einem eigenen organischen Komplex formte. Bereits 1850 war die Ravensburger *Schutzmantel-Maria* nach Berlin gekommen, 1858 konnten die beiden *Imhoff-Büsten* von Gregor van der Schardt erworben werden, 1887 Riemenschneiders *Vier Evangelisten vom Münnerstädter Altar* und die *Madonna* des Presbyter Martinus von 1199. Im Jahre 1881 kam das *Lesepult* des Giovanni Pisano dazu, 1904 der romanische *Kölner Engel*. Die *Muttergottes aus Dangolsheim,* ein Höhepunkt spätgotischer Skulptur, wurde 1913 dem Museum geschenkt.

Pyxis: Christus als Lehrer, *Weströmisch (?), frühes 5. Jh., Elfenbein, H 12 cm*

Sinnbild der Herrschaft Christi, *Konstantinopel, um 400, Marmor, H 167 cm*

Im Jahre 1897 gründete Wilhelm von Bode den ›Kaiser-Friedrich-Museums-Verein‹, der Skulpturensammlung und Gemäldegalerie durch private Stiftungen unterstützte und der über neun Jahrzehnte hinweg noch heute tätig ist. Die *Madonna* des Luca della Robbia war eine der ersten Stiftungen des Vereins, die *Büste des Barons Stosch* von Edme Bouchardon ist ein Beispiel aus jüngerer Zeit. Darüber hinaus wurde Bode von zahlreichen Kunstfreunden unterstützt, die er seinerseits beim Aufbau ihrer Sammlungen beriet. Prominentes Beispiel dieses Mäzenatentums ist der Berliner Kaufmann James Simon, der seine Sammlungen italienischer Bronzen und deutscher Kleinkunst 1904 und 1918 dem Museum vermachte. 1904 wurde auf der Spitze der Museumsinsel das Kaiser-Friedrich-Museum (s. Museen Ost-Berlin, Bode-Museum) eröffnet, das den reich angewachsenen Beständen an Skulpturen und Gemälden nun eigene Räume bot. Hier entstanden die ›period-rooms‹, in denen die verschiedenen Gattungen der Kunst aus gemeinsamen Epochen und Landschaften miteinander präsentiert wurden. Diese Gesamtschau europäischer Kunst nach historischen und topologischen Gesichtspunkten und verbunden mit höchstem Anspruch an den künstlerischen Rang war bahnbrechend und wurde beispielhaft für das Museumswesen weit über Berlin hinaus.

Der Erste Weltkrieg und sein bitteres Ende veränderten die Situation der Museen erheblich. Aus den Königlich-Preußischen wurden die Staatlichen Museen, die wohlhabenden

1 *Diptychon:* Christus zwischen Petrus und Paulus, Gottesmutter zwischen Erzengeln, *Konstantinopel, um die Mitte 6. Jh., Elfenbein, H 29 cm*

2 Befreiung einer belagerten Stadt, *Ägypten, 5.-6. Jh., Holz, H 45 cm*

3 *Mosaik-Ikone:* Jesus Christus der Barmherzige, *Konstantinopel, 1. Hälfte 12. Jh., Stein- und Glasmosaik in Wachsgrund, H 74,5 cm*

4 *Oberteil eines Szepters:* Kaiser Leon VI., von der Gottesmutter gekrönt; Erzengel Gabriel *(rechts), Konstantinopel, wahrsch. Frühjahr 887, Elfenbein, H 10 cm*

Bürger und großen Sammler waren arm geworden, die ›Gründer‹-Jahre dahin. Dennoch blieb die Substanz an Sammlungsbeständen und wissenschaftlichem Anspruch intakt und erlaubte, bei starker Konzentration der Kräfte die Tradition fast ungebrochen weiterzuführen. Die Nachfolge Bodes als Direktor der ›Abteilung der Bildwerke der christlichen Epochen‹ trat Theodor Demmler an, der zusammen mit Ernst Friedrich Bange die deutsche und italienische Sammlung neu ordnete, während gleichzeitig Fritz Volbach die Leitung der Frühchristlich-Byzantinischen Sammlung übernahm. Im Jahre 1930 konnte in einem Flügel des neuen Pergamon-Museums (s. Museen Ost-Berlin) das Deutsche Museum installiert werden, wohin die deutschen, niederländischen, französischen und englischen Skulpturen überführt wurden, während im Kaiser-Friedrich-Museum die italienischen und frühchristlich-byzantinischen Bestände in neuer Ordnung verblieben. Die Sammlungskataloge der Bildwerke des Kaiser-Friedrich-Museums und des Deutschen Museums sind heute noch Standardwerke der Forschung.

Der Zweite Weltkrieg griff ungleich stärker in Substanz und Struktur der Museen ein. Die Schausammlungen wurden geschlossen, die Bestände teilweise ausgelagert. Zwar erlitt während der Kriegshandlungen die (seit 1939 so benannte) Skulpturenabteilung keinerei Verluste, doch wurden erhebliche Teile der in Berlin verbliebenen Objekte unmittelbar nach Kriegsende geplündert und in Brand gesetzt. Dabei gingen vor allem italienische Großplastiken verloren, darunter Werke von Giovanni Pisano, Verrocchio und Donatello, aber auch deutsche Bildwerke sowie etwa ein Drittel der Bestände an Kleinbronzen und Elfenbeinen. Gegen Ende des Krieges waren große Teile der Sammlungen in die Bergwer-

ke Grasleben und Kaiseroda verbracht worden; den Abschluß der Aktion verhinderte das Näherrücken der Front. Diese Bestände wurden 1945 von amerikanischen und englischen Truppen geborgen und nach Wiesbaden bzw. Celle verbracht. Erst nach langwierigen Verhandlungen mit den Siegermächten und den Nachfolgeländern des 1947 durch Kontrollratsbeschluß aufgelösten Staates Preußen begann die Rückführung dieses im

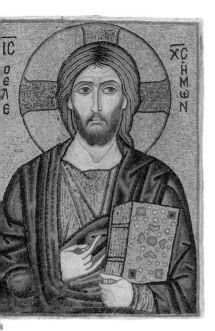

Westen ausgelagerten Museumsgutes. Eine wichtige Rolle spielte in diesem Zusammenhang der ›Kaiser-Friedrich-Museums-Verein‹, der 1953 einen Musterprozeß auf Herausgabe seines Gemäldes *Der Mann mit dem Goldhelm* erfolgreich durchgefochten hatte. Im September 1953 eröffnete der Regierende Bürgermeister von Berlin, Ernst Reuter, im Museum Dahlem eine Ausstellung der endgültig nach Berlin (West) zurückgekehrten Bestände des ›Kaiser-Friedrich-Museums-Vereins‹, etwa 150 Gemälde und Skulpturen. Zwischen 1956 und 1958 kehrten dann auch die im Westen ausgelagerten ca. 3500 Objekte der Skulpturenabteilung nach Berlin (West) zurück. Im Jahre 1955 erhielt das Museum mit Peter Metz wieder einen Direktor.

Die Verhältnisse im alten Dahlemer Museumsbau waren außerordentlich beengt. Ein kleiner Raum mit Bronzen und ein Raum mit den Hauptwerken Riemenschneiders konnten eingerichtet werden, einige Skulpturen wurden zwischen den Gemälden aufgestellt, etwas später kam im Dachgeschoß ein Raum mit italienischen Bildwerken dazu. Um komplexe Ensembles zu zeigen, mußten Ausstellungen außerhalb des Hauses arrangiert werden, wie die ›Christliche Kunst Europas, Meisterwerke aus den Ehemals Staatlichen Museen‹ im Schloß Charlottenburg (s. S. 285), die mit kurzen Unterbrechungen von 1958-63 lief. Anschließend wurden die meisten Werke wieder deponiert. Das dringliche Bedürfnis der Skulpturenabteilung waren also Ausstellungsräume. So kam es, daß als erster Bauabschnitt der Erweiterungsbauten in Dahlem – zugleich als erstes großes Bauprojekt der Stiftung Preußischer Kulturbesitz, die 1961 ihre Arbeit aufgenommen hatte (s. S. 322) – durch den Architekten Wils Ebert der Anbau für das ›Skulpturenmu-

seum‹ an den Dahlemer Altbau entstand, ein zweigeschossiger Rechteckbau, der in jeweils ca. 820 m² Ausstellungsfläche unten die Frühchristlich-Byzantinische Sammlung und die Bestände des Mittelalters, darüber die italienische Sammlung und die Bestände des nordalpinen Barock und Rokoko aufnahm, während in einem teilweise ausgebauten dritten Geschoß die Restaurierungswerkstätten der Skulpturenabteilung und der Gemäldegalerie, ferner in Teilen des Kellers die Depots der Skulpturenabteilung untergebracht wurden. Der Bau galt zwar als kurzfristiges Provisorium, da seit 1964 die Neubaupläne der fünf Kunstmuseen am Tiergarten entwickelt wurden. Doch hat es sich angesichts der Verzögerungen dieses Tiergarten-Projektes bewährt, daß Peter Metz den Dahlemer Bauteil I bis in das Detail für die speziellen Belange eines Skulpturenmuseums planen und verwirklichen konnte. Zusätzliche Ausstellungsräume erhielt das 1976 in ›Skulpturengalerie‹ umbenannte Museum mit dem ›Riemenschneider-Saal‹ im Obergeschoß des Neubautraktes des Völkerkundemuseums (1970, s. S. 226). Hier wurden Bildwerke der Spätgotik und Renaissance aufgestellt, in einem Vitrinengang, der das ›Hufeisen‹ im Obergeschoß von Bauteil I zu einem Rundgang erweitert, die ›Kunstkammerstücke‹ des 16.-18. Jh. präsentiert, die sich teilweise bis in die Sammlung des Großen Kurfürsten zurückverfolgen lassen.

Parallel zu diesen Bauvorhaben lief eine Erweiterung der Bestände mit ihren fünf Sammlungs-Komplexen: Frühchristlich-Byzantinische Sammlung – Mittelalterliche Skulpturen – Nachmittelalterliche Skulpturen – Italienische Sammlung – 19. Jh. Der Etat des Museums wurde für einen systematischen Ausbau dieser verschiedenen Sammlungsgebiete genutzt, wobei die Erwerbungspolitik sich ebenso nach Stärken und Lücken des Bestandes wie nach den Gegebenheiten des Marktes zu richten hatte. Kriegsverluste waren auszugleichen, in Berlin (Ost) verbliebene Bestände zu berücksichtigen (etwa die gesamten großformatigen Werke der Frühchristlich-Byzantinischen Sammlung). Zu neuen Schwerpunkten entwickelte sich insbesondere die italienische

Barockskulptur, die in früheren Jahrzehnten weitgehend unbeachtet geblieben war, und die Bildnerei des 19. Jh. Ein erheblicher Teil der Sammlung ist zur Zeit noch immer deponiert und kann erst im neuen Haus am Tiergarten gezeigt werden, mit dessen Eröffnung um das Jahr 2000 zu rechnen ist.

Peter Bloch

Sammlungsbestände

Ein Rundgang durch die Skulpturengalerie beginnt mit der **Frühchristlich-Byzantinischen Sammlung** im Erdgeschoß des ›Hufeisens‹, Bauteil I, die 1986 neu geordnet wurde. Im Eingangsbereich dominiert ein marmornes Monument aus der Frühzeit der oströmischen Hauptstadt Konstantinopel: eine reliefgeschmückte Wandverkleidungsplatte (um 400), die aus dem Zusammenhang einer repräsentativen Palast- oder Kirchen-Architektur stammt. Das Thema dieser einzigartigen Skulptur ist die symbolische Darstellung der Herrschaft Christi. Im Umfeld sind charakteristische Zeugnisse der spätantiken Skulptur (3.-6. Jh.) aus Rom, Kleinasien, Syrien und Ägypten angeordnet, deren Formprinzipien und Stiltendenzen für die mittelalterliche Bildkunst des byzantinischen Reichs grundlegend waren: so u. a. ein christlicher *Kindersarkophag* mit Figurenfries (Rom, um 330) oder eine *Figur des Schaftträgers* (Kleinasien, 4. Jh.), die den Anhängern der alten Religionen als Sinnbild der Glückseligkeit galt und die von den Christen als Bild des Guten Hirten aufgefaßt werden konnte. Die spätantik-frühbyzantinische Kunst Ägyptens (sog. koptische Kunst), deren Beispiele

fast sämtlich aus dem Grabesbereich stammen, wird auch durch Holzschnitzereien, Keramik und recht farbenfrohe Textilien repräsentiert. In mehreren Vitrinen sind ferner Schmuck, Goldgläser, Tafelsilber, eine Auswahl von Pilgerandenken und Gegenstände des Alltagslebens (z. B. Beleuchtungsgeräte) ausgestellt.

Das Rückgrat der Sammlung bildet eine Reihe kostbarer Elfenbeinschnitzereien: Sie beginnt mit der Großen Berliner *Pyxis* (um 400: akademisch-klassizistischer Figurenfries) und dem *Christus-Gottesmutter-Diptychon* (Mitte 6. Jh.), einem Hauptwerk der frühbyzantinischen Kleinkunst. Die mittelalterliche Serie wird eröffnet durch das *Szepter Kaiser Leons VI.* (um 887), die erste zeitlich faßbare Konstantinopler Elfenbeinschnitzerei nach Ende des ›Bilderstreits‹ (730-843); hervorgehoben seien aus den Arbeiten des 10.-12. Jh. vor allem die Tafel mit dem *Einzug Christi in Jerusalem,* das Triptychon mit der *Kreuzigung Christi* und die Tafel mit den *Vierzig Märtyrern von Sebaste,* die in der Ober- und Unterzone die absichtsvolle Verschiedenheit der Figurenbehandlung und somit die erstaunliche Spannweite der mittelalterlichen byzantinischen Formenwelt erkennen läßt. Neben diesen Spitzenleistungen wird eine Auswahl mittelalterlicher byzantinischer Kleinkunst in anderen Materialien (z. B. Ikonen aus Metall und Speckstein) und Keramik gezeigt. Abschluß und zentraler Blickpunkt dieses Bereichs ist die Mosaikikone *Christus des*

3

1 Christus-Johannes-Gruppe, *Bodensee, um 1320, Eichenholz, H 89 cm*

2 Trauernde Maria von einer Triumphkreuzgruppe, *Naumburg, um 1230, Eichenholz, H 165 cm*

3 Trauernde Frauen und Johannes aus der Lorcher Kreuztragung, *Mittelrhein, um 1425, gebrannter Ton, H 54 cm*

4 *Michel Erhart,* Schutzmantel-Maria, *um 1480, Lindenholz, H 135 cm*

Barmherzigen (Konstantinopel, erste Hälfte 12. Jh.), das älteste erhaltene Beispiel dieser Gattung: in der Formgebung höfisch und traditionsbewußt, in der Technik vielseitig und raffiniert. – Dem Nachwirken der byzantinischen Kunst über das Ende des byzantinischen Reiches (1453) hinaus ist eine kleine Abteilung gewidmet, die eine Auswahl griechischer und russischer Kleinkunst, ferner griechischer, italo-byzantinischer und russischer Ikonen (15.-19. Jh.) vor der monumentalen Fassade einer Ikonostasis (Zypern, um 1760) darbietet.   *Hans-Georg Severin*

Unmittelbar anschließend beginnt die Sammlung **Mittelalterlicher Skulpturen.** Zu den kunsthistorisch ältesten Stücken gehören einige bedeutende karolingische und ottonische Elfenbeine. Von besonderem Rang ist die *Tafel mit drei Wundern Christi* aus der Metzer Schule (um 870) und das *Diptychon mit Moses und dem ungläubigen Thomas,* in Trier oder Echternach um 1030 entstanden. Ein Hauptwerk deutscher romanischer Holzskulptur ist der *Engel von einem Heiligen Grabe* (eine der Frauen am leeren Grabe in Esztergom/Ungarn erhalten), der um 1170 in Köln geschaffen wurde. Eine Inkunabel seiner Gattung ist der *Palmchristus* (wohl Landshut, um 1200), der am Palmsonntag in der Prozession mitgeführt wurde.

Der zugehörige Esel ging im letzten Kriege verloren und wurde 1973 durch den Bildschnitzer August Weisser erneuert. Die malerisch bewegte Spätphase der Romanik, um 1230, vertritt die *Trauernde Maria von einer Triumphkreuzgruppe* der St. Moritz-Kirche zu Naumburg.

Hauptwerk einer von der Mystik geprägten Gotik ist die *Christus-Johannes-Gruppe* aus Sigmaringen, die um 1320 am Bodensee entstand. Der Abendmahlsbericht des Johannes-Evangeliums mit dem Lieblingsjünger an der Brust des Herrn wird in ein Andachtsbild umgesetzt, das an die gläubige Hingabe eines frommen Betrachters und an die mystische Vereinigung mit dem Herrn appelliert. Die repräsentative Version französischer Gotik der Île de France verkörpert die lebensgroße *Marienstatue,* durch Krone und Lilienzepter als Himmelskönigin ausgezeichnet. Stilistisch nahestehend die monumentale *Kalksteinfigur des Apostels Paulus* (wohl Paris, um 1320). Die *Muttergottes auf dem Löwen,* um 1370 in Salzburg entstanden, vertritt eine ikonographische Variante, die unter Bezug auf alttestamentliche Prophezeiungen den Messias als den ›Löwen aus dem Geschlechte Juda‹ vorweist. Ein Hauptwerk des sog. Weichen Stils, um 1425, sind die Reste der *Lorcher Kreuztragung,* am Mittelrhein entstandene Tongruppen, die kürzlich in einen neuen Schrein eingefügt wurden. Die Hauptfigur, der kreuztragende Christus, zählt zu den Kriegsverlusten. Eine vergleichbare Gestalt in größerem Format bie-

4

tet der *Kreuztragende Christus* aus Herlazhofen in Schwaben. Den Typ der ›Schönen Madonnen‹ des Weichen Stils vertreten die *Muttergottes auf der Mondsichel* (Schwaben, um 1420) und die *Muttergottes mit barocker Krone* (Köln, um 1430). Von besonderer Feinheit ist das Relief des von einem Engel gehaltenen *Leibes Christi* (Oberrhein, um 1420). Die ›dunkle Zeit‹ der Mitte des 15. Jh. repräsentiert die von Engeln zum Himmel getragene *Maria Magdalena* von Hans Multscher, aus dessen Werkstatt auch der *Wurzacher Altar* der Gemäldegalerie stammt. Zeitparallele Beispiele aus Frankreich, insbesondere Burgund, bieten die großformige trauernde *Maria von einer Kreuzigung* (der zugehörige *Johannes* im Nationalmuseum Stockholm) sowie die in Stein gearbeiteten Bildwerke der *Muttergottes mit dem Papageien*, der *Hl. Barbara* (Claus de Werve, um 1430), *Jakobus des Älteren* und des *Engels einer Verkündigung*. Etwas jünger (Nordfrankreich, um 1520) ist die kürzlich erworbene Kalksteingruppe des *Hl. Martin zu Pferde*, der seinen Mantel teilt.

Am Beginn einer linear verfeinerten Spätgotik steht die *Muttergottes aus Dangolsheim*, die um 1460 am Oberrhein entstand und heute dem Niclaus Gerhaert von Leiden zugeschrieben wird. Eine besonders markante Bilderfindung des Meisters – unabhängig von graphischen Vorlagen, wie dem Kupferstich *Maria mit dem Maiglöckchen* des Monogrammisten E. S. – ist die Art und Weise, wie sich das Kind in komplizierter Drehung aus dem Schleier der Mutter löst. Ob dies lediglich ein artistisches Bravourstück ist oder ›Entschleierung‹ im Sinne von Menschwerdung deuten soll, bleibt zu klären. Vor einigen Jahren wurde im Rücken der Muttergottes eine Vertiefung entdeckt; das Röntgenbild zeigt eine Ampulle, wohl aus Glas, die sicherlich eine Reliquie enthält. Denkbar wäre, daß es sich bei dieser Reliquie um einen Teil vom Schleier Mariens handelt: damit wäre das so demonstrative Hantieren des Kindes mit dem Schleier der Mutter auf eine neue Bedeutungsebene gehoben. An weiteren Werken der Spätgotik am Oberrhein seien die kniende *Marienfigur* einer Geburt Christi aus Kloster Wonnental, die Statue des *Hl. Jakobus* (der zugehörige *Apostel Philippus* im Bode-Museum, s. Museen Ost-Berlin), die kleine *Muttergottes* aus Sandstein und das Relief ›*Der faule Pilger*‹ von Hans Bongart (1516) genannt. – Eine ebenso eigenwillige wie repräsentative Mariendarstellung bietet die *Schutzmantel-Maria* aus Ravensburg, ein Werk des Ulmer Bildschnitzers Michel Erhart (um 1480), Maria öffnet ihren Mantel, unter dem, wie in einer Nische geborgen, zehn Männer und Frauen mit frommen Gebärden erscheinen. Es sind keine Ordensbrüder wie – im Anschluß an die

Vision des Zisterziensermönches Caesarius von Heisterbach – in älteren Darstellungen, sondern die Stifter dieses Bildwerkes, die sich dank ihres verdienstlichen Werkes der Muttergottes besonders nahe wissen.

Der **Riemenschneider-Saal** im Obergeschoß innerhalb des Neubautraktes des Völkerkundemuseums enthält Werke der Spätgotik, der Renaissance, des Barock und Rokoko. Vom Treppenhaus Eingang Lansstraße kommend, trifft man zunächst auf die *Vier Evangelisten* aus dem Münnerstädter Altar von Tilman Riemenschneider. Es sind Frühwerke des Meisters (1490/91) und bedeutsam dank der Tatsache, daß sie erstmals nicht auf farbige Bemalung, sondern eine monochrome Fassung berechnet waren, bedeutsam ferner durch ihren ursprünglichen Platz in der Predella des Altars. Zugehörig zu diesem Altar ist das Relief mit dem *Noli me tangere:* Christus erscheint im Garten von Gethsemane der Maria Magdalena. Die übrigen Teile dieses Altars befinden sich teils im Bayerischen Nationalmuseum in München, teils an Ort und Stelle in der Hl. Maria Magdalena geweihten Kirche zu Münnerstadt. Dank eines von der Skulpturengalerie durchgeführten Forschungsprojektes zum Frühwerk Riemenschneiders konnte der Altar in Münnerstadt rekonstruiert werden. Unter weiteren Werken von Riemenschneider seien die *Muttergottes* aus Tauberbischofsheim und die Fragmente einer *Grablegung Christi* aus Wiblingen (nahe Ulm) genannt. Ein Bravourstück der Kleinplastik ist die zierliche Apfelbaumholzstatuette der *Muttergottes,* die teils als Vorstufe der Dangolsheimer Madonna, als schwäbische Arbeit oder als Frühwerk des Veit Stoß gedeutet wurde. Glanzpunkte dieses Sammlungsbereiches bilden ferner die kleinformatige, aber außerordentlich detailreich gearbeitete Gruppe der *Krönung Mariens* von Jörg Lederer (um 1525), die *Predellengruppe des Leichnams Christi,* der von Gottvater und zwei Engeln gehalten wird (Augsburg, um 1530) und die 1983 erworbene *Heimsuchungsgruppe* vom Meister des Schwazer Altars.

Ein kennzeichnendes Werk des Repräsentanten der Spätgotik in Bayern, Hans Leinberger, ist die kleine *Bronzemadonna* wohl aus dem Rathaus zu Moosburg, die um 1516 entstand. Der Madonnentyp schließt an sog. Lukas-Madonnen an, Gnadenbilder, die auf ein vom Evangelisten Lukas gemaltes Marienbild zurückgehen sollen. Der offenbar von Leinberger selbst versuchte Guß der Bronze ist technisch mißglückt, dennoch blieb das Bildwerk erhalten, da offenbar nun – im Übergang zur Renaissance – die künstlerische Qualität gewürdigt wurde. Ein Holzbildwerk Leinbergers ist der *Christus im Elend* (um 1525), der den Herrn in Erwartung des Todes einsam sinnend zeigt. Herkuli-

sche Körperlichkeit in Anlehnung an den antiken Torso vom Belvedere verbindet sich mit subtiler Beseelung. Typische Werke im Übergang von der Spätgotik zur Renaissance sind die beiden *Trauernden Frauen von einer Grablegung Christi* (Brabant, um 1510), die aus der Dorfkirche Moncheux nahe Metz stammen. Die gezierten Gestalten in modischen Kostümen und porzellanhaften Inkarnaten finden Entsprechungen in kleinformatigen Figürchen, die in Brüssel, Antwerpen und Mecheln in großer Zahl gearbeitet und exportiert wurden (siehe die Vitrine nahebei). Ein herausragendes Werk aus diesem niederländisch-flämischen Kreis bietet die *Reliquienbüste* eines heiligen Bischofs, die um 1530 in Brüssel entstanden sein dürfte.

Der anschließende Bereich von **Skulpturen der Renaissance, des Barock und des Rokoko** führt in den Vitrinen etliche Renaissance-Statuetten vor. Bedeutend vor allem die auf einer Kugel balancierende *Fortuna,* eine Augsburger Arbeit um 1540, und das *Alabasterrelief der Kleopatra,* eine der antiken ›Tugendhelden‹ (Meister P. E., 1532). Antike Thematik verbindet sich in beiden Fällen mit der neuen Erfahrung des nackten menschlichen Körpers. Eine neue Bildgattung der Renaissance ist auch das autonome Porträt. Ein

Links: Martin Zürn,
hl. Sebastian, *1638/39,*
Lindenholz, H 286 cm

Rechts: Gottfried Christian Leygebe,
Der Große Kurfürst als
Drachenkämpfer, *1680,*
Eisenguß, H 27,7 cm

Ganz rechts: Leonhard Kern, Adam und Eva,
1646, Elfenbein, H 23 cm

Ignaz Günther, Erzengel Michael, *um 1750, Lindenholz, H 95 cm*

ebenso typisches wie qualitätvolles Beispiel ist das *Bildnis des Bischofs Philipp von Freising* des aus Straßburg stammenden, in München, Augsburg und Köln tätigen Friedrich Hagenauer. Am Ende des Raumes dominieren die monumentalen *Ritterheiligen* von Martin Zürn aus der Pfarrkirche zu Wasser-

burg am Inn (1638/39). Der Hl. Sebastian als Schutzpatron gegen die Pest und Florian als Patron gegen Feuersbrünste – die großen Plagen des Dreißigjährigen Krieges – tragen individuelle Züge, nämlich jene des Kurfürsten Maximilian I. von Bayern und Kaiser Ferdinands III. als den Häuptern der ›Katholi-

1 *Presbyter Martinus,* Madonna auf dem Thron Salomonis, *1199, Pappelholz, H 184 cm*

2 *Desiderio da Settignano,* Büste der Marietta Strozzi, *um 1460, Marmor, H 52,5 cm*

3 *Pier Jacopo Alari-Bonacolsi, gen. Antico,* Genius der Via Trajana, *um 1500, Bronze, H 18,4 cm*

4 *Giovanni Bologna,* Hockender Affe von einem Brunnen, *um 1570, Bronze, H 42 cm*

5 *Alessandro Vittoria,* Büste des Ottavio Grimani, *um 1575, Marmor, H 81 cm*

schen Liga«. Im Medium sog. versteckter Porträts verbinden sich himmlische mit weltlichen Mächten. Unter den Werken des Rokoko sei auf die lebensgroße *Marienfigur* von Joseph Anton Feuchtmayer (um 1730) sowie den *Erzengel Michael* von Ignaz Günther (um 1750) verwiesen. In den Vitrinen finden sich Werke von Artus Quellinus, Johann Baptist Straub, Adam Ferdinand Tietz, Johann Peter Benckert u. a.

Am Ende des Raumes schließt ein Vitrinengang an, der kleinformatige Werke und insbesondere Bestände der ehemals Brandenburgisch-Preußischen Kunstkammer enthält. Von besonderem Gewicht ist die Elfenbeingruppe mit *Adam und Eva* von Leonhard Kern (1646), die als ein Brautgeschenk zur Vermählung des 26jährigen Kurfürsten mit der holländischen Prinzessin Louise-Henriette von Oranien gilt. Die Figur des Adam zeigt die Physiognomie des nachmals ›Großen Kurfürsten‹. Entsprechendes gilt für den Eisenguß des *Großen Kurfürsten als Drachenkämpfer* von Gottfried Christian Leygebe (1680). Die zahlreichen Elfenbeinarbeiten des 17. und 18. Jh. von Meistern wie Jean Cavalier, Raimund Faltz, Johann Christoph Ludwig Lücke, Balthasar Permoser sind in dem kürzlich erschienenen Bestandskatalog von Chr. Theuerkauff systematisch aufgearbeitet worden. Am Ende des Ganges zwei Terracotta-Büsten des Nürnberger Patriziers Willibald Imhoff (1570) und seiner Ehefrau Anna (um 1580) von Johann Gregor van der Schardt.

Die **Italienische Sammlung** nimmt das gesamte Obergeschoß des Hufeisens Bauteil I ein (Beginn des Rundgangs im Ostflügel). Hauptwerk der italienischen Romanik ist die *Madonna* des Presbyter Martinus, die in einer vierzeiligen Inschrift den Auftraggeber

5

4

(einen Petrus, wahrscheinlich Abt des Camaldulenserklosters Borgo San Sepolcro in der Emilia), den Künstler (Priester Martinus) und das Jahr der Fertigstellung (Januar 1199) nennt, insbesondere auch eine Deutung des Bildwerkes gibt: »auf dem Schoße der Mutter leuchtet die Weisheit des Vaters«. Die thronende Maria wird als Thronsitz des Gottessohnes gedeutet. Dem süditalienischen Kunstkreis einer staufischen Renaissance entstammt der antiken Büsten nachempfundene *Marmorkopf* eines Fürsten aus der ersten Hälfte des 13. Jh. In einem gesonderten Raum nebenan Werke des Trecento (14. Jh.), hier von besonderem Rang das Relief von einem Lesepult mit *Christus als Schmerzensmann* zwischen zwei Engeln (Giovanni Pisano, um 1300) und ein *Sienesisches Christkind* (um 1320).

Bildwerke des Quattrocento bilden einen Glanzpunkt der Berliner Sammlung. Genannt seien das *Marmorrelief* der sog. Madonna Pazzi von Donatello (um 1420), die *Büste des Niccolò Strozzi* von Mino da Fiesole (1454), der *Marietta Strozzi* von Desiderio da Settignano (um 1460) und die in glasierter Terracotta gearbeitete *Muttergottes* mit dem Apfel des Luca della Robbia (um 1450). Eine kostbare Ergänzung zeitgenössischer Bildnisse stellt die neuerworbene *Büste des* jugendlichen *Königs Ferdinand der Katholische* von Francesco Laurana dar. In den Vitrinen herausragende Kleinbronzen (der Früh- und Hochrenaissance) von Donatello, Bartolommeo Bellano, Riccio, Severo da Ravenna, Antico, Tullio Lombardi, Francesco da Sant-Agata, Maffeo Olivieri, Alessandro Vittoria, Niccolò Roccatagliata u. a. Unter den Großformaten der Hoch- und Spätrenaissance sei auf die *Flora-Büste* verwiesen, die dem Leonardo da Vinci zugeschrieben, von anderen als ein Werk des englischen Klassizisten Lucas betrachtet wird, ferner auf das Cartapesta-Relief der *Madonna* von Jacopo Sansovi-

1

no (um 1540), die *Halbfigur eines Gelehrten* von Guglielmo della Porta (um 1550), die *Büste des Ottavio Grimani* von Alessandro Vittoria (um 1575) und die beiden *Bronzebüsten Papst Gregors XIII.* und *Papst Sixtus' V.* von Taddeo Landini (?). Den Manierismus vertreten Arbeiten des Giovanni Bologna, neben

etlichen Kleinbronzen der *Hockende Affe* als eine der frühesten naturalistischen Tierdarstellungen (um 1570).
Die Sammlung des italienischen Barock besteht im wesentlichen aus Erwerbungen der letzten 25 Jahre. Hierzu gehören der *Putto auf dem Delphin* von Gian Lorenzo Bernini

3

4

1 *Edme Bouchardon,* Büste des Baron von Stosch, *1727, Marmor, H 85 cm*

2 *Pierre Puget,* Himmelfahrt Mariae, *1664/65, Marmor, H 125 cm*

3 *Bernardino Cametti,* Diana als Jägerin, *um 1720, Marmor, H 258 cm (mit Sockel)*

4 *Antonio Canova,* Tänzerin mit Zimbeln, *1809-12, Marmor, H 206 cm*

5 *Albert-Ernest Carrier-Belleuse,* Confidence, *1865/70, Marmor, H 66,5 cm*

6 *Reinhold Begas,* Amor und Psyche, *1857, Marmor, H 97 cm*

5

(um 1618), die *Büste eines Salvator Mundi* und ein *Kruzifixus* aus Sankt Peter in Rom vom selben Künstler, die monumentale *Diana* von Bernardino Cametti (um 1720), das Relief mit der *Himmelfahrt Mariae* von Pierre Puget von 1664/65, die *Allegorien der römischen Kirche und der Lombardei,* römische Arbeiten um 1730/40 sowie die monumentale *Terracottabüste des Marchese Fabio Feroni* von Giovanni Battista Fortini (1701). Den großartigen Abschluß dieser Sammlung bietet die 1981 erworbene überlebensgroße *Tänzerin* von Antonio Canova, 1809-12 für den Grafen Razumovskij, russischer Botschafter in Wien, entstanden. Nahebei die *Büste des Antikensammlers Baron Stosch,* 1727 von Edme Bouchardon in Rom geschaffen als das älteste bekannte Bildnis eines Zeitgenossen in antiker Manier.

Jüngeren Datums ist der Ausbau einer Sammlung von **Bildwerken des 19. Jh.** Von Emanuel Bardou stammt die *Büste Immanuel Kants* von 1798. Ein Frühwerk von Reinhold Begas ist die *Amor- und Psyche-Gruppe* von 1857. Ferner Werke von Gottfried Schadow, Jean Antoine Houdon, David d'Angers, Carrier-Belleuse, Gustav Eberlein, August Kraus u. a. Großformatige Werke von Rauch und Theodor Kalide, Begas und Max Klein sind im Binnenhof der Skulpturengalerie und vor dem Eingangsbereich Arnimallee aufgestellt.   *Peter Bloch*

6

61 Staatliche Museen Preußischer Kulturbesitz

30 (Tiergarten), Stauffenbergstraße 41, Telefon 2 66-6

Generaldirektor: Prof. Dr. Wolf-Dieter Dube
Leitender Verwaltungsdirektor: Eckhard Leberl
Wissenschaftlicher Referent des Generaldirektors: Dr. Günther Schauerte

Träger: Stiftung Preußischer Kulturbesitz

Publikationen: ›Jahrbuch der Berliner Museen‹, hrsg. v. d. Staatlichen Museen Preußischer Kulturbesitz – ›Jahrbuch Preußischer Kulturbesitz‹, hrsg. v. Präsidenten der
Stiftung Preußischer Kulturbesitz, mit Beiträgen zu den Staatlichen Museen

»Zeit und Umstände ihrer Entstehung gaben
den Preußischen Museen von vornherein ein
unverwechselbares Gepräge.« Dieser Satz
des damaligen Generaldirektors Wilhelm
Waetzoldt scheint wie auf die Staatlichen
Museen Preußischer Kulturbesitz zugeschnitten. Waetzoldt formulierte ihn 1930
anläßlich des 100jährigen Bestehens der
preußischen Museen und bezog sich damit
auf die Situation des frühen 19. Jh.
Wie die Entstehungsgeschichte der Stiftung
Preußischer Kulturbesitz zeigt, lag zwischen
der Idee und deren Realisierung ein langer
Weg. Die Wurzeln der preußischen Staatsmuseen reichen weit in die Vergangenheit
zurück. Schon der Große Kurfürst verfügte
über eine Kunst- und Raritätenkammer, die
unter fachmännischer Leitung stand. Jedoch
nahm sich diese von den brandenburgischen
Kurfürsten und Königen ständig erweiterte
Sammlung bescheiden neben denen der
Häuser Bayern und Sachsen, geschweige
denn Habsburg aus. Gesammelt wurde weniger systematisch als nach momentanen
Launen und Interessen des jeweiligen Re-
genten. Der als ›Soldatenkönig‹ in die Geschichte eingegangene Friedrich Wilhelm I.
tauschte gar einige Antiken der bedeutenden Sammlung Bellori gegen zwei sächsische Dragonerregimenter.
Die Forderung, private Schätze nicht nur ausgewählten Kennern, sondern auch einer breiten Öffentlichkeit zugänglich zu machen,
wurde im späten 18. Jh. immer lauter. So
zog Preußens Friedrich Wilhelm II. im Jahre
1797 nur nach, wenn er die Königlichen
Schlösser nach Kunstwerken sichten ließ,
die für museale Zwecke geeignet waren.
Als eigentlichen Geburtsakt der preußischen
Staatssammlungen gilt die Kabinettsordre
Friedrich Wilhelms III. vom 29. März 1810,
»in Berlin eine öffentliche, gutgewählte
Kunstsammlung anzulegen«. Wenn dann
1830, 20 Jahre später, dieser Entschluß
Wirklichkeit geworden ist, so ist dies vor allem das Verdienst der Handvoll Männer,
von denen stellvertretend Schinkel, Rauch
und Waagen genannt seien. Die eigentliche,
treibende Kraft war jedoch Wilhelm von
Humboldt, Leiter der ›Commission zur Einrichtung des königlichen Museums‹, weil er
1830 nach anhaltenden Verzögerungen bin-
nen 15 Monaten die Einrichtung und Überga-
be des 1824-29 von Schinkel gebauten ›Alten Museums‹ (s. Museen Ost-Berlin) an die
Öffentlichkeit erreichte. Dabei hatte die

Kommission ein immenses Arbeitspensum
zu bewältigen, galt es doch nicht allein,
Kunstwerke aus königlichem Besitz auszuwählen, zu katalogisieren, zu restaurieren
und aufzustellen. Es hieß auch, eine größere
Anzahl von Gemälden zur Ergänzung des Alt-
bestandes zu erwerben.
Im weiteren Verlauf des 19. Jh. entwickelte
sich unter der Ägide von Männern wie von
Olfers, Schöne und von Bode aus den Anfängen ein Museumskomplex von Weltrang.
Die nötige räumliche Erweiterung wurde
durch den Erwerb der Museumsinsel sicher-
gestellt. Mit dem stetig wachsenden Beständen des Museums durch Ausgrabungen
und Ankäufe verselbständigten sich die einzelnen Abteilungen zu eigenen Museen. Richard Schöne, 1879 zum Generaldirektor berufen, schuf die bis heute wirkende Verwal-
tungsstruktur und baute die Museen zu einem gewaltigen Forschungsapparat auf.
Zählten die Museen bei seinem Amtsantritt
sechs Abteilungen, so waren es bei seinem
Abschied 17. Diese Linie wurde von Wilhelm
von Bode konsequent fortgesetzt.

Bei Ausbruch des Zweiten Weltkrieges glie-
derten sich die Staatlichen Museen Berlin in
die folgenden 19 Abteilungen, denen je ein
Abteilungsdirektor vorstand und die mit eigenem wissenschaftlichem und technischem
Personal ausgestattet waren: Ägyptische Abteilung, Antikenabteilung, Vorderasiatische
Abteilung, Islamische Abteilung, Frühchristlich-Byzantinische Sammlung, Skulpturenabteilung, Gemäldegalerie, National-Gale-
rie, Kunstgewerbemuseum, Kunstbibliothek,
Kupferstichkabinett, Museum für Vor- und
Frühgeschichte, Museum für Völkerkunde,
Ostasiatische Kunstsammlung, Museum für
Deutsche Volkskunde, Das Zeughaus, Münzkabinett, Zentralbibliothek der Museen,
Gipsformerei. Sie waren in 15 Gebäuden untergebracht, von denen die Mehrzahl eigens
als Museumsbauten erstellt worden war.
Mit dem nationalsozialistischen Regime sollten die schlimmsten Jahre für die preußischen Sammlungen anbrechen. Nicht erst
im Kriege und unmittelbar danach büßten die
Staatlichen Museen an Substanz ein. Der erste Schlag erfolgte durch die Rassengesetz-
gebung, die die jüdischen Mitarbeiter aus
den Museen verbannte, sodann durch die
Aktion ›Entartete Kunst‹. Unterschiedlich
starke Verluste, je nachdem, ob und wohin
sie ausgelagert waren, erlitten die Bestände

STAATLICHE MUSEEN

Generaldirektor
mit Generalverwaltung

Museen:

Ägyptisches Museum

Antikenmuseum

Museum für Islamische Kunst

Museum für Ostasiatische Kunst

Museum für Indische Kunst

Skulpturengalerie
Plastiken und Kleinkunst
14.–19. Jahrhundert · Frühchristlich-
Byzantinische Sammlung

Gemäldegalerie
Malerei 13.–18. Jahrhundert

Nationalgalerie
Malerei und Plastik
19. und 20. Jahrhundert

Kupferstichkabinett
Handzeichnungen 14.–20. Jahrhundert
Mittelalterliche Buchmalerei
Druckgraphik und Buchillustration
15.–20. Jahrhundert

Kunstgewerbemuseum
Kunsthandwerk vom Mittelalter
bis zur Neuzeit

Kunstbibliothek
Museum für Vor- und Frühgeschichte

Museum für Völkerkunde
Abteilungen: Ostasien, Westasien,
Südasien, Europa, Afrika, Südsee,
Amerikanische Archäologie, Amerikanische
Naturvölker, Musikethnologische Abteilung,
Junior- und Blinden-Museum

Museum für Deutsche Volkskunde

Sonstige Einrichtungen:

Rathgen-Forschungslabor
Institut für Museumskunde
Pädagogischer Dienst
Gipsformerei

STAATSBIBLIOTHEK

Generaldirektor
mit Generalverwaltung

Abteilungen:

Erwerbungsabteilung

Katalogabteilung

Technische Abteilung

Benutzungsabteilung

**Abteilung Amtsdruckschriften
und Tausch**

**Abteilung Gesamtkataloge
und Dokumentation**

Sonstige Einrichtungen:

Bildarchiv

Handschriftenabteilung

Musikabteilung
mit Mendelssohn-Archiv
Kartenabteilung

Osteuropaabteilung

Orientabteilung

Ostasienabteilung

PRÄSIDENT
mit Hauptverwaltung und
»Schaufenster Bonn«

STIFTUNGSRAT
15 Vertreter des Bundes
und der Länder

BEIRAT
15 Wissenschaftler
als sachverständige Berater
des Stiftungsrats
und des Präsidenten

GEHEIMES STAATSARCHIV

Bestände

des Preußischen
Geheimen Staatsarchivs

des Staatsarchivs für
die Provinz Brandenburg

des Brandenburg-
Preußischen Hausarchivs

der ost- und westpreußischen
Archive

des früheren Preußischen
Staatsarchivs Königsberg

IBERO-AMERIKANISCHES INSTITUT

Spezialbibliothek für alle Wissensgebiete
aus den iberischen und ibero-amerikanischen Ländern

Lateinamerika-Forschung

STAATL. INSTITUT FÜR MUSIKFORSCHUNG

Forschung

zur Musikgeschichte

zur Instrumentenkunde

zur musikalischen Volkskunde

zur Akustik

Musikinstrumenten-Museum
Sammlung historischer
Musikinstrumente

durch die Bombenangriffe im Kriege und die chaotischen Zustände zu dessen Ende. Die Bestände, die in Berlin und im Bereich der sowjetischen Besatzungszone den Krieg überstanden hatten, wurden von der russischen Militärverwaltung requiriert. Ähnliches geschah in den Besatzungszonen der westlichen Alliierten. Damit waren die ehemaligen preußischen Sammlungen in zwei Komplexe geteilt, von denen im weiteren der im Westen verbliebene behandelt werden soll.

Neben diesen direkten Kriegsfolgen litten die Bestände der Staatlichen Museen Berlin nach dem Kriege unter der unklaren politischen Situation, die sich für den musealen Bereich nach Auflösung des Staates Preußen im Jahre 1947 noch verschärfte. Bis Anfang der 50er Jahre befand sich der preußische Kulturbesitz, soweit er in den drei Besatzungszonen der Westmächte oder deren Sektoren in Berlin aufgefunden worden war, in der Verwaltung militärischer oder ziviler Organisationen. Diese drängten auf Übernahme durch deutsche Stellen nach Konstituierung der Bundesrepublik. Die ersten Jahre verwaltete der Senat von Berlin das ehemals preußische Kulturgut.

Einer endgültigen Einigung und Rückführung nach Berlin stand vor allem das Problem der Kulturhoheit und der Rechtsnachfolge des Staates Preußen im Wege. War man sich über die Notwendigkeit der Einrichtung einer Stiftung, die den Kulturbesitz verwalten sollte, einig, so entbrannte dennoch eine Kontroverse zwischen Bundestag und -regierung und dem Bundesrat. Hatte der Bundestag im Februar 1957 den Gesetzentwurf entgegen der Überzeugung des Bundesrates angenommen und der Bundespräsident das Gesetz im Juli des Jahres verkündet, dauerte es bis zu einem klärenden Urteil des Bundesverfassungsgerichtes noch zwei Jahre. Die konstituierende Sitzung des Stiftungsrates fand schließlich am 25. September 1961 statt; dieses Datum wird als die eigentliche Geburtsstunde der Stiftung Preußischer Kulturbesitz verstanden.

Die Stiftung gliedert sich in fünf Einrichtungen, die die Tradition der entsprechenden Einrichtungen des preußischen Staates fortsetzen: die Staatlichen Museen, die Staatsbibliothek, das Geheime Staatsarchiv, das Ibero-Amerikanische Institut und das Staatliche Institut für Musikforschung mit Musikinstrumenten-Museum. Die Stiftung Preußischer Kulturbesitz ist eine bundesunmittelbare Stiftung des öffentlichen Rechts mit einem Präsidenten an der Spitze und einem Stiftungsrat als Kontrollgremium; sie ist die einzige nationale Museumsinstitution, die von Bund und Ländern gemeinsam getragen wird. In ihrer Struktur nähern sich die Stiftungsmuseen stark dem Ideal Friedrich Wilhelms III. an, der 1831 verlangte, daß die Museen als Institution politisch »für alle Zeiten von der Willkür eines einzelnen und von der zufälligen Persönlichkeit seines jedesmaligen Vorgesetzten unabhängig« sein sollten. Im Jahr ihrer Gründung verfügte die Stiftung Preußischer Kulturbesitz über größere Bestände der ehemaligen preußischen Museen, die entweder zum überwiegenden Teil oder auch nur fragmenthaft deren ehemaligen Besitz repräsentierten. Je nach der Höhe der Kriegsverluste und je nachdem, welche der Siegermächte das betreffende Museumsgut zwischenzeitlich beschlagnahmt hatte, konnten in Berlin (West) die Bestände einiger Museen wie die des Museums für Völkerkunde, der Skulpturengalerie, der Kunstbibliothek u. a. relativ vollständig, zumindest jedoch in ihren Hauptwerken, dagegen die des Museums für Ostasiatische Kunst, des Ägyptischen Museums, des Antikenmuseums, des Museums für Vor- und Frühgeschichte nur in geringerem Umfange gezeigt werden. Raumnot bedingte von Anfang an ein groß angelegtes und weit in das kommende Jahrhundert zielendes Neubauprogramm, umfaßte doch die Ausstellungsfläche 1961 mit 11 000 m² gerade noch ein Fünftel derjenigen vor dem Kriege.

Begonnen wurde mit dem Ausbau der Museen in Dahlem, wo sich heute noch neben den völkerkundlichen und asiatischen Sammlungen die Skulpturengalerie, die Gemäldegalerie und das Kupferstichkabinett befinden. Letztere Museen, die sich der europäischen Kunst widmen, werden ihren neuen Standort in einem großen Museumszentrum am südlichen Rand des Tiergartens finden, um die Matthäikirche nahe des Reichstags und des ehemaligen Potsdamer Platzes, dort, wo das ›Kulturforum‹ entsteht. Bereits realisiert sind – neben der Staatsbibliothek, dem Ibero-Amerikanischen Institut, dem Institut für Musikforschung mit Musikinstrumenten-Museum und den Konzertsälen – die Nationalgalerie und das Kunstgewerbemuseum. Errichtet werden noch die Neubauten für die Kunstbibliothek, bisher unzureichend nahe dem Bahnhof Zoo untergebracht, sowie die für die aus Dahlem zu verlagernden Museen. Das unweit des Völkerkundemuseums gelegene Museum für Deutsche Volkskunde wird weiterhin in Dahlem bleiben.

Das dritte Museumszentrum liegt im Bereich des Charlottenburger Schlosses. Im Westflügel des Hauptgebäudes selbst, dem Langhansbau, ist das Museum für Vor- und Frühgeschichte untergebracht, das aus Raummangel in den 90er Jahren in die Spandauer Zitadelle umziehen wird. Im Ostflügel des Schlosses, dem Knobelsdorff- oder Neuen Flügel, befindet sich seit November 1986 die Galerie der Romantik, eine Dependance der Nationalgalerie. In den sogenannten Stüler-Bauten, ehemaligen Schloßkasernen, sind das Ägyptische und das Antikenmuseum untergekommen.

Heute gliedern sich die Staatlichen Museen Preußischer Kulturbesitz, die durch die Wiederaufbaumaßnahmen und gezielte Erwerbspolitik in der nationalen und internationalen Museumsszene eine herausragende Stellung einnehmen, in 14 selbständige Museen – Ägyptisches Museum, Antikenmuseum, Museum für Islamische Kunst, Museum für Ostasiatische Kunst, Museum für Indische Kunst, Skulpturengalerie mit Frühchristlich-byzantinischer Sammlung, Gemäldegalerie, Nationalgalerie, Kupferstichkabinett, Kunstgewerbemuseum, Kunstbibliothek, Museum für Vor- und Frühgeschichte, Museum für Völkerkunde und Museum für Deutsche Volkskunde – sowie vier Institute, deren Leistungen sich alle Museen bedienen können, die aber auch stark nach außen wirken: Gipsformerei, Rathgen-Forschungslabor und Pädagogischer Dienst sowie das für das gesamte deutsche Museumswesen arbeitende Institut für Museumskunde.

62 **Ständige Ausstellung Umweltschutz**

33 (Grunewald), Bismarckplatz 1, Telefon 89 03-1
Verkehrsverbindung: Bus 10, 19, 29
Geöffnet: Donnerstag 13-17 Uhr, für Gruppen nach Vereinbarung

Leitung: Öffentlichkeitsreferat des Umweltbundesamtes
Wissenschaftliche Mitarbeiterin: Magdalena Hölters-Freier

Träger: Umweltbundesamt

Sammlung: Objekte, Modelle, Schautafeln zum Thema Umweltschutz
(Abfall, Gewässerschutz, Luftreinhaltung, Lärmschutz, Energie und Umwelt)

Publikation: ›Damit Umweltschutz Wirklichkeit wird – ein Führer durch das Umweltbundesamt und seine Ausstellung‹, Berlin 1987[2]

Sammlungskonzept

Die STÄNDIGE AUSSTELLUNG UMWELT-
SCHUTZ im Umweltbundesamt wurde 1977
eingerichtet als Informationsangebot an das
wachsende Umweltinteresse der Bevölkerung, als Beitrag zur Umweltaufklärung. Sie
soll einerseits Belastungen und Gefahren
verdeutlichen, denen wir in unserer hoch-
technisierten Welt in allen Bereichen unseres Lebens ausgesetzt sind, und andererseits politische, rechtliche, soziale und technische Lösungsansätze für Umweltproble-
me aufzeigen. Die Ausstellung wird ständig
durch neue Exponate aktualisiert.

Sammlungsbestände

Zu sehen sind technische Modelle, Schaubil-
der, Leuchttafeln und audio-visuelle Demonstrationen zu folgenden Themenschwer-
punkten: Luftreinhaltung/Abgasreinigung;
Schadstoffwirkungen; Abfallvermeidung,
-verwertung und -lagerung; Gewässergüte;
alternative Energien (Biogas, Wind- und Son-
nenenergie); biologisches Bauen; Lärmschutz und umweltfreundliche Produkte.
So wird z. B. die Wirkung von Dreiweg-Kata-
lysatoren bei der Abgasreinigung von Kraft-
fahrzeugen demonstriert; zu sehen sind
auch das Modell einer Rauchgas-Entschwe-
felungsanlage oder eine Sammlung von sog.
Bio-Indikatoren – Fische und andere Wasser-
tiere – zur Bestimmung der Gewässergüte.
Verschiedene Abfall-Verwertungsmethoden
und die daraus gewinnbaren neuen Produkte
werden vorgestellt; die Wirkung von Schall-
schutzmaßnahmen kann an einem Straßen-
modell und über Kopfhörer überprüft werden; die Einsatzmöglichkeiten alternativer
Energien und Baustoffe zur Verringerung der
Umweltbelastung werden an einem nachge-
bildeten ›Öko-Haus‹ demonstriert.
Ein Querschnitt durch die Palette der um-
weltfreundlichen Produkte mit dem Erken-
nungszeichen ›Blauer Umwelt-Engel‹ gibt
Anregungen für umweltgerechtes Verbrau-
cherverhalten: vom Toiletten-Recyclingpa-
pier über den lärmarmen Staubsauger, as-
bestfreie Bremsbeläge und Mehrwegfla-
schen bis zu schadstoffarmen Farben und
Lacken. Weitere Informationen bieten Ton-
Bild-Vorführungen zu den Themen ›Luftangriffe‹ und ›Chemie im Haushalt‹.

Der Verfremdungskünstler Otto Dressel sowie Reinhold Luxenhofer, Ingo Götze und
Siegfried Schenkel vom Fachbereich Visuelle
Kommunikation der Technischen Universität
Berlin haben dazu beigetragen, die Ausstellung im wahrsten Sinne des Wortes ›augen-
fällig‹ zu machen. Ihre Arbeiten setzen künstlerische Akzente, die die Umweltgefährdung
durch und die rückwirkenden Gefahren für
den Menschen eindrucksvoll vermitteln.
Die ›Schreckenskammer‹ zum Beispiel bietet den schaurig-visionären Anblick des unter
einem Gewirr von Autoauspuffen und Ab-
gas-Rohren, Schaum- und Kunststoffbergen
– Sinnbilder der selbstverschuldeten Um-
weltvergiftung – verschütteten Menschen.
Auf den Treppenfluren finden sich Wandgemälde als künstlerische Auseinandersetzung
mit Konsumgier, Verschwendung und
menschlicher Abhängigkeit von umwelt-
schädlichen Produkten. In einem Riesen-
aquarium ertrinkt der Berliner Bär unter einer
Sturzflut von Müll. Diese zum Teil drastische
künstlerische Umsetzung von Umweltpro-
blemen kann neben der sachlichen Information emotionale Betroffenheit auslösen, die
Voraussetzung ist für umweltbewußtes Han-
deln und gesellschaftliches Engagement für
die Zukunft unserer Umwelt.

Magdalena Hölters-Freier

Recycling Brunnen, *Verwertung von
Kunststoffabfällen*

63 **Teddy Museum Berlin**

Florentine C. Wagner

15 (Charlottenburg), Kurfürstendamm Karree, 1. Etage, Telefon 88141 71
Verkehrsverbindung: U-Bahnhof Uhlandstraße; Bus 9, 19, 29, 60
Geöffnet: Mittwoch bis Montag 15-22 Uhr

Träger: Karl-Heinz Wulfes (Antiquitätenmarkt), Florentine C. Wagner

Sammlung: Teddys

Es fing alles ganz harmlos an: mit einem Knuddeltier aus Kindheitstagen. Inzwischen hat sich die Teddy Collection von Florentine C. Wagner zum ersten Museum seiner Art auf der Welt entwickelt.

Teddys, soweit das Auge reicht: eine Sammlung von alten Spielkameraden, die oft jahrelange Lebensgefährten waren, und Raritäten, unter denen die ganz abgewetzten Veteranen aus vergangenen Zeiten die Glanzlichter sind. Mit authentischem Beiwerk aus jenen Tagen präsentieren sich die Teddys dicht bei dicht in den Vitrinen zur Begeisterung der Besucher. Erinnerungen und Sehnsüchte drängen sich auf. Jeder Teddy lockt mit einer anderen Ausstrahlung und auch mit seiner Entstehungsgeschichte. Ein ausliegendes Gästebuch hält Besuchergedanken und Teddyzeichnungen fest.

Vom Ur-Teddy um 1900 auf Eisenrädern mit einer Kette zum Ziehen über das beliebte und rare Teddy-Baby der 40er Jahre als Star und den Trickfilm-Bären ›Baloo‹ bis zu Persönlichkeiten wie ›Paddington‹, ›Winnie-the-Pooh‹ und ›Rupert‹ stehen alle in dem ihnen gebührenden Scheinwerferlicht.

Die reizvolle Ahnenforschung auf dem Gebiet des Teddys wird ergänzt durch eine Zusammenstellung von historischen Postkarten: der Teddy abgelichtet als Trauzeuge einer Hochzeit, eine Kahnpartie mit ihm oder ein verträumter Weihnachtsgruß: ein lieber Gast, der sich immer wieder gern zwischen die Kissen drängelt.

Originalität und die Spuren ungeteilter Liebe, abzulesen an den abgewetzten Exponaten, sind für Florentine C. Wagner das Hauptkriterium, um weitere Teddys in diesem Museum aufzunehmen.

Als idealer Präsentationsort ergab sich das Kurfürstendamm Karree: eine zentral gelegene Adresse, gut erreichbar für Berliner und die Besucher der Stadt. Das Teddy-Museum ist für all jene, die sich gern an ihre Kindheit erinnern, die dem Teddy einen Platz in ihrem Leben bewahren und fest daran glauben, daß auch Stoff-Kerlchen eine Seele haben.

Oben links:
Goldgelber Mohair-Teddy mit Schuhknopf-augen, um 1905
Links: Blick in eine der Vitrinen des Museums

64 **Werkbund-Archiv**

Museum der Alltagskultur des 20. Jahrhunderts

61 (Kreuzberg), Gropius-Bau, Stresemannstraße 110, Telefon 2 54 86-9 09
Verkehrsverbindung: U-Bahnhof Kochstraße, S-Bahnhof Anhalter Bahnhof; Bus 24, 29
Geöffnet: Dienstag bis Sonntag 10-18 Uhr
Abweichend von der Feiertagsregelung (s. S. 8) nur am 1.1., 1.5., 25. und 31.12.
geschlossen

Leiter: Eckhard Siepmann
Wissenschaftliche Mitarbeiterin: Angelika Thiekötter

Träger: Werkbund-Archiv e.V.

Sammlung: Objekte der Alltagskultur und Designgeschichte des 20. Jh.

Präsenzbibliothek mit ca. 15 000 Bänden, Ausleihe nur für Mitglieder

Publikationen: Schriftenreihe in 16 Bänden, Ausstellungskataloge

Sammlungsgeschichte

Das Werkbund-Archiv, Museum der Alltagskultur des 20. Jahrhunderts, wurde Ende der
60er Jahre gezeugt, Anfang der 70er geboren, hatte seine Kindheit in den 70er Jahren,
seine Pubertät in den frühen 80ern und ist
gerade dabei, erwachsen zu werden. Seine
Eltern waren der Wissensdrang und die
Kunst – jeweils in der Erscheinungsform,
wie sie die turbulenten späten 60er Jahre
hervorbrachten. Für den Wissensdrang heißt
das: Abkehr von der wertfreien Wissenschaft, Eroberung eines kritischen Bewußt-
seins von den gesellschaftlichen Verhältnissen. Für die Kunst bedeutet es: Entthronung
des Kunstwerks als der einsamen Inkarna-
tion ästhetischer Vergegenwärtigung, Einbeziehung aller gesellschaftlichen Bereiche in
den sinnlichen Bewußtwerdungsprozeß der
Menschen. Beides zusammen macht die kritische Hinwendung zum Alltag zum Programm – die Geschichtsschreibung der kulturellen Alltagsprozesse, mit besonderer
Aufmerksamkeit für ihre Brüche und Erneue-
rungsbewegungen, für die mehr oder minder lauten Kulturreformen und -revolutionen.
Der erste organisierte Versuch, die Alltagskultur des 20. Jh. umzuwälzen, ging von dem
1907 gegründeten Deutschen Werkbund

aus, einer Vereinigung von Künstlern und Industriellen mit dem Ziel, die ästhetische Erscheinungsform der Waren von den Über-
krustungen des 19. Jh. zu reinigen und ihr
eine dem veränderten Lebensgefühl entsprechende Gestalt zu geben. Deutschland
konnte, als rohstoffarmes Land, in der beginnenden Massenproduktion international nur
bestehen, wenn es auf künstlerische und
produktionstechnische Qualität setzte. Voraussetzung dieser Strategie war es, durch
massenhafte Propaganda für eine neue Ge-
schmackskultur den Markt für eine erneuer-
te Warenästhetik zu schaffen. Der Deutsche
Werkbund besteht bis heute, mit einer Un-
terbrechung während der Hitler-Zeit. In der
Gegenwart ist er bemüht, die Sachkompe-
tenz seiner Mitglieder für eine humane Um-
weltgestaltung einzusetzen.
Die Initiative für ein Werkbund-Archiv kam
aus den Reihen des Werkbunds selbst. Das
alte Archiv dieser Organisation war in den
Feuersbrünsten der mittvierziger Jahre untergegangen; das neue Archiv sollte diese
Verluste ersetzen, gleichzeitig aber über die
Dokumentation der unmittelbaren Werk-
bund-Arbeit hinaus die Geschichte der Alltagskultur des 20. Jh. aufarbeiten, deren Re-
form die Arbeit des Werkbunds bis heute
gilt. Um die kritische Qualität der Beschäfti-

Werkbund-Firma Kaffee Hag

gung mit der Werkbund-Geschichte zu gewährleisten, wurde das Werkbund-Archiv als
ein selbständiger, unabhängiger, mit dem
Werkbund kooperierender eingetragener
Verein gegründet.
1974 entstand die Idee, eine kleine Schausammlung anzulegen, die den im Archiv Studierenden eine sinnfällige Ergänzung ihrer
Gedankenarbeit bieten könnte – eine Kollektion von Gegenständen aus der Werkbund-
Arbeit und gleichzeitig aus der Entwicklung
der modernen Warenästhetik. Am Anfang
war das Rätselraten. Was sollen wir sammeln angesichts eines Kosmos von Waren?
Im Gespräch war die Entwicklung des Bügel-
eisens und des Kleiderbügels – wie der Be-
liebigkeit Herr werden? Es gab (und gibt bis
heute) kein Museum, an dem wir uns hätten
orientieren können – es gab nur die poten-
zierte Lust, wie sie sich bei der Eroberung
kulturellen Neulands entwickelt. Vier Jahre
später hatte die Sammlung einen Umfang
angenommen, der den Gedanken an ein Museum nahelegte. Der Senatsverwaltung für
Kulturelle Angelegenheiten ist zu danken,
daß sie dieses Projekt von Anfang an förderte. Es entstanden erste Ausstellungen zur
Alltagskultur, deren breites Publikumsecho
die Zielsetzung bestätigte.

Baugeschichte

Seit 1986 befindet sich das Werkbund-Archiv im Gropius-Bau. Mit der Einrichtung eines Museums, das historische Alltagskultur
präsentiert, gewinnt dieser Bau einen Teil
seiner ursprünglichen Funktion zurück. Das
Gebäude wurde um 1875 von den Architekten Martin Gropius und Heino Schmieden
entworfen und 1881 eingeweiht – als ›Königliches Kunstgewerbemuseum‹. Sein Zweck
war die Dokumentation historischer Waren-
schönheit aus aller Welt; zunächst weniger
für den allgemeinen ›Kunstgenuß‹, vielmehr
als Orientierungshilfe für Handwerker und Un-
ternehmer, denen im Verlauf der industriellen
Revolution das Gespür für Maß, Proportion
und Ornament abhanden gekommen war.

Außer den Produzenten versuchte das Museum aber auch, den Konsumenten zu bilden – die ›Hebung des Geschmacks‹ der
Käuferschichten erschien als Voraussetzung
für eine ästhetische Qualifizierung der Kunst-
Industrie. Daher bot das Kunstgewerbemuseum außer seiner Schausammlung Ausstellungen und Vorträge, es unterhielt eine Bibliothek, die sich regen Zuspruchs erfreute,
sowie eine Unterrichtsanstalt für Fachleute
und interessierte Laien.
Architekturgeschichtlich steht der Bau in der
Nachfolge Schinkels, dessen (heute nicht
mehr existierende) Bauakademie die Kon-

*Das ›Werkbund-Genre‹ mit einer Bowle von
Richard Riemerschmid, um 1906*

Studie zum Kuckuck-Wandgemälde, *1982,
160×75 cm*

Jürgen Holtfreter, Ausstellungsplakat, *1982*

zeption des Gebäudes inspiriert hat. Die geschlossene kubische Form favorisiert keine der einzelnen Fassaden; der Kubus lädt zum ›Drumherumspazieren‹ ein. Paradoxerweise haben die Kriegszerstörungen ringsum das Betrachten der Fassaden aus der Distanz wieder ermöglicht.

Dem Bau fehlt der parvenuhafte Charakter der Gründerzeit-Architektur. Die natürliche Polychromie des unverkleideten Baumaterials wird ergänzt durch einen Gebäudeschmuck, der Zeugnis ablegen sollte von der Vielfalt und Qualität preußischen Kunstgewerbes.

In den ersten Jahren nach der Jahrhundertwende wurde auf dem benachbarten Grundstück ein Gebäude für die Unterrichtsanstalt errichtet; nach 1933 fungierte dieser Bau als Zentrale der Gestapo.

In den letzten Kriegsjahren wurde der Bau durch Bomben, Feuer und beim Häuserkampf teilweise zerstört. 1966 galt die Ruine offiziell als denkmalwürdig, 1978 begann der Wiederaufbau. Nach einigen spektakulären Großausstellungen wird das Gebäude seit November 1986 wieder ständig genutzt.

Sammlungskonzept

Das Werkbund-Archiv arbeitet an einem historisch neuen Museumstypus. Der Museumsbesucher hat sich daran gewöhnt, daß ihm Kunst in Kunstmuseen, Technik in Technikmuseen, Ländliches in Volkskundemuseen präsentiert wird. (Andere gesellschaftliche Bereiche wie Medizin, Sport, Mode, Wissenschaft fehlen noch bis heute.) Diese Spezialisierung, die ein Kind der bürgerlichen Gesellschaft ist, hat gegenüber dem Mit- und Durcheinander, das in dem Vorläufer des Museums – der fürstlichen Wunderkammer – herrschte, eindeutige Vorteile; die produktive Kraft der Spezialisierung wird aber von Tag zu Tag schwächer angesichts einer Realität, in der im Zeichen der Informationstechnologie alle gesellschaftlichen Bereiche in einer unauflösbaren Vernetzung erscheinen.

Wenn das Werkbund-Archiv den neuen Typus eines vernetzenden Museums anvisiert, so folgt es damit keinem fieberhaften Avantgarde-Trieb, sondern der Logik, die sich zwangsläufig aus seinem Gegenstand ergibt. Das Werkbund-Archiv will die Alltagskultur der letzten 100 Jahre darstellen.

Ein solches Programm erlaubt weder die Aneinanderreihung der Objekte in Vitrinen, noch kann es bei der Herstellung von vermeintlich naturalistischen Ensembles sein Begnügen finden. Die Museums- und Ausstellungstätigkeit nimmt die Form des geschichtlichen Diskurses an; Brüche der gesellschaftlichen Entwicklung werden in Strukturen vorgestellt, die subjektive Auswahl und damit notwendig auch Kritik bedingen. Die Strukturen sind geschichtliche Bilder, in die die entscheidenden gesellschaftlichen Sphären gleichberechtigt integriert sind. Die Erstreckungen des geschichtlichen Raums wie auch die Durchbrechung des Egalitätsprinzips sind abhängig vom jeweiligen Ausstellungsthema.

1 *Franz von Stuck,* Plakat und Werbe-marke, *1911*

2 *Mathias Horx,* ›Das wär's‹, *radikal 93/1981*

3 *Anonym,* Gerda in Venedig, *Photo, ca. 1975*

Einige Beispiele aus der Arbeit der letzten Jahre seien zur Verdeutlichung skizziert. Die Ausstellung ›Phantasien um die Frau der Jahrhundertwende‹ (1979) zeigte, daß das Bild der Frau in der Malerei und Skulptur um 1900 sich nahezu ausnahmslos auf der metaphorischen Ebene bewegte; die Frau erscheint als Natur, als Hoffnung, als Unschuld, als Glück, als Fortschritt, als Reinheit, als Sünde, als Abgrund, als Verzweiflung, als Tod. In den damaligen Zeitungsannoncen potenzierten sich gleichzeitig die Anpreisungen gegen Nervosität, Mundgeruch, Potenzschwäche, Haarausfall und abstehende Ohren. Die Männer erscheinen als Zwerge, Greise oder als Heroentrottel, die ihr einsames Glück auf Bergesgipfeln und in Wüsten in Begleitung wilder Tiere suchen.

Die Ausstellung ›Montagen ins Blaue‹ (1980) zeigte Moholy-Nagys Photomontagen vor dem Hintergrund der Rationalisierung der deutschen Industrie Mitte der 20er Jahre. In dem beliebten Brettspiel ›Fang den Hut‹ wurden die Menschen – Verfolger und Verfolgte – zu Hütchen stilisiert, die mit den gesellschaftlichen Rollenzuweisungen in den Eheberatungsbüchern, dem Taylorismus der Arbeitsbewegungen und den Reinigungsbädern des Bauhauses vielfältige Beziehungen aufnehmen.

Die Ausstellung ›Wenn bei Capri die rote Sonne im Meer versinkt‹ (1981) rekonstruierte die Warengebirge der Adenauer-Ära, in der die Werbung eine neue Identität, die dringend benötigt wurde, via Konsum versprach; die merkwürdige Warenästhetik dieser Epoche, die heute so viele unkritische Bewunderer hat, wurde dargestellt als die Kinderschuhe einer Ästhetik der wissenschaftlich-technischen Revolution.

Heute ist in vielen Bereichen des Ausstellungsbetriebs die allmähliche Hinwendung zu integralen Modellen zu beobachten, bis hin zu großen, staatlichen Veranstaltungen. Diese Bewegung wird ohne Zweifel die Krise des tradierten Museums evident machen. Das Konzept des vernetzenden Museums kann dabei nicht auf dem Wege neuer Additionen gelöst werden; vielmehr steht eine Wurzelrechnung auf dem Programm, die an die Radix eingefahrener Gewohnheiten geht.

Eckhard Siepmann

65 Heinrich-Zille-Museum

30 (Schöneberg), U-Bahnhof Nollendorfplatz, Telefon 2 16 75 46
Verkehrsverbindung: U-Bahnhof Nollendorfplatz; Bus 16, 19
Geöffnet: Mittwoch bis Montag 11-19 Uhr
Abweichend von der Feiertagsregelung (s. S. 8) nur am 1. 1., 24., 25. und 31. 12.
geschlossen

Direktor und Träger: Herbert Ernst

Sammlung: Zeichnungen, Graphik, Plastiken, Plakate, Bücher, Briefe und Photos von
Heinrich Zille

›Heinrich heest er!‹ sang schon Claire Wal-doff zu Heinrich Zilles 70. Geburtstag und ehrte damit den berühmten Berliner.
Der Maler Heinrich Zille (1858 Radeburg/ Sachsen – 1929 Berlin), von den Berlinern liebevoll ›Pinsel-Heinrich‹ genannt, gilt als der Berliner schlechthin. Für den Schriftstel-ler Kurt Tucholsky war er ›Berlins Bester‹, für den Kaiser allerdings der »Rinnsteinkünstler – der das Elend scheußlicher hinstellte, wie es ohnehin schon ist«.
Heinrich Zille zeigte in seinen Bildern das Berliner ›Milljöh‹ der Jahrhundertwende, die ärmlichen und menschenunwürdigen Le-bensverhältnisse in stickigen Mietskasernen und Hinterhöfen. Die Not der Menschen wurde von ihm schonungslos, aber auch hu-morvoll in vielen Zeichnungen und Photos festgehalten.
Fast 60 Jahre nach seinem Tod wurde am 4. März 1986 das erste Heinrich-Zille-Mu-seum auf Privatinitiative von Herbert Ernst eröffnet. Straßen, Plätze und auch Kneipen tragen zwar den Namen von Heinrich Zille, ein Museum gab es bis dahin nicht.
Zehn Jahre sammelte Museumsgründer Herbert Ernst alles, was ihm von Zille er-reichbar war: Graphik, Zeichnungen, Bücher, Plakate, Plastiken, Briefe und Photos. Durch die Bekanntschaft mit Heinz Zille, Stiefenkel von Heinrich Zille, hatte Herbert Ernst die

Unterstützung, die er für die Eröffnung des Museums brauchte.
Aus dem Privatarchiv von Heinz Zille wurden dem Museum seltene Werke, die Totenmas-ke und das Prunkstück, die Original-Staffelei des Künstlers, zur Verfügung gestellt.
Nach einem geeigneten Gebäude für das Museum mußte Herbert Ernst nicht lange suchen. Seit 1973 betreibt er auf dem stillge-legten Hochbahnhof Nollendorfplatz in Schö-neberg den ›Berliner Flohmarkt‹ und das Re-staurant ›Zur Nolle‹.
Ein Teil des Bahnhofs mit seinen 16 histori-schen U-Bahnwagen, Baujahr 1920, und den vielen Antiquitäten- und Trödelgeschäften wurde zu einem Museum umfunktioniert.
Die ca. 150 Ausstellungsstücke von Heinrich Zille, die zum Teil erstmalig zu sehen sind, werden rund um eine Alt-Berliner Apothe-keneinrichtung der Jahrhundertwende ge-zeigt. Das älteste Ausstellungsstück ist eine Akademiezeichnung, die Zille als 16jähriger 1874 von einem Kind anfertigte. Die letzte Aufzeichnung des Künstlers ist eine Postkar-te von 1929, die er mit zittriger Hand nach seinem ersten Schlaganfall schrieb.
Da der ›Berliner Flohmarkt‹ am Nollendorf-platz im Monat ca. 40 000 Besucher anlockt, ist er der richtige Ort, um Leben und Werk des großen Berliner Malers Heinrich Zille vie-len Menschen näherzubringen.

Herbert Ernst

Heinrich Zille, Fleischkrieg in der Markthalle, *um 1900, farbige Zeichnung, 27 × 40 cm*

66 **Zinnfigurenmuseum**

(im Aufbau)

Auskunft erteilt bis auf weiteres Prof. Dr. Jul Diederich unter 3 23 23 23

Trägerverein: Verein zur Förderung des Berliner Zinnfigurenmuseums e.V.

Sammlung: Zinnfiguren

Die kulturhistorische flache Zinnfigur ist bereits weit über 200 Jahre alt. Schon frühzeitig waren auch in Berlin Entwerfer, Flachgraveure, Zinngießer und Miniaturmaler tätig, derartige Figuren anzufertigen, sogar in einem speziellen Format, der sog. ›Berliner Größe‹. Der Romantiker E.T.A. Hoffmann beschrieb in Berlin bereits 1816 in seinem Märchen vom Nußknacker und Mäusekönig die Bedeutung der Zinnfigur als Spielzeug. Wenn nicht alle verfügbaren Quellen trügen, entstand in den 20er Jahren in Berlin die Gestaltung von Dioramen mit Zinnfiguren. Szenen aus der Weltgeschichte erfuhren so eine lebensnahe Gestaltung. Der Herausgeber, ›Offizin‹ genannt, entwickelte für diese Dioramen ganze Spezialserien von Zinnfiguren. Heute existieren bereits über 150 000 unterschiedliche Typen 3 cm großer Zinnfiguren, aus denen der Gestalter von Dioramen wählen kann.

Bisher gibt es jedoch in Berlin keine allgemein zugängliche Sammlung dieses einzigartigen kulturhistorischen Phänomens aus den vergangenen ca. 230 Jahren. Der Präsident der Stiftung Preußischer Kulturbesitz, Werner Knopp, sprach anläßlich des 6. Internationalen Kongresses der Zinnfigurenfreunde

Höfische Szene, *vor 1300*

1981 in Berlin die Hoffnung aus, daß auch hier recht bald ein spezielles Zinnfigurenmuseum entsteht. Ein interessierter Kreis von Zinnfigurenfreunden griff diesen Gedanken auf und gründete bald darauf den gemeinnützigen ›Verein zur Förderung des Berliner Zinnfigurenmuseums e.V.‹. Durch aktive Mitarbeit wird die Gründung dieses Museums organisatorisch und inhaltlich vorangetrieben. Es sollen auch Wechselausstellungen thematisch vorbereitet und Zinnfigurenfreunde gebeten werden, Leihgaben zur Verfügung zu stellen.

Daß diese Ziele nicht zu hoch gesteckt waren, haben bereits die 1981, 1984 und 1986 in Berlin eingerichteten Sonderausstellungen gezeigt: ›Preußen in Zinn‹, ›Antike in Zinn‹ und ›Friedrich II. (1712-86) – Szenen seines Lebens mit Zinnfiguren‹. Diese Ausstellungen wanderten durch viele Städte der Bundesrepublik.

Leider verschwanden die Exponate nach Ausstellungsende meist wieder in den Kästen der Zinnfigurenfreunde. Allerdings wurden dem Förderverein inzwischen schon interessante Sammlungen und Einzelfiguren von alten Berliner Offizinen oder zur Geschichte Berlins überlassen oder in Aussicht gestellt. *Jul Diederich*

Oben: Narr in einem Festzug *um 1500 – Unten: Figuren zum Diorama* Karl Friedrich Schinkel übergibt die Neue Wache, Unter den Linden in Berlin, 1816

67 **Zoologischer Garten Berlin**

30 (Tiergarten), Hardenbergplatz 8, Telefon 2 61 11 01 (Auskunft erteilt Herr Czupalla)
Verkehrsverbindung: U- und S-Bahnhof Zoologischer Garten; Bus 9, 19, 29, 54, 66, 69, 73, 90, 94
Öffnungszeiten des Zoologischen Gartens: täglich, auch sonn- und feiertags, 9-19 Uhr, spätestens bis Einbruch der Dunkelheit
Öffnungszeiten des Aquariums: täglich, auch sonn- und feiertags, 9-18 Uhr

Direktor: Prof. Dr. Heinz-Georg Klös
Wissenschaftliche Mitarbeiter: Dr. Hans Frädrich (stellvertretender Direktor); Dr. Peter Rahn (Primaten); Dr. Reinhard Göltenbodt, Dr. Dietmar Jarofke (Tierärzte); Dr. Jürgen Lange (Aquarium); Dipl.-Biol. Reinhard Frese, Dipl.-Biol. Bernhard Blaszkiewitz (Säugetiere); Dipl.-Biol. Rudolf Reinhard (Vögel)

Träger: Aktiengesellschaft des Zoologischen Gartens zu Berlin

Publikationen: Führer durch den Zoologischen Garten und das Aquarium; Hauszeitschrift ›Bongo‹ (jährlich)

Geschichte des Zoologischen Gartens

Bereits 1833 faßte der ehemals in niederländischen Diensten weitgereiste Arzt und Naturforscher Martin Hinrich Lichtenstein den Entschluß, bei Hofe die Einrichtung eines Zoologischen Gartens für die aufstrebende Stadt Berlin zu erwirken. Als Mitstreiter gewann er Alexander von Humboldt sowie den hoch geachteten Gartengestalter Peter Lenné. Tatsächlich konnte Lichtenstein den preußischen König Friedrich Wilhelm IV. überzeugen: 1841 kam es zur Gründung des Zoos. Der König stellte einen Teil seiner Fasanerie im Tiergarten zur Verfügung, gab ein zinsloses Darlehen und vermachte der Zoo-Gesellschaft die Tiere sowie die mobilen Tierhäuser seiner von seinem Vater ererbten privaten Menagerie auf der Pfaueninsel (s. S. 303). Mit großem Einsatz begaben sich Lichtenstein und Peter Lenné an die Gestaltung des Zoogeländes, und schon am 1. August 1844 konnte der Berliner Zoo eröffnet

Links:
Spitzmaulnashorn
›Mzima‹ mit Jungem
Rechts:
Junge Bartkäuze

werden. Die Begeisterung der Berliner Bevölkerung für diese neue Einrichtung hielt sich in Grenzen; der Zoo geriet sehr bald in finanzielle Schwierigkeiten, die eine Änderung der organisatorischen und rechtlichen Form der Gesellschaft verlangten. So kam es 1845 zur Gründung des ›Actien-Vereins des zoologischen Gartens bei Berlin‹, einer nicht-pekuniären Aktiengesellschaft, deren Staatsaufsicht an die Person des preußischen Finanzministers gebunden war. An dieser Rechtsform und der Staatsaufsicht hat sich bis heute nichts geändert; anstelle des preußischen Finanzministers ist lediglich der Berliner Finanzsenator gerückt.

Nur langsam fanden die Berliner Gefallen am Zoologischen Garten. Dem Geschick Lichtensteins ist es zu verdanken, daß das junge Unternehmen nicht vorzeitig endete. Schließlich konnte er es noch erleben, daß einzelne Tage sogar finanziellen Gewinn brachten. Zur Konsolidierung des Berliner Zoos kam es erst unter den Direktoraten von Hartwig Peters (Amtszeit 1857-69) und Heinrich Bodinus (Amtszeit 1869-83). Begünstigt durch den allgemein-wirtschaftlichen Aufschwung Preußens und die Möglichkeit, interessante und seltene, deshalb publikumswirksame Tierarten über den aufblühenden internationalen Tierhandel zu beschaffen, gelangte der Berliner Zoo immer mehr in das Bewußtsein der Berliner Bevölkerung. Schon bald gehörte der Zoobesuch zum Alltag der Großstädter, die Einnahmen stiegen, die finanziellen Möglichkeiten auch zur baulichen Gestaltung waren gegeben. So entstanden das Raubtierhaus, die Bärenburg und das prächtige Antilopenhaus. Ein Glanzpunkt in der Tierhäuser-Architektur war die Elefantenpagode, die, ganz dem Zeitgeschmack entsprechend, im indischen Stil errichtet wurde.

Eine weitere Hoch-Zeit erlebte der Berliner Zoo unter Direktor Geheimrat Ludwig Heck (Amtszeit 1888-1931). Er vollendete nicht nur die weitere bauliche Ausgestaltung des Zoos, unter ihm erlangte auch die Tiersammlung Weltgeltung. Es war sein Ehrgeiz, möglichst viele, auch verwandte Formen nebeneinander zu zeigen, so daß die Zoologen im Berliner Zoo unerschöpfliche Arbeitsmöglichkeiten hinsichtlich der Systematik der Zoologie hatten. Geheimrat Hecks großes Verdienst war die Errichtung des Zoo-Aquariums, des größten Aquariums, das bis dahin erbaut wurde. Als Leiter und späterer Direktor wurde Oskar Heinroth eingesetzt, der als ›Vater der Verhaltensforschung‹ und Ornithologe Weltgeltung erlangte. Lutz Heck übernahm 1932 die Nachfolge seines Vaters. Ganz geprägt durch neue tiergärtnerische Erkenntnisse entstanden großzügige Freianlagen, bei denen Gitter durch Gräben ersetzt wurden, und auch die Tiermedizin fand Einzug in den Alltag des Zoos. Hecks Lebenswerk wurde durch die schrecklichen Verwüstungen in den Bombennächten des Zweiten Weltkrieges zerstört. Nahezu alle Gebäude und Tiere fielen den Zerstörungen zum Opfer; lediglich 91 Tiere überlebten.

Als erste Nachkriegs-Direktorin fand Frau Katharina Heinroth anfänglich ein Trümmerfeld vor. Mit unglaublichem Einsatz gelang es ihr nicht nur, den Berliner Zoo vor der erwogenen endgültigen Schließung zu bewahren; sie konnte sogar schnell den Tierbestand erhöhen und den Wiederaufbau des Trümmerfeldes zu einem weltstädtischen Zoo beginnen. Sie errichtete das Elefanten- und Flußpferdhaus, die als vorbildlich für die internationale Tiergarten-Architektur gelten. Als sie 1956 in den Ruhestand trat, folgte ihr als Direktor Heinz-Georg Klös, der nicht nur den weiteren Wiederaufbau des Zoos vorantrieb, sondern auch zahllose Um- und Neubauten errichten ließ. Als beispielhaft gelten das Raubtierhaus, das Menschenaffenhaus und das Vogelhaus. Mit großem finanziellen Aufwand wurde das Zoo-Aquarium renoviert und vergrößert. Heute gilt es als das modernste Aquarium. Bedeutsam in der Geschichte des Zoologischen Gartens war die Erweiterung des Zoogeländes um fünf ha jenseits des Landwehrkanales. Mit der 1987 erfolgten Fertigstellung des Erweiterungsgeländes – hier befinden sich jetzt große Freigehege für lauffreudige Huftiere – verfügt der Berliner Zoo über ein Gelände von 35 ha.

Die Tiersammlung des Zoos

Der Berliner Zoo versteht sich folgenden Zielen verpflichtet: Belehrung des interessierten Publikums, Erforschung wenig oder unbekannter Tierarten sowie Erhaltung von durch Ausrottung bedrohter Tierarten durch Zucht. Dieser Zielsetzung folgend, umfaßt die Tiersammlung ein breites Spektrum. Es werden sowohl ›klassische‹ Zootiere – Löwen, Tiger, Zebras, Giraffen usw. – gezeigt, allerdings in unterartenreinen Beständen, wie auch weniger ›publikumswirksame‹ Arten. Hierzu zählen die stark vom Aussterben bedrohten südamerikanischen Sumpfhirsche, die einzig im Berliner Zoo auch gezüchtet werden; die indischen Gaure, eine Rinderart, von der in Freiheit lediglich noch 500 Exemplare existieren; die seltenen Przewalski-Pferde, die in ihrer ostasiatischen Heimat wahrscheinlich schon ausgestorben sind, sowie die Andenkondore, die einst als Charaktervögel der Anden galten, heute jedoch stark bedroht sind.

Einige der im Berliner Zoo gehaltenen Tierarten sind echte Raritäten, die sonst nirgendwo oder nur in wenigen anderen Tiergärten der Welt zu sehen sind. Hierzu zählen die chinesischen Bambusbären, die indonesischen Komodowarane und eine Vogelart aus Neukaledonien, die seltenen Kagus. Nur im Berliner Zoo-Aquarium ist ein australischer Süßwasser-Sägefisch zu beobachten, über dessen Biologie so gut wie nichts bekannt ist.

Für die Wissenschaftler des Zoologischen Gartens und natürlich auch für Universitäts-Mitarbeiter bietet der reiche Tierbestand unerschöpfliches Material für Forschung und Lehre.

Insgesamt 250 Säugetierarten und 750 verschiedene Vogelarten werden im Berliner Zoo gehalten, hinzu kommen weitere 700 Arten Fische, Reptilien, Amphibien, Insekten und andere Wirbellose im angeschlossenen Zoo-Aquarium. Damit ist im Berliner Zoologischen Garten die umfangreichste und größte Tiersammlung der Welt zu finden. Mit jährlich fast drei Mio. Besuchern gehört der Zoologische Garten zu den bedeutendsten kulturellen Einrichtungen Berlins.

Rudolf Reinhard

Sägefische im Aquarium

68 **Zucker-Museum**

65 (Wedding), Amrumer Straße 32, Telefon 3 14 75 20
Verkehrsverbindung: U-Bahnhof Amrumer Straße, Seestraße; Bus 16, 64, 65, 89
Besichtigung nach Vereinbarung, regelmäßige Öffnung zu museumsüblichen Zeiten
ist vorgesehen

Direktor: Prof. Dr. Hubert Olbrich

Träger: Land Berlin
Förderverein: Fördererkreis Zucker-Museum e. V.

Sammlung: Objekte aus verschiedensten Bereichen mit direktem und indirektem
Bezug zu Zucker

Kinemathek mit ca. 180 Filmen, ergänzt durch Videofilme; **Phonothek** mit Zuckerliedern aus aller Welt; **Diasammlung** und **Bildarchiv**

Publikationen: Band 5 der Reihe ›*Beiträge zur Entwicklungsgeschichte der Zucker-
wirtschaft und der Zuckerindustrie, Zucker-Museum im Berliner Zucker-Institut*‹,
Berlin 1975 (über Bibliotheken beziehbar)

Museumsgeschichte

Das Zucker-Museum wurde 1903 – nach
zweijähriger Planung – eingerichtet und am
8. Mai 1904 eröffnet. Preußen ist die Wiege
und Berlin die historische Welthauptstadt
des Rübenzuckers. Hier entdeckte 1747 Andreas Sigismund Marggraf (1709-82), der berühmteste Chemiker seines Jahrhunderts im
deutschen Sprachraum, den Zucker in der
Rübe. Sein Schüler und Amtsnachfolger
Franz Carl Achard (1753-1821) produzierte
im heutigen Berlin-Kaulsdorf 1798 den ersten Rübenzucker. Mit Unterstützung Friedrich Wilhelms III. wurde 1801 in Cunern/
Schlesien die erste Rübenzuckerfabrik der
Welt eingerichtet. 1806 erließ Napoleon I. im
Kaiserlichen Heerlager zu Berlin das als ›Kon-
tinentalsperre‹ bekannte Edikt, das den Start
der Rübenzuckergewinnung begünstigte.
1867 wurde das erste Zuckerinstitut der
Welt unter Carl Scheibler (1827-99) gegründet, das zugleich das älteste Institut der Le-
bensmittelindustrie der Erde war und 111
Jahre bestanden hat.
Geistiger Vater des Zucker-Museums ist Edmund Oskar von Lippmann (1857-1940), Ne-
stor der Geschichte der Naturwissenschaf-
ten und der Zuckergeschichte.
Als Gründung der deutschen Zuckerindustrie
kam das Zucker-Museum nach 1945 an das
Land Berlin, bei der Auflösung des landesun-
mittelbaren Instituts für Zuckerindustrie
1978 an die Technische Universität Berlin,
die es Ende 1986 an das Land Berlin abgab.
Das Zucker-Museum ist das älteste seiner
Art in der Welt. Es besitzt Objekte aus allen
Gebieten, die mit Zucker zu tun haben: aus
natur- und ernährungswissenschaftlichen,
technischen und technologischen Bereichen, aus Landwirtschaft, Botanik, Zoologie,
Wirtschaftsgeschichte, Volkskunde und
Kunst. Es zeigt die vielfältigen gewerbege-
schichtlichen, kulturhistorischen und kulturpolitischen Querbeziehungen auf.

Baubeschreibung

Das nach Plänen von Regierungsbaumeister
Adams in den Jahren 1902/03 errichtete Gebäude hat die bis zum ersten Obergeschoß
reichende Fassade aus rotem Sandstein be-
halten, nach 1945 aber den reichen Facet-
tenschmuck der Außenfassade verloren. Zur
Ausschmückung gehören der charakteristische patina-überzogene Turmhelm (1903),
die symbolreich ausgeführte Sonnenuhr und
das aus Halbsäulen gebildete Sandsteinpor-
tal mit dem Kopfrelief der Göttin Athene als
Hüterin der Wissenschaften über Füllhör-
nern, aus denen Zuckerrüben den lauernden
Ratten entgegenfallen.

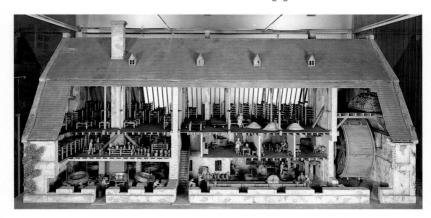

Grandville, Rohr und Rübe im Kampf auf
Leben und Tod, *1843*

Der Treppenaufgang zum zweiten Obergeschoß und von hier zum dritten Obergeschoß das Haupttreppenhaus sind in Unters-
berger Marmor ausgeführt, das Geländer als
schmiedeeisernes Ziergitter.
Der noch in Holzschienen geführte Fahrstuhl
im hofseitigen Nebenturm (seit 1903 in Betrieb) gilt als technisches Denkmal. Das
Hauptgebäude, der eingeschossige Saalan-
bau und die daran anschließende Demon-
strationsfabrik sollen, wie vertraglich vereinbart, aus der Nutzung durch die Technische
Universität schrittweise zugunsten des Zuk-
ker-Museums freigegeben werden. Dieses
soll die Alleinnutzung des gesamten Gebäudes, das dem Land Berlin gehört, erhalten.
Die Vielfalt der Gebiete, Objekte und Themen stellt didaktische Aufgaben, die ohne
die Lösung der Raumprobleme nicht erfüll-
bar sind. Ziel ist die Verlegung der Schauräu-
me (bisher nur im dritten Obergeschoß) in
die mit dem Freilichtmuseum des Gartens
korrespondierenden Räumlichkeiten im Erdgeschoß und von hier dann aufsteigend in
den Geschossen.

Sammlungsbestände

Aus vorchristlicher Zeit, als man Zucker noch
nicht zu gewinnen verstand, repräsentieren
zwei Modelle aus Indien die Methoden, aus
Zuckerrohr Saft zu pressen.
Aus der vorindustriellen Geschichte der Herstellung von Rohrzucker sind einige Großgeräte aus aller Welt gerettet: Im Freilichtmuseum – sein Gartenweg hat die Form einer
geköpften Zuckerrübe – steht eine schwere
chinesische Zwei-Walzen-Steinmühle (um
1600) und eine eiserne ›Kolu‹ aus Indien mit
vertikalen Preßwalzen, wie sie noch heute
von bäuerlichen Kleinbetrieben zur Herstellung von Primitivzucker (Gur, Jaggery,
Khandsari) verwendet wird. Zwei weitere
Objekte wurden in die Museumsräume verlegt: eine primitive kolumbianische Zucker-
rohrquetsche (17. Jh.) und eine hölzerne
Drei-Walzen-Zuckerrohrmühle aus Bolivien
(um 1700). 37 Originalaquarelle von Zucker-
rohrvarietäten Neukaledoniens von einer Ex-
pedition von 1869 sind ein kostbarer Beleg
für die später erkannte Bedeutung dieser Insel als bis 8000 v.Chr. zurückreichende Ur-
heimat des Zuckerrohrs. Zur Verarbeitung
von Zuckerrohr informieren Modelle von
kompletten Fabrikanlagen in Indien und Me-
xiko.
Von einer kulturpolitischen Auswirkung weit-
reichendster Bedeutung verschaffen Stiche
verschiedenster Provenienz sowie eine große Weltkarte einen Eindruck: Die Entdek-
kung des Rübenzuckers zerbrach das über
Jahrhunderte marktbeherrschende Monopol
des Kolonialzuckers aus Zuckerrohr, lähmte
das Interesse an Investitionen in Zuckerrohr-
plantagen und förderte die Bereitschaft, ein
besonders trauriges und grausames Kapitel
der Menschheitsgeschichte zu beenden: die
Negersklaverei, die im wesentlichen die Ar-
beitskräfte für die Plantagen und Zuckerrohr-
mühlen stellte. Dabei verlor der Zucker allmählich seine Rolle als Luxusartikel und wurde Reservatlebensmittel und schließlich
Volksnahrungsmittel: ein Stoff, der die Welt
verändert hat.
Hauptobjekte zur Geschichte des Rübenzuk-
kers: Bronzebüsten von A.S. Marggraf, F.C.
Achard und C. Scheibler, von diesem auch
Marmorbüsten, geschaffen von Fritz Scha-

Links: Erste Rübenzuk-
kerfabrik der Welt in
Cunern/Schlesien, *1801
(Modell)*
Rechts: Zuckerdosen
und -zangen, *1780-1830*

Links: Destillationsappa-
rat, *Berlin 1885*

Unten: Hutform und Si-
ruppotten, *Cunern 1801;*
daneben: Glasmodell
zum Zuckerhutreini-
gungsverfahren

per (1841-1919); ein bewegbares Großmo-
dell der ersten Rübenzuckerfabrik der Welt;
ein wandgroßes Ölgemälde von Clara Fischer (1856-?) mit der Überreichung eines
Zuckerhutes durch Achard an Friedrich Wilhelm III. im Beisein von Königin Luise.
Viele Vitrinen zeigen Schaustücke zu unterschiedlichsten Themen: Zuckerrübenzucht,
-krankheiten und -schädlinge; volkskundliche
Erntegerätschaften; Muster von Rübensa-
men früher und heute; Glasrüben-Serie, gefüllt mit anteiligen Inhaltsstoffen. Historische
Gerätschaften aus der Zuckerproduktion, ergänzt durch eine 14teilige Dioramengruppe
zur Rohzuckerfabrikation um 1920, und zur
Zuckerbehandlung (wie Zuckerhämmer und
-messer, Mörser und Sieb; Zuckerlöffel und
-zangen) gehören ebenso zur Sammlung wie
Gefäße aus unterschiedlichem Material zur
Aufbewahrung und Servierung des Zuckers
aus zahlreichen Ländern: zum Teil Belege für
eine Zeit, als Zucker noch Luxusartikel der
Wohlhabenden war.
Mehrere Vitrinen präsentieren Zuckerpak-
kungen aus der ganzen Welt, Werbung und
Rationierung, Gedenkmünzen, Banknoten
und Briefmarken mit Motiven der Zuckerproduktion, ein Schachspiel mit Figuren nach
Motiven aus der Zuckerfabrikation und Meisterwerke der Zuckerarchitektur. Vertreten
sind Karikaturen, Porträts und Stiche zu allen
einschlägigen Bereichen, Urkunden und Ra-
ra der Zuckerliteratur, Geräte und Apparate
der Zuckeranalytik. Die Verwendung von
Zucker für medizinische Zwecke, technischen Anwendungsbedarf und für die Herstellung von Süßwaren wird durch Produkt-
beispiele repräsentiert. Eine Vitrine ist der
Zuckerchemie gewidmet, eine andere der
Rolle des Zuckers als Energieträger. In einem Nebenraum sind Großobjekte aus den
Beständen des ehemaligen ›Armbruster-
schen Bienenmuseums‹ sowie honigkundli-
che Objekte und Muster ausgestellt.

Umfangreich sind die Muster zur Verwertung der Nebenprodukte: der Bagasse (Zell-
stoff, Papier, Isolier-, Span- und Faserplat-
ten; Furfural) und der Melasse, aus der u.a.
Futtermittel, Rum bzw. Alkohol, Zitronensäu-
re und Backhefe hergestellt werden. Ein
über 100 Jahre altes Destilliergerät, der komplette Aufbau einer Probedestillation sowie
Apparatemodelle aus der Brennerei führen
vor Augen, daß es ohne Zucker keinen Alkohol gibt, da auch stärkehaltige Rohstoffe der
vorbereitenden Verzuckerung bedürfen.
Auch bedrückende Objekte fehlen nicht: Ein
Behälter für das berüchtigte ZYKLON-B, das
in den Gaskammern der Konzentrationslager
eingesetzt wurde, dokumentiert, daß auch
dies eines der Folgeprodukte der Melasse-
verarbeitung war.
Schließlich bietet das Zucker-Museum noch
ergänzende Sammlungen: eine Kinemathek
mit mehr als 180 Filmen, ergänzt durch Videofilme; eine Phonothek mit Zuckerliedern
aus aller Welt; eine Diasammlung und ein
Bildarchiv.   *Hubert Olbrich*

Gipsformerei der Staatlichen Museen Preußischer Kulturbesitz

19 (Charlottenburg), Sophie-Charlotten-Straße 17-18, Tel. 32 17 0 11

Geöffnet: Mo, Di, Do, Fr 9-16, Mi 9-18 Uhr. Führungen für Einzelpersonen jeden 1. Mittwoch im Monat, 10 Uhr. Gruppenführungen nach tel. Anmeldung unter 83 01-4 66 (Mo-Fr 8-12 Uhr). Ausstellung und Verkauf von originalgetreuen Abformungen plastischer Meisterwerke aller Weltkulturen, auch Abgüsse zerstörter oder verschollener Originale.

Goethe-Institut
zur Pflege der deutschen Sprache und zur Förderung der internationalen kulturellen Zusammenarbeit

15 (Charlottenburg), Knesebeckstraße 38-48, Tel. 8 81 30 51

Geöffnet: Mo-Fr 10-18 Uhr. **Aktivitäten:** Sprachkurse, Fortbildung für ausländische Besuchergruppen, Journalisten, Lehrer usw.; Wechselausstellungen ausländischer Künstler, z. T. im Verbund mit anderen Berliner Institutionen; Informationsbörse für die Goethe-Institute im Ausland.

Graphothek Berlin (Kunstamt Reinickendorf)

27 (Reinickendorf), Buddestraße 21, Tel. 41 92-62 12

Geöffnet: Mo u. Fr 15-20, Di u. Do 13-17 Uhr. Kostenlose Ausleihe von Graphiken.

Graphothek City (Kunstamt Charlottenburg)

Ab Mitte 1987: 10 (Charlottenburg), Schustehrusstraße 43, Villa Oppenheim

Kostenlose Ausleihe von Bildern, Graphiken und Kleinplastik.

Haus am Lützowplatz
Fördererkreis Kulturzentrum Berlin

30 (Tiergarten), Lützowplatz 9, Tel. 2 61 43 03

Geöffnet: Di-So 11-18 Uhr. **Aktivitäten:** Wechselausstellungen

Hochschule der Künste

12 (Charlottenburg), Hardenbergstraße 33, Tel. 31 85-0 (Auskunft über alle Veranstaltungen 31 85-24 50)

Hochschule mit praktischem und theoretischem Lehrbetrieb in den bildenden u. angewandten Künsten sowie in der Kunsterziehung. **Aktivitäten:** Konzerte, Theater, Musiktheater, Vorträge u. Symposien in der Hardenbergstraße 33, in 15 (Wilmersdorf), Bundesallee 1-12, im Kleinen Konzert- u. Theatersaal in 12 (Charlottenburg), Fasanenstraße 1. Wechselausstellungen in der Hardenbergstraße 33 u. in 62 (Schöneberg), Grunewaldstraße 2-5, jeweils geöffnet: Mo-Sa 10-18 Uhr.

Ibero-Amerikanisches Institut Preußischer Kulturbesitz

30 (Tiergarten), Potsdamer Straße 37, Tel. 2 66-5

Lesesaal geöffnet: Mo-Fr 9-19 Uhr, Buchausleihe 9-18 Uhr; Kartensammlung und Phonothek Mo-Fr 9-16 Uhr. Forschungsinstitut mit wissenschaftlicher Spezialbibliothek (ca. 570 000 Bände) und Karten-, Photo-, Schallplattensammlung, Zeitungsausschnittarchiv, Sammlung folkloristischer Objekte zur Ibero-Amerikanistik. **Aktivitäten:** Vorträge, Buch- und thematische Ausstellungen.

Internationales Design-Zentrum Berlin (IDZ)

12 (Charlottenburg) Wielandstr. 31, Tel. 8 82 30 51

Dienstzeit: Mo-Fr 8.30-17 Uhr. Fachzeitschriftenbibliothek auf Anfrage benutzbar, Designer-Kartei. **Aktivitäten:** Seminare, Symposien, Wechselausstellungen (in anderen Häusern) zu Design mit Architektur in Vergangenheit und Gegenwart. Informationsbörse für Unternehmen und Designer, Verkauf von Lehrmaterialien.

Künstlerhaus Bethanien

36 (Kreuzberg), Mariannenplatz 2, Tel. 6 14 80 10

Dienstzeit: Mo-Fr 9-17 Uhr, Ausstellungen Di-So 14-19 Uhr. Atelierbetrieb mit 24 Künstlerateliers. **Aktivitäten:** Konzerte, Lesungen, Theateraufführungen, Wechselausstellungen aus eigenen und fremden Beständen, Performances.

Kunstforum in der Grundkreditbank

30 (Tiergarten), Budapester Straße 35, Auskunft über die Nationalgalerie 2 66 26 62/63

Geöffnet: Di-So 9-17 Uhr. Für Wechselausstellungen von den Staatlichen Museen Preußischer Kulturbesitz, insbesondere der Nationalgalerie, genutzt.

Landesarchiv Berlin

30 (Schöneberg), Kalckreuthstraße 1-2, Tel. 7 83 85 86

Geöffnet: Mo-Mi 8.30-15.30, Do 8.30-18, Fr 8.30-15 Uhr; feiertags geschlossen. Erfassung, Aufbereitung und Auswertung von Akten und Registraturen aller ehemals und gegenwärtig für den Berliner Bereich zuständigen Behörden und öffentlichen Körperschaften sowie Dokumentationsmaterial zur Geschichte Berlins; Führung der Stadtchronik; Forschungen zur Berliner Zeitgeschichte; Auskünfte und Gutachten für amtliche und wissenschaftliche Zwecke. Sammlung von Urkunden, Siegeln, Medaillen, Karten und Plänen, Ansichten, Nachlässen, Autographen, Zeit- und Theatergeschichtliche Sammlung; Archivbibliothek mit ca. 45 000 Bänden. **Aktivitäten:** Wechselausstellungen.

Landesbildstelle Berlin
Zentrum für audio-visuelle Medien

21 (Tiergarten), Wikingerufer 7, Tel. 3 90 92-1 (Auskunft über Ausstellungen 3 90 92-2 20)

Verleih geöffnet: Mo, Di, Fr 9-15, Do 9-18 Uhr, Kindervideoverleih täglich 11-17 Uhr, Bildarchiv u. Bibliothek Mo, Di, Do, Fr 9-15, Mi 9-12 Uhr, Film- u. Tonarchiv nach tel. Vereinbarung, Ausstellungen täglich 9-20 Uhr. Photonegative, dokumentarische Film- u. Tonaufnahmen zur Entwicklung u. Geschichte Berlins, Presseausschnitte zu Photographie, Film,

Hörfunk, Fernsehen, Kommunikation, audio-visuelle Medien im Bildungswesen; Beratung in Medienfragen. **Aktivitäten:** Wechselausstellungen.

Neue Gesellschaft für Bildende Kunst (NGBK)

61 (Kreuzberg), Tempelhofer Ufer 22, Tel. 2163047

Aktivitäten: Veranstalter von Wechselausstellungen aus Fremdbeständen, auch in anderen Ausstellungshäusern.

Neuer Berliner Kunstverein

15 (Charlottenburg), Kurfürstendamm 58, Tel. 3237091, aktuelle Ausstellungshinweise für Berlin: 3235087

Aktivitäten: Veranstalter von Wechselausstellungen zeitgenössischer Kunst, auch in anderen Ausstellungshäusern. **Ausstellungen am Kurfürstendamm geöffnet:** Mo u. Fr 12-18.30, Di u. Do 12-20, Sa 11-16 Uhr.
Artothek (kostenlose Ausleihe von Gemälden, Skulpturen, Graphiken an Berliner Bürger); artothek mobil (Ausleihe von Gemälden, Skulpturen, Graphiken an Berliner Schulen und Firmen); Video-Forum (Ankauf und eigene Produktion von Videobändern) in 15 (Charlottenburg), Schlüterstraße 42. **Geöffnet:** Mo u. Fr 12-17, Di u. Do 14-20 Uhr. Jahresgabenprogramm (Verkauf von Graphiken und Kleinplastikeditionen zu ermäßigten Preisen).

Pädagogische Dienste:

Museumspädagogischer Dienst Berlin

12 (Charlottenburg), Hardenbergstraße 12, Tel. 21222802

Geöffnet: Mo-Fr 9-17 Uhr
Zuständig für die landeseigenen und die vom Haushalt des Landes Berlin subventionierten Museen, Sammlungen und Archive und deren Ausstellungen: Bauhaus-Archiv, Berlinische Galerie, Berlin Museum, Botanischer Garten und Botanisches Museum, Bröhan-Museum, Brücke-Museum, Georg-Kolbe-Museum, Staatliche Kunsthalle Berlin, Landesarchiv Berlin, Museum für Verkehr und Technik, Deutsches Rundfunk-Museum, Staatliche Schlösser und Gärten, Werkbund-Archiv, Zucker-Museum.
Aktivitäten: Ausstellungsmagazine, Dokumentationen und Materialien, Schriftenreihen, Zeitungen und Unterrichtsmaterialien, Video- und Ton-Dia-Programme, vornehmlich für Multiplikatoren im Bildungsbereich, Kurse für Vorschulkinder in Museen, Kurse in der Lehrdruckerei des Museums für Verkehr und Technik sowie Veranstaltungen im interkulturellen Bereich.

Pädagogischer Dienst der Staatlichen Museen Preußischer Kulturbesitz

33 (Dahlem), In der Halde 1, Tel. 8301-460

Führungen für Erwachsenengruppen und auswärtige Schulklassen: Anmeldung unter 8301-466; für Berliner Schulklassen: Anmeldung für Völkerkundemuseum unter 8301-455, für Junior- und Blindenmuseum unter 8301-434, für Museum für Vor- und Frühgeschichte unter 32091-282, für alle anderen Staatlichen Museen Preußischer Kulturbesitz unter

8301-465. **Sonstige Aktivitäten:** Führungsblätter, Begleithefte, Tonbandführungen, Filme, Tonbildschauen, Lehrer-Schüler-Materialien, Sonderausstellungen.

Jugend im Museum e.V.

33 (Dahlem), In der Halde 1, Tel. 8301-472

Kurse für Kinder zur Erlernung handwerklicher Techniken, Museumsbesuche.

Zoopädagogische Beratungsstelle

30 (Tiergarten), Hardenbergplatz 8, Tel. 21233300

Geöffnet: Mo-Fr 8-13.30 Uhr.
Zuständig für den Zoologischen Garten Berlin mit Aquarium. **Aktivitäten:** Führungen für Schulklassen, Beratung von Lehrern und Schülern, Lehrerfortbildung, Unterrichtsmaterialien.

Staatsbibliothek Preußischer Kulturbesitz

30 (Tiergarten), Potsdamer Straße 33, Tel. 266-1

Lesesäle geöffnet: Mo-Fr 9-21, Sa 9-17 Uhr, Buchausleihe Mo-Fr 9-13, 15-19, Sa 9-13 Uhr. Wissenschaftliche Universalbibliothek mit ca. 3,6 Mio. Bänden, 30000 laufend bezogenen Zeitschriften und Zeitungen. Sondersammlungen: Handschriftenabteilung, Musikabteilung mit Mendelssohn-Archiv, Kartenabteilung, Osteuropa-, Orient- und Ostasienabteilung, Abteilung für den Internationalen Tausch mit amtlichen Druckschriften sowie Abteilung für Überregionale bibliographische Dienste (u.a. nationale Zeitschriften-Datenbank, Internationale ISBN-Agentur); Standort vom Berliner Gesamtkatalog.
Aktivitäten: Sonderausstellungen, Konzerte, Lesungen.

Stiftung Deutsche Kinemathek

19 (Charlottenburg), Pommernallee 1, Auskunft über 30307-1

Sammlung und Katalogisierung von Filmen (je 3000 Filme und Kurzfilme) und für die filmhistorische Forschung unentbehrlichen Materialien: Filmprogramme (30000), Plakate (8000), Szenen-, Porträt- und Werkphotos (ca. 250000), Zensurkarten (1850), Apparaturen und andere Dokumente zur Filmgeschichte (s. auch S. 339).

Urania

30 (Schöneberg), An der Urania 17, Tel. 249091

Aktivitäten: Theater- und Filmvorführungen, Vorträge, Lesungen.

Wechselausstellungen werden ferner von den Kunstämtern der einzelnen Bezirke veranstaltet:

Kunstamt Charlottenburg

Kleine Orangerie im Schloß Charlottenburg, 19, Luisenplatz, Tel. 3005388
Geöffnet: Mai-Oktober täglich 11-18 Uhr

Kunstamt Kreuzberg

36, Mariannenplatz 2 (im Bethanien), Tel. 2588-1
Geöffnet: Di-So 11-18 Uhr

Kunstamt Neukölln

Galerie im Körnerpark, 44, Schierker Straße 8, Tel. 68092431
Geöffnet: Di-So 11-18 Uhr

Kunstamt Reinickendorf

Rathaus Galerie, 26, Eichborndamm 215-239
Geöffnet: Mo-Fr 9-17, So 10-14 Uhr
Galerie im Fontane-Haus, 26, Wilhelmsruher Damm 142 c
Geöffnet: Mo-Fr 10-21, So 10-13 Uhr
Tel. (für beide Galerien) 4192-6276

Kunstamt Schöneberg

HAUS am KLEISTPARK, 62, Grunewaldstraße 6-7, Tel. 7833032
Geöffnet: Di-So 10-18 Uhr

Kunstamt Spandau

Säulenhalle u. Bürgersaal Rathaus Spandau, 20, Carl-Schurz-Straße 2-6, Tel. 33032234

Kunstamt Steglitz

Stadtbücherei, 41, Grunewaldstraße 1-3
Geöffnet: Mo, Di, Do, Fr 12-20, Mi 11-16 Uhr
Bürohochhaus, 41, Schloßstraße 80
Geöffnet: Mo-Fr 9-18 Uhr
Tel. (für beide Galerien) 79042381

Kunstamt Tempelhof

Galerie im Rathaus, 42, Tempelhofer Damm 165, Tel. 7022414
Geöffnet: Mo-Fr 10-18, So 10-16 Uhr

Kunstamt Tiergarten

Obere Galerie / Haus am Lützowplatz, 30, Lützowplatz 9, Tel. 39052328
Geöffnet: Di-So 11-18 Uhr

Kunstamt Wedding

Walter-Rathenau-Saal im Rathaus (Altbau), Müllerstraße 146/147
Alte Nazarethkirche auf dem Leopoldplatz
Geöffnet: Mo-Fr 10-18, Sa 12-16 Uhr
Tel. (für beide Galerien) 4572234

Kunstamt Wilmersdorf

Kommunale Galerie, 31, Hohenzollerndamm 176, Tel. 8689-539
Geöffnet: Mo-Fr 10-18, bei Sonderausstellungen So 11-17 Uhr

Kunstamt Zehlendorf

Haus am Waldsee, 37, Argentinische Allee 30, Tel. 8018935
Geöffnet: Di-So 10-18 Uhr

Größere Ausstellungen finden auch statt:

Gropius-Bau

(Sonderausstellungsbereich Erdgeschoß und großer Lichthof sowie Ausstellungshalle im Sockelgeschoß)
61 (Kreuzberg), Stresemannstraße 110
Geöffnet: Di-So 10-18 Uhr

Große Orangerie
im Schloß Charlottenburg

19 (Charlottenburg), Luisenplatz, Tel. 32091-1

Ehemaliger Hamburger Bahnhof

(früheres Verkehrs- und Baumuseum)
21 (Tiergarten), Invalidenstraße 51

Sonderausstellungshalle
der Staatlichen Museen
Preußischer Kulturbesitz

33 (Dahlem), Lansstraße 8, Tel. 8301-1
Geöffnet: Di-So 9-17 Uhr; am 1.1., Osterdienstag, 1.5., Pfingstdienstag, 24., 25. u. 31.12. geschlossen

Staatliche Kunsthalle Berlin

30 (Charlottenburg), Budapester Straße 44-46, Tel. 2617067/8
Geöffnet: Di-So 10-18, Mi 10-22 Uhr

Register der Sachgebiete

Die Zahlen verweisen auf die Nummern
der Museen und Sammlungen in Berlin (West)
(siehe jeweilige Titelzeile)

Museen in Berlin (Ost)

Ägyptisches Museum/Papyrussammlung s. Bode-Museum

A Altes Museum
Staatliche Museen zu Berlin

1020 Berlin, Bodestraße 1-3, Eingang Lustgarten, am Marx-Engels-Platz
Geöffnet: Mittwoch bis Sonntag 9-18 Uhr, Freitag 10-18 Uhr
Sammlungen: Ständige Ausstellung der Nationalgalerie: ›Kunst der Nachkriegszeit und der DDR bis zur Gegenwart‹, Kupferstichkabinett und Sammlung der Zeichnungen, Archiv der Nationalgalerie

Das älteste Museum Berlins wurde 1824-29 von Karl Friedrich Schinkel erbaut, 1830 eröffnet und gilt als eine seiner reifsten städtebaulichen Leistungen. Die 87 m breite Hauptfront öffnet sich mit einer von 18 ionischen Säulen getragenen Vorhalle mit vorgelagerter Treppe zum Lustgarten. Nach dem schwierigen, 1966 abgeschlossenen Wiederaufbau des 1945 schwer beschädigten Gebäudes entspricht das Äußere den Entwürfen Schinkels, der plastische Schmuck wurde nachgegossen, die Rotunde wiederhergestellt, während man das Innere umfassend modernisierte.
Das Alte Museum beherbergt die ständige Ausstellung der Nationalgalerie ›Kunst der Nachkriegszeit und der DDR bis zur Gegenwart‹ und die ›Neue Berliner Galerie‹, die zu dem 1973 gegründeten Zentrum für Kunstausstellungen der DDR gehört und Wechselausstellungen, besonders zur Gegenwartskunst zeigt. Im Erdgeschoß befindet sich das Archiv der Nationalgalerie und das Kupferstichkabinett mit der Sammlung der Zeichnungen.

Kupferstichkabinett und Sammlung der Zeichnungen
Eingang Domseite
Studiensäle geöffnet: Montag bis Donnerstag 9-12, 13-17 Uhr, Freitag 10-12, 13-17 Uhr

Nachdem das Kupferstichkabinett bereits im Jahre 1831 unter maßgeblichem Einfluß Wilhelm von Humboldts gegründet und im Alten Museum gezeigt worden war, entstand die ›Sammlung der Zeichnungen‹ 1878 auf Erlaß des Preußischen Kultusministeriums als eine Abteilung der Nationalgalerie. Das Kupferstichkabinett gab damals seine Bestände deutscher Zeichnungen des 19. Jh. an diese besonders auf deutsche Kunst spezialisierte Sammlung ab.
Anläßlich der Wiedereröffnung des Alten Museums wurden beide Sammlungsteile im Sockelgeschoß untergebracht, 1969 wurde die Zeichensammlung der Nationalgalerie wieder mit dem Kupferstichkabinett vereinigt.
Heute umfaßt der ständig wachsende Bestand des Kupferstichkabinetts 135000 Druckgraphiken des 15.-20. Jh. und etwa 1000 Zeichnungen Alter Mei-

ster vom 15. bis zum Ende des 18. Jh., zusätzlich eine Sammlung von illustrierten Büchern, Mappenwerken, Holzstöcken, Lithographensteinen und Druckplatten sowie eine im Aufbau begriffene Plakatsammlung.
Die ›Sammlung der Zeichnungen‹ umfaßt etwa 40000 Zeichnungen, Pastelle und Aquarelle von 1800 bis zur Gegenwart, darunter größere geschlossene Gruppen aus den Nachlässen von Johann Gottfried Schadow, Carl Blechen und Adolph Menzel sowie den Nachlaß Karl Friedrich Schinkels aus dem ehemaligen Schinkel-Museum.

Antikensammlung s. Pergamon-Museum

B Antikriegsmuseum
der Evangelischen Kirche Berlin-Brandenburg

Bartholomäuskirche, Georgenkirchstraße
Geöffnet: Mittwoch bis Freitag 17-19 Uhr, Samstag 13-17 Uhr

C Johannes-R.-Becher-Haus

1110 Berlin, Majakowskiring 34 (Niederschönhausen)
Geöffnet: Dienstag 14-18 Uhr, Mittwoch und Donnerstag 9-12, 14-17 Uhr, Freitag 9-12 Uhr; für Gruppen nach Anmeldung auch Samstag 9-12 Uhr
Verkehrsverbindung: ab S-Bahnhof Pankow Straßenbahn 22, 46, ab U-Bahnhof Pankow Bus 7, 50

Wohnhaus des Dichters und Literaturmuseum (seit 1981) mit Dokumenten, Bildern und Manuskripten zu Leben und Werk Bechers

D Bode-Museum
(ehem. Kaiser-Friedrich-Museum)
Staatliche Museen zu Berlin

1020 Berlin, Bodestraße 1-3, Eingang Kupfergraben/Monbijou-Brücke
Geöffnet: Mittwoch bis Sonntag 9-18 Uhr, Freitag 10-18 Uhr
Sammlung: Ägyptisches Museum/Papyrussammlung; Frühchristlich-Byzantinische Sammlung; Skulpturensammlung; Gemäldegalerie; Münzkabinett; Museum für Ur- und Frühgeschichte

Das Gebäude am nordwestlichen Ende der Museumsinsel wurde in den Jahren 1897-1904 auf Anregung Wilhelm von Bodes nach Plänen von Ernst von Ihne erbaut. Es wurde 1904 als Kaiser-Friedrich-Museum eingeweiht und trägt seit 1956 den Namen seines Begründers.

Ägyptisches Museum/Papyrussammlung
(Erdgeschoß)

Das **Ägyptische Museum** war ursprünglich im Neuen Museum untergebracht. Bis zu dessen Wiederherstellung werden seit 1959 Teile der Bestände in zehn Räumen des Bode-Museums gezeigt. Die Ausstellung dokumentiert mit ca. 800 Exponaten die kulturelle und künstlerische Entwicklung Ägyptens und der am Nil gelegenen ägyptischen Einflußgebiete vom 5. Jahrtausend v. Chr. bis ins 3. Jahrhundert n. Chr.

Urgeschichte-Frühzeit: Pavian mit dem Namen des Königs Narmer, Alabaster, um 3000 v. Chr.; Altes Reich (um 2635-2135 v. Chr.): Kalksteinreliefs aus dem Totentempel des Königs Sahure bei Abusir, ›Jahreszeitenkammer‹ aus dem Sonnenheiligtum des Königs Neu-ser-Re, Kopie der Opferkammer des Merib; Mittleres Reich (um 2040-1650 v. Chr.): Statuenkopf Sesostris III. aus rotem Granit, Mantelstatue des Gutsvorstehers Chertihotep; Nubien und Nordsudan; Frühes Neues Reich (18. Dynastie, um 1551-1306 v. Chr.): Schwerpunkt der Sammlung liegt auf Stücken aus der Zeit der Königin Hatschepsut und des Königs Amenophis III.: Statue der Königin, Würfelhocker des Sen-en-Mut, Sitz- und Standbilder der Löwengöttin Sachmet; Amarna-Zeit (Regierungszeit des Königs Amenophis IV./ Echnaton und seiner Gemahlin Nofretete; 1365-1348 v. Chr.): Büsten und Statuenköpfe der königlichen Familie aus Kalkstein, Granit und Quarzit, Stuckmaske des Echnaton (sogenannter ›Seher‹), Ausschnitt aus dem ›Sonnengesang‹ des Echnaton auf dem Architrav aus dem Grab in Ipj; Spätes Neues Reich (1306-1085 v. Chr.): Reliefs aus Gräbern von Memphis (sogenanntes ›Trauerrelief‹); Spätzeit (945-332 v. Chr.): ›Berliner Katze‹, Sarg für die Mumie einer Katze, des heiligen Tieres der Liebesgöttin Bastet; Griechisch-römische Zeit: Mumienmasken; Totenwesen-Totenkult: Mumien, Särge, Tiermumien, Grabbeigaben.

Die **Papyrussammlung** umfaßt ca. 30 000 Texte, von denen die ständige Ausstellung ›Sprache und Schrift im alten Ägypten‹ einen Querschnitt vermittelt. Kleinere Ausstellungen werden zu speziellen Themen zusammengestellt.

Die in der **Frühchristlich-Byzantinischen Sammlung** (Erdgeschoß) ausgestellten Arbeiten stammen aus verschiedenen Gebieten des Römischen und Byzantinischen Reiches und sind in der Zeit des Übergangs von der Antike zum Mittelalter entstanden. Der Schwerpunkt der Sammlung liegt auf der spätantiken-frühchristlichen Kunst und deren Sonderströmungen. Am stärksten vertreten ist die koptische Kunst, mit Grabstelen, Statuen, Sarkophagen, Stoffen (Wollwebereien auf Leinen), Tafelmalereien und Porträts. Eines der kostbarsten Stücke der Sammlung ist das Apsismosaik aus der Kirche San Michele in Affricisco zu Ravenna (um 545), das einzige außerhalb der Stadt sich befindende ravennatische Mosaik.

Zu dem umfangreichen Bestand der **Skulpturensammlung** (Erdgeschoß) gehören Bildwerke aus Holz und Stein, Majoliken, Bronzestatuetten und Kleinplastiken von der Romanik bis zum Klassizismus, u. a. Gröninger Empore, um 1170; Kruzifixus aus der Moritz-Kirche in Naumburg, um 1230; vier Propheten aus der Liebfrauenkirche in Trier, um 1250; Gruppe der Anna selbdritt von Gerhaert von Leiden, um 1467; Kanzelträger von Anton Pilgram, um 1485/90; Passionsaltar, Antwerpen, Anfang 16. Jh. Sammlungsschwerpunkt ist neben der spätgotischen deutschen Plastik die italienische Renaissanceplastik, überwiegend Werke florentinischer Bildhauerkunst des 15. Jh. (Porträtplastik, Madonnenreliefs, Bronzestatuetten, Wappen italienischer Familien). Ausführlich dokumentiert ist das bauplastische Werk von Andreas Schlüter, der von 1694 bis 1713 in Berlin als Bildhauer und Architekt tätig war.

Gemäldegalerie (Obergeschoß)

Die Ausstellung der Gemäldegalerie zeigt deutsche, italienische und niederländische Malerei vom 15. bis 18. Jh. sowie Meisterwerke der englischen und französischen Malerei des 17. und 18. Jh. Sammlungsschwerpunkt ist die italienische und niederländische Malerei.

Die Ausstellung folgt dem von Wilhelm von Bode entwickelten Konzept, durch Einbeziehen von Mobiliar, plastischen Bildwerken und Architekturteilen einen stilistischen Gesamteindruck der jeweiligen Epoche zu vermitteln.

Münzkabinett (Obergeschoß)

Das Münzkabinett mit seinen ca. 500 000 Exponaten ist eine numismatische Universalsammlung, die Münzen von den Anfängen der Prägekunst (7. Jh. v. Chr.) bis in die Gegenwart, Medaillen, Petschafte, Siegel und Geldscheine sowie Werkzeuge der Prägetechnik umfaßt. Seit 1987 ist im Münzkabinett des Bode-Museums die ständige Ausstellung ›Münzprägung und Medaillenkunst in Berlin und Brandenburg-Preußen‹ zu sehen. Sie reicht von den ältesten Münzen dem 12. Jh. bis zu den Medaillen des 17. und 18. Jh.

Museum für Ur- und Frühgeschichte

Das Museum besitzt Bodenfunde aus fast allen europäischen Ländern, dem asiatischen Teil der Sowjetunion, aus China und Afrika. Geräte, Waffen, Schmuck von der Altsteinzeit (ca. 600 000 v. Chr.) bis zum 11./12. Jh. gewähren Einblick in die vergangenen Epochen der Menschheitsgeschichte. Die während des Zweiten Weltkrieges ausgelagerten Stücke wurden 1958 von der Sowjetunion wieder an die DDR zurückgegeben; sie sind magaziniert und sollen nach Wiederaufbau des Neuen Museums dort ausgestellt werden. Bis dahin wurden und werden im Bode-Museum einzelne Themenschwerpunkte der Sammlung gezeigt: z. B. die Sammlung trojanischer Altertümer, die der Heinrich Schliemann 1871-90 in Troja ausgrub. Mit der Ausstellung ›Aus Europas Urgeschichte‹. Mitte 1987 wird mit ›Rudolf Virchow als Prähistoriker – sein Wirken in Berlin‹ der berühmte Berliner Mediziner gewürdigt, der als einer der Stammväter der Archäologie in Deutschland gilt.

E Brecht-Haus Berlin

1040 Berlin, Chausseestraße 125
Verkehrsverbindung: Straßenbahn 18, 22, 24, 46, 63, 70, 71; Bus 30, 40, 57, 59
Öffnungszeiten des Museums: Dienstag bis Freitag 10-12 Uhr, Donnerstag 17-19 Uhr, Samstag 9.30-12, 12.30-14 Uhr

Wohn- und Arbeitsräume von Bertolt Brecht und Helene Weigel mit Räumen für Vorträge und Lesungen; Archive Brechts und der Weigel und theaterwissenschaftliche Aufzeichnungen der Brecht-Mitarbeiterinnen

F Friedrichwerdersche Kirche

1080 Berlin, Werderscher Markt

1824-30 erbaute Karl Friedrich Schinkel die Kirche, einen Saalbau aus Backstein in ›modifizierter Gotik‹. Die im Zweiten Weltkrieg stark beschädigte Kirche wird nach Abschluß der Restaurierungsarbeiten das einzige Bauwerk Schinkels in Berlin sein, das innen und außen vollständig nach seinen Plänen wiederhergestellt ist.

Ab 15. September 1987 wird in der Kirche die ständige Ausstellung ›Plastik der Schinkelzeit‹ gezeigt. Die Staatlichen Museen zu Berlin, Nationalgalerie, werden dort ein Schinkelmuseum einrichten, das Leben und Werk Schinkels dokumentieren.

Frühchristlich-Byzantinische Sammlung
s. Bode-Museum

Gemäldegalerie s. Bode-Museum

G Handwerksmuseum

1020 Berlin, Am Mühlendamm
Geöffnet: Montag 10-17 Uhr, Dienstag und Mittwoch 9-17 Uhr, Samstag und Sonntag 10-18 Uhr
Sammlung: Berliner Handwerk vom 13. bis 19. Jh.

H Hugenottenmuseum
der französisch reformierten Gemeinde zu Berlin

1080 Berlin, Platz der Akademie, Französische Friedrichstadtkirche
Geöffnet: Montag bis Freitag 10-17 Uhr
Sammlung: Geschichte der Hugenotten in Frankreich und Berlin-Brandenburg
Bibliothek mit ca. 15000 Bänden, genealogisches Archiv

Zur 250-Jahr-Feier des Potsdamer Edikts am 29. Oktober 1935 wurde im Zwischengeschoß des Französischen Domes das Hugenottenmuseum eingerichtet. Für die Gemeinde der Hugenottenfamilien wurde die Friedrichstadtkirche nach dem Vorbild der zerstörten Kirche von Charenton in den Jahren 1701-05 nach Entwürfen von Jean Louis Cayart (1644-1702) begonnen und von Abraham Quesnay (1660-1726) vollendet. 1780-85 wurde im Zuge der Umgestaltung des Gendarmenmarktes nach Entwürfen von Carl Philipp Christian Gontard (1731-91) der große Kuppelbau angefügt.
Die Sammlung des Museums berichtet von den Verfolgungen der Hugenotten in Frankreich, von ihrer Aufnahme und ihrem Wirken in Berlin-Brandenburg. Die Hugenotten stellten ein Drittel der Mitglieder der 1700 gegründeten Akademie der Wissenschaften, die so wesentlich zur geistigen Ausstrahlung Berlins beitragen sollte. Noch größer ist das Verdienst der Hugenotten an der Entwicklung der Manufakturen, des Handwerks und der Gartenbaukunst.

Islamisches Museum
s. Pergamon-Museum

I Robert-Koch-Museum

1080 Berlin, Clara-Zetkin-Straße 96
Geöffnet: Montag bis Freitag 13-16 Uhr (nach Voranmeldung)
Sammlung: Historische und aktuelle Dokumente zum Leben und Wirken von Robert Koch

K Kunstgewerbemuseum
Staatliche Museen zu Berlin

1170 Berlin, Schloß Köpenick
Verkehrsverbindung: ab S-Bahnhof Köpenick Straßenbahn 26, 83; Bus 27 und 68
Geöffnet: Mittwoch bis Samstag 9-17 Uhr, Sonntag 10-18 Uhr
Sammlung: Europäisches Kunsthandwerk aus zehn Jahrhunderten

Das Köpenicker Schloß, als Lust- und Gartenschloß 1677-1682 von Rutger von Langerfeld erbaut, beherbergt seit 1963 das Kunstgewerbemuseum. Der Barockbau steht an der Stelle eines ab 1558 errichteten Renaissance-Schlosses, von dem Mauerreste in den Räumen des Sockelgeschosses zu sehen sind. Das Schloß hatte durch Ein- und Umbauten im 19. Jh. seinen innenarchitektonischen Charakter verloren. Grundriß der Innenräume, Stuckdecken

und Deckengemälde wurden dem Originalzustand wieder angeglichen.
Das Kunstgewerbemuseum entstand 1867 als Verein, der seine Sammlungen zunächst im Gropiusschen Diorama, dann in Räumen der Porzellanmanufaktur in der Leipziger Straße zeigte. Ihm wurden 1875 die kunstgewerblichen Teile der Königlichen Kunstkammer zugesprochen. 1877-81 errichtete der Verein ein eigenes Museum (den heutigen Gropius-Bau) in der Prinz-Albrecht-Straße, in dem es bis 1921 verblieb. 1885 wurde das Museum als Teil der staatlichen Museen übernommen, 1921 bezog es Räume im nach der Revolution von 1918 ungenützten Berliner Stadtschloß, 1963 fand die Sammlung in Schloß Köpenick ihren Sitz.
Unter dem Titel ›Europäisches Kunsthandwerk aus zehn Jahrhunderten‹ wird der Bestand des Museums auf drei Stockwerken in 35 Räumen präsentiert. Das Möbel ist das Hauptthema der ständigen Ausstellung, ihm zugeordnet sind Glas, Porzellan, Fayence, Goldschmiedearbeiten, Zinn, Eisenkunstguß u. a. Zu den bekannten Kostbarkeiten gehört der Große Roentgen-Kabinettschrank des David Roentgen, Neuwied, 1779 (signiert), und das Berliner Silberbuffet, ausgeführt von der Augsburger Goldschmiedefamilie Biller, 1698, wahrscheinlich nach einem Entwurf von Andreas Schlüter. 1974 wurde für die Goldschmiedesammlung des Museums eine Schatzkammer eingerichtet, ihr bekanntestes Objekt ist der ›Giselaschmuck‹, ein ottonisches Schmuckensemble aus der Zeit um 1000 n. Chr. Im Sockelgeschoß des Schlosses stehen seit 1974 Räume für die Präsentation des zeitgenössischen Kunsthandwerks der DDR zur Verfügung.

Kupferstichkabinett und Sammlung der Zeichnungen s. Altes Museum

L Märkisches Museum
Kulturhistorisches Museum der Stadt Berlin

1020 Berlin, Am Köllnischen Park 5
Geöffnet: Mittwoch und Sonntag 9-18 Uhr, Donnerstag und Samstag 9-17 Uhr, Freitag 9-16 Uhr
Sammlung: Kultur- und Geistesgeschichte Berlins von den Anfängen bis zur sozialistischen Gegenwart

Das Märkische Museum wurde 1874 als ›Märkisches Provinzial-Museum‹ vom Magistrat der Stadt Berlin gegründet. 1908 bezog es das Gebäude am Köllnischen Park, das 1899-1902 von Ludwig Hoffmann (1852-1932) errichtet worden war – ein in Backsteingotik und Putzarchitektur der Renaissance als Beispiel heimischer Baustile gestalteter Gruppenbau. Der Turm ist der mittelalterlichen Burg von Wittstock (Prignitz) nachgebildet, bei den gotischen Giebeln diente die Katharinenkirche von Brandenburg als Vorbild. Vor dem Museum steht eine Kopie des Brandenburger Rolands von 1474, an der Rückseite befindet sich in einer kleinen Grünanlage ein Freilichtmuseum mit Plastiken und Architekturfragmenten.
Im Zweiten Weltkrieg wurde das Gebäude zu 80 Prozent zerstört, der Bestand um ein Fünftel reduziert, aber schon im Juli 1946 konnte es als erstes Berliner Museum wieder geöffnet werden.
Das größte regionalgeschichtliche Museum der DDR ist nach gründlicher Restaurierung seit Februar 1987 wieder zugänglich.
Die drei Hauptabteilungen Berliner Stadtgeschichte, Theater- und Literaturgeschichte, Kunst und Kunsthandwerk zeigen ihre Bestände in Dauer- und Wechselausstellungen. So werden ab Februar 1987 herausragende Erzeugnisse der Berliner Porzellanmanufakturen, der Berliner Eisenkunstgießereien und der Glashütte Stralau gezeigt. Ab April 1987 wird in einer Sonderausstellung Berliner Theatergeschichte vom 18.-20. Jh. präsentiert: Porträts von

Schauspielern und Sängern, Theaterdirektoren und Regisseuren, Außen- und Innenansichten von Theatern, Bühnenbildentwürfe und -modelle, Theaterzettel, Textbücher u.v.a. Eine Sonderausstellung behandelt die Geschichte von Zirkus und Varieté. Hingewiesen werden soll auch auf die umfangreiche Heinrich-Zille-Sammlung mit über 1000 Blättern aus Zilles Nachlaß – sein Standbild steht neben dem Museum – und auf die beliebte Schau der Automaphone (mechanische Musikinstrumente).

Münzkabinett s. Bode-Museum

M Museum für Deutsche Geschichte (ehem. Zeughaus)

Nationales Geschichtsmuseum der DDR
Ministerium für Hoch- und Fachschulwesen

1080 Berlin, Unter den Linden 2
Geöffnet: Montag bis Donnerstag 9-19 Uhr
(vom 1. Oktober bis 31. März bis 18 Uhr), Samstag und Sonntag 10-17 Uhr
Sammlung: Objekte und Dokumente von der Urgesellschaft bis zur sozialistischen Gesellschaft der DDR

Baugeschichte

Das Zeughaus (Magazin für Waffen und Kriegsgeräte) ist eines der imposantesten Zeugnisse des märkischen Barock und zählt zu den berühmten Monumentalbauten Berlins. Es wurde als Ausdruck der politischen Macht und militärischen Stärke Preußens errichtet. Unter Kurfürst Friedrich III. (seit 1701 König Friedrich I. in Preußen) erfolgte 1695 die Grundsteinlegung unter der Leitung des holländischen Baumeisters und Ingenieurs Johann Arnold Nering (1659-95); Martin Grünberg (1647-1706) führte den Bau bis 1698, Andreas Schlüter (1664-1714) im Jahre 1698/99 weiter. Nach Schlüter war es der französische Architekt Jean de Bodt (1670-1745), der die Bauoberleitung von 1701 bis zur provisorischen Fertigstellung im Jahr 1706 übernahm; der weitere Ausbau zog sich bis 1730 hin. Das Zeughaus mißt etwa 90 m × 90 m, der Innenhof 39 m × 39 m. Neben der architektonischen Gestaltung beeindruckt das Zeughaus durch die Bauplastiken, die auf Entwürfe von Andreas Schlüter und Guillaume Hulot zurückgehen. Die Hoffassade wiederholt in variierter Form die Gestaltung der Außenfassade: die Außenfronten feiern den Sieg, der Innenhof zeigt mit den 22 Masken sterbender Krieger von Schlüter die Todesqualen, die der Krieg verursacht.
Das Zeughaus diente ab 1730 als Waffendepot und Sammlungsort für historische Waffen und Trophäen. 1817-21 erfolgten notwendige Restaurierungsarbeiten unter der Leitung Karl Friedrich Schinkels; die Plastiken wurden unter Mitarbeit Gottfried Schadows erneuert. 1844 fand in den Räumen des Zeughauses die erste deutsche Gewerbeausstellung statt (3053 Firmen). In den Wirren der Revolution von 1848 stürmten Arbeiter das Gebäude, um sich zu bewaffnen. 1875 wurde das Haus von einem Waffendepot mit Trophäensammlung in ein reines Waffen- und Kriegsmuseum umgewandelt, der Architekt Friedrich Hitzig leitete 1877-81 die aufwendigen Umbauten. Er schuf im Nordflügel die ›Ruhmeshalle der Brandenburgisch-Preußischen Armee‹, die künstlerische Ausstattung dauerte bis 1891. Bis 1944 barg das Zeughaus Europas größte historische Waffensammlung.
1944/45 wurde der Bau schwer beschädigt, ab 1949 erfolgte der systematische Wiederaufbau, er konnte zwanzig Jahre später abgeschlossen werden. Der Architekt Otto Haeseler entwickelte die Pläne für den Wiederaufbau im Hinblick auf die vorgesehene Nutzung, Peter Neumayr war der Oberbauleiter, der Bildhauer Richard Horn leitete die gesamten Bildhauerarbeiten (ab 1952). Im Juli 1952 wurde das Museum für Deutsche Geschichte eröffnet.

Sammlungsbestände

Das Museum gibt einen ausführlichen Überblick über die Ur- und Frühgeschichte und veranschaulicht die feudale Gesellschaftsordnung von der Herausbildung frühfeudaler Produktionsverhältnisse bis zur Französischen Revolution 1789. Im Mittelpunkt stehen die Klassenkämpfe, die im Bauernkrieg 1524/25 und in der frühbürgerlichen Revolution ihren Höhepunkt fanden. Die ständige Ausstellung ›Zur Deutschen Geschichte 1789 bis 1917‹ beginnt mit den Auswirkungen der Französischen Revolution auf Deutschland, sie zeigt weiter zeitgenössische Dokumente, Waffen und Fahnen aus dem nationalen Unabhängigkeitskampf gegen napoleonische Fremdherrschaft; Arbeitsgeräte, Maschinen und Maschinenmodelle von der industriellen Revolution nach 1830; Flugblätter, Fahnen, Waffen, Uniformen aus der Revolution 1848/49; Originale aus dem Nachlaß von Karl Marx und Friedrich Engels. Die Ausstellung ›Zur Deutschen Geschichte von 1917 bis 1945‹ beginnt mit einer Darstellung der sozialistischen Oktoberrevolution 1917, zeigt Dokumente der Novemberrevolution 1918 in Deutschland und Zeugnisse der Gründung der Kommunistischen Partei Deutschlands und ihres Weges durch die Weimarer Republik. Ausführlich werden die Zeit des Hitlerregimes und der antifaschistische Widerstand dokumentiert, ebenso die Geschichte des Zweiten Weltkrieges. Die Ausstellung ›Sozialistisches Vaterland DDR‹ gibt einen Überblick über die Entwicklung der DDR vom Kapitalismus zur entwickelten sozialistischen Gesellschaft. Neben den ständigen Ausstellungen werden auch Sonderausstellungen zu wichtigen Ereignissen der Geschichte oder zu aktuellen Themen zusammengestellt.
Im Haus befindet sich eine kleine Gedenkstätte ›Lenin in Berlin‹.

N Museum für Naturkunde

1040 Berlin, Invalidenstraße 43
Verkehrsverbindung: Bus 57
Geöffnet: Dienstag bis Sonntag 9.30-17 Uhr
Sammlung: Zoologisches Museum, Mineralogisches Museum, Geologisch-Paläontologisches Museum

Das Museum für Naturkunde ist eine Einrichtung der Humboldt-Universität zu Berlin (gegr. 1810) und geht in ihren ältesten Teilen auf die Naturaliensammlung der Akademie der Wissenschaften (gegr. 1716) und auf das Mineralienkabinett der ehemaligen Berliner Bergakademie (gegr. 1770) zurück. Auf dem ehemaligen Gelände der Königl. Eisengießerei wurde 1875-89 von August Tiede ein dreiteiliger Gebäudekomplex errichtet: 1875-78 das heutige Zentrale Geologische Institut (früher Bergakademie), 1876-80 die heutige Landwirtschaftlich-Gärtnerische Fakultät der Humboldt-Universität (früher Landwirtschaftliche Hochschule), dazwischen 1883-89 das Museum für Naturkunde.
Das Museum für Naturkunde ist Forschungs- und Bildungsstätte und gliedert sich in mehrere Schausammlungen. In der mineralogischen Ausstellung wird vor allem die Entstehung und Struktur der anorganischen Bestandteile unserer Erde sowie ihre Verteilung in der Erdkruste veranschaulicht. In der paläontologischen Abteilung finden sich gut erhaltene Reste ausgestorbener Pflanzen und Tiere, im Mittelpunkt stehen die großen Reptilienskelette und das 23 m lange und 12 m hohe Skelett des Brachiosaurus brancai aus dem Jura, das größte Skelett eines Landwirbeltieres. Weltberühmt ist auch die Gesteinsplatte mit dem Fossil des Urvogels Archäopteryx. Das Zoologische Museum besitzt zahlreiche Typen-Exemplare, d.h. Exemplare, nach denen Tiere erstmals beschrieben wurden.

Dem Naturkundemuseum ist angegliedert das **Ar-boretum** mit Gehölzen aus aller Welt, krautigen Gewächsen, Gewürz- und Arzneipflanzen (1195 Berlin, Späthstraße 80/81, Botanischer Garten; Verkehrsverbindung: ab S-Bahnhof Baumschulenweg Bus 47; Geöffnet: nur Mai-Oktober, Mittwoch 13-17 Uhr, Samstag, Sonntag, Feiertage 9-17 Uhr).

Museum für Volkskunde
s. Pergamon-Museum

Museum für Ur- und Frühgeschichte
s. Bode-Museum

O   Otto-Nagel-Haus
Staatliche Museen zu Berlin

1020 Berlin, Märkisches Ufer 16-18
Geöffnet: Sonntag bis Donnerstag 10-18 Uhr, Mittwoch 10-20 Uhr
Sammlung: Proletarisch-revolutionäre und antifaschistische Kunst der Nationalgalerie

Das Otto-Nagel-Haus wurde 1973 auf Initiative von Frau Valentina Nagel in zwei Altberliner Bürgerhäusern eingerichtet und beherbergt seit 1982 die Abteilung proletarisch-revolutionärer und antifaschistischer Kunst der Nationalgalerie. Im Mittelpunkt stehen die Werke des Berliner Malers Otto Nagel (1894-1967). Sie werden ergänzt durch Werke von Otto Dix, Conrad Felixmüller, Hans und Lea Grundig, John Heartfield, Käthe Kollwitz und Heinrich Zille.

P   Nationalgalerie
Staatliche Museen zu Berlin

1020 Berlin, Bodestraße 1-3
Geöffnet: Mittwoch bis Sonntag 9-18 Uhr, Freitag ab 10 Uhr
Sammlung: Gemälde und Plastiken des 19. und der ersten Hälfte des 20. Jh.

Die Nationalgalerie wurde nach Entwürfen von Friedrich August Stüler in den Jahren 1867-76 erbaut. Die Bestände des Museums waren anfangs bescheiden, unter der Leitung Hugo von Tschudis und seines Nachfolgers Ludwig Justi, der sie 1909 übernahm (bis 1933), wurde sie zu einer wertvollen Sammlung ausgebaut. Bei der Aktion ›Entartete Kunst‹ 1937 wurden aus der Nationalgalerie 164 Gemälde, 27 Skulpturen, 326 Zeichnungen und Aquarelle und 615 Graphiken entfernt. Erhebliche Verluste waren durch Auslagerung und Zerstörung während des Zweiten Weltkrieges zu verzeichnen. Heute verfügt die Abteilung 19. Jh. über etwa 1400 Gemälde und 1500 Plastiken, von denen etwa 200 Gemälde und 100 Bildwerke in der ständigen Ausstellung gezeigt werden. Von Johann Gottfried Schadow besitzt die Nationalgalerie eine umfangreiche Sammlung seiner Werke: von den Skizzen und Studien in Wachs und Ton bis zu den großen Marmorskulpturen.
Aus der Abteilung 20. Jh. werden Werke des Expressionismus, des Bauhauses, des Verismus und der Neuen Sachlichkeit gezeigt.

Ostasiatische Sammlung
s. Pergamon-Museum

R   Pathologisches Museum der Charité

1040 Berlin, Charitéstraße, am Karlsplatz
Geöffnet: Dienstag und Donnerstag 14-16 Uhr nach telef. Voranmeldung unter (0372) 2 86 31 47
Sammlung: Ca. 9000 pathologisch-anatomische Präparate, zum Teil von Rudolf Virchow (1821-1902) zusammengetragen

S   Pergamon-Museum
Staatliche Museen zu Berlin

1020 Berlin, Bodestraße 1-3, Eingang Kupfergraben
Geöffnet: täglich 9-18 Uhr, Freitag 10-18 Uhr
Führungen Pergamon-Altar täglich 11 und 15 Uhr
Sammlung: Antikensammlung, Vorderasiatisches Museum, Islamisches Museum, Ostasiatische Sammlung, Museum für Volkskunde; Zentralbibliothek

Das Pergamon-Museum wurde in über 20jähriger Bauzeit (1909-30) nach Plänen von Alfred Messel errichtet. Die schon früh geplante, aber nicht ausgeführte Eingangshalle wurde 1983 fertiggestellt.

Antikensammlung
(erstes und zweites Obergeschoß)
Die Sammlung, eine der größten der Welt, umfaßt Werke antiker Baukunst, Plastik und Kleinkunst aus zwölf Jahrhunderten. Der Pergamonaltar entstand um 180-159 v. Chr. als ein Weihgeschenk vor allem an Athene, die Schutzgöttin der kleinasiatischen Stadt Pergamon. Unter der Leitung von Carl Humann wurde er 1878-86 ausgegraben und in mehr als 20jähriger Museumsarbeit rekonstruiert. Kult- und Profanbauten aus Priene, Pergamon, Magnesia und Milet machten mit weiteren hellenistischen Architekturschöpfungen bekannt. Ein zweites Hauptstück der Sammlung ist das römische Markttor aus Milet. Dort wurde auch der in der Mitte des Raumes ausgelegte Mosaikfußboden (›Orpheusmosaik‹) aus dem 2. Jh. v. Chr. gefunden.
Die Geschichte der Sammlung antiker Skulpturen läßt sich bis zum 17. Jh. zurückverfolgen. Gezielte Ankaufstätigkeit und großangelegte Grabungsunternehmen erweiterten die Bestände vor allem griechischer Originale archaischer und klassischer Zeit. 1982 konnte die Sammlung in neuer Anordnung der Öffentlichkeit übergeben werden. Die aus dem griechischen Mutterland und aus ionischem Bereich stammenden Bildwerke des 6.-4. Jh. v. Chr. sind chronologisch und thematisch in fünf Sälen ausgestellt. Weiter umfaßt die Antikensammlung pergamenische und römische Kopien nach griechischen Originalen.
Die Ausstellung römischer Kunst vermittelt teils in chronologischer Folge, teils in thematischen Komplexen die Besonderheiten der römischen Kunstauffassung: Porträtkunst, Architekturreliefs, Sarkophagplastiken, Mosaiken und römische Kleinkunst.
Zu den Schwerpunkten der Kleinkunstsammlung zählen die Bestände griechischer Gefäßkeramik des 6. und 5. Jh. v. Chr.
Zwei Säle sind der etruskischen Kunst gewidmet und einer dem griechisch-attischen Kunstbereich Unteritaliens.

Vorderasiatisches Museum
(erstes Obergeschoß)
Die Sammlung vorderasiatischer Altertümer enthält hauptsächlich Funde aus Ausgrabungen zwischen 1888 und 1939. Hauptanziehungspunkt sind die aus leuchtenden Schmelzfarbenziegeln rekonstruierten riesigen Wandflächen der babylonischen Prachtbauten: die Prozessionsstraße von Babylon, die auf das Ischtartor zuläuft, und Teile der Thronsaalfassade aus der Zeit Nebukadnezars (604-562 v. Chr.). Weitere hervorragende Werke der altvorderasiatischen Monumentalarchitektur sind die Teile einer

mit buntfarbigen Stiftmosaiken verkleideten Hoffassade vom Haupttheiligtum des Tempels der Göttin Innin (um 3000 v.Chr., sumerischer Kulturkreis) und Teile der Backsteinfassade des Innin-Tempels (um 1415 v.Chr., kassitisch), beide aus Uruk. Die Objekte der Kleinkunst sind chronologisch und nach Themenkreisen geordnet. So wird in der Ausstellung ein umfassendes Bild von der etwa 6000 Jahre umfassenden Geschichte, Kultur und Kunst Vorderasiens vermittelt.

Islamisches Museum (zweites Obergeschoß)
In 18 Ausstellungsräumen zeigt das Islamische Museum Architekturdenkmäler, Werke der Buchkunst, Teppiche, Holz- und Elfenbeinschnitzereien, Keramiken, Lederarbeiten und Metallerzeugnisse.
Hauptanziehungspunkt ist hier der Mschatta-Saal (8.Jh. n.Chr.). 1903 gelangte der größere Teil der mit Reliefs geschmückten Fassade des Wüstenschlosses Mschatta mit einigen Architekturteilen aus dem Palasttrakt sowie Fragmenten von Skulpturen in das Kaiser-Friedrich-Museum (heute Bode-Museum). Der Seldschukensaal wird von einem gewaltigen Architekturdenkmal beherrscht, einer großen Gebetsnische aus der 2. Hälfte des 13.Jh. Die Gebetsnische im Persischen Saal (1226) stammt aus der Maidan-Moschee in Kaschan und besteht aus Goldlüsterfliesen, für die Kaschan berühmt war. Einen guten Einblick in die Kultur der Osmanen gewährt das Aleppo-Zimmer, das – mit hölzernen Wandverkleidungen geschmückt – im Winter als Empfangszimmer diente (datiert 1600-03).

Ostasiatische Sammlung (zweites Obergeschoß)
Die Ostasiatische Sammlung wurde als letzte Abteilung der Berliner Museen von Wilhelm von Bode im Jahre 1906 gegründet. Die Schäden durch den Zweiten Weltkrieg erforderten 1952 eine Neugründung. Inzwischen zeichnet sich die Sammlung vor allem durch ihren umfangreichen Bestand chinesischer Keramik aus, mit dem sie die Entwicklung über 4000 Jahre lückenlos zeigen kann. Hinzu kommen Beispiele von Bronzen, Email, Jade- und Lackarbeiten, Seidenwebereien und Stickereien sowie eine umfangreiche Sammlung moderner chinesischer Tuschmalerei. Die japanische Kunst ist durch Farbholzschnitte, Schwertstichblätter (Tsubas) und Keramiken vertreten. Neu aufgebaut wurde eine Sammlung lamaistischer Kunst aus Tibet und der Mongolei.

Museum für Volkskunde (Sockelgeschoß)
Das Museum für Volkskunde wurde 1904 den Staatlichen Museen angeschlossen. Seine Sammeltätigkeit beschränkte sich fast ausschließlich auf volkskundliche Gegenstände: Trachten, Möbel, Keramik. Im Zweiten Weltkrieg wurden etwa 80 Prozent der Bestände vernichtet. Seine Sammlungen enthalten heute vor allem Arbeitsgeräte und Zeugnisse von Kultur und Lebensweise der werktätigen Schichten vom Feudalismus bis zur Gegenwart. Die Ausstellung ›Großstadtproletariat‹ vermittelt einen Eindruck von der Lebensweise der Berliner Arbeiter um die Jahrhundertwende.

Zentralbibliothek (Sockelgeschoß)
Im Sockelgeschoß des Pergamon-Museums ist die Zentralbibliothek, die größte Kunstbibliothek der DDR, untergebracht. Sie vereinigt in ihren Beständen Literatur der Kunst- und Kulturgeschichte vom Altertum bis zur Gegenwart. Die reichen Literaturbestände über Heraldik, Geschichte und Archäologie sind besonders kostbar. Der Zentralkatalog weist den Gesamtbestand an Literatur, einschließlich der Ausstellungs- und Bestandskataloge der Kunstmuseen in aller Welt, nach. Der größte Teil des Bestandes der Zentralbibliothek ist frei zugänglich, und der Hauptlesesaal bietet 12 Besuchern Platz.

T   Postmuseum

1056 Berlin, Leipziger Straße (Ecke Mauerstraße)
Ab Oktober 1987 zugänglich
Sammlung: Entwicklung des Post-, Fernmelde- und Funkwesens von den Anfängen bis zur Gegenwart, Briefmarkenausstellung

1958 wurde das 1872 vom Generalpostmeister Heinrich von Stephan gegründete Museum im alten Gebäude als Postmuseum der DDR wieder eröffnet. Mit ständigen und zahlreichen Sonderausstellungen informiert das Museum über die Geschichte und Entwicklung der Post. Nach der Rekonstruktion wird das Museum ab Oktober 1987 mit der Ausstellung ›Die Entwicklung des Post-, Fernmelde- und Funkwesens von den Anfängen bis zur Gegenwart‹ neu eröffnet.

Skulpturensammlung s. Bode-Museum

U   Staatliche Museen zu Berlin

Die Staatlichen Museen zu Berlin unterstehen dem Ministerium für Kultur der DDR. Sie umfassen 15 Abteilungen, deren in sich geschlossene Sammlungen jeweils ein Museum darstellen, und sind in sechs Gebäuden untergebracht; in den vier Bauten der Museumsinsel, im Schloß Köpenick und im Otto-Nagel-Haus.
Die Bebauungsgeschichte der Museumsinsel hängt eng mit der Entwicklungsgeschichte des Museumsgedankens und mit der Geschichte der einzelnen Sammlungen zusammen.

Seit 1797 bestand in Berlin der Vorschlag, die Königlichen Kunstsammlungen in einem öffentlichen Museum zusammenzuführen. Ab 1820 traf eine Kommission unter Leitung des Staatskanzlers Hardenberg eine Auswahl aus dem königlichen Besitz, gleichzeitig begannen die Vorbereitungen für den Bau des ›Alten Museums‹ durch Karl Friedrich Schinkel. Um Baugrund zu schaffen, war ein Flußarm zwischen Spree und Kupfergraben zugeschüttet worden. Das Museum wurde 1830 mit der Präsentation der antiken Sammlungen und der neugebildeten Gemäldesammlung eröffnet. Die weitere Bebauung des Museumsinsel geht auf eine Königsorder aus dem Jahre 1841 zurück, die bestimmte, daß das Gelände auf der Nordspitze Köllns zu einem ›der Kunst und der Altertums-Wissenschaften geweihten Bezirk‹ ausgebaut werde. Friedrich August Stüler entwickelte für diesen Bezirk Pläne, seit 1843 baute er das ›Neue Museum‹, das im Innern erst 1855 fertiggestellt wurde. In der ersten Hälfte des 19.Jh. entwickelte sich Berlin durch die Industrialisierung und als Hauptstadt Preußens zu einem wirtschaftlichen und kulturellen Zentrum. Um 1860 zeichnete sich auf wirtschaftspolitischem Gebiet die Vormachtstellung Preußens ab. Unter diesen Voraussetzungen wurde die Bildung eines Nationalstaates und seine Verkörperung in einem Museum heftig diskutiert. 1861 vermachte der Kaufmann Wilhelm Wagener seine Sammlung zeitgenössischer deutscher und ausländischer Werke dem preußischen Staat und legte damit den Grundstock zu einer ›vaterländischen Galerie‹. Nach Entwürfen von Stüler errichtete Heinrich Strack 1867-76 die heutige Nationalgalerie. Sie hatte ursprünglich den Charakter einer Festhalle in Form eines korinthischen Tempels auf hohem Sockel, umgeben von Kolonnaden, die den festlichen Charakter des Baus betonten. Die Bestände der Nationalgalerie wurden systematisch ausgebaut, immer abwägend zwischen der Förderung zeitgenössischer Kunst von hoher Qualität und der Aufgabe als ›patriotischer Bildspeicher‹.
Nach Gründung des Deutschen Reiches 1871 nahmen die Berliner Museen einen großen Aufschwung, sie wurden zu einer vom Kaiserhaus un-

mittelbar geförderten und kontrollierten Einrichtung. Der Führungsanspruch der Hauptstadt wurde kulturell unterstützt und die Erfolge der Politik öffentlich dokumentiert.

Größere Ausgrabungen führten um die Jahrhundertwende zu einer Veränderung der Museums-Landschaft: 1899 wurde das Vorderasiatische Museum gegründet, 1904 das Islamische Museum, und die Bestände des Ägyptischen Museums verdreifachten sich fast. Für die schnell anwachsenden Sammlungen wurde das Konzept der ›Museumsinsel‹ wieder aufgenommen und an deren Nordseite nach Ideen Wilhelm von Bodes von Ernst von Ihne 1897-1904 das Kaiser-Friedrich-Museum erbaut. Seit 1956 trägt es den Namen seines Begründers. Bei seiner Eröffnung präsentierte es die gesamten Renaissance-Bestände, aber auch das Islamische Museum und das Münzkabinett. Bode hatte ein bis heute teilweise gültiges Ausstellungskonzept entwickelt, um stilistische Zusammenhänge zu vermitteln (Gliederung der Räume, deren Innenausstattung, Lichtführung, Kombination von Kunst und kunstgewerblichen Objekten).

Auch die Sammlungen antiker Architektur und des Vorderasiatischen Museums erforderten neue Bauten. Auf dem Gelände zwischen Neuem Museum und Bode-Museum wurde 1901 ein vorläufiger kleiner Museumsbau errichtet, in dem die Reliefplatten des pergamenischen Frieses ausgestellt waren. 1907-09 entwarf Alfred Messel die Pläne für das Pergamon-Museum, 1909-30 wurde es von Ludwig Hoffmann erbaut. Mit seiner Einrichtung wurden die Sammlungen der Museumsinsel grundlegend umgestaltet. Im Mittelbau wurde der Pergamon-Altar rekonstruiert, in den Seitenteilen die großen Architekturteile der Antike ausgestellt. Der Südflügel enthielt im Mittelgeschoß das Vorderasiatische Museum, darüber das Islamische Museum. Der Nordflügel enthielt das Deutsche Museum, eine zusammenhängende Darstellung der deutschen und niederländischen Kunst bis zum 18. Jh. aus der Gemälde- und Skulpturengalerie des Alten und Neuen Museums.

Dieses großartige Panorama von Sammlungen und Museen, die in über 100jähriger Arbeit auf der ›Museumsinsel‹ entstanden waren, wurde in wenigen Jahren von den Nationalsozialisten zunichte gemacht. Zuerst wurde vor allem die Sammlung der Nationalgalerie durch die ›Säuberungsaktionen‹ betroffen; während des Zweiten Weltkrieges wurden die Museen geschlossen und die Bestände zum Teil ausgelagert; am 3. Februar 1945 wurde die Museumsinsel durch einen Großangriff zerstört.

Nach Kriegsende begann der Aufbau der Gebäude und der Sammlungen. Der Magistrat von Groß-Berlin übernahm die Obhut über die Staatlichen Museen; am 1. Januar 1951 wurden sie der Regierung der DDR und nach Gründung des Ministeriums für Kultur diesem unterstellt. 1958 übergab die Sowjetunion die 1945 sichergestellten Werke aus den Sammlungen der DDR: Bestände der Gemäldegalerie, der Skulpturensammlung, des Kupferstichkabinetts, den Fries des Pergamon-Altares. 1966 wurde das Alte Museum wiedereröffnet. Bis 1990 soll das Neue Museum wieder hergestellt werden und das Ägyptische Museum und das Museum für Ur- und Frühgeschichte ihren angestammten Platz erhalten.

Vorderasiatisches Museum
s. Pergamon-Museum

Heidi Klages

Galerien, Kunst- und Antiquitätenhandlungen, Auktionshäuser

(Auswahl)

Aedes

Galerie für Architektur und Raum
12 (Charlottenburg), Grolmanstraße 51
Telefon 3122598

Galerie Bassenge

Kunst- u. Buchauktionen:
33 (Wilmersdorf), Erdener Straße 5a
Telefon 8929013
Kunstkabinett:
15 (Charlottenburg), Fasanenstraße 73
Telefon 8818104

Galerie für Bildhauer B. H. Berge Kunst + Beton

Zeitgenössische Berliner Kunst
12 (Charlottenburg), Mommsenstraße 32
Telefon 3241591

Bethmann-Hollweg Antiquitäten GmbH

Möbel, Gemälde, Kleinkunst
15 (Charlottenburg), Fasanenstraße 26
Telefon 8821162

Galerie Binhold

Klassische Moderne:
15 (Charlottenburg), Kurfürstendamm 186
Telefon 8811576
Alte Meister:
15 (Charlottenburg), Kurfürstendamm 49
Telefon 8813855

Wolfgang Bock

Ostasiatica
45 (Steglitz), Gardeschützenweg 92
Telefon 8332929 u. 8332645

Galerie Bossin

Konkrete Kunst nach 1945
15 (Wilmersdorf), Meierottostraße 1
Telefon 8832505
ab Mai 1987: 39 (Zehlendorf), Hohenzollernstraße 4

Bredow und Wollek Fine Arts Kunsthandel GmbH

Jugendstil
30 (Schöneberg), Kalckreuthstraße 13
Telefon 2138877

Galerie Bremer

Zeitgenössische Kunst
15 (Wilmersdorf), Fasanenstraße 37
Telefon 8814908

Galerie Brusberg Berlin

Klassische Moderne mit Schwerpunkt Surrealismus
u. Dada; figurative Kunst der Gegenwart
15 (Charlottenburg), Kurfürstendamm 213
Telefon 8827682

H. P. Buchen

Antiquitäten, Gemälde, Plastik
30 (Schöneberg), Keithstraße 16
Telefon 247007

Galerie für Buchkunst des 20. Jahrhunderts

12 (Charlottenburg), Fasanenstraße 13
Telefon 3139711

Gottfried Burstert

Antiquitäten
15 (Charlottenburg), Kurfürstendamm 52
Telefon 8818859

Galerie am Chamissoplatz

Zeitgenössische realistische Kunst
61 (Kreuzberg), Chamissoplatz 6
Telefon 6925381 u. 6915782

Ikonengalerie Contoyiannis KG

30 (Schöneberg), Kalckreuthstraße 16,
Eingang Fuggerstraße 6
Telefon 2133512

Galerie Marina Dinkler

Zeitgenössische Kunst mit Schwerpunkt Japan
12 (Charlottenburg), Niebuhrstraße 77
Telefon 8819677

Galerie Dobrescu

Preußische u. Berliner Kunst 18.-20. Jh.
15 (Charlottenburg), Fasanenstraße 29
Telefon 8811046

Galerie Anselm Dreher

Zeitgenössische konkret-konzeptionelle Kunst
15 (Wilmersdorf), Pfalzburger Straße 80
Telefon 8835249 u. 7965572

Dürlich und Schwarzbaum

Silber, Möbel, Kleinkunst
30 (Schöneberg), Keithstraße 5
Telefon 243660

Kristian Freiherr Ebner von Eschenbach

Kunsthandel
30 (Schöneberg), Kalckreuthstraße 17
Telefon 241117

Elefanten Press Galerie

Realistische Kunst der 20er Jahre
61 (Kreuzberg), Zossener Straße 32
Telefon 6937026

Galerie Eremitage Berlin

Zeitgenössische Kunst aus Osteuropa
31 (Wilmersdorf), Seesener Straße 16
Telefon 8913158

Galerie Fahnemann

Aktuelle Kunst
15 (Wilmersdorf), Fasanenstraße 61
Telefon 8839897 u. 8812157

Barbara Faehte

Kunsthandel
15 (Charlottenburg), Fasanenstraße 69
Telefon 8816783

Galerie in Fonte

Skulpturen der Gegenwart
65 (Wedding), Badstraße 38-39
Telefon 4945510

Fotogalerie im Wedding

Zeitgenössische Photographie
65 (Wedding), Amsterdamer Straße 24
Telefon 4562918

Ernst Fritzsche

Ostasiatica
41 (Steglitz), Rheingaustraße 14
Telefon 8217410

Galerie Marianne Geitel

Jugendstil, Art déco
15 (Charlottenburg), Kurfürstendamm 48
Telefon 8814657

Gelbe Musik

Musik u. Partituren von bildenden Künstlern
15 (Wilmersdorf), Schaperstraße 11
Telefon 2113962

Gras Fressen (Selbsthilfegalerie)

Zeitgenössische Kunst
41 (Steglitz), Muthesiusstraße 15
Telefon 7918719 u. 8239738

Ulrich Gronert

Jugendstil, 20er Jahre
30 (Schöneberg), Keithstraße 10
Telefon 241585

Susanne Gropp

Antike Möbel – Einrichtungen
15 (Charlottenburg), Fasanenstraße 72
Telefon 8827616

Galerie Michael Haas

Zeitgenössische Kunst, Klassische Moderne
12 (Charlottenburg), Niebuhrstraße 5
Telefon 8827006

Ch. & J. Harwart & Ziefle

Antik-Waffen
12 (Charlottenburg), Schlüterstraße 51
Telefon 8838618

Manfred Heckmann

Antiquitäten
12 (Charlottenburg), Fasanenstraße 13
Telefon 3139711

G. Herm

Antiquitäten
12 (Charlottenburg), Knesebeckstraße 76
Telefon 8837368

Frieda Hinze

Gemälde alter Meister, antikes Porzellan, Silber
15 (Wilmersdorf), Bundesallee 213/214
Telefon 2113329

Galerie Janssen men's art galerie

15 (Wilmersdorf), Pariser Straße 45
Telefon 8811590

Horst Jordan

Antiquitäten, Kleinkunst
37 (Zehlendorf), Kaunstraße 11
Telefon 8029745

Hagen Jung

Kunst & Antiquitäten
30 (Schöneberg), Keithstraße 8
Telefon 2116957

Karo (Selbsthilfegalerie)

Zeitgenössische Kunst
15 (Wilmersdorf), Pfalzburger Straße 76
Telefon 8827827